▲ 一百年前这里是巴基斯坦“小西藏”通往中国西藏之路

▼ 印度河谷中的喀喇昆仑公路

▲ 1965年3月4日，毛泽东接见阿尤布·汗总统（阿德南王子提供照片）

▲ 1965年3月4日，中巴领导人合影。中国国家主席刘少奇（右五）、巴基斯坦总统阿尤布·汗（右七）、中国国务院总理周恩来（右十二）、中国外交部长陈毅（左二）、邓颖超（左十）（阿德南王子提供照片）

▲ 1964年，周恩来总理（后排右二）抵达巴基斯坦拉瓦尔品第机场，阿德南王子（前排右一）给周总理献花（阿德南王子提供照片）

▲ 1965年3月2日，北京市民隆重欢迎巴基斯坦总统阿尤布·汗来北京访问（阿德南王子提供照片）

▲ 1965年3月，周总理陪同阿尤布·汗总统一家登上长城（阿德南王子提供照片）

▲ 1965年3月，阿尤布·汗总统（左三）在北京访问期间与中国穆斯林代表合影（阿德南王子提供照片）

▲ 中国学者李希光（左）和巴基斯坦学者阿克拉姆（右）来到离中国新疆莎车最近的巴基斯坦希格尔村考察丝绸之路古道

▲ 中国塔吉克族姑娘专程到红其拉甫山口为我们送行

▲ 李希光教授率领的中巴经济走廊考察队翻越雪山，进入巴基斯坦

▲ 巴基斯坦斯瓦特王子阿德南（左）在斯瓦特山谷向李希光（右）介绍当地的佛教文化

▲《印度教徒报》战略主编（左）与中国藏传佛教活佛加措（中）、李希光教授（右）交流

▲ 印度河上游大拐弯处

▼ 阿德南王子（右）讲斯瓦特山谷祖辈的故事

▲ 2015年5月，李希光教授（右）在丝绸之路古道上著名的罕萨王宫与埃米尔殿下（左）交谈

▼ 罕萨村民表演民间舞蹈

▲ 李希光教授考察斯瓦特河上游的一座悬索桥

▼ 直升机在瓜达尔国际码头上空巡逻

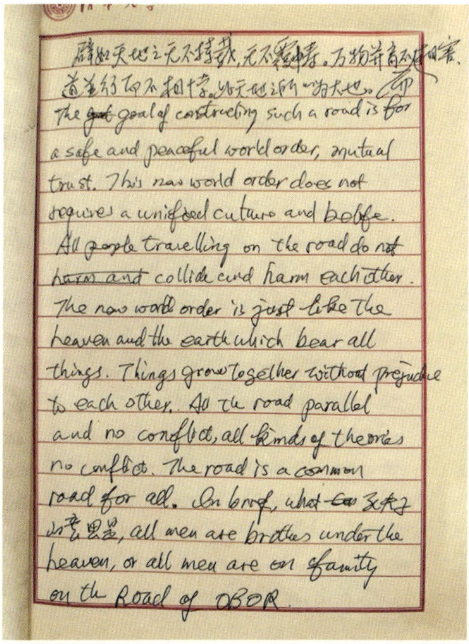

辟如天地之无不持载，无不覆帱。万物并育而不相害，道并行而不相悖。此天地之所以为大也。
The ~~gut~~ goal of constructing such a road is for a safe and peaceful world order, mutual trust. This new world order does not requires a unified culture and belife. All people travelling on the road do not ~~harm and~~ collide and harm each other. The new world order is just like the heaven and the earth which bear all things. Things grow together without prejudice to each other. All the road parallel and no conflict, all kinds of theories no conflict. The road is a common road for all. In brief, what ~~Co~~ 孔夫子 [illegible], all men are brothers under the heaven, or all men are on family on the Road of OBOR.

▲ 李希光教授在瓜达尔港“一带一路”国际会议上演讲的手稿

▲ 李希光教授在瓜达尔港与巴基斯坦海军正、副参谋长合影

▲ 巴基斯坦海军将领在瓜达尔港听李希光演讲“‘一带一路’与人类命运共同体”

▲ 李希光教授（右）与阿克拉姆教授（左）到斯卡杜考察吐蕃时期的佛像石刻

▲ 位于白沙瓦的迦腻色迦大佛塔遗址现今成了孩子们的棒球场

▲ 白沙瓦老城中法显朝拜的寺庙

▲ 在俾路支考察中探路的酋长私人卫队

▲ 在俾路支沙漠里为考察人员和部落首领做饭的男人们

▲ 普什图新娘子

▼ 他们不是好莱坞明星，是来自巴基斯坦和阿富汗的帅哥。

▲ 李希光教授（左）与巴基斯坦银行家布哈里（右）在孔子玩偶前热烈握手

▼ 位于喀喇昆仑山上的孔子玩偶在向世界招手

国家出版基金项目
NATIONAL PUBLICATION FOUNDATION

文明的互鉴

“一带一路”沿线
伊斯兰智库、文化与媒体

李希光　[巴基]埃贾兹·阿克拉姆　著

中信出版集团 | 北京

图书在版编目（CIP）数据

文明的互鉴："一带一路"沿线伊斯兰智库、文化与媒体 / 李希光，(巴基) 埃贾兹 • 阿克拉姆著. -- 北京：中信出版社，2023.3

ISBN 978-7-5217-5360-8

Ⅰ. ①文…　Ⅱ. ①李… ②埃…　Ⅲ. ①"一带一路" －国际合作－研究 ②文化史－伊斯兰国家　Ⅳ. ① F125 ② K103

中国国家版本馆 CIP 数据核字 (2023) 第 028482 号

文明的互鉴——"一带一路"沿线伊斯兰智库、文化与媒体

著者：　李希光 ［巴基］埃贾兹 · 阿克拉姆

出版发行：中信出版集团股份有限公司

（北京市朝阳区东三环北路 27 号嘉铭中心　邮编　100020）

承印者：　北京世纪恒宇印刷有限公司

开本：787mm × 1092mm 1/16　　印张：44.25　　字数：722 千字

版次：2023 年 3 月第 1 版　　印次：2023 年 3 月第 1 次印刷

书号：ISBN 978-7-5217-5360-8

定价：138.00 元

“中国道路丛书”总序言

中华人民共和国成立六十多年以来，中国一直在探索自己的发展道路，特别是在改革开放三十多年的实践中，努力寻求既发挥市场活力，又充分发挥社会主义优势的发展道路。

改革开放推动了中国的崛起。怎样将中国的发展经验进行系统梳理，构建中国特色的社会主义发展理论体系，让世界理解中国的发展模式？怎样正确总结改革与转型中的经验和教训？怎样正确判断和应对当代世界的诸多问题和未来的挑战，实现中华民族的伟大复兴？这都是对中国理论界的重大挑战。

为此，我们关注并支持有关中国发展道路的学术中一些有价值的前瞻性研究，并邀集各领域的专家学者，深入研究中国发展与改革中的重大问题。我们将组织编辑和出版反映与中国道路研究有关的成果，用中国理论阐释中国实践的系列丛书。

“中国道路丛书”的定位是：致力于推动中国特色社会主义道路、制度、模式的研究和理论创新，以此凝聚社会共识，弘扬社会主义核心价值观，促进立足中国实践、通达历史与现实、具有全球视野的中国学派的形成；鼓励和支持跨学科的研究和交流，加大对中国学者原创性理论的推动和传播。

“中国道路丛书”的宗旨是：坚持实事求是，践行中国道路，发展中国学派。

始终如一地坚持实事求是的认识论和方法论。总结中国经验、探讨中国模式，应注重从中国现实而不是从教条出发。正确认识中国的国情，正确认识中国的发展方向，都离不开实事求是的认识论和方法论。一切从实际出发，以实践作为检验真理的标准，通过实践推动认识的发展，这是中国共产党的世纪奋斗历程中反复证明了的正确认识路线。违背它就会受挫失败，遵循它就能攻坚克难。

毛泽东、邓小平是中国道路的探索者和中国学派的开创者，他们的理论创新始终立足于中国的实际，同时因应世界的变化。理论是行动的指南，他们从来不生搬硬套经典理论，而是在中国建设和改革的实践中丰富和发展社会主义理论。我们要继承和发扬这种精神，摒弃无所作为的思想，拒绝照抄照搬的教条主义，只有实践才是真知的源头。“中国道路丛书”将更加注重理论的实践性品格，体现理论与实际紧密结合的鲜明特点。

坚定不移地践行中国道路，也就是在中国共产党领导下的中国特色社会主义道路。我们在经济高速增长的同时，也遇到了来自各方面的理论挑战，例如将改革开放前后两个历史时期彼此割裂和截然对立的评价，再如极力推行西方所谓“普世价值”和新自由主义经济理论等错误思潮。道路问题是大是大非问题，我们的改革目标和道路是高度一致的，因而，要始终坚持正确的改革方向。历史和现实都告诉我们，只有社会主义才能救中国，只有社会主义才能发展中国。在百年兴衰、大国博弈的历史背景下，中国从积贫积弱的状态中奋然崛起，成为世界上举足轻重的大国，成就斐然，道路独特。既不走封闭僵化的老路，也不走改旗易帜的邪路，一定要走中国特色的社会主义正路，这是我们唯一正确的选择。

推动社会科学各领域中国学派的建立，应该成为致力于中国道路探讨的有识之士的宏大追求。正确认识历史，正确认识现实，积极促进中国学者原创性理论的研究，那些对西方理论和价值观原教旨式的顶礼膜拜的学风，应当受到鄙夷。古今中外的所有优秀文明成果，我们都应该兼收并蓄，但绝不可泥古不化、泥洋不化，而要在中国道路的实践中融会贯通。以实践创新推动理论创新，以理论创新引导实践创新，从内容到形式，从理论架构到话语体系，一以贯之地奉行这种学术新风。我们相信，通过艰苦探索、努力创新得来的丰硕成果，将会在世界话语体系的竞争中造就立足本土的中国学派。

“中国道路丛书”具有跨学科及综合性强的特点，内容覆盖面较宽，开放性、系统性、包容性较强。其分为学术、智库、纪实专访、实务、译丛等类型，每种类型又涵盖不同类别，例如在学术类中就涵盖文学、历史学、哲学、经济学、政治学、社会学、法学、战略学、传播学等领域。

这是一项需要进行长期努力的理论基础建设工作，这又是一项极其艰巨的系统工程。基础理论建设严重滞后，学术界理论创新观念不足等现状是制约因素之一。然而，当下中国的舆论场，存在思想乱象、理论乱象、舆论乱象，流行着种种不利于社会主义现代化事业和安定团结的错误思潮，迫切需要正面发声。

经过六十多年的社会主义道路奠基和三十多年的改革开放，我们积累了丰富的实践经验，迫切需要形成中国本土的理论创新和中国话语体系创新，这是树立道路自信、理论自信、制度自信、文化自信，在国际上争取话语权所必须面对的挑战。我们将与了解中国国情，认同中国改革开放发展道路，有担当精神的中国学派，共同推动这项富有战略意义的出版工程。

中信集团在中国改革开放和现代化建设中曾经发挥了独特的作用，它不仅勇于承担大型国有企业经济责任和社会责任，同时也勇于承担政治责任。它不仅是改革开放的先行者，同时也是中国道路的践行者。中信将以历史担当的使命感，来持续推动中国道路出版工程。

2014年8月，中信集团成立了中信改革发展研究基金会，构建平台，凝聚力量，致力于推动中国改革发展问题的研究，并携手中信出版社共同进行“中国道路丛书”的顶层设计。

“中国道路丛书”的学术委员会和编辑委员会，由多学科多领域的专家组成。我们将进行长期的、系统性的工作，努力使“中国道路丛书”成为中国理论创新的孵化器，中国学派的探讨与交流平台，研究问题、建言献策的智库，传播思想、凝聚人心的讲坛。

孔丹

2015年10月25日

前言　两个苦行者的思想碰撞

本书的调研和思考，基本上是在山野里完成的。我与巴基斯坦国防大学校长顾问埃贾兹·阿克拉姆（Ejaz Akram）教授一起在喀喇昆仑山、希格尔河谷、开伯尔山口、白沙瓦古城、朝鲜半岛南部的山里以及成都等地进行了实地考察和座谈。其间，我们就中国与伊斯兰世界的文化交流和文明互鉴进行了七次长谈。这些对话当时有的录音了，有的没有，对话的内容都是事后我根据零碎的记忆重新梳理的，对话的背景多是佛教与伊斯兰教通过喀喇昆仑山传向中国的历史。

我们实地调查的地方多是罕有当代中外学者去的、风险较大的，甚至有争议的地区，如斯卡杜、希格尔、开伯尔山口和白沙瓦。我们还去了韩国光州，考察了公元4世纪从塔克西拉（伊斯兰堡西北部约50公里处）来的高僧摩罗难陀所建造的朝鲜半岛上第一座佛教寺庙。我们把这种考察作为激发头脑风暴的行走式研讨会。我又把在这些考察途中与阿克拉姆教授各种场合的交谈整理成了七篇对话，作为本研究报告的核心组成部分。

为了听取更多学者对本书研究主题的意见和观点，2017年春天和冬天，我邀请阿克拉姆教授参加了我分别在清华大学和韩国光州组织的两场题为"'一带一路'与亚洲文明"的论坛。我还通过清华大学"2017杰出海外学者访问计划"邀请阿克拉姆教授来清华大学进行了一个半月的研讨、讲学，其间阿克拉姆就课题涉及的重大问题与课题组其他成员进行了面对面研讨，我们一起赴南京考察了郑和墓地。2018年5月、2019年1月，我先后邀请阿克拉姆教授到北京和重庆，梳理写作思路，探讨一些疑难问题。

本书从头到尾都在讨论中国传统文化与伊斯兰传统文化的相通之处，同时讨论并试图解答共建"一带一路"过程中一些国家所面临的问题，如巴基斯坦与阿富汗面对的一些紧迫的政治文化问题。阿克拉姆教授强调，传统的伊斯兰文化具有与儒家文化兼容并包的基础，历史上在交往和传播过程中与中国本土的儒家文化发生了深度的融合。阿克拉姆建议，未来，各个伊斯兰国家，尤其是邻近中国的伊斯兰国家，在“一带一路”的基础上与中国发展合作时，需要对自身进行文化改革，以克服国内面临的伊斯兰原教旨主义以及其他诸多文化问题。阿克拉姆教授对理解伊斯兰原教旨主义提出了独特观点。他指出，所谓宗教原教旨主义是20世纪出现在现代社会里的一种新型的意识形态，反映的是一些人对想象的信仰教条的刻板追求。然而，伊斯兰文化传统与原教旨主义大相径庭，传统意义上的伊斯兰信仰包含多样的文化，强调和平与包容。当代一些政治力量广泛地将伊斯兰信仰描绘成一种原教旨主义的宗教信仰，在国际上刻意宣扬民族之间或宗教之间的对立，并在中国境内煽动民族冲突。这种情况的发生，不仅会对共建“一带一路”产生阻碍，更将成为未来中国社会的不稳定因素。

我们除了在沿途调研的头脑风暴中形成了“两个东方学者跨文明的系列对话”，还围绕中国与共建“一带一路”的伊斯兰国家的民心相通撰写了五篇文章，包括《“一带一路”上的伊斯兰国家》《准确认识伊斯兰传统和伊斯兰世界》《中国与伊斯兰世界的沟通渠道与理解障碍：穆斯林对世俗、性别和性的看法》《深入伊斯兰内部世界：走进“塔利班大学”和阿富汗塔利班》《“一带一路”的宏大叙事与精细写作》。

阿克拉姆教授在探讨了解伊斯兰信仰和伊斯兰文化对中国的现实意义时，谈到当代人们，包括伊斯兰世界内部的人们，对伊斯兰信仰的一些误解，以及这些误解对中国的影响。冷战以后，塞缪尔·亨廷顿（Samuel Huntington）在历史学家伯纳德·刘易斯（Bernard Lewis）的影响下宣扬文明冲突理论，对冷战后国际秩序进行阐释。阿克拉姆教授认为，刘易斯与亨廷顿两位学者从西方的视角构建文明冲突论背后的一个重要思路在于防止伊斯兰文明与儒家文明形成联盟。与西方崇尚“分而治之”与零和博弈的文化相反，传统意义上的伊斯兰文化在精神内核上与儒家文化有相通之处，主要包含了统一和平、融会贯通的团结思想。然而，随着文明冲突论与伊斯兰原教旨主义在当今国际社会的流行，伊斯兰信仰时常受到有组织的曲解与妖魔化，以致世界上很多人对伊斯兰世界存在着很大的误解，这不利于中国与伊斯兰世界各国发展和平友好关系。为了让中国社会从穆斯林的视角正确理解传统意义上的伊斯兰，阿克拉姆教授在本书中分别对伊斯兰世界观、伊斯兰的教派区别、伊斯兰信仰与文化的关系、伊斯兰信仰与经济进步思想的关系等话题进行了深入的探析。

在探讨中国与伊斯兰世界相互了解的阻碍时，阿克拉姆教授认为，现代社会中很多人对世俗与世俗主义的认识都潜移默化地受到了西方文化观念的影响，即认为世俗主义应当与宗教和精神信仰绝对对立。单纯从西方历史经验出发的绝对的世俗主义，无论是在人类面对的政治问题上，还是在经济和环境等问题上，都对人类近现代历史和自然环境产生了巨大的不良影响。阿克拉姆教授认为，虽然中国不同于伊斯兰国家，不以宗教作为文明的基础，但是中国传统文化与伊斯兰文化对世俗的理解都有别于西方。两种文化都强调人的生活应该具备世俗追求与精神信仰的融会贯通，反对极端的世俗主义。在性别问题上，阿克拉姆教授认为，当代西方自由主义强调的性别平等与极端的世俗主义类似，反映了一种与自然对立的虚假的平等观念。同时，传统的伊斯兰信仰与中国文化传统类似，强调性别间的和谐与融合。传统的伊斯兰信仰与中国文化传统殊途同归，不应当存在隔阂。只有中国学者与穆斯林学者深入交流双方的文化，并使人民通晓理解，中国才能更好与伊斯兰世界实现和平团结。

阿克拉姆教授还讨论了未来伊斯兰世界的和平对“一带一路”建设的重要意义。通过探索不同的全球化模式对世界各国社会、经济以及政治产生的影响，尤其是对伊斯兰国家产生的影响，阿克拉姆教授分析了西方世界中流行的敌视穆斯林的观念的形成过程，及其对未来全球化进程的启示。随着中国通过“一带一路”在伊斯兰国家的经济活动越来越多，在与共建“一带一路”的伊斯兰国家交往，特别是在与位于中国周边的巴基斯坦、印度尼西亚等伊斯兰国家的交往中，中国应当避免产生西方由一神教传统带来的“黑白分明”的思想倾向，防止像以美国为首的部分西方国家那样，在处理与伊斯兰世界的关系方面陷入“文明冲突”的泥淖。

中庸的价值观被中华文明和伊斯兰文明共享。伊斯兰文明和儒家文明都提倡中间道路，不提倡过度的消费主义、市场原教旨主义和新自由主义。中华文明和伊斯兰文明都宣扬中庸，避免极端主义。与此相反，以物质消费主义和市场为中心的现代主义失去了几千年来人类文明所倡导的精神中心，现代主义正在走向极端主义。作为现代主义势力之一的新自由主义也已经走到了尽头，人们在漫长的黑暗隧道的尽头看到了亮光。

中共中央办公厅、国务院办公厅于2017年1月联合印发了《关于实施中华优秀传统文化传承发展工程的意见》。2017年7月，中共中央总书记、国家主席、中央军委主席习近平主持中央全面深化改革领导小组会议，审议通过了《关于加强和改进中外人文交流工作的若干意见》。2019年5月15日，在出席亚洲文明对话大会开幕式发表的主旨演讲中，习近平旗帜鲜明地指出，“道法自然、天人合一是中华文明内在的生存理念”。这充分表明，在“一带一路”背景下，习近平为复兴中华优秀传统文化做出了巨大努力，有意识地复兴中国在学术、治理和艺术领域的物质文化、精神思想和知识范式。中华优秀传统文化的复兴不仅有益于中国，还给共建“一带一路”的伊斯兰国家带来了希望。

这本书除了包含我和阿克拉姆教授的对话的正文外，我的同事和学生还为这本书编写了厚厚的附录。附录部分是理解我和阿克拉姆教授在大雪山里跨文明对话的必要的知识、背景、解释和补充。为此，我要特别感谢参与附录部分编写工作的这群可爱的青年学子，他们分别是：

孙力舟，撰写了《研究伊斯兰智库的现实意义》、《共建“一带一路”伊斯兰国家国别智库研究》、《伊斯兰国家智库如何塑造媒体议程》、《阿拉伯媒体对“一带一路”的报道研究》、《埃及媒体对“一带一路”的报道研究》、《伊朗媒体对“一带一路”的报道研究》、《马来西亚媒体对“一带一路”的报道研究》和《印度尼西亚媒体对“一带一路”的报道研究》，他还与我合作撰写了《中国与伊斯兰国家民心相通》一章。

尹佩娃（Pizwak Imtiaz），撰写了《伊斯兰智库的历史与发展》、《共建“一带一路”伊斯兰国家国别智库研究》、《伊斯兰世界超级思想库——马德拉萨》和《伊斯兰智库对中国及“一带一路”倡议研究分析》。

毛伟，撰写了《新华社关于伊斯兰国家的新闻报道研究》、《伊斯兰国家主流媒体“一带一路”报道样本分析》、《巴基斯坦媒体对“一带一路”的报道研究》和《马来西亚媒体对“一带一路”的报道研究》。

洪雁，撰写了《哈萨克斯坦媒体对“一带一路”的报道研究》、《尼日利亚媒体对“一带一路”的报道研究》和《乌兹别克斯坦媒体对“一带一路”的报道研究》。

明竺（Zoom Khan），撰写了《伊斯兰智库的历史与发展》和《共建“一带一路”伊斯兰国家国别智库研究》。

张立飞，撰写了《共建“一带一路”伊斯兰国家国别智库研究》，并编译了《当代世界主要伊斯兰运动名词解释》（李希光审校）。

西德拉·塔里克·贾米勒（Sidra Tariq Jamil），撰写了《超越媒体框架，认识伊斯兰世界》。

骆怡男，撰写了《西方媒体是如何报道伊斯兰世界的》。

吴艳梅，撰写了《巴基斯坦媒体对中巴经济走廊的诉求与态度》。

张帅，撰写了《土耳其媒体对“一带一路”的报道研究》。

郑姣，撰写了《中东国家媒体发展现状及中国对外传播研究》。

此外，我还要感谢下面这些为本书的某些章节的翻译付出艰辛劳动的朋友：孙力舟翻译了《共建“一带一路”伊斯兰国家国别智库研究》、《准确认识伊斯兰传统和伊斯兰世界》和《中国与伊斯兰世界的沟通渠道与理解障碍：穆斯林对世俗、性别和性的看法》。张立飞翻译了《准确认识伊斯兰传统和伊斯兰世界》，他还与孙力舟共同翻译了《伊斯兰世界超级思想库——马德拉萨》《共建“一带一路”伊斯兰国家国别智库研究》。洪雁翻译了《超越媒体框架，认识伊斯兰世界》、《伊斯兰智库的历史与发展》和《准确认识伊斯兰传统和伊斯兰世界》。郑润民翻译了《伊斯兰智库的历史与发展》。陈佳颖翻译了《伊斯兰智库对中国及“一带一路”倡议研究分析》。

我希望这本书能给读者提供以下帮助：（1）有助于中国及伊斯兰国家中和“一带一路”相关的工作人员及部门能依据伊斯兰国家政治、社会的真实情况制定政策；（2）有助于加强中国与伊斯兰国家的双边和多边关系；（3）有助于共建“一带一路”的伊斯兰国家与中国共赢共富；（4）有助于普通中国人超越西方和媒体的认知视野，了解一个真实的伊斯兰世界。我是一名新闻教育工作者，作为个人兴趣，几十年来一直关注中国通过喀喇昆仑山和兴都库什山与中亚、西亚和南亚发生的跨文化交流，近年来在中亚、西亚和南亚沿着丝绸之路采访、写作和教学。但是，由于本人不是专业的伊斯兰研究者，如果本书出现任何错误和不妥之处，欢迎读者批评指正。

本书在编写过程中正逢新冠病毒开始肆虐全球。作为一种在纳米尺度下才能观察到的病毒，新冠病毒已成为全人类面临的严峻挑战。新冠病毒不仅使全球经济、公共卫生和社会生活不堪重负，还以前所未有的力量冲击着社会的所有领域，甚至影响家庭和个人的生活方式。新冠病毒在通过警告性的磨难给人类一个再启蒙教育——人类不会天长地久，人类只是宇宙中渺小的过客，人类应该珍惜自己在宇宙中短暂的停留时间，人类应该相互友爱，人类之间没有任何理由嫌弃彼此。近年来，新冠病毒给人类带来的涂炭，显示人类在天地面前是弱不禁风的。人类唯有不分种族、不分信仰、不分国家，同舟共济，实现世界人民的大团结，才能共渡难关。

过去几个世纪里，西方通过其现代性宣传和殖民扩张，不仅困扰了东方国家，还制造了东西方之间的对抗。这种二元对立的西方现代性意识形态在新冠病毒大敌当前的时刻也发挥了作用，以美国为首的一些西方国家并没有收敛，有的国家的政界人士甚至变本加厉地把中国和中华民族当成所谓“价值观”的敌人，试图加深东西方人民之间的对抗。新冠肺炎疫情的暴发应该使那些西方现代性的追求者觉醒。从 2500 多年前的儒释道启蒙到 300 多年前的欧洲启蒙，今天人类进入了一个再启蒙或新启蒙阶段——东方“和而不同”的信仰将再次成为拯救人类的最后的手段。

李希光

2020 年 4 月 28 日

目　录
Contents

第一部分
两个东方学者关于文明互鉴的对话

1　第一场对话：有关伊斯兰世界真实知识的生产与获取

夜里从机场出来，月光下，一个身穿白色长袍、套着黑色马甲的大胡子年轻人开着一辆小车来接我。没有持枪的保镖，也没有架着机枪的警车在前面开道。街上看不到一个警察，更没有反恐部队设置的路障。皎洁的月光下，汽车行驶在车辆稀少的林荫大道上，我打开车窗，深深地吸了一口窗外的清新空气。我感觉好像回到了30年前的巴基斯坦，一切是那么平静、安宁。

“当前对伊斯兰国家有两种叙事：一种是负面叙事，另一种是正面叙事。究竟哪一种叙事更接近真实呢？是恐怖主义袭击和战乱的叙事，还是社会经济发展的叙事？是描述破坏的叙事，还是描述建设的叙事？是起到摧毁历史作用的叙事，还是起到建设历史作用的叙事？是政客的叙事，还是普通人的叙事？是新闻语言的叙事，还是人性语言的叙事？”我在伊斯兰堡召开的纪念巴基斯坦建国70周年的研讨会上演讲时说，“我们应该到伊斯兰国家多走走、多看看、多听听，而不是依赖被人操纵的媒体去了解一个国家的真实情况”。

“我跟李教授深有同感，”时任德国驻巴基斯坦大使马丁·考伯乐说，“我为了了解巴基斯坦的真实情况，搞清楚巴基斯坦到底是不是恐怖主义国家或恐怖主义庇护所，从伊斯兰堡乘坐拥挤的火车去拉合尔，发现巴基斯坦是一个非常美好的国家，具有巨大的发展潜力。”

“我们的新总理阿巴西上任后，他自己出门也只带一辆警车护卫。”参议院秘书阿斯拉姆听完我的演讲评论道。

“我经常开车去白沙瓦和斯瓦特，我也从来没有雇用过保安护送。”在伊斯兰堡做生意的表弟说。他在巴基斯坦经营一家旅馆。

“为了寻求知识和真理，我们应该采取一种平衡的叙事，”穆沙希德·侯赛因参议员说，“毛泽东主席说，百花齐放，百家争鸣。一个民主国家应该实行

‘双百方针’，要能听到各种不同的叙事和不同的声音，在我们伊斯兰国家更应该如此。”

晚上，表弟请我和阿克拉姆夫妇在伊斯兰堡吃烤羊肉。车子开进热闹的美食一条街，街道两旁是各式餐厅和茶馆。我们的车子停在一家门口红招牌上写着三个中文大字“老地方”的餐厅旁。这是一家来自开伯尔山口的普什图人开的馆子，年轻的伙计用中文招呼我们停车。老板指着案板上挂着的十几头已经宰好的肥羊，用流畅的中文问我们“你们几个人，吃几磅”。

坐在二楼一间专为中国人开设的雅间里，我和阿克拉姆开始了一场对话。

李希光日记

2017 年 10 月 1 日

1.1　知识生产权是最大的话语权

阿克拉姆：“知识就是权力。”从历史和现实来看，这都不是一句空话。西方国家对世界的霸权，部分源自它们对东方国家，尤其是对伊斯兰世界及传统的海上丝绸之路和陆上丝绸之路所掌握的知识。为了“一带一路”建设，今天中国学界和智库在相关伊斯兰国家的知识生产的状况是什么样的？

李希光：在文化和思想意识形态上，中国与丝绸之路经济带的伊斯兰国家，特别是与中国周边的伊斯兰国家失去了紧密的交流沟通。汉朝在中亚有西域都护府，唐朝在中亚有安西四镇，清朝在中亚和南亚有众多的藩属国，如巴达克山、坎巨提、锡金、不丹、尼泊尔、拉达克，以此来保障丝绸之路的安全畅通。位于今天巴基斯坦北部的坎巨提王国（后称罕萨王国），对中国的朝贡从清朝乾隆年间一直延续到民国二十年（1931 年）。2015 年，我在穆沙希德参议员陪同下，在罕萨王宫采访了坎巨提的埃米尔。今天，中国在共建“一带一路”国家中没有自己的政治文化圈，在共建“一带一路”国家中没有自己的军事盟国。但是今天，美国为巩固其全球领导地位，通过“颜色革命”等手段，使得许多共建“一带一路”国家成为美国的盟友或国土上有美军驻扎。这在政治、军事、经济和外交方面都对推进共建“一带一路”造成巨大的障碍。从相关地区和伊斯兰国家的知识生产来看，17 世纪以来，英国以加尔各答为中心，建立海上丝绸之路霸权，其知识生产开始渗透到莫卧儿、阿拉伯、奥斯曼和波斯等国家和地区，派遣了大量学者深入亚洲内陆和伊斯兰世界，撰写出版了数以千计的一手调研专著。而在同一时代，即中国明清时期，中国人对伊斯兰世界几乎没有进行过完整的第一手调研。明朝永乐皇帝曾派遣陈诚多次出使西域，足迹远及帖木儿帝国名城哈列（今阿富汗赫拉特），并著有《西域行程记》和《西域番国志》两本纪实性报告呈送朝廷。但是，清朝以来，包括民国和新中国时期，在新疆之外的广大伊斯兰地区（我称其为外西域）产生的学术和大众读物甚少。即便共建“一带一路”倡议已经提出多年，但由中国人写的有关“一带一路”核心区——外西域的一手调研书籍仍然凤毛麟角，几乎难以寻见。我们在中国的网络上和书店里看到的多是美国策划出版的《追风筝的人》这类畅销书。我这次来伊斯兰堡，在英文书店里看到的仍然是大量由盎格鲁－撒克逊作者写的把共建“一带一路”的伊斯兰国家和人民“他者化”的书籍，如《危机地带：阿富汗、巴基斯坦、伊朗、伊拉克》《奥巴马的战争》《错误的敌人》《大博弈：1856—1907》《无处逃身的巴基斯坦》《来自巴基斯坦和阿富汗边境的普什图人的故事》《一个毛拉武士的忏悔》《阿富汗地毯》《地毯战争：走进伊斯兰心脏》《阿拉伯人在阿富汗的战争》《塔利班》《一个差点成为阿富汗国王的美国人》《上帝的士兵：与阿富汗和巴基斯坦伊斯兰武士在一起的日子》《塔利班洗牌：在阿富汗和巴基斯坦的奇特岁月》《再见喀布尔：从阿富汗来到一个更危险的世界》。近年来，一直在中国畅销书单上名列前茅的是美国人写的《追风筝的人》。一位学者在我的朋友圈里这样留言：“看完了《追风筝的人》，才明白一种价值观是如何巧妙输出的。作者借怀有民族歧视观点的将军岳父之口，把写小说和编故事等同起来，似乎是想为自己正名。但这个故事编织得未免太精彩了——苏联的入侵结束了作者美好的童年，奉行穆斯林固有信仰的神学士们造成了今天的苦难；只有在美国，有所有一切的美好——能够读懂阿米尔的温柔妻子、体面有尊严的生活和在海滩放风筝的自由。作者是在暗中告诉我们美国学者福山的观点，即美国的制度是人类最后的也是最完美的制度。在友谊、亲情和人性救赎的脉脉温情下，西方文明已然在文明的顶峰上巍巍挺立，俯视其他野蛮文明，好不壮观。”在知识生产、制度设计和政治/经济政策中，西方长期采用将所谓的“东方”建构为异质的和“他者化”的思维模式。比如，这本小说，让世界舆论专注于伊斯兰文明的野蛮和恐怖。同样，放大中国的所谓“涉疆问题”，让国际舆论专注于中国共产党的所谓“专制和独裁”，从而达到妖魔化中国和伊斯兰世界等东方文明的目的。

阿克拉姆：这种排斥和“他者化”穆斯林和伊斯兰国家的源头在哪里？

1.2 处在全球思想文化边缘的伊斯兰话语与中国话语

李希光：伊斯兰话语体系跟中国话语体系一样，都处在全球思想文化的边缘。与伊斯兰国家和人民沟通的误区，源自伊斯兰处在美国主导的世界秩序和话语体系边缘。伊斯兰文明处在经济全球化和思想文化全球化的边缘，伊斯兰现有秩序无法融入美国主导的西方秩序，伊斯兰话语体系遭受着美国主导的西方话语体系的排斥。比如，当代西方人的作品常常将伊斯兰世界和中国视为西方的对立面，“他们”是“我们”（西方）的反面。东方主义旨在让东西方之间形成明显的分野，以此突出西方文化的优越性。

阿克拉姆：法国和英国殖民东方国家时，和当代美国等干涉阿富汗、伊拉克、利比亚和叙利亚一样，东方主义对它们来说在政治上有利用价值。比如，它们通过描绘伊斯兰国家的暴君、原教旨主义、恐怖主义等来妖魔化伊斯兰世界。这样，“恐怖主义话语”成了全世界很多人有关伊斯兰叙事的集体记忆。西方把自身的价值判断体系强加到伊斯兰国家和民族的文化里，在社会舆论和公众认知上，把伊斯兰国家、民族、文明跟恐怖主义画上了等号。

李希光：由于西方媒体制造了“恐怖主义主导伊斯兰文明”的认知，人们对整个伊斯兰世界产生恐惧心理，而想象不到生活在漫长的丝绸之路沿线的亿万人民群众在憧憬和平幸福的生活。这种“伊斯兰恐惧症”的话语体系就是一种影响深度沟通的语言障碍。美国从官方到民间，从政治、经济、文化、教育、宏观布局到突发事件阐释，形成了一整套的话语霸权体系。在西方媒体看来，在中国和伊斯兰国家问题上，西方代表真理、正义，中国和伊斯兰国家因代表

“邪恶”“专制”而受到歧视和排斥。爱德华·萨义德在《报道伊斯兰》中指出，描述、报道和诠释伊斯兰世界的是美国政府、学界和大众构成的社群。

阿克拉姆：美国国会和政府通过各类基金会和非政府组织，在伊斯兰国家通过资金、广告、培训、教育和文化交流进行渗透，自由世俗派控制下的媒体几乎完全服从于美国。例如，巴基斯坦现在有35个乌尔都语频道，这些频道曾是亲中国的，但现在已经发生了变化。80%的巴基斯坦乌尔都语频道接受美国的资金、广告和稿件支持。比如，默多克向旁遮普的两个频道提供资金，这两个频道的内容、立场和议题就改变了，它们基本上成为帮美国说话的频道。以巴基斯坦媒体为例，英文报纸设置议程，乌尔都文报纸供大众娱乐和政客攻击，电视是话语权的主战场，政客相互揭丑。社交媒体更是政客相互攻击的平台，推特打头，脸书紧随。巴基斯坦的年轻人往往只关注娱乐性的社交网络信息。传统媒体和网络社交媒体上到处都是假新闻。

1.3　“他者化”伊斯兰世界不利于“一带一路”

李希光：“他者化”伊斯兰世界将损害“一带一路”以历史性倡议的形式实现亚洲的大团结与经济的大发展。借助西方学界及西方政策制定者的视角来理解伊斯兰世界，有悖于中国利益，更不利于“一带一路”的投资和建设。其原因在于：第一，西方将伊斯兰世界视作威胁及潜在敌人，而中国则致力于同伊斯兰世界发展持久的战略与经济伙伴关系；第二，中国并没有像西方那样对穆斯林有着憎恶的历史，相反，中国的政治、经济崛起与伊斯兰世界紧密相关。因此，中国必须基于对伊斯兰文化的直接学习与了解来理解伊斯兰世界，而不是通过西方的报道、文章和影视作品来看伊斯兰世界，甚至站在西方视角，把伊斯兰世界视为敌对势力。中国在推动构建新型国际关系的过程中，不应忽视伊斯兰世界的重要性。当代中国不能重蹈西方的覆辙，不应将穆斯林视为“他者”。很多人受到有偏见的媒体和西方“他者化”图书的影响，“伊斯兰恐惧症”越来越严重，对所谓伊斯兰恐怖主义的恐惧越来越强烈。目前，中国有些人对伊斯兰世界的认识受到了西方舆论和夸大其词的西方媒体的影响。与此同时，从一些媒体的报道和制造的网络舆论看，俾路支斯坦，作为中巴经济走廊

（CPEC）的关键地区，好像这里的人在反对中巴经济走廊。例如，2017 年 5 月下旬，首届“一带一路”国际合作高峰论坛召开几天后，有两个中国基督教传教士在中巴经济走廊核心区遭绑架，后来被杀害。这件事情发生后，一位学者在中巴两国智库举行的一次圆桌会上说，“俾路支这场血腥事件本质上是一神教内部的宗教杀戮，是伊斯兰极端主义与基督教极端主义的冲突，与国家无关，与中华文化更无关。也许恐怖分子都不知道那两个人是中国人，只知道他们是韩国基督教组织的传教士。在伊斯兰极端主义者的乌玛里是没有国家的，被杀者更多地被视为异教符号，而不是国家符号”。巴基斯坦驻华使馆透露，共有 13 个韩国支持的中国基督徒打着去巴基斯坦建设中巴经济走廊的名义，获取了商务签证。进入巴基斯坦境内后，他们躲避巴方提供的警方保护，藏匿于韩国人在奎达租的房子里，秘密传教。巴基斯坦政府一直没有向媒体披露这两个基督教传教士的真实身份，以防引起巴基斯坦人民对中国人民和中巴经济走廊的严重误解，引发更大的安全隐患。我们这次在巴基斯坦调研期间，巴基斯坦三军宣传部部长亲口对我们说，“中巴经济走廊是安全的。但是，如果你向我们隐瞒你的行踪，去了我们明确划定为不安全的地方，那你就要对自己负责了”。中国在伊斯兰堡的一个资深外交官也对我们说，“中巴经济走廊没有死过一个人”。

阿克拉姆：伊斯兰国家的人不会把儒家学说当成异教去敌视。我们去了被西方视为伊斯兰极端主义和恐怖主义的大本营——白沙瓦。白沙瓦城市大学校长还请您到他家里，设宴隆重招待您，大家聊到很晚。他请您吃饭不就是让您帮助他想办法，请中国有关部门批准，在白沙瓦设立一个孔子学院吗？除美国等某些西方国家之外，几乎没有伊斯兰国家要关闭孔子学院，更没有攻击孔子学院的。

李希光：我从伊斯兰堡孔子学院院长张道建那里了解到，伊斯兰堡孔子学院每学期只招生几百人，但每次都有上万人报名。在巴基斯坦，很多大学和机构争着要办孔子学院。

阿克拉姆：对发起“一带一路”倡议的中国来说，填补有关伊斯兰世界的知识与研究真空，扭转看待伊斯兰世界的“东方主义”倾向和对伊斯兰“他者化”的认识倾向尤为重要。

李希光：消解“他者化”问题需要伊斯兰国家和中国的学者、研究人员、艺术家和媒体人员之间密切交流，消除彼此的顾虑。中国学者和记者应该同伊斯兰国家的学者和记者就有关伊斯兰教的神话和误解，特别是影响许多伊斯兰国家的极端主义和恐怖主义等问题定期举行对话，以了解伊斯兰文化的深层次问题。伊斯兰国家的智库和学者同样有责任让中国学者明白，伊斯兰本意为和平，旨在促进世界和平。“和谐”的核心是接受差异，并基于差异进行沟通。“一带一路”建设的基本原则应该是融入和包容其他文化与文明，而不是强迫和改造它们，让它们变得和自己一样。和谐是团结和多样性的结合，而非强求统一性。中国和伊斯兰世界应该根据这一原则，营造和保持相互尊重的环境。

1.4　绕过西方，中国与伊斯兰世界直接倾听对方

阿克拉姆：有关中国和伊斯兰国家的思想与文化交流，您有哪些具体可操作的想法和做法？

李希光：通过学者和记者的思想交流，我们应该争取在国际上获得相关议题的设置权力和影响力。这些议题包括有关“一带一路”的话语体系中公共议题的设置、中国与各个伊斯兰国家间的对话议题、中国与伊斯兰各区域间的对话议题、中国各民族与伊斯兰世界各族群间的对话议题、中国人与伊斯兰国家公民个人间的对话议题、中国与伊斯兰国家智库间的对话议题、中国对国内穆斯林及穆斯林占人口比例较大的地区的政策等。

阿克拉姆：双方具体需要哪些人士参与这种交流和议题设置？

李希光：参与思想交流和议题设置的中国与伊斯兰国家人士，包括政府官员、作家、新闻记者、科学家、经济学家、文化艺术界人士和青年领袖。

阿克拉姆：参与中国和伊斯兰国家思想与文化交流及议题设置的组织机构、平台渠道有哪些？

李希光：参与机构除了政府外，还应有智库、大学、社会组织、国际组织和金融机构。国际组织包括上海合作组织（简称“上合组织”）、伊斯兰合作组织等。金融机构包括亚洲基础设施投资银行、丝路基金、国家开发银行等。

阿克拉姆：这种文化和思想交流的产出是什么？

李希光：中国与伊斯兰的文明交流互鉴的文化产品包括专著、论文、专栏文章、新闻报道、小说、儿童作品、电影、纪录片、网络视听作品、绘画、雕塑、博物馆等。

阿克拉姆：我们都是大学教师。作为教师，您认为中国与伊斯兰国家在文化教育上可以开展什么合作项目？

李希光：中国与各伊斯兰国家需要互设语言和文化学习项目，包括在孔子学院和伊斯兰国家名校设立中国语言文化系。中国有实力的大学应广泛接收伊斯兰国家的留学生，同时派中国的教师和学生去伊斯兰国家的名校教书或留学。有条件的中国大学要积极推动去伊斯兰国家进行文化游学的项目，沿着古丝绸之路和今天的“一带一路”设置专门课程，组织在校大学生开展跨文化学习和研究。

阿克拉姆：您前面认为，要了解真实的伊斯兰世界，就不要仅听西方人的，要多听伊斯兰国家和人民的声音。您还指出，应该关注伊斯兰国家的智库和学者的著作，不要只盯着欧美智库。那么，您对中国与伊斯兰国家的智库合作有何具体设想？

李希光：中国应加大对穆斯林思想界和知识界的深入了解，并与其合作开展研究，甚至出资在相关国家设立智库，为该国与“一带一路”对接政策和项目服务。伊斯兰世界被西方视作一种威胁，在东方主义的视角中被具体化并得到广泛研究。这种状况导致外界加深对伊斯兰的误解，并引发外部干预。结果不仅加剧了西方主流社会对穆斯林身份的偏见，也严重误导中国对“一带一路”上的伊斯兰国家的认识。在整个伊斯兰世界，智库数量总体来说比较少。这意味着伊斯兰国家有强大的智力资源潜力待开发，意味着中国在共建“一带一路”的伊斯兰国家开发当地智力资源有大量的空间。中国通过在共建“一带一路”的伊斯兰国家设立智库或者与当地智库合作，可以激活这种潜力。伊斯兰世界的智库可以帮助“一带一路”制造、聚焦、放大和传播大量的正能量议题，比如教育、健康、扶贫、农业、贸易、工业、法律、种族、政治、社会凝聚力等，同时能够提出相关的解决方案。如果中国与伊斯兰国家共建的智库能摆脱西方对伊斯兰国家的偏见和误导，那么中国参与建设的智库将能更好地理解这些国家的政治、经济与社会状况，帮助这些国家做出契合“一带一路”和伊斯兰国家实际需要的政策议题和决策。

阿克拉姆：目前中国与伊斯兰国家智库的合作现状如何？

李希光：中国围绕“一带一路”建立了数以千计的智库，其中一些智库多是寻求与西方国家智库的合作，很少会与共建“一带一路”的伊斯兰国家智库建立和保持关系。目前，“一带一路”上建立智库的成功案例是在中国驻巴基斯坦大使馆和中共中央对外联络部支持下、由巴基斯坦参议员穆沙希德建立的“巴中学会”。该学会成立以来，多次与清华大学等相关智库合作，先后举办了《习近平谈治国理政》英文版首发式（巴基斯坦总统参加）、《习近平谈治国理政》乌尔都语版首发式（巴基斯坦总理参加）、伊斯兰堡孔子文化节（巴基斯坦总统参加），并组织中国专家完成了对中巴经济走廊全程线路的实地考察。中国政府急需制定一个目标和计划，以巴中智库为模式，制定中国与“一带一路”上的伊斯兰国家的智库开展区域合作并与其保持持久伙伴关系的可行性方案。当下伊斯兰国家智库的状况也许大大落后于和其处于相近发展水平的其他国家，而且很多伊斯兰国家现有的智库的背后金主是西方国家。中国通过增强与伊斯兰国家智库的民间合作，可减少西方国家通过智库影响和干涉“一带一路”的议题设置和政策实施。在共建“一带一路”的很多伊斯兰国家中，中国应至少与当地知识界人士合作设立一个或两个智库，并与“一带一路”上的伊斯兰国家的智库建立一个长期交流的机制，确保中国知识界、思想界与伊斯兰国家的知识界和思想界深入交流，建立密切的友好关系。

阿克拉姆：除了在智库方面通过思想交流消解“东方主义”对伊斯兰国家的“他者化”之外，今天阻碍国际社会真实和正确认识伊斯兰世界的应该是新自由主义媒体，如CNN（美国有线电视新闻网）和《华尔街日报》等。

李希光：没错，连美国政治学家亨廷顿都认为，西方控制全球传播是造成非西方民族对西方不满情绪的重要根源。在当今世界，伊斯兰与穆斯林的形象长期受到西方一些政治力量有组织的歪曲与妖魔化。在西方，伊斯兰和穆斯林已经是一个被妖魔化了的话题。很多人认为这一现象是从不幸的“9·11”事件之后出现的，其实这一现象并不是新现象。这一现象早在伊斯兰与中世纪西方的关系之中就存在，但是在最近20年受到了高度关注。随着中国的崛起、西方的相对衰落和“一带一路”的推进，妖魔化伊斯兰和妖魔化中国的双重妖魔化现象值得高度关注，因为“一带一路”的成功有赖于伊斯兰世界的和平，更有赖于中国与伊斯兰国家的更深入的民心相通与文明互鉴。

阿克拉姆：受到西方媒体对伊斯兰和中国双重妖魔化的影响，当今中国社会与伊斯兰社会之间的确存在着许多的误解。中国和伊斯兰国家在推进共建“一带一路”倡议、加强相互理解与认识的进程中，必须突破西方的视角和框架，在中国和伊斯兰自身文化传统的基础上，双方学者和记者应建立直接的联系和沟通。

李希光：中国在维护世界秩序中正在担任关键的角色。因此，中国必须基于对伊斯兰文化的直接学习与了解来理解伊斯兰世界，而不是通过西方人的报道、文章和影视作品来看伊斯兰世界，甚至以西方视角把伊斯兰世界视为反派势力。不能忽视伊斯兰世界在加强构建新型国际关系中的重要性，我们需要同这些国家结为兄弟姐妹。没有伊斯兰国家的团结与复兴，中华民族伟大复兴的道路和共建“一带一路”将会比较艰难。

2 第二场对话：伊斯兰传统与西方现代性

脚踩在碎石崖道上，一步一步朝山崖顶部爬。爬了 300 米，还有最后 100 米，我仰头看见当地藏王建设的古城堡高高地矗立在顶部坚固的岩石上。这时，山脚下，在桃树、杏树、核桃树、苹果树掩映的古城，许多绿色圆顶的清真寺尖塔传来阿訇悠扬的礼拜声。

我停下脚步，转过身俯瞰悬崖下这座藏人的千年古城，从西藏阿里流下来的狮泉河穿过拉达克地区，在这里与希格尔河汇合，形成宽阔的印度河。这里的大峡谷位于喀喇昆仑山脉和喜马拉雅山脉之间，四周被群山峻岭团团包围。从北边穿过希格尔河谷和冰川可以到新疆和田，从西边穿过兴都库什雪山可以到阿富汗。汉文史料称此地为“大勃律”，当地人自称为“小西藏”（巴基斯坦巴尔蒂斯坦）。四座海拔 8000 米以上的雪峰坐落在这里，包括世界第二高峰乔戈里峰。我背靠着岩壁，站在仅有一米宽的峭壁上开凿的岩石道上，双手举起手机，拍摄脚下壮丽的景色。

大峡谷又传来了阿訇的宣礼声，我拍摄的双手开始颤抖，腿脚发软，一阵眩晕，有一种力量想把我从悬崖上拉向印度河大峡谷。身体好像要飘浮，要与万山之祖喀喇昆仑山、伟大的印度河和晴朗的天空化为一体。我停下手中摄像，用极大的内定力用力压住头脑里的幻觉和内心的冲动。我决定放弃这次攀登。我紧紧地扶着崖壁，半蹲着身体，一步一步地往山下走。与我同行的三个比我年轻的人已经快到悬崖顶了，我在下面完全看不见他们的身影。我怕他们在悬崖顶上看我没上去，担心我在攀岩过程中出事，我掏出手机颤颤巍巍地给他们发了一条短信：“我累了，我不上去了，在下面等你们。”

从攀岩的石阶下来，我回到半山腰一处安全的石台上，等候他们下来。第一个下来的是阿克拉姆教授。我向他说明为何没有登顶。“你犯了恐高症，”他说，“你的决定是明智而正确的。”

我和阿克拉姆教授在喀喇昆仑山腹地的那家小客栈开始了我们另一场有关中国－伊斯兰文明互鉴的对话。

李希光日记

2017 年 9 月 29 日

2.1 为什么伊斯兰国家的宗教人士更喜欢中国

李希光：今天下午在昆仑山悬崖上，我感受到了伊斯兰文化对我身心的震撼，听着宣礼声，望着蓝天、白云、雪山和印度河，真的有一种东方传统的天人合一的感受。

阿克拉姆：从中国与伊斯兰共享的传统来看，你看到的山下的那些宗教人士可能对中国一点儿都不了解，但是由于他们把中国视为伟大的东方文明，他们会比伊斯兰国家那些世俗阶层更喜欢中国。伊斯兰宗教界喜欢东方文明包括中国文明是因为其把西式现代主义当作自身传统的破坏者。今天西方现代性的代表便是现代的军事占领者美国，或者是前殖民者英国。

李希光：2012 年秋天，时任美国国务卿希拉里对美国驻利比亚大使遇袭身亡的事件感到疑惑不解。她说：“我自问，怎么会发生这样的事？怎么会在一个我们帮助解放的国家，在一个我们帮助免于被摧毁的城市发生这样的事？”那一年，由一部被认为包含了亵渎伊斯兰教先知穆罕默德内容的美国影片引发的抗议活动，席卷了几乎整个阿拉伯世界。100 多年前，中国也曾发生过类似事件。在义和团运动期间，德国驻华公使克林德在北京街头横行霸道，与清军巡逻队发生冲突后被杀。此后，德国皇帝威廉二世为远征中国的德国军人送行时说，“战士们，水兵们，德意志帝国的尊严受到了侮辱，在德国和其他西方国家的旗帜飘扬在北京的城头之前，我们决不停战”。从历史上看，中国传统与西方现代性也有矛盾和冲突。但是，我更想知道伊斯兰传统与西方现代性的矛盾表现在哪里？

阿克拉姆：我以我的祖国巴基斯坦为例，回答这个问题。巴基斯坦的精英是“精神英国人”（母语是英语），所谓西方化只是打着这种旗号向（有利于）自己的方向发展。在过去的70年里，巴基斯坦的精英们太过严肃地对待白人世界的规范，尽管西方民主体系不是唯一的治理形式。这种体系在世界上很多地区都普遍存在，包括巴基斯坦。具有讽刺意味的是，尽管将近一半的巴基斯坦人坚信民主是今天被认为合法的唯一体系，[1]但是，通常情况下，大多数人也对民主抱有怀疑态度，从接地气的咖啡馆闲话到高大上的客厅辩论，都表现出对民主的怀疑。我们在现代大众社会诞生前的历史，与其他传统社会一样，没有任何西方式的民主经验。后来，英国的坚船利炮带来了现代社会，并且取代了我们的传统。向新的现代生活方式的自愿转变（例如土耳其和伊朗），并不是我们巴基斯坦历史的一部分。英国殖民者使用暴力摧毁了我们的传统文化、政治思想和社会结构，并由现代社会加以替代。因为被殖民的程度太深，巴基斯坦的大量精英在知识、价值观和规范相结合的方面很是欠缺。一方面，这些精英继续追随现代主义的步伐，但另一方面，矛盾的是，虽然不是所有的精英，但是大多数精英仍然对他们的宗教传统——主要是伊斯兰教，有着坚定不移的依恋。当代西方虽然是一艘正在沉没的“泰坦尼克号”游轮，很难成为可以遵循的模式，但仍然是我们那些西化的精英的典范。为什么大多数巴基斯坦政治家顽固地坚持西方模式，而无法创造一个能为我们服务的政治体系？不能使传统与现代相结合，以及不能使我们的过去与现在融会贯通，是主要原因。

李希光：西方民主对于巴基斯坦这样的伊斯兰国家究竟是好，还是坏？

阿克拉姆：不管民主是好的还是坏的，巴基斯坦没有形成适合巴基斯坦国情的民主制度的原因在于，除了巴基斯坦自身的过错，也有西方的结构性缺陷。约翰·珀金斯在《一个经济杀手的自白》中很好地说明了这一现象。印度和巴基斯坦从西方那里学到了很多东西，中国、新加坡、韩国和日本也从西方学到了很多东西。但如今西方正在资本主义制度的重压下衰落，东亚人民正在摆脱贫困，建立持久的基础设施，国家向人民提供了更大程度的分配正义，然而，南亚国家继续受到发展不平衡问题的困扰。这种差异是政治制度的差别造成的。中国比印度和巴基斯坦更早地了解到这一点。中国共产党改变了国民党资本主义民主的路线，坚定地选择了社会主义制度。今天的中国民众比以往更确定，资本主义民主将给他们带来灾难。

2.2 伊斯兰学者看中国模式和中国道路

李希光：您如何看待中国处理传统与现代主义的关系？这与中国选择的发展模式和道路有什么关系？

阿克拉姆：在回答为什么中国没有采取西方在过去70年里一直在谈论的所谓的“普世价值”这个问题上，中国著名学者胡鞍钢的回应是这样的：“西方的（普世价值）就像社会主义大厦里的定时炸弹，让我们成为国家解体和历史倒退的受害者。现在他们（在西方）中的许多人面临着痛苦的自我反省，有些人嫉妒中国，因为中国没有偏离自己的道路……我不认为这种价值观会成为中国社会的主流趋势，因为中国有自己的价值观……”[2]中国很早就意识到，必须不惜一切代价避免“依赖西方道路”的灾难性后果。无论是西方式的议会民主，还是西方的新自由主义，都没有根植于中国的文化传统。这些力量及其伴随的系统都对中国人的生活、民族的道德和荣誉造成了影响。中国坚持走自己的道路。中国的西化只是表面上的，限于服饰和外在的规范，这足以愚弄西方，让其误以为中国也将成为一个像日本和韩国那样的顺从国家。但从内在来看，中国共产党从来没有偏离社会主义道路，这就避免了对西方道路的依赖。

李希光：您作为一个伊斯兰学者，为什么认为中国不能走西方化的道路？

阿克拉姆：毛泽东主席早就给出了答案。他把西方和中国之间的关系称为“先生和学生”。他说：“帝国主义的侵略打破了中国人学西方的迷梦。很奇怪，为什么先生老是侵略学生呢？中国人向西方学得很不少，但是行不通，理想总是不能实现。多次奋斗，包括辛亥革命那样全国规模的运动，都失败了。国家的情况一天一天坏，环境迫使人们活不下去。”“就是这样，西方资产阶级的文明，资产阶级的民主主义，资产阶级共和国的方案，在中国人民的心目中，一齐破了产。资产阶级的民主主义让位给工人阶级领导的人民民主主义，资产阶级共和国让位给人民共和国。”[3]因此，毛泽东领导下的中国共产党，创立了人民代表大会制度，而没有采用西方议会体制。[4]自社会主义制度建立以来，中国现行体制也在不断改革。接力棒从毛泽东传给了邓小平，以及后世的中国共产党领导人。这种传承和制度的重点在于，将不断清除中国人民在分配正义道路上的障碍。

2.3　发展中国家眼里，中国制度的优势

李希光：习近平提出四个自信——道路自信、理论自信、制度自信和文化自信。您认为中国政治制度的显著优势是什么？

阿克拉姆：中国崛起的原因之一，是坚持并完善自身政治制度，走上了一条巴基斯坦、印度和孟加拉国没有走的道路。就像巴基斯坦和印度一样，中国的土地曾被西方侵占，许多中国人曾被西方屠杀。但是中国人的思想不像南亚人的思想那样被深深地殖民。[5]部分原因是中国语言所造成的难以逾越的障碍。印欧语系的语言很容易被西方殖民者解读，他们曾经借此深入我们的社会，渗透到我们中间，招募我们的犯罪分子，系统地颠覆我们的思想和价值观。当然，历史的推动不能仅仅通过因果关系里的一个要素来理解，但这仍是理解中国成功而南亚各国不成功的一个重要因素。选择适合自己的文化、道路、人民的信仰和理想的政治制度的重要性，怎么强调也不为过。在20世纪六七十年代，当中国还是一个贫穷的国家时，其制度优越性的表现还不明显，但今天中国正是在最短时间内使人民摆脱贫困，从半殖民地国家转变成经济和文明上的超级大国。相对而言，在巴基斯坦，如果我们不明智地制定自己的路线的话，未来摆在我们面前的将有两个模式。一个模式是西方模式，擅长毁灭和杀戮，如今已经濒临崩溃；另一个模式是中国模式，擅长建设基础设施及和平共处。毫无疑问，我们应该选择中国模式。如今，巴基斯坦是世界上最具活力的国家之一，巴基斯坦人没有理解力或分辨力上的缺陷，我们当然可以设计出属于我们自己的一套制度。这样的制度将会是土生土长的，基于我们的需要、我们的历史现实和体现出我们自己的价值观体系的。这样做并不难，唯一的阻力是力量日益衰弱的西方国家，及其那些仍然在我们媒体和大学里进行知识殖民的代理人。

李希光：您认为，如果通过学习和借鉴中国发展模式中有价值和有用的东西，那么像巴基斯坦这样的政治制度西化的伊斯兰国家就可走出目前困境？您

的想法能获得那些西化的知识精英的支持吗？

阿克拉姆：从巴基斯坦的政治生活开始以来，没有其他人比伟大的领袖穆罕默德·阿里·真纳更多地强调避免建立议会制度或其他类似系统的重要性（从他的个人手写笔记中能看出来）。阿拉玛·穆罕默德·伊克巴尔的政治哲学也强调了这一举措的重要性：不要照搬西方制度，而应该钻研我们自己的智慧资源和政治惯例，让它们在当今充满挑战的环境中发挥作用。这些建国先辈的过早去世使得巴基斯坦人失去了明确的方向和政策引导。巴基斯坦曾尝试过各种政治制度，也经历过戒严时期，曾试行过五部宪法——一部是从英国继承下来的，另外四部是独立之后才有的。它的政党受到地域性、帮派性和缺乏远见的影响，政客和军方为争夺权力展开拉锯，地方和种族权力也威胁到国家团结。然而，向心的凝聚力比走向分裂的拉力更加强大，国家建设也在持续。

李希光：今天看来，巴基斯坦的国家建设的确在持续，特别是中国投入600亿美元巨资建设中巴经济走廊后，这表明巴基斯坦在谋求政治稳定方面已经取得了很大进展。难道民主在巴基斯坦所有可能的治理形式中不是最好的？

阿克拉姆：“民主是所有可能的治理形式中最好的”这种观念并不是通用的，而是一个有争议的想法。它在历史上一直有争议，在当代世界中仍有争议，即便整个世界都受到民主治理形式或者这一理想的影响。可以说，在20世纪的大部分时间里，民主是政府合法化的最重要的因素，即使某个政权实际上民主水平很低。在我们讨论巴基斯坦民主治理出现问题的原因之前，看看更普遍意义上的民主施政失败的原因也是有用的。在柏拉图式的希腊思想中，民主被认为是最不可取的治理形式之一。在伊斯兰思想史上，直到近代穆斯林哲学家还在坚持柏拉图式的理念，认为民主作为一种规则，意味着人类的堕落状态，只会在无政府状态或缺乏统治的状况下大行其道。直到近代，伊斯兰政治哲学始终遵循自上而下的原则，而非自下而上的原则。其他理想的政体类型，比如哲学王、各种各样的君主制、贵族制、军人政体和寡头政体都曾被认为比民主制更好，因为在这些制度下，国家的合法性不是来自“乌合之众”（他们被认为是知识水平较低的人），抑或是久经岁月考验的睿智的精神法则，而是来自在本体论意义上位居高位的人。根据这一观点，才学和精神上的精英更适合承担治理角色，而不是“群众”。然而，当现代性作为直接或间接殖民的思想根源被强加于传统社会时，一切都发生改变了。一些现代的穆斯林颠覆了他们的传统逻辑，并宣称民主不仅是符合伊斯兰的，而且是最好的治理形式。

2.4　伊斯兰传统中的“舒拉”

李希光：在伊斯兰传统中有“舒拉”（shura）这种类似于中国现行制度中的政治协商的概念，“舒拉”算不算一种有伊斯兰特色的民主？

阿克拉姆：穆斯林中大多数人认为“舒拉”或者协商的概念是民主，但是却并没有就这一概念形成共识。“舒拉”在伊斯兰教中的含义是协商。社会的各个层级之间都可以进行协商。“舒拉”的智慧是平实的：一个组织的首领不应该独自决定、影响在他之下很多人的事务。根据组织的规模，他应当咨询他认为合适数量的人的意见，特别是那些学识渊博的人的意见。在经典意义上，“舒拉”可能是贵族或寡头政府的属性，而不是民主政府的属性，因为“舒拉”本身无权修改基本法。一个国家的基本法只有现代立法机构可以修改。现代穆斯林中流传把“舒拉”看作大众民主的观念，这脱离了这一概念的本义和历史实践。现代学者，尤其是那些欧美国家的学者，经常对诸如西方与伊斯兰世界之间的差异感到不满。西方学者看不到西方现代性与伊斯兰世界之间一系列相互脱节的事实，也找不到能够让它们相互联系的关键环节。

李希光：几百年前，那些来到中国和南亚的欧洲传教士、使节、旅行家、探险家、军人和商人就认为，除非非洲人和亚洲人变得像“我们自己人”，否则他们不会取得进步。成为“我们”的众多方式之一，是不再像一群野蛮人那样遵循他们过去的传统，而是照搬西式文明和民主。不少中国人接受了这种逻辑。阿富汗、伊拉克、叙利亚和利比亚一直战火不停，人们是不是还在为实现“真正的西式自由民主”或反对“西式的自由民主”付出努力和牺牲？

阿克拉姆：在现实的战火中，或是在历史的灰烬中，穆斯林讨论和实践了不同类型的制度的现实可能性。他们没有意识到他们的社会是如何被不可逆转地改变的。民族国家的存在导致了欧洲式的民族主义的产生，欧洲式的民族主义又导致“藏独”、“疆独”和“俾路支分离主义”的出现。所谓“西方”，我们指的是现代西方国家的知识精英，这些现代西方国家既包括那些曾经干涉小国内政的西方核大国，也包括欧洲的一些小国。这些小国在军事实力上不占支配地位，但是作为西方俱乐部中的一员，它们也试图通过欧盟或北约等机构联手发挥支配亚洲国家的作用，比如联合出兵伊拉克、阿富汗。这些西方国家对待“藏独”的态度也是这样的。

2.5 西方在伊斯兰国家制造“独裁者”谜团

李希光：从西方联合出兵干涉伊拉克、利比亚和叙利亚来看，西方国家干涉或颠覆一个它们视为非西方的伊斯兰国家最常用的理由就是，这个伊斯兰国家有个独裁政权。

阿克拉姆：西方制造的伊斯兰“独裁”统治的谜团常常被视作阴谋论而被忽略掉，但是西方一直以来以此名目在伊斯兰国家制造悲剧。看看利比亚和叙利亚这两个国家的现状，悲剧直到今天仍未结束。当西方国家在血腥的战争中席卷世界其他地区的时候，首先这个西方国家成功地实现了自决，并建立了为本国人民伸张政治正义的治理制度。西方国家在本国是这么做的，但是在国外，它们却剥夺了许多其他国家人民的政治权利，并剥夺了许多民族的自决权利。在西方国家的殖民主义历史和新殖民主义历史里，充满了这一论断的论据。第二次世界大战和世界上许多殖民地区（包括大部分伊斯兰国家）实现所谓的独立之后，一次又一次，西方国家的“民主”统治者更喜欢看到符合其心意的独裁者为它们做肮脏的工作。这些独裁统治者的政治责任常常是为伦敦、巴黎和华盛顿服务，而不是为他们自己的人民服务。如果人们对当今伊斯兰国家统治者的状况匆匆一瞥，那么就会发现这一事实几乎没有任何改变。

李希光：西方精英把“东方国家”视为黑暗文明，把来自那里的人视为“半野蛮人”。但是，近些年来，欧洲接收了大量的穆斯林移民。来自巴基斯坦的移民通过民主选举当上了英国首都伦敦市市长。根据（美国）哥伦比亚广播公司世界新闻栏目报道，研究人员表示，欧洲人口的自然增长正在减缓，在未来几十年内，可能会发生急剧下降。研究人员在《科学》杂志上写道，在2000年，欧洲的人口增长出现了一个转折点。当时，儿童数量下降到在统计上可以确定无疑地预测出下一代的父母数量将比现在这一代要少。事实上，欧盟中有15个国家的人口趋势已经转为负增长，这一趋势可能会在整个21世纪对人口数量产生巨大影响。由于欧洲白人出生率下降，而穆斯林出生率高扬，这样看来，民主对穆斯林来说，可能会帮助他们从西方人手里获得权力。

阿克拉姆：由于不断变化的人口结构和欧罗巴人种出生率的下降，西方精英非常肯定地支持作为一个经济体系的资本主义，但他们对民主的态度逐渐变得愤世嫉俗和复杂矛盾。如果西方的出生率继续下降，那么白人的数量可能会被非白人超过，而民主对他们来说可能会导致权力的丧失、对国家宪法的激进修正、改写历史和颠覆政权。因此，西方精英俱乐部支持资本主义，因为资本主义扩大了富人与穷人之间的差距，这反过来又决定了权力在社会中的分配。资本主义明显地有利于西方世界维持其作为少数国家和少数人对众多国家和众多人的经济控制。这就是为什么在过去的20年里，欧洲和美国的大多数政府都经历了向右翼保守主义的转变。苏联曾在抵抗资本主义不公正的方面发挥了至关重要的作用，但是现在，20世纪六七十年代的欧洲和美国的福利政策已经随着冷战时代的终结而结束。

2.6　精神殖民与文化自信的丧失

李希光：近代，当西方世界变得对民主十分狂热时，伊斯兰世界的学术界则对这种形式的政府抱有柏拉图式的蔑视。穆斯林学界当时的这种态度有利于穆斯林。但是今天，我在伊斯兰国家，无论是听政客演讲、与外交官聊天还是跟我的穆斯林学生课堂讨论，他们近乎像崇拜宗教一样崇拜民主。现代的穆斯林精英在他们的政治哲学中做了一个180度的大转弯并选择支持民主，因为他们眼中的民主将带来国家的自决和更多的主权。这些伊斯兰国家照搬西式民主后，真的获得更多的自决和更多的主权了吗？

阿克拉姆：伊斯兰国家的敏感部门继续从国家手中滑向超国家组织并受到全球化压力的影响，这对穆斯林的政治自治产生了严重影响。如果找任何一个伊斯兰国家并分析它与全球性力量的关系，那么这种格局肯定会不同程度地呈现出来。巴基斯坦以及其他几个伊斯兰国家也许是在摆脱西方殖民统治后的不同时期有时服从、有时蔑视西方最有趣的例子。在独立之后不久，巴基斯坦就不得不在苏联和美国之间选择一个作为同盟者。美国给了巴基斯坦一些援助，但与美国人交朋友的长期后果是国内民主机制的发展受阻，因为美国对第三世界的政策是偏爱独裁者。小国的战略和外交政策无疑在体系层面受到大国强势者的干预和影响，连内政也无法从这种干预中幸免。由于外援的政治、经济效果，巴基斯坦的民主体制未能蓬勃发展。

正如我在其他地方所谈到的那样，在体制薄弱的新兴民主国家，金钱和政治之间的联系极易造成一场灾难。亨利·基辛格说，在今天的世界政治中，做美国的朋友和做美国的敌人可能会同样危险。然而，今天做美国的朋友可能会给自己的国家带来灾难！就民主选举制度尚不成熟的发展中国家而言，金钱更容易被用来影响选举结果，几乎无一幸免。

在小国政治制度中，西方大国通过从外部注入资金来支持自己最喜欢的候选人进行竞选，提高其胜算率。因此，那些进行了民主化却没有强有力的国内监察制度的国家，那些容易受外部势力影响的国家，都付出了国家主权受损的代价。即使选举是自由和公正的，选举的结果也可以通过为西方大国支持的候选人注入资金和购买宣传广播电视节目的时长来改变。来自外部的大量资金总是会影响选举结果。因此，为了把一切变得更美好，必须建立一个可行的政治制度。建立这样一个体系的责任在于精英机构，其必须牢记人民的最大利益。政治体制形成之后，可以对它进行修改和完善，但是如果从头开始创建，则面临着无法克服的巨大困难。

李希光：但是在亚洲，印度和巴基斯坦是最早实行西方议会民主制度的国家，英国在印度开启了由议会立法和施行政策的进程。

阿克拉姆：虽然英国在印度开启了由议会立法和施行政策的进程，但不是由印度人民施行，而是由那些巧取豪夺搜刮财富的外国人施行。他们不像莫卧儿皇帝和早期穆斯林苏丹所做的那样，把这个地区当作他们的家园。教育、公共卫生和工程等政治含量低的部门，属于当地人，而军队、警察、行政、财政和税收部门则落在外国人手中。联邦行政、立法和司法机构的上层都是由英国人把持，而更低的层级才由印度人管理。即使后来南亚人不得不建立自己的政治制度，但其也是一种有着现代西方式的表象的制度——一个以村庄为基础的传统社区，变成一个彼此之间有自动联系、以民主原则作为自身合法性理由的大众社会。在议会里，对英国提案的反对和批评的声音往往来自那些相当西化的精英。后者可以自己用英语来论述，来反驳英国人，但这样做也使民族国家和西式议会制度合法化，变成了伊斯兰国家默认的治国理政的模式。

李希光：也许这正是您一直跟我谈的西方对东方精神殖民的结果。这里有一点需要注意，那就是外部的掠夺是如何实现的，大英帝国从南亚穆斯林统治的灰烬中崛起。在 1857 年印度独立战争时期，殖民当局用牛油和猪油做润滑油涂在子弹上，这带有明显的种族、宗教歧视，严重伤害了广大信仰印度教和伊斯兰教士兵的感情。士兵们暂时放下宗教之间的敌意和宗教习俗，用曾经拒绝使用的涂油子弹打击英国殖民者。印度民族大起义前，英国人在印度的重点是巩固经济和从莫卧儿帝国手中争夺政治权力。印度民族大起义以后，英国殖民者开始摧毁传统的地方结构。随着当地社会政治结构的解体，人们的意识、文化自信和政治自信也被摧毁了。

阿克拉姆：印度社会学家阿希斯·南迪在《亲密的敌人》一书中指出，英国人之所以能够在印度地区停留那么长的时间，是因为深层次里，英国人似乎在印度人心中占有主导地位。精神上的殖民妨碍了判断，损害了一个人的判断力，使他的判断偏向于一个看似明显优越的政治实体。

3　第三场对话：伊斯兰文化与儒家文化互鉴共存

由于今天要开车去“小西藏”的北部深山，司机换了一台安装有保险带的车，以防不测。汽车点火，准备出发，却不见阿克拉姆教授。他正在自己房间里祷告。

印度河边和村边的果园里种植的是杏树，眼下正是收获杏的季节，树上挂满黄灿灿的杏。昨天，我们沿着西藏冈仁波齐深山流出的狮泉河和藏族人所称的“食盐之路”，来到了喜马拉雅山与喀喇昆仑山之间的狮泉河与希格尔河汇合处的斯卡杜河谷。20世纪60年代之前，有条被称为“杏之路”的商道，从这里通往新疆的南疆。

离开曼苏尔（Menthol）石刻大佛，我们回到了斯卡杜。从斯卡杜去世界第二高峰——乔戈里峰只有6个小时的车程。但是，我们放弃了去乔戈里峰的念头，决定从斯卡杜出发，沿着印度河和希格尔河谷进山，去“小西藏”靠近中国的最后一个村子——希格尔村，希格尔村距离中国最近的县城是叶城。斯卡杜商业繁华，商队乘着大卡车或赶着毛驴运货，街道两旁的商铺在尘土飞扬的路边挂着或摆着干果、羊肉、砖茶、盐巴、小麦、羊毛制品等。这里是新疆与南亚的分水岭，商队和商铺在这条路上至少叫卖了3000年。

中国向南翻过喀喇昆仑山去巴基斯坦或印度，共有4个山口：中巴间的红其拉甫山口、位于瓦罕走廊的明铁盖山口、中印间的喀喇昆仑山口，再就是慕士塔格山口。直到20世纪50年代，中国和南亚的商人僧侣、苏联和英国的商人间谍，一直从这条路往北去穆斯林的莎车，往南去藏传佛教的列城。20世纪60年代后，这附近爆发了中印边境自卫反击战和印巴战争，除了军事人员外，这里的山口很难进出，目前只有红其拉甫山口开放。

这里是第一位去西方学习的中国学者法显迈出国门的地方。法显在《佛国记》中记载，他路过的竭叉国据考证就是斯卡杜。唐玄奘在《大唐西域记》中也记载过斯卡杜作为首府所在的巴尔蒂斯坦。巴尔蒂“Balt”（蕃）源自藏语，中文文献将其译为“钵露罗”“勃律”等。钵露罗位于帕米尔高原以南、印度河的上游，喀喇昆仑山脉与喜马拉雅山脉之间的地带。而这正是斯卡杜所在的巴尔蒂斯坦。从玄奘对巴尔蒂斯坦地理方位描述的准确性来看，他好像亲自到过这个地方。

在玄奘离开“小西藏”的100年后，一个名叫悟空的唐朝和尚从这里回国。悟空确有其人，但不是唐僧的徒弟，他叫车奉朝，法号悟空。公元751年，唐玄宗派使团护送罽宾使者返西域，车奉朝是使团中的一员。公元757年，唐朝使团抵达斯瓦特山谷的乌仗那（相当于今巴基斯坦斯瓦特），车奉朝患病，不能随团回中土，留在乌仗那养病，病愈出家为僧。几年后，车奉朝离开乌仗那返唐，重走这条雪山道。公元790年回到长安，德宗皇帝敕命车奉朝法号“悟空”。中国与这个地区的政治关系是，在悟空出使克什米尔后，好像就再也没有官方使者来过。

1881年，有位名叫刘山（音译）的中国厨子曾跟随英国间谍荣赫鹏试图穿过这座大雪山。1881年，荣赫鹏受英国军方派遣，从中国新疆叶尔羌（今莎车）出发，侦察从北侧穿越喀喇昆仑山的秘密山道或古代贸易之道，寻找一条英军可出兵中国或者拦截俄国军队进军南亚的山道。荣赫鹏本来是要到东北收集中国东北的情报，在从中国东北回印度时，他从天津带回了一个名字叫刘山的厨子。他们离开北京，试图穿越慕士塔格山口去南亚。但是，刘山没能翻过慕士塔格山，刘山绕道从喀喇昆仑山口那条老路到了斯利那加，在那里与荣赫鹏会合。刘山是自唐朝晚期的悟空之后，第一个翻越喜马拉雅山去印度的中国人。后来刘山经加尔各答，从海路回到天津老家。在天津，他靠给来中国旅行的欧洲人做帮办发了一笔财。

出了斯卡杜城，我们的车在希格尔河大桥遇到边防检查站一个扛枪的士兵，被拦了下来。我们下车，交验通行证、护照，并在一个登记簿上登记我们的个人信息及电话号码。

“把你的个人信息留在这里，是确保你几天后会回到这里。否则，会以为你出事了，巴基斯坦空军将出动直升机进山搜索。全部的搜索费用由你个人承担。”我雇用的当地驾驶员说。

我们顺着希格尔河谷，翻山越岭，来到了靠近世界第二高峰乔戈里峰的巴基斯坦境内最后一个村子——希格尔村。这里曾是通往中国新疆和田的要道。500 年前，希格尔是藏传佛教徒的居住点，古老的希格尔房屋多是藏式风格，迄今残存许多藏式建筑和文化遗产。这里还有吐蕃式样的清真寺或藏式伊斯兰象形图，装饰有雍仲本教“卍”符号的家具和房梁雕刻图案。

我们坐在城堡下面花园里一张伊斯兰风格的喝茶专用的大木床上，四周是各种果树、葡萄藤架和郁郁葱葱的山谷，花园下面传来湍急的希格尔河冰川融化的雪水撞击巨石的声响。这条从不远处中国境内流下来的河向南数公里，汇入印度河。这里的人们享受着宜人的气候。从 8 世纪到 10 世纪，这里是佛教徒的聚居地。直到 100 年前，希格尔河谷还是南亚穿越慕士塔格雪峰、通向新疆和田的重要通道。一个身穿白色长衫、貌似和田人的男子端上刚出炉的馕和两杯果茶。我和阿克拉姆一边喝着杏汁，一边聊着有关眼前这座大山的传说和书籍。

慕士塔格山是一座有许多传说的大山。在中国明朝时候，这里是中国新疆与莫卧儿王朝的重要通道。蒙古人后裔巴布尔率军入侵并建立莫卧儿帝国，后在第三代皇帝阿克巴时期进入全盛时期，这一时期莫卧儿帝国内部实行文化融合和宗教宽容政策。

“我的母亲的娘家是察合台家族，继承了成吉思汗蒙古人的血脉。”在慕士塔格山南坡，温暖的阳光下，阿克拉姆说。由察合台后人建立的叶尔羌汗国是明代新疆建立的伊斯兰教地方政权。16 世纪，在拉失德统治叶尔羌汗国时，他的妻子阿曼尼莎汗开始组编《十二木卡姆》，为后人留下了宝贵的文化财富。

我们用餐的希格尔古藏王宫的东边，有一条经喀喇昆仑山口通往印度的道路。印度通过拉达克、“小西藏”，经莎车与中亚和中国做生意。莫卧儿帝国衰落后，印度成为英帝国的领土，英国女王被加冕为印度女皇，中国直接与大英帝国领土开始接壤。从那以后，英国开始了对中国西藏的蚕食。

“由于中国共产党的坚强领导，中国人民推翻了西方对中国的殖民统治，正在实现中华民族伟大复兴。但是，由于西方长期的殖民化，印度和巴基斯坦已经被西方污染，失去了美好的传统。巴基斯坦和印度需要‘一带一路’和中巴经济走廊来帮助恢复东方的美好传统。中国特色的发展模式应该成为南亚国家特色的发展道路。”阿克拉姆说。

午餐后，在花园里散步，遇见巴基斯坦巴尔蒂斯坦军区司令卡西夫上校，他身后停着一辆警车，车旁站着几个持枪的军人。上校邀请我们明天到他在斯卡杜的司令部做客。

晚上从希格尔回到斯卡杜的小客栈，阿克拉姆对我说：“我要去冥想和祷告，晚上八点地下餐厅见。”

客栈孤零零地坐落在一座黑黢黢的大山脚下，印度河从客栈前面流过。旅店四周是用石头和土修建的一圈低矮的围墙，围墙朝着大路的一面开了个小门，门口没有安保，夜里只有个瘦小的男孩在前台站着。在这座只有二十间房子的小旅馆里，夜里只有我们三个客人住在这里。由于客人少，厨房里没有厨子给我们做饭，我们只好自己下厨。

尽管在大山里旅途十分劳累，但是我们兴奋不已。晚餐后，客栈突然停电，我和阿克拉姆教授点起油灯，坐在小客栈凉丝丝的地下茶馆里。阿克拉姆给我煮了一杯杏仁汤，继续我们的雪山对话。阿克拉姆举止文雅，衣着飘逸，说话温和，彬彬有礼，很像一个儒家学者。在谈话或者听你讲话时，阿克拉姆蓝色的大眼睛总是盯着你的眼睛。我们一边聊天，一边品尝白天在当地购买的无花果，那是《古兰经》里记载的天园里的四种植物之一。

李希光日记

2017 年 9 月 30 日

3.1　伊斯兰学者谈孔夫子和中国传统文化

李希光：您是一位著名的伊斯兰政治神学教授，但一直在研究儒家经典，您在巴基斯坦国防大学课堂上还讲授了《论语》。您到南京不仅拜访了明朝穆斯林郑和的墓地，还拜访夫子庙。您还去云南考察过伊斯兰教、藏传佛教和儒家和睦共处的社区。作为一位伊斯兰学者，您如何看待孔夫子和中国传统文化？

阿克拉姆：在现代中国人看来，孔子就是教育家和哲学家。但是，在我的伊斯兰精神世界里，孔夫子就是一位伟大的圣人，是真主穿越时空送达人间的124 000 位先知之一。西方试图让国际社会相信中国是西方意义上的没有信仰的国家，但是中国传统的儒释道三教都有自己的经书。儒释道虽然没有上帝，但是天对中国人而言是存在的。我遇到的大多数中国人都称自己是无神论者，但我发现他们的内心世界都属于儒家、道家或者佛家。中国人多专注，善于思考，有慈悲心，而中国人追求的真善美，正符合苏菲主义对“伊赫桑”（至美）理想的追求。所有的文明都有包含一整套核心信仰的世界观，在此之上，建立了对文明的认同。围绕世界观和核心信仰，不同的文明建立了不同社会的哲学、经济和政治。最容易识别的是外在的政治层面，其次就是社会经济层面。在这些外表的内部，是指导我们思想的核心信念。中国几千年的古老文明和多样的精神传统形成了中国的核心信念。

李希光：巴基斯坦和中国两个国家在民族、宗教、语言和文化上有巨大差异，但是巴基斯坦把中国视为世界政治中的头号盟友。中国和巴基斯坦两国之间这种亲密关系的基础是什么？中国和巴基斯坦为什么都要把中巴经济走廊定位为“一带一路”的旗舰项目？中国和巴基斯坦密切关系的哲学和精神支撑是什么？

阿克拉姆：您的这几个问题很关键，如果找到了这几个问题的答案，也就找到了中华文明和伊斯兰文明的存在意义、基本价值和世界观。佛法和道法都讲万法归一。老子说：“道生一，一生二，二生三，三生万物。”孔子可以被看作整合中国文化传统的最高级编辑。孔子说，大道之行，天下为公。中华文明倡导天下归一，儒释道三教归一。因此，中华文明、伊斯兰文明、犹太－基督教文明也可归一。在伊斯兰教中，只要你承认只有一个神，你就成了穆斯林。比如，伊斯兰教到了西安、洛阳、开封，从清真寺建筑的中国化，到《古兰经》语言概念的儒家化，都表明我们东方文明是可以通过共享价值而和谐相处的。

李希光：中国有 14 亿多人，多数人都说自己不信教，或者自称是无神论者。西方媒体常宣称中国人是无神论者，煽动新疆分裂主义。作为总体上是无神论的中国，如何与一神教的伊斯兰世界相处？

阿克拉姆：并不仅仅是犹太人和基督徒才是读经书的人，佛教徒、印度教徒也是读经书的人。西方有《圣经》，一些西方人试图让世界各国人民相信中国是没有信仰的国家。但是中国文化传统极为丰富，我从有 2 亿多人口的巴基斯坦来到有 14 亿多人口的中国，发现中国这样一个庞大无比的社会看上去是那么和谐。无论是早上还是晚上，都可以看到和平的街道上跳舞或打太极拳的人，孩子和狗在周围玩耍。跟很多其他国家的居民相比，他们充满了幸福感，并且对未来发展很有耐心。中国的崛起不仅是和平崛起，更是耐心崛起。中国人的耐心来自哪里？作为一个穆斯林，我相信《古兰经》里的一句话，“真主保佑那些有耐心的人”。以儒释道为主要思想的中华文明就包含了《古兰经》中这句话所表达的意思。那些号称无神论者的中国人充满了活力，那种活力和耐心来自中国的传统文化。我在他们的精神世界里看到了伊斯兰的元素。在基本价值观上，伊斯兰教法价值观与中国传统价值观是相通的，比如，伊斯兰和儒家都讲求诚实、中正、礼貌、体贴、善良、和平、怜悯、真实、纯洁、耐心、风纪、透明、谦虚、社区、尊严。我相信，未来中国将给伊斯兰国家带来发展的新机遇，伊斯兰国家会迎来一个本国精英和群众都欢迎的中国式的现代性。

3.2　西方恐惧的“儒家－伊斯兰联盟”问题

李希光：但是在西方，一谈到中华文明与伊斯兰文明的和谐共处，就有人提出东西方文明的冲突。文明冲突论缘自西方一些学者害怕“儒家－伊斯兰联盟”。

阿克拉姆：文明冲突论是研究中东和伊斯兰世界的某西方领军学者担心儒家、伊斯兰两大文明联盟而提出的。这位学者对美国共和党和民主党两大政党的对外政策都有重大影响。以布什为代表的共和党军工集团针对这种潜在的文明联盟，通过先发制人的武力打击来加以破坏。对于以希拉里为代表的民主党建制派集团，简单且有效的破坏方法是发起文明思想的冲突，再挑起文明之间的战争。西方主流左右两翼都习惯性地不能忍受东方国家及其人民、民族、政党、教派之间的团结，为了阻止团结，宁愿发动流血的战争。比如，20 世纪六七十年代，由纳赛尔领导的阿拉伯社会主义团结了埃及、利比亚、伊拉克和叙利亚等国家追求世俗社会的进步人士。但是冷战之后，西方国家通过策动伊拉克、利比亚、叙利亚战争和埃及“颜色革命”，使阿拉伯国家彻底碎片化了。西方崇尚“分而治之”和“零和博弈”的思想方法，对和平持有怀疑态度。西方认为，东方国家的和平与团结，不仅带来经济繁荣和国家强盛，更会为控制世界体系的西方强国带来挑战。

李希光：我们不能因为有几位西方学者害怕中华文明与伊斯兰文明相互包合，我们两国的人民和文明就不敢团结起来。儒家思想的核心价值和伊斯兰精神的核心都是“和”，伊斯兰和儒家和平思想之下隐藏的蓝图总是团结的原则，这一原则构成伊斯兰和儒家思想的基础。

阿克拉姆：中国与伊斯兰世界之间既有将两者团结起来的因素，也有保持两者各自特性的因素。尽管西方商业媒体强调中国与伊斯兰世界历史上的小冲突，并加以夸大，以破坏中国与伊斯兰世界的团结，但这也改变不了中国与伊斯兰世界团结的事实。将两大文明区分开来的因素并没有那么强，不会导致分裂和不团结。在思想层面，如果伊斯兰文明和中华文明坚持各自“和”的精神和知识传统，那么两者都能很容易地了解对方，并在多层次上形成团结。在外在表现的层面，可以说巴基斯坦旁遮普穆斯林更接近印度人，回族穆斯林则更接近中国汉族人。单单是文化的黏合作用并不能让巴基斯坦旁遮普穆斯林超越与印度教徒的对抗关系，然而回族在历史上和现实中都基本上与中国汉族相处和睦（有一些小的例外）。这种有机团结的最大挑战是现代主义力量所造成的传统丧失和穆斯林认同、中华文明认同的减弱。

李希光：事实上，正如您前面分析的，无论表面上中华文明和伊斯兰文明是否宣布联合，中华文明和伊斯兰文明都共享诸多核心价值和理念。新中国成立以来，中国与巴基斯坦越来越紧密的关系，特别是中巴经济走廊的兴建，充分表明一个以伊斯兰教为国教的国家与一个以儒释道文化为主体的国家是可以紧密大联合的。人们可以相信“一带一路”真的能带来人类命运共同体或天下大同。儒家文化的核心思想是“仁”。“仁”体现在世界上两个国家之间、两个人之间的基本关系中，“仁”体现在两个国家或两个人和平共处的艺术之中。尽管中国和巴基斯坦在政治制度、宗教信仰、文化及生活方式上存在差异，但中巴两国间的关系非常友好，巴基斯坦被中国人称为“巴铁”。

阿克拉姆：我倡导巴基斯坦和其他伊斯兰国家跟中国建立密切的政治、文化和社会联系，不是为了跟西方对抗，而是为了更好地学习中国。在西方文明走下坡路的今天，伊斯兰国家更应该像寻找走失的骆驼一样，去中国寻求哲理和知识。

3.3　“学问虽远在中国，亦当求之”

李希光：我与巴基斯坦学界和政界交流时，常常听到他们引用先知穆罕默德的这句话，“学问虽远在中国，亦当求之”。穆罕默德的继承者遵从这条训示，派使者来到中国。今天的伊斯兰国家派人来中国学什么？2017 年秋天，我参加新疆克拉玛依的一个国际会议，坐在我对面的是埃及前总理谢拉夫。谢拉夫是“阿拉伯之春”的领袖人物。“阿拉伯之春”后，军方推举他担任政府总理。他对我说，“埃及搞‘阿拉伯之春’，是因为埃及的贫富差距到了无以复加的地步”。我问他，“埃及人民现在的梦想是什么？”他说，“我曾经在埃及做过调查：未来最可持续的梦想是什么？中国梦？欧洲梦？美国梦？70% 的人认为是中国梦”。中国梦是由中国的文明、道德价值、文化多元性和包容性决定的。旧全球化与文化多样性对抗，产生了文明的冲突。“一带一路”是世界各大文明走向和谐与包合的桥梁。中国提出的“一带一路”倡议是基于文化多样性的共赢共存，而不是西方文化的那种“你赢我输”和“你死我活”的二元对立。不同的文化带来不同的归属感，应该保持文化的多样性。

阿克拉姆：西方的现代性也许给人类带来了许多好东西，但是，西方的现代性是不可持续的，因为它导致世界走向极端：极端的贫富分化和各种原教旨主义的盛行。中国的现代性与正在衰落的西方现代性有本质的不同，中国的现代性可以帮助伊斯兰国家规避旧秩序的陷阱。中国的国土面积相当于一个大洲，拥有 56 个民族，有百余种方言或地方话。但是，中国境内的这些不同民族跟中国周边国家（蒙古、中亚五国、阿富汗、巴基斯坦、尼泊尔、印度、孟加拉国、缅甸、泰国、斯里兰卡）的多数民族相比，发展是高水平的。而且，中国所有的少数民族都被整合到了中华民族大一统文化中，这是一种跨民族的国家文化。由此可见，中国的现代性与西方的现代性差异很大。中国从西方学习了许多东西，但是中国的崛起源自中国的政治和文化内涵。以欧洲民族主义为特征的西方国家，不仅强调一国一制，甚至以自己的制度为标准，要求全世界都实行它的标准，而中国模式和中国道路特别值得伊斯兰国家学习，反传统的西方化现代性将被东方化的现代性模式取代。

李希光：在伊斯兰世界，阿富汗是一个用西式现代性改变当地传统的失败典型。2001 年，美军和英军推翻塔利班政权，美国以西方模式扶植了一个新阿富汗政府。新政权有巨额的西方援助，而且美国人一直在帮助新政权治国理政，并保护这个国家的安全。但是在过去的多年里，阿富汗民生是世界上最凄惨的。

阿克拉姆：在阿富汗这样的伊斯兰国家，西方扶植的精英追求全盘西化，导致国家发展出现了两个极端——伊斯兰原教旨主义和西方模式原教旨主义。两种信条都偏离了中庸之道，而中庸之道是伊斯兰文明的特点，也是中国文化和中国哲学的内核。应该在伊斯兰国家提倡并学习中国传统价值观，传统的伊斯兰文化能够与中国传统文化兼容并包。未来不同的伊斯兰国家，尤其是靠近中国的伊斯兰国家，应在共建“一带一路”的基础上与中国发展合作，可以对自身进行儒家化的文化改革，以克服国内面临的伊斯兰原教旨主义和西方模式原教旨主义所带来的诸多问题。

李希光：宗教原教旨主义是 20 世纪出现的一种现代社会里的新型的意识形态，反映的是一些人对想象的信仰教条的刻板追求。这里面既有误解伊斯兰文化传统而产生的原教旨主义，也有迷信西方文化而产生的原教旨主义。然而，伊斯兰文化传统与原教旨主义大相径庭，传统意义上的伊斯兰信仰包含了多样的文化，强调和平与包容。伊斯兰的本意是和平、顺从。印度的穆斯林学者毛拉纳·罕在其 2014 年出版的英译本《古兰经》的前言中说，《古兰经》讲的“圣战”是意识形态的和平斗争，是用《古兰经》这本书和文字去跟别人辩论，开展思想斗争，绝不是使用武器。[6]

阿克拉姆：当代一些政治力量广泛地将伊斯兰信仰描绘成一种原教旨主义的宗教信仰，在国际上刻意宣扬民族之间或宗教之间的对立，并在包括中国在内的很多国家煽动民族冲突。这种情况的发生，不仅会对“一带一路”产生阻碍，更将会成为未来中国社会重要的不稳定因素。

3.4　共建“一带一路”新文明

李希光：巴基斯坦位于亚洲三大文明的结合点上，南面是古老的吠陀文明，西北是古老的波斯文明和犍陀罗佛教文明的遗迹，北面和东北面是属于东方文明的中国。巴基斯坦是信仰伊斯兰教的东方国家。巴基斯坦不仅是联结东西方文明的纽带，更是联结东方各文明的纽带。“一带一路”是人类开创新文明的重大机遇。“一带一路”新文明基于价值、文化、理念和话语，是全球治理最好的工具。“一带一路”新文明的核心是文化上的多样性，政治上的包容性，求同存异，反对二元对立，反对人类对抗，反对用各种理由分裂人类社会。可以理解为两个汉字“和”和“仁”，eat and let eat，live and let live（我们吃饭，也让你们吃饭，我们生活，也让你们生活），而不是那种黑白分明的两个极端，如利比亚、叙利亚已经发生的或正在发生的悲剧。作为“一带一路”国际合作的倡导国，中国尊重各国自主选择自己发展道路的权利，用中国特有的与人为善的方式解决问题，这就是中国在“一带一路”上的软实力。

阿克拉姆：您在多个国际会议发言并在学术刊物上发表文章，提出共建“一带一路”新文明。为什么在亚欧大陆上能够建成“一带一路”新文明?

李希光：这是古老的丝绸之路旧文明与“一带一路”新文明的大联合，重建中华文明和伊斯兰文明在世界上的价值高地和道德高地。在近现代，伊斯兰国家和中国之间没有发生过大规模的、持久性的利益冲突和战争，相反，传统上都保持互相支持与双方受益的关系。中国历代王朝曾崇尚佛教、道教和儒家，且历史上中国与奉行伊斯兰教的伊斯兰帝国，如帖木儿帝国、莫卧儿帝国、萨非王朝、奥斯曼帝国没有发生过宗教战争。唐高宗与大食，明朝永乐皇帝与帖木儿大帝，清朝乾隆皇帝与中亚各个穆斯林汗国多有使臣往来。在当今时代，中国更没有像盎格鲁-撒克逊国家那样出兵阿富汗、伊拉克、利比亚等在内的伊斯兰国家。中国历史上曾长期与伊斯兰世界和平相处，双方在物质和文化交流中彼此受益。当今，通过“一带一路”倡议，双方延续了儒家的和谐精神与伊斯兰的和平精神的共通共融。虽然现在大多数中国人是崇尚儒释道和中国特色社会主义的无神论者，但他们珍视伊斯兰教所倡导的和平价值观与和谐精神。这些价值观和精神是中国与伊斯兰世界各国合作的重要基础，必须着重强调。

阿克拉姆：我在写这本书的过程中，跟着课题组去南京郑和墓和韩国光州的摩罗难陀寺庙调研。我看到中国和伊斯兰国家在历史上通过陆上和海上丝绸之路开展密切交往，这种文明交往使双方受益，也惠及亚非欧三大洲的其他文明。古老丝绸之路上的文明交往所体现出来的开放、平等、包合、多元特点正是根除恐怖主义根源的良方，是最好的防恐反恐战略。中华文明和伊斯兰文明均强调“和平”“和为贵”，提倡与人为善，以邻为伴，以理服人，以德化人；二者处理差异的智慧都包括多元共存、和而不同。中国和伊斯兰国家应该通过文明对话和包容互鉴，共同发掘亚洲民族文化传统中积极处世之道同当今时代的共鸣点，反对国际上一切针对特定民族与宗教的歧视和偏见。

李希光：“一带一路”新文明遵行多元文化主义，重视对共建“一带一路”国家群体文化、种族特征差异的保留和认可。“一带一路”的文化政策要给予“异质文化”自由空间并提供特别的经济援助，维护共建“一带一路”各国的族群在语言、文化方面的独立性。同时，积极接纳处于边缘的族群和中下层人群进入“一带一路”新文明的主流。“一带一路”人类新文明的文化多样性建设，惠及共建“一带一路”各个国家的社会经济发展，将会满足人民的精神和物质生活，让共建国家和人民在同一个星球上，实现不同的梦想、多彩的梦想。

阿克拉姆：但是，西方学界和政界称其文明为“普世文明”，总是鼓吹一个世界只有一种价值、一个梦想、一种制度、一条道路。

李希光：应该承认，西方成功地制造了与东方价值观势不两立的“文明的冲突”的强势话语。这就是为什么我提出要把“一带一路”新文明建设放到与“一带一路”基础设施建设同等重要的地位。文明包括软结构和硬结构两大体系。“一带一路”的产能和基础设施是相对容易建设的，难度大的是价值观和文化观念建设。“一带一路”基于价值多样、文化多样、语言多样和政治包合，不搞文明独尊或普世性文明，强调文化的平等、文明的多样共存、政治上的多样包合，反对二元对立的文化，不搞分裂人类的独尊型和独霸型普世的意识形态，形成超越西方对抗型文明的"一带一路"新文明，让人类永远摆脱具有独断和普世双重属性的普世主义意识形态，从而从根本上摆脱"文明的冲突"带给人类的困扰。

阿克拉姆：如何让"一带一路"上的伊斯兰国家确信中国在其倡导的"一带一路"新文明中，不搞独尊型和独霸型的意识形态？如何向伊斯兰国家解释中国作为一个国家的本质是什么？中国与西方的民族国家有什么本质上的不同？

李希光：中国本身是一个多元一体的文明国家，不是一个单一民族国家。几千年来，中国倡导华夷一体、天下一家的文化。中国是文化立国，不是宗教立国，更不是一个宗教国家。从过去到今天，中国一直是一个没有国教的国家。"一带一路"新文明将继承中华优秀传统文化的基本原则，并融入与包容其他文化和文明。中国历代王朝都允许他人拥有自己的信仰，不使用武力来干涉他人的文化和宗教信仰。中国坚持文化多元主义，即立足于多样化文明、多样化话语体系、多样化道路选择、多样化信仰系统、多样化意识形态，这对共建"一带一路"十分重要。无论从陆路还是从海路看，西安以西或出中国南海往南往西，都会逐渐进入穆斯林占主流的中亚、西亚、东南亚、北非地带。从阿富汗、巴基斯坦到中亚五国，再到中东的伊朗、伊拉克、叙利亚，直到土耳其；从马来西亚、印度尼西亚、孟加拉国、巴基斯坦到阿拉伯国家：穆斯林人口均占各国人口的多数。而在这些伊斯兰国家，文化的多样性同样被许多穆斯林领导人宣称是人类的未来。因此，"一带一路"建设强调共享价值、共有价值，而不是强加于人的"普世价值"。应当整合丝绸之路上的丰富资源，让"一带一路"的建设成果惠及人民，让伊斯兰文明与中华文明实现既多样化又团结的人类新世界。

阿克拉姆：我在中国听到这样一种说法，"伊斯兰教的中国化"。此话怎讲？

李希光：伊斯兰教的中国化并不是排斥和对抗，而是对话、交融、吸纳和借鉴。考虑佛教中国化的经验，通过中国化，变伊斯兰教为中国文化的一部分，形成儒释道、伊斯兰和中国特色社会主义为一体的大一统文化共同体和价值共同体。这个大一统文化共同体穿越不同文化的断层带，形成一个主导"一带一路"话语体系的共享价值，其中包含宗教价值、文化价值、发展道路认同、发展模式认同，变近现代以来西方在丝绸之路上的地缘政治观为地缘文化共同体观和地缘价值共同体观。在讨论伊斯兰教的中国化时，不要忘记，中国是东方的文明国家。伊斯兰教的中国化绝不是西方极端的二元对立的世界观和对抗性思维。如果中国与伊斯兰国家坚持用传统价值处理双方关系，双方就会进一步团结。如果从西方现代主义的二元对立框架看问题，不仅中国与伊斯兰国家会发生对抗性冲突，就是中国社会自身内部也会持续产生对抗性冲突，甚至分裂。现代主义不仅分裂了阿拉伯国家，而且，现代主义也在支持所谓“藏独”、“疆独”、“台独”和“港独”。

阿克拉姆：在英帝国主义和沙俄在丝绸之路上开展大国博弈之前，古丝绸之路就是一个地缘文化共同体。从天山、阿尔泰山、兴都库什山、喀喇昆仑山到喜马拉雅山，从中亚沙漠绿洲、南亚农田到北亚草原、东亚平原，在这条丝绸之路经济带上，伊斯兰文明、中华文明、印度文明一直是共存、共荣、包合的。

李希光：巴基斯坦诗人伊克巴尔说，“从尼罗河岸边到古老的喀什城，人类必须团结起来”。今天，沿着“一带一路”，从尼罗河到西安，伊斯兰国家和中国应该联合起来，团结起来。有学者预测，10 年后，中国的中等收入人口将达到 6 亿，中国成为世界中等收入人口最多的国家，成为世界最大的消费市场之一。随着富裕起来的中国与这个地区密集的交通网的恢复，阿富汗、巴基斯坦、印度、尼泊尔、伊朗和中亚五国等的潜力将转化为巨大的财富。“一带一路”促进共建国家共同发展、共同富裕、共同繁荣，与沿线各国共建大同世界。

4　第四场对话：中国文化与伊斯兰文化的多样性与一致性

我们在紧邻阿富汗部落区的西北边境的餐厅用午餐。这是一家名叫“代办”的中餐厅，门口挂着一把明晃晃的部落武士用的长刀和写有“福”字的喜庆的红灯笼。长长的餐桌前方，留着八字胡的巴基斯坦版观音菩萨像被放置在温馨的佛龛里。在悲伤的美国流行歌曲中，来自孟加拉国的厨子给我们做饭，身穿白色衬衣、外套黑色马褂的普什图侍者端上了香喷喷的炸鲑鱼，这是早上刚从斯瓦特河上游捕捞上来的新鲜鲑鱼。大家一边喝着小碗里的胡辣汤，一边大大地松了一口气。从昨天早上到今天中午的30个小时里，我们到了开伯尔山口关口前的军人警戒处，深入边境地区的跨国走私市场、美军二手装备市场，以及古丝绸之路说书夜市。

今天一早，更是在没有任何保安的情况下，我们走过迷宫一样的白沙瓦古城小巷子，来到城郊的一个垃圾堆积如山的穷村子。在村子里的孩子热情的簇拥下，我们在两棵枝繁叶茂的千年菩提树下，在孩子们打板球的土球场下，找到了红砖修建的贵霜帝国皇帝迦腻色迦建造的佛教寺院和法显记载的世界第一高佛陀——迦腻色迦大佛塔，又被称为雀离佛陀佛塔，如《北史·西域传》记载：“乾陁国都城东南七里有佛塔，高七十丈，周三百步，即所谓雀离佛图也。”唐玄奘在《大唐西域记》中记载：“昔贵霜国迦腻色迦王威被邻国，化洽远方，治兵广地，至葱岭东，河西蕃维，畏威送质。”意思是说，迦腻色迦的国威和软实力影响到新疆、西藏和河西走廊。

我们还在佛塔下找到一口红砖砌的大水井和僧人曾经用于洗澡的大水池，但是水池早已变成垃圾坑。我走进水井遗址，孩子们把我包围得水泄不通。

离开迦腻色迦大佛塔，我们来到白沙瓦博物馆，寻找一个珍贵的盒子。那是迦腻色迦皇帝用来珍藏佛祖最重要的三块骨舍利的盒子。在博物馆里，巴基斯坦国防大学的伊斯兰研究专家阿克拉姆教授一边跟着我礼拜犍陀罗时期的佛像，一边用手机播放藏传佛教《六字真言颂》，他投入地跟着小声地唱“唵嘛呢叭咪吽”。

在一个灯光很暗的旧玻璃柜前，我们看到了顶部铸有佛祖说法像、两侧是印度教的因陀罗和湿婆礼拜佛祖的立像，底部是波斯琐罗亚斯德教和古希腊的神像，展示了迦腻色迦皇帝对东西方不同文明的包容。就在这里，两千多年前的第一次全球化开始了。

李希光日记

2018 年 1 月 14 日

4.1 文明的多样性与一致性

阿克拉姆：这里有两个概念，即团结和一致。团结意味着多样性和个体性同时存在。我可以说你穿着红色，那是个女孩，那是个男孩——我们都是不一样的，我们可以联结彼此，也可以赞成或反对彼此，但我们不会争斗，我们会相处融洽。一致性和个体性存在着对立关系。比如，我手中有一根棍子，然后命令道：一样的语言，一样的衣服，一样的思想。对于个体性来说，要确保多样性。那么去统一什么？去统一那些已经多样化的东西。表面上来看，你可能非常多元化，但你的内心世界可能是内在一致的。单一民族国家是建立在统一性的原则上，但是一个文明国家是建立在多样性的基础上。未来中巴之间的合作将建立在多样性的原则上。

在中国人的心目中，伊斯兰教就是一个多样性宗教。在伊斯兰教的概念中，多样性是最重要的一个方面。多样性不仅仅是国家、文化和人民的多样性的集合，还是个体内部的多样性的集合。它是一种在内部的多样性整合、意识多样性统一以及不同意识的各个不同部分彼此的对话和融合。如果你做不到这种多样性的统一，那么你将会面临多重身份的生活，将会遇到麻烦。因此，文明国家的原则是建立在个体性的基础之上。围绕“文明”与“个体性”这两个概念的是你的世界观。信仰和观念都是文明的产物。比如，在伊斯兰文明中，你可以看到巴基斯坦人、伊朗人、土耳其人等，他们都属于同一个文明。你不能从外部来摧毁一个文明，你只能让它自杀。中华文明已经走在复兴的康庄大道之上。现在很多中国学者都在强调传统文明的复兴以及它的新意义。

李希光：西方的民族国家追求的是同一性，大家里里外外都是要一致的，比如西欧和剧变后的东欧。但是作为文明国家，中国是具有多样性的。民族国家可以被摧毁，但是文明国家谁也摧毁不了，像中华文明到现在也没有被摧毁，因为中国是一个文明国家，而非西方定义的民族国家。因此，你不可能从外部来摧毁中华文明。

阿克拉姆：从长期来看，文明对于我们来说十分重要。中国有 56 个民族，巴基斯坦有 4 个大民族和很多小民族。在巴基斯坦有很多人看起来像新疆人，我太婆就有蒙古血统，所以我有成吉思汗的血统。巴基斯坦作为一个现代国家，只有 70 多年的历史。我们必须想到一个方法使这两个国家可以在不牺牲各自语言的基础上结合起来。在未来 20 年内，巴基斯坦的精英都应该学习中文。人们会问，这有什么用？难道我们要将英语的殖民化变成汉语的殖民化吗？但是现在，巴基斯坦和中国都有很多敌人，所以我们需要合作。我并不期待一位来自北京的清洁工和一位来自巴基斯坦的农民互相学习对方的语言，但是两个国家的学者必须说同一种语言。中国学者很忙，他们更多地融入这个世界的大舞台中，但是巴基斯坦学者可以主动学习中文，逐渐强化两国兄弟般的情谊。我个人的目标是两年后当我再来中国时，可以和您用中文进行对话。

我不会觉得学习中文是一种被殖民化。我也不会感到有任何优越感或者低人一等，我知道我是谁。学习中文会增加我对中国的热爱。现在我的热爱来源于我的直觉。如果我学习这门语言，那么我的热爱将更进一层。这样一来，我就可以和您用中文对话，和您分享我的感受。同时，我也可以向我的同胞解释你们以及你们的文化。巴基斯坦人会问，在中国，人们吃猪肉和老鼠吗？我就会解释道，这取决于不同的世界观，中国有中医，有阴阳之分。这些来自巴基斯坦人民的问题需要得到解释，这些就造成了我们之间的差异性。差异性引发陌生感，这有可能是一件好事。亲密性可能成为一把双刃剑，而陌生感有可能是一件好事。诸如这些存留的问题，谁来解释呢？很多人在头脑中存在一些固有的陈腐的观念，需要被改正。在未来，我觉得巴基斯坦的政策圈精英们和思想界精英们必须有能力向巴基斯坦人民解释中国。过去几年，我参观了中国的几个地方，按照这个速度，我可以在未来两年内游遍整个中国，这样我便可以更好地向巴基斯坦人民解释中国了。

李希光：多样性的统一在您的身上也有体现。您的祖先有蒙古血统和波斯血统。作为一个大国，中国需要和世界上很多国家打交道。但是巴基斯坦主要是和两个大国打交道，一个是美国，另一个就是中国。71% 的巴基斯坦人认为中国是朋友，但并不是所有的人都要学习另一种语言。比如说，我一直都认为不需要全民学英语。因为 90% 以上在中学和大学里学英文的中国人，离开校门后，基本上是不使用外语的。那些工作中使用英语的中国人，也多是纽约唐人街饭馆大厨的英文水平。中国人把太多宝贵的学习时光用在学英语上，而不是用在读更多有用的书上。但是，中国和巴基斯坦的精英之间的深层次交流需要有一个共同语言，那门语言就是汉语，因为中国人讲英文是试图用别人的概念来表达自己的想法，很难精确。

阿克拉姆：当李教授之前在伊斯兰堡演讲《建设“一带一路”的文明圈》时，我正坐在台下。李教授演讲完，我立刻走上前跟李教授说，“听您演讲，我感觉是我自己在台上演讲。对我来说，今天您的讲座很重要”。我是巴基斯坦的大学教授，从 2016 年开始，我的每个假期（包括春假、暑假）都用来在中国旅游。正如李希光教授所提出的，我们要如何看待中巴之间一百年来或者说很长时间以来的关系？中巴之间的关系非常特殊，我简直想不到一个理性的理由来解释中巴之间的特殊友谊，我个人一直在思考中巴之间的关系。

中巴之间保持特殊友谊当然是十分重要的。我们知道，美国在某些东盟国家附近布置海军，意图占据马六甲这一咽喉要道，通过控制中国的石油供应来限制中国。在这样的背景下，中国发现从中东通过值得信赖的巴基斯坦到达中国是一条可替代性的能源运输路径，这是对中巴特殊友谊的理性解释。

李希光：现在有一种理性解释是，美国的第七舰队在中国南海密集活动，这个舰队的目的是，一旦中美发生冲突，它就切断马六甲海峡，然后切断中国的能源供应。现在中国寄希望于穿过喀喇昆仑山到达新疆喀什的中巴经济走廊为中国获得另一个能源通道。当然，中亚国家通往新疆的能源通道也是一个选择。

4.2　学会用东方语言、概念交流，挣脱“精神殖民”

阿克拉姆：在理性层面，我们只能找到这个解释。实际上，中巴两国的人民对彼此的了解非常少，从过去几年至今我一直在学习中国文化。我在巴基斯坦出生，我能够用乌尔都语、西莱基语、旁遮普语、英语思考，我正在学习中文，这将成为我掌握的第九种语言。

李希光：您有巴基斯坦和美国双重国籍，因此比一般巴基斯坦人更容易来中国。中巴两国在深层次文化交往上的障碍不在于底层。在中国国际广播电台的各语种广播中，听众最多的是乌尔都语的广播节目。问题是，中巴两国精英之间的交流不是用各自的本国语言，而是用西方语言认识、理解和解释对方。

阿克拉姆：您提出的语言问题非常重要。我们在用某种语言说话，同时语言也在表达我们的思想。在我们出生之前，各种语言就已经存在了，我们出生后学习如何说某种或某几种语言，语言为我们提供了思考的方式。例如，英语就是一门在哲学上比较贫乏的语言。

李希光：我们的一生都被语言限制。语言决定我们想什么，怎么想，说什么，怎么说。如果中巴两国的精英都用有限的英语去思考和了解彼此，我们两国的政策部门就会永远停留在西方的议程、话语和语境里，丧失了独立思考的能力。

阿克拉姆：语言对于我们穆斯林来说尤为重要，因为我们没有国家认同。现在穆斯林的国家认同可能已经比较强了，但在历史上我们的国家认同是非常弱的。近年来，我们先验的身份认同变得更强了。有两种身份认同：一种是水平的，比如中国汉族人、苗族人、壮族人等；另一种是佛教、伊斯兰教这种宗教的垂直的身份认同。水平的身份认同和垂直的身份认同是同时存在的，而穆斯林的垂直身份认同一直是很强的。我们穆斯林说各种各样的语言，阿拉伯语是学术语言，波斯语是文学语言，我们还有各种当地语言，比如乌尔都语、土耳其语、普什图语等。

语言的重要性尤其体现在被征服者说征服者语言的情况下——如果我占领了你的家园，把你驱赶出你家或者在你家奴役你，你不会喜欢我；但是如果我让你用我的方式思考，当你不得不开始说你主人的语言时，你就会认为你给他当奴隶是正确的，你真正成了一个奴隶。说征服者的语言会导致心理的被殖民化。征服者来抢走我们的家园、我们的土地，但没有抢走我们的心和灵魂。然而，一旦他们想要攫取你的灵魂，他们就完全改变了你这个人。

李希光：这叫作思想的殖民化。把你的思想和灵魂都取走了，你就失去了你的灵魂和大脑。

阿克拉姆：1965 年，当我出生的时候，我父亲想让我过优越的生活，他认为不能送我到波斯语或者乌尔都语的学校，因为这些是培养佣人的学校。他决定把我送到英语学校，于是我被送到了巴基斯坦最好的学校，并且在 19 岁的时候去了美国。但是后来我开始反抗美国的文化和价值观。尽管我可以说美国人的语言，但是我开始意识到我是不一样的。我不得不问自己“我是谁”，并且开始了找寻自己身份的旅程。那时候，我最开始反抗白人的思考方式时采用的是马克思主义。我第一个硕士学位是在美国华盛顿大学获得的，其间学会了解构和批判。但当时对马克思主义并不是完全信仰，因为作为一个穆斯林，我认为，世界的本质是精神的（马克思主义认为世界是物质的）。现在，马克思主义仍然是我身份认同的重要部分，但不再是最重要的部分。

我开始在美国这个世界上最物质化的地方生活，也开始走进探寻自己的身份和传统的旅程。这在巴基斯坦的学者身上并不多见，让我有点特立独行。我去过很多地方旅行，会说多种语言，然而大部分巴基斯坦当地的学者都倾向于偏居一隅。当我回到巴基斯坦的时候，我感觉我到了另一个国家。虽然这是我的家乡，但是当我接触学者的时候，我觉得他们对我的现代化感到深深的诧异。或者说，他们对我的穿衣风格、一口流利的英语和出身于一个好的家庭会深深诧异，尽管我们拥有共同的文化和身份。我热爱所有人类，并且相信不论国籍，世界上总是有好人和坏人。现在我明白了身份的重要性，尽管这个身份是多重性的。比如说，我是巴基斯坦人、旁遮普人、美国人、穆斯林。类似地，你是汉族人，同时也可能是佛教徒等。因此，我明白了身份的重要性，也明白了确保外界不能滥用你的身份的重要性。

4.3 伊斯兰国家的自由派和马克思主义派

阿克拉姆：巴基斯坦等伊斯兰国家的大部分知识分子和学者可以归为两类，第一类是世俗的，第二类是宗教的。宗教类的学者参加了很多政党。比如，伊斯兰大会党（他们在参与竞选），还有伊斯兰神学会等。宗教类的知识分子都在批评西方的影响，所以《习近平谈治国理政》一书中所批评和倡导的东西，穆斯林也都在批评和倡导。

人们可能会期待中国比较喜欢世俗派，因为我们看到中国在表面上是一个世俗化的社会。当我们想到宗教人士，我们倾向于想到“伊斯兰国”的大胡子、塔利班，以及其他西方所恶意营造的伊斯兰教的“特色”。所以这些团体会有不好的名声，这也会产生一场漫长的辩论。中国人往往觉得巴基斯坦等伊斯兰国家的世俗人士会支持中国，而宗教人士不会。现实恰好相反，反对西方现代化的宗教人士支持中国，而世俗自由派是美国的坚定跟随者。例如，巴基斯坦和阿富汗的世俗的学者中，有自由世俗派和马克思主义世俗派。自由主义的知识分子几乎都是亲美的。巴基斯坦和阿富汗的马克思主义知识分子是支持中国的，但是他们与宗教的知识分子的关系很紧张。

宗教群体和军方人士比平民接收更多的信息，前两者都是支持中国的。但是世俗派中的大部分人是帝国主义忠诚的仆人，自由派是美帝国主义忠诚的仆人。宗教派认为中国是朋友，军方也这么认为。宗教派与军方在过去50年时间里和西方关系十分糟糕。西方不断在其他国家制造反叛和对抗，比如在伊朗、叙利亚和朝鲜。西方还不遗余力地利用各种机会使这些国家难堪。因为中巴之间存在巨大的共同安全利益，所以巴基斯坦军方高层也支持中国。如果没有巴基斯坦，中国西部的问题将会使中国头痛。反对西方现代化的宗教人士同样支持中国，尽管他们根本不懂中国。我作为一个苏菲派的信徒，也可以代表巴基斯坦的宗教界人士，向他们介绍中国。每一种宗教都有它内在（精神性）的表现形式，这种表现形式是凝聚力的源头，对于伊斯兰教而言，便是苏菲派禁欲神秘主义。

李希光：在世俗的圈子里，自由主义的知识分子近乎是一边倒亲美的，美国人让他们干什么他们就干什么。巴基斯坦的马克思主义知识分子是支持中国的，但是由于他们本身对宗教是批判的，所以巴基斯坦的马克思主义知识分子与宗教的知识分子的关系很紧张。虽然宗教圈的人对中国一点儿了解都没有，但他们把中国当作一个伟大的东方文明，他们喜欢中国。他们喜欢东方文明，把西方文明当作自己的敌人，因为西方文明的代表便是现代军事占领者美国和老牌殖民者英国。巴基斯坦的军方，特别是军方的知识分子和中国关系最好。军方的高层读书比较多，同时他们亲历了巴基斯坦建国，在过去50年里，无论是印巴冲突时期，还是孟加拉国独立战争时期，唯一支持巴基斯坦的便是中国。所以巴基斯坦人从历史上也感受到中国是最好的一个邻国。而巴基斯坦位于中国新疆和西藏通向南亚和中亚的十字路口，如果没有友好的中巴关系，新疆会发生什么？西藏会发生什么？

4.4 发展中国家媒体的自我憎恨问题

阿克拉姆：媒体所扮演的角色十分重要。我有一个记者朋友叫周戎，他曾在伊朗当记者。几年前，我与他聊天时建议，我们需要在CCTV（中国中央电视台）设置一个乌尔都语的频道。巴基斯坦如今有几十个电视频道，但内容肮脏，而且还成为敌人攻击我们的武器。我个人也曾有过在电视媒体上出镜的经历。在第一次上电视节目的时候，我穿着一身西装，打着红领带，他们便都认为我是一个世俗的人，但是他们都错了。他们对我说，如果我在节目上用乌尔都语的话，我可以得到双倍的酬劳。但是我选择用英语，因为我的声音需要被巴基斯坦的自由派（主要说英语）听到，我想要影响精英阶层，也就是说英语的那些人。

我的第二个电视节目是用乌尔都语制作的。那是一年夏天，电视台找到我。我说我不会去主持这个节目，但我可以作为嘉宾来参加这个节目。我想发出我的声音，我推荐了我以前的学生明月来主持这个节目，明月当时也正好有空。所以那个节目的形式就是明月负责主持提问，而我负责回答问题。

李希光：今天如果有电视台找我做嘉宾，我只接受我一个人做嘉宾。只有一个嘉宾的访谈节目可以保证我完整地说出我想要说的话。如果再有一个嘉宾和我争论来争论去，就变成别人的想法了。我在巴基斯坦首都伊斯兰堡和开伯尔－普什图赫瓦省对巴基斯坦的世俗知识分子和伊斯兰学者做了深入的访谈。在对中国的政治体制认识上，大学里的教授多认同美国民主，但是当年受过中国共产党和苏联共产党影响的知识分子多认同中国的发展道路。在对“一带一路”和中巴经济走廊的态度上，巴基斯坦西化的知识分子有两种态度：一种是支持的，另一种认为中国是“南亚新殖民主义者”。

阿克拉姆：我们用乌尔都语做了22场节目，其中有5场是关于中国的。做节目十分有趣，我之前在媒体上也有过一些经验。对明月而言，这确实是一个很好的学习机会。把媒体控制在我们手中十分重要。爱德华·S. 赫尔曼与诺姆·乔姆斯基的《制造共识》一书称，通过媒体可以人为地制造大量的共同意见。如果有更多人看电视，你便可以从潜意识上改变人们的想法。在自由世俗派控制下的媒体完全服从于帝国主义，而80%的巴基斯坦媒体都是这样的。这些自由派憎恨巴基斯坦人，他们也自我憎恨，自怨自艾。对于他们而言，巴基斯坦是不好的，而印度是好的，中国并不是我们的朋友，伊朗也不是我们的朋友，美国是好的，巴基斯坦军情部门和巴基斯坦军队是坏的。巴基斯坦媒体的国家意识完全被部门利益控制。我们国家的媒体处于被“打劫”的状态，我们需要一个乌尔都语的媒体频道。正如李教授所说，我们怎样才能有100年不变的情谊？如果我们希望借助于英语的资料来完整准确地理解中国，是很难做到的，因为现在自由派在媒体上宣称中国人是无神论者，而西方人是“有经人”。

4.5　“一神论”与“无神论”问题

阿克拉姆：并不仅仅是犹太人和基督徒才是“有经人”，佛教徒、印度教徒都是“有经人”。东方信仰的神与一神论中的神存在差别。西方的宗教有上帝，中国人不信仰上帝，但是天对中国人而言也是存在的。很多学者会认为中国是一个迷信的国家，出门要看皇历。当家里的玻璃碎了，中国人便取消约会。在我看来，这些宗教观念正卷土重来。如果我们给予传统更多的空间，那么宗教也会得到更多的空间。如果我们给予文明更多的空间，在精神上也会得到更多的空间。如果我们给予传统艺术更多的空间，那么它的源头便将是有宗教性质的宇宙论。然而，因为西方有《圣经》，所以世俗派试图让大众信服中国是西方意义上的没有信仰的国家。但是中国是一个有着丰富传统文化的国家，目前这些传统也在复兴。

对于穆斯林而言，我们认为，禅宗和儒家学说是宗教。对我们而言，宗教将人类与真主结合起来。在那些认为真主并不存在而天堂存在的国家，宗教将人与天堂结合起来。他们认为地球上存在生命，但在这个世界之上有一个更高级的世界影响着它。由于佛教有这些内容，所以我们把佛教视作宗教。在拉丁语中，单词“religious”来源于“ligament”，意思是将我的骨头和肌肉相连接。“relig”的意思是重新连接，这意味着在某种程度上这种连接是丢失了的。所以宗教便是一种可以将你与超自然相联结的东西。在这个意义上，我们可以看到东方的宗教十分具有“精神性”。在我们国家的语言中，“deen”是用来指宗教的，意思是“真主之路”，正如孔子所言的“中庸之道”。

李希光：我最近在我的朋友圈也讨论过这个重要的问题。那天，我和韩国的一个和尚吃饭时也讨论到这个问题。阿克拉姆博士对中国的儒家学说和佛教研究很深，还讲到禅在印地语、梵语中的形式，传到日本后又分了多少教派。但这都不是根本问题，根本问题是，巴基斯坦和西方都是一神教国家，都信神，而中国的佛教、道教和儒家学说不信上帝。佛教中释迦牟尼也是人，也有生老病死，道教讨论的是人和自然的关系，儒家学说讨论的是人与人之间的关系，所有这些讨论都没有上帝存在。所以西方概念里的“religion”不包括中国的宗教。中国的宗教其实涉及两个层面：宗是讲佛教中的各种宗，禅宗、密宗、显宗等；教是指老师的身教、言教等。所以宗教的本义与上帝没有关系，西方的“religion”在中国翻译成宗教是不准确的，更准确的翻译应是“神教”。100 年前，日本人将“religion”翻译成“宗教”，然后中国人就照搬了这个翻译，但是日本人并没有搞清楚两者完全不一样。

阿克拉姆：我正在教授世界宗教与国际政治比较课程、伊斯兰和西方政治思想课程。最近，我还让明月给我寄几本有关中国传统思想的书。当我看中国传统道教的书时，我感觉自己仿佛在看《古兰经》，尽管巴基斯坦和中国存在差异。根据伊斯兰教的看法，有时宗教可能会互相争斗。然而，当达到一定的精神境界之后，它们会开始互相对话。这个世界所有的宗教都将趋于归一，超越所有的宗教形式，这里只有一种宗教。

伊斯兰教的儒家化在历史上也发生过，在未来也将会发生。但是，在巴基斯坦，你不可能忽略伊斯兰教。巴基斯坦人会为了他们的宗教信仰而牺牲，中国人应该也能理解这一点。这些想法根深蒂固。作为一名穆斯林，我相信天堂位于我母亲的脚下，我们必须尊重年老的人。西方人肯定不能理解这些想法，这是中国的现代性与西方现代性的区别：中国的现代性给予文化、艺术更多的空间。而这些道德观也深深根植于伊斯兰教和巴基斯坦的文化中。不像 CNN 和 Fox News（福克斯新闻频道）所报道的那样，其实中国所发扬的文化是多样性的。中国在某种程度上其实呈现的是西方从未展现的一面。那么，中国和西方的现代性究竟有什么不同？中国的现代性有自己的道路。现在中国已经找到了重回那条道路的方式。我们可能会认为这是“传统的现代性”和东亚的现代性。这种现代性最大的受益者将是抵抗现代性的伊斯兰世界，因为它将会见证中国可以在不牺牲本质和传统的基础上实现现代化。

现在，在我们巴基斯坦有 10 万中国人，他们大都是从事中巴投资贸易的商业精英，但他们需要被像李教授您这样的知识精英指导。巴基斯坦需要 50 名像李教授这样的中国知识精英在巴基斯坦的不同城市负责筹办孔子学院，同时引导中国的商业人士。例如，中国的商人为了做生意，晚上常常需要喝酒应酬，但中巴两国的生活方式不一样。比如说，中国人认为巴基斯坦人是很保守的，因为他们不喝酒，即使很多巴基斯坦人在私生活中也会喝酒，但他们会在公开场合隐藏这一爱好。我们知识分子需要在中巴两国交往中发挥各种协调作用。

李希光：从东方国家尊重老人和长辈的态度中，就可以发现西方的现代性和东方的现代性的巨大差别。在伊斯兰世界的传统中，年龄越大的人越受到尊重。但是由于受到西方现代性的影响，中国媒体、广告中塑造的老人形象一般很可怜。其实在中国传统文化中，老人是最有权威、最有智慧的形象。这是儒教和伊斯兰教共通的价值观，尊重老人是中国最传统的价值观。我们在养老上应该完全和西方脱离。

中国应该与伊斯兰国家共同努力，倡导文明对话。中国人应该让伊斯兰国家人民看到，“一带一路”不仅能实现中国梦，也能实现伊斯兰梦。如果中国的中原与中国周边穆斯林少数民族省区在文化互鉴、宗教沟通、民族团结上做了和谐的榜样，将为周边伊斯兰国家与中国的文明互鉴提供范例。

5 第五场对话："一带一路"共同体与世界新秩序

我们沿着一段盘山道，踩着山上落下来的碎石往上爬。来到半山腰，看到了那座高大的佛像。一个星期来，我和阿克拉姆沿着法显、谷魏龙、玄奘法师的道路，万里迢迢，飞越多座8000米以上的大雪山，在喜马拉雅山和喀喇昆仑山的夹缝中旅行多日，就是为了看到这尊大佛像，拍摄佛像底座上刻写的古藏文和佉卢文。

一个月前，在北京聚餐时，张大使听说我要去喀喇昆仑山里的那个古老的藏人王国，他高举酒杯，大声冲我说："你要去的地方可是老西藏啊！"张大使早在20世纪70年代勘察喀喇昆仑公路时去过那个地方。"我在当地的石头上、房梁上、门框和门板上都看到过藏传佛教和古藏文的石刻或木刻。"他说。

"但是，那里是那个国家的最北端，藏匿着很多塔利班分子，恐怖主义暴力活动猖獗，您最好不要去。"临行前，一个朋友好心地劝我。

早餐后，20岁的萨吉特开着一辆没有保险杠的破旧日本小车，准备进入印度河峡谷。我们一路在尘土中旅行，穿过古镇。这是一个清一色的穆斯林信徒的世界。路上成群结队的男男女女走向清真寺去做礼拜，但是看不见一个蒙面的女子。女孩子们几乎个个长得都好看，当你看她们时，她们美丽的大眼睛也会热情大方地盯着你看。萨吉特好像认识路两旁每一个开店的老板或行人。每当停车，他都热情地跟人打招呼、聊天。"萨吉特跟他们说的是古藏语，"陪同我的政治神学家阿克拉姆教授说，"生活在这里的居民都是藏人，他们改信伊斯兰教是几百年前的事。"

7世纪晚期，佛教传入这一地区，当时大多数民众都信奉本教。在伊斯兰教到来之前，藏传佛教和本教是巴尔蒂斯坦的主要宗教。佛教传入可以追溯到吐蕃帝国形成之前。该地区现存许多佛教考古遗址，其中包括位于斯卡杜附近的 Manthal 大佛石像和罕萨佛教石刻。通过在巴尔蒂斯坦发现的大量佛教旧址可以断定，15 世纪之前巴尔蒂斯坦一直是佛教徒居多，直到伊斯兰教在这个地区出现。从那时起，当地大多数人皈依了伊斯兰教，由于该地区剩下的佛教徒向东迁徙到拉达克了，现在该地区的佛教印迹只存在于遗址中。

在狭窄的古城巷子里拐了几个弯之后，我们出了古城，在喀喇昆仑大峡谷里朝着拉达克地区方向驶去。喀喇昆仑山的南坡有四个吐蕃人的古城——罕萨、吉尔吉特、斯卡杜和列城，它们和这个地区的村落一样，都坐落在峡谷里、石坡上或湍流边。"拉达克地区跟中国青藏高原从地理、文化、宗教信仰和人类学上看是一体的，"阿克拉姆教授说，"但是这里的人已经是藏人和高加索人的混血。他们的血脉里 50% 是藏人血统，剩下的是伊朗人和突厥人的血统。"

虽然这里的山民 90% 是十二伊玛目派的什叶派穆斯林，10% 是伊斯玛仪派（七伊玛目派），但是由于当地的语言、宗教（本教、佛教）、人种、历史、文化、古建筑与西藏密不可分，当地人自称"小西藏"。

"小西藏"东边是挨着青藏高原的拉达克地区，南边是印控克什米尔的首府斯利那加，西边是南迦巴瓦峰，东北边挨着锡亚琴冰川、乔戈里峰和阿克赛钦。从这里沿着希格尔河谷往山里走 300 公里就是新疆的莎车，直到 20 世纪 60 年代这里还是"小西藏"通向中国的必经之地。当地学者沙比对我说："我希望这里将成为中巴经济走廊的第二通道。"这个通道将会成为新疆和田与西藏阿里通往南亚的大通道。看来，"小西藏"对新疆和西藏的经济发展和安全都极为重要。

佛像浮雕清晰地显露在一块黄色的巨石上。佛祖盘腿交脚，在莲花上打坐说法。佛祖的周围雕刻了几十尊坐在莲花上的菩萨像。佛祖两侧雕刻着两尊未来佛高大的立像。这是雕刻于公元 9 世纪，也就是吐蕃王朝后期的佛像。吐蕃王朝后期是印度河上游地区佛教发展的黄金时期。佛像的下部和左右边角有大量的古藏文和佉卢文石刻。

"这块 1000 多年前的佛教石刻为什么迄今还毫发无损地立在这荒山里，宗教极端势力和恐怖主义势力会不会破坏它？"我问。

"我们这里没有宗教极端主义者，更没有发生过暴恐事件，至少我还没有听说过这类事件的发生。”沙比说。

李希光日记

2017 年 9 月 28 日

5.1　你中有我、我中有你的世界新秩序

李希光：今天，您把我带进了一个古丝绸之路文明圈。在这个文明圈里，佛教文化和伊斯兰文化你中有我、我中有你。在西方人到来之前，这个地区没有这么多的国界和口岸。兴都库什、喀喇昆仑、慕士塔格，既是丝绸之路需要翻越的屏障，也是连接丝绸之路的廊道。从我们喝茶的希格尔村到中国最近的乡镇仅约 150 公里，从这里经过斯卡杜到巴基斯坦北部山区的吉尔吉特也只有 201 公里。也就是说，从新疆的和田出发，穿过世外桃源的希格尔河谷，可以直接连通中巴经济走廊的重要节点吉尔吉特。经过吉尔吉特，可以到达开伯尔－普什图赫瓦省的首府白沙瓦。从白沙瓦，或者经过奎达去瓜达尔港，或者经过喀布尔东去铁尔梅兹、布哈拉、撒马尔罕，或者西去，经过赫拉特、阿什哈巴德、伊斯法罕、德黑兰、大马士革，到达欧亚两大洲交界的伊斯坦布尔。中巴两国正在勘探和规划瓜达尔经吉尔吉特到中巴边境红其拉甫的中巴铁路。中巴铁路从瓜达尔港到雅各布阿巴德新建 1048 公里，雅各布阿巴德到赫韦利扬 959 公里的旧有铁路改造升级，赫韦利扬到红其拉甫新建铁路 682 公里，总共 2689 公里。中巴铁路通过奎达、查曼，连接阿富汗公路网，通过阿富汗马扎里沙里夫和乌兹别克斯坦铁尔梅兹之间的阿姆河大桥，加入中亚铁路网。中巴铁路还可通过俾路支地区加入伊朗的铁路网，再通过伊朗的铁路网，打通与伊拉克、叙利亚和土耳其的道路。

阿克拉姆：通过您的这番描述，穿越这片大雪山的中巴经济走廊将成为联通中亚、西亚、南亚、东非和欧洲的战略交通枢纽。

李希光：在中巴经济走廊上，意义最大的是瓜达尔港的开发。没有瓜达尔港的建设，中巴经济走廊就仅仅是几十年前修筑的喀喇昆仑公路的延伸，没有

更大的国际意义。今天跟瓜达尔港利益相关的国家和地区有海湾国家、中亚、欧洲、东非和印度。瓜达尔港改变的不仅是北阿拉伯海的地缘政治，还有望成为未来全球的政治中心和文明中心。历史上，阿拉伯海、喀喇昆仑山、兴都库什山脉和瓜达尔港连接着“一路”与“一带”。现在，从瓜达尔港到阿富汗边境有600多公里，到土库曼斯坦边境有1800多公里。霍尔木兹海峡承载了全球30%的石油运输。从1993年开始，中国从石油净出口国变为石油净进口国。中国每天石油进口量约为560万桶，超过了美国（约为500万桶）。从波斯湾到上海的海上运输线长度约为11 000公里，海上航行时间为16天。过去美国在乎中东的和平，今天是中国更在乎中东的和平、在乎伊斯兰世界。

阿克拉姆：大多数国家的观察家认为美国正在走下坡路。当前，美国建立并主导的世界秩序仍是威尔逊主义下的美国秩序。美国秩序的核心是“美国优越论”，即美国人与生俱来有优越性。美国传教士认为，美国人民是上帝指定的人，负有拯救他人的使命，即向世界输出美国价值和美国制度的使命。根据美国秩序下的价值观，只有民主国家才能成为美国的好伙伴。因此，美国秩序的支持者认为，美国的干涉主义和扩张主义是正义的，因为那是支持别国搞“民主”。一些人甚至认为，对别的国家发动战争，在那个国家建立民主制，是美国的道义责任。因此，威尔逊总统甚至狂妄地在国会说，“唯一的问题是我们是否能够拒绝别人赋予我们的道德责任，我们是拒绝还是接受世界对我们的信心”。简单来说，威尔逊主义就是“己所欲，施于人”的态度，目的是使全世界“美国化”。

李希光：旧的世界秩序是美国作为天定的不可或缺国家来领导世界，制定国际秩序，以美国的意识形态、价值和制度在世界上搞扩张，最终结束历史。先是亨廷顿提出“文明冲突论”。他认为，只有当一个国际体系中的国家具有“共同利益和共同价值观”，才算是一个国际社会。西方中心主义认为，坚持东方传统文化的国家，就是“不变的东方”。不变的东方国家是野蛮、愚昧、落后的，不接受西方的普遍主义。西方中心主义认为，东方国家不可避免地要跟着西方的普遍文明走下去。西方所造成的文明间的政治思想冲突正在被文化和宗教冲突取代。西方国家的普世主义倾向越来越将其引向同其他文明的冲突，其中最严重的是同伊斯兰世界和中国的冲突。今天，世界各地越来越多的人在谈论多元文明。

2017 年，我在巴基斯坦调研期间，有这样一个故事。我坐在伊斯兰堡的万豪酒店露天咖啡座整理一天开会的思绪时，萨利姆博士突然出现在我的眼前。他问我："李教授，我可以坐在这里吗？"萨利姆曾在清华大学学了四年生物化学，现在是巴基斯坦国立科技大学的助理教授。"在巴基斯坦，你只要引用两句《古兰经》或穆圣的话，你就可以打动我们，"萨利姆说，"在伊斯兰教法里完全没有欺压百姓的空间。《古兰经》反对资本主义和使用暴力强权剥夺普通人的权利。伊斯兰教是站在弱者一边，拯救草根群众的。利息是最可恶的罪恶，经济增长不可以来自利息，资本主义经济的基础是利息，伊斯兰经济是分享利润。今天的伊斯兰国家要打碎资本主义的两个枷锁，一个是经济枷锁，另一个是信息枷锁。""你在清华学习期间，你的中国观有啥变化？"我问。"我去了北京后，发现中国人真聪明，他们生活在他们自己的制度和秩序里。巴基斯坦的政治制度是照搬照抄美国、印度。没有任何一个巴基斯坦人相信美国人是巴基斯坦真正的朋友。美国人只是想成为巴基斯坦的主人。"

5.2　东方国家需要一个多样化的世界话语体系

阿克拉姆：在未来的岁月里，世界将不会渴望美国或者其他国家宣扬单一的普世文化，而是期望许多不同的文化和文明同时并存。伊斯兰国家和人民需要一个世界秩序、世界新文明、新的世界话语体系去生存和发展。

李希光：各种文明的未来构成了世界的未来，建立在文明互鉴之上的国际秩序是阻止文明冲突出现的最可靠保障。2015 年 12 月初，伊朗外交部长扎里夫在北京大学的演讲中说，生活在两极和单极的世界秩序里的民族国家必须顺从地在这个秩序里生存。但是，今天的世界变了，世界秩序在转型。这个转型的秩序带来大量的机遇和挑战。苏联的解体并不是社会主义阵营的失败，但是美国在苏联解体后自认为成了世界霸主，单方面发动侵略。今天世界面临的种种灾难是美国 20 世纪 90 年代采取零和博弈的结果。一个多极世界需要一个共赢的环境，习近平主席提出的"一带一路"愿景是理想的共赢环境。"一带一路"

促进包合（inclusion，不是包容 tolerance），而不是排斥。世界秩序的特点应该是包合。当前亟须构建一个互联、合作、共赢和共享的网络。今天的世界已经全球化了，不仅经济领域全球化了，安全领域也全球化了。我们不可能通过牺牲别人的安全来换取自己的安全。比如阿富汗，它不可能被军事大棒打倒，而要依靠社会经济发展。毫无疑问，“一带一路”倡议强调国家稳定、社会和谐、人民团结、人民至上，而这些属于东方传统价值的东西将会跟西方的现代价值，如经济效率和原教旨主义的市场经济等发生冲突。“一带一路”倡议多种文明、多种声音并存，终结美国制造的一种文化和一种声音的世界。

阿克拉姆：我相信中国倡导的“一带一路”将建立在一个基于新型世界体系的框架内。伊斯兰教、佛教、儒学和基督教都可以被看作世界体系的一种形式。在现代，世界体系则表现为社会主义、资本主义等形式，这些主义都试图建立一个跨越国界的体系。根据我对“一带一路”倡议的理解，“一带一路”是践行人类命运共同体的重大举措。

李希光：是的，这是一个理想的世界秩序和世界体系。如果过去的世界秩序属于八国集团或二十国集团，未来的秩序将属于 21 世纪集团，那是一个属于全世界各国人民的新秩序。与西方一些媒体的描绘相反，这种秩序并不是“一带一路”下的中国秩序。中国不可能单枪匹马实现“一带一路”倡议，更不用说单独构建一个新型世界秩序。建设“一带一路”，需要跨国跨地区的视角。“一带一路”的终极目标是推动构建习近平主席提出的、已经载入中国宪法的人类命运共同体。在追求与促进人类命运共同体构建的过程中，考虑到“一带一路”的规模，中国应该着眼于促进共建“一带一路”国家所共享的价值观，尊重这些国家的文化、宗教、历史与现实。我们理解和研究“一带一路”，必须把它放在比任何单个国家的视角更大、更广泛的视野之中。这是一个不再把异见当成异端、异教或“他者”而消灭的世界秩序。大道之行，天下为公，意思就是当大道施行的时候，人们在天下享受共同的繁荣。“辟如天地之无不持载，无不覆帱……万物并育而不相害，道并行而不相悖……此天地之所以为大也。”我们的共同目标是建立一个安全和平、各国各民族各宗教相互信任的世界秩序。这一新型世界秩序不需要统一的文化和统一的信仰，走在这条大道上的所有人不会发生冲突或互相伤害。这一新型世界秩序就像天地一般包容万物：所有事物互相不怀偏见地共同发展；所有道路平行而不相冲突；各种意识形态与理论体系不相冲突；这是一条所有人共同走的道路。简而言之，四海之内皆兄弟，“一带一路”一家人。这就是我们理想的“一带一路”的大道。“一带一路”由全世界共同拥有，且通过共同的道路惠及整个世界。“一带一路”最终将成为全世界人民的共同财产，尽管存在着不同的文化、宗教和社会制度。

阿克拉姆：孔夫子的核心思想是“仁”，“仁”体现在国家与国家之间、人与人之间的基本关系中，“仁”体现在国家与国家或人与人之间和平共处的艺术之中。中巴友好关系为共建“一带一路”其他伊斯兰国家在处理与中国关系时，树立了好榜样。

李希光：事实上，在中国面临困难的时候，不仅巴基斯坦站在中国一边，很多伊斯兰国家都站在中国一边。当年西方严重诋毁中国形象、抵制中国恢复联合国席位时，中国通过在发展中国家阐释自己的政治理论、发展道路和治理模式，最后在联合国大会上成功赢得第三世界国家的支持。而这些国家有很多是共建“一带一路”伊斯兰国家。长期以来，美国一直重视与阿富汗和中东其他伊斯兰国家的关系。随着瓜达尔港的建设和中国在中亚、西亚、北非的能源开发和基础设施建设，中国已经成了深入伊斯兰世界核心区域一个不可忽视的存在。今天，中国与伊斯兰国家的关系尚未成为中国外交政策的重中之重。中国需要将伊斯兰世界列入中国外交政策的关键领域。

世界上穆斯林人口较多的国家，如印度尼西亚、巴基斯坦、孟加拉国、土耳其、埃及、伊朗等都是“一带一路”上的重要国家。随着中国通过“一带一路”在伊斯兰国家和社会开展的经济活动日益增多，中国必须准确掌握伊斯兰国家和人民的真实想法。“民心相通”是“一带一路”倡议的关键，而在“一带一路”建设中无法回避宗教和文化差异问题。对伊斯兰国家宗教、文化、社会、政治等方面的国情研究是顺利推进“一带一路”建设的必备功课。同时，“一带一路”倡议不仅仅涉及经济建设，而且涉及“一带一路”各国的文化、宗教的碰撞和交融。

要建设好“一带一路”，必须实现中华文明和伊斯兰文明的交流和共同繁荣。中国还要在缓解伊拉克、利比亚、阿富汗和叙利亚等丝绸之路沿线重要国家的战乱和危机中积极主动地发挥议程设置作用，而不是被动跟随其他国家的行动。中国曾在历史上受益于与伊斯兰世界的交流。自第一个伊斯兰帝国倭马亚王朝建立以来，伊斯兰帝国与中国已经和平共存了1000多年。

阿克拉姆：从中国的清朝开始，或者从伊斯兰世界的莫卧儿王朝开始，中国和伊斯兰世界都在欧洲帝国主义国家的压迫下逐渐衰落。在这个意义上，它们在重大历史问题上是能够相互理解和彼此体谅的。

李希光：历史上的“东方主义”就是这样的例子：东方永远代表着野蛮和黑暗，而西方则代表了进步和光明。中国被描绘成是蛮不讲理的，是现代价值观的对立面。美国普利策中心早年发表了一篇题为《中国孤立主义的极限》的文章，攻击“一带一路”及中国与伊斯兰世界的接触，认为这是一种孤立主义政策，因为中国没有追随西方干涉主义的世界观。

阿克拉姆：有些人的观念的确受到爱德华·萨义德所批评的“东方主义”的影响，这是一种对伊斯兰世界的偏见。东方主义认为，伊斯兰文明被全球化边缘化了，且不适合当前美国主导的世界秩序。事实上，伊斯兰世界比世界上任何其他地区都更需要新秩序。20世纪末期，伊朗总统哈塔米呼吁建立一个新的文明和世界秩序，以停止各种冲突流血事件。伊斯兰世界将会成为“一带一路”最积极的拥护者。“一带一路”和构建人类命运共同体的倡议被许多穆斯林领导人频频赞赏，称之为能够引领人类未来和谐发展的构想。

5.3 “天下观”与人类命运共同体

李希光：看看眼前的希格尔河谷，前面是慕士塔格山口，西边是瓦罕走廊，东边是喀喇昆仑山口。东晋时法显从希格尔山口到西天求法，唐朝时玄奘通过西边的瓦罕走廊学成归国。通过这些山口，琐罗亚斯德教、佛教、景教、伊斯兰教进入了中国。为什么在新疆和田发展的希腊化犍陀罗佛像艺术没有回传到希腊或欧洲去？既没有西传到信奉犹太教、基督教、天主教和伊斯兰教的国家，也没有南下到印度教国家。佛教文化和犍陀罗佛像艺术最后东传到崇尚儒家和道家的中国和朝鲜，并生根发芽。习近平主席将古人的天下理念表达为人类命运共同体，这意味着“一带一路”上文化异质国家能与中华文化构成一个文化共同体，中国文化会注重各种文化之间的互鉴。

阿克拉姆：中国作为一个胸怀天下的文明国家，她在强大的时期，也从未占领过其他地方，或像欧洲国家那样对其他地区进行殖民。推进“一带一路”意味着重新延续历史和文化，中国有可能与共建“一带一路”国家建立新的文明。

李希光：2016 年美国大选后，福山发表文章说，特朗普担任总统标志着一个时代的终结。在已经终结的那个时代，对于世界各地生活在腐败威权政府统治之下的人们而言，美国就是民主的象征。美国的影响力长期更多地依赖于其软实力。今天，美国政治文化软实力的失败为“一带一路”建设提供了一个机会。“一带一路”新话语体系不是要取代西方话语体系，而是要跳出旧话语体系的思想框架。亚洲国家要争取世界文化话语权，需要通过“一带一路”走出一条话语创新之路。一方面，中国和共建“一带一路”的伊斯兰国家要解放思想；另一方面，要促使欧美国家在思想和价值观上对中国开放，促使欧美国家和其他追随西方坚持政治和文化二元对立的国家，超越各自的文化傲慢与偏见，超越不同形式的屏障和局限，用一种开放的态度对待中华传统和伊斯兰传统，为通过“一带一路”联合世界各国人民共建世界新秩序铺平道路。

阿克拉姆：基辛格在接受《大西洋月刊》采访时说，中美关系大门的打开，是美国对中国的开放。事实上，也是当时中国领导人通过巴基斯坦等国不断向美国传递信息，迫使美国对中国开放。基辛格说，从长远来看，美国与中国的关系将塑造国际秩序的未来。美国和中国将是对未来国际秩序影响最大的两个国家。

李希光：眼前这座大山有两个山口通往中国，通过喀喇昆仑山口到西藏阿里，或者通过慕士塔格山口到新疆和田。我们透过西方中心主义者对中国新疆和西藏的态度和立场，就会发现美国坚持的全球秩序与中国的治国理政是有本质不同的。美国左右两派对待中国西藏和新疆的态度都是一致的，都把中国视为“异类”，不会放弃对中国的遏制，这是结构性的矛盾。例如，美国主流媒体在思想深处永远摆脱不了二元对立的报道立场和态度。

阿克拉姆：这就是为什么我说“一带一路”新秩序意味着重新叙述历史和文化。不同于近代历史上的西方列强，比如英国维多利亚女王时代建立的以加尔各答为中心，沿着海上丝绸之路建立大英帝国殖民带，而中国通过“一带一路”与共建国家建立命运共同体。这就像2017年春天，我们在清华大学开会时中国哲学家赵汀阳所说的，中国综合文化的形成方式称为“化”。化是变易，不是一方之改变，而是互化，是多种文化对存在秩序的合力重构。但是，有人会提出疑问：“一带一路”上文化异质的国家，特别是这么多的伊斯兰国家能与中华文化构成一个命运共同体吗？

李希光：当今中国国内也有人受到西方宣传的影响，对共建“一带一路”国家，以及国内穆斯林的存在十分焦虑，就像宋与辽、金、西夏并立时代，宋陷入前所未有的焦虑。此种焦虑迫使宋朝的政治叙事主体，从“天下人的天下”替换为汉人的中国。这就背离了中国古代传统中的普遍关怀传统，也就是“天命”。赵汀阳说，中国是一个神学概念，中国就是中国人的信仰。我们是否可以借用说，天下是一个神学概念，天下就是中国人的信仰。中国人张口就是“天下大同”“天下为公”“修身齐家治国平天下”“天下兴亡，匹夫有责”。

阿克拉姆：这样说来，天下其实并没有严格的内外之别、中外之分，而是包括了人类整体，即“天下一家”。也就是说，中国古代天下观包含“无外”的意思，天下观意味着最大限度的兼容性，“一带一路”欢迎任何人和任何国家参与。

李希光：基辛格承认中国跟美国的世界观不一样。他说，美国认为，美国例外论让其有资格教育别人，因为美国人相信，当别人接受了他们的原则，世界就会更和平。然而，除了美国例外论，也有中国例外论。中国人认为自己是例外的，不会去试图驯化他人。中国人相信，如果中国表现出色，令其他国家艳羡，用基辛格的话说，这些国家就会追随中国模式。

5.4 东方的再现代性不是与西方的二元对立

阿克拉姆：整个世界，无论是西方还是东方，都处在一个变革的十字路口。当前，西方出现的逆全球化浪潮标志着新自由主义主导的经济全球化遇到重大挫败，到了需要建立一个世界新秩序的时刻，或者说中国要抓住这个历史机遇，实现“再全球化”和“再现代性”。

李希光：二战结束后，非西方国家的非西方现代性话语涉及社会主义革命、民族解放运动、不结盟运动和第三世界。与此相对抗，西方国家制造了冷战话语体系。随着西方国家在其自身所制造的冷战中赢得胜利，来自西方历史线索的民族主义、民族国家、自由主义、帝国主义等现代性概念在全球知识界占据了上风。使用这些概念对于西方历史来说是自然连贯的，而用于解释中国历史则容易造成中国历史线索的断裂。1911 年后，中国的历史叙事在很大程度上变成了西方主导的历史的一部分。冷战后，绝大部分全球话语进入西方制造的“普世主义”话语体系。这个新殖民主义话语体系通过其重要的“人权话语分支体系”，按照西方的文明等级论，直接认定或暗示中国对西藏、新疆、香港和台湾在文明等级上不配拥有主权。当今，随着新自由主义的衰败、英国脱欧，以及美国政治和社会严重分裂，表明这是到了旧秩序结束、建立一个世界新秩序的时刻了，或者说“再全球化”和“再现代性”的时刻到了。

阿克拉姆：“天下观”可以在理论上帮助我们区分西方媒体和政客制造的“国际社会”、“国际趋势”和“国际思潮”与建立代表世界各国人民根本利益的、公正的世界新秩序的“天下大势”或“天理”的本质上的区别。西方政客和媒体每天自称的“国际社会”是具有排他性的。

李希光：中国推动建设“一带一路”，不是去同化“戎狄蛮夷之地”，而是通过对共建“一带一路”国家和文化的重新学习，来重塑我们对世界、对自己的理解和认识。“一带一路”倡议中提出的“共同发展”、“共同繁荣”和构建“人类命运共同体”等主张，都是具有现实紧迫性的宏观理论命题，需要我们用一种全新的外交战略、天下视野、世界体系和国家理论去思考和探索。首先要跳出西方中心的线性的、一元的和“普世性”的现代性叙事话语，摆脱那种封闭的、狭隘的、排他的、二元对立的世界观。

阿克拉姆：欧洲人建立的威斯特伐利亚国际秩序本身就是一种二元架构，这是一种“帝国主义中心国家与边缘国家和地区”的文明等级结构。这种架构，成为在国际秩序中区分“文明国家”与“野蛮国家”的标准。而“一带一路”

的“共同发展”和“人类命运共同体”等核心理念意味着突破“中心－边缘”模式，把全球化推向更公正、更合理和更平等的方向。

李希光：在旧秩序时代，从学界到媒体，总是有人把西方所代表的当代霸权话语体系当成中国对外宣传、传播和与西方“接轨”的目标，放弃了自己的传统、自己的主流意识形态、价值取向、自主的战略选择和道路选择。通过“一带一路”倡议，中国把自身的发展与世界的发展进行统筹规划。跳出西方线性的现代性叙事，不是用东方中心主义来对抗西方中心主义，不是借制造新的二元对立叙事来打破西方旧的二元对立叙事。虽然中国是“一带一路”的倡导者和主要推动者，但是“一带一路”不是中国优先，更不是中国第一。“一带一路”建设应该是加强与各国人民的友谊，而不是削弱与当地人民的友谊。东方智慧在国与国关系上奉行的是“亲仁善邻，国之宝也”“以德为邻”“以和为贵”“天下一家”。

阿克拉姆：“一带一路”是中国人自古以来的天下观在当代的全新实践。一个合作共赢的人类命运共同体体现的是“家国天下”、“天人合一”、“天下一家”、“多元一体”、伊斯兰的“中道”“中和”等东方智慧，摒弃西方偏执的二元对立和“文明冲突”的世界观。以西方政治理论为指导思想、垄断资本为经济基础、西方线性的“普世主义”为终极理想，以及以同质性文化对平民的思想操控为特征的旧全球化，无法适应即将到来的以多元政治、异质文化为特征的“一带一路”新全球化。中东、北非不断的动荡和难民潮表明，以美国主导的世界秩序、全球化和新自由主义已经走进了死胡同。建设一个共同发展繁荣的“人类命运共同体”应该成为新的全球共识。这一新的全球化将成为全球各国和人民共同的追求和共同的发展理念。“一带一路”倡议将真正成为各国共同行动的方案，并在此之上建立以共建“一带一路”为抓手的全球治理机制，形成一个新的世界秩序。这意味着“一带一路”各国思想家和学者需要共同探索一种具有包容性的、平等的发展道路的可能性，去思考在“一带一路”背景下如何重新理解现代性、如何重新理解全球化的问题，去构思东西方国家都能接受的公正、公平的世界新秩序。

李希光：“一带一路”让中国人的视野突破了自鸦片战争以来仅在中西二元

比较中看问题的狭隘思想方法。这种狭隘的思想方法忽略了中国与西方之外广阔的土地上伊斯兰世界、佛教世界和印度教世界的存在。在“一带一路”的文明大道上，不仅是中国与西方文明之间的对话，“一带一路”将会实现东方各文明之间对话的复兴，东方国家将看到中华文化与伊斯兰世界的对话、中华文化与佛教世界的对话、中华文化与印度教世界的对话。与欧洲近代形成的民族国家概念相比，在数千年的漫长历史上，中国形成的以“家—国—天下”为代表的多元一体的多层面国家概念更为丰富，包含着异质性平等观念，这种观念比同质性平等观更为复杂。

阿克拉姆：中国推进的人类命运共同体下的“一带一路”倡议，是一个观察世界的新框架。这将是一个让共建国家和地区共同发展、共同繁荣和共同富裕的人类命运共同体。

李希光：早在2017年初，习近平在世界经济论坛2017年年会开幕式上的主旨演讲就已经阐明了我们应该用什么样的视角来看当今世界。小智治事，大智治制。大道之行也，天下为公。“一带一路”和人类命运共同体框架将使未来世界的美好愿景制度化、秩序化。

阿克拉姆：人类命运共同体愿景，是思想上相当贫乏的西方现代主义所无法设想的。作为现代主义分支的新自由主义兴起于美国，这种思潮不仅分裂了很多中东国家，而且让美国社会自身严重分裂。美国制度无法整合美国这个社会，更不用说整合整个世界了。如果中国加入西方资本主义集团，“一带一路”就会失去世界人民的支持，世界就会出大问题，就会导致整个人类社会的发展出现曲折。

李希光：天下为公、世界大同不可能通过人类分裂来实现。今天世界上许多国家陷入新自由主义的泥潭里走不出来了。实际上，谁都不应该把自身的发展道路定为一尊，更不应该把自己的发展道路强加于人。每个国家都有不可剥夺的发展权。同时，各国都应该在更加广阔的层面上考虑自身利益，自身的发展不能损害其他国家的利益。

阿克拉姆：如何在不伤害各种文化特性的基础上，让文明的交流互鉴获得双赢的和谐结果？在好莱坞大片和美国畅销书称霸的今天，非西方的文明，特别是伊斯兰文明总得不到正面宣传或客观传播。来自西方旧殖民主义国家的历史学家和文化学者总是以一副高高在上的权威姿态呈现和解释中国与伊斯兰国家的历史和文化。其结果是，中国人和伊斯兰国家的人越来越以西方立场观点来看待和解释自己的历史和文化。西方有人攻击中国提出的“一带一路”倡议隐藏着秘密动机，这些西方人的批评是把自己内心深处隐藏的地缘政治动机投射到中国。但是，在非洲和巴基斯坦，竟然也有人会信这种言论。

李希光：西方普世主义带来的多元文化的危机表明，西方已经无法应对文明多样性和意识形态差异化。他们无法想到世界上还会有这样的人民、这样的国家或这样的政府，通过“一带一路”不仅为自己谋福利，还为天下人谋福利。因此，“一带一路”的愿景，绝对不是中国版本的“颜色革命”。人类命运共同体框架下的“一带一路”是构建一个理想的世界秩序，那是一个不存在敌意，不再把异见当成异端、异教或“他者”而进行消灭的世界秩序。如果“一带一路”是为中国所拥有且只是突出中国的国家品牌，忘记了天下人，如果“一带一路”仅由中国一国计划、出资、建设与管理，那么其他国家和人民将失去归属感。

阿克拉姆：由于面积庞大、分布分散、人口众多、民族庞杂，伊斯兰世界可能拥有人类历史上最多样化的文明。西方化、现代性跟殖民主义一样，已经失去了普世动力。旧全球化问题的核心是要将整个世界全盘西化，现代性的问题压制了文化多样性，比如全世界的麦当劳化。不是传统，而是现代性导致非西方文化和语言濒临灭绝。

李希光：以新自由主义为代表的西方现代性不仅会清洗非西方文化，甚至会毁掉西方自己的古老传统和文化。连大英帝国的老牌喉舌《泰晤士报》总编辑威廉·里斯－莫格勋爵（Lord William Rees-Mogg）也针对所谓基督教与伊斯兰教、印度教和儒学不可避免发生冲突的命题批评说，真正的文明冲突将发生在当代新自由主义社会与古老的基督教、伊斯兰教、印度教和儒学之间。他说，“在英国，健全的传统价值观与新的享乐主义之间，我们必须确保传统的价值观，包括宽容和公平的价值观”。威廉·里斯－莫格勋爵坚持西方传统，一生坚持穿细条纹套装散步，尽管很多人都穿休闲装散步。他坚持用笔写字，不使用无处不在的电脑和文字处理器。他甚至拒绝开车。

阿克拉姆：这样看来，无论是西方普世主义，还是伊斯兰原教旨主义，都是排他的和极端的。当今社会不仅需要东西文明对话，而且需要现代的伊斯兰原教旨主义文化与传统的伊斯兰文化的东方各文明之间的对话，以及新自由主义的西方当代文明与古老的西方传统文明对话。

6　第六场对话：伊斯兰世界看中国的崛起和西方的衰落[7]

黑夜里，在山风松涛里，听着庙门口缓缓的溪流声。突然，一只白色仙鹤拍打着宽大的翅膀，伸着长长的脖子，从我头顶飞过，朝着山门外的松林深处飞去。

今天一天都在长白山最南边的山里旅行，这里的气候和景象极像我辽东的老家。下午跟当地县长在海边吃了黄鱼、喝了绿茶后，我们走进山谷里的内山书院，这是明朝晚期修建的，当地学子在这里研读四书五经。由于冬天没暖气，书院在放寒假，空无一人，等开春了才会有人来上课。

黄昏时，我们赶到佛甲寺，突然下起了小雨。方丈满堂法师带我们来到大雄宝殿。大雄宝殿里的释迦牟尼佛像面朝南方。

“通常佛像面朝弥勒佛所在的西方极乐世界，但是，由于我们这里离中国南方近，我们的佛教、僧侣和佛经多来自中国南方，所以佛祖面朝南方。”方丈解释说。

今天我带着一个巴基斯坦神学家、一个印度教记者和一个香港的佛教艺术家在亚欧大陆东头的一个古庙里过夜。这里面对太平洋，与日本隔海相望。公元384年，来自塔克西拉的佛教高僧摩罗难陀受东晋皇帝派遣，并受百济国王邀请，离开塔克西拉，翻越喀喇昆仑山，经过库车、敦煌、洛阳、南京，再从南京乘船渡过黄海，在法圣浦登陆，建立了百济王国的第一座佛教寺庙“佛甲寺”。晚餐时，方丈把我们请到斋饭房盘腿席地而坐。“我上周还在巴基斯坦的塔克西拉参拜那里的佛塔和佛舍利，”我一边说，一边把一周前穆沙希德参议员陪同我参观大佛塔的照片给方丈看，“我先后七次去塔克西拉。”

“我去过巴基斯坦六次，去过白沙瓦、斯瓦特、吉尔吉特和罕萨，”方丈说，“我是十年前和一个姓闵的教授一块儿去的，巴基斯坦当地政府为了支持我们弘扬犍陀罗佛教艺术，送给我们150件犍陀罗时期的希腊化的佛教艺术珍品，其中包括大量的佛像。”

我突然想到我家的书架上有一本闵教授写的有关犍陀罗佛教艺术的小册子，穆沙希德参议员写的序言，当时穆沙希德是巴基斯坦文化部部长。“这么说，穆沙希德参议员是我们共同的朋友了，这个世界真小。”我说。

“这是我们有缘。”方丈说。

晚餐后，方丈领我们来到一排平房，窗户上糊的窗户纸，没有玻璃窗，跟我东北老家一样。“你们每人一间，但是没有床，睡在地板上。”

在这么一大片山林里，整个寺院只有我们几个住客。阿克拉姆来到我的房间，我们盘腿坐在地板上，开始了彻夜长谈。

李希光日记

2017年11月10日

6.1　中国的崛起必须以中国自己的方式来理解

李希光：2019年，是新中国成立70周年。据中国国家统计局网站数据，70年来，中国从一穷二白到世界第二大经济体。1978年中国国内生产总值增加到3679亿元，占世界经济的比重为1.8%，居全球第11位。2000年突破10万亿元大关，超过意大利成为世界第六大经济体。2010年达到412 119亿元，超过日本成为世界第二大经济体。2018年达到900 309亿元，占世界经济的比重接近16%。按不变价计算，2018年国内生产总值比1952年增长175倍，年均增长8.1%。其中，1979—2018年年均增长9.4%，远高于同期世界经济2.9%左右的年均增速，对世界经济增长的年均贡献率为18%左右。2018年我国人均国民总收入达到9732美元，高于中等收入国家平均水平。[8]

阿克拉姆：根据世界银行资料，1981年，世界上有一半的人口处于贫困状态，而如今，世界上只有五分之一的人口处于贫困状态。这意味着全球贫困人口减少了40%，而其中大多数贫困仅与一个国家，即中国有关。1981年，中国贫困人口占世界最贫困人口的41%，仅次于中国的是南亚（29%）和撒哈拉以南非洲（11%）。如果按照购买力平价计算，自2015年11月以来，中国已成为全球最大的经济体，并将很快成为最大的经济体（以国内生产总值计）。此外，在若干年后，中国的经济体量可能会变成目前美国经济规模的两倍。[9]

李希光：中国国家统计局的数据显示，按照2010年标准，1978年末我国农村贫困人口为7.7亿，农村贫困发生率高达97.5%。2018年末中国农村贫困人口减少至1660万。[10]这可以归因于中国的国家能力及其人民的勤奋。尽管取得了令人瞩目的成就，但中国仍然有很多人，特别是西部的农村地区处于贫困线以下，他们的收入低，水资源匮乏，医疗和教育水平较低。然而，中国西部地区发展的速度非常快。2020年，中国历史性地解决了绝对贫困问题，创造了人类减贫史上的奇迹。

阿克拉姆：而与此同时，在过去几十年里，南亚贫困人口占世界最贫困人口比例跃升至42%，撒哈拉以南非洲从11%增至34%，约增长了两倍。

李希光：中国居民的预期寿命由1949年的35岁提高到2018年的77岁，婴儿死亡率由1949年的200‰下降到2018年的6.1‰，居民健康水平总体上优于中高收入国家平均水平。2018年，全国农村地区有65.3%的户所在自然村饮用水经过集中净化处理，83.6%的户所在自然村垃圾经过集中处理。全国农村地区有99.9%的户所在自然村通公路，99.9%的户所在自然村通电，99.7%的户所在自然村通电话，98.1%的户所在自然村能接收有线电视信号，95.7%的户所在自然村已通宽带。2018年，城镇居民家庭平均每百户家用汽车拥有量达41辆，农村居民家庭平均每百户家用汽车拥有量达22.3辆。

阿克拉姆：中国基础设施建设的速度令人难以置信。除了成为全球石油的主要进口国之外，中国还在生产和使用世界60%的水泥，其火车站和机场比伦敦和纽约的火车站和机场更加现代化，中国拥有世界上最长的高速铁路网。2018年末，中国铁路营业里程达到13.1万公里，比1949年末增长5倍，其中高速铁路里程达到2.9万公里，占世界高铁总里程的60%以上；公路里程达到485万公里，增长59倍，其中高速公路从无到有，2018年末达到14.3万公里；定期航班航线里程达到838万公里，比1950年末增长734倍。

李希光：中国还是全世界唯一拥有联合国产业分类中全部工业门类的国家，200 多种工业品产量居世界第一，制造业增加值自 2010 年起稳居世界首位。2018 年，中国原煤产量为 36.8 亿吨，比 1949 年增长 114 倍；钢材产量为 11.1 亿吨，增长 8503 倍；水泥产量为 22.1 亿吨，增长 3344 倍。2018 年，移动通信手持机和微型计算机设备产量分别达到 18 亿台和 3.1 亿台。1949 年，中国能源生产总量只有 0.24 亿吨标准煤。2018 年，中国能源生产总量达到 37.7 亿吨标准煤，比 1949 年增长 157 倍。2018 年末，全国发电装机容量为 19 亿千瓦，比 1978 年末增长 32.3 倍。党的十八大以来，能源利用效率不断提高，清洁能源利用大幅增加，水电、风电、太阳能发电装机规模持续扩大，天然气、一次电力及其他清洁能源生产比重从 2012 年的 15.3% 上升为 2018 年的 23.5%，中国成为全球发展非化石能源的积极引领者。[11]

阿克拉姆：西方和其他国家不仅低估了中国的经济增长，而且还否认中国成功的发展道路和发展模式。世界银行和国际货币基金组织都曾预测中国不久将成为世界最大的经济体。这虽然引起了争议，但是，如果将中国与美国的经济状况进行比较，我们就会发现有 4600 万美国人靠粮票为生，这可能是美国历史上最高的靠粮票为生的人数。[12]同样，有 3300 万美国人没有医疗保险。[13]这些人大多数是非裔美国人、西班牙裔美国人、美洲原住民以及移民到美国的人。随着中国的崛起，美国的发展指标正在下滑。有 170 万美国人失去了获得洁净自来水的机会，[14]甚至有 110 万美国人没有厕所。[15]美国已经不是二战后富裕的美国了，甚至不是 20 世纪七八十年代的美国了，当时它的相对富裕程度在世界上几乎没有受到挑战。

李希光：在过去近 40 年中，中国经济的增长速度居世界第一。过去 10 年来，中国的外汇储备、进出口总额、科研人数及专利发明申请量都居世界首位。1952 年末中国外汇储备只有 1.08 亿美元，1978 年末也仅为 1.67 亿美元，居世界第 38 位。改革开放以来，中国外汇储备稳步增加，2006 年末突破 1 万亿美元，超过日本居世界第 1 位。2018 年末，外汇储备余额为 30 727 亿美元，连续 13 年稳居世界第一。1950 年，货物进出口总额仅为 11.3 亿美元。2018 年，货物进出口总额达到 4.6 万亿美元，连续两年居世界首位。2016—2018 年，中国与共建“一带一路”国家货物进出口增速持续高于同期中国外贸整体增速。2018 年，全社会研究与试验发展经费支出 19 657 亿元，与国内生产总值之比为 2. 18%，超过欧盟 15 国平均水平。自 2013 年起，中国成为世界第二大研发经费投入国，研发人员总量、发明专利申请量分别连续 6 年和 8 年居世界首位。2018 年，中国高等教育毛入学率已达到 48. 1%，高于中高收入国家平均水平。

阿克拉姆：中国的崛起是当今全球政治研究中最受人关注的课题。如果不了解中国经济、政治和技术崛起的本质，就不可能理解当代地缘政治。全球经济和军事力量发生结构性转移。有足够的证据表明，以英美帝国为首的现代西方所拥有的超群的霸权，已经显示出明显的衰退迹象，而这种衰退是不可逆转的。但是，围绕中国的崛起和美英及西方总体的衰退，有关这种力量转移的性质和时间表，存在着争论。随之而来的是，许多人将中国的崛起视为不同于 20 世纪人们所看到的超级大国的崛起。如果把西方的经验作为衡量中国成为世界强国的尺度，那么对于学界和政界而言毫无帮助。中国的崛起必须以中国自己的方式来理解。根据我对中国发展规划的理解，这只是中国憧憬的人类命运共同体共同繁荣的第一步。这一步将很快在中国境内实现。而在随后的阶段，通过共建“一带一路”倡议和构建人类命运共同体的愿景，预计很多发展中国家将借鉴中国经验和中国方案消除全球贫困。对于减贫来说，第一阶段是基础设施的发展，其后阶段是本国对资源的控制、商业发展、农业和地方粮食安全、节水、能源和环境友好型的可持续发展。这一愿景除了那些梦想着通过饥荒来统治和消灭“多余”人口的法西斯分子之外，对于世界人民摆脱西方新殖民主义的控制来说是一个巨大的希望。

李希光：世界上许多人都明白，中国的发展道路是一种从对西方的永久的经济依赖转为相对独立并对自己的经济和政治实行更多的自主控制的模式，这种模式对于发展中国家来说可能会更加有效。世界上许多国家也很清楚，复制西方的模式将不会有回报，这与沉没的“泰坦尼克号”相似。如果让“泰坦尼克号”继续浮在水面，只能是把这条船碎片化，减轻其债务等方面的规模。实际上，要真正复制西方模式，你需要经常掠夺邻居的资源并实施霸权。今天，无论是从拉美国家来看，还是从广大的伊斯兰国家来看，西方模式对发展中国家来说都是行不通的。

阿克拉姆：理性地看，中国走的是一条正确的道路，这条道路摆脱了西方殖民掠夺和一个世纪的屈辱。而拉丁美洲、南亚、非洲和伊斯兰世界很多走西方道路、采用西方模式的国家迄今仍然在西方新旧殖民主义的控制下。中国道路对一些国家来说是充满希望的，但对西方国家来说则可能是痛苦的。面对全球经济关系的剧烈变化，在西方也能听到少许理智的声音，比如马丁·雅克和诺姆·乔姆斯基，这种欢迎中国崛起的声音。但是，不可忽视的是，西方存在一个反对中国崛起的集团，这个集团觉得“如果我们的船要沉，谁也别跑，大家一块儿死”。这个反对中国崛起的集团的特点是，在美国、英国和以色列的政治体系中普遍存在着危险的新保守主义，该集团在欧洲的上层办公室与伦敦、华盛顿和特拉维夫的精英之间是联通的。[16]

李希光：近年来，支持美国霸权的学者和欢迎中国成为社会经济政治新范式的学者，无论是在国际上还是在国内，都在持续辩论。支持美国继续维持霸权的学者认为，中国只是一个经济大国，而不是一个成熟的或者用这方学者的套话来说“还不是一个负责任的超级大国”。其突出论点是，中国的政治力量取决于其自身经济增长，而中国的经济增长又取决于外国石油，尤其是海湾国家的石油供应。最大的石油来源（中东）一直受到英美的支配，大多数石油运输和贸易路线也是如此。因此，美国拥有控制中国进步的按钮。在某种程度上，这种观点有一定道理，但是是片面的。的确，中国的能源生命线相对比较脆弱，因为美国在马六甲海峡驻扎了海军，而中国的石油进口必须经过该海峡。支持美国霸权的人认为，中国别无选择，只能与美国合作，全面与西方接轨，按照西方设定的游戏规则行事。按照这种观点，美国仍然是最大的军事超级大国，它甚至可以随意通过军事手段维持其霸主地位。[17]

阿克拉姆：支持美国霸权的观点还假设，随着中国改革开放的继续，中国将逐渐西化，并像日本和韩国一样服从西方。因此，从某种意义上说，中国的崛起只能像日本和韩国那样，尽管中国可以拥有经济上的富裕之地，但没有自由设定游戏规则的权力（这种权力体现在美国控制的世界银行或国际货币基金组织中）。而且，中国不能像美国过去一个世纪那样自由地游荡于世界海洋。这种观点还强调了一个事实，即美国在全球拥有数百个军事基地，并且自半个多世纪以来，美国有效地在太平洋上对中国形成了包围。这些基地距离美国海岸线约11 000公里，美国人武装到牙齿，并在中国的脖子上呼吸。日本、韩国、菲律宾、泰国、澳大利亚和新西兰等国家都有美国军事基地。另外，值得注意的是，美国的国防支出超过了全世界其余国家国防支出的总和。如果将北约包括在这一国防支出中，那么西方的国防总支出很可能超过全球国防总支出的75%，而其总人口可能不到全球总人口的15%。哈佛大学教授斯蒂芬·沃尔特（Stephen Walt）认为，“对于全球主义的捍卫者来说，美国的积极参与（包括在各种情况下使用军事力量的意愿）是过去50年来发生的大多数积极事态发展的源泉，对于维护‘自由主义’的世界秩序至关重要。相反，那些把美国的外交政策指责为‘美帝国主义’‘大撒旦’或只会说谎的，认为美国采取了一系列邪恶行动，除非美国改变其邪恶行动的方式，否则世界将继续恶化”。[18]

李希光：维护西方作为世界霸权统治地位的啦啦队往往是持有“欧洲中心论”的人。过去两个世纪以来，“欧洲中心论”支持者习惯于看到一个占统治地位的盎格鲁-撒克逊帝国，并断言“其余国家将跟随西方”。支持这种观点的人不理解，中国为何不照搬西方模式，不走西方的道路，非要另辟蹊径，辛辛苦苦地走自己的道路。更不理解为什么中国领导人提出道路自信、理论自信、制度自信和文化自信，不理解为什么中国要捍卫自己独创的制度和道路在政治和文化上的安全。

早在30多年前，我跟当时的中国科学院院长周光召分别在北京和华盛顿就中国的发展模式和发展道路做过一次长谈。他首先强调，中国的发展需要国际的和平环境、国内的政治稳定，以及全国形成一个共识——以经济建设为中心。在谈到中国应选择什么样的道路时，周光召说，中国人口众多，资源匮乏，在人均粮食消耗、土地占有、道路、房屋、汽车等方面，中国独特的资源环境条件使得她不可能按照西方国家的老路实现现代化，而必须走中国特色的社会主义道路。中国要达到与发达国家相当的发展水平和生活水平，同时符合中国国情的具体目标，必须实行资源节约、保护环境的生产方式和生活方式。中国不可能按照西方国家的老路，西方做什么，我们就做什么。比如，西方发展高消耗能源的一些产业，我们就不能发展。中国的人均能源消耗是世界人均的二分之一，是日本的六分之一，是美国的十二分之一。邓小平理论的一个很重要的特征就是解放思想、实事求是，把马克思主义与中国的实际相结合，建设中国特色社会主义，不是跟着外国人亦步亦趋，不是外国人走过的道路，我们都照抄照搬，这是不行的。实事求是的重要性就在于科学技术的进步速度很快，也就是生产力发展的速度加快，生产力的变化就会带动上层建筑的变化和其他变化，所以要不断地用实事求是的方法解放思想，从中国的实际出发，不断思考中国新出现的问题和解决新出现的问题。只有实事求是，才会使中国的发展速度加快。中国不能墨守成规，不可能按照西方国家走过的道路和已经有的社会模式来实现中国的现代化。西方人均消耗的资源已经远超世界平均水平，例如约占世界人口5%的美国人消耗了世界25%的能源。如果要继续发展下去的话，西方也要实行一种资源节约的生产方式和生活方式。如果西方国家长期这样下去，人类将无法生存。西方国家不可能永远采取帝国主义的方式掠夺资源，它们必须走一条新的发展道路，采用资源节约的生产方式和生活方式。

阿克拉姆：那种认为中国必须走西方道路的观点忽略了过去两个世纪以来西方对旧殖民地和新殖民地的掠夺，更不用说西方发动的对东方国家的侵略战争以及大规模的杀戮。自建国以来，美国已袭击、轰炸或占领过70个国家，第二次世界大战以来，美国轰炸过55个国家。[19]1980年以来，美国袭击、轰炸或占领了14个伊斯兰国家。[20]仅在过去15年里，美国针对伊斯兰国家发动的战争就使数百万人丧生。中国的发展模式是和平崛起，但是，西方学界、政界和媒体把中国的和平崛起称为“中国威胁论”，甚至“黄祸”。新加坡学者马凯硕说：“中国的崛起是我们这个时代最大的故事，但是，我们这个时代最会讲故事的人多来自西方。这就是为什么世界迫切需要讲故事优秀的人用中国视角去讲中国故事。”[21]不同意西方优势的观点倾向于强调西方对非西方长达两个世纪的残酷对待，并认为中国的崛起是和平的。不仅中国的崛起是和平的，而且中国还提供了一种新的发展范式，中国模式可能使这个饱受摧残的世界摆脱西方制度的束缚。但是，西方资本控制的媒体通过轰炸性的宣传，倾向于给我们相反的观点。

李希光：2017 年 10 月 18 日，习近平在中国共产党第十九次全国代表大会上作的报告《决胜全面建成小康社会 夺取新时代中国特色社会主义伟大胜利》中描绘了中国未来 30 年的奋斗目标——“两个一百年”。到 2020 年，是中国全面建成小康社会决胜期。从十九大到二十大，是“两个一百年”奋斗目标的历史交汇期。我们既要全面建成小康社会、实现第一个百年奋斗目标，又要乘势而上开启全面建设社会主义现代化国家新征程，向第二个百年奋斗目标进军。从 2020 年到本世纪中叶可以分两个阶段来安排。第一个阶段，从 2020 年到 2035 年，在全面建成小康社会的基础上，再奋斗 15 年，基本实现社会主义现代化。第二个阶段，从 2035 年到本世纪中叶，在基本实现现代化的基础上，再奋斗 15 年，把我国建成富强民主文明和谐美丽的社会主义现代化强国。[22]

阿克拉姆：中国的“两个一百年”奋斗目标很清楚地表明，中国将通过和平崛起，在本世纪中叶有望成为社会主义现代化强国。这就是为什么西方迫不及待地制造所谓的“涉藏问题”、“涉疆问题”和“香港问题”，试图把这些虚假的命题变成国际议题，为“疆独”、“藏独”、“台独”和“港独”张目。西方打着其在殖民主义时代就制造的“民族学”和“人类学”的学术幌子，又通过其新殖民主义时代的“人权”“民主”的招牌，明里暗里地支持所谓“藏独”、“疆独”、“港独”和“台独”。这只不过是旧日的西方殖民者想重温其旧梦的手段。

李希光：当年英国吞噬了从缅甸经印度到巴基斯坦的南亚后，通过鸦片战争和对喜马拉雅山南北两侧地区及新疆南疆的远征，试图从南部、西部和东部三面蚕食中国。英国于 1841 年强占香港，1886 年占领缅甸。1904 年，侵占拉萨后，英国伪造了“以喜马拉雅山脊分水岭为界”的所谓“麦克马洪线”，这条“麦克马洪线”就像西方殖民者瓜分非洲一样，把藏南、锡金、不丹等大片藏族人的土地划给英国所属的势力范围。至此，英国控制了西起非洲好望角、东至安达曼海（今缅甸海）的全部印度洋海域，建立起由埃及经苏伊士运河、直达加尔各答、缅甸和香港的远程航线，英国在南翼形成了对亚欧大陆航运和军事的包围圈。

阿克拉姆：对中国而言，如果放弃喜马拉雅山和西藏，则意味着中国放弃了农业和粮食的安全保障。喜马拉雅山和西藏是中国农业灌溉的重要源头。谁控制了喜马拉雅山的水，谁就将控制中国的生命线，即中国的粮食供应。当前，以英美为首的西方集团，通过在东部制造“朝鲜问题”、“台独”和“港独”问题，在西部制造“疆独”和“藏独”，在东西两侧收紧套在中国脖子上的绞索。而当前，中国每年进口粮食超过1亿吨，超过中国粮食产量的五分之一，其中，大豆的对外依存度超过80%。中国是世界上最大的石油进口国，对进口石油的依存度超过70%。新疆不仅是中国重要的产油基地，还是中亚向中国的中原和沿海大城市输送原油的必经之地。如果西方通过“疆独”、“藏独”、“港独”和“台独”，把中国“巴尔干化”，那么西方新老殖民者永远统治东方世界的噩梦必将成真。

6.2　现代西方正在衰落

李希光：100年前，德国学者奥斯瓦尔德·斯宾格勒（Oswald Spengler）预言，大约在2000年，西方文明将进入“濒死状态”。斯宾格勒把他的观点称为“哥白尼式的颠覆”。他反对欧洲中心主义的历史观，特别是将历史划分为线性的“古代—中世纪—现代”。根据斯宾格勒的观点，就历史而言，有意义的单位不是时代，而是作为有机体进化的整个文化。他认为，人类至少有8种悠久文化：巴比伦文化、埃及文化、中国文化、印度文化、中美洲文化（玛雅/阿兹特克文化）、古典文化（希腊/罗马文化）、阿拉伯文化和西欧或欧洲文化。根据斯宾格勒的说法，西方世界正在灭亡，我们正在目睹浮士德文明的最后一个季节——“冬季”。在斯宾格勒的描述中，西方男人是一个骄傲而又悲惨的人物，因为在奋斗和创造的过程中，他内心知道实际的目标是永远达不到的。斯宾格勒的《西方的没落》一书是在第一次世界大战期间撰写的，他没有活着看到第二次世界大战给人类带来的惨痛经历和痛苦。斯宾格勒没有为西方没落提供具体的时间表。第二次世界大战后，美国的崛起使“西方的没落”的观点看起来黯然失色。冷战后，苏联的解体给美国人带来了作为唯一的超级大国称霸世界的另一个虚假的希望。美国人认为自己有可能永远保持统治世界的地位，而这种虚幻的信念使美国陷入了一系列战争。美国在二战后发动了一系列战争，一天也没有停止过。但美国从来没有从中汲取任何教训。

阿克拉姆：2003年，美国社会学家伊曼纽尔·沃勒斯坦（Immanuel Wallerstein）在《美国力量的衰落》一书中指出："老鹰坠毁了！……毫无疑问，在未来10年中，美国将继续作为世界事务中的决定性力量而逐渐衰落。真正的问题不是美国霸权是否正在减弱，而是美国是否可以设计一种对世界及其本身造成最小损害的优雅的降落方式。"[23]美国崛起为全球霸主的历史可以追溯到1873年，当时美国正处于严重的经济衰退期，并与德国竞争。在此期间，德国人在奥托·冯·俾斯麦（Otto Von Bismarck）的领导下获得统一，美国的北方在与南方的内战中取得了胜利。这两个国家的竞争一直延续到第一次世界大战爆发。仅相隔二十几年，第二次世界大战爆发了。沃勒斯坦辩称，"历史书籍记载，第一次世界大战于1914年爆发，并于1918年结束，第二次世界大战爆发于1939年，持续到1945年。但是，如果将1914—1945年视为美国和德国之间的连续的'三十年战争'可能更有意义，两次大战之间只是休战和局部冲突"。[24]二战之后，美国与苏联长期冷战，其间依然发生诸如古巴导弹危机和查理检查站（东西柏林在柏林墙分界线上的检查站）之类让西方国家不寒而栗的事件，更不用说越南和阿富汗等地的战争夺走了数百万人的生命。"9·11"事件发生后不久，北约的侵略战争导致多个主要伊斯兰国家鲜血泛滥，数百万无辜者丧生，更多的人流离失所。

李希光：在美国成为主要的西方强国之前，我们看到的是像英国、法国、比利时和意大利这样的欧洲殖民国家想要强行使非西方人民"文明化"，这是非西方国家开始所谓"现代化"的方式，也是欧洲内部开始现代化的方式。英格兰人在将自己的力量向外投射前，首先是迫使苏格兰人和爱尔兰人屈服。西方殖民主义的"现代性"历史是以"进步"为名的血腥侵略史。

作为非西方学者，我们读过西方国家的历史，也读过我们自己的历史。我们知道欧洲历史学家抱怨成吉思汗在西征时使用的暴力，我们也知道伊斯兰国家的学者抱怨成吉思汗的孙子旭烈兀在征服巴格达所犯下的暴行，但我们同时应该清醒地看到，蒙古人对欧洲和西亚发动的战争不是意识形态战争，而是为了攫取权力和领土的暴力战争。蒙古征服者在征服了伊斯兰地区后，流血事件结束了，作为征服者的蒙古人自己成了穆斯林，蒙古征服者接纳了被征服者的意识形态，并开始重建他们所摧毁的思想。元朝建立后，中国文明也产生了同样的经历。

阿克拉姆：但是，这与西方的现代意识形态时代完全不同。现代性的暴力属性是系统性的，而且由西方主导的现代社会好像处于一个持续的战争时代。我们不禁要问一个问题，当西方声称已经完成了从落后的传统向开明的现代性的转变后，为什么现代西方还如此嗜血？难道启蒙后西方现代性的本质是血腥暴力吗？西方发动的这些现代战争杀死了比以前所有战争加起来还要多的人。在西方现代人的意识中有什么特别之处会让这些反人类的血腥战争不停地发生？西方人一面声称自己是开明和进步的，但在对朝鲜、越南、阿富汗、伊拉克、利比亚、叙利亚的战争中，西方人会带有一种种族、血统和文化上的优越感，相信自己的生命比东方民族的生命更重要，他们无情地使用无人机、原子弹等攻击亚洲国家。西方人自己的生命比无人机袭击和原子弹爆炸所造成的附带损害还宝贵吗？如果不回答这些问题，我们就无法知道为什么西方在衰落。在美国及其盟军发动的针对伊斯兰国家的“全球反恐战争”（GWOT）已经持续了很多年，现在西方明显露出治理能力耗尽的迹象。西方国家的人民厌倦了战争，他们的财源已经枯竭，他们输掉了这场战争，从某种意义上说，美国制定的战争目标一个也没有实现。哈佛大学教授斯蒂芬·沃尔特直言不讳地批评美国的外交政策，但他同时指出，单单批评美国也无济于事。美国是一个标榜“民主”的国家，虽然它是二战后一系列战争的罪魁祸首，但是美国的制度让人感觉这些战争多半是获得了美国媒体和美国人民的支持。事实上，美国人民与这一系列战争政策背后的策划者，如国会山、特殊利益集团和游说团体无关。斯蒂芬·沃尔特认为，除非揭露这些邪恶政策背后的真正力量，否则只是批评美国这个国家几乎没有价值。斯蒂芬·沃尔特指出，概括性地或抽象地批评“西方”或“美国”外交政策可能会使背后真正的黑手摆脱困境。[25]如果沃尔特是对的，那么谁应该对西方政策的失败负责呢？诺姆·乔姆斯基反复断言，美国政治、经济和社会受到私人权力集中的影响或控制。美国多位前总统都曾说过，华盛顿受制于表面上看不见的权力。[26]

李希光：这开启了另一条探索世界各国发展道路的途径。在西方被视为可以效仿的榜样之前，理解这一点至关重要。自20世纪50年代末社会主义阵营分裂，特别是冷战结束以来，这个星球上很多国家的精英开始把西方视为他们国家发展的坐标系。西方的经济和军事实力如此脆弱，以至于它可能被一群不以公众利益为重的木偶操纵者控制，难道东方国家在踏上西方发展道路之前，不应该三思而后行吗？爱好和平的西方人民是如何变成顺从战争贩子政权的人，难道他们没有受到过西方启蒙思想和现代主义思想的教育和熏陶？当代的非西方世界希望在这些棘手的问题上寻求诚实的答案，在答案出来之前，非西方国家无法照搬西方所谓“进步”的经验。西方应该反思其并不完美的现代主义和启蒙价值观，反思其是否应该解放思想，从东方世界的优秀文化和优秀思想中吸收营养，从而让古老而伟大的地中海文明得到复兴。

6.3 西方的衰落

阿克拉姆：在西方经济和军事实力强大到足以征服东方任何一个国家之前，非西方国家并不知道自己相对“落后”。伊斯兰世界一开始就对自己的精神和知识观念充满了自信。他们相信，正是自身文明中的伟大思想造就了其文明的辉煌和伟大。伊斯兰世界的科学、艺术、建筑和技术在全盛时期是首屈一指的。历史上，奥斯曼帝国视欧洲为落后的邻居，但有一天，突然意识到情况已经不同了。这种认识的最初迹象来自奥斯曼帝国在巴尔干的军事损失。当强大帝国的生命开始衰退时，最初的迹象往往表现在战场上。尽管苏联的崩溃并非如此，但在历史上的大部分时间里，军事上的失败是强大帝国衰落的最初迹象。这要么是因为它们的技术优势受到挑战，要么是因为生活在帝国领土上的人民群众失去了先辈们那种凝聚一心、艰苦奋斗的热情。

李希光：纵观历史，没有任何国家的军事力量比现代西方的军队更强大。从技术上讲，现代西方军队获得了前所未有的摧毁力量。西方国家拥有了从常规战争、核战争、生化细菌战、空间战争、第四代到第五代战争的毁灭性的军事能力。这种军事能力是过去两个世纪西方获得世界霸权的必要条件。没有军事力量，西方对世界的殖民征服和新殖民主义的钳制是不可能实现的。然而，近几十年以来，西方的军事优势已开始减弱。今天，许多东方国家拥有了同西方一样的先进技术。

阿克拉姆：毫无疑问，中国和俄罗斯的军队在技术力量上已经赶上了西方，特别是中国在2019年国庆阅兵上所展示的新式武器装备，已经超过西方。甚至像印度、巴基斯坦、朝鲜这样的发展中国家也成功研发了核武器。多年来，巴西、阿根廷和南非一直拥有此类敏感技术。尽管美国在许多军事技术上仍处于领先地位，但中国一旦在国防装备的研发上加大投入，就会改变这一平衡。当今的中国有足够的钱来买许多美国人可能再也买不起的东西。西方国家的经济衰退将使它们不太可能继续为其军事统治世界买单。

李希光：西方政治精英对全球安全持“零和”观点。也就是说，如果你的邻居变得富有了，这并不是让你为你的邻居高兴，去爱你的邻居，欢迎他作为一个好邻居继续生活在你所在的街区。西方精英们不认为东方国家富裕了，强盛了，会增加大家共同生活的街区的安全。相反，西方对东方的崛起持怀疑态度。例如，中国的国家富强和国防的强大，以及中国的国泰民安被解释为对“我们”（西方）安全的威胁。这里的基本心理是缺乏信任，甚至嫉妒。

基于这种消极的西方价值观，就会有西方人准备破坏和颠覆邻居的崛起，并开始在邻居的周边建立同盟，围堵这个崛起的邻居，最终摧毁整个社区。这种观念构成了现代许多战争的心理基础。由于这种狭隘的思维，西方的北约无视其对俄罗斯和国际社会的所有承诺，开始扩张和挑衅其他国家。西方人意识到，如果他们现在不利用自己的军事能力来颠覆中国、俄罗斯和其他国家的崛起，那么他们的军队很快就会“生锈”，因为他们不会再有机会复兴，不会再像现在这样拥有军事实力来进行全球军事扩张。

西方人早已失去了中国人那种艰苦奋斗的精神，不再成为经济奇迹和科技奇迹的制造者，他们总想摧毁那些足以成为他们强大竞争对手的国家。简而言之，他们想通过破坏能力来压制中国的生产力和发展进度，从而保持其霸主地位。但是，西方国家实施这一政策为时已晚，中国崛起得太快了，西方无法理解它的确切性质。苏联解体后，西方曾认为俄罗斯处于其控制之下，但在过去十年中，这个地处亚欧大陆的国家，已经远离西方，转向亚洲东部，成为中国重要的经济和安全伙伴。俄罗斯总统弗拉基米尔·普京已经做出了一些非常明智和大胆的举动，准备搭乘亚洲世纪和中国世纪的航船远航。

阿克拉姆：西方军事实力薄弱的迹象，在俄罗斯参与颠覆 ISIS（“伊斯兰国”）崛起的过程中变得明显起来。许多美国高级官员、俄罗斯情报机构、伊朗情报机构和其他国际媒体多次辩称，ISIS 是由美国和以色列创建并提供支持的。“伊斯兰国”这一极端组织正被用来重建一个符合老布什所谈到的“世界新秩序”的新中东。随后的几届美国政府及其对以色列的屈从态度仍然忠于这一新中东的理念，而美国民众才刚刚开始意识到这一点。俄罗斯军事力量在这个关键时刻进入了叙利亚，打败了美国支持的“伊斯兰国”集团，从而保护叙利亚人民不被“伊斯兰国”杀害、斩首和俘虏，保护叙利亚的石油资源和叙利亚人民的财富不被西方集团掠夺。西方国家集团通过中东的中间商从 ISIS 那里购买石油。俄罗斯在叙利亚的军事活动击败了 ISIS，并拯救了叙利亚政权。

俄罗斯与北约在叙利亚的军事较量引发了一个有趣的现象。根据保罗·克雷格·罗伯茨博士的说法，俄罗斯人获得了军事优势，而许多西方国家却没有注意到这一点。俄罗斯已经从后苏联时代转向了经济和技术上的自力更生。另一方面，作为一个经济大国，中国与俄罗斯合作开发了许多自己的技术。在罗伯茨看来，如果石油美元下跌，这两个国家可能很快就会比西方国家在研发上投入更多。

以下是引用自罗伯茨博士访谈的一个小例子：“俄罗斯人已经发明了一种前所未有的技术。他们有能力封锁我们的飞机，我们的船只，我们的地面部队，封锁所有的通信和卫星传输。这是一种超级武器。我们不知道如何防御它。他们在叙利亚对我们使用过两次，他们关闭了美国和以色列的所有通信系统。没人知道发生了什么事。大约一周后，当两架以色列 F－15 战机飞入俄罗斯作战区时，俄罗斯人封锁了所有的通信系统。这些飞机既不能彼此通信，也不能与基地联络。飞机的飞行控制系统、武器系统、GPS（全球定位系统），一切都失灵了。他们（以色列人）说，他们无法正常运作。一旦以色列人明白了这一点，俄罗斯人就会通过民用 AM（调幅）联系他们，告诉他们马上滚开，他们照做了。这两个例子向西方和以色列表明，俄罗斯人可以在任何冲突的时候，无论是在空中、海上还是地面上，把我们剁成肉末。”[27]

1996 年，一枚导弹从中国的导弹靶场发射，进入太空轨道并摧毁了自己的一颗卫星。这表明中国人不仅有能力击落自己的卫星，而且还有击落美国卫星的能力。美国中央情报局资深专家分析说，“中国人知道我们（美国人）在亚洲、在军事上依赖两件事。第一是卫星，第二是航空母舰。他们向我们展示了，他们可以实现这两者”。[28]军事能力的变化以及俄罗斯和中国之间的紧密联系严重影响了西方的战略平衡。这种新的过渡加上新的尖端技术，使中国和俄罗斯对美国军事力量来说，具有决定性的优势。[29]中国军事战略家王湘穗曾指出，卫星是美国的强项，但如果你仔细观察，它们也可能是弱项。美国依靠卫星来控制整个通信网络，这是一个弱点。今天（我们能够在最近的冲突中证实这一点），美国军方过于依赖其电子设备和卫星。这种依赖让我想起了希腊传说，强大的阿喀琉斯除了脚后跟外，其他部位都是刀枪不入的，这些卫星就像是美国的阿喀琉斯之踵。[30]

李希光：据中国日报网的综述，在 2019 年 10 月 1 日的国庆 70 周年阅兵式上，东风 – 17 常规导弹首次公开亮相。这款常规导弹具备全天候、无依托、强突防等特点，可对中近程目标实施精确打击。美联社说，中国军方在阅兵式上展示的这种新型高超音速导弹，据说能突破美国及其盟国部署的所有反导系统。东风 – 17 常规导弹速度极快，能在很短时间内确定是否发射核武器回应；它携带高超音速滑翔飞行器，发射弹头前可在超低空飞行，因而更难被侦察和拦截。3 架轰 – 6N、6 架轰 – 6K 组成的轰炸机梯队亮相此次阅兵式，其中首次亮相的轰 – 6N 为中国国产新型远程战略轰炸机。这两型轰炸机能够实施远程奔袭、大区域巡航、防区外打击，彰显了中国空军战略威慑和战略打击能力的全面提升。CNN 报道称，轰 – 6 系列长期以来都是中国的核心远程轰炸机，2019 年国庆节亮相的该系列轰炸机可能是重大升级版。在 70 周年大庆的阅兵式上，装备方队最后出场的是东风 – 41 核导弹方队。东风 – 41 洲际战略核导弹，是中国战略核力量的重要支撑。此外，根据一些评估推测，这也是地球上最强大的导弹之一。由 12 辆导弹车组成的巨浪 – 2 导弹方队，于 10 月 1 日通过天安门。这是中国新型潜射战略导弹的首次公开亮相。CNN 指出，巨浪 – 2 是中国晋级弹道导弹核潜艇上的重要武器，每艘潜艇可以携带12枚巨浪-2单弹头导弹，其射程估计为7200公里。[31]在2019年10月1日中国国庆大阅兵前夕，美国航母编队到南海炫耀武力，推动地区军事化。但是，据外媒报道和国外卫星照片，在中国南海航行的美国航母周围出现不少疑似中国军舰的船只在“围观”美国航母。2019年9月26日，中国国防部发言人说，坚决反对美国航母到南海炫耀武力，中国军队将认真履行自身的职责与使命，坚定捍卫国家主权与安全。[32]

阿克拉姆：这表明，美国那些希望维护西方旧体制的人决心与中国对抗。事实上，美军没有能力在南海攻击中国。中国只需用一小组巡航导弹就能摧毁一艘航空母舰。

2014年秋天开始，美国密集游说其欧洲盟友不要加入亚洲基础设施投资银行（简称“亚投行”），因为它将与国际货币基金组织和世界银行的霸主地位形成竞争。但几个月后，美国在欧洲和以色列的多数盟友都加入了亚投行。许多欧洲国家，当然也包括俄罗斯，看到了它们通过连接亚洲和欧洲的新丝绸之路与东方世界进行贸易的好处。美国现在知道，欧洲人不愿意再参与美国人的战争，除非美国制造更多的虚假敌人和打着更多的虚假战旗，利用欧盟的非民主力量强迫其成员国服从美国新保守主义的议程。如果有一天北约失去存在的理由，那么美国剥削和压迫全球的能力将减弱。没有北约的掩护，美国就不能在世界范围内发动战争或用战争威胁恐吓别人，因为美国没有前进的基地，也没有外交支持来发动这些侵略战争。

李希光：正如前面所提到的，即使在经济领域，美国也有相当大的下滑。如果美元不再是储备货币，美国的经济实力可能会很快萎缩，这可能会在世界各地产生恶劣的影响。在美国和中国，许多人都在讨论如何应对美国经济的衰退，以免全球经济“急刹车”。美国联邦储备系统继续无中生有地印钱，这是一种无中生有的法定货币。可以想象，除此之外，中国购买了巨额美国资产，持有数万亿美元的美国债务。如果美元崩溃，中国将损失很多钱。中国不仅用这些美元为美国经济输血，还帮助美国和欧洲升级它们的基础设施。奥巴马总统在任期内曾表示，他希望让80%的美国人能够享受与中国类似的高速铁路网。

阿克拉姆：然而，在建设高速铁路网络方面，美国公司无法与中国公司相比。在拥挤的美国城市和注重环境保护的美国西部，这一需求很大。美国铁路国际公司正在洛杉矶和拉斯维加斯之间修建一条 230 英里（1 英里≈1.61 千米）长的铁路。[33]《经济学人》指出，“……这个靠横贯大陆的铁路繁荣起来的国家，在多年的投资减少和关闭之后，已经无可救药地落后于欧洲和亚洲”。问题是，美国政府顽固地不愿将铁路网络带入 21 世纪。[34]美国人未能对其道路、桥梁、港口、铁路和机场进行彻底检修，而其他国家正在扩大这一优势，尤其是中国。[35]中国正在修建学校、公路、铁路、体育场、特大桥梁等基础设施。对美国人来说，使用中国的劳动力、制造业和供应链是划算的，但这也会导致美国对中国的依赖。[36]

美国衰落的政治学和经济学植根于其根深蒂固的社会衰落。在社会方面，美国已今非昔比。西方是一个早期的现代化者，西方式的现代化与家庭结构和离婚率有关。韦伯和马克思都认为社会反常或异化是西方深度现代化的后果。在西方现代化过程中，工作失去了它的精神意义。背井离乡的群众在一个极度世俗化和幻灭的世界里变得疏离，这可能导致他们走向暴力和犯罪。

总的来说，西方社会，尤其是美国，都表现出了这样的迹象。犯罪率（人均）最高的国家都是所谓的进步工业社会，在这些社会中，家庭被破坏最严重的四个国家分别是美国、英国、德国和法国。[37]非洲大部分地区、冰岛、中亚、伊斯兰世界的部分地区（美国“反恐战争”国家除外）和中国的犯罪率很低，社会稳定程度更高。从某种意义上看，西方的衰败是由于其家庭制度遭到侵蚀。家庭制度不是一个现代制度，而是一个传统的制度，它不能脱离传统文化和传统的精神价值而运转。

李希光：东方的传统文化价值观就像胶水一样把各种制度黏在一起。片面地强调西方的极端个人主义和极端世俗主义的价值观，最终会吞噬掉东方美好的文明和价值观，导致东方社会成为一个集体没有幸福感的社会。对于一个研究历史和规范伦理学的人来说，不难理解为什么西方正在衰落。这是一个非常基本的哲学问题。在政治上，一个人不能建立一个以谋杀、流血和不公为基础的制度，这样的制度迟早会崩溃的。恶业是一个人行为的结果。种瓜得瓜，种豆得豆。从经济上讲，你无法用一个国家有多少亿万富翁来衡量一个国家的进步，但可以用贫困是否被消灭来衡量一个国家的进步。在社会方面，人们无法想象没有家庭制度的社会。一个幸福的孩子需要一个功能健全的家庭，在这个家庭中，父母之间的关系必须是和谐的。

阿克拉姆：目前，西方社会的家庭观念和态度无法支持可持续的人口发展。西方式的启蒙运动让西方社会付出了沉重的代价，西方式的民主和政治现代主义也不会让它们走出当前的困境。如果西方回归它们自己的优秀传统文化或者学习借鉴东方的传统文化，可能会对西方挽救自己的衰败有所帮助。鲍尔·罗伯茨指出，“也许未来的历史学家会得出这样的结论：为了摆脱国王、贵族和政府掠夺的权力，民主曾经服务于金钱的利益，但随着金钱获得了对政府的控制，民主变成了一种负担。历史学家将会谈从君权神授到金钱神授的过渡……美国是一个失败的民主国家。华盛顿不关心公民的经济福利，不关心他们的自由，也不关心欧洲附庸国的公民自由。华盛顿服务于那些控制它的利益集团的目标，这些利益集团致力于金融欺诈和战争”。[38]

6.4 西方坠落的原因

李希光：现代世界始于英格兰的崛起，然后是西欧，并从那里扩展到世界其他地区。这个现代世界是欧洲人主导的世界，这个现代世界向其他大陆的扩展常常伴随着种族灭绝、侵略战争和土著居民的边缘化。几百年前，这是一个新的全球状况的开始，我们称之为现代性，通过一个我们称为“现代化”的过程而实现。这一过程受到西方现代主义意识形态的启发，这些意识形态反对“传统”的人类意识形态。今天，当现代世界仍然是现代世界时，最早带来这个制度的人——欧洲人中的犹太－基督教的部分正在逐渐被遗忘。欧洲白人及其延伸的社会人口出现了负增长，这种人口结构上的转变是国际学界和媒体关注的新权力转移的核心问题。

阿克拉姆：再过一代人后，美国将不再是一个白人占多数的国家。并不是每个人都喜欢这种转变。早在2000年，英国《卫报》发表题为《白人世界的最后几日》的预测，“白人右翼极端分子预测美利坚合众国将像南斯拉夫一样解体，分裂成新的、以民族为基础的国家。美国在血中诞生，在血中吮吸，在血中贪婪，在血中成长为巨人，美国将在血中沉沦”。[39]美国人口结构的变化最终也会在欧洲得到复制。

1900年，欧洲种族人口占世界人口的25%，再过一代人，这一比例将缩减至7%。许多欧洲国家的人很快就会在自己的国家里成为少数民族。一位非白人人口统计学家说，“这纯粹是算术问题，如果没有其他事情发生，在英国，非欧洲人将成为多数，白人将成为少数。这可能是欧洲原住民第一次成为其历史家园的少数民族”。[40]《卫报》的文章还说，“只有白人才担心这个。因为这么长时间以来，他们认为世界一直是他们自己的。一种特定的种族主义总是谈论黑人像兔子一样繁殖。这个话题的基本假设就是，白人是对的。每当白人世界的一部分似乎要移交给其他人时，白人就会感到恐慌。但对此感到恐慌是愚蠢的。那么，如果我们（非白人）真的成为多数派会有什么样的后果？届时，帝国会进行反击。曾经有一种不寻常的假设，认为白人可能会去毁灭其他民族，但不会有任何结果”。[41]的确，在欧美白人世界中许多地方右翼政党对白人的未来有强烈的政治反应，比如特朗普上台后，采取了限制穆斯林和华人的政策，美国和英国极力支持“港独”分子在香港制造骚乱，试图重温旧日的殖民美梦。白人人口减少的情况正在欧洲许多国家发生。再有一代人的时间，意大利就会减少到1600万人，相当于一个亚洲城市的人口数量。在白人世界之外，这种人口缩减也在现代化的亚洲国家发生。在工业发达的东亚地区，日本和韩国的人口出生率是亚洲最低的。西方的现代社会观所导致的工业社会的人口缩减问题，对任何国家来说都是一样的。

李希光：这种发生在西方的无声无息的大事件会产生什么样的政治后果？它将如何改变西方世界？

阿克拉姆：重要的是要知道这一点，在世界上看似不合理和荒谬的事件要放在一个适当的背景中去理解。首先，国家只有拥有国防力量才能保证安全。为了防御，你需要大量年轻的愿意为国捐躯的男女人口。其次，你需要有人为军队买单。这来自一个强大的税基，而税收主要来源于大量的企业和工薪阶层。没有大量的劳动适龄人口，就无法建设和维护国防和经济所需的基础设施。枪带来黄油，黄油为枪买单。人口太少，人口老龄化，经济实力和国防实力都将削弱。今天欧美白人世界的人口统计显示，其已进入老龄化，它们无法保持现有人口的更替率。欧美想引进劳动力扩大税基，以维持它们的国防支出。但是，靠引进劳动力维持它们的税基是不会持久的。一个庞大的劳动力引进群体将在它们的新国家滋生新的意识形态、新的法律、新的学校、新的教学大纲和新宪法等。用种族隔离制度统治这些引进劳动力也不会持久，因为最后人潮会吞没你、压倒你。欧美白人世界对此感到担忧。这一西方人口减少的现象正是问题的核心所在。

西方国家要想避开人口日益减少的问题，唯一要做的就是赶紧生更多的孩子。虽然生孩子很容易，但养育孩子却不容易。想要更多的孩子，就需要改变自己的生活方式。有孩子的夫妇知道，孩子出生后生活是如何被永久改变了的。一个人必须放弃对配偶/伴侣的“选择余地”。建立一个持久的家庭需要承诺。按照现代意识，对家庭的承诺会限制一个人的自由，因为承诺会束缚你。在婚姻中，一个人不得不接受余生都将被此“绑架”。

在传统社会中，婚姻几乎不是一种牺牲，而是一种祝福，但在世俗极端主义的现代世界，情况并非如此。西方现代主义给人们带来了不切实际的生活观念。超级个人主义和绝对自由的观念使传统社会的人摆脱了应该对社会和家庭做出的承诺。这种摆脱承诺的自由是因自由市场原则产生的。现代人被宠坏了。他总想鱼与熊掌兼得。作为一个单身的成年人，生活就是自由地寻求刺激，不想承担养育孩子的巨大责任。毕竟，孩子会生病，会让你变穷，可能在你生命中的某个时刻让你心碎。

李希光：但是在东方的传统社会里，一个好孩子可以让你富有，在你年老的时候会照顾你，给你的生活增添爱和意义。但是，从生态学的观点来看，控制人口对地球更好。如果西方国家对伊斯兰国家的政治威胁消失，伊斯兰国家可能会考虑采取类似中国过去采取的计划生育政策来有效控制人口增长。

阿克拉姆：为了保护人类生态，世界应该控制人口，这是很重要的。毕竟，这个世界的生物物理极限需要得到尊重。有关伊斯兰国家的计划生育问题，很多伊斯兰国家相信，只要西方的炸弹和子弹继续对准它们，伊斯兰国家就必须有一个用于国防和自卫的人口基础。西方世界向非西方世界展示了一种不可持续的生活方式，而非西方世界的传统社会一直是可持续的世界。在传统世界里，并不是一切都那么美好，但至少它有一个未来。

尽管西方展示的现代世界熠熠生辉，但人们对未来的生态或任何未来都不抱多大希望。现代自由的生活导致人们想住在哪里就住在哪里，想要多少孩子就有多少孩子，以及高消耗和高浪费率，这很快就带来了生态障碍。西方总是指责中国发展经济污染了环境，但是中国的经济发展是必要的，经济发展又反过来支持国防，这也是必要的。中国经济和国防强大了，西方和日本的殖民主义、法西斯主义就不敢来敲中国的大门，西方的威胁就会消退，世界就可以摆脱零和安全模式，缩小生产规模，减少不必要的发展步伐，向节俭生活转型。令人欣慰的是，现代化的中国传统家庭结构仍然存在，对长辈的尊重依然存在，许多老人照顾他们的孙子，而他们的儿女在城市里打拼他们的事业。

在西方社会，一个人过着自己的生活，过了一定年龄的孩子就要离开家，开始独立生活。家庭是一个传统的机构。它唯一的现代特征就是高离婚率。西方家庭在结构上的确是多元的，包括大家庭、核心家庭、单亲家庭和单身家庭。为了有后代相传，一个人需要家庭。家庭需要坚持一套价值观，而这些价值观（言行）来自文明的精神传统。西方现代主义一方面摧毁了传统信仰，另一方面催生了原教旨主义，这二者都加重了家庭的负担。西方新家庭价值观的倡导者给家庭带来的伤害要大于它给家庭带来的期望。西方现代家庭观破坏了很多家庭，特别是在许多没有国家福利的贫穷社会里，妇女由于家庭破裂，失去了保护。

李希光：西方的现代主义是不现实的，反自然的。亚伯拉罕和孔子丰富的东方传统价值观是家庭制度的精神纽带。在本质上，西方的每一次危机都是现代性的精神危机。可持续经济的未来和家庭的未来都与恢复东西方传统价值文化有关。平衡的生活需要物质文明和精神文明的结合，而不是以牺牲任何一方为代价。如果西方寻求自己的持久，可以学习借鉴东方的智慧和传统，并拯救自己的文化传统，而不是用全盘西化的推土机把东方文化夷为平地。

改革开放之初，中国共产党创造性地提出了建设社会主义精神文明的战略任务，确立了“两手抓、两手都要硬”的战略方针。2015 年 2 月 28 日，中共中央总书记、国家主席、中央军委主席习近平在北京会见第四届全国文明城市、文明村镇、文明单位和未成年人思想道德建设工作先进代表时强调，人民有信仰，民族有希望，国家有力量。“实现中华民族伟大复兴的中国梦，物质财富要极大丰富，精神财富也要极大丰富。我们要继续锲而不舍、一以贯之抓好社会主义精神文明建设，为全国各族人民不断前进提供坚强的思想保证、强大的精神力量、丰润的道德滋养。”“一个国家，一个民族，要同心同德迈向前进，必须有共同的理想信念作支撑。”“要坚持‘两手抓、两手都要硬’，以辩证的、全面的、平衡的观点正确处理物质文明和精神文明的关系，把精神文明建设贯穿改革开放和现代化全过程、渗透社会生活各方面，紧密结合培育和践行社会主义核心价值观，大力倡导共产党人的世界观、人生观、价值观，坚守共产党人的精神家园；大力加强社会公德、职业道德、家庭美德、个人品德建设，营造全社会崇德向善的浓厚氛围；大力弘扬中华民族优秀传统文化，大力加强党风政风、社风家风建设，特别是要让中华民族文化基因在广大青少年心中生根发芽。”[42]

西方现代世界是西方启蒙运动的意识形态产物，物质战胜了精神，科学战胜了传统，这是一种覆盖社会、经济和政治等各个领域的意识形态。但是，如果我们要解决当今的社会、经济和政治问题，就需要找到新的解决办法。我们需要超越欧洲启蒙运动、超越西方的现代性，这是一种物质文明和精神文明齐头并进的新意识形态，这种新文明既追求科技创新，又信仰传统文化。这种新文明观倡导各国人民超越制度、政治和宗教上的差异，这是与地球生态融为一体的人类命运共同体的意识形态，西方应该认真地考虑放弃过时的现代主义，转向“人类命运共同体”和“生态文明”这种全世界人们应该共享的价值观和世界观。

6.5 西方面临的经济和政治挑战

李希光：资本主义的经济制度被西方经济学家认为是给社会带来了物质财富。然而，资本主义也有它的另一面。资本主义使西方的私人权力集中到了一定程度，以至于民主被劫持，沦为一种“媒体圈”或“娱乐圈”式的民主。谁赢并不重要，因为政策的根本方向是不变的。西方极端的经济“金融化”，导致西方社会大众在经济上被奴役。在过去的许多年里，我们看到了一种前所未有的滥用资源的现象，这种现象正在逐渐消灭西方社会的白人中产阶级。西方媒体将西方的堕落归咎于外部势力干扰，它们愈演愈烈地制造“伊斯兰恐惧症”、“俄罗斯恐惧症”和“中国恐惧症”。经济精英们已经把一切都金融化了，把一切都变成银行的债务工具。因此，只有一小部分人变得更加富有。过去，西方批评强盗大亨的是左翼政党，但现在，左翼政党一旦赢得选举并入主白宫或白金汉宫，就会发表言辞，表现得与右翼政党如出一辙。

阿克拉姆：西方这种只追求物质的社会，导致“每个人都想要钱”，很多人变得没有诚信。资本主义把一切都变成了可以买卖的商品，很多人失去了信仰和价值观。

由于受这种新型的政治经济影响，西方政治体系（尤其是美国）不可能发生任何变化。如果投票真的能改变我们生活的这个系统的主体，那就是非法的。持久的政治变革只有在一场拥护分配正义事业的政治运动的情况下才能产生。这样的运动需要道德和无畏的领导者，而不是我们今天在西方支持的政府中所看到的奴仆。西方社会需要一批无畏的、敢讲真话、不会被收买的人去当领导者。

目前，西方民主制度下的大多数国会议员和参议员都被背后的权力集团收买了。不仅美国如此，欧洲那些所谓的自由民主国家也是如此。在南亚和某些穆斯林社会的西式民主国家的议会和参议院的“民主人士”被收买的可能性会更高。因此，与欧洲民主国家相比，在贫穷的“西式民主”国家建立附庸于权力集团的政权成本相对较低。如果西方国家无法收买发展中国家的议员和政客，那就会安插一个镇压人民的国王。这比跟虚假民主下的政客打交道的麻烦要少一点。这两种情况的结果都是独裁。西方媒体总是把阿拉伯国家国王的存在归因于穆斯林社会的东方专制主义，而生活在恐怖主义和美军刺刀下的阿富汗和伊拉克（“美式民主”统治下的国家）却因创造了自由民主政治秩序而受到赞扬。然而，当这些附庸国家出现一个脱离西方操控的独立和强大的领导者时，这个领导者的生活或声誉就会面临危险。

李希光：20 世纪 70 年代，尼克松总统被免职就是一个例证。尼克松被美国权力精英们视为对美国军事安全设施的威胁：尼克松与苏联达成防止核战争的协议；尼克松使中美关系正常化；尼克松同意周恩来的要求，美国承认台湾是中国的一部分。正因为如此，尼克松被美国权力集团批评为“我们被卖给共产党了”。中情局利用了《华盛顿邮报》的两个记者，让他们释放有关尼克松的“丑闻”，制造了“水门事件”，以此来搞垮尼克松。

阿克拉姆：事实上，尼克松没有什么丑闻，而是美国军工集团和媒体用舆论在尼克松周围制造一种不祥的气氛，诋毁他。尼克松担任总统期间制定了明智的政策，如建立美国国家环境保护局（EPA），他要求联邦政府为普通人提供医疗补助。尼克松的前任给他留下了越战的烂摊子，他想让美国离开越南。他还追求与苏联及中国的和平相处。但是，美国强大的既得利益集团轻而易举地把与自己利益相悖的总统搞垮了。近年来发生在拉美国家的政治事件也是如此。

目前我们看到，西方正在瓦解。这些国家许多机构现在处于崩溃的边缘。谁会想到美国司法部长会允许大银行犯下重罪呢？那些民选的官员正在通过对行政当局制定严苛的法律来剥夺选民的隐私权，这些法律把监控国家的触角延伸到老百姓的生活中。一方面，统治集团的运作非常隐秘，但与此同时，它们剥夺了公民的隐私权。西方国家整天向非西方国家兜售“人权”和“民主”，但是，联合国人权宣言最重要的一条就是维护人的尊严。隐私得不到保护的人如何获得尊重和尊严？西方的这种双重标准违反了维持自由民主社会的最基本的法律精神。正如那句名言所说：“人们对政府说谎是重罪，但如果政府对人们说谎，那就是政治。”那些想要挑战西方体制的人会受到大公司控制的主流媒体的诋毁。西方的政府和国家被藏在背后的游说集团左右。这说明了为什么西方民主制度无法控制本国的强盗大亨，更不用说控制国际上的强盗大亨了。

包括伊斯兰国家在内的广大非西方国家需要一个更明智的治国理政体系。或许，中国是伊斯兰国家效仿的一个典范。到目前为止，在中国共产党的坚强领导下，中国对其体系内的贪污犯采取了严厉的措施。在西方国家面临高失业率、经济衰退、经济萧条和人口挑战等困境时，中国 14 亿多人口不仅解决了温饱问题，而且已经全面建成小康社会。但是，西方迄今否认中国制度、中国道路和中国理论的成功。在我看来，中国的政治体制比现在西方的政治体制更能确保最广大人民的利益，西方的政治体制在过去 30 年里让其公民失望。对于广大发展中国家包括伊斯兰国家来说，中国的体制比西方的体制更难以被外部力量劫持，而且西方的体制会被与公共利益相悖的力量控制。

6.6 伊斯兰国家正摆脱西方，寻找新的方向

李希光：西方的衰落与其对东方民族的恐惧症和其狭隘的民族优越感有关。西方错误地按照不同的价值观和政治意识形态将世界划分为不同的阵营，没有给予持不同价值观和政治理念的人以充分的认同和尊重，而是把不同于自己的人视为“他者”和“异类”。首先，西方对“他者”诋毁，随后对“他者”持续地发动战争，从朝鲜战争、越南战争，到伊拉克、阿富汗、利比亚和叙利亚战争。特别是过去 30 年来，西方对“他者”和“异类”最明显的敌视以“中国威胁论”和“伊斯兰恐惧症”的形式出现。西方政客和媒体制造的蔓延全球的“伊斯兰恐惧症”导致了穆斯林对西方的反感。这种对穆斯林“差异性”的恐惧是西方对伊斯兰的错误认识所致。下面这段话是维基百科对社会科学中“伊斯兰恐惧症”最常用的定义：“伊斯兰教被视为铁板一块，静止不动，对变化毫无反应。伊斯兰国家被视为孤立者和‘他者’。伊斯兰与其他文化没有共同的价值观，它不受其他文化的影响，也不影响其他文化。它被认为是比西方文化更低劣的文化。它被视为野蛮、非理性、原始和性别歧视。它被视为暴力、好斗、威胁、恐怖主义，并搞文明冲突。伊斯兰被视为一种政治意识形态，用于政治或军事目的。”[43]今天，很多伊斯兰国家被中国吸引，那是有原因的。最大的原因之一是西方有系统地通过制造“伊斯兰恐惧症”，排斥穆斯林和伊斯兰国家。这种恐惧症试图把伊斯兰变成一个“稻草人”，作为一个靶子去打倒。要想知道为什么今天广大的伊斯兰国家和穆斯林对西方厌恶和对中国有好感，需要深入了解“伊斯兰恐惧症”的本质及其对穆斯林对西方和中国看法的影响。

阿克拉姆：从历史上看，西方对穆斯林的敌意是基于对基督教信息的不理解和对伊斯兰教和穆斯林的完全无知，这导致欧洲发动了许多次针对穆斯林的十字军东征。今天，许多欧洲人已经忘记了基督教的信息，但反穆斯林情绪仍

在上升。“伊斯兰恐惧症”并不是什么新鲜事，它已经存在很长时间了。当西方世界还远未成为基督教世界的一部分时，西方就开始攻击伊斯兰世界。西方对伊斯兰教的偏见始于他们阅读《古兰经》之前。1143 年，罗伯特·凯特尼斯（Robertus Ketenesis）首次用拉丁文翻译了《古兰经》。但是，早在教皇看到拉丁文版《古兰经》之前的 1095 年，教皇乌尔班二世（Urban II）就号召组织第一次十字军东征，教皇把他没有读过的伊斯兰《古兰经》理解为基督教的“异端”。

中世纪西方对伊斯兰教的蔑视与当前西方为寻找敌人而进行的绝望尝试之间的深刻区别在于：在中世纪，伊斯兰文明是一种方兴未艾的力量，而西方还蛰伏在所谓的黑暗时代的阴影中。尽管当时西方落后于东方，但这并没有阻止西方基督教极端分子对东方的伊斯兰世界发动十字军东征。在血洗了伊斯兰世界之后，基督教极端分子接着血洗了他们在东正教堂的基督教兄弟们。但是，奥斯曼对君士坦丁堡（今伊斯坦布尔）的征服封锁了欧洲的基督教极端分子，并在接下来的几百年阻止了十字军令人恐怖的东征。欧洲对亚洲再一次的东征和入侵始于中世纪后的西方殖民时代。早期的伊斯兰文明经历了三次冲击：第一次是十字军东征；第二次是蒙古人对伊斯兰世界心脏地带的破坏（1258 年），蒙古人在中东大肆杀掠，对伊斯兰世界的入侵对穆斯林来说是个折磨；第三次是 1492 年的十字军东征。

李希光：因为穆斯林明白，蒙古征服者无法用萨满教或佛教的诉求来支撑伊斯兰世界。穆斯林没有期望无神论的蒙古征服者能用宗教来征服他们。信仰一神教的穆斯林清楚，同样信仰一神教的欧洲十字军是在用宗教来征服伊斯兰世界，欧洲的基督教徒被认为是伊斯兰教的亚伯拉罕堂兄弟和伊斯兰教先知耶稣的追随者。基督徒和穆斯林在宗教上同宗同源。蒙古人对伊斯兰世界的入侵虽然规模巨大，但实际上是一个相对较小的问题，因为蒙古人在统治伊斯兰世界一百年后，蒙古的征服部落也信仰了伊斯兰教，蒙古统治者及其后代在中亚和中东重建了伊斯兰文明，如伊儿汗王朝、帖木儿王朝和莫卧儿王朝。但是，穆斯林对欧洲十字军东征大量屠杀穆斯林和东正教徒感到痛心，因为他们认为，伊斯兰教徒、基督教徒和东正教徒都是基督的传递者，共同传递弥赛亚的慈悲信息。

阿克拉姆：对比欧洲十字军东征的残暴行为，占领中东的蒙古人反而看起来像圣人。欧洲十字军在第一次东征（1096—1099 年）时，欧洲士兵在一个名叫马拉的城市吃人肉。作为上帝的战士的十字军在其圣战中把这种吃人的行为当作心理战的工具。[44]对伊斯兰文明的第三次冲击发生在 1492 年，穆斯林和犹太人一起被基督徒驱逐出西班牙。除了这三次巨大的冲击之外，第四次也是最后一次冲击是殖民主义，西方的新殖民主义战争在伊斯兰世界延续至今。当前的"伊斯兰恐惧症"浪潮属于后一时期。在这个时期，西方的力量逐渐强大，伊斯兰地区成为被西方征服的殖民地。最早妖魔化先知穆罕默德的描述出现在中世纪的欧洲书籍中。然而，当时的欧洲并不是一个有大众传媒的社会，除了文人之外，没有人读这些书。虽然穆斯林知道这些，但穆斯林对欧洲文人向伊斯兰泼污水的态度，就像先知穆罕默德一样冷静。穆罕默德在世时，每天都有个老妇人向他扔垃圾，而他视而不见。像先知一样，中世纪的穆斯林对欧洲文人无知的污蔑视而不见。然而今天，在西方大众传播的世界，妖魔化穆罕默德的漫画被制作和刊登出来，西方的恶作剧已经随处可见。穆斯林在学界和媒体界强烈地感到来自西方的包围。穆斯林社会中的年轻人很容易被煽动，暴力随之而来。在有西方势力渗透的国家（如巴基斯坦、阿富汗），此类暴力活动比较多，而在西方势力渗透较少或没有西方势力渗透的国家（如伊朗），此类暴力活动相对较少。

李希光：西方世界从其制造的"伊斯兰恐惧症"中得到了什么？

阿克拉姆：西方制造"伊斯兰恐惧症"当然不会促进与伊斯兰世界的相互了解和理解，也不会提供对话或促进和平共处的机会，更不是为言论自由辩护。西方国家有其现代历史上最严格的言论审查法律，而其看不见的言论审查隐藏在其刺耳的自由人权叫嚣中。今天的西方国家不再顾其长期呼喊的"人权、自由"，这些国家公然通过并颁布所谓《爱国者法案》、秘密证据法、欧洲移民法、瑞士行动法等，更不用说其监视触角安装到了公民的脖子上，无处不在地安装了可以听到公民呼吸的监视设备。西方政府以言论自由的名义捍卫其《查理周刊》（*Charlie Hebdo*），却让那些想要畅所欲言的人闭上嘴巴。西方的这些做法再也无法掩盖其对伊斯兰的赤裸裸的偏见了。

李希光：今天的西方中心论者看到穆斯林被剥夺权力的盛况，感到由衷的快乐。从历史上看，欧洲人这样做是出于基督教极端主义的狂热。然而在现代，他们已经转向了双重标准的“世俗原教旨主义”和“基督教原教旨主义”。欧洲已经从宗教转向非宗教，美国从宗教转向原教旨主义。西方多元文化主义的危机证明了西方无法应对差异性和多样性。中国和印度等文明比现代西方世界更有效地处理了多样性和差异性。

伊斯兰世界面积广阔，多种民族、多种语言、多种文化、多种制度相互交织，可以说是人类历史上最多元的文明。西方的现代主义若想要一个全盘西化的世界，则会扼杀多样性，导致全球的麦当劳化和肯德基化。全盘西化导致了多元文化、多种语言和多种物种的濒危。

阿克拉姆：西方正在对穆斯林社会进行一场徒劳的毁灭战争。西方现在试图利用伊斯兰国家内部的亲西方的自由派力量来复制西方的“伊斯兰恐惧症”，这些亲西方的自由派力量是西方的仆从，他们是被西方精心挑选出来的，他们屈从于西方的议程，是一群自我厌恶的穆斯林。西方发现，从外部攻击伊斯兰世界只会导致更多的非穆斯林皈依伊斯兰教，而从内部迷惑伊斯兰世界是一个更好的策略。我在许多伊斯兰国家发现，那里的大众媒体、大学和教育部门正被西方自由派人士渗透。以巴基斯坦为例，自“9·11”事件以来，一小群学者、媒体分析师和非政府组织活动人士得到了美国政府、美国非政府组织和基金会的支持，任务是使社会深度世俗化，但这反过来导致更大的原教旨主义反弹。自由主义者希望对伊斯兰教进行新教式的改革，其目的更多的是对伊斯兰教进行改造，而不是对其进行改革。如果有人放大这两个对立的力量，或者这些煽动者背后武装集结大量的巴基斯坦社会派别，就有可能煽动一场内战。2001 年，阿富汗战争就是在西方煽动下，在亲西方的自由派和伊斯兰的原教旨主义派之间发生的内战。

李希光：虽然我们生活在这样一个被很多西方观察家标榜的“亚洲世纪”，但是推动亚洲现代化的语境仍然是全盘西化的，因为“心理殖民”亚洲精英的结果是默认亚洲的进步性来自本土精英和人民的反传统。如果你把西方的虚伪、双重标准、压迫、不公和持续的欺骗与崛起的中国的经历进行比较，你会发现一个鲜明的对比。中国最能理解伊斯兰世界，因为中国经历了伊斯兰国家类似的困境。

阿克拉姆：中国有整整一个世纪“被西方羞辱的历史”，而伊斯兰世界是经历了两个世纪的耻辱。中国已经经受住命运的考验，伊斯兰国家希望学习中国成功和崛起的经验。

西化的目的是让穆斯林一直处于被征服的状态。欧洲现代主义通过殖民主义到达了伊斯兰世界的许多地方。伊斯兰世界对西方现代价值观的普遍反感，在一定程度上是对殖民主义的回应。第二次世界大战后，大部分伊斯兰地区逐渐独立，但直到现在，绝大多数穆斯林认为伊斯兰世界仍在遭受西方的间接统治。他们觉得，19 世纪英国殖民者在伊斯兰世界表现出的优越感，只不过让位于美国外交政策中显而易见的对伊斯兰国家的轻蔑。尽管巴勒斯坦人处境艰难，但美国对犹太复国主义的坚定支持，是伊斯兰世界对西方产生负面印象的最重要因素。

几乎所有的伊斯兰国家都不认为，巴勒斯坦的行动是恐怖主义，而是一个被围困的国家对以色列国家恐怖主义的绝望回应。尽管西方分析人士认为巴勒斯坦问题是领土问题，但许多穆斯林却透过宗教棱镜来看待它。穆斯林认为，西方的国际关系准则不适用于中东共同的亚伯拉罕圣地。同样，穆斯林不相信耶路撒冷是以色列犹太复国主义国家的专属财产，而是基督教、伊斯兰教和犹太教共同的圣城。当耶路撒冷在穆斯林手中时，犹太人和基督徒都可以进入他们的圣地。今天，以色列几乎禁止全世界的穆斯林前往他们的圣城。西方对以色列歧视穆斯林政策的认同，是全世界穆斯林对西方国家不抱幻想的主要原因之一。

李希光：苏联解体后，西方世界开始把伊斯兰世界视为新的敌人。这部分是由于伯纳德·刘易斯和塞缪尔·亨廷顿等西方学者提出的文明冲突理论。在两次海湾战争（1991—2003 年）之间的 12 年里，美国成为世界上唯一的超级大国。自“9·11”事件以来，西方（北约）以虚假的理由袭击了许多伊斯兰国家。许多穆斯林认为，美国对基督教右翼和犹太复国主义的支持，把美国的外交政策推入了对伊斯兰教的讨伐。渐渐地，文明的冲突被强加在穆斯林身上。令人奇怪的是，除了某些例外，伊斯兰国家在经济和军事上都是世界上不强大的国家。57 个伊斯兰国家对西方和美国构成的威胁与伊斯兰国家的实力不成比例。然而，伊斯兰世界拥有丰富的物质和人力资源，伊斯兰世界还拥有世界上最多的石油储备，这意味着伊斯兰世界拥有全球战略意义的资源。但是，您常常批评一些伊斯兰国家之所以腾飞不起来，是因为西方的仆从阻止了伊斯兰国家在经济上的腾飞，而且有的伊斯兰国家还与美国结盟。

阿克拉姆：伊斯兰地区不是主动追求西化，而是在殖民时期被迫追求西化，虽然当代伊斯兰世界在追求现代化，但不是追求西方式的现代化。相反，伊斯兰国家为了保护它们的身份，也是为了保护它们的国家，必须发展经济和军事，这需要现代化。今天，伊斯兰世界的某些国家与美国结成了联盟，这一事实并不意味着伊斯兰国家在基本价值观和人生观上与美国存在共识。

从伊斯兰国家的角度来看，某些伊斯兰国家与美国的联盟仅仅是战略上的权宜之计。美国对伊斯兰世界的政策是支持伊斯兰世界里的亲美的独裁者，而这些亲美独裁者一方面导致了对民主的压制，另一方面导致了反美情绪。2003 年 10 月，在吉隆坡举行的第 10 届伊斯兰会议组织首脑会议上，马来西亚总理马哈蒂尔·穆罕默德表达了整个穆斯林社会的不满。马哈蒂尔说："今天，我们整个穆斯林共同体都受到蔑视和羞辱。我们的宗教被诋毁，我们的圣地被亵渎，我们的国家被占领。我们的人民忍饥挨饿，惨遭杀戮。今天，如果他们想袭击我们的国家，杀害我们的人民，摧毁我们的村庄和城镇，我们就无能为力了。"[45]

李希光：我在西方和伊斯兰世界听到过许多要求彼此对话的声音。伊朗总统哈塔米曾说服联合国宣布第二个基督教千年的第一年——2000 年为文明对话之年。但是，由于伊斯兰世界与西方世界，尤其是与美国之间的政治权力存在巨大差距，找到真正的实质性对话的机会十分渺茫。

阿克拉姆：一些西方学者认为，伊斯兰国家之所以没有实现现代化，是因为它们未能进行新教式的伊斯兰改革。接受这一观点的穆斯林学者已经成为西方的宠儿。然而，尽管表面上伊斯兰教可以容纳西化，但是，许多穆斯林认为，如果要保留伊斯兰教，或者说，如果要以《古兰经》为其法律来源，并以先知穆罕默德为典范，那么在追求现代化时，必须拒绝西方现代主义。相反，如果伊斯兰国家实现了现代化，那是为了保护它们的传统。大多数穆斯林认为，西方倡导的现代主义，加剧了国家内部以及国家与国家之间的分配不公。美国政府、美国公司和某些机构被视为道德败坏的力量，这些力量想要解除人们在社会、政治和经济生活中所有的道德枷锁，使人们无法诉诸正义。

6.7　处在东西方之间的伊斯兰核大国——巴基斯坦

李希光：巴基斯坦是伊斯兰世界唯一的核大国，拥有伊斯兰世界最强大的军队。伊朗拥有伊斯兰世界第二强大的军队，也是美国担心的伊斯兰世界的下一个核国家。巴基斯坦和伊朗都是古今丝绸之路上重要的国家。巴基斯坦不仅是中国通向伊斯兰世界的最重要的门户，也曾经是中国通向西方的门户。第二次世界大战期间，在中缅公路遭到日军破坏后，中国曾试图修建一条从新疆经巴基斯坦到阿拉伯海的战时公路，以向中国输送补给。20 世纪 70 年代，毛泽东主席和周恩来总理通过巴基斯坦总统叶海亚·汗（Yahya Khan）作为信使，秘密邀请基辛格和尼克松总统访问中国。近年来，中巴两国一致同意将中巴经济走廊打造为“一带一路”的旗舰项目。正因如此，美国正在花大力想拿下巴基斯坦，试图使其再度成为美国附庸国。您如何看待这个问题？

阿克拉姆：从 1979 年苏联入侵阿富汗，以及 2001 年美国和西方盟军入侵阿富汗以来，一方面，来自西方的自由主义通过政治贿赂、美国虚假的软实力、对普什图人的狂轰滥炸，试图收编巴基斯坦；另一方面，外国资助的原教旨主义者和恐怖分子试图用枪口或自杀式袭击来吓倒巴基斯坦。无论是美国的自由主义武装，还是伊斯兰的原教旨主义武装都未能使巴基斯坦屈服于它们的议程。当西方忙于通过发动前所未有的令人发指的“全球反恐战争”时，中国悄无声息地奇迹般地发展起来了，其繁荣程度超过了西方。随着西方继续经历经济和社会衰退，西方的经济和政治权力向东方的转移开始对世界产生重要的影响。

李希光：您能否谈一下，西方的权力向东方，特别是向中国转移，这将对巴基斯坦带来怎样的影响、挑战和机会？

阿克拉姆：首先，巴基斯坦与美国的关系发生了重大变化。自20世纪50年代以来，巴基斯坦表现出典型的“爱恨交加”。第二次世界大战后，巴基斯坦获得独立，美国和苏联进入了冷战。巴基斯坦和美国之间的关系开始于冷战，当时巴基斯坦的三大邻国分别是印度、中国和苏联。在巴基斯坦伊斯兰共和国成立的时候，美国已经成为反共集团的领导者。起初，美国对印度表现出了兴趣，但由于印度与苏联结盟，于是美国将注意力转向巴基斯坦，将其视为对抗苏联在该地区日益增长的影响力的潜在盟友。冷战期间，由于印度倾向于社会主义，苏联向印度提供了全心全意的支持。根据苏联的战略设想，为了平衡美国在中东的势力，苏联在印度洋的暖海域取得制海权是很重要的。为了实现这一目标，苏联向阿富汗扩张，从北方向巴基斯坦施压，而印度则从南方向巴基斯坦施压。美国和苏联为扩大在南亚次大陆的影响力而竞争了多年。因此，美巴关系密切是地缘战略博弈的自然结果。

1979年12月24日，苏联入侵阿富汗，这促使美国和巴基斯坦建立了更紧密的关系，巴基斯坦成为美国的前沿盟友。苏联入侵之后，巴基斯坦领导人，特别是穆罕默德·齐亚·哈克将军认为，阿富汗本身对苏联来说没有战略价值。齐亚试图说服美国人：苏联在南亚的进攻将以入侵巴基斯坦的形式继续下去，并请求美国军事援助。美国总统吉米·卡特对此反应冷淡，但罗纳德·里根政府则更乐于助人。齐亚统治的巴基斯坦后来与美国结成了紧密的军事联盟。在这一时期，美国和巴基斯坦的战略利益是一致的，这一时期可能是双边关系中唯一的积极时期。齐亚政权时期，在巴基斯坦本土核物理学家卡迪尔·汗的领导下，浓缩铀达到了可以直接生产核弹的级别。尽管美国在阿富汗战争期间支持巴基斯坦，但美国国会对巴基斯坦的核项目持保留态度。尽管里根政府努力争取国会批准对巴基斯坦的援助，但它无法避免国会游说反对巴基斯坦核计划的进程。美国媒体也表达了对“伊斯兰炸弹”的恐惧。在这段时间里，对印度和以色列友好的美国参议员试图启动一项立法，以制止巴基斯坦的核项目。巴基斯坦与美国关系的发展在很大程度上是出于地缘战略的考虑，但巴基斯坦作为伊斯兰世界中的一个国家，也与其他伊斯兰国家一样，对美国的外交政策怀有敌意。正如前面所提到的，美国外交政策的关键点让巴基斯坦等伊斯兰国家感到不友好，美国外交政策的核心是以大规模军事援助的形式对以色列毫不吝啬地支持，以及不断滥用联合国否决权来支持以色列。

李希光：据我了解，在阿富汗战争期间，美国帮助巴基斯坦三军情报局向阿富汗圣战者伊斯兰联盟（其中包括后来的“基地”组织和塔利班）输送资金和武器装备。巴基斯坦三军情报局在策划和指挥这场战争中发挥了关键作用，因为单凭圣战者并不能构成一支专业的军队。苏联从阿富汗撤军后，美国放弃了阿富汗，留下巴基斯坦收拾烂摊子。由于圣战者组织中没有一个强大的政党能够组建阿富汗的中央政权，阿富汗陷入了内战。最后，在 1996 年，圣战者伊斯兰联盟武装的第二代——一个自称为“塔利班”（学生）的圣战者组织成功地击败了其他敌对派别，在阿富汗建立了塔利班政权。巴基斯坦支持阿富汗塔利班（绝大多数是普什图人），希望普什图人能对巴基斯坦有好感。巴基斯坦政府和军方认为，疏远阿富汗那边的普什图人会激怒巴基斯坦境内的开伯尔 - 普什图赫瓦省和分散的普什图社区的人民。

阿克拉姆：1998 年 5 月 30 日，巴基斯坦在俾路支省的沙漠成功引爆了自己的核装置，巴基斯坦核爆炸试验成功后，巴基斯坦与美国之间的摩擦达到顶点。美国分别对印度和巴基斯坦实施了制裁。但是，美国对印度的制裁在几个月后就解除了，这导致了巴基斯坦对美国的愤怒和怨恨。1999 年，穆沙拉夫宣布解散谢里夫政府。由于巴基斯坦对印控克什米尔地区穆斯林的分裂运动给予了不懈的支持，印度极力要将巴基斯坦的名字列入支持恐怖主义国家名单。佩尔韦兹・穆沙拉夫领导时期，巴基斯坦与印度的关系进一步恶化。尽管美国没有将巴基斯坦列入支持恐怖主义国家名单，但它谴责巴基斯坦在喜马拉雅山脉海拔最高的地区——卡吉尔与印度作战，而无视印度军队对手无寸铁的印控克什米尔的穆斯林的屠杀。

具有讽刺意味的是，当巴基斯坦处于顺从美国的政权之下时，美国与巴基斯坦的关系处于最好的状态。相比之下，当巴基斯坦出现强硬的军事或文官执掌政权时，巴基斯坦与美国的关系大多进展比较困难。

此外，进入后冷战时期，印度认为社会主义模式已经过时，进行了经济改革，并迅速向市场经济过渡。美国认为，人口众多、对外国直接投资开放的印度是一个巨大的市场，美国企业有大量的机会，因此印度和美国之间的关系变得更加友好。巴基斯坦人以怀疑的眼光观察着美印关系的解冻。美印合作的外部原因是经济驱动，内部原因是美国和印度拥有共同的敌人——伊斯兰国家和穆斯林。

李希光：从我与巴基斯坦朋友长达30年的接触来看，从独立的最初几年到现在，普通的巴基斯坦人一直对美国持怀疑态度。美国对巴基斯坦的政策使巴基斯坦人民认为，美国是一个反复无常、不可靠的伙伴。美国为了自己的需要可以利用盟友，在实现自己的目标后又抛弃盟友。举个例子，1985年，美国国会通过了《普雷斯勒修正案》，这个修正案成为阻止美国对巴基斯坦援助的工具。但是，在巴基斯坦看来，美国已经摆脱了苏联的威胁，对巴基斯坦不再感兴趣，而决定放弃巴基斯坦。巴基斯坦媒体把美国描绘成一个不可靠的盟友，认为它利用巴基斯坦渗透阿富汗，使巴基斯坦付出了巨大的社会代价，包括难民、非法毒品交易和武器扩散（所谓AK－47步枪文化）。

"9·11"恐怖袭击事件发生后，全世界的注意力再次转向阿富汗和巴基斯坦。阿富汗是一个内陆国家，在其邻国中，巴基斯坦是进入阿富汗进行军事行动最具战略意义的通道。这意味着美国再次需要巴基斯坦。然而，这一次的敌人不是苏联，而是塔利班。塔利班是早先美国与巴基斯坦在阿富汗共同支持圣战者伊斯兰联盟的产物。巴基斯坦是世界上少数几个承认并支持塔利班的国家之一。巴基斯坦希望与塔利班建立友好关系，防止印度对巴基斯坦和阿富汗的渗透。"9·11"事件后，巴基斯坦政府面临着选边站队的巨大压力。美国国务卿鲍威尔威胁穆沙拉夫，如果巴基斯坦不服从美国的命令，"我们将把你炸回石器时代"。巴基斯坦要么冒着美国在印度基地发动攻击、彻底摧毁巴基斯坦军事机器的风险，去支持塔利班；要么站在美国一边，彻底改变对阿富汗的政策。穆沙拉夫选择了后者，但这引起了巴基斯坦公众的反美情绪，巴基斯坦人民怀疑美国会再次利用巴基斯坦来杀害自己的同胞——阿富汗的穆斯林，特别是杀害阿富汗的普什图人。

阿克拉姆：从那以后，巴基斯坦和美国一直是政治和军事盟友，尽管两国关系一度紧张。美国媒体从2006年到2011年一直在暗示，巴基斯坦政府把西北地区的控制权交给了恐怖分子，而藏匿本·拉登的恐怖分子及其支持者使两国关系再度紧张。西方政客和西方媒体还利用马拉拉·优素福·扎伊（Malala Yousafzai）获得诺贝尔和平奖作为向巴基斯坦泼脏水的工具，把巴基斯坦描绘成一个厌恶女性的国家。突袭本·拉登在巴基斯坦阿伯塔巴德的宅院后，美国宣称，他们将在不尊重巴基斯坦领土主权的情况下，“派遣地面部队”打击巴基斯坦境内的目标。这是巴基斯坦与美国关系的最低谷。在这个关键时刻，中国挺身而出，表明自己的立场。

李希光：从我了解到的情况来看，尽管美国已经向巴基斯坦提供了大量的军事援助，但这些援助被视为促进了美国的利益，而不是用于改善巴基斯坦的整体状况。美国对巴基斯坦的援助并没有帮助巴基斯坦抵消因其沉重的国防负担而承受的经济压力，这种压力主要是由巴基斯坦与印度在克什米尔问题上的争端引起的，而美国对这一争端几乎没有兴趣。

阿克拉姆：接受美国军事援助的是巴基斯坦政府，而不是巴基斯坦人民，援助只会加大国家和人民之间的距离。

李希光：自“9·11”事件以来，除了精英阶层的贪腐分子和少数自由主义者外，在巴基斯坦很难找到可以被称为亲美派的人。人们看到的更多是反美的情绪。不管你是与世俗的民族主义者、聪明的知识分子精英对话，还是与伊斯兰原教旨主义者对话，美国的外交政策均被认为是造成美国与整个伊斯兰世界疏远的原因，而巴基斯坦是整个伊斯兰世界中非常具有身份意识的一部分。

阿克拉姆：矛盾的是，上述团体的精英仍然渴望把他们的孩子送到美国接受教育，并吸收美国的流行文化。这可能会误导美国人，将穆斯林青年对美国文化的接受度视为亲美主义的标志。对大多数巴基斯坦人来说，亲美姿态只是为了寻求更好的工作而进行的职业修饰。巴基斯坦整个社会只有不到1%的人有财力把孩子送到美国去学习。然而，这些少数去美国留学的经济富裕的人，在社会上是非常显眼的。因为这些海归炫耀他们的生活方式，而大多数人缺乏这些少数幸运者的能力，所以大多数人才会产生怨恨情绪并走向相反的极端，这也有助于说明为什么原教旨主义者的支持者日益增多。

我们讨论的上述这一切并不是在暗示伊斯兰世界对美国存在一种铁板一块的蔑视，而是指出了这种态度的普遍性，尽管有细微的差别。美国对伊斯兰国家的粗暴和欺凌导致了伊斯兰世界的反美文化。面对伊斯兰民众的这种反美文化，很多伊斯兰国家的政府总是承受着对美国保持沉默的压力。如果政府公开支持美国的政策，就会受到群众的威胁；如果政府公然违抗美国的政策，就会受到美国的恐吓。只要美国的政策仍然是基于“伊斯兰恐惧症”的，穆斯林民众的态度就可能会继续保持负面，美国在这些国家就会继续陷入困境。

李希光：我们这场有关西方堕落的讨论，并不是否定西方几百年来的工业革命和科技进步。而是让大家看到，人类进入西方主导的现代化以来，生态环境遭到了严重的破坏，新疾病新病毒的产生、人口的爆炸增长、战争一天也没有停止过……如果解决不好这些问题中的任何一个，人类在未来就会遇到困难。这不是夸大。早在 1996 年，季羡林发表文章指出，西方的工业化主张征服自然，把自然作为对立面，甚至是借助敌人来进行征服。征服的结果是产生了上述那些弊病。我们东方与西方不一样。西方的方式是，你不给我，我就征服你；我们东方的主张是，向自然索取的同时，把自然当作朋友、兄弟。我们要在西方文化发展的基础上，再把人类文化提高一步。我是说东方文化要重现辉煌。“在西方工业革命后几百年文化的基础上，发扬东方文明，使整个人类文明更上一层楼。”[46]

7　第七场对话：知识和思想范式与中国话语权

在一个密闭的会议室里，20 多位身穿红色袈裟的藏传佛教喇嘛聚集在一起。在喇嘛们低沉浑厚的诵经声中，来自横断雪山腹地的云游高僧加措活佛宣布我和阿克拉姆教授的演讲开始。我的演讲题目是《乌仗那朝圣之旅》，阿克拉姆教授的报告题目是《万法归一终点在雪峰之巅》。这些喇嘛都是藏传佛教最古老的教派——宁玛派的高僧。昨天，他们专程从横断山深处，赶了几天的冰雪路来到省城听我和阿克拉姆的演讲。

我在演讲中介绍了中原和西藏香客翻越喀喇昆仑和兴都库什两座大雪山，去西天最殊胜的佛教王国——乌仗那朝圣的故事，讲述了法显、宋云、玄奘、悟空、莲花生等中国古代行者的故事，还讲述了近代旅行者更敦群培的乌仗那行记、战地记者丘吉尔跟随英国侵略军攻占佛教圣地乌仗那的纪实作品。早在 20 世纪初，诺贝尔文学奖得主英国作家吉卜林出版了小说《基姆》。这本小说讲的是一个西藏宁玛派喇嘛在印度西北地区（今巴基斯坦北部地区）朝圣的故事。这是世界上唯一的一本关于藏传佛教徒在伊斯兰地区朝圣的小说。

阿克拉姆教授对这群来自横断山的喇嘛说："我们信仰儒家、佛教、伊斯兰教、东正教和印度教的亚洲人民，看上去像在从不同方向的山坡攀登珠穆朗玛峰，大家低头爬山，看不到对方。但是，等爬到山顶，我们就聚集在一起了。""当我们在峰顶相聚的时候，我们才真正来到了香帕拉世界（香格里拉），如乾隆皇帝在避暑山庄修造的万法归一殿所展示的我们亚洲文明和智慧：人法地、地法天、天法道、道法自然。"这是一位当代伊斯兰学者给藏传佛教高僧的演讲。阿克拉姆内心有很多话要跟我谈。

餐后，阿克拉姆教授来到我的房间。我把绿度母娘娘请出来，放在台灯下，绿度母造像看似二八妙女，身材纤细，面容娇美，头戴佛冠，慈祥庄严，身佩黄金珠宝，放射翠绿光芒。这是加措活佛从雪山带给我的佛母像。两年前，我和阿克拉姆翻过南迦巴尔巴特雪山，沿着印度河谷进入喀喇昆仑峡谷，眼前出现一个雪山环绕的古城，那是“小西藏”的首府斯卡杜。这里的人信伊斯兰教，讲古藏语，唱《格萨尔王传》。吐蕃时期的巨大的弥勒佛像石刻被当地的穆斯林完整地保存下来了，矗立在“小西藏”通往拉达克的路上。在这里，我和阿克拉姆围绕亚洲两大文明——中华文明和伊斯兰文明进行多次彻夜长谈。

今天夜里，坐在美丽的绿度母像前，我们进行了第七场对话。阿克拉姆首先为这场对话定调，“无论是伊斯兰国家还是中国，历史和当下都受到过西方的伤害，充满了痛苦。但是，应该记住，我们东方文明的信仰是，即使受到别人伤害，也不要生气。愤怒在孔子、释迦牟尼和穆罕默德这些伟大的先知和圣贤所走过的道路上没有位置”。

李希光日记

2019 年 12 月 15 日

7.1 东方文明与万法归一

李希光：您是一位伊斯兰学者，在如今的媒体环境里，邀请您和佛教高僧交流会有人不理解，甚至有人会认为您是一个危险人物。

阿克拉姆：我曾有幸参与日本和尼泊尔的许多佛教教团的宗教会议，但这是我第一次在中国与不同宗教的精英交流。由于我们都忠实于自己的宗教信仰，我们的理解能力比普通的世俗学者水平更高，并能够超越理解的障碍。我的佛教徒朋友告诉我，在佛陀顿悟成佛后，魔鬼玛拉就来了，他对佛陀说：“谁会相信你?”佛陀说：“我看到了其他人看不见的世界。即使只有一个人相信我，我仍然会继续做我的工作。”今天，本着佛陀所说的精神，我站在各位高僧面前，是为消除东方各大文明之间的误解而来。今天为什么各大文明之间要对话？这是因为当今世界穆斯林的人数约为 18 亿，印度教徒约为 11 亿，基督徒约为 20 亿，佛教徒约为 5 亿。在我们的一生中，这些数字可能还会增加，面对这样庞大的宗教群体，我们必须消除彼此之间偶然的误解，也必须消除故意的误解，这一点非常重要。美国发动了针对伊斯兰国家的“反恐战争”后，有 138 名穆斯林学者启动了一个被称为“共同语言”的倡议。“共同语言”倡议呈送给了天主教教皇、希腊东正教教会等不同的宗教领袖、犹太教堂以及佛教徒社区。作为该计划的一部分，穆斯林学者出版了一部名为《伊斯兰教与佛教》的书。在这项倡议中，伊斯兰知识分子阐明了穆斯林的立场以及我们与不同信仰的关系。伊斯兰教与不同宗教的关系存在于《古兰经》中。根据伊斯兰教的传统，有 12.4 万位先知，其中最后一位是先知穆罕默德。根据伊斯兰和《古兰经》的原则，许多穆斯林视孔子、老子和佛陀为先知。伊斯兰教中有一个名为 Ahl al-Kitaāb 的概念，意思是“知天书的人”，知天书的人指的是那些从上天那儿收到信息的先贤先知。这些来自上天的信息以“经书”的形式出现，在中国有《道德经》和儒家经典等，古印度有《奥义书》等，佛教中有巴利文的《大藏经》等。伊斯兰教与佛教在本质与外在表现形式上有很大不同，佛陀没有谈论上帝，在佛教巴利经典中，佛陀也没有反对上帝的原则。伊斯兰教中的上帝概念、佛教中的天国原理、儒家的“天”、道家的“道”和“自然”应该是相同的，可以相互理解的。

李希光：儒家、道家以及佛教、伊斯兰教和印度教都相信现实世界存在多种多样的秩序。但是，在西方主宰的现代社会里，人们的灵魂被物质主义俘获，人类不是同时存在于精神文明和物质文明两个秩序里，而是被禁锢在物质秩序里，忘记了西方的物质秩序之外还存在着东方的精神文明秩序。

阿克拉姆：因此，无论是伊斯兰教的有神论或儒释道的无神论，都不应在我们的相互理解中造成障碍。佛教和伊斯兰教都注重人类的完善和消除人类灵魂中较低级的元素。《古兰经》中谈到“完美的人”（al-insan-al-kamil），同样，在佛教中有罗汉（Arhat）和菩提心（Bodhisattva）。从伊斯兰教的角度来看，佛教的罗汉、菩提心和品行高尚的儒家的知识分子结合在一起，就是伊斯兰教提倡的“完美的人”。

李希光：不错，儒家经典《礼记·大学》曰，“古之欲明明德于天下者，先治其国；欲治其国者，先齐其家；欲齐其家者，先修其身；欲修其身者，先正其心；欲正其心者，先诚其意；欲诚其意者，先致其知，致知在格物。物格而后知至，知至而后意诚，意诚而后心正，心正而后身修，身修而后家齐，家齐而后国治，国治而后天下平”。这段修身齐家治国平天下是儒家思想的核心，是包括伊斯兰学者在内的持东方信仰的知识分子都能接受的亚洲价值观。

阿克拉姆：儒家、道家、佛教和伊斯兰教之间有很多共同点。第一是对最终真理的信念。第二是对恩典或天赋的信仰，意味着整个宇宙都充满了正能量。《易经》说："天行健，君子以自强不息；地势坤，君子以厚德载物。"这种恩典向所有有情和无情的生物开放。第三是儒家、佛教和伊斯兰教的仁爱、慈悲、怜悯和同情心是相同的。第四是儒家、伊斯兰教和佛教都推崇修炼成圣贤。《古兰经》中有句经文说："我们用最好的模具创造了您，然后将您降低到最低的水平。"因此，在人类世界中，我们必须始终努力变得越来越圣洁，使自己达到完美，使我们不再故意犯错误。儒释道和伊斯兰教都要求人通过学习、修炼脱离世界的自我，成为平天下或普度众生的圣贤。

李希光：这样看来，儒释道与伊斯兰教在心灵和世俗之间的确存在着一种共通的关系。这种关系的相似性可以成为我们之间开展文明对话的基础，使我们东方几大文明可以在各个层面上进行对话。这种对话的好处不仅是出于信仰追求的原因，而且是出于文明间的和谐。对话的内容应遵循：第一，我们应求同存异；第二，我们应该有包容主义，不能彼此排斥；第三，我们必须中止价值判断。基于知识结构、信念或修炼的差异，每个人的世界看起来都不一样。我们对话的第一步是，我们应该站在对方的角度来看待彼此的信仰。

阿克拉姆：在伊斯兰教中，没有出家的僧侣，这给伊斯兰教与佛教的对话带来了挑战——如何找到穆斯林方面的伙伴进行对话。作为穆斯林去研究佛教，我应该站在佛教徒的角度来研究它，应该像具有奉献精神的苦行僧那样去修炼，从而提高自己对佛教的认识水平。伊斯兰世界中每个人都自称是伊斯兰教徒，并宣称信仰伊斯兰教的人都是潜在的"伊斯兰和尚"，但不是每个自称有信仰的人都会成为精神权威。如果我的一个穆斯林兄弟在修行的路上没有忠于自己的信仰，他就距离我很远。相反，一位忠实于他的价值观的佛教苦行僧兄弟离我更近。精神文明的修行之旅就像攀登雪峰，总有不同的路径一直通往峰顶。一侧是儒释道的信仰者攀登到山顶，另一侧是印度教徒，还有穆斯林、基督教徒或犹太人从不同的侧面登到顶峰。在山的底部，他们看不见彼此，但是在山顶附近，他们能够看见彼此。他们的目的是相同的——达到顶峰。

李希光：这座雪峰的象征意义是，尽管人们走在不同的文明和信仰的大道上，但他们在精神高峰的道路上不断攀升，越攀越高，他们彼此之间越来越近。因此，参与文明对话的各个文明的精英人士应该是自身信仰的真正拥护者。每个人都有权相信自己的信仰是最好的，但同时不会贬低对方的信仰。所谓精神精英就是指那些不仅掌握宗教理论知识而且也参与宗教实践的人。就像那些藏传佛教的信徒，他们可能不会去听大学宗教系或关于文明研究的课，但会听高僧的话。

7.2　西方世界与东方文明

李希光：您在演讲中说，现在西方世界在某些方面已经开始萎缩和衰落。因此，它们正失去硬实力和软实力的垄断。在这个关头，我们更应该像东方的先贤那样，祈祷世界和平地实现全球影响力从西方转移到像中国这样有着几千年传统文明和智慧的伟大东方国家。中国的儒释道传统与俄罗斯的东正教传统也为东方的和平崛起创造了一种独特的可能性。在中国和平崛起的背景下，已是儒家、佛家、道家邀请穆斯林、印度教徒、东正教徒和部分西方世界爱好和平的人参加圆桌讨论和平的时候了。您为什么特别强调东方文明与西方世界的对话，而不是与“西方文明”的对话？

阿克拉姆：我提到了中华文明、印度文明、伊斯兰文明和东正教文明。但是，为什么我不称其“西方文明”，而称其为“西方世界”呢？因为现代西方世界的崛起实际上是反文明的。如果您阅读塞缪尔·亨廷顿的《文明的冲突与世界秩序的重建》，首先，就会发现他对文明的定义是非常不准确的。其次，他在第二章中说“文明是大范围的文化”，事实并非如此。如果您研究伊本·哈尔登（Ibn Khaldun）和其他文明研究专家的理论，就会发现文明中包含许多文化，这些文化是由宇宙论统一起来的，通过一种宇宙论编织在一起。文明只能参照核心宇宙论思想来实现。文明永远不会从外部被消灭，它们只能自灭。西方认为中国是无神论的国家，中国人也认为自己是无神论者。不错，中国的宗教是非神学的，但不是反神学的。儒家经典是远古中国各种经典的汇集，把多种传统整合为儒家经书。

李希光：读儒家经典可以发现，中国践行的文明国家，使不同民族在文明传统下实现大团结。读近现代西方著作可以发现，西方践行的是民族分裂和国家分裂的民族国家理论。民族国家的思想在儒家经典中是不存在的。

阿克拉姆：民族国家的哲学在《古兰经》中也不被接受。自 1857 年莫卧儿王朝并入英国版图的 90 年里，英属印度的穆斯林遭受了极大的痛苦，穆斯林争取脱离英属印度的斗争被西方殖民主义学者和西方记者冠以民族独立的称号。

“民族独立”是殖民者唯一可以理解的语言。但是，按照西方“民族国家”的理论，巴基斯坦与阿富汗有很多文化上的相似性，巴基斯坦和阿富汗也应该成为一个国家。巴基斯坦的精神国父伊克巴尔提议建立的是一个人道主义的文明国家，绝不是一个民族国家。但是，西方的思维方式是制造民族之间和国家之间的隔阂、界限和分离。谁能告诉我列支敦士登在哪里？虽然这个国家的面积很小，但是它在联合国有投票权。中国在联合国中有多少票？56 个民族，只有 1 票。占人类五分之一人口的国家只拥有一票。如果按照与欧洲相同的逻辑，中国应有 56 张票，但是，如果发生这种情况，所有这些国家将在美国推动下相互斗争。

李希光：19 世纪，在外国入侵下，作为传统的文明国家的中国在西方帝国主义的操纵下，开始了四分五裂的所谓“民族国家”的建设——从蒙古地区、西藏、新疆到东北。由此可见，中国的传统是非常重要的，中国的未来与之息息相关。中国的未来不是西方化而是回归自己优秀的传统。如果中国从文化中摈弃传统，中国就将四分五裂，一无所有。西方总是用所谓“民族国家”理论来试图分裂西藏。广大的伊斯兰国家跟中国一样，曾经是西方的殖民地或半殖民地，因此具有更大的同理心。中国不是搞“一带一路”的中国化，而是中华文明与其他文明的互动。如果是文明的互动、互鉴，则中国在“一带一路”上不会采取西方国家的范式。如果中国的目标是建设一个文明国家和人类命运共同体，就会尊重其他国家所走的道路和发展模式，承认秩序和文明的特殊性与多样性。这些多样化文明之上的更高阶是万法归一——人类命运共同体。

阿克拉姆：西方现代性要求东方国家抛弃传统。然而，传统就像我们随身携带的行李，行李中装满了为我们提供解决旅行中各个方面困境的工具。我们不会丢掉整个旅行袋，而是会扔掉行李中有问题的东西。

7.3 东方知识分子要看管好自己的“范式”

李希光：这些年来，中国在新闻宣传，特别是对外宣传的平台建设和人才培养上花了很大精力，但这么多年过去了，在很多重大舆情或事件发生时，中国的宣传和话语总是处在被动的地位。

我在研究中发现，中国对外宣传领域的一些官员、记者和学者并不是着重体现和表达中国的信仰、理念、价值是什么。在人才培养和具体外宣作品创作中，我们曾经用西方的新闻学和传播学理论、概念、手法、技巧、框架及话语去建设中国的话语权，但这些做法无法解决中国外宣的根本问题。

在国际舆论战中，中国获胜的法宝和关键是解决“范式”问题。从西方对中国的西藏、新疆、台湾和香港不怀好意到对中国提出的“一带一路”、人类命运共同体、中国特色新闻学的攻击，这一切都涉及东西方的“范式”之争。这些思想和政策的理论来源不可能依赖西方现代主义给我们提供。要理解习近平提出的道路自信、理论自信、制度自信和文化自信，关键在于中国学界、知识界和教育界要越来越多地依赖自己的知识来源。要在知识来源、知识生产、知识传播上有自主制定的标准。

阿克拉姆：什么叫“范式”？如果你读过托马斯·库恩的《科学革命的结构》那本书，你就会明白什么是范式。范式是一种被接受的思维方式和知识，并会对你的理论产生影响，它来自一种特定的世界观，并会使一种特定的世界观合法化或去合法化，它建立了知识与权力的联系。例如，乔治·索罗斯基金会（George Soros Foundation）或开放社会基金会（Open Society Foundation）资助与中国相关的项目，就是要消除维系中国社会的凝聚力。

索罗斯基金会的方法是：通过自由主义暗示某种类型的异议或社会上出现了两极分化。例如，一方面促进基督教极端主义，另一方面促进极端世俗化。

当两个相反的极端出现了，就会产生某种战争或议程。如果这种两极分化有一天成为中国的一部分，中国就会有麻烦，在历史上的某个时期就可能发生内战。中国人身份的基本要素不仅有自身的民族和语言，还有中华民族的信仰体系。中华文明已经发展了几千年，必须传承和不断完善，否则，中华文明将可能被外部力量通过其知识生产和学术垄断而改变。在人文社科领域，很多研究并不像听起来那么无害，其研究的视角、方法、框架将会改变你的身份，这种概念有时是好的，有时是坏的。一个学者必须非常清楚他应如何做。

李希光：其中，最让人担心的是利用西方现代社会科学方法颠覆中国5000多年的知识和信仰。过去5000多年，老子、孔子和释迦牟尼的世界观和人生观得到了传承。这些圣贤告诉中国人关于人的知识，这些知识是中国人的信仰。这些信念是本体论，因为这些信念定义了天地人的关系。从现代社会科学视角看，这些都是假说。即便几千年来中国传承的都是假说，中国学界和新闻界的理论知识来源就只能来自西方知识界？如果仔细阅读社会科学文献，我们就会发现所有的社会科学文献都有一些基本的假设，比如关于人性的辩论。持本体论的人相信天，或相信阴阳是我们理解人性的本体论。现代知识的来源是西方的新闻学、传播学、社会学、人类学、国际关系学、经济学等，这些现代知识理论都是基于一定的假设，这些领域的主流范式基本上是基于现代主义。今天中国的人文社科学者和新闻宣传工作者应该通过复兴中华文明来全面调动中国传统文化的知识资源。如果中华文明的知识来源有问题，我们可以去修补它，但不要把孩子和洗澡水一起倒掉，不要抛弃整个中国文化和传统。如果中国抛弃其文明和信仰，那将是中华文明的巨大损失。中国学者和新闻宣传工作者应该是中华传统文化的传承人和保护者。作为中国学者和新闻工作者，我们要传承和保护的不单单是中华文化，还有中国范式。

阿克拉姆：西方学界做的就是保护好自己的范式，不容许其范式受到挑战或威胁。巴基斯坦没有尝试过“中国治理模式”。在过去的70多年里，巴基斯坦一直在尝试西方模式，但失败了。然后，我们看到中国走了一条不同的道路。那么，我们应该走哪一条道路呢？我们是继续采用那条已经尝试过并失败的模式，还是应该采用一个已证明成功的模式？理性地说，我们应该走中国的道路。

西方范式和中国范式就像海洋上的两艘船，前者是正在下沉的“泰坦尼克号”，后者是一艘全速驶向对岸的快艇。如果给你两个选择，尽管“泰坦尼克号”娱乐设施齐全，但它正在下沉，而另一艘船很普通，但它正在前进。选择的结果是显而易见的。假设我去申请美国社会科学理事会的研究基金，申请的课题是“从巴基斯坦的国家治理看中国治理模式的优越性”，毫无疑问他们会拒绝我的研究计划，因为西方学界永远是捍卫其范式的先锋。

李希光：爱德华·萨义德把西方对东方国家的研究范式归纳为东方主义。萨义德在他的《东方主义》一书中说，西方想象的他者是西方自我的幻想投射，是对亚洲文化的妖魔化。一开始，西方世界只有一个他者——伊斯兰世界，因为当时西方（欧洲）被伊斯兰世界包围，没有其他邻居。在近现代历史中，由于西方殖民者扩张到中国边境，通过在印度、缅甸、越南、朝鲜和中亚等国家和地区建立殖民统治，中国变成了西方的另一个他者。西方殖民主义者在开始殖民东方国家时，首先针对穆斯林发明了一个“东方专制主义”理论，然后又针对中国发明了“中国专制主义”理论。

阿克拉姆：但中国已经崛起。它在经济、国防和文化方面正变得更加自信。现在，我们可以开始一个与东方主义相反的研究——西方主义。过去的西方非常强大，他们视其他民族和知识界为劣等。今天，东方民族由于中国的崛起，不再低人一等，而西方是一艘正在下沉的“泰坦尼克号”。现在，中国在研究西方衰落的原因。东方学者根据爱德华·萨义德的思想研究西方衰败的这个过程可以称为西方主义。但是，萨义德说自己的主要贡献是批评西方把东方当作一个落后的、倒退的文明来研究。从这个意义上说，萨义德对西方知识界在东方主义认知方面的批判现在被证明是正确的。

李希光：如果一个中国学者深入了解西方对中国的研究，他就会同意你的观点。西方学界对待中国仍然坚持的是社会达尔文主义。西方学界有关新疆、西藏的政治学、人类学和民族志研究都难以摆脱西方殖民主义的社会达尔文主义，社会达尔文主义是东方主义学者重要的研究工具。但如果我们用西方主义研究西方，我们的研究手段和工具是什么呢？

阿克拉姆：过去几年来，你和我一块儿写的文章和发表的演讲就是一种

“西方主义”。但是，我们的西方主义不是翻版的“东方主义”。我们不能或不应该这么做的原因是，我们不能在研究其他社会时称它们为劣等社会。如果我们视他人为劣等，那么我们的研究就堕落到了西方的水平。我们知道，好人和坏人在世界的不同地方都存在，在西方也是如此。我的妻子是西方人，她是苏格兰人。西方学者的东方主义是妖魔化东方国家，但是我们的西方主义绝不是反对西方，更不是妖魔化西方。我们讨论的是哪种体制和发展道路对世界和人类更有利。在西方，有许多人并不赞成他们的制度。同样，中国也有亲西方的自由主义者，认为中国需要照搬西方的制度。我们的西方主义知识理论来自东方国家的优秀传统。中国的儒释道传统相信仁爱、众生平等，不允许把其他民族和文化视为低等。我们必须赋予西方人与所有其他人类一样的思想主体地位。但如果西方知识界认为东方知识界低人一等，那么我们就会在思想上拔剑相向，那时将会有一场智力上的较量。在今天的西方，没有人有信心说出他们在 19 世纪说过的话。记住，19 世纪与启蒙运动有关。启蒙运动现在已经非常落伍了，它发生在 300 多年前。启蒙运动后，西方通过殖民主义开始了摧毁东方传统的运动。西方通过破坏东方的优良传统，塑造了一个单一和危险的世界。今天，习近平主席提出的人类命运共同体和“一带一路”倡议实际上是要复兴优秀的东方传统，东方文明提倡的是一个和平而令人兴奋的多样化世界，在那个多样化的世界，每个人都可以做自己。

李希光：习近平新时代中国特色社会主义思想、习近平提出的人类命运共同体理念与“一带一路”倡议，以及习近平提出的道路自信、理论自信、制度自信和文化自信，这是不是构成中国知识界的研究范式？

阿克拉姆：如果中国人在政治上有信心，对自己的制度和理论有信心，对自己的知识来源有信心，对自己的文化有信心，实际上就可以产生新的范式。张维为在关于“中国作为一个文明型国家崛起”的理论中说，中国是一个文明型国家。几年前，我在马来西亚与《当中国统治世界》的作者马丁·雅克进行对话，我提出伊斯兰世界一直是一个亚文明国家体系。如果学界认真对待文明国家这个理论，那么将会复兴中国传统的国际关系理论。俄罗斯学者亚历山大·杜金写的《第四政治理论》一书，为理解政治思想与俄罗斯知识传统的关系描绘了蓝图。如果 14 亿多中国人中有 50 个像杜金或者张维为那样的学者，就足以改变中国社会科学理论被动的地位，建设好中国的话语权。

李希光：东方学者不反对西方，西方也是人类命运共同体的一部分。我们今天要做的是，让西方学界和新闻界平等地看待东方人民和东方文明，把东方人民看作人类的一部分。我们必须选择更优的发展道路，而不是走西方的黑白分明的二元对立的道路。如果东方国家走西方的霸权道路或走西方的十字军东征的道路，西方国家就会去报复东方并摧毁东方。但是，我们不能那样做，如果我们照搬和实践西方理论，我们就会摧毁西方。东方学者不能成为西方的劣质扫描版本。我就是我，我必须保护自己的主观意识、我的身份，并将其服务于我的人民。

7.4　“一带一路”地缘知识与中国话语权争夺

阿克拉姆：1949 年以来，西方对中国的叙事主题一直是从“失去中国”、“中国沦陷”、“中国崩溃”到“中国威胁”。但是，广大的伊斯兰国家看到的 1949 年成立的新中国正在崛起，现在又把习近平主席提出的“一带一路”倡议和人类命运共同体的道路视作天命。在西方文明黯然失色之后，5000 多年的中华文明将重现光芒，中国的崛起将改变世界的未来。很多国家需要通过“一带一路”来摆脱西方新殖民主义对它们的奴役。中国也曾被西方侵略过，但现在已摆脱了西方的控制，独立自主地发展，共建“一带一路”的发展中国家也会真正实现独立自主。理解这一点非常重要。

李希光：在全球互联网舆论新环境中，我们面临的是一场严峻的思想战争，中国和共建“一带一路”国家必须赢得这场思想战争。在敌对思想通过互联网进行各种渗透时，必须使人民觉悟。我们应该积极主动，而不是被动应对。因此，应正确理解言论自由的概念，克服知识的隔离化（我们的知识理论是相互联系、相互结合的），真正理解新闻专业化而非新闻专业主义，形成亚洲新闻范式。我们必须积极主动地进行传播，而不仅仅是被动地做出反应。因此，新的范式必须从这些考虑中产生。

阿克拉姆：西方新闻学把说中国坏话当成自己“新闻自由”的权利。关于新闻自由问题，作为学者，我们必须思考这样几个问题：有绝对的言论自由吗，它存在吗？这是一个实证问题。是否应该有新闻自由？这是一个规范性的问题。给你个提示，世界上任何地方都没有绝对的言论自由。你去法国，媒体可以说穆罕默德的坏话，但如果你烧了他们的国旗，说他们国家的坏话，他们会来抓你。你去美国，可以侮辱不同的信仰，但如果你烧了美国国旗，就得坐牢。你来巴基斯坦，对巴基斯坦这个国家进行评论，都没问题，但是你若说先知的不是，巴基斯坦军警就会逮捕你。这两种不同的情况取决于什么对你来说是重要的。对西方国家来说，信仰可以批判，但国家不可以，国家是神圣的，而在巴基斯坦正好相反。世界上有18亿穆斯林，他们都有同样的感受，你可以攻击他们的国家，但你不能侮辱他们的信仰和价值观。

李希光：著名的媒体批评家诺姆·乔姆斯基、西蒙·斯蒂芬提（Simon Stephatti）和纽曼（Neuman）等人都不承认有所谓自由公正的媒体。他们认为，如果您想要自由公正的媒体，您就自己去办一家。表面上，每个人都有权发表言论，所以您也有此权利，但作为个人，如何拥有自己的媒介，如何拥有支撑媒介的金钱和权力呢？它需要花费数千亿美元，而且还需要招募记者、媒体管理者等众多人员。

阿克拉姆：西方国家虽然不能在中国开办主流媒体或直接使用中国官办的主流媒体为它们做宣传，但是可以通过其拥有的社交媒体或网络、媒体的代理人，向中国的网民传递它们需要向中国人传播的议题，制造对美国和西方有利的舆情。在巴基斯坦，我们使用WhatsApp（瓦次普），有关WhatsApp的所有数据均被美国国家安全局（NSA）控制。因此，我向朋友发送的消息，美国都会掌握。我的朋友可能是陆军将军，可能是政府官员，所有这些沟通却都在美国国家安全局的控制范围之内。许多社交工具，如谷歌、WhatsApp、Instagram（照片墙）、优兔和脸书等均处于美国“深层国家”的影子下。美国成为“深层国家”的无形实体，实质上是公司利益集团、五角大楼、国会、参议院和美国中央情报局的混合体。

此外，在传统媒体领域，美国有6家大型媒体公司，均是全球排名最前列的公司。因此，在全球舆情战中，中国需要做好信息系统的管理。不仅要对敌人的行动做出反应，还要能够主动引导人们的思想。就像病毒攻击你的电脑硬盘前，你要安装好杀毒软件一样，不能等到感染了，再去安装。同样，你要知道敌人会对你的人民说什么，敌人会如何愚弄网民。我们需要不断地针对意识形态分析和议题设置制作电影、广告等宣传工具，在西方舆情病毒来袭之前，网民就有了“杀毒软件”。

李希光：中国政府为宣传“一带一路”倡议和人类命运共同体已经做了很多议题设置的工作。但是，中国的主流媒体、社交媒体和网民在涉及“一带一路”的重大议题上仍然缺乏议题设置力和对重大新闻的关注度。中巴经济走廊是“一带一路”旗舰项目。但是，美国和印度都公开反对中巴经济走廊建设，想利用克什米尔问题切断中巴经济走廊。中国的舆论媒体应更加关注与自身利益高度相关的克什米尔问题。

阿克拉姆：这是因为西方新闻学的传播学范式导致国际新闻界，包括中国新闻界出现了新闻议题和新闻关注的“隧道视野”和“隔离化”的问题。

李希光：受西方传播学范式影响的新闻传播学教学基本看不到与其他领域的联系。在课程设计上，除了传播学理论、传播学方法、传播学史、广告、公共关系外，看不到中国历史、中国周边国家历史、亚洲历史、世界历史、国际政治等相关的课程。这种传播专业主义的课堂与历史知识、政治知识、地理知识和人文知识没有关联。这种传播专业主义对知识的区隔化导致了今天新闻传播学院毕业的学生对中国、中国周边乃至亚洲以及“一带一路”倡议的冷漠和无知。他们在传播学院的课堂外往往关注一些狭窄的题目，比如电子游戏、韩剧、影星等，他们缺少对中国、亚洲和“一带一路”的宏大视野。如果一个记者没有良好的亚欧历史地理和人文知识，就不可能了解“一带一路”的深刻本质。如果您看一下盎格鲁－撒克逊 5 个主要国家——美国、英国、加拿大、澳大利亚和新西兰，就会发现它们相对于亚欧陆地国家而言是比较安全的，这是由其地理位置决定的。欧洲发生的所有战争并没有直接影响到英国，它保持了和平，给了英国一次又一次没有被摧毁的机会。对于被海洋包围的美国来说也是如此。加拿大、澳大利亚和新西兰与美英不仅在文化上是相同的，而且在地缘上也感受不到威胁。但是，中国不是这种情况。中国东部和东南部被海洋包围，北部、西部和南部与许多陆地邻国接壤。如果越南出了什么问题，云南、广西和南海会有不安全感；如果印度出了问题，西藏会有不安全感；如果阿富汗出了问题，新疆会有不安全感。中国在世界上的地理位置决定了中国的国内政策和国际政策。这就是地缘政治的概念，地理因素决定了一个国家在世界上成功和失败的机会。

阿克拉姆：亚欧大陆是一个巨大的大陆，覆盖整个亚洲和欧洲。欧洲是亚欧大陆上很小的一块。在古代历史上，欧洲是世界上落后蒙昧的大陆，直到近代欧洲才受到世人瞩目。在现代民族国家产生之前，亚洲与非洲是直接相连的。近代，亚欧大陆从文明国家让位于西方殖民地或民族国家后，各个东方国家之间的物理联系被切断了，亚洲文明国家被分割成有严格边界的小块的民族国家。这就像欧洲殖民者把每个人都放在小盒子里，这些小盒子（国家）不再被允许相互交流。在“一带一路”概念下，不是希望将整个亚洲统一为一个国家，而是希望疏通欧洲人通过“分而治之”在亚欧大陆设置的所有阻塞点，使亚洲人民和非洲人民重新流动和联通起来。从“一带一路”中受益的有中国与中国西部和东南部周边的伊斯兰国家。毫无疑问，印度也将从“一带一路”中受益。美国在东亚拥有超过 75 个军事据点，两支庞大的海军舰队驻扎在马六甲海峡附近。而中国所需的来自中东的石油，需要途经马六甲海峡。如果美国封闭马六甲海峡，中国传统的贸易通道将会受阻，使石油价格大幅上升，中国在世界市场上也就失去了竞争优势。由于该地区一直都是地缘政治热点地区，中国担心美国有一天会这样做。而若采用从喀什到瓜达尔港的这条 2400 公里的路线，不仅可以缩减石油运输距离、降低成本，而且能减少对苏伊士运河、马六甲海峡和中东的依赖。

李希光：虽然西方帝国主义领土扩张的时代已经过去了，但我们应该看到，美国通过其软实力继续维系西方的政治和军事联盟，同时在全世界搞意识形态和价值观的西化。以美国为首的西方国家的意识形态扩张仍在继续发展，比如其思想范式和新闻传播学范式长期左右东方国家精英、学界和新闻界的思想。

阿克拉姆：构建于现代主义和新自由主义的美国政治力量和经济力量已经难以增长。世界将看到中国的精神力量（软实力）影响力的扩大。中国的崛起走的是一条非西方式的发展道路。谁在世界各地建铁路、桥梁、机场、码头？是中国公司，而不是美国公司。中国公司比美国当地公司更具竞争力，效率和建设水平更高。为什么？因为中国人的集体行动力非常强，这使他们的行动有效率。

李希光：中国很重视在共建“一带一路”中建设中国的文化软实力。但是，如果要在当地搞所谓“当地文化的中国化”，就成了延续西方国家的“西化”路线。在这方面，您有什么建议？

阿克拉姆：共建“一带一路”中建设中国文化软实力的重点应该是在世界范围内早日实现“中文化”而不是“中国化”。在世界范围内的“中文化”比“中国化”更重要、更实际、更好操作。要把中文变成共建“一带一路”国家必不可少的语言工具，仅在必要时使用英语。不可以走西方人向东方国家推行的西化道路。中文已经在包括巴基斯坦在内的其他国家开始使用或进入中学，但是这个过程一定不是强制的，共建“一带一路”国家可能需要再等30年到50年。通过“一带一路”，中国的商业、基础设施建设能力正在增强，中国人无处不在，但中国不会开展领土扩张。中国会在非地理层面扩大影响，中国的精神影响力或文化软实力将更完整地被伊斯兰世界接受。由于中国坚守其优秀的文化传统，中国与伊斯兰国家通过“一带一路”只会越来越团结。西方学者安德鲁·斯莫尔（Andrew Small）在他的著作《中国－巴基斯坦轴心：亚洲的新地缘政治》一书中说，巴基斯坦和中国是世界上双边关系最亲密的两个国家，甚至比美国和以色列还近。

但是，西方国家与穆斯林的关系是另外一个样子。由于穆斯林人口增长迅速，而欧洲白人人口增长为负值，预计欧洲在20年后很可能成为穆斯林的欧洲。在亚洲，印度、巴基斯坦的人口在增长；拉丁美洲的人口也在增长。欧洲人可以驱逐亚洲人吗？在殖民时期，他们会发动人口灭绝计划。比利时人刚来刚果时，刚果有2000万人口，五六年内他们就杀死了1000万人。在澳大利亚，白人杀了很多原住民。但是，欧洲人现在可以对居住在欧洲的亚洲人这样吗？不能。为什么？因为这些在欧洲生活的亚洲人作为劳动力可以缴纳税款，这些税款可用来为居住在郊区的白人老年人购买药品。因此，欧洲白人的政治控制权将会再延续一到两代。

7.5 亚洲学者的主体意识

李希光：思想范式、新闻学范式和舆论导向是文化软实力中的重要因素。从认识论的高度看，“一带一路”倡议和人类命运共同体需要与之相适应的“一带一路”新闻学或“人类命运共同体”新闻学。早在西方新闻学和现代科学出现之前，新闻就已在中国存在。东晋法显的《佛国记》和唐朝玄奘的《大唐西域记》都是最好的见证。但过去几十年，中国和伊斯兰国家的大学中新闻与传播学院讲授的都是美国、西方的新闻学和传播学。只是近年来，中国大学的新闻学院才开设了马克思主义新闻观课程，中国新闻学界才开始有人提倡建设中国特色新闻学。作为一个国际学者，您认为是否存在中国新闻学、亚洲新闻学或东方新闻学？

阿克拉姆：亚洲学者不要因为学习了美国和西方新闻学的所谓客观性，就忘记坚守亚洲学者的主体意识，放弃自己的价值观和文明信仰。人文学者和新闻学者必须有文化自信和理论自信。我看到一些中国学界和新闻界的朋友跟伊斯兰国家的朋友一样，有很强的自我怀疑精神。自我怀疑和自我批判是好的，但是当有人想要夺走你的生命时，自我怀疑就是坏东西。这一观点会引出主客观的争论。就像很多学者坚持说，所有的研究都必须是客观的，或者为了研究的真实性，它必须是客观的。你的意识不是一个客体，而是一个主体。但是，这些客观研究的法则是由别人决定的，我们的主体身份不要被那些准备破坏我们自身的东西欺骗。例如，100 个有听力障碍的人去听音乐会，客观地判断没有人听到任何声音。但是，这个结论是对的还是错的？是对的。为什么？因为这就是客观性。这 100 个有听力障碍的人去听音乐会，当然什么也听不到。有听力障碍的人是客观的，因为这种客观是基于其所能获得的手段。大多数电视观众或网民可能没见过一个经常参与恐怖主义的穆斯林，但很多人可能会相信穆斯林是恐怖分子，而不会相信基督徒是恐怖分子。为什么？因为人们在电视上看到它，在书上看到它，在报纸上看到它，在社交媒体上看到它。西方人相信，大声说谎 100 次，它就变成了事实。

例如，世界上很多人认为，西方的自由民主制是最好的政府形式。我在所谓的自由民主社会生活了很长一段时间，但我现在比以往任何时候都更相信，这不是一种好的政府形式，实际上是最糟糕的。这不是我的观点，而是2300年前柏拉图的观点，即民主最终会瓦解社会。尽管西方宣称，在某些政治理论的基础上，这是最好的政府形式，但我可以向你们证明，西方的democracy概念并不等于中文的“民主”。democracy是一种理念，这个理念会引起人类对抗，分裂人类、分裂社会、分裂家庭和破坏社会结构。但是，世界上许多人，包括拉丁美洲、欧洲等地的人，仍然认为西方自由民主制是最好的政府形式。查阅当代社会科学文献你会发现，西方的民主被标榜为真理，而中国特色社会主义受到怀疑。由此可见，不是所有的研究都是正确的，我们仍然要警惕西方社会科学中的社会达尔文主义。

比如，西方学者告诉你，中国人不如西方人优秀，这是有基因证据的，以及这是对身体大小、颅骨内腔容量（脑容量）和其他因素研究而得出的结论。19世纪，西方社会科学就是建立在这种被称为社会达尔文主义的思想之上，它们从自然科学、生物科学延伸到文化人类学、社会学和政治学，并创造了社会达尔文主义的概念。他们认为强者有统治弱者的自然权力。在丛林中，狮子可以吃掉一只兔子，那么在人类的丛林中，上等人就有统治下等人的自然权力，有钱人有权统治穷人。法西斯主义就是与这一概念相联系的意识形态。

李希光：这种人类学和文明等级论合法化了西方在文化、政治和价值观上的殖民主义化。结果，这类人类学、民族学等以客观性的名义而进行的研究，最后破坏了包括中国人在内的亚洲人的身份认同，也为西方人今天制造的新疆和西藏分裂势力提供了学术支撑。

阿克拉姆：说到底，是用哪种哲学视角指导东方国家的新闻工作者？对中国记者来说，习近平新时代中国特色社会主义思想和中华文化中的圣贤经典应该成为中国新闻工作的指导思想。对伊斯兰国家的记者来说，国家排在第二位，信仰排在第一位，也许伊斯兰新闻学更适合。伊斯兰新闻学的道德标准是什么？是在未经证实的情况下，不要说任何人的坏话。如果你违反此标准，不好的事情就会发生在你身上。

李希光：对于受过中国儒释道传统文化熏陶的中国记者来说，如果他或她信仰中国传统文化，那么中国记者也不会在新闻报道中说任何人的坏话，更不会编造和传播谣言。佛教十恶业中，有四条跟坏记者有关，“妄语、绮语、两舌、恶口”。一句话，佛教提倡的是说好话，儒家提倡的是仁爱。因此，这个世界充满了不同类型的身份认同、知识理论，以及对新闻与其他领域关系的不同理解。你选择的新闻学方法取决于你认同的知识理论。自近代以来，中国向西方新闻学学习了很多东西，获得了很多知识。在新闻学上，我们可以借鉴西方，所谓借鉴就是改造它。从毛泽东、邓小平到习近平都是运用马克思主义哲学坚持和发展中国特色社会主义。中国特色是什么？就是马克思主义与中国的传统及当代中国的实际相结合。在对待西方新闻学和传播学上，中国新闻学一定要克服西方传播学的过度专业化和碎片化，要把新闻学还原成传统的人文学科。

7.6 实事求是与亚洲新闻学

阿克拉姆：新闻学归为哪一类？这种划分的依据是什么？这个问题值得讨论。人文是规范性的，社会科学是实证主义的。新闻学实际上与社会科学和人文科学紧密相连。当我们选择一种方法时，它必须是客观的，但也不能牺牲我们自身的主体性，因为我们的主体性是与我们自身的意识相联系的，这些使你成为中国人。你不会想成为西方一个糟糕的影印本，你要保持你的中国风。因此，新闻学必须兼具人文和社会科学的特点，必须是二者的结合。

李希光：打开美国电视台的历史频道，看他们制作的历史节目，如第一次世界大战的历史、第二次世界大战的历史、中国共产党历史等，采用的方法均是历史诠释法。美国和西方新闻学也可称为诠释新闻学。就像《韦氏大词典》将解释历史（新闻）定义为：“一种把事实与刺激性诠释信息相结合的技巧。”因此，历史是诠释性的。看看印巴分治的历史，当大英帝国控制南亚次大陆时，有一场自由之争，结果出现了两个国家——印度和巴基斯坦。根据印度编纂的历史，巴基斯坦人都是坏人；如果你看巴基斯坦编纂的历史，很多印度英雄都是坏人。再比如印第安人的历史，白人编纂了美国历史，创造了与印第安人完全不同的历史，这就是为什么我们说历史是诠释性的。

阿克拉姆：在希腊，人们说历史之父是一位名叫希罗多德的希腊人，他是西方第一个系统地开始记录历史的人，但也有其他学者称他为谎言之父。作为一个记者，如果从历史的编撰角度去报道新闻，需要通过诠释新闻来生产制作新闻产品。在记者诠释新闻时，我们能够知道记者或媒体老板的思想是如何通过媒体传播开来的，我们还会发现媒体是引导大众思考问题的一个非常重要的工具。因此，在这个世界上，如果不掌握大众传媒，敌人就会替你控制传媒，他不是控制表面的媒体，而是深层次地控制故事，控制新闻的诠释权。

李希光：亚洲新闻学必须坚持实事求是的原则，今天制作的新闻应该是明天历史的最后一稿。

阿克拉姆：实事求是逻辑上的归纳法，源自对事实的观察和总结。马克思在《资本论》第一卷中也是这样高度归纳的。当马克思写《资本论》时，马克思解释了剩余价值理论，资本主义的内在逻辑以及它是如何导致对大众的剥削的，这就是归纳法，因为它有事实和观察经验的支持。但当马克思进一步解释亚细亚生产方式以及亚细亚的生产方式如何发展时，因为马克思没去过亚洲的日本、印度或中国，所以就引起了争议。

如果新闻学是科学，那它必须是实证主义科学。实证主义基于 5 种感官：视觉、听觉、味觉、嗅觉、触觉。实证主义认为，如果不能通过 5 种感官来验证现实，那就意味着它不存在，意味着它不是科学。

李希光：但是，新闻学里也有一个规范性原则。实证主义只问存在什么，不问应该存在什么。例如，一个记者撰写关于机器人的新闻，人类有两只眼睛和一支枪，但是机器人拥有 360 度视野和多支枪。机器人能拍摄任何移动的东西，而且能依靠程序杀死它看到的动物或人。这篇新闻报道就产生了一个规范性的问题：是否应该允许机器人存在？也许机器人有一天会杀死人类。亚洲新闻业范式要求对言论自由概念有一个正确理解。我们为什么要进行新闻调查和新闻研究？因为人类想知道真相。知道真相的结果是，人类生活应该变得和平、安详、美好，而不是更糟。

阿克拉姆：因此，亚洲新闻学还要避免受基于虚假新闻的西方新闻政治经济学影响。如果有新消息出现，除非经过验证，否则我们不与其他人分享。如果在没有证实的情况下分享和传播假新闻，那么我们就成了虚假宣传的帮凶。识别真假新闻是最困难的问题，公众必须接受专业的训练才能发现某条新闻是真的还是假的，某条新闻是重要的还是不重要的。

李希光：新闻的正确接受与正确传播需要技能、知识和智慧。一个人可能有传播学博士学位，但没有智慧。一个农民没有学位，但可能有广博的智慧。在变化的世界，人类生活应该变得和平、安详、美好，而不是更不安全、不信任、不快活。当媒体报道某种传染性疾病时，不应是为了制造一种恐怖文化，更不应是为了通过制造这种恐怖新闻和恐怖文化去改变世界。

媒体制造的情绪和态度具有传染性。如果我快乐并且对你很好，你也会感到快乐。如果媒体报道热衷于暴力事件，那么暴力新闻可能会制造更多的暴力事件。当媒体报道和传播恐怖的传染病时，会产生一种恐怖文化。这种恐怖新闻和恐怖文化将会改变世界，给人们带来更多的烦恼和不安。

阿克拉姆：无论是制造新闻产品还是研究新闻理论，你会发现中西方新闻界争论更多的是有关新闻立场的道德问题或价值因素。亚洲新闻学必须根据亚洲人民的信仰和价值观去积极主动地影响亚洲人民的思想，而不仅仅是被动反应。作为好学者或好记者都应该有一种社会责任，让社会分享其研究成果和生产的新知识，从而影响社会向好的方面发展。

李希光：记者与学者最大的不同是，记者在新闻发生后更像盲人摸象，把听到或看到的丁点儿东西当作真相，然后根据个人的想象和想象中的读者需求去推理和演绎，做一则煽情报道。媒体第一时间报道的很多是肤浅的，但是读者并不知道。而学者做研究就不一样了，学者对媒体采用的是一种批判性思维，通过研究把碎片化的事实通过拼图的方式拼成一个完整清晰的画面，这幅真实的画面可能与记者和读者想象的完全不同。学者的研究成果可能会与大众认为正确的媒体报道不同。由于新闻研究者多是人文学者，他们有历史的、哲学的、文化的和跨文明的眼光，超越狭隘的个人情感和偏见，不像媒体那样执着于其确信的某种东西和既定的或暗藏的议题。在研究方法上，记者往往是“攻其一点，不及其余”，而学者应该尽量把研究发现建立在全部的事实上，做出客观的研判。

阿克拉姆：从理论上讲，学者和记者都是寻找真实的东西，真相或真理。中文叫“研究”，阿拉伯文是“tehkeeq”（源自“haq”，意思是真理），英文是“research”，它们都是为了真理寻根问底，从不知到知之，从未知到真知。这就像玩拼图游戏，或者盲人摸象，好的记者或者学者研究到最后，看到并呈现给社会的是一个完整的大象的画面，也许发现自己起初对大象的想象是肤浅的。学者不太敢脱离今天的社会舆论所形成的价值体系，特别是社交媒体的价值体系去公开批判或怀疑某些虚假新闻，很多时候学者的观点也不是依靠自己独立研究形成的，而是由学者生存的社会所提供给他们的信息系统而形成的。这个信息系统依赖于现代媒体运作。学者或记者的观点的形成，都是基于他们从父母、学校、新闻媒体、社交媒体那里得到的知识，这些知识构建成一个价值体系。在这个基础上，学者和记者形成了自己的观点。

李希光：说到底，记者与学者最大的不同是，记者是生产新闻，学者是研究如何做新闻。例如，在古希腊半圆形剧场里，有角斗士和观众。对于角斗士来说，这是生死攸关的大事。如果他走错一步，他就死定了。对观众来说，他们每天都看角斗士，有些角斗士会被狮子吃掉，但观众只是看他们表演。今天的记者就像古希腊的角斗士，有时记者会被狮子吃掉；但是，作为新闻学学者，他是旁观者。新闻研究不会有风险，许多年轻的新闻系学生坐在新闻学课堂上，老师教他们如何写新闻报道，然后他们会出去做新闻。一个重要的区别是，记者有风险，学者没有风险。

阿克拉姆：一个好记者必须是一个知识广博的学者型记者。由于今天多数记者接受的教育和知识被区隔在狭窄的新闻专业主义或传播学框架里，不具备广博的人文社会科学知识，记者无法就某个专题做出全面、深入、真实的报道。就像某个记者报道香港，这个记者说他没有报道立场问题。但是，如果他就香港问题采访了某个非政府组织活动分子或者某个人权专家，这个记者就等于被别人当枪使了。这就是西方新闻学的技巧。当你做一个与某个特定领域相关的报道时，必须对这个领域有基本的了解。如果你什么也不懂，就会做出一个肤浅的报道或被人利用。

◀ 李希光教授离开新疆，乘坐国际大巴穿越喀喇昆仑山

◀ 李希光教授（左）与阿克拉姆教授（右）在喀喇昆仑山里小憩

◀ 飞越中国与南亚伊斯兰国家和地区的分水岭——喀喇昆仑山

▼ 在喀喇昆仑山考察途中，阿克拉姆教授在祷告

▲ 住在靠近中国新疆和西藏的巴基斯坦斯卡杜县的孩子

▼ 斯瓦特山谷入口处

▲ 李希光教授（左一）在斯瓦特山村采访阿德南王子（右二）和山民

▼ 在斯瓦特一座佛塔前李希光教授（右一）与当地穆斯林村民合影

▲ 世外桃源罕萨

▼ 罕萨的村民乐队

▲ 李希光教授（中）在斯瓦特河源头采访当地酋长

◀ 罕萨河谷的古代石刻

▲ 在巴基斯坦的中国投资者陈峥嵘在印度河谷考察

▲ 穆斯林参观玄奘法师取经的佛教圣地——塔克西拉

▼ 在玄奘法师修行处，李希光教授（右二）与当年中国援建巴基斯坦坦克工厂的退休工程师交谈

◀ 李希光教授（中）与藏传佛教高僧交流

◀ 巴基斯坦伊斯兰学者、印度教记者和中国藏传佛教高僧交流

◀ 2017年12月，中国、巴基斯坦、印度和韩国四国学者在韩国佛甲寺探讨佛教、伊斯兰教和印度教的和平共处

▲ 佛甲寺，1600多年前来自塔克西拉的摩罗难陀在朝鲜半岛南部建立的百济王国的第一座佛教寺庙

◀ 中国学者、巴基斯坦学者和印度学者考察韩国儒家书院（从左到右依次为：李希光、阿克拉姆、阿图尔）

▲ 李希光教授（左二）在白沙瓦博物馆门口（吴一荻摄）

▲ 白沙瓦博物馆里的佛像

▲ 白沙瓦老城的孩子们站在坍塌的迦腻色迦皇帝建的佛教寺院的院墙上

▶ 位于巴基斯坦与阿富汗边境的美军装备市场

▲ 巴基斯坦白沙瓦的市场

▲ 走在白沙瓦的小巷里

▲ 反恐士兵与罕萨的孩子们

▲ 2015年9月，巴基斯坦参议院外交委员会主席穆沙希德参加伊斯兰堡举行的孔子文化节

▲ 来自普什图部落的青年歌手在孔子玩偶前演唱

第二部分

正确认识“一带一路”上的伊斯兰文明

8 “一带一路”上的伊斯兰国家[1]

天黑了，透过窗户看到了白沙瓦古堡高大的轮廓。我在犹豫是不是应该走出酒店，去古城堡看看。但是，这时收到一个朋友私信善意警告我，“据可靠消息，三名‘东伊运’分子伙同其他外国人分两批渗透到巴基斯坦，计划攻击开伯尔－普什图赫瓦省和旁遮普省中国公民，中国公民要提高警惕，加强安全防范，尽量减少外出，避免去人群聚集区”。另一个朋友也发来短信：“西北边境部落情况比较复杂，教派冲突也存在不少隐患，一定要注意安全。”

我一个人坐在白沙瓦市中心酒店房间昏暗的灯光下，闲得无聊，打开桌上摆放的介绍酒店的黑夹子。里面有一页介绍了当地的历史文化，说距离酒店五公里外有个“说书巴扎”（全名 Qissa Khawani Bazzar）。我是听书长大的。我小的时候住在一个煤矿上，唯一的娱乐就是放学后到矿门口的集市上，听说书人讲故事。说书人一手敲着鼓，一手打着竹板，说李向阳的故事，或者肖飞买药的故事。有人说，市场上说书的传统跟杂技一样，来自中亚和蒙古。半个世纪过去了，我再也没有机会听到古老的说书。我按捺不住听书的冲动，权且就把朋友传来的恐怖袭击预警当成情报贩子制造的耸人听闻的传言，动员我的同伴阿克拉姆教授和老陈跟我去寻找巴扎听书。

夜幕下，在一个当地武装保镖的护卫下，我们几个人走进了车水马龙、熙熙攘攘的白沙瓦老城，去那里寻找古丝绸之路上享有盛名的说书巴扎。今天，白沙瓦是巴基斯坦开伯尔－普什图赫瓦省的首府。在丝绸之路发展的辉煌时代，白沙瓦是世界文化与贸易中心。经过开伯尔山口和白沙瓦，波斯人带着琐罗亚斯德教、希腊人带着神像、穆斯林带着经书，从西往东进入了南亚。中国人带着佛经和佛像、英国人带着枪炮，从东往西，进入喀布尔和中亚。被当今西方媒体和情报贩子称为“世界上最危险的地带”的普什图人生活的巴基斯坦和阿富汗交界地带，它的历史真相一直是个未解之谜，只能在跟随亚历山大东征的希腊历史学家的旅行记和中国西天求法的僧侣旅行记里找到。

1850 年，统治白沙瓦的英国高级官员曾写道：“说书巴扎是这座城市最活跃的地方。特别是落日时分，各类人挤到一块儿，他们有阿富汗人、英国人、克什米尔人、旁遮普人、哈扎拉人、印度人和波斯人。”丝绸之路上有伊斯坦布尔、开罗、亚历山大、大马士革、巴格达、巴士拉、伊斯法罕、希瓦、布哈拉、撒马尔罕、喀布尔、加尔各答、喀什、和田等的著名巴扎。白沙瓦巴扎之中，说书市场最有特色。

说书巴扎周边古老的店铺夜里灯火明亮，门口停着马车、小汽车和中国造的“轻骑”三轮车。多数店铺是药店、锅碗瓢盆店、陶瓷商店、阿富汗地摊店和馕店。街头看不见一个女人，看到的男人多留着大胡子。坐在餐厅门口吃饭的那些蒙头披肩的人，走近一看都是普什图男子。当地一个卖草药的店铺老板指着几个街区之外的一个古老的清真寺说，“我的祖辈过去都在那个清真寺里听书。你们可以去那里看看”。在一个古巷里，我们找到了这座有 800 年历史的清真寺，里面正在做礼拜。

虽然今天的说书人在白沙瓦老城没有了说书的市场和舞台，但是，说书巴扎所在的小巷子里的音响商店仍然在卖说书人的录音光盘。这些光盘是音响商店老板自己录制的，光盘盒子上印有故事的名字和说书人的名字。说书巴扎里面有专业说唱者的狭小的工作室，这些说唱者可以为私人表演，也可以参加商业演出。他们中有的人会远赴卡拉奇给富商表演。

今夜虽然没有找到说书人，但是在漆黑的白沙瓦小巷子里行走，看到那些留着胡子和缠头的男人，内心毫无恐惧感，反而有一种莫名的放松感。当说起伊斯兰宗教界人士，我们会联想到伊朗的霍梅尼或阿富汗塔利班的大胡子，以及其他西方在舆论宣传中所刻意营造的伊斯兰教特色。但是，如阿克拉姆说的，那些受媒体影响惧怕“大胡子”的人需要意识到，这些读《古兰经》、遵循伊斯兰教法的人可能比世界上另一些人更亲近中国人。

深夜，回到酒店，我跟阿克拉姆坐在大堂的沙发上，远处有一对穿着牛仔裤的男女站在歌台上，一边弹着旧式的雅马哈电子琴，一边演唱普什图流行歌曲。我跟阿克拉姆开启了中国－伊斯兰文明互鉴这个课题的对话。

李希光日记

2018 年 1 月 13 日

2018 年元宵节之后，我收到朋友通过微信转来的一段话，是 2018 年 2 月 28 日美国驻华使馆在其官方微博中发布的这样一段话：“第二次世界大战虽然是历史上伤亡最惨重的战争，但敌对双方都没有使用化学武器。然而，这种行径并没绝迹，首先是 20 世纪 80 年代伊拉克对伊朗的战争中动用化学武器，并随后针对其库尔德少数族裔再次动用这类武器。现在叙利亚冲突又迫使文明世界必须又一次抗击这种祸患。”

这段话展示了西方文明的本质。美国使馆官方微博发布的这段话不仅通过“选择性记忆”，抹杀了日军在二战中对中国使用化学武器、美军在越战中使用化学武器的事实，还暗示世界是由西方文明掌控的，西方控制着制定规则、定义邪恶的权力。即使美国和日本等西方文明世界俱乐部的成员使用了化学武器，也将会被掩盖。

1989 年柏林墙被推倒之后，美国知名政治学者福山的“历史终结论”发展为普世主义或全球主义。但是，西方文明征服世界并不是通过其思想、价值观或宗教的优越，而是通过其优势之一的有组织暴力，比如近年来美国在阿富汗、利比亚和叙利亚的军事行动。英国著名历史学家汤因比严厉批评西方的“狭隘和傲慢”，比如西方人认为世界围绕着西方转，东方国家的“进步”不可避免。

到 20 世纪末，西方进一步膨胀，仍自以为西方文明才是世界的普世文明。普世文明的概念有助于为西方对其他社会的文化统治和模仿西方的社会做辩护。普世主义是西方对付非西方社会的一种二元对立的意识形态。如果东方人站在东方中心主义立场上，把东方价值观看作是普世的，西方就会感觉受到威胁。长期以来，西方国家以世界文明的裁判者和领导者自居，居高临下地干预其所谓的“半蒙昧和半野蛮”的东方国家的事务。例如，西方在大学的哲学和历史教学中，不讲中国哲学和历史，仅在东方语言学中设立相关课程。这表明中国文化被西方主导的“现代文明”排除在外。例如，中国政府与西藏之间正常的中央与地方关系，被西方描绘为“侵略与被侵略”、“占领与被占领”和“奴役与被奴役”的关系。而西方学界和媒体在讨论今天美洲的现实问题时，从来不纠结西班牙侵略南美、英国和法国侵略北美的历史。这是因为西方国家迄今仍然以所谓西方文明为标准，把中国对西藏的治理视为对西藏的“入侵”，而西方国家作为“文明国家”对美洲和印度的“启蒙、开发、驯化”，则是把这些地区和人民带入“文明世界”。

习近平主席提出的“人类命运共同体”构想，客观上是要打破西方主导的实质上宣扬“文明冲突论”、“中国威胁论”和“伊斯兰恐惧症”的文明旧秩序，建立一个基于文明互鉴与包合的国际文明新秩序。中国当代哲学家赵汀阳说，中国综合文化的形成方式，被称作“化”。“化”是变易的，但不是一方单独的改变，而总是互化，是多种文化对现存秩序的合力与重构。“天下人的天下”不仅是中国古代的文明观，也是“一带一路”的新文明观，中国将其表述为人类命运共同体，并于2018年载入宪法。构建人类命运共同体和文明互鉴将成为未来世界政治正确性标准和文明正确性标准。“一带一路”倡议能否成功，在于构建人类命运共同体和文明互鉴能否成为国际文明新标准和游戏新规则。

党的十九大将推进“一带一路”建设写入中国共产党章程，“一带一路”倡议成为中国长期不变的一个基本政策。在参与共建“一带一路”的中亚、南亚、东南亚、中东和东欧国家中，有超过一半的国家都是伊斯兰国家。这些国家不仅人口众多，资源丰富，而且在世界上占据十分重要的战略位置。未来“一带一路”倡议能否取得长久的成功，很大程度上将取决于伊斯兰世界能否保持长期的和平稳定，而中国与伊斯兰国家保持充分的信任与交流，并长期与伊斯兰国家保持一种和平共处的友好关系，对“一带一路”未来的稳定发展具有十分重要的意义。

8.1 伊斯兰国家在“一带一路”倡议中占有重要地位

中国政府并没有明确列出哪些国家和地区属于“一带一路”的范围。据国家发展改革委公布，截至2018年底，中国已经累计和122个国家及29个国际组织签署了170份政府间共建“一带一路”合作文件。签署协议的国家，大大超越了传统的丝绸之路涵盖的范围，还包括了南美洲、北美洲、大洋洲的不少国家。[2]在这些国家当中，有44个伊斯兰合作组织的成员国，它们是阿富汗、阿尔巴尼亚、阿尔及利亚、阿塞拜疆、埃及、阿曼、阿联酋、巴林、巴基斯坦、多哥、吉布提、加蓬、几内亚、吉尔吉斯斯坦、冈比亚、哈萨克斯坦、黎巴嫩、利比亚、印度尼西亚、伊朗、伊拉克、喀麦隆、科特迪瓦、科威特、卡塔尔、沙特阿拉伯、塞内加尔、塞拉利昂、索马里、苏丹、塔吉克斯坦、突尼斯、土耳其、孟加拉国、马来西亚、马尔代夫、毛里塔尼亚、摩洛哥、莫桑比克、尼日利亚、文莱、乌干达、乌兹别克斯坦、乍得（以国名的英文名首字母为序），占总数的三分之一以上。

一般认为，“一带一路”倡议目前所涉及的主要地理范围是中亚、东南亚、南亚、西亚、北非、中东欧的国家和地区，以及东亚的蒙古国等。其中，东南亚的印度尼西亚、马来西亚和文莱属于伊斯兰国家。中亚五国都属于伊斯兰国家。南亚的巴基斯坦、孟加拉国、马尔代夫属于伊斯兰国家。西亚除了以色列、亚美尼亚、格鲁吉亚、黎巴嫩、塞浦路斯以外的所有国家都属于伊斯兰国家。位于中东欧地区的阿尔巴尼亚，也是伊斯兰国家。北非国家都是伊斯兰国家。这样，一共有33个共建“一带一路”伊斯兰国家，这33国按照国名的英文首字母排列分别是：阿富汗、阿尔巴尼亚、阿尔及利亚、阿塞拜疆、巴林、孟加拉国、文莱、埃及、印度尼西亚、伊朗、伊拉克、约旦、哈萨克斯坦、科威特、吉尔吉斯斯坦、黎巴嫩、利比亚、马来西亚、马尔代夫、摩洛哥、阿曼、巴基斯坦、巴勒斯坦、卡塔尔、沙特阿拉伯、叙利亚、塔吉克斯坦、突尼斯、土耳其、土库曼斯坦、阿联酋、乌兹别克斯坦、也门。

伊斯兰国家是共建周边命运共同体和推进“一带一路”建设中不可忽视的一部分。中国14亿多人口和中国周边穆斯林人口约9亿，加起来也有23亿多，约占世界总人口的三分之一。“一带一路”国际合作将成为中国与伊斯兰国家推动构建人类命运共同体的重要实践平台。

在伊斯兰国家中，除了几个海湾石油富国和土耳其、马来西亚等少数中等发达国家，大多数处于欠发达状态。这些伊斯兰国家拥有世界约70%的能源和约50%的自然资源。它们到中国的油气输送管线同“一带一路”的方向大体上是一致的。2016年，中国从阿拉伯国家进口原油达3.015亿吨，占中国原油总进口量的78.8%。“一带一路”的发展与繁荣，将使中国与共建“一带一路”的伊斯兰国家成为世界经济增长最快的地区之一。

伊斯兰合作组织有57个正式成员国，12个观察员，拥有超过四分之一的联合国大会席位。将来不排除某些国家国内穆斯林人口增长或接纳大量穆斯林移民，而申请加入伊斯兰合作组织的可能性。因此，跟伊斯兰世界的文明互鉴就是跟所有的伊斯兰国家，特别是共建“一带一路”的伊斯兰国家开展思想、文化、教育交流。

中国政府高度重视发展与阿拉伯各国的友好合作关系。2016年1月，中国政府发布了第一份《中国对阿拉伯国家政策文件》。中国愿同阿拉伯各国一道，致力于促进世界文明的多样性发展，促进不同文明之间的交流互鉴，搭建中阿两大民族相知相交的桥梁，共同推动人类文明发展进步。

据皮尤研究中心统计，2015年全世界穆斯林人口约为18亿，占世界总人口的24%，[3]几乎每个国家和地区都有穆斯林人口。超过60%的穆斯林分布在亚洲，只有大约20%的穆斯林在中东和北非，但中东和北非地区的穆斯林在其国民人口中所占比例较高。穆斯林占本国人口比例在95%以上的国家，全世界有十几个。全世界五分之一的穆斯林生活在穆斯林为相对少数人口的国家，其绝对数量并不少。印度穆斯林人口超过1.6亿，为第二大宗教群体。作为非伊斯兰国家，中国穆斯林人口超过叙利亚的穆斯林人口。非伊斯兰国家俄罗斯的穆斯林人口超过利比亚和约旦这两个伊斯兰国家的穆斯林人口之和。在世界穆斯林总人口中，什叶派占10%~13%，主要分布在伊朗（占什叶派总人数的37%~40%）、巴基斯坦（10%~15%）、印度（9%~14%）和伊拉克（11%~12%）。逊尼派穆斯林人口在除了伊朗和伊拉克以外的伊斯兰国家中都占多数，逊尼派穆斯林占穆斯林总人口的87%~90%。

阿拉伯语是世界穆斯林的宗教语言和伊斯兰文化的学术语言，但世界各地的穆斯林在日常生活中说各种各样的当地语言。比如巴基斯坦的穆斯林多讲乌尔都语，阿富汗的穆斯林多讲普什图语，中亚的穆斯林大多讲突厥语，伊朗的穆斯林讲波斯语。波斯语还是西亚、中亚和南亚广大地区的文学语言。全世界穆斯林虽然讲不同的语言，来自不同的民族，但他们都是一个乌玛（社群）的公民。“乌玛”这个词是阿拉伯语的音译，其本意是民族、族群或人群。南亚近代著名穆斯林诗人伊克巴尔在诗中写道：“中国和阿拉伯是我们的故乡，印度斯坦是我们的故乡，我们是穆斯林，全世界都是我们的故乡。”

伊斯兰教法有非常强大的价值观，而这种价值观目前在西方常常被人误解。牛津大学新学院（New College）院长杨名皓（Miles Young）在之前发表的演讲中说，伊斯兰世界之外的人们不懂伊斯兰教法定义穆斯林的身份，伊斯兰教法又是定义穆斯林行为的一种方式。在伊斯兰国家做生意，为了吸引穆斯林消费者，要从伊斯兰教法的价值观，从穆斯林情感出发，设身处地制定营销策略。伊斯兰教法的价值观包含诚实、礼貌、体贴、善良、和平、真实、纯洁、耐心、纪律、透明、谦虚和尊严等。很多穆斯林认为，伊斯兰教法与穆斯林的日常生活关系密切。在市场营销策略上，要符合伊斯兰教法的价值观，满足乌玛的心理诉求。[4]

巴基斯坦伊斯兰共和国是全世界唯一拥有核武器的伊斯兰国家。2018 年 11 月 4 日，笔者为了准确地把握巴基斯坦宗教界对中国和中巴经济走廊的真实态度和想法，在巴基斯坦参议院外交委员会主席穆沙希德的陪同下，前往位于开伯尔－普什图赫瓦省阿克拉哈塔克（Akora Khattak）镇的巴基斯坦最大伊斯兰神学院正义学识大学（Darul Uloom Haqqania），参加了前一天被恐怖主义杀害的“塔利班之父”萨米·乌尔·哈克的葬礼，见了萨米·乌尔·哈克的儿子，并在萨米·乌尔·哈克孙子的陪同下，对这个神学院的师生、图书馆、学生宿舍、清真寺、教室和墓地进行了完整的走访。作为有史以来第一个进入中亚最大和最有影响的伊斯兰神学院采访的中国学者，笔者受到了学校师生异常热情的欢迎。笔者还在对全校师生和来宾做了题为“‘一带一路’与人类命运共同体”的演讲后，与神学院年轻的学生们一起用乌尔都语连续高呼“中巴友谊万岁”。

尽管伊斯兰世界是一个乌玛，但伊斯兰国家曾有四种相互敌视的政治势力：沙特阿拉伯王室为代表的逊尼派原教旨主义力量，伊朗伊斯兰共和国宗教界为代表的什叶派原教旨主义力量，埃及、伊拉克、叙利亚、利比亚等为代表的伊斯兰社会主义力量（其中包括埃及纳赛尔主义、伊拉克叙利亚的复兴社会党领导的阿拉伯社会主义以及卡扎菲领导的“绿皮书”社会主义等），土耳其为代表的西化派力量。共建“一带一路”的伊斯兰国家和地区，如埃及、阿拉伯半岛、土耳其、伊朗、中亚、阿富汗、巴基斯坦等，自古以来就是地缘政治的中心，一直是大国聚焦的地带。从亚历山大、成吉思汗，到沙俄、英国、苏联和美国，先后试图控制这个地带，可以说没有大国不把手伸向这个地带的。比如，土耳其横跨欧亚两大洲，其最大城市伊斯坦布尔位于巴尔干半岛东端，濒临博斯普鲁斯海峡，控制马尔马拉海和达达尼尔海峡，是扼守黑海进出地中海的唯一门户，为亚欧交通要冲。又如，一般认为，叙利亚是古代丝绸之路上中国使者和商人在中东地区到达的最远处。叙利亚位于亚洲西部，地中海东岸，地处世界上石油天然气储量最丰富的中东地区的核心位置，北与土耳其接壤，东南同伊拉克交界，南与约旦毗连，西南与黎巴嫩、以色列为邻，西与塞浦路斯隔地中海相望。古埃及法老政权、赫梯帝国、波斯帝国、罗马帝国、拜占庭帝国、倭马亚帝国、塞尔柱帝国、伊儿汗国、帖木儿帝国、奥斯曼帝国、法国委任统治地、阿拉伯联合共和国，曾经都处于东西方强国角逐的中心。

8.2 习近平在多个伊斯兰国家倡导文明互鉴

中国的未来与“一带一路”紧密联结在一起，“丝绸之路经济带”将穿过伊斯兰世界东部，通往伊斯兰世界西部。“21 世纪海上丝绸之路”从泉州和广州等南方城市出发，经过东南亚的伊斯兰国家、印度洋的伊斯兰国家，可抵达伊斯兰世界的中心阿拉伯地区，又可以到达北非、中非的伊斯兰国家。泉州和广州等南方城市本身就是伊斯兰教最早在中国传播的城市。随着立国于印度洋第一大岛的马达加斯加加入“一带一路”倡议，“一带一路”扩展到撒哈拉以南非洲地区。这种扩展离不开伊斯兰国家，伊斯兰合作组织在撒哈拉以南非洲有 22 个成员国。

中国和中华文明的未来将与伊斯兰世界息息相关，必须确保中华文明与伊斯兰文明之间和平相处。中国人应当精准地掌握伊斯兰国家和人民的真实想法，特别是要通过学界和媒体逐渐消除一神教与中国无神论之间的巨大误解。中国人需要了解伊斯兰信仰、伊斯兰信民、伊斯兰教法和伊斯兰价值观。

中国和伊斯兰国家都需要在发展中共同参与构建世界范围的新秩序、新文明、新话语体系，为了世界和平，也为了建设“一带一路”和人类命运共同体，习近平主席不仅是“文明交流互鉴”思想的提出者，更是这一思想的践行者。从“五通”中的“民心相通”的角度来看，“一带一路”倡议的推广是最大的文明交流互鉴工程。习近平主席正是在两个伊斯兰国家首先提出“一带一路”倡议。2013 年 9 月 7 日，中国国家主席习近平访问世界上领土面积最大的伊斯兰国家——哈萨克斯坦。习主席在以哈萨克斯坦首任总统纳扎尔巴耶夫命名的大学发表题为《弘扬人民友谊 共创美好未来》的演讲，提出共同建设“丝绸之路经济带”。2013 年 10 月 3 日，习近平主席在世界上人口最多的伊斯兰国家——印度尼西亚国会发表题为《携手建设中国－东盟命运共同体》的演讲，提出共同建设“21 世纪海上丝绸之路”。哈萨克斯坦和印度尼西亚都是伊斯兰国家，可见中国在推进“一带一路”倡议实施过程中对伊斯兰国家的重视。

在提出“一带一路”倡议之后不到半年，习近平主席就阐述了文明交流互鉴的“新文明观”。2014 年 3 月 27 日，国家主席习近平在巴黎联合国教科文组织总部发表演讲，全面深刻阐述对文明交流互鉴的看法和主张。他指出，文明因交流而多彩，文明因互鉴而丰富。文明是多彩的、平等的和包容的。文明交流互鉴不应该以独尊某一种文明或者贬损某一种文明为前提。中国人在 2000 多年前就认识到了“物之不齐，物之情也”[5]的道理。推动文明交流互鉴，可以丰富人类文明的色彩，让各国人民享受更富内涵的精神生活、开创更有选择的未来。人类创造的各种文明之间是平等的，只有坚持文明的平等性，相互之间才存在交流互鉴得以实现的前提。人类创造的一切文明在价值上应该是平等的，都各有千秋，也各有不足。历史告诉我们，只有交流互鉴，一种文明才能充满生命力。只要秉持包容精神，就不存在什么“文明冲突”，就可以实现文明和谐。

几千年来，世界上不存在十全十美的文明，也不存在一无是处的文明。虽然在某一时段，某一文明在某一地区甚至全球可能占据优势地位，但是从本质上来说，文明并无高低、优劣之分。为了了解各种文明的真谛，必须对其他文明秉持平等、谦虚的态度。如果心怀傲慢，自觉或不自觉地居高临下对待一种文明，那么就不仅不能参透这种文明的奥妙，学习其优点，而且会与之格格不入。历史和现实一次次地证明，傲慢与偏见是文明交流互鉴的最大障碍。地球上曾经存在过的每一种文明都是独特的。在看待各种文明时，生搬硬套、削足适履的态度和做法，都是十分有害的。一切文明成果都值得尊重和珍惜。历史告诉我们，交流互鉴是文明充满生机活力的必要条件。秉持包容精神，有助于化解“文明冲突”，实现文明和谐。这就是中国人常说的以食品打比方的俗语：萝卜青菜，各有所爱。我们应该提倡不同文明之间相互尊重、和谐共处，让文明交流互鉴成为增进各国人民友谊的桥梁、推动人类社会进步的动力、维护世界和平的纽带。我们应当从不同文明中汲取思想营养、寻求古老智慧，为世界各地的人们提供精神支撑和心灵慰藉，携手解决人类共同面临的各种挑战。

2014 年 6 月 5 日，习近平主席在中国－阿拉伯合作论坛第六届部长级会议开幕式上以《弘扬丝路精神 深化中阿合作》为题，发表了主旨演讲。习近平表示，弘扬丝路精神，就是要促进文明互鉴。人类文明没有高低优劣之分，因为平等交流而变得丰富多彩，正所谓“五色交辉，相得益彰；八音合奏，终和且平”。中阿双方始终坚持以开放包容心态看待对方，用对话交流代替冲突对抗，创造了不同社会制度、不同信仰、不同文化传统的国家和谐相处的典范。中国将继续毫不动摇支持阿拉伯国家维护民族文化传统，反对一切针对特定民族和宗教的歧视和偏见。中国和阿拉伯国家应该一道努力，倡导文明宽容，防止极端势力和思想在不同文明之间制造断层线。弘扬丝路精神，就是要尊重道路选择。“履不必同，期于适足；治不必同，期于利民。”一个国家发展道路合不合适，只有这个国家的人民才最有发言权。正像我们不能要求所有花朵都变成紫罗兰这一种花，我们也不能要求有着不同文化传统、历史遭遇、现实国情的国家都采用同一种发展模式。否则，这个世界就太单调了。阿拉伯国家正在自主探索发展道路。中国愿意同阿拉伯朋友分享治国理政经验，从各自古老文明和发展实践中汲取智慧。

2015 年 4 月 21 日，习近平主席亲赴伊斯兰堡，把通向首个同新中国建立外交关系的伊斯兰国家——巴基斯坦的“中巴经济走廊”定位为“一带一路”建设的旗舰项目。习主席在巴基斯坦议会发表了以《构建中巴命运共同体 开辟合作共赢新征程》为题的演讲，强调中巴要不断充实中巴命运共同体的内涵，为打造亚洲命运共同体发挥示范作用。中国和南亚国家都拥有悠久历史，都崇尚向善友爱、包容互鉴、和谐共生。作为亚洲文明对话的重要组成部分，中国愿同南亚国家加强文明对话，共同传播东方智慧，弘扬亚洲价值。中国人在2000多年前就认识到“国虽大，好战必亡”的道理。中国人民崇尚“己所不欲，勿施于人”，中国不认同“国强必霸论”。走和平发展道路，对中国有利，对亚洲有利，对世界也有利，任何力量都不能动摇中国和平发展的信念。中国坚持不干涉别国内政原则，不会把自己的意志强加于人，即使再强大也永远不称霸。

2016年1月，习近平主席又到中东，访问了沙特阿拉伯、埃及和伊朗。2016年1月18日，习近平主席对沙特阿拉伯王国进行国事访问期间，在沙特阿拉伯《利雅得报》发表题为《做共同发展的好伙伴》的署名文章，文章中写道：“中沙两国人民友好交往源远流长。2000多年前，古丝绸之路上，往来于双方的驼队络绎不绝。中国唐代时期，大食国遣使来华。中国明代穆斯林航海家郑和远航吉达、麦加、麦地那等地，盛赞所到之处‘民风和美’，‘诚为极乐世界’。中华文明和伊斯兰文明交流互鉴，在人类文明交流史上留下了深刻印记。”公元7世纪以后，陆上丝绸之路和海上丝绸之路主要以中国与伊斯兰国家之间的经贸往来为主。伊斯兰世界的第一批船只到达东亚是在公元7世纪，途经海南的三亚到达扬州、泉州。陆路从阿富汗、巴基斯坦，到中亚五国、伊朗、伊拉克、叙利亚，直到土耳其，这些国家的穆斯林人口均占各自人口的绝对多数。横跨亚非的伊斯兰文化区域是“一带一路”建设的枢纽地区，我国需要处理其中复杂的因素。如果处理不好与伊斯兰国家在文化上的相互认知，就可能导致国家间的不理解、不信任、不合作，甚至发生暴力冲突。

2016年1月，习近平主席访问沙特阿拉伯期间，双方发表了两国建立全面战略伙伴关系的联合声明。双方强调，不同文明都是人类智慧的结晶，应当相互尊重、相互包容，实现人类不同文明的和谐共处。中方赞赏沙方积极促进不同文明和宗教间的对话与交流。中方赞赏沙特在奥地利首都维也纳建立阿卜杜拉国王宗教文化对话中心的努力。双方愿本着包容互鉴的精神共同维护文明多样性。

2016 年 1 月 19 日，习近平会见了伊斯兰合作组织秘书长伊亚德。习近平指出，中国和伊斯兰合作组织开展友好交往 40 多年来，确立了不同文明、不同宗教、不同社会制度的相处之道。2016 年 1 月 21 日，习近平主席在位于埃及首都开罗的阿拉伯国家联盟总部发表题为《共同开创中阿关系的美好未来》的演讲。习主席表示，破解难题，关键要加快发展。道路选择，关键要符合国情。现代化不是单选题。历史条件的多样性，决定了各国选择发展道路的多样性。阿拉伯谚语讲："自己的指甲才知道哪里痒。"在发展道路的探索上，照搬没有出路，模仿容易迷失，实践才出真知。一个国家的发展道路，只能由这个国家的人民，依据自己的历史传承、文化传统、经济社会发展水平来决定。"一带一路"建设，倡导不同民族、不同文化要"交而通"，而不是"交而恶"，彼此要多拆墙、少筑墙，把对话当作"黄金法则"用起来，大家一起做有来有往的邻居。

2016 年 1 月 22 日至 23 日，习近平主席对伊朗进行国事访问，这是中国国家主席时隔 14 年之后再次访问伊朗，这对重开丝绸之路意义重大。伊朗和中国是古代丝绸之路沿线两个重要的国家。自从中国提出"一带一路"倡议以来，习近平主席分别在吉尔吉斯斯坦比什凯克、中国上海、印度尼西亚雅加达、美国纽约、伊朗德黑兰等地同伊朗总统鲁哈尼举行会谈。2016 年 1 月 23 日，习近平主席在伊朗首都德黑兰会见伊朗最高领袖哈梅内伊。习主席指出，当前，国际形势正在经历深刻复杂变化。中国和伊朗都是发展中国家，两国人民经过长期探索和实践，选择了符合本国国情的发展道路。中国始终不渝走和平发展道路，奉行独立自主的和平外交政策。中方愿同伊方在国际地区事务中相互支持，共同维护世界和地区和平、稳定、发展。

2017 年 5 月 14 日，习近平主席在北京举行的首届"一带一路"国际合作高峰论坛开幕式主旨演讲中强调，"一带一路"建设植根于丝绸之路的历史土壤，重点面向亚欧非大陆，同时向所有朋友开放。习主席指出，不同文明、宗教、种族求同存异、开放包容，并肩书写相互尊重的壮丽诗篇，携手绘就共同发展的美好画卷。酒泉、敦煌、吐鲁番、喀什、撒马尔罕、巴格达、君士坦丁堡等古城，宁波、泉州、广州、北海，科伦坡、吉达、亚历山大等地的古港，就是记载这段历史的“活化石”。历史告诉我们：文明在开放中发展，民族在融合中共存。在历史上，阿拉木图、撒马尔罕、长安等重镇和苏尔港、广州等良港兴旺发达，罗马、安息、贵霜等文明古国欣欣向荣，中国汉唐迎来盛世。古丝绸之路创造了地区大发展大繁荣。

2018 年 7 月 20 日，习近平主席在阿布扎比同阿联酋副总统兼总理穆罕默德、阿布扎比王储穆罕默德会谈时再次强调，加强不同宗教和不同文化包容互鉴。习主席指出，双方要把中阿全面战略伙伴关系落到实处，夯实政治互信，继续照顾彼此的核心利益和重大关切，支持对方走适合本国国情的发展道路。中国和阿拉伯联合酋长国是共建“一带一路”的天然合作伙伴，中方视阿联酋为“一带一路”建设重要支点国家。中国赞赏王储殿下提出的“重振丝绸之路”设想。中国和阿联酋双方要加强发展战略对接和产业政策沟通，规划好、运营好双方共建“一带一路”的旗舰项目，促进中东海湾地区的经济发展。中方愿同阿方打造全方位、立体化的能源合作格局，深化投资和金融合作，拓展创新合作。中国和阿联酋双方要加强安全合作，坚决反对一切形式的恐怖主义。中阿双方要坚持民心相通，密切双边人文交流，加强不同宗教和不同文化包容互鉴。当前，西亚北非地区民众普遍盼稳思定，谋和平、行改革、促发展是不可阻挡的潮流。中方愿同阿方深化战略合作，积极探索以发展促和平的中东治理路径，通过政治途径解决热点问题，共同促进中东地区的安全与稳定。

2019 年 2 月 22 日，习近平在北京会见沙特王储穆罕默德。习近平指出，近年来，在双方高层引领下，中沙全面战略伙伴关系形成了全方位、多层次、宽领域的新格局。中方视沙特为好朋友和好伙伴，愿同沙方携手同行，继往开来，不断开创中沙友好和战略关系新局面。习近平强调，中沙要在涉及彼此核心利益和重大关切问题上继续相互支持，增进政治互信。中方坚定支持沙方推动的经济多元化和社会改革，坚定支持沙方为维护国家主权、安全、稳定所作努力，反对任何干涉沙特内政的行为。两国要加强发展战略对接，深化利益融合，加快签署“一带一路”倡议同沙特“2030 愿景”对接实施方案，推动能源、基础设施、贸易投资、高附加值产业等双边务实合作不断取得新成果。两国要共同推动中国－海合会自由贸易区建设。中国支持中东人民的和平诉求，支持地区国家的变革转型努力，赞赏沙特为维护地区和平、稳定与发展所作出的积极努力，愿同沙方共同探索“以发展促和平”的中东治理路径，通过共建“一带一路”，加强区域发展合作，筑牢地区和平稳定根基。双方要共同鼓励、支持各方通过对话协商，以政治途径解决热点问题。双方要促进中东反恐合作，加强去极端化国际合作，防范极端思想渗透蔓延。穆罕默德王储表示，沙中友好交往历史悠久。两国关系十分友好，经贸合作发展迅速。双方没有任何分歧。沙特对中国在习主席领导下的光明发展前景充满信心，视中国为重要战略伙伴，感谢中国对沙特国内改革和发展的支持。阿拉伯半岛是古丝绸之路的一部分。沙特支持共建“一带一路”倡议，愿将沙方“2030 愿景”同“一带一路”倡议对接，进一步深化两国各领域务实合作。沙方坚定奉行一个中国政策。中国有权为维护国家安全采取反恐和去极端化举措，沙方予以尊重和支持，愿同中方加强合作。沙特重视中国在国际和地区事务中的积极作用，愿同中方加强沟通协调。

8.3 中国与伊斯兰国家的文明交往史

中国与伊斯兰各国之间存在着广泛的历史、文化、政治和经济联系。中国与巴基斯坦、阿富汗、哈萨克斯坦、吉尔吉斯斯坦、塔吉克斯坦五个伊斯兰国家接壤，还与印度尼西亚、马来西亚、文莱三个伊斯兰国家隔海相望。中国周边的天山、喀喇昆仑山、兴都库什山脉、喜马拉雅山和阿尔泰山见证了 1000 多年来中国与丝绸之路上伊斯兰国家的文明交流与互鉴，也见证了丝绸之路上中国影响力的兴衰。中国在丝绸之路上的第一次崛起在汉朝，第二次崛起在唐朝，第三次崛起在元朝，第四次崛起在清朝。历史上中国的每一次崛起都见证了中国和伊斯兰各国发生过的密切互动。

中华文明与伊斯兰文明交流的历史悠久。在伊斯兰教传播过程中，来自阿拉伯地区的教义与中国本土的儒家文化有深度的融合。自古以来，中国与伊斯兰世界一直有交流。相传公元 7 世纪初，伊斯兰教创始人穆罕默德派门徒 4 人来华传教，其中的艾比·宛葛素于唐贞观元年经海上丝绸之路在广州登陆，开始在中国传教。据传，艾比·宛葛素等定居广州的阿拉伯人于该年捐资修建了中国现存最早的清真寺"怀圣寺"。公元 651 年，第三任哈里发奥斯曼派往中国的第一位阿拉伯使者到达长安，觐见唐高宗，介绍了阿拉伯帝国和伊斯兰教。早在唐代，就有穆斯林努力学习和适应儒家文化。据《全唐文》卷 767 记载，唐宣宗时就有早年来华的穆斯林后裔李彦升考取进士。当时一位文人还写了题为《华心》的文章，赞扬李彦升懂得中国礼仪，"形夷而心华"。

穆罕默德说过的"学问虽远在中国，亦当求之"这句话，引起了一代代穆斯林对中国的向往。自唐永徽二年（651 年）至唐贞元十四年（798 年）的 147 年中，大食（阿拉伯帝国）遣使交聘达 39 次。自北宋开宝七年（974 年）至南宋绍兴六年（1136 年）的 162 年间，大食遣使交聘达 20 次，可见大食对中国之重视。唐天宝十年（751 年），唐军中的将领高仙芝征伐石国（塔什干）措置不当，在怛罗斯发生了与大食的战争。在这次战争中，大食俘虏了一位名叫杜环的随军书记官，他在大食住了 12 年，至代宗广德元年（763 年）才由海道回到了中国。他把这 12 年的见闻，写成了一部书——《经行记》，书中称伊斯兰教为"大食法"。书中还记录了伊斯兰教的基本信仰、礼拜、封斋和饮食："（大食）一名亚俱罗。其大食王号暮门（哈里发）都此处。其士女瑰伟长大，衣裳鲜洁，容止闲丽。女子出门，必拥蔽其面。无问贵贱，一日五时礼天，食肉作斋，以杀生为功德。系银带，佩银刀。断饮酒，禁音乐，人相争者不至殴击。"这是现存中文史料中第一次记录伊斯兰教。[6]杜环在行记中，还有名有姓地记录了他在阿拉伯地区见到的中国商品和中国人："绫绢机杼，金银匠、画匠、汉匠起作画者，京兆人樊淑、刘泚，织络者河东人乐环、吕礼。"

南宋有两本书记载了当时的伊斯兰国家和地区的情况，以及中国与这些国家的关系。它们是周去非写的《岭外代答》和赵汝适撰写的《诸蕃志》。这两本书在写作时，宋已南渡，诸蕃惟市舶仅通，故所言皆海上丝绸之路事。但这两本书都对伊斯兰信仰和阿拉伯国家有生动的记载。《岭外代答》描述了当时麦加朝圣的盛况："此是佛麻霞勿出世之处。有佛所居方丈。以五色玉结甃成墙屋。每岁遇佛忌辰，大食诸国王，皆遣人持宝贝金银施舍，以锦绮盖其方丈。每年诸国前来，就方丈礼拜。并他国官豪，不拘万里，皆至瞻礼。方丈后有佛墓，日夜常见霞光。人近不得，往往皆合眼走过。”《诸蕃志》对大食国的伊斯兰信仰做了这样的描述：“王与官民皆事天。有佛名麻霞勿。七日一削发剪甲，岁首清斋，念经一月。每日五次拜天。”《诸蕃志》还介绍了大食国穆斯林商人在泉州生活经商的事迹：“有番商曰施那帏，大食人也。侨寓泉南，轻财乐施，有西土气习，作丛冢于城外之东南隅，以掩胡贾之遗骸。”从前面的引文看出，这两本书在用词上伊斯兰教与佛教不分，在描述穆罕默德和穆罕默德出生地时，不断出现“佛”字，如“佛麻霞勿出世之处”“有佛名麻霞勿”。这种看似幽默的伊斯兰教与佛教的二教合一，可能跟这两本书的作者在写作过程中没有到伊斯兰国家实地调研有关。

元代民间航海家汪大渊所著《岛夷志略》是记述包括众多伊斯兰国家和地区的重要人文地理著作。随郑和下西洋的一位翻译马欢读过《岛夷志略》，随郑和下西洋的另一位翻译费信所著的《星槎胜览》有一半内容来自《岛夷志略》。

在 14 亿多中国人之中，向西看、向西拜、向西行的最大群体是穆斯林。2018 年中央电视台在春晚向全世界华人首次展示中国收藏家几年前从日本购回的《丝路山水地图》（又称《蒙古山水地图》）。这幅长达 30.12 米的山水地图包括的地区从嘉峪关一直向西到麦加。郑和的后人郑自海认为，这幅地图实为中国穆斯林传统的陆路朝觐路线图。该图所示从嘉峪关到麦加的地理资料，也可能来源于到麦加朝觐的中国穆斯林。图中出现最多的是阿拉伯伊斯兰教长袍装束的人物形象，因为这个广大的地区在 15 世纪中期已经基本伊斯兰化。相关的文字材料则证明当时的中国人对西域的风土人情有着相当透彻的了解。因此，很多人认为，明代绘制的这幅《蒙古山水地图》，实为中国穆斯林前往麦加的朝觐地图。[7]

从跨文化交流来看，无论是陆上丝绸之路，还是海上丝绸之路，皆是穿过东亚、南亚去往中东和欧洲之路。

明朝的郑和为促进中华文明与伊斯兰文明对话做出了重大贡献。伊斯兰教自唐代传入中国后，便逐步发展形成中国伊斯兰文化。郑和下西洋的年代，儒家文化在中国占统治地位。郑和的独特之处在于，他虽是穆斯林，但是他“才负经纬，文通孔孟”[8]。郑和在奉使西洋的30年间，将儒家和伊斯兰两种文化集于一身，并在实践中加以有机调和。郑和每次出使西洋都有涉及伊斯兰教的活动，均得到明朝政府的认可和支持，促进了中华文化与伊斯兰文化的相互学习。郑和被朱棣皇帝授予“钦差总兵太监”军衔，下西洋遍访沿线的伊斯兰国家。郑和的一位翻译是穆斯林马欢，他精通阿拉伯语、波斯语，著有《瀛涯胜览》。这部著作对于研究中外交通史具有极高的史料价值，甚至可以与法显的《佛国记》、玄奘的《大唐西域记》相媲美。[9]《瀛涯胜览》记载了明宣德六年，内官太监洪保等7人前往麦加，并画天堂图真本回京。因为洪保是代表国家访问麦加，可视为明朝政府组团的第一个穆斯林朝觐团。[10]马欢等7人还受郑和派遣，走海路到麦加朝觐，在完成朝觐功课的同时摹绘了《克尔白图》，带回国上交朝廷。郑和的另一位随行者费信也是穆斯林，四次跟随郑和下西洋，著有《星槎胜览》。再有一位穆斯林随行者是巩珍，他著有《西洋番国志》。上述三本书将伊斯兰国家的风土人情、风俗礼仪、山川地理、物产气候、宗教信仰、语言文字等介绍到中国，开阔了中国人的眼界，为中国人正确认识海上丝绸之路沿线的伊斯兰世界提供了珍贵的第一手材料。

梁启超高度评价郑和下西洋，他写道：“明成祖以雄才大略，承高帝之后，天下初定，国力大充，乃思扬威德于域外……明成祖既北定鞑靼，耀兵于乌梁海以西，西辟乌斯藏，以法号羁縻其酋。”[11]郑和航海的重要特点是除了访问少数佛教兴盛国家外，几乎所有沿海的伊斯兰国家和地区他都访问过。[12]郑和还在远航经过的国家修建了清真寺。郑和所建清真寺对后来东南亚，特别是马六甲一带清真寺的建筑风格产生了一定的影响。从爪哇岛现存15世纪的清真古寺来看，它们都具有多层屋顶、宝塔状的上层建筑（宣礼楼等）。郑和并非现代意义上的狭隘的民族主义者，在信仰上也远离极端主义，他更不是抱有所谓的普世价值，到世界各地推销某种“先进文明”的布道士。郑和本人出身回族世家，也受过菩萨戒，他一生兼信伊斯兰教和佛教两种宗教。[13]明成祖除了派遣郑和沿着海上丝绸之路下西洋外，还派遣陈诚等外交官五次出使西域，最远到达帖木儿帝国的名城哈列。陈诚回国后写了《西域番国志》和《西域行程记》两部纪实性报告，呈送给朝廷。通过这两本书，我们可以了解明朝丝绸之路上中亚各国的状况，以及这个地区与明朝的外交关系。清朝马德新用八年的时间（1841—1849年）赴麦加朝觐，所著《朝觐途记》详细记载了取道海上丝绸之路赴麦加朝觐的路线图。《朝觐途记》记述了阿拉伯和西亚的一些文物古迹、史地沿革、社会生活和风土人情，是研究清代中阿关系不可多得的文献。[14]

在伊斯兰教经陆海两路传入中国的过程中，伊斯兰教一般不主动向外传教，而主要靠先知穆罕默德的弟子或后裔等特殊信奉者自身的繁衍生息而发展。在这些传教士漫长的“求知、传教”的历史过程中，他们既不攻击其他宗教，也不诋毁儒家，赢得底层民众好感和认同。[15]来到中国经营贸易的商人和传播伊斯兰教的学者的后代，在中国形成了一个独特的群体——回族穆斯林。他们是阿拉伯人、波斯人、突厥人和中国人融合的产物，这种融合形成了中国文化与伊斯兰文化的交融互鉴。

早期的中国穆斯林学者不仅采用了儒家的观点，还创造了“儒家化的伊斯兰”。清朝初年，伊斯兰儒家化的哲学思想家刘智不仅研习了伊斯兰教经籍，还博览儒释道典籍。刘智对各种学术思想都有深刻的认识，他一生著作丰富，其著作在伊斯兰教内被尊为“汉克塔布”（又被译为回儒汉典，即用儒家语言表述的伊斯兰著作译经）。回儒把《古兰经》翻译成汉字，是一个令人望而却步的任务。阿拉伯语一共有28个字母，构成整个语言文字，而汉语则有超过5万个汉字，因此，使用儒家和道家的词汇、术语和概念，以及使用象形文字翻译《古兰经》，需要付出惊人的努力。这一任务靠一代人是无法完成的。乾隆在位时期，刘智所著《天方典礼》被收入《四库全书》。中国穆斯林在西北地区最多，刘智对该地区影响深远，被后世赞誉为“大伊玛目”。研究中国伊斯兰历史的学者詹姆斯·弗兰克尔写道：“汉克塔布旨在使用儒家——中国历史上占支配地位的伦理和哲学流派之一——的语言，向中国穆斯林和非穆斯林教授有关伊斯兰的知识。在汉克塔布影响下的中国穆斯林学者认为自己‘同时是中国人和穆斯林’，因此他们的著作能够把伊斯兰和儒学的宗教与哲学概念无缝对接。”[16]

最早向西方（在古代，相对于中国，阿拉伯也是西方）介绍中国的外国人，并不是公元13世纪的威尼斯商人马可·波罗，而是公元851年一位名叫苏莱曼的阿拉伯人，其著有《苏莱曼东游记》。这是阿拉伯人第一次用阿拉伯文记载到中国的见闻，书中记叙了唐朝的政治、经济、文化和风土人情，并把中国情况介绍到阿拉伯世界去，书中还提到穆斯林的风俗习惯在中国受到尊重。

2014 年 6 月 5 日，习近平在中阿合作论坛第六届部长级会议开幕式演讲中，不仅提到了郑和，还提到了 14 世纪摩洛哥旅行家伊本·白图泰。《伊本·白图泰游记》记录了他在泉州、广州、杭州和大都（今北京）等地的游历。16 世纪阿里·阿克巴尔写的《中国纪行》是迄今所知唯一介绍中国社会情况的波斯文古籍。这本书系统介绍了他游历中国所见到的社会的方方面面，以较多的篇幅着重介绍了明代中国伊斯兰教的情况，记述了穆斯林的社会生活和宗教活动。

8.4　文明的团结与人类命运共同体

中国人通过“一带一路”在伊斯兰国家和社会的经济活动越来越多，但只有充分理解伊斯兰文化和穆斯林的价值观才能充分挖掘这一地区的经济潜力。多年前，牛津大学新学院院长杨名皓在一次演讲中说，伊斯兰世界是一个很少被挖掘的市场。从表面上看，这是一个绿色的环境，但这个绿色不是环保色，而是伊斯兰教的深绿色。目前，全球约有 18 亿穆斯林，穆斯林人口增长迅速。其中，只有 20% 的穆斯林属于阿拉伯世界。大部分穆斯林居住在西亚、中亚、南亚和东南亚。然而，伊斯兰世界各国的 GDP（国内生产总值）总和只占世界生产总值的 5%。因此，伊斯兰世界的问题往往是发展中国家共同面对的问题。随着全球化的深入，在全球市场竞争中发展中国家长期处于边缘地位。巴基斯坦工商联合会（FPCCI）主席阿卜杜勒说，全球大部分伊斯兰国家在经济、科学、社会等方面远远落后于世界，伊斯兰国家对世界经济的贡献几乎仅限于自然资源和青年人口。他说，伊斯兰国家人口占全球的 23%，国土面积占全球的 21.7%，然而，伊斯兰世界非石油产出国的 GDP 仅为全球的 4%。[17] 中国的“一带一路”倡议，将是改变伊斯兰国家落后面貌的一剂灵丹妙药。截至 2019 年 2 月，没有一个伊斯兰国家的政府，在任何一种场合对“一带一路”倡议公开表示过反对。

但是，直到今天，在思考和研究南亚、西亚和中东伊斯兰世界的时候，西方在殖民主义时代生产的有关伊斯兰世界的知识仍然发挥着重要的作用。西方政治与学术界一直以来都难以正视其在东方国家的殖民历史，从殖民主义时代的国际秩序到冷战后的新自由主义国际秩序都不能帮助这些相对贫穷的东方国家。因此，在“人类命运共同体”和“一带一路”倡议下，无论是中国知识分子，还是伊斯兰国家知识分子，都需要对当代世界与历史有更客观的认识。

从中世纪的十字军到16世纪，再到20世纪中叶的殖民主义时代，伊斯兰世界与西方的关系一直磕磕绊绊。阿克拉姆教授表示，中国经受西方殖民者的欺凌长达一个世纪，而伊斯兰世界经受了两个世纪的屈辱。这种屈辱一直延续到当代，西方以虚假的理由对伊斯兰国家发动侵略。与伊斯兰国家和西方的关系形成对照的是伊斯兰世界的东部边缘，尽管受到匈奴人和蒙古人的袭击，但仍然享受了长期的和平。那里没有宗教的十字军东征，也没有伊比利亚半岛1492年再次受到征服那样的事件。人类的生活不会完全没有冲突，而且历史上东方国家各个王朝之间的斗争是一种政治现象，与现代西方世界发动的系统性的、持续性的战争相比，其冲突在时间和空间上是有节制的。总体上看，伊斯兰世界与东亚的互动是和平的，这种和平互动促成了双方在文明、文化、体系化的知识和艺术上取得引人注目的辉煌成就，历史上的丝绸之路就是这种互动的产物。

中国知识界和政策部门已经很熟悉和了解西方文化，但是由于伊斯兰教与穆斯林的形象长期受到西方一些政治力量有组织地歪曲与妖魔化，当今中国社会与知识界对伊斯兰教与穆斯林在认识上存在着大量的误解。中国在落实“一带一路”倡议、加强与伊斯兰世界相互理解与认识的进程中，必定要在中国自身文化传统的基础上直接与伊斯兰世界的学者建立联系，加强中国与伊斯兰国家间直接的沟通。然而，相对于西方面向伊斯兰世界开展的长期研究调查工作，我国对国土以外的伊斯兰教与伊斯兰文化和政治的研究相对比较薄弱，且极易受到西方学术界的误导。因此，在我国自身文化基础上正确认识伊斯兰世界经济、政治、文化，是我国应当长期坚持的一项重要国策。中国知识界和政策部门需要更多地深入探索和了解“东方世界”（东方主义意义上的东方，主要指伊斯兰世界）。与此同时，“东方世界”的国家不必迷失自我去追随“西方”来寻找“现代”与“发展”的榜样，而是要关注、研究和借鉴中国的发展模式和中国特色的现代性。

为了准确了解和把握伊斯兰世界的政治、文化、意识形态和宗教，我们必须打破美国学界和西方媒体给伊斯兰世界设置的文明冲突框架、血腥的新闻标题、流血的新闻用语和新闻人物。

文明的冲突观念最早是1990年西方研究伊斯兰的学者伯纳德·刘易斯在《穆斯林愤怒的根源》一书中提出来的，特指所谓西方文明与伊斯兰文明的冲突。1993年塞缪尔·亨廷顿借用了伯纳德的用语，在《外交事务》杂志上发表的一篇文章中称，未来的冲突将是由文化和宗教引发的。1996年，亨廷顿的《文明的冲突与世界秩序的重建》出版，他把伊斯兰文明描绘为“最热衷于冲突的文明”。他认为，伊斯兰文明与世界其他文明的边界地带是血腥的，充满了战争。亨廷顿界定了三种类型的文明冲突：（1）属于两个不同文明的国家的冲突；（2）国际文明断裂层上的文明冲突；（3）一个国家内部文明断裂层上的冲突。

但是，沿着古丝绸之路或者今天的共建“一带一路”的伊斯兰国家走一圈，我们很容易发现，除了阿富汗战争和巴以冲突外，剩下的战争几乎都是伊斯兰文明内部的战争，20世纪的两伊战争、叙利亚内战、伊拉克叙利亚反击“伊斯兰国”战争、也门的内战、沙特等国与也门胡塞武装的战争等。这些伊斯兰国家对伊斯兰文明内部冲突的重视程度，常常高于对巴勒斯坦与以色列冲突的重视程度。

阿富汗并不处于世界其他文明之间的边界地带，阿富汗周边国家和地区居住着很多穆斯林——他们生活在中国、伊朗、土库曼斯坦、乌兹别克斯坦、塔吉克斯坦和巴基斯坦。阿富汗唯一的异质文明邻国是中国。但是，阿富汗从18世纪建国以来，历届阿富汗政府从来没有跟中国发生过冲突。

历史最血腥的战争是同一文明和同一信仰下的冲突和战争，近现代史上的战争如日俄战争、德法战争、一战中的日德战争和英德战争、二战期间的所谓文明国家的战争（如前文所述，2018年2月28日美国使馆官方微博暗示）。近现代，很多国家间冲突的根源都是国家利益、民族利益大于文化和宗教的利益。伊斯兰教的共同信仰也无法使中亚五个伊斯兰国家和平相处，反而它们之间的关系日趋紧张。

当今世界文明的冲突不是古老文明之间的冲突，而是欧美国家主导的现代性与传统的冲突。1989—1991 年苏联的动荡和解体，不仅导致所有东欧国家共产党政权的垮台，而且间接导致埃及、利比亚、叙利亚、伊拉克等的泛阿拉伯运动、阿拉伯复兴党的阿拉伯社会主义运动及中东世俗化运动的失败。它们或者是政权垮台，或者是政权曾岌岌可危（如叙利亚）。中东社会主义世俗化运动的失败，促进了美国在中东最大的盟友沙特阿拉伯的崛起，带来了伊斯兰极端主义的盛行。最近 30 年来，泛伊斯兰主义和原教旨主义的意识形态[18]取代了 20 世纪 50 年代到 80 年代泛阿拉伯主义和阿拉伯社会主义的意识形态。

沙特阿拉伯和美国为了阻止苏联在阿富汗推行的世俗化社会主义的胜利“殃及”巴基斯坦，向巴基斯坦提供了大量的资金和宗教慈善团体的捐赠。这些赞助的大部分资金用来为从阿富汗流亡到巴基斯坦的 300 万难民建立大批的宗教学校——马德拉萨。马德拉萨吸引了来自世界各地的穆斯林志愿者和学生（塔利班）。这种泛伊斯兰主义运动，导致 19 世纪英国人划分的巴基斯坦和阿富汗的边界（杜兰线）在事实上消失了，泛伊斯兰主义意识形态开始得到传播。但是在这场运动中，什叶派穆斯林是被排斥在外的，逊尼派的萨拉菲主义者不承认伊斯兰什叶派是穆斯林。

西方对专制世俗政权的支持，也导致圣战组织的行为从改变伊斯兰内部的政权转变为武装袭击西方。时任北约秘书长拉斯穆森要求伊斯兰国家派更多的军队去阿富汗作战。他说，穆斯林占多数的国家可以在阿富汗战争中发挥非常强大的作用，因为穆斯林可以利用他们的文化和宗教背景，并提供得到当地社区高度赞赏的援助去参加这场战争。比如，伊斯兰国家可以向北约的阿富汗驻军提供士兵、培训，并且捐款。穆斯林士兵在阿富汗战场上的存在将使人们清晰看见北约发动的阿富汗战争不是出于宗教动机，也不是以任何方式反对伊斯兰教。[19]但是，从北约在阿富汗驻军国家的构成来看，据 2010 年的统计，44 个出兵国家中，去掉土耳其、阿尔巴尼亚这两个北约国家，以及波黑这个努力加入北约的国家，只剩下约旦和阿联酋两个小国。[20]而且，每年都有大批在阿富汗受训的穆斯林军人离开北约的营地，加入塔利班部队。

共建“一带一路”国家的穆斯林人口占世界人口很大比例，从这个意义上讲，建设“一带一路”就是走进伊斯兰世界，跟伊斯兰国家和人民打交道。但是，多年来中国大众对伊斯兰世界缺乏了解，更多的是停留在媒体和网络制造的对伊斯兰世界恐惧的宣传上。正确认识伊斯兰世界的一个重要手段就是深入了解伊斯兰世界内部不同的知识生产活动，其中包括伊斯兰国家的智库和媒体。作为当代出现的一种知识生产组织，智库在当代伊斯兰世界内逐渐与伊斯兰自身文化传统相结合，对伊斯兰世界的经济、政治、文化具有广泛深刻的影响，是我国研究理解伊斯兰世界内部知识生产的一个重要窗口。期待未来有学者深入伊斯兰世界内部，对这一领域开展深入的调查研究工作。

9　准确认识伊斯兰传统和伊斯兰世界[21]

凌晨四点，窗外传来清脆的敲击木鱼声。半小时后，又传来了庙里大钟轰鸣的撞击声，余音不绝。这个声音在召唤着佛甲寺里的僧人上殿诵经。

打开下榻的僧舍房门，我看见黑蒙蒙的天空中飘着雪花。我听到左右隔壁房间木门被推拉开的声响。来自巴基斯坦的伊斯兰学者阿克拉姆和来自印度的印度教记者阿图尔都起床了。我们踩着石阶上的积雪，去大殿听僧人们的诵经。

三天来，我跟这两位来自亚洲西边的学者在朝鲜半岛的一个偏僻角落——佛教朝鲜登陆地，围绕儒家、佛教、道教、伊斯兰教、印度教这亚洲五大建立于宗教之上的文明，探讨能否在共享价值的基础上，运用亚细亚的智慧，共建亚洲人的命运共同体，促进亚洲人民的大团结，形成人类文明的新高地。

印度教记者阿图尔提出了基于和平的世界新秩序——“‘一带一路’大法”。他说，“一带一路”打破了旧的二元对立的世界秩序，开始了一个基于亚洲智慧和亚洲文明的新世界。

伊斯兰苏菲主义者阿克拉姆教授说，“我妈妈很害怕我去朝鲜半岛，比我去阿富汗更担心。她以为朝鲜半岛将变成第二个阿富汗。她的担心来自她天天看的新闻。但是，这些让人担心的新闻的源头在哪里？来自西方对抗性的文明观。唯有亚洲的宗教和文明能实现天地人的和谐共处。西亚的伊斯兰学者与东亚的佛教和儒家学者对话，是关于人类文明的对话。文明本身都很强大，是不可能被外界消灭的，文明只能自杀，不会被他杀。我们亚洲各国虽然讲不同的语言，但是，我们可以同心同德，维护我们亚洲的自身安全与自身权益”。

我们具体讨论了在中国、巴基斯坦和印度之间的克什米尔建立“一带一路”

跨喜马拉雅经济特区，在中国珲春建立跨境的辐射朝鲜、俄罗斯、韩国和日本的“一带一路”东北亚经济特区。

李希光日记

2017年11月17日

当代穆斯林和其他宗教信徒最显著的不同之处，在于大部分穆斯林仍然保持传统的态度和观点。伊斯兰世界观的要素来自伊斯兰教基本信仰。最基本的信仰是明确宣称“万物非主，唯有真主”。穆斯林相信共有12.4万名先知，但在《古兰经》中只提到了其中25位先知的名字。穆斯林普遍相信，穆罕默德以外的先知给世界带来了其他宗教。中国的孔子和老子等圣贤，应该也属于《古兰经》中没有提到的先知。伊斯兰教中神的99个名字（Asma Al Hasana），阐明了神的本质。与基督教所称的“原罪”相反，伊斯兰教认为人性本质是一张白纸，无善无恶。伊斯兰教话语体系中的“教派”与基督教语境中的教派的含义存在根本差异。什叶派和逊尼派都属于正统教派，两者的分歧主要在政治领域，而非教义方面。1000多年来，什叶派与逊尼派在知识、法律和精神层面的发展是携手并进的。

9.1　伊斯兰世界观的信仰和基本原理

世界的经济和政治结构已经现代化，从这个意义上说，资本主义经济一直处于主导地位，民族国家是主要政治形态，民主和多元化是宝贵的政治目标。而伊斯兰世界的大部分人仍然持有他们传统的态度和观点。穆斯林相信，“世上没有任何事是与宗教无关的，正如世上没有什么事是与神无关的”。[22]

如今的穆斯林依然保持着他们的传统，不像某些印度教徒或基督教徒，由于他们的精神和知识传统经历深层次的变革或破坏，已经变得世俗化了。这既可能会带来一个普遍的问题，也可能会产生全球性的解决方案。那些在现代性启蒙运动价值观熏陶下的全球公民，会错误地认为穆斯林是落后的。这种认为“穆斯林是落后的”想法是以现代主义为导向的。从现代主义的角度来看，凭借经验也许会认为这一观点是正确的，但这是非常肤浅的，因为这是一种对整个伊斯兰传统典籍错误的理解。当现代非穆斯林看到现代主义和改革的伊斯兰教（即反传统的伊斯兰原教旨主义萨拉菲/瓦哈比取向），他们会认为穆斯林落后于时代潮流。一方面，他们犯了时代错误，紧紧抓住中世纪伊斯兰的外在形态不放；另一方面，他们追求名义上的西化，并且盲目地追随那个逐渐没落的西方。所以，从这个意义上讲，这些穆斯林“双重落后”。实际上，大多数穆斯林遵循传统的伊斯兰教，在精神上追随传统、使用常识，不去追随西方，并且让自己的传统实现其现代性转化，即新的东方现代性。因此，可以说，传统伊斯兰教比现代伊斯兰教更“现代”，能够更好地针对启蒙运动的问题——现代性、过度开发、破坏家庭和生态破坏等——提供全球性的解决方案。传统的伊斯兰教有比现代的或原教旨主义的伊斯兰教更好的现代外观，它有更优秀的才智潜能，可以更好地教导穆斯林：西方模式是不可持续的。我们想象一个更加舒适、温和形式上的现代性，它最终会采取类似于传统的生活方式，这种传统的生活方式在伊斯兰文明中比在其他任何文明中保留的都要更多。

一些穆斯林指出，我们秘传的传统仍在继续，因为其公开的外壳仍以沙里亚（shariah，伊斯兰教法）的形式存在，而在其他宗教中类似的实践或减少了或消失了。沙里亚来自伊斯兰，例如《古兰经》、圣训（hadith，先知穆罕默德的言行）、逊奈（sunnah，先知的生活）、公议（ijma，学者们的共识）和类比（qiyas，近似推理）。《古兰经》被看作是先知所揭示的安拉的话语，其劝诫在界定人类本性及人类与宇宙关系方面发挥主要作用。类似地，伊斯兰信仰的五大支柱构成了穆斯林每小时、每天、每周、每月、每年遵行的宗教仪式。五大支柱是：第一，宣告真主独一；第二，每天祷告五次；第三，在神圣斋月里禁食；第四，一生之中在身体健康和经济保障条件允许的情况下，至少去圣城麦加朝觐一次；第五，救济穷人。尽管在伊斯兰教的不同派别、伊斯兰世界的不同地区，穆斯林履行这些仪式时存在轻微差别，但其伊斯兰世界观保持了一致和统一。通过伊斯兰教仪式的实践，马来西亚的穆斯林认同斯堪的纳维亚的穆斯林。尽管穆斯林被文化和地理差别隔开，但遵守伊斯兰教的仪式将他们整合成一个精神共同体，这一共同体被称为穆斯林乌玛。乌玛的概念处于穆斯林集体认同的中心位置。从殖民统治之下独立后，伊斯兰世界被分割成一个个经济和国家单位，它们都太小，以至于无法摆脱困境。这造成穆斯林乌玛在经济和政治上的碎片化。穆斯林认为，穆斯林乌玛是有机的整体。穆斯林宣称，如果乌玛的一个部分受苦，那么其他部分也不会快乐。伊斯兰信仰体系的这一方面对伊斯兰对全球关系的理解有重要影响，我们在这一章的后面还要回到这一问题。在下面的部分，我们将讨论伊斯兰的基本信仰。

穆斯林最基本的信仰是对“万物非主，唯有真主”（la ilahail Allah）的表白（shahadah）。第一，对于公开声称是穆斯林的人来说，必须信仰宇宙与天堂的最高原则的统一——安拉（上帝的阿拉伯语词汇）；第二，对于每个穆斯林来说，必须发自内心表白信仰的第二准则 Muhammad rasul Allah（先知穆罕默德是安拉的使者）。穆斯林相信先知穆罕默德是安拉从不同时间和空间的范围里派出的 12.4 万名先知中的最后一位。《古兰经》之中只提到了 25 位先知的名字。在穆斯林看来，剩下的先知带来了其他宗教。因此，伊斯兰信仰包括相信所有先知。《古兰经》之中谈到了亚伯拉罕世界里（伊斯兰教、基督教、犹太教）的先知。不是所有的先知都带来了新的讯息或一本经典。很多先知强调从天堂通过单一的源泉带来同样的讯息。很多深刻理解儒家和道家学说的中国伊斯兰学者相信孔子和老子是先知。从智慧的苏菲主义角度来看，佛陀、老子和孔子肯定可以被看作是伊斯兰信仰的先知序列之中的人。这一信念将一种普世性的世界观带给穆斯林，它首先是独特和普世的，在此基础上接纳其他信仰的人们，并不会给穆斯林带来神学上的任何障碍。

像先知的制度一样，为了充分地了解穆斯林，了解他们对神的理解、最高法则、这个世界的阿尔法（alpha）和奥米加（omega）是重要的。在伊斯兰教中，人们认识了神的属性，也就认识了神本身。很多穆斯林不仅逐字逐句地背会了作为神的话语的整部《古兰经》，还经常引用神的 99 个美名。神的这些名字反映了神的属性，并且阐明了神的本质：

> 独一的神，或安拉，非男非女。然而，在伊斯兰内部的教诲中，他的本质经常被归于阴性，而他的神性经常被……以阳性提到。男性和女性都是

> 被他创造的，阴性和阳性的根源都可以在神性中找到，神性超越了他们之间的二元性。这样，神的特性在创造的过程中显现，既有阴性又有阳性，伊斯兰传统对神性的理解，并不像一些人想象的那样，是单纯的男人统治的形象。[23]

神的一些男性名字包括公正、威严、计算者（the reckoner）、带来死亡者、胜利和全能，而他的一些名字带有女性特质，例如宽恕者、温和、大度、美丽和爱。“在《古兰经》中陈述的神的教义，并不只是强调绝对的超然性……《古兰经》也强调神与我们的接近，称他距离我们比我们自己都近，他还存在于任何地方……穆斯林传统的宗教生活建立于超然性与无所不在性两极之间有节奏的运动基础之上。”[24]这很像中国化的菩萨。观音菩萨造相看起来就不像男人，更像是一位美丽动人的女子，她无处不在地观察世间，救赎人间的苦难。伊斯兰教的神性观是伊斯兰世界观的基础。在阿拉伯语中，“伊斯兰”的词汇含义是投向神圣的和平。佛教之名并非来自佛陀这个人，而是来自“佛”（Buddh，神圣的才智非凡者）。“伊斯兰”这个词，除了投奔神之外，从词源学上还与 al-salam（问候、致意）相关，这是神的 99 个美名之一，意思是和平。在伊斯兰教之中，神本身就是和平。投奔神，带来和平，这样做的人被叫作穆斯林。这就是为什么穆斯林整天都相互问候说 assalamualaikum，即和平降临于你。和平的讯息在整个伊斯兰观念中占有核心地位，这与伊斯兰被误读为所有信仰中最暴力的一种形成鲜明对比。

关于人类起源的故事，在一定程度上也展现出伊斯兰教的人性观。与基督教始终在强调的“原罪说”，即堕落的人性是源于人类自身的“原罪”不同，伊斯兰教认为人性是 tabula rasa（“白板”），最初仿佛是一张尚未被堕落与腐化污染过的“白纸”一般，因此是无辜的。人们只有出生之后，在各自的人生经历中自由地行使着自己的意志，才使得他们变好或是变坏。这一点很像儒家的话，“人之初，性本善，性相近，习相远”。如《古兰经》所言：“我确已把人造成最美的形态，然后我使他变成最卑劣的；但信道而且行善者，将受不断的报酬。”[25]伊斯兰教的人性哲学理论，或许更容易为那些思想观念更接近于原初传统的中国人所理解。毕竟中国的孔夫子提倡的是一种积极的人性观，并相信人类具有不断提高自己的潜能。不过，儒家思想中“天道”的观念与人类可以变得更好的信念并没有混合。因为“天道”的理念，属于儒家玄学的一部分，因而在中国的历史上，只有少数的大儒才能够理解其中的奥妙。儒家哲学认为两种“真理”都能在它们自己层级的现实中运作，必须注意到上苍的法则影响大地的规律，但是尘世的生活并不能独立于上苍而存在，因此，它的规则只在相对层面的现实中运行。在儒家思想的理念中，“真理”是可以作用于现实层面上的，他们坚信“天道”作用于世间的万物，但由于芸芸众生都无法脱离“天”而独立存在，故而“天道”的规范只能在现实的相对平面中存在。因此，尽管《古兰经》在阐释其关于人性的哲学理念时使用了很不一样的宇宙论话语，但究其本质，其实与中国的儒家思想人性观是一致的，甚至同道家思想及其按照永恒的“道”所阐释的人性观也很类似。

除了《古兰经》，对人类最可见的指示来自先知的范例。如上所述，伊斯兰相信只有一个神，但是有很多先知。先知穆罕默德是最后一位先知，此后先知的功能便结束了。然而，圣人和其他宗教的复兴者持续出现。先知是《古兰经》的传播媒介，他要保持头脑放空的状态，才能让神灵在自己心灵的白纸上写下神启。在伊斯兰教中，神启叫作 wahy，就是神通过先知传递给人类的信息。然而，通过其他方式获得的知识对于人类来说也是可能的，人类的内心距离天堂足够近，可以接受神圣的灵感（ilham）。人类也可以在梦境中接受神的启示。众所周知，伊斯兰教的先知曾说过，梦境是预言所居的第 40 个神龛。因此，神可以通过非社交的方式与人类接触，给他们带来一些知识或者信息。

在西方，先知穆罕默德经常被蓄意地曲解和误传。在西方基督教中，先知穆罕默德一开始就被指责为异端、骗子和基督的敌人。尽管穆斯林尊重耶稣为先知，但是西方基督教不承认穆罕默德为先知，在欧洲摆脱基督教进入世俗和进步的历史时期，其对先知穆罕默德的攻击仍远远没有结束。实际上，伊斯兰教的先知经常被当代科学文献、电影和卡通粗俗地嘲弄。尽管西方有些人赞赏先知穆罕默德的教诲，但一般状态下与此相反。这与中国历史上对待先知穆罕默德的教诲和个人的态度形成强烈的对比。在 1368—1398 年统治中国明朝的第一位皇帝——洪武皇帝[26]，为纪念先知穆罕默德写了《百字赞》。他对伊斯兰的爱和尊重体现在他在全国修建了数百座清真寺。直到今天，很多清真寺墙上还挂着他的这首诗：

> 乾坤初始，天籍注名。传教大圣，降生西域。授受天经，三十部册。普化众生，亿兆君师，万圣领袖。协助天运，保庇国民。五时祈佑，默祝太平。存心真主，嘉志穷民。拯救患难，洞彻幽冥。超拔灵魂，脱离罪孽。仁覆天下，道冠古今。降邪归一，教名清真。穆罕默德，至贵圣人。

中华文明源远流长，它拥有足够的精神资源去理解祖先、圣人和长者，接近模范和先知的观念包含在中国传统文化之中。中国传统文化的这些观念在今天仍然对中国人的生活产生着影响。中华文明有足够的资源去理解伊斯兰文化。这对于很多没有给予先知穆罕默德应有的重要性的穆斯林来说，也具有指导性。穆罕默德的重要性对于理解伊斯兰信仰的本质来说是必需的。有些原教旨主义者称唯有《古兰经》是必需的资源，贬低学习作为精神知识支柱的圣训和圣行的重要性。类似地，现代主义穆斯林倾向于把先知历史化，并将其重要性局限于历史方面。

伊斯兰教的先知出生在公元 570 年，他活了 63 年，在生命的最后三天里，因病最终逝世了。他出生后是个孤儿，早年经历了人类所能面对的一切磨难。他由爷爷和叔叔抚养成人。在作为先知的使命开始后，他面对迫害与战争，战胜了人生中的所有敌手，成功地建立了穆斯林共同体。这个穆斯林共同体超越了阿拉伯，在不到 100 年的时间里，从大西洋海岸扩展到太平洋海岸的广大地区。伊斯兰教的扩展在速度和广度上都是人类历史上前所未有的现象。

25 岁时，他与时年已经 40 岁的赫蒂彻（Khadijah）订立了婚约。他与赫蒂彻一共生下了 6 个孩子，但其中有 5 个都夭折了，只有他的女儿法蒂玛得以幸存。法蒂玛后来嫁给了穆罕默德的堂弟，他们的后人如今被尊称为“赛义德”，也就是“高贵的人”的意思。这样的“赛义德”有数百万人，他们分布在伊斯兰世界的各个角落。时至今日，他们之中的许多人对自己的血统仍然有着确切的了解和认识。在作为先知的23年中，穆罕默德首先在自己的周围建立起一个穆斯林团体，制定了《麦地那宪章》，并建立了麦地那国。为了生存，他与他的敌人们展开了战争，他击败了那些敌人并宽恕了他们。在他预言的最后阶段，他再一次来到麦加（自他受到迫害被赶出麦加后），并宽恕了所有曾经迫害过他的人。在穆斯林收复了麦加后，他回到麦地那并在那里度过了人生中最后的时光。公元632年，先知穆罕默德与世长辞，此时他基本完成了阿拉伯半岛的统一。

《古兰经》与真主本身是分不开的。因此，在等级排序中，《古兰经》是伊斯兰精神传统中的精华，也是伊斯兰文化的源泉。对于穆斯林来说，先知的精神意义是非常重要的。许多穆斯林认为，先知的一生就是《古兰经》教诲的展示。因此，爱真主就意味着爱先知。穆斯林认为，对先知的爱是他们所信仰的宗教中的一个基本方面。伊斯兰学者认为，宗教的创始人分为“出世”和“入世”两种类型。其中，佛教的如来佛祖、道教的老子和基督教的耶稣都是前者的典型代表，他们都建立起了一个相当小的团体，并没有直接建立起社会和政治秩序。而后者的典型代表有《圣经》中的摩西，儒家的孔夫子等，他们都是一些孤独的实践者，但他们也进入了人们生活的每一个领域，并试图改变它们。伊斯兰教的先知也归于后一类。没有一个真正的道家人士会认为，他能够比老子更为了解“道”的本质。同样，没有任何一个穆斯林会认为，他能够比伊斯兰教的先知拥有更崇高、更深刻的美德。

对穆斯林来说，先知穆罕默德既是他们爱戴和钦佩的真主创造的最完美的人，又是一系列先知的延续，穆罕默德与其他先知在思想上是相互联系的。一位虔诚的穆斯林不会想要赞美穆罕默德而又诋毁在他之前降临的先知们。[27]

穆罕默德的话语和他的行为构成伊斯兰传统中《古兰经》的最重要补充。《古兰经》和最后的先知穆罕默德一起向世世代代的人们展现了真主、宇宙和人类三者之间的关系。

先知穆罕默德拥有对这些层次的神启最深刻的理解。对于《古兰经》而言，他对其内在含义的理解超过其他人。《古兰经》中谈论的宏大主题，例如现实的本质、自然世界、神圣历史的意义和其他道德与精神上的功课，先知的例子通过生动的伦理，让这些原则能够被穆斯林理解。《古兰经》对伦理、善与恶、审判日、末世论、死亡和来世的处理，都由先知的圣训来给予更多的解释，让其能为普通信众所理解。[28]

《古兰经》和先知的范例是向穆斯林传授世界观的两大基础来源。然而，殖民现代主义的力量企图把穆斯林从最普世的精神共同体变成最狭隘和排外的共同体。《古兰经》强调真主的统一性和先知的多样性：

> 我确已启示你，犹如我启示努哈和在他之后的众先知一样，也犹如我启示易卜拉欣、易司马仪、易司哈格、叶尔孤白各支派，以及尔撒、安优卜、优努司、哈伦、素莱曼一样。我以《宰逋卜》赏赐达五德。我确已派遣许多使者，他们中有我在以前已告诉你的，有未告诉你的。真主曾与穆萨对话。我曾派许多使者报喜信，传警告，以免派遣使者之后，世人对真主有任何托词。真主是万能的，是至睿的。[29]

在这种情况之下，上文中最重要的部分莫过于“我确已派遣许多使者，他们中有我在以前已告诉你的，有未告诉你的”一句。在这里，来自东亚的读者们应当坚信，在《古兰经》中，真主的诫命已十分明确。他在《古兰经》中提到了亚伯拉罕传统中的许多先知，但仍有其他的一些先知，是他并未在《古兰经》中提及的。因此，那些东亚宗教的创始人，例如道教的老子，儒家的孔子以及佛教的佛陀（释迦牟尼），很大程度上也印证着穆斯林对先知预言的理解。无论是根据《古兰经》中的内容，还是根据穆斯林生活的客观史实来看，如何处理宗教的多样性，对穆斯林来说，在神学上从来就不存在问题。政治问题的性质与此不同，政治问题可以在宗教之间、同一宗教的内部，甚至在两个同胞兄弟中出现。然而，仅仅就宗教多元主义而言，伊斯兰教从来不会支持“拯救是受限制的，只有其宗教本身的信徒，才可以得到拯救”这一教义。按照同样的逻辑，在处理伊斯兰世界内部的“多样性”方面，伊斯兰教其实并没有太大的问题。或许听起来，这样的论调更像是在否定当代伊斯兰教内各教派之间存在杀戮的经验证据，但这的确是不争的事实。

这把我们带到了伊斯兰世界内部的多样性这个话题。究竟有多么多样？派别分歧的实质如何？伊斯兰教对宗教问题的不同意见以及民族和国家的多样性是怎么说的？

9.2　伊斯兰世界观中的多样性

对伊斯兰世界内部的多样性，应当加以谨慎理解。伊斯兰文明像其他文明一样，确实存在文化和民族的多样性，但这与伊斯兰世界内部的多样性不是一回事。西方分析者经常错误地用西方自身的多样性经验来看待伊斯兰世界的多样性。基督教宗教改革运动之后，西方人把伊斯兰教内部的教派分立夸大了。但是，与基督教中的新教、罗马天主教和东正教的派别相比，什叶派和逊尼派及它们的支流、分支在宗教正统观念方面是更加统一的。类似地，当19世纪和20世纪的基督教世界观强调多样性、转瞬即逝的自然现象的动力时，伊斯兰因其真主独一的原则，则强调世界观的单一性。尽管穆斯林生活在一个被现代性的力量急剧改变的世界里，但永恒性仍是穆斯林生活中的重要组成部分。此外，伊斯兰国家中的国家意识没有取代伊斯兰世界观，在很多情况下，反而加强了伊斯兰世界观。

首先，我们来解释伊斯兰传统内部在宗教实践、哲学和知识学派方面的多样性。其次，我们将审视伊斯兰世界内部的各个伊斯兰文化区域，这些文化区域超越了今天伊斯兰国家的边界。

必须注意派别之间的关系发展到完全成熟的教派主义是一个现代现象，在伊斯兰历史中并无对应的先例。现代的什叶派和逊尼派关系有一个内在的断层线，被外来的地缘政治势力，包括中东和西方行为体夸大。[30]什叶派和逊尼派是伊斯兰教的两大分支。两者都信仰上述伊斯兰基本原则，但是由于伊斯兰世界很大，伊斯兰教法的学派出现了多样性。全球穆斯林中约87%的信徒是逊尼派，约13%的信徒是什叶派。逊尼派和什叶派的信仰大部分相同。如果说双方有分歧的话，那么分歧体现在对历史的观点和法律的学派上。逊尼派和什叶派这两大教派的大部分信徒属于苏菲派。在逊尼派和什叶派为主的国家和地区之中，苏菲主义盛行。伊斯兰世界的知识精英在历史上总是处于逊尼派和什叶派这两个群体之中。逊尼派和什叶派两大教派都属于正统的伊斯兰流派。正统性是指不违反伊斯兰的主要教义和历史上穆斯林社会自然选择的道路。相反，非正统性是指篡改伊斯兰教的一条或更多条的主要教义，例如真主的独一和穆罕默德是最后一位先知。新教式样的宗教改革运动从未在伊斯兰教中发生过。伊斯兰教大多数的分支仍属于正统流派。

9.3 “教派”在伊斯兰教中的本质和含义

“教派”这一概念的本质在伊斯兰教中与基督教不同。在主流西方基督教中，教派经常指的是教义的不同。在伊斯兰教中，众多教派的不同，特别是主流的什叶派和逊尼派的不同，并不是教义的不同。历史上，什叶派的起源与逊尼派的不同。阿里派（Shiiat Ali）发源于谁是先知穆罕默德的正当继承人这一问题上。因此，什叶派并不是一个宗派，而是对哈里发应该具备什么条件持有不同认识的一群人。

对于逊尼派来说，哈里发的作用是保卫伊斯兰国家的边境，保证安全与和平，任命法官，等等。对于什叶派来说，哈里发还要拥有关于伊斯兰法律、《古兰经》秘传的知识和对先知教诲最深刻的理解。因此，他不能由选举产生，而应该由先知根据神圣的命令选择。什叶派相信这种选择在先知从麦加朝圣回麦地那的路上的一个叫作拉比谷干谷（Ghadir Khumm）的水塘边发生过。按照什叶派的说法，先知选中的人是阿里，他们把阿里看作第一位伊玛目。[31]

至于思想流派、法学流派、宇宙论和末世论方面的问题，什叶派和逊尼派内部有很多分歧，与什叶派和逊尼派之间的分歧一样多。现代（特别是西方）的读者容易犯的错误是从正统性的视角来看待什叶派和逊尼派的分歧。在这里，对于什么构成一个“教派”的思考被欧洲人的想象影响，基督教的历史经验对于形成这种想象发挥了重要作用。它们倾向于把东正教和天主教看作是正统的，与“改革过的”教派不同。必须记住，伊斯兰教历史上并没有经历过基督教那样的“改革”，伊斯兰教的大多数教派（当然包括什叶派、逊尼派和其他主要分支）保持了正统性。在历史上和现实世界中，离开了伊斯兰教主要教义的伊斯兰群体被看作异端，主流教派经常指责它们进行异端运动。

穆斯林把“教派”理解为“firqah”，这个词从词源来看，来自“farq”，“farq”的意思是不同或区别。伊斯兰教的先知预言，在走向历史终结的过程中，伊斯兰教将有72个分支，其中只有一个是正道。伊斯兰原则要求穆斯林将“不同”看作赐福。伊斯兰教的先知还宣称“我的社团永远不会一同偏离正路”，因此，不同意见和多元思想的存在被看作是重要的。传统伊斯兰非常强调关于分歧的伦理。至于伊斯兰世界中不幸地出现了不宽容的情况，是完全不同的情况，在其原因、形式和条件方面都没有先例。[32]

什叶派与逊尼派在知识、法律和精神层面的发展是携手并进的。人们发现什叶派内部的各派别之间常常存在法律、知识和精神上的分歧，这些分歧可能存在于伊斯玛仪派（Ismailism）和十二伊玛目派（Ithna Ashari）之间，或者存在于尼查尔派（Nizari）、波哈拉派（Bohra）和栽德派（Zaidiyyah）之间。类似地，与逊尼派和十二伊玛目派之间的差别相比，在哈乃斐逊尼派和罕百里逊尼派之间也常有更显著的不同（更不用说萨拉菲派和瓦哈比派）。与很多什叶派和逊尼派信徒相比，瓦哈比派和萨拉菲派对先知个人、圣训与圣行不那么重视。如果这是真的，那么什叶派就比一些自称是逊尼派的人更接近逊尼派。类似地，在绝大部分逊尼派信徒看来，第四任哈里发和第一位伊玛目阿里与先知穆罕默德的关系是最亲密的，他们也从先知那里获得了很多秘传的知识。绝大多数逊尼派信徒可以说属于阿里派。

什叶派的分支：

什叶派早期的历史已经为大家所熟知。人们公认的什叶派第一代伊玛目是阿里，在阿里之后，他的儿子哈桑与侯赛因相继成为什叶派的第二代与第三代伊玛目。后来发生了“卡尔巴拉惨案”，而在他们的男性后裔中，只有阿里·伊本·侯赛因得以在“卡尔巴拉惨案”中幸存下来，并成为什叶派第四代伊玛目。第五代伊玛目则是阿里·伊本·侯赛因的儿子——穆罕默德·巴基尔（Muhammad al-Baqir）。而第六代伊玛目则是贾法尔·萨迪克（Jafar al-Sadiq）[33]。由十二伊玛目派占信仰主导地位的国家主要有伊拉克、伊朗、黎巴嫩及阿塞拜疆，还有部分南亚地区的国家（如阿富汗、巴基斯坦、印度、孟加拉国等）。

在什叶派的众多分支里，除十二伊玛目派之外，还有一个较为重要的分支被称作伊斯玛仪派，其重要性仅次于十二伊玛目派，位居第二。伊斯玛仪派在南亚较为盛行，尤其在被其信徒称作“精神家园”的巴基斯坦。伊斯玛仪派在印度和阿富汗境内的部分地区也有一些追随者。确切来说，伊斯玛仪派也是从十二伊玛目派中分离出来的，而其之所以分离出来，是和第七代伊玛目的身份问题有关：“第六代伊玛目贾法尔·萨迪克被神的意志拣选。那么根据什叶派的信仰，他的儿子伊斯梅尔理当成为第七代伊玛目。然而，直到伊斯梅尔去世之时，他的父亲依然在世。随后，穆萨·卡兹姆（Musa al-Kazim）被选定为第七代伊玛目。不过，许多什叶派的信徒拒绝接受或承认这条任命，而是继续视伊斯梅尔为他们的伊玛目。”[34]而这群什叶派信众的后裔，就被称为“伊斯玛仪派”。

早期的伊斯玛仪派团体出现在阿拉伯世界。直到公元10世纪，他们的伊玛目仍然隐匿在公众的视线之外，尔后突然出现并夺取了北非的许多土地，然后在埃及建立了他们的政府——法蒂玛王朝，以和逊尼派的阿拔斯王朝分庭抗礼。法蒂玛王朝在伊斯兰历史上做出了卓越的贡献，带来了一道文明之光。法蒂玛王朝建立了世界上第一所大学——爱资哈尔大学。无论什叶派还是逊尼派，都将爱资哈尔大学视为重要的学术基地，这所大学至今依然存在。在法蒂玛时代，艺术和建筑在原理和方法方面都达到了最高水平。

尽管法蒂玛什叶派是温和的，但随之而来的往往是激进的派别。法蒂玛王朝的哈里发穆斯坦绥尔·比拉（Al-Mustansir Billah）将伊斯兰教长国的授职册封权从他的大儿子尼查尔（Nizar）转移给小儿子穆斯塔里（Al-Musta‘li）。穆斯塔里派遵循早期什叶派的温和教义，而尼查尔一派则在最终被蒙古人击败之前愈发激进和具有革命性。蒙古入侵以后，这个运动的革命性质遭到破坏，伊斯玛仪派在波斯进入地下运动阶段，而穆斯塔里派信徒则在也门安定下来。另一支伊斯玛仪派迁移到印度，定居在今天的巴基斯坦信德省和印度古吉拉特邦。这些团体对印度教和伊斯兰教兼收并蓄，在将众多印度教徒转化为伊斯兰教徒的过程中起到了重要作用。他们的宗教诗歌《吉南》，把伊玛目阿里与许多印度教信仰中家喻户晓的神的化身相比较。[35]19世纪末到20世纪初，al-Tayyibiyyah（波斯和也门伊斯玛仪派）的中心迁往印度，主要是因为它们的精神领袖阿迦汗从波斯迁移到印度。伊斯玛仪派主流分为两个分支，即阿迦汗的追随者（Agha

Khanis）和波哈拉派，两者在巴基斯坦和印度都有很多信徒。除了南亚之外，伊斯玛仪派信徒在波斯、中亚各国，以及东非和加拿大还有许多信徒。

伊斯玛仪派的人数尽管相对较少，但在伊斯兰历史的进程中，他们在思想、艺术和政治领域都发挥着重要作用。因此，伊斯玛仪派成为伊斯兰谱系的一个重要部分。[36]

什叶派的最后一个支系是栽德派，其精神领袖和导师是第四任伊玛目的儿子栽德。栽德派属于什叶派中的温和派。他们主要居住在也门。伊斯玛仪派和栽德派各有数百万信徒，而十二伊玛目派是什叶派的主流，至少有 1.5 亿信徒生活在伊斯兰世界的战略性地区。让中国读者正确地了解什叶派和逊尼派的不同是很重要的。我们再来谈谈在伊斯兰世界中普遍存在的民族多样性与文化多样性。

在伊斯兰世界中，有几个主要的文化区域。伊斯兰世界是以阿拉伯半岛和它周围更大的阿拉伯世界为中心的。讲阿拉伯语的中东穆斯林和北非穆斯林大多数集中在这一文化区域。这个区域并不是以民族而是以宗教信仰和语言体系作为文化的分界线。在这一地区，既有具有典型高加索人外观特征的白人穆斯林（如在叙利亚和黎巴嫩），也有具有典型非洲人体貌特点的黑人穆斯林（如在埃及南部以及苏丹）。除了阿拉伯世界，波斯和突厥文化区也是伊斯兰世界中几个主要文化区域之一。伊朗、阿富汗、巴基斯坦和印度的部分地区，以及塔吉克斯坦，都属于波斯文化区域的一部分。但值得重视的是，波斯语在大多数突厥人所在国家（包括奥斯曼帝国和莫卧儿帝国）的宫廷制度和学习模式中发挥了至关重要的作用。在前伊斯兰时代，波斯文化区的文化传统主要来源于琐罗亚斯德教和佛教。突厥文化区西起地中海，东到蒙古。从东方北部的草原到地中海中的塞浦路斯，包括整个中亚在内，都属于这一文化区域。在前伊斯兰时代，该区域的突厥民族和所定居国家的文化传统则主要来源于萨满教（Shamanism）和佛教。而印度文化区则包括了今天的南亚各国和缅甸。它们在前伊斯兰时代留下的文化传统基本源于印度教，也有部分源于佛教和耆那教（Jainism）。最后是东南亚文化区，其范围包括印度支那诸国以及马来西亚、印度尼西亚在内，甚至延伸至东帝汶等国。

解密伊斯兰、穆斯林与文化的关系，不是一件容易的事。在前现代时期，了解伊斯兰观念和作为穆斯林日常生活一部分的前伊斯兰文化，是比较容易的。但是自从现代主义出现后，这种关系理解起来变得更为困难。因此，有必要从伊斯兰的视角勾画一个理论框架，去理解伊斯兰与文化的关系。

9.4 理解伊斯兰与文化的关系

在现代知识体系中，宗教和文化都在试图定义对方。文化研究的领域和宗教研究或伊斯兰研究的领域经常被看作平等的领域，而不考虑其在整体事物中的本体论地位，这造成了巨大的困惑。为了理解文化与宗教的关系，我们必须对两者加以界定，给出可行的定义。这样我们就可以了解它们各自的含义，以及它们如何相互作用。这一部分就是对此问题所做出的一个小小的哲学努力，从伊斯兰视角来考察事物的正当位置，这种视角可能越来越不能被当代思想理解。现在我们尝试从现代和传统的角度去定义文化和宗教，从知识上重新发现一个合适的等级关系，之后我们再考察一些由于宗教和文化的相互作用而困扰当代穆斯林的问题。

定义宗教

定义宗教并不像定义文化那么困难。在英文中，宗教这个词在11—12世纪从拉丁文演化而来，意思是系住、扣紧或绑住，也就是说，宗教是把人和神绑在一起。[37]所有的宗教都有关于神或天堂的一些概念，还有人类起源的故事。大部分宗教也提示人类世界的终结。宗教倾向于在理智和理性无法给人生以意义的时候，来破解人生之谜。因此，毫不奇怪，宗教被定义为“一套关于宇宙的原因、属性和目的的信仰，特别是创造超越人类的一种或多种力量，常常包括献身与遵行仪式，也常包括指导人类事务的伦理规范”[38]。对于信徒来说，神创造了宗教信仰，神是万物的创始和来源。

《道德经》是道教的原初典籍。“道生一，一生二，二生三，三生万物，万物负阴而抱阳，冲气以为和。”[39]对于信徒来说，宗教的来源是神，如果神是超然的，那么宗教的来源也可以说是超越时间和空间的。

定义文化

“文化”一词有成千上万种定义。在谈论这个词的普遍用法之前，不妨先看看这个词本身、它的本义和它的变换，再来看看它在当代用语中的含义。“culture”这个词，是由拉丁文“cultūra”（“培养”或“耕种”的意思）引入中世纪英语中变换而成。[40]这一词，早已深深地渗透进历史，并应用于各个领域。在生物科学领域，这个词意味着对微生物的培养；在医药学中，它则代表着“引入”，即将（活的）材料引入“培养”的媒介中；而到了农业领域，它的意义又扩展为“动物的繁殖”或“植物的生长”。[41]这时，我们就能够较为充分地去理解文化，在这种情况下，“culture”一词的内涵也就更为显而易见了，它代表着在某种媒介之中某种增长和快速发展的有机环境。随着现代社会科学在现代大学中的兴起，“culture”这一概念被移植到人文与社会科学领域。[42]在当今存留的众多社会科学中，社会学与人类学这两门学问对定义“文化”一词的贡献最大。当然，哲学和宗教也曾经尝试定义文化。只是，现代哲学似乎故意将文化这一领域排除在外，将其归入“社会科学”：这个词，既可以被用来在广义上描述一种特殊形式的人类生活所有方面的特点，亦可以只是狭义地表示隐含在其中的价值体系。从广义上理解，文化是历史、人类学和社会学研究的典型关切。狭义的文化研究是人文学科的一个研究领域，其目标是将一种价值体系解释和传给后代人，而这种价值体系让参与者找到了生命的意义和目的。[43]

现代人类学认为，人类行为是文化形式而不是基因形式构成的，这也随之引发了关于文化传播、文化独特性及文化相对性的争论。[46]例如，在研究伊斯兰文化的时候，伊斯兰文化是否存在本身就是首先会遇到的问题。对文化是如何被感知这一问题的分层理解可以揭示：“如果我们将那些决定传统社会生活的精神和智力因素纳入考虑范围，并且定义出能囊括这些基本因素的文化，那么毫无疑问，就会出现一个由明确不同的‘区域’或者‘世界’组成的单一伊斯兰文化。这些‘世界’是通过传统中的精神和神结合起来，并由当地的种族、语言、地理和其他因素分隔开来。”[47]而现代世界观否认或贬低诸如“神”和“精神”之类的东西，就使这种研究方法本身不再完整。因为存在这样的认识论，所以这种研究方法习惯于把注意力集中在某些部分，而与此同时也隐蔽了整体。

“文化”一词在伊斯兰世界是新近使用的术语，并且它的用法直接受到它在现代西方世界中使用情况的影响，[48]也因此文化对许多穆斯林团体的身份认同产生了分裂性的影响。在人类社会，文化被描述为由一群人建立起来的、代代相传的生活方式的总和。文化致力于研究特定的社会、民族、宗教团体或不同年龄阶段的人的行为和信仰的特质。[49]总的来说，它指一个特定国家或时期，在文明进程中的精神、智力和物质进步。

在当代社会学中，尽管社会分化、民族多样性、阶级结构或者地区差异使社会呈现碎片化，但当代社会是否形成主流文化，或者说，占主导地位的意识形态是否产生了一定社会共识，关于这些问题，迄今为止，还没有得到理论论证。[50]一般而言，“文化”或“有文化教养的”可以形容事物（或人）在人文和社会行为方面是卓越的，与表示野蛮和粗鲁的概念正好相反。现代社会学家和人类学家将“文化”视为一个集合名词，用于指代人类社会中象征性的、后天习得的以及非生物学的方面，包括语言、风俗和习惯，是指那些可以将人类行为与其他灵长类动物区分开来的特性。

考虑到人文社会科学中存在诸多定义，所以我们的定义必须是综合各种行为的，且是有助于对宗教和文化的研究的。根据上述讨论，我们的观点（一个被现代社会学家和人类学家普遍接受的观点）是，文化是一种媒介。这种媒介会呈现出一种独特的形式，而这一形式明显有别于其他人群也许会在别处衍生出的其他此类形式。最重要的是，文化的信仰体系是通过宗教显露出来的。正因为它是一种媒介，所以它不仅是源头，更是一种代际传递的互动交流。

我们的行动和外在行为都与我们的动机、愿望和意图相关，而这些动机、愿望和意图可能会受到文化上的限制，构成了我们的文化积淀，而文化积淀会影响可以被观察到的外在行为。这种意义上的信仰对文化研究的作用比行为本身更为重要。因此，鉴于上述所言，我们想提出一个文化的新定义，即“共同的信仰、思想和标志的王国”。由于文化是人与人之间的媒介，它也扮演着将不同个体或不同人群联结在一起的角色。文化的非物质性及更高层面性促进了文化内部及不同文化之间的统一性和凝聚力，而文化的诸如地理和种族等物质性层面则往往突出不同文化之间的分别。

9.5　伊斯兰与文化及文化现代主义

伊斯兰信仰将其信徒的文化看作其原则的反映。在伊斯兰文化或伊斯兰世界的文化中，总有前伊斯兰文化的延续，但是按照穆斯林的理解，这些文化也是受到之前宗教启示的结果，这些宗教来自同一源头。直到现代，文化才变得不仅观察文化自身，也观察宗教。在这个意义上，有宗教信仰的人对文化事务具有发言权，然而文化本身却缺乏能力去做同样的事。这是因为文化是一种媒介，它承载着人们输入的任何内容，而人们往往把有价值的，能带来幸福、快乐、和平而非痛苦、折磨和创伤的内容传递给下一代。对于传统的人来说，宗教可以完成上述使命；对于现代人来说，人们常常认为不存在宗教的情况下也能完成上述任务。

宗教的最终来源被概念化为神或天堂，神或天堂不受时间和空间的限制，而人类则会同时受到时间和空间的限制。宗教的法律、伦理、道德和仪式都是为人类社会所设计的。神或宇宙的最高原则在人类之上，它的知识试图启发居住在大地上的人类。在这个意义上，宗教试图用长久的原则启发文化，这种原则是过好人生的关键。这是伊斯兰关于宗教和文化关系的见解，这种见解也被其他文化和文明共享。宗教也由此在人类文化上留下印记。伊斯兰试图引导人类，耕耘文化，秉持“不得杀人”和“不得欺骗”的理念。世界宗教总是试图规范人类行为，实现人类的和平。

如果说宗教是把人和神联系在一起的纽带，那么文化则是把人和人联系在一起的纽带，在本体论上宗教高于文化。在伊斯兰世界观中，宗教与文化的婚姻就像天堂与大地或男人与女人的婚姻一样。前者代表绝对和活跃的原则，而后者像一个容器，是对前者的映像：“一种传统文明，例如伊斯兰文明，是被一种神圣的规范，即‘指挥的思想’支配，这种思想在其大地的容器上打下最深刻的烙印；然而每个容器都被给予自由，在传统之中整合发展其内在的可能性，因而在这种传统的范围之内生成一种特殊的‘世界’或‘区域’。”[51]伊斯兰把文化看作储藏室，把宗教比作天，把文化比作大地。《易经》也对苍天和大地各自的作用做出了类似的描绘，“天行健，君子以自强不息；地势坤，君子以厚德载物”。

但是，现代宗教（各种各样的原教旨主义，特别是萨拉菲形式的伊斯兰修正主义）经常对文化这个概念感到不舒服。因为在其世界观中，宗教应该是纯洁而原始的，文化被认为污染了宗教。与现代或原教旨主义伊斯兰不同的是，秉持传统思想的穆斯林学者依照 urf 来看待传统文化。[52] 14 世纪的著名哲学家伊本·赫勒敦（Ibn Khaldun），把对社会（及其文化）的研究叫作 ilm al umran。[53] 在伊斯兰哲学传统中，传统宗教和传统文化之间存在共生关系，urf 被很多法学博士非正式地看作伊斯兰法的合法来源。伊斯兰传统对于 urf 的立场有益于社会和谐，所有前伊斯兰习俗和文化实践不应被改变，应该允许继续传承。这不仅是伊斯兰适应其他文化的表现，也是历史上穆斯林实践的经验事实。伊斯兰世界不仅保存了前伊斯兰传统，还帮助儒家、佛教、印度教、基督教、犹太教、琐罗亚斯德教和非洲万物有灵论者联结在一起，这是前所未有的。那么，urf 能适应文化现代主义吗？

urf 这个词在阿拉伯文中的意思是人类的习俗、惯例、实践及社会习惯。它的含义为更高级的或来自直觉的知识。当今，很多现代主义改革者质疑，传统时代的穆斯林是否能够与地方的习俗和实践相适应。也就是说，我们为什么不能吸取现代性中好的部分，抛弃其余部分？表面上看，这是一个理性的、通情达理的论点，但是仔细考察之后，发现这一论点可能站不住脚。如果 urf 被认为是来自西方传统基督教、中国或非洲的精神原则，而不是来自现当代西方，那么这一论点是可以成立的。可以说，现当代西方在公共领域和知识范式中系统性地否定超然性。如上文所述，重要的是，在伊斯兰来临之时，传统文化已经打上了前伊斯兰的传统宗教的烙印。例如，当伊斯兰教传播到印度的时候，印度的各种文化已经被作为印度教基础的原始的真理启发。穆斯林苏菲和印度教的哲人可以坐在一起，发现神的一个共同特征，尽管双方用来描述这个特征的名称、神学话语和宇宙论的语言不同。可以说，对神的爱和敬畏的文化是能够相通的。在这一方面，与犹太人、基督徒、琐罗亚斯德教徒、佛教徒、道教徒和儒教徒在一起，也是可能产生同样的实践结果的。

伊斯兰教在现代世界中经常遇到现代主义文化。现代主义并不是平等地看待宗教，而是将其看作进步道路上的阻碍，还将其等同于迷信。由于传统远远没有消失，在那些文化实践和习俗的起源与启示的传统紧密相关的地方，仍然可能将 urf 作为一种法律来源，但是它却无法适用于现代主义。现代主义者的关切与传统学者不同，现代主义者强调，伊斯兰教只有经历新教徒式样的宗教改革，伊斯兰世界才能走出黑暗和迷信，走向现代与进步。此时，他们强调 urf 是出于对其有用的原因：

现代主义者总是不厌其烦地把伊斯兰世界的几乎每种活动都说成是文艺复兴，这个词的阿拉伯文翻译是 Al-Nahda（文艺复兴），它已经成为当代阿拉伯文献中的流行词。随意使用这个词的现象隐藏着一些东西，容易让人回想起西方文艺复兴中一些从精神意义上讲已经死亡的希腊－罗马异教因素的再生，而不是已经被教堂神父们整合入基督教的古代传统。[54]

9.6 为什么西方妖魔化伊斯兰与穆斯林

与穆斯林和西方长期敌对的关系形成对照的是伊斯兰世界的东部边缘，当代的丝绸之路正在复兴。

著名的“文明冲突论”是如何在华盛顿出现的，尚未广为人知。伯纳德·刘易斯——研究中东和伊斯兰世界的西方领军学者给塞缪尔·亨廷顿写了一封信，称儒家－伊斯兰两大文明之间存在很大的联盟可能性，这种联盟会给西方带来危险。[55]他认为，对这种有潜在可能的文明联盟必须得先发制人加以破坏。破坏的方法是先发起文明思想的冲突，再挑起文明之间的战争。随后，亨廷顿的文章及他的书《文明的冲突与世界秩序的重建》成为对伊斯兰世界发动侵略战争的知识铺垫。当代西方落后、偏狭的思想以进步为名让人类流血，还习惯性地破坏文明之间的团结。西方崇尚“分而治之”和“零和博弈”的思想方法，对和平持有怀疑态度，因为和平可以带来繁荣、力量，并带来对控制世界体系的强国的挑战。儒家思想的核心价值是“和”，伊斯兰和儒家和平思想总是遵循团结的原则，这一原则构成伊斯兰和儒家思想的基础。

9.7 乌玛的概念与穆斯林对文明间关系的理解

“ummah”（乌玛）一词，意指“宗教社群”，在《古兰经》中出现过62次。[56]在《古兰经》中，乌玛概念的含义由一般的世界性乌玛发展到用以描述包括犹太人、基督教徒和穆斯林等特殊群体的乌玛。[57]按照这个逻辑，儒家、道教和佛教也拥有单一的乌玛或多个乌玛。这个词在《古兰经》中的概念是穆斯林可以与其他文明交流的纽带，不仅在穆斯林之间，而且这个概念也是所有人类之间理解团结和兄弟情谊的关键。

长久以来，特别是在麦地那时期[58]，《古兰经》强调，小小的穆斯林社区被称为乌玛，具有一定的排他性。[59]弗雷德里克·马修斯·丹尼（Frederick Matthews Denny）认为，在《古兰经》中，乌玛从一个一般概念发展为一个描述新兴穆斯林社区的特殊词汇：我们这里有一个关于乌玛的问题——在《古兰经》的一整段时期的发展过程中，它并没有从根本上改变乌玛作为宗教团体的意义，而是让其实现了最充分的发展，并且逐步扩大其意义。[60]

《古兰经》第21章第92节说道：“你们的这个民族（乌玛），确是一个统一的民族，我是你们的主，故你们应当崇拜我。”[61]《古兰经》是需要解释（才能让人理解）的文本，而（对特定文本的）解释通常不止有一种。《古兰经》的一些经文相对于其他经文，有更多的隐含意义，但是这一节经文是相当直接的表述，在穆斯林思想中没有模棱两可。这就是说，对于穆斯林来说，地域或非地域上的统一是非常重要的。伊斯兰教的主要特征之一是tawhid，意指“统一性”或“‘神’的唯一性”。其原则贯彻于所有穆斯林的生活，也为伊斯兰的政治制度奠定了基调。伊斯梅尔·拉吉·法鲁奇（Ismail Raji al-Faruqi）曾指出，没有乌玛，就没有伊斯兰。

在《古兰经》中，神告诫穆斯林，他们构成了世界的“中间社区”。《古兰经》第2章第143节中称，“我这样以你们为中正的民族，以便你们作证世人”，[62]就像tawhid一样，伊斯兰的特征之一还有它构成了“中间道路”，避免极端。

麦地那盟约中的乌玛，包括了犹太人和其他与穆斯林和谐相处的人。在历史上，穆斯林的乌玛被认为在穆斯林的领导权方面拥有神以下的最终权威。[63]然而，在后来的历史话语中，人们对乌玛的理解逐渐更多地趋向于只针对具体的穆斯林乌玛。依据丹尼的说法，（穆斯林的）共识是赞同组成一个超越局限与分裂的、统一的乌玛。

殖民主义的挑战导致穆斯林对乌玛的持续关注，19 世纪以来的现代穆斯林思想家们对乌玛概念的政治等方面的含义进行了多样的讨论。[64]

巴基斯坦伊斯兰共和国的精神之父穆罕默德·伊克巴尔（Muhammad Iqbal）[65]说过，对于穆斯林来说，所有的政治行动都是伊斯兰精神的表现。[66]乌玛的概念，在其作为社会经济和政治组织原则之前，首先是一个精神原则。穆斯林乌玛既是一个理想，也是现实。乌玛使伊斯兰教的社会单位变得完整，因为其可以在多样的、不同的各个伊斯兰民族之间或多或少存在的困境中发挥协调作用。

已知的“乌玛”一词源于希伯来语或阿拉伯语，但学者们对这个词源于阿拉伯语的看法并不一致。[67]Al-Ahsan（阿赫桑）指出：

> 《古兰经》中的词汇是否从另一种语言借用的并不是一个重要的问题。重要的问题是，《古兰经》中是否有词汇超越了阿拉伯人的理解能力。《古兰经》中没有超出他们理解范围的词语，因为《古兰经》在第 12 章第 2 节中声称“我确已把它降示成阿拉伯文的《古兰经》，以便你们了解”。对（伊斯兰世界）前伊斯兰时代诗歌的最新研究也证实，在《古兰经》的启示之前，阿拉伯语中就使用了（用以描绘）围绕宗教核心的联盟意义的乌玛一词。[68]

在这方面有所研究的穆斯林学者认为，“乌玛”一词不能被精准地翻译成其他语言。它的意义可以被解释和传达，但是不能找到确切的英文对应词，因此，现代英语词汇中直接引入了“乌玛”这个词和它的概念。在这个问题上，著作等身的伊斯梅尔·拉吉·法鲁奇认为：

> “乌玛”一词不能翻译，必须以其原始的阿拉伯语形式出现（才能让人

完整地领会)。它与“人民”、“民族”或“国家”不是同义词，这些词汇总是由种族、地理、语言、历史或者它们的任何组合来决定其含义。[69]

阿卜杜勒·拉希德·莫滕（Abdul Rashid Moten）同样认为：

“乌玛”是一个独特的概念，在西方语言中没有相应的术语。早期将乌玛与民族或民族国家等同起来的做法，已经被放弃。最近在西方政治学界流行将“社区”（community）作为乌玛一词的同义词……把“社区”作为乌玛的代名词同样是错误的。这两个术语之间只存在浅层的相似之处。[70]

这为我们如何更好地对乌玛进行分析与定义带来了困境。法鲁奇和莫滕都认为乌玛不能被定义为一个“社区”。“社区”本身是社会科学文献中难以定义、含糊不清的术语之一，它的滥用使得这一词几乎没有任何重要的意义。[71]现代文献中的“社区”可以用作指代一个地理区域内的一群人。然而，这个世界也有一些超越地域的、散居的与宗教的“社区”。与地理相关的“社区”用于暗指农村、前工业化和传统的社会情况，而那些可以借助技术进步超越地理界限的“社区”，只能被看作一个完全不同的现代情况下的“社区”。

此外，费迪南德·托尼斯（Ferdinand Tonnies）说明了传统社会与现代社会的区别。他认为，gemeinschaft（礼俗社会）主要由农村主导，由亲属关系联结，其（成员）本身的归属感根植于其自身，自给自足。[72]相比之下，gesellschaft（法理社会）主要是由城市主导的。[73]托尼斯的区分对于理解近现代欧洲历史上“社区”与“社会”之间的区别和转变可能是有用的。然而，这并不足以指导人们充分理解伊斯兰世界的“社区”或“社会”。礼俗社会意义上的“社区”仍然存在于伊斯兰世界中，但是，穆斯林的乌玛并不是指这个意义上的“社区”。即使在伊斯兰历史的头几年，穆斯林的乌玛（尽管没有变为托尼斯所谓的法理社会）也是跨地域的。麦地那的穆斯林乌玛最早是由从麦加到麦地那移民的穆斯林组成。托尼斯提出的“社区”概念暗示着，除了移民、归化和有系统的文化适应因素之外，成为“社区”成员是自然的、非自愿的和不可避免的，而成为“社会”成员是（个人）决定的结果。[74]在托尼斯的框架下，最早的穆斯林之间有着一种没有受到类似于今天的现代化、工业化和城市化干扰的有机纽带。

也许赛义德·侯赛因·纳斯尔（Seyyed Hossein Nasr）为这种现象提供了最好的解释。纳斯尔选择了使用“社区”一词来描述穆斯林的乌玛，但是赋予了该词另外一层意思。他指出：“对于伊斯兰来说，‘社区’首先意味着一个由宗教纽带联结在一起的人类集体，而宗教纽带本身就是其成员之间社会、法律、政治、经济和道德联系的基础。”[75]法鲁奇依照托尼斯的理论把乌玛看作一个“社会”，确切地说是法理社会。纳斯尔对乌玛的看法没有受到传统社区向现代社会转变的社会变化理论的扰乱。主要的原因是，如果穆斯林继续实践沙里亚教法，而不因世间其他的法律而修改它，那么，即使他们可以在精神与智力上深入地沉浸在现代世界之中，他们也可以处于现代性之外。在纳斯尔的思想中，乌玛作为“社区”，其成员之间不是水平相连的。这个社区的成员通过神圣原则垂直相连，最终他们团结在“神”和他神圣的法律之中。尽管如此，他们之间仍然存在着横向的联系，与其他社区一样，这些联系也十分容易受到现代主义意识形态的破坏。纳斯尔引用《古兰经》第 42 章第 8 节的句子“假若真主意欲，他必使他们信奉同一的宗教”来证明：

> 在这个充满不同社区的世界的背景下，伊斯兰通常以宗教的词汇来理解（不同社区间的不同），（因此）伊斯兰必须对自己的乌玛有一个定位和理解。[76]

纳斯尔认为，自从倭马亚王朝哈里发执政结束以来，伊斯兰世界的政治统一在现代民族国家的意义上从来就没有实现过。但从那时起，它就一直是人类历史上非常坚定的理想。纳斯尔说：

> 在今天的伊斯兰世界里，由于受到现代主义的影响，乌玛在政治上比历史上任何时候都更加分裂，甚至在文化上更加分散。然而，（人们）低估

《古兰经》中的社会观念在大多数穆斯林心中的重要性是一个很大的错误。除了在宗教本身的范围内，乌玛在政治与经济、社会和文化方面都有不可预见的表现。[77]

与乌玛概念相关的是“伊斯兰家园”（Dar al-Islam）和“战争之境”（Dar al-Harb）两个经典概念。正如詹姆斯·皮卡托瑞（James Piscatori）和其他西方研究伊斯兰教和穆斯林的政治科学家所说的一样，“伊斯兰家园”意味着和平的居所。[78]“战争之境”通常用来描述非伊斯兰地区，意指需要穆斯林发动圣战的区域。确实，所有的穆斯林都有责任在任何可能发现邪恶的地方与邪恶战斗，并抵制邪恶。[79]然而，像皮卡托瑞那样认为“伊斯兰家园”是穆斯林的居所，而穆斯林需要对非伊斯兰的“战争之境”发动圣战的观点是错误的。正如纳斯尔指出的，“伊斯兰家园”是穆斯林乌玛占多数的地理区域，那里宣布并执行沙里亚教法。然而，重要的是，犹太人和基督徒等组成的其他“乌玛”同样也可以生活在这个区域内。[80]与“战争之境”并列的是那些穆斯林无法在其中生活和实践其宗教的地理区域（不管是不是以伊斯兰的名义）。[81]在那些穆斯林仍然可以履行仪式和生活，但并非伊斯兰土地的地理区域被称为Dar al-Sulh（“和平条约之地”，后来伊斯兰法学家把它看作第三类穆斯林聚集地）。[82]在伊斯兰教早期的历史中，这样的一个地方是基督教的阿比西尼亚（今埃塞俄比亚），现在则是美国。纳斯尔进一步指出：

就生活在“战争之境”的穆斯林而言，伊斯兰法要求穆斯林在这种情况下尊重他们所居住的土地上施行的法律，即使在艰难的情况下，也要坚持自己的宗教习俗。如果这样的生活方式变得不可能的话，那么（伊斯兰法）就建议他们迁移到“伊斯兰家园”。至于穆斯林要遵守当地的法律和惯例，对“和平条约之地”的要求和对“战争之境”的要求是一样的。[83]

纳斯尔对“伊斯兰家园”和“战争之境”的阐述表明，除了地理因素之外，两者的区分也是一种观念上对信徒和非信徒的划分。与纳斯尔的观点相呼应，安·兰布顿认为，对于伊斯兰来说，政治科学并不是一个渴望知识而思考的独立学科，而是神学的一个分支。[84]纳斯尔和兰布顿都认为，世俗和精神领域之间的区别对穆斯林来说毫无意义。唯一的区别是在信徒和非信徒之间。纳斯尔的作品经常反复强调，沙里亚教法的实践对于一致的伊斯兰世界观与观念形成的重要性。因此，对于这种联系的有效性的讨论是值得关注的。

伊斯兰教先知穆罕默德去世后，穆斯林的乌玛逐渐在哈里发领导下被制度化。先知去世30年后，伊斯兰历史进入一个通常被称为“受到正确引导的哈里发时代”的时期。随着伊斯兰世界在数量和地理上的扩张，哈里发制度逐渐变弱，直到1924年3月，土耳其大国民议会宣布废除了哈里发制度。[85]

哈里发制度的废除使伊斯兰世界陷入了史无前例的混乱状态。在整个历史上，穆斯林一直通过对哈里发制度的认同来确定他们象征性的统一。在哈里发制度被废除时，来自伊斯兰世界各地的宗教学者被召集起来讨论这个问题。[86]由于伊斯兰世界当时正处在殖民统治之下，或者在经历为了摆脱殖民统治的民族主义运动，所以（讨论）没有取得什么进展。具有讽刺意味的是，即便欧洲人对伊斯兰世界直接的殖民统治被推翻，伊斯兰世界新成立的共和国和民族国家在世界上仍然是弱者，且进入了被间接殖民统治的新时代，被世界工业和军事中心排挤到边缘地带。

在哈里发存在时，无论其地位如何退化，它都为穆斯林发挥了重要的象征性作用。在哈里发最终从伊斯兰政治和国际世界撤离之后，穆斯林开始思考谁将承担先前由哈里发担当的沙里亚掌管人角色。哈里发或伊玛目（在什叶派的传统里）是乌玛的实际或象征性的头目，其本身也从属于沙里亚指引下的穆斯林集体。伊斯兰世界的其他领导人也是如此，无论他们是苏丹、国王还是竞选出的总统。对于穆斯林来说，忠诚不是对统治者或国家的忠诚，而是对沙里亚的忠诚。

穆斯林的精神统一在于他们共同的生活方式。对穆斯林来说，这种生活方式的普遍性在于穆斯林日常仪式的共通性。把中国的穆斯林和摩洛哥的穆斯林编织在一个统一的乌玛织物中的是，从伊斯兰仪式的实践中产生的共同的世界观。这些仪式是通过对沙里亚的学习、理解和实践而得来的。乌玛不仅仅是一个基于某种观念的社区，尽管某些观念在促其形成方面起着非常重要的作用，比如“tawhid”观念。更确切地说，乌玛是基于《古兰经》理想的法律共同体。[87]纳斯尔认为：在社会层面上，团结体现在人类社会的融合中，在这方面伊斯兰教取得了非凡的成就。政治上，它体现在如果某个单位小于伊斯兰社会总体或乌玛，那么伊斯兰教则拒绝接受其成为一个终极的政治主体单位。无论成员多么分散和相距遥远，乌玛都只有一个。只有完整的乌玛囊括伊斯兰教圈，而且如同没有任何一个圆圈的某部分可以自称圆圈，没有任何一个穆斯林社区的某部分有权自称是乌玛。[88]

在谈到乌玛和教法的关系时，我们必须说，当一个穆斯林进入伊斯兰社会，他必须承认并服从神的律法，即教法。没有教法他不能进入乌玛，没有乌玛，就不会意识到教法。从词源学上讲，教法指一条路、小径或方法，或是行进而去接近神的一种方式。纳斯尔进一步指出：从任何一点空间可以产生圆，连接圆心和圆周上每一点的半径。这个圆周囊括着整个穆斯林社会（乌玛）的教法。每一个接受神法美德的穆斯林都是圆上的一个点…… 只有通过站到圆周上，也就是接受教法，这个人才会发现在他面前有一条指引他通往圆心的半径。只有追随教法，方可打开精神生活的大门，使之成为现实。[89]

很明显，纳斯尔解释了教法是如何与乌玛产生复杂关联的。如果建立在“乌玛”这个穆斯林概念基础上的意识战胜了西方树立的人为障碍，那么乌玛就可以通过“一带一路”的互联互通走向繁荣，同时能够积极影响伊斯兰世界内部的文明纽带。

小康是中华民族的千年梦想和夙愿。中国的“小康社会”政策反映出中国已经认识到西方社会的消费模式和浪费水平是不可持续的。对穆斯林而言，现代世界的经济实践并没有让伊斯兰充分适应。当大量中国企业参与基础设施建设和扶贫进程时，中国的管理者可能会遇到困难。因为伊斯兰教的经济思想及其工作伦理强调平衡，所以大多数穆斯林的职业道德和日常工作进度会不同于他们的中国同行。像许多其他的现代事物一样，现代的工作哲学对穆斯林而言并不适用。对一些非常努力工作的中国人来说，许多穆斯林可能显得懒散。这会让中国人怀疑穆斯林的行为与经济发展是否兼容。这个主题也必须通过伊斯兰视角来研究，以便穆斯林的行为能够被中国人理解。

9.8 伊斯兰教与经济进步

表面上，伊斯兰教并非有碍于经济发展。像其他宗教一样，伊斯兰教希望把人从堕落状态转变为高尚状态。《古兰经》断言真主用最好的模具创造了人，却将他降到最低等。[90]伊斯兰传统告诉我们，真主希望人类改善自己的命运，照顾自己，未雨绸缪，时刻准备着面对这个世界和来世。jihad（奋斗）的概念使穆斯林能够做到这一点。伊斯兰教中神的99个名字中的一个是“Al-Muqad-dim”，意为“进步者”。伊斯兰教强调人类行为过程的中间路线，虽然允许其信徒追求物质进步，但会希求他们物质上的成功服从于道德和精神上的进步。物质上的进步是随着时间积累而来的，但是道德和精神上的进步是向着超越物质生命的神的垂直提升。[91]

伊斯兰教是否适应现代经济进步的理念需要进一步阐述。正如一开始就提到的那样，从表面上看，人们可以看到伊斯兰世界中的团体和其在别处的同行都在让经济进步。绝大多数在欧美地区生活的穆斯林信众比在伊斯兰国家生活的穆斯林更容易取得进步，尽管他们必须战胜作为移民可能要面对的困扰生活的种种障碍。这表明，那些通过迁徙或移民来改善他们经济状况的穆斯林已经成功地这样做了。

我们还知道，许多调查表明，众多穆斯林为了取得经济进步，希望离开祖国前往西方国家。[92]绝大多数想要利用西方国家经济基础设施来改善生活的人们实际上无法这样做，因为西方国家的移民法律禁止其大规模涌入。然而，出于种族和宗教原因，西方国家欢迎来自非伊斯兰高加索国家的移民。这也表明，如果许多伊斯兰国家被看作是倒退的，那么这可能不是因为它们的信仰和价值观，而是因为基础设施。非洲和南美洲的左派经常指出，西方的当代经济发展是以非西方殖民地地区历史性被剥夺和不发达为基础的。在历史的这个时刻，我们看到，如土耳其、马来西亚、印度尼西亚这些不再是“现代性”消费者而是生产者的伊斯兰国家都不乏进步的实践和进步思想。

早在20世纪80年代，东亚国家崛起的事实就驳斥了韦伯提出的资本主义经济发展和新教独特结合的观点。信仰神道、孔子和佛教的人民已经证明，他们已经取得了足够的进步，且目前在这一领域胜过美国和欧洲。如果穆斯林像其他所有人一样以物质经济进步为动机，那么他们也是可以做到的。所有这些都只是掩盖了伊斯兰教和穆斯林与经济发展理念之间的实际关系。

上面提到的问题是伊斯兰文化是否与经济发展相适应。在这个问题上，有一个隐含的假设就是，经济发展在伦理上是一件好事，只是穆斯林想不想为此努力。上述关于“进步”更明智的看法是，如果在假设之外再次提出这个问题，那么它可以被读作“经济进步的思想（和当代物质主义的竞争）是否能在伊斯兰教中找到它的容身之处”。如果伊斯兰声称其定位是中间路线，那么就必须从伊斯兰的视角对“经济进步”的概念进行“中间路径检验”。即使答案是“不”，也不足为奇。

传统主义的西方学者们自一个世纪前就对进化论及其社会应用进行大力批判。[93]当自由世俗的西方高呼进步口号时，马克思主义认为，资本主义经济进步的一个重要步骤将导致资本主义的自我毁灭和一个无阶级社会的产生，此时国家会消亡。马克思还预言共产主义最终将取代资本主义。但是，伊斯兰观点包含了私有财产权和社会福利两个方面。表面上看，伊斯兰教适用于经济学说的两个版本——自由世俗主义和社会主义。然而，伊斯兰教没有通过感性诉诸任何“平等梦想”。[94]“进步”的意识形态可能不被伊斯兰传统接受，因为“进步”的思想本质上是物质主义的，且没有达到它所声称会达到的目的。

奥普尔斯（Ophuls）认为：“今天，政治组织越来越成为一个自利者联盟，追求自己的私利且它们只接受对自己行为最小的约束。自由已成为执照，而现代自由国家的社会基础已经被侵蚀了……世俗的理性政治摧毁了其自身的根基，已经够糟糕了，现在似乎还决心创造一个利维坦。更危险的是，这使男人和女人与他们传统文化和宗教的关系变得松散，会让他们漂浮在一个无意义的宇宙中，对生活的基本问题缺乏形而上学的或实际的答案……实际上，现代政治的计划已经失败了……我们以世俗的、理性的、非道德的方式生活正在失败，而我们的文化神话却恰恰相反——这样的生活方式并没有代表实现‘历史的终结’的最终进步，却造成了文明的固有缺陷愈加严重，只能以悲剧收场。”[95]

这种困境正是穆斯林想要避免的。表面上，他们想像现代西方那样进步，但许多穆斯林学者告诫穆斯林不要照搬现代西方的错误做法。来自特立尼达的宗教学者谢赫·伊姆兰·侯赛因（Sheikh Imran Hosein）说：“伊斯兰教义恳求穆斯林不是通过产生了多少财富，而是根据社会的痛苦水平去衡量经济进步。多少百万富翁和亿万富翁并不重要，重要的是财富分配是否公平和公正，基本生活必需品是否得到满足，如食物、衣服和住所……必须有经济方面的规定使工作对女性而言不是强制性的，而是一种选择。那些残疾或生病的人不能被忽视。这是一个没有保险公司的经济群体。我们的保险是对那些有需要的人负有责任。伊斯兰教教义并不认为财富不断围绕富人而其他人陷入贫困的那种经济体现了经济进步。”[96]高收入差距和无法实现的平等梦想以一种前所未有的方式暴露了“进步”意识形态的缺陷。随着世界各地众多的穆斯林集体开始认识到西方的错误，他们更倾向于采取备用路径而不是19世纪和20世纪所形成的“进步”和现代化的意识形态。

像其他智慧传统一样，伊斯兰教也强调正义，而不是平等。《古兰经》被认为是kitab al-insaf（正义之书），而不是kitab al-mussawaat（平等之书）。西欧、北美型自由世俗的进步主义对平等理念只是说说而已，从而使国家内部和国家之间巨大的收入差距合法化。此外，以伊斯兰观点来看，他们未能挽救建立在一个有缺陷的人性观念基础之上的意识形态体系。平等的理念是意识形态的、不可达到的，他们对人性有着错误的、还原论的理解。他们以进化论为信仰来观察人类，从根本上讲，这与在宗教中找到人类的先验观念是不相容的。伊斯兰教和其他宗教一样，认为人类灵魂中的差异是自然存在的。伊斯兰教确实相信神面前人的道德平等，但人类在地球上的生存困境却是一个人如何对待人类不平等禀赋的考验，伊斯兰教认为这只是神圣天意的作用。因为生命是一种考验，出生时人类的禀赋和出生后的生活机会是不平等的。印度教创造了人类分化的种姓制度（在南亚次大陆国家的许多地区我们都看到了这种形式），《古兰经》也有tabaqaat（个体的社会经济稳定价值）的概念以及darajaat（个人在神面前的价值）的概念。因此，伊斯兰传统和其他智慧传统一样，其目标是正义而不是平等。平等强调对每个人来说都是一样的，但正义要求给予人们应有的权利。公平份额的理念是建立在一个人应得的份额基础上的，仅此而已。人的禀赋、能力和动机的不同总是会妨碍一致性和平等性的实现。因此，如果我们把进步思想之下平等诉求的毯子拉开，现代的进步观念就会暴露其缺陷。

如果没有前现代的科学成果（这使经济进步成为可能）和前现代的发现，那么现代科学进步是不可能发生的。即便如此，现代科学进步将其本身视为建立在与过去的决裂基础之上。诺斯伯纳勋爵（Lord Northbourne）在他的《回头看进步》（*Looking Back at Progress*）一书中认为："任何倾向于强调传统文明缺陷的人，也会冷静看待我们现代进步的文明——一种反传统的文明，他应该以文明本身的样子去审视它，而不是以他自认为的或可能的样子去审视它，即只要我们能够克服这个或那个问题，或只有这样，才会看到意义。他应该看看它到底产生了什么样的满足、和平、美丽和自由，又（在对自然的掠夺与艺术上）产生了什么样的焦虑、战争以及对抗、丑陋，及对自身无法满足的欲望和对机器无穷无尽的需求的屈服。"[97]传统社会的破坏者试图操纵穆斯林的信仰和价值观，从而帮助穆斯林摆脱前进的障碍。相比于新教工作伦理，殖民者认为，穆斯林懒惰、听天由命以及太不食人间烟火。因此，伊斯兰的工作伦理被视为穆斯林前进道路上的障碍。例如在印度，"白人的负担"祈求英国人道：如果他们能像基督教的宗教改革一样带来伊斯兰教的改革，就会带来不同的工作伦理，进而带来更多的进步。

9.9　伊斯兰工作伦理

现代世界的经济进步是以发展水平来衡量的。发展既有自由世俗和资本主义的方式，也有共产主义的方式。为了向资本主义经济转变，有些国家采用西方模式，它也让想要在经济上进步的非西方国家，如日本、韩国等纷纷效仿。如前所述，欧洲人理解他们自身取得的进步是特殊的，这与他们早期独特的现代历史有着联系，新教伦理在西方的进步中发挥了作用。路德和加尔文认为，传统的基督教所理解的工作不是"诅咒"，而是工作导致了救赎。[98]这一观念的产生可能有其因果关系，或者，与欧洲正在发生的物质变化齐头并进，最终致使基督教的角色变得无效。

在所有世界宗教中，人们发现它们的经文中都有大量的元素，其中神的目的是给予宗教的信徒一些精神原则，帮助维持社会平衡、和平与和谐。然而，经文又受注释和多样性解释的支配。沉思的日本禅师会告诉我们，把钱放在口袋里比放在脑子里好，并强调沉思生活的重要性。相反，日本文化也有“过劳死”的现象，字面意义上就是工人让自己工作到死。同样，努力工作原则在伊斯兰文化中也会受到排斥，但这可能与工作的结果有关。为了工作而工作也许不受社会的谴责，但是伊斯兰的工作哲学是把工作看作手段，强调合法的工作是有好结果的工作。许多现代穆斯林都明白这一点，但可能对“好”的理解较为模糊。有关工作的传统的伊斯兰教义是建立在典型的伊斯兰价值观之上的，表明了穆斯林对工作的态度。因此，仅仅为了工作而工作，不太可能被伊斯兰教接受。

伊斯兰教法的目的是为所有人的行动，包括为工作提供指导。在阿拉伯语中，‘amal 和 sun‘ 的意思是和知识性工作正相反的行动性工作，[99]尽管伊斯兰秘传的宗教学派认为，沉思的知识是行动的最高形式。正如许多伊斯兰学者所说的那样：“伊斯兰教关于工作的美德中没有强调新教中倡导的为了工作而工作。”[100]《古兰经》警告人类，由于贪婪而积累太多的财富会导致失望，因为生命是转瞬即逝的。《古兰经》和其他宗教经文一样，提醒穆斯林不能带走这些财富。沙里亚教法对穆斯林的行为进行分类，例如 halāl 和 harām（允许和禁止），还有其他各种表示中间程度的类别。在整个伊斯兰文化中，人们非常强调获取合法生计的重要性，获取的目的和手段必须是合法的。一个人必须努力维持自己的家庭，满足自己的需求，且（在适度范围内）满足一两个需要，仅此而已。为了积累财富而快速不停地工作是被禁止的。如果有剩余的财富，则必须以 zakāt（天课，救济金）的形式分发给穷人，这里天课适用于一个人的收入或者所有物。伊斯兰教希望财富形成循环，而不是聚留在少数人手中，因为这将妨碍我们当今世界中经济体系的形成。高利贷（剥削性利息，称为 riba，是被《古兰经》禁止的）也会阻碍这种经济体系的形成。因此，如果严肃地看待《古兰经》和伊斯兰传统中伊斯兰经济思想的基本原理，就不会导致我们今天所看到的全球经济，这种类型的经济，由于其本身的基础，会在无意中对发展产生纠正性影响，并且重新为穆斯林定义进步。

既然人要对自己所有的行为负责，那么工作就具有宗教意义，与人的救赎联系在一起。被伊斯兰传统禁止的事物或者会导致由这些事物产生的工作都是应该避免的。因此，工作伦理道德对于穆斯林来说是很重要的。伊斯兰教的先知规定穆斯林把他们的日子分成三个部分，其中三分之一用于工作，三分之一用于睡眠和休息，三分之一用于祈祷、休闲、家庭和社会活动。[101]此外，由于伊斯兰文化拒绝区分世俗与渎神，努力工作来支持自己的家庭被看作一个宗教义务，而且"过分强调工作本身是被反对的，因为这种态度破坏了作为伊斯兰生活目标的平衡"[102]。伊斯兰传统将经济和伦理结合起来，因此，任何基于经济与道德分离的工作都将很难在伊斯兰教中寻求栖身之处。通过苏菲主义习俗，这种经济与道德相统一的经典例子几乎可以在所有的伊斯兰文化区被找到。行会、牧师会和兄弟会普遍存在于整个伊斯兰世界中。在这个世界中，"荣誉守则、严格的职业道德、对工作质量负责和献身精神、对自己的荣誉感、对他人的慷慨大度、对行业协会成员的帮助，以及许多其他道德和精神准则，都通过这些组织得以发展"[103]。

尽管现代新教的工作伦理可以在今天的许多伊斯兰文化，特别是西方化了的上层阶级中找到，但绝大多数人并不赞同现代主义的工作方式。今天绝大多数的穆斯林（像其他不发达的非西方国家和地区一样）想要比今天的"快车道上的生活"更温和、更低调的生活方式。聪明和有认知意识的人也会发觉现代职业道德的不足之处。E. F. 舒马赫的《小的是美好的》不仅是对佛教经济的一个很好的指导，而且适用于伊斯兰经济学。他认为，现代经济将生产者与产品分离是有问题的，而且会使工人缺少经验。伊斯兰教的工作方法（'amal and sun'）是将工作和工业结合，就像阿拉伯语没有一个词可以区分艺术和工业一样（都是 sun'）。因此，伊斯兰教的工作不仅关乎工业，而且关乎艺术，生产过程对于工人来说也是一种创造性和充实的体验，给工人的生活增添意义。相反，后工业资本主义欧洲的特点是机器统治，把工人从劳动的产物中除去，从而导致了工人的疏离感。

今天，人们可以看到，社会经济结构作为伊斯兰工作伦理的基础已经被西方对非西方地区的殖民侵略摧毁。同时，殖民所强加的和自愿接受的现代化破坏了伊斯兰世界传统的社会构造。无论如何，伊斯兰的工作伦理和奉行该工作伦理的人们仍然继续存在。[104]然而，意识的世俗化往往导致非神圣的世界观。穆斯林对工作和对进步的态度表明，他们试图反抗其自身意识的转变。那些长期住在西方并系统研究西方历史的穆斯林不希望伊斯兰文化复制西方的错误。根据进步主义、发展主义和生态退化之间的联系，西方世界应该考虑为了我们全球子孙后代的可持续生态而改变航向。

9.10　伊斯兰信仰和伊斯兰文化及其对中国的意义

中华文明拥有足够的思想资源来正确地理解伊斯兰。然而，讲述历史上伊斯兰文明和中华文明之间相互影响与合作的文献和研究成果却很缺乏。伊斯兰教传入中国以后的1000多年中，一代代的中国穆斯林学者致力于把儒家文化与伊斯兰文化相结合，产生了著名的“汉克塔布”，还成功地将《古兰经》翻译为中文。当代中国正在超越近代欧洲兴起的“民族国家”的观念，恢复历史上“文明国家”的面貌。中国与伊斯兰各国在重建丝绸之路方面的紧密合作，有助于伊斯兰各国扭转19世纪和20世纪现代主义对其的影响，从而更容易突破民族主义和民族国家逻辑的狭隘限制。当代伊斯兰世界需要学习中国，同时，中国也可以从伊斯兰、儒家和道家世界观的相合中获益。此外，佛教与伊斯兰教之间也存在价值上的关联，这种关联值得深入研究，将为中国与伊斯兰世界之间的交流提供大量思想资源。

9.11　为什么唯有中华文化有足够资源理解伊斯兰

没有穆斯林在知识、经济和政治生活中做出的贡献，最近1000多年基督教、中国和印度的文明就是不完整的。很多英文文献介绍了南亚次大陆的伊斯兰教，但是讲述伊斯兰文明与中华文明之间合作的文献却很缺乏。在中国共建“一带一路”的倡议下，一些学者对研究中华文明与伊斯兰文明之间的和平边界产生了兴趣，因为中国这个国家和中华文明的未来，将再次依赖于在伊斯兰世界发生什么。在很大程度上，中国经济的未来与“一带一路”紧密地联结在一起，“一带一路”穿过伊斯兰世界东部的很多地方，通往伊斯兰世界西部、欧洲和非洲。

伊斯兰文明在地域上如此广阔，在民族上如此多样，穆斯林从一开始就被教导说，先知的最后一次布道称，并不能从人类的民族区别来宣称某种民族比另一种民族更好。但是，像很多其他文明一样，国家、民族、语言、社会阶级的独特意识继续在穆斯林中存在。伊斯兰世界在处理民族和语言分歧时从未真正有过像现代欧洲人那样的问题。欧洲在 20 世纪的两次大战中以民族主义为名屠杀的人数创造了纪录。

9.12 中国与伊斯兰的共享因素

中国与伊斯兰之间形成有机团结的最大挑战是，现代主义力量造成的传统丧失和对穆斯林认同、中华文明认同的减弱。现代主义把宗教看作一种落后的应该被民族主义取代的人类意识。民族主义的宏大野心拒绝给“外人”以同胞一样的待遇，这种做法给民族国家内部和外部都带来了一定的问题。在民族国家内部，一个群体必须凌驾于其他群体之上，其他群体必须追随占优势地位的群体。在民族国家外部，民族主义没有足够的精神、知识和人文力量来让边界之外的人们保持稳定。民族主义在“我的国家，不论对错”的逻辑下运行。因此，只要穆斯林与中国人的政治哲学继续服从于现代主义，双方看起来就不会有进一步的团结。然而，由于作为现代主义的一种势力的民族主义在第二次世界大战之后逐步削弱，人们可以在隧道的尽头看到光明。张维为教授明确指出，中国是一个文明型国家。[105]伊斯兰世界希望能从西方获得更大的自主权，以排除伊斯兰国家之间更大程度合作的障碍。[106]中国在克服民族国家的哲学束缚方面取得很大的进步，因为传统中华文明与延续数千年的中国国家之间的重合带来了优势。而伊斯兰文明区域太过庞大，无法让国家与文明之间重合。伊斯兰文明一直是一个由“次文明”国家所组成的体系。如果中国和伊斯兰世界通过更新和完善它们传统的知识与认同范式，扭转 19 世纪和 20 世纪现代主义对其的影响，那么它们就会更容易超越民族主义和民族国家逻辑的狭隘限制，实现更进一步的团结。

自古以来，中国与伊斯兰世界一直有交流。从伊斯兰时代早期开始，穆斯林就曾造访中国。先知的同伴和随后的哈里发/伊玛目授权穆斯林四处旅行，以分享伊斯兰信仰的教导。例如，萨哈比·萨阿德·伊本·阿比·瓦卡斯（Sahabi Sa’ad Ibn Abi Waqqas）与他的父亲一起访问中国，死后被安葬在中国，并在广州有一个纪念他的清真寺。中国与穆斯林的早期联系建立于贸易和思想交流的基础之上。伊斯兰的世界观让很多中国皇帝感到激动，他们在中国修筑了很多清真寺。此外，很多中国穆斯林学者不仅采用了儒家的观点，还可以说创造了“儒家化的伊斯兰”。伊斯兰在东亚世界渗透到了除日本以外的所有地区。[107]

9.13　伊斯兰的儒家化与中国化

伊斯兰世界持有一种传统的世界观。[109]伊斯兰教和儒家一样，自认为走中间道路。伊斯兰世界观一直在原则上既反对过度的物质主义，又反对超脱这个世界。在伊斯兰世界中，过分沉迷于这个世界，或过分隐居逃避这个世界，都是不被鼓励的。伊斯兰和儒家都宣扬中庸，避免极端。相反，现代主义却失去了控制，因为它失去了精神中心，现代主义总是有倒向极端的危险。现代世界的穆斯林对西方感到幻灭，常常是因为现代主义不现实地要求不断改革宗教，直到宗教不成为宗教。在欧洲基督教、犹太教和雅利安社出现的状况就是这种现象的几个例子。西方的现代性是反传统的，而东方的现代性继承了更大比例的亚洲物质文化、知识范式和文化原则。日本的观念，尽管看上去是现代的，但仍根植于神社和佛教价值之中。类似地，中国人的想法也出现了大转折，改变了摧毁传统的做法。韩国也采取类似的模式。2012 年以来，中国在复兴优秀传统文化方面做出了巨大努力，有意识地复兴中国在学术、治理和艺术领域的物质文化、精神思想和知识范式。韩国人和中国人从西方学到了很多东西，同时他们也仔细考察了日本模式。中国模式比韩国和日本的模式更加复杂，因为韩国人和日本人没有复兴他们的治理传统，且在政治上继续保持对西方的顺从。这种方式只能帮助他们自己的民族国家，而不能帮助其他任何文明。中国没有这样做。

中国模式的优越性在于中国特色社会主义。这不仅给中国带来了发展，还给其他国家带来了启发。由于一些历史原因，伊斯兰世界在形成一个以现代化进程来完善传统的模式方面做得不那么成功。但是，随着很多伊斯兰国家开始重新倒向东方，新的东方现代性开始给伊斯兰传统带来更多的空间。

其实，对现代主义最早的批评并非来自中国人，而是来自穆斯林。直到今天，包括赛义德在内的传统学派[110]已经贡献了从共享智慧的角度深刻批评过度物质主义的文献。伊斯兰精神传统的内在层面在伊斯兰世界的实践，或许至少与儒家和道家教诲在中国的实践一样多。但是，中华文明的物质文化发展得益于国家的帮助，使之变得更加具有吸引力、更实用，并且成为今天中国软实力的一个重要因素。

9.14　文化现代主义眼中的伊斯兰

现在让我们看看以文化研究的现代视角是如何看待宗教，特别是伊斯兰教的。我们需要停下一小段时间来看看我们生活的世界。一个人通过他的信仰和价值观观察一切事物，而现代世界体系和国际规范是世俗导向的。现代主义的起源，[111]也就是世俗主义的起源。[112]在伊斯兰世界观中，世界看起来是不同的，其视角经常与非宗教和反宗教的视角截然相反。

现代主义起源的故事，建筑在否定宗教的基础上，也建筑在欧洲基督教的“尸体”之上，是从进化论的角度看人类。现代哲学称：文化可以被想象为一种具有因果关系的因素，它通过人类特殊的方式影响进化过程。因为它包容了自觉的评估，这种评估基于一种反映了人类生活理想状态的价值体系，对人类的诸多可能性进行考量。因此，文化是一种不可缺少的装置，它能增强我们对物种演变方向的控制。[113]

由于进化论否认世界的神源，它对文化的观点完全限于地球上的存在物，根本没有考虑到超自然的存在。如果一个人否认“绝对”，那么这个人将会被永远地困在相对主义的藩篱之中。而在文化研究领域，这就意味着理论上的文化相对主义和现实中西方的文化绝对主义，在其政治和经济实力的作用下扼杀了一些传统文明的文化。这种局面首先发生在那些西方国家的内部，而后蔓延到世界其他地区。皮埃尔·布尔迪厄（Pierre Bourdieu）提出了“文化再生产”的概念，他认为统治阶级的教育功能可以展现统治阶级的文化，从而有助于确保其继续统治。[114]而这也正是当代西方国家一直在做的事情。西方就是在世界各地传播所谓“世俗主义”的传教士。当宗教人士引起暴力事件时，他们谴责宗教自身。而当非宗教人士引起暴力事件时，他们却宽恕那些非宗教人士所信奉的世俗价值观。他们一方面口口声声鼓吹着所谓的“文化相对论”，而另一方面，他们却又在全世界范围内推行着文化绝对主义。现代文化对战争似乎有着一种特殊的倾向。全面战争与现代文化的关系极其紧密：

> 这一胜利，是使得一个帝国的臣民变为公民战士的主要原因。公民战士的世界观是进化论的，他还拥有机械的自然观。正是科学物质主义所取得的胜利，引起了武器破坏性的增强、社会毁灭性力量的增长、道德价值和审美价值逐渐弱化、理性的光芒日趋暗淡、狂热的氛围日趋高涨。正是这种对暴力的崇拜，最终导致了全面战争的状态。[115]

9.15　超然性、和平、文化对中国的意义

中古英文中“和平”一词以及“和约”一词，与法文中“和平”一词一样，都源自拉丁文词根“pes”。相似地，阿拉伯文中“amanah”（信任与和约，trust and pact）一词与“aman”（和平，peace）一词是相联系的。这些词的反义词是不和谐（disorder）和不团结（disunity）。[116]这些词象征着冲突的停止，从外在的层面上来描述“和平”的含义。字典中常用“一致”（accord）、“协调”（reconciliation）、“秩序”（order）、“停战”（truce）一类词来描述外在的和平。有趣的是，这些表示“外在的和平”的词汇包含了从和平之前的一种存在争议、类似战争、不安的局面恢复到一种正常局面的状况。这里需要指出的重要事情是，和平并不仅仅意味着不存在战争。

内在和平通常用以下词来描述：满足（contentment）、和谐（harmony）、平静（repose）、安宁（tranquility）、安息（rest）、沉默（silence）和天福（beatitude)。它们的反义词则是焦虑(agitation)、愤怒(anger)、疯狂(madness)、不安(restlessness)、激动(storminess)、恐怖(terror)、动荡(turbulence)和暴力(violence)。[117]外在和平对正常的生活是必要的，但最终产生外在和平的是内在和平。内在和平的缺乏，最终会扰乱外在和平，在极端情况下的表现就是战争。

具有讽刺意味的是，现代世界的文化和其短暂的历史充分表现出一种愤怒与不安的政治焦虑状态，而恐怖和暴力的状态则把世界推向更加动荡。现代政治文化、现代经济学及其伴随的社会制度制造了很多产物，却不能带来和平。相反，由于世间存在的困境，传统文化见证了战争和纷争。根据许多学者的记载，传统世界战争与动荡的频率和强度远远低于现代世界。现代世界体系引发了一个战争和内乱持续不断的时代，它不仅对传统世界里的生态环境造成了巨大的破坏，而且威胁着我们生存和共处的集体生活方式。[118]现代世界的政治和经济制造了那些经常蹂躏世界上受压迫人民的军事工业综合体，它同样也扰乱了其内部人们的生活。现代城市的住所正在变得越来越丑陋，产生一种歇斯底里、偏执的文化，使居民内心的和平流失，致使所谓和平主义者的社会也不能使人安居乐业。

冷战时期在铁幕两边全面施行的世俗秩序，使“神和天堂”、对天的敬畏、“爱和知识”等问题在人文上变得不合时宜。从伊斯兰教的角度来看，一个不畏惧神的人可以做任何事情。如果我们杀死神，那么一切都成为可能。西方帝国主义和殖民主义只不过是人们用渎神、世俗生活原则取代神圣生活原则的心理的外在投射。

理解伊斯兰文化的和平本质，人们需要理解伊斯兰“神”的文化的重要性。“神”就是和平。“神”的99个美名之一是Al-Salam，意思就是“和平”。一个人生命中的“神”越多，一个人也就越“和平”，一个人向自己周围的人散射出的和平与安宁也越多。一个敬畏“神”的人在原则上一定是和平的。

所有的宗教首先是传统的，宗教在本质上不是现代的。就像家庭制度一样，宗教也是一个传统的制度。在所有现存的宗教中，伊斯兰教可以说是最接近其宗教信仰本身的一种宗教，并成为现代主义渴望吞噬和消解的最后一个疆界。

穆斯林为伊斯兰而进行的斗争，也是他们为维护自身接受神的话语的文化所进行的斗争。依据赛义德·侯赛因·纳斯尔的说法：

> 伊斯兰文化表现出不可否认的统一性，这是伊斯兰启示的精神和形式相统一的结果，在最高的层面上是“神圣统一”本身的结果。同样，创造的整个秩序（世界）是神的唯一性在多样性镜子中的反射。同样，伊斯兰文化的各种“面孔”，是人类对同一预言的多种回音，也是超越人类的。在人类的集体活动中，“唯一性”的反射，使这种活动具有高尚的目的，值得被称为一种文化。[119]

到目前为止，在本章中，我们已经解释了伊斯兰的基本信仰及其与伊斯兰文化的关系。我们已经解释了伊斯兰文明的文化是如何通过 urf 机制与前伊斯兰文化融合的。如果跨文化的实体（如中国和伊斯兰世界）不失去其宇宙论资源，那么它们可以很容易进行文化间的交流；如果它们否定自己的原始身份，那么它们就可能很难发展出有意义的、让彼此理解的解释学，并以此为基础，理解、接受和采纳对方的观点。

对于中国来说，增进中国与伊斯兰世界之间的相互理解是很重要的，不能忽略表面上不容易看到，但却是穆斯林所珍视的理想。如果根据伊斯兰教的信仰和现状来理解伊斯兰教与文化的关系，中国就可以了解穆斯林生活的另外两个方面——它们对伊斯兰世界许多地区的政治和经济关系具有重要影响。如前所述，这两个方面首先是穆斯林的集体认同，也就是精神、社会、经济和政治共同体，即乌玛的概念。其次，非常重要的是要了解构成其经济哲学的伊斯兰教义。通过了解这一点，中国人也将理解穆斯林对经济发展和职业道德的看法，以及当大量中国人生活在伊斯兰世界的不同地区时，会发生什么。在本章中，我们概括说明了对伊斯兰世界观产生决定性影响的伊斯兰信仰。我们对《古兰经》、“先知的生活与格言”、“创造的原则与被造物的关系”等观点进行了探讨。伊斯兰观念强调，在地球的秩序之上，存在着另一种现实秩序，它比前者更为真实，并最终控制着现实的地球秩序。这可能容易被那些在中国实践某一种传统宗教的人理解和认识，他们理解天堂对于尘世生活的意义和作用。由于强调共同的根源，伊斯兰世界的世界观是统一的，但伊斯兰世界中存在着丰富的多样性。这种多样性包括思想的多流派和沙里亚教法实践中的法律多样性。除此之外，还有文化的多样性。由于伊斯兰教在历史上出现得相当晚，几乎每一个穆斯林都集体性地继承了前伊斯兰文化传统，带着以往一种或多种宗教的印记。伊斯兰教与文化的关系也被详细地讨论，以便更好地理解伊斯兰世界文化中几个区域的文化链。我们也不能忽视现代主义的作用，没有理解这一点，伊斯兰世界目前的现实可能不为中国读者所理解。“多元多样性”并不妨碍穆斯林世界观的统一，这通常是西方理解伊斯兰世界过程中最经常忘记的一点。伊斯兰教拥有团结的信念，强调各层面——精神、智力、社会、经济和政治的团结，团结的理想始终是伊斯兰教的核心。因此，乌玛观念作为穆斯林集体意识的理想之一，也被详细探讨。最后，对经济联系的实践意义的讨论可以帮助中国人更好地认知伊斯兰经济学，并且帮助企业精英了解伊斯兰经济学说，以及穆斯林观念中的工作伦理。

10　中国与伊斯兰世界的沟通渠道与理解障碍：穆斯林对世俗、性别和性的看法[120]

英俊高大的王子来中国已经一周了，越来越显得焦虑不安。“我要进山，我要到大山里走一趟，”凌晨六时，长江上游的山城黑蒙蒙一片。王子坚持要去武隆的大山里。“汽车要走三个多小时的山道，往返要七八个小时，”我站在车旁，想阻止王子说。

“我是山野之王，我每天早上五点起床祷告，然后爬山。进山、爬山是我每天的必要活动。”王子争辩说。

阿德南王子老家在阿富汗东部，他的王国在巴基斯坦的斯瓦特山谷。斯瓦特王国古称乌仗那王国，是法显、玄奘西天求法的梦幻之地。莲花生大师也是乌仗那人，他出生的池塘就在阿德南王子的王宫家门口不远处。至于莲花生大师与阿德南王子是否有血缘关系，不得而知。

阿德南王子这次来北京和重庆的大学讲学已经一周了。无论是在北京还是在重庆，他在演讲中都会播放这六张照片。

第一张是周总理的夫人邓颖超与阿德南王子的母亲亲切地手牵着手、臂挽着臂的照片。“这是中华人民共和国成立后，邓颖超第一次公开出来接待外宾，”阿德南王子深情地回忆说，“我母亲在中国旅行的八天里，邓颖超一直是这样亲切地挽着我妈妈的臂。”

第二张照片是毛主席张开他的大手把阿德南王子爸爸的拳头紧紧地抓在手中，阿德南的妈妈站在一边开心地观望。

第三张照片是毛主席会见作为总统私人特使的王子的岳父。毛主席的大手亲切地抓着王子岳父的手。“毛主席亲切紧握我家人的大手，象征着中国团结巴基斯坦的强大力量。”王子说。

第四张照片是在周总理第一次访问巴基斯坦时，四岁的阿德南王子抱着鲜花来到拉瓦尔品第机场，给周总理献花。

第五张照片是一个戴红领巾、梳着长辫的中国少女在北京机场给王子的外公阿尤布·汗总统献花。“我不知道这个献花的女子今天在哪里，”王子说，“如果这个女子还健在，并且能够在网络上看到这张照片，我会专程来北京拜访她，或者我请她来斯瓦特——我的王国访问。”

第六张照片是身穿穆斯林白色长衫的王子，一只胳膊搂着一个头戴普什图白色圆顶羊毛帽子的男子，双双背影站着，仰望斯瓦特河谷一块高高的断崖上面的巨大佛像石刻，这座佛像是唐玄宗时期由中国富人捐助建造的。“对我的人生产生深刻影响的人屈指可数，而照片上的这个人是其中的一个，”王子指着投影上的照片说，“我希望中国能有十个这样的人。”

李希光日记

2019 年 1 月 9 日

尽管伊斯兰教的先知穆罕默德早在公元 7 世纪初就对穆斯林发出了“学问虽远在中国，亦当求之”的号召，600 多年后中国明朝的开国君主也亲笔为伊斯兰教及其创始人写下了百字赞文，但是总体来说，中华文明与伊斯兰文明两大文明之间，中国与以伊斯兰为主体信仰的各国之间，中国国内以汉族为代表的几十个非穆斯林民族与主要信奉伊斯兰教的亚非欧三大洲的很多民族之间，仍然缺乏了解。例如，很多中国人并不了解穆斯林饮食禁忌的由来和宗教含义。一些国外穆斯林出于制衡美国、制止其霸权行径的想法而希望中国迅速崛起，这往往夸大了中国发展的程度。例如，2015 年 3 月，在卡拉奇一个四星级酒店的游泳池中，两位十五六岁的巴基斯坦少年好奇地问我，中国城市街头是不是有自动驾驶的汽车到处跑，中国空军的实力是否已经超过美国空军。

10.1　中国与伊斯兰国家相互不了解

正如之前一节所说，在中国和伊斯兰世界之间存在很多的共同点（历史、文化和宗教方面）。这种情况源于两大文明在地理上的接近性，以及穆斯林在中国政治史中所发挥的作用。此外，每个文明都会和其他文明存在交流。在古代，从地理上很难说得清伊斯兰文明的范围在哪里，中国文明从哪里开始。在当代世界，这两个文明被现代民族国家体系放入“水密隔舱”中，两者都想打破牢笼，试图将“文明”复兴作为国际关系中的分析类别，以摆脱困境。为了实现这个目标，中国当代的很多哲学家和社会科学家提出了与西方民族国家系统不同的文明国家的理论。由于现代国家体系的限制，中国与伊斯兰世界之间的跨文化交流较为有限。即使像中国和巴基斯坦这样关系密切的国际伙伴，也在信仰和知识的很多方面几乎彼此不太了解。当中国的“一带一路”倡议走向全球时，其西面第一个邻居，就是伊斯兰国家。在向新的国家体系和国际体系过渡过程中，中国致力于用自己的方式理解伊斯兰世界，而不是接受西方英文媒体和学术界所呈现的穆斯林形象。正如中国谚语所说“千里之行，始于足下”，这种努力将获得伊斯兰世界的支持，因为它肯定能为中国和伊斯兰世界双方带来好处。

在古代，只有学者、政府官员或者商人需要应对跨文明环境。然而，在今天，货物、思想和人民的全球化，让各种各样的人们越过边界，不仅是专家在跨境游走，门外汉（旅游者）也想去异国享受不同的情调。这种情况为不同文化间的交流创造了机会，但也带来了挑战。这种情况虽然能促进商业贸易，但如果没有正确的知识和政策引导，也可能导致文化摩擦。

今天，穆斯林对中国不了解的程度，可能要低于中国对穆斯林不了解的程度。历史上的情况可能与此相反，因为大量的穆斯林社团居住在中国，广泛参与中国的贸易、管理、航海和安全等领域，而历史上没有与之数量相当的中国社团居住在伊斯兰世界的不同地区。今天，情况看起来倒转过来了。中国在国外建立了孔子学院，越来越多的中国人在国外旅行或生活，中国商业社团和小型唐人街在国外兴旺发展。鉴于居住在中国的56个民族中有10个民族以穆斯林为主，我们可能预期中国人比过去更了解穆斯林，但是有些因素阻碍了这种预期的实现。中国在其早期历史中与伊斯兰的关系可能比现在更近一些，这是因为中国人经历了一种穆斯林所没有经历过的转变。这一切都是以中国人集体意识的转变为前提，在这一意识的转变中，中国看到了自身政体的前瞻性和现代性。在物质层面上这并没有害处，但是在认知层面上，中国可能背负着欧洲启蒙思想的不必要的负担，这种思想是西方衰落的缘由。中国已经成功在意识形态和政策的层面上避免了路径依赖，但是它现在需要做更多的工作去避免“哲学路径依赖”。西方在道德、经济和政治上的衰落，正是由于其霸权思想。霸权国家会在其内部矛盾中终结，而不是外来入侵。西方正处于衰落状态，这是由于其人口缩减、家庭崩溃增多、犯罪率上升、收入不平等扩大以及其统治者在国外进行着法西斯性质的战争、在国内监控人民等等。每个国家的思想和现实都是息息相关的，而西方现代性是启蒙思想的产物，它催生了这种严峻的现实。如果中国不打算重复西方的错误，就必须避免照搬启蒙运动思想所导致的“路径依赖”，而这种启蒙运动思想是随着中国早期的西方化而传入中国的。中国应当认真研究穆斯林在最近 200 年中应对西方攻击的历史，了解为什么穆斯林经常拒绝西方提出的改革方案。在理解这个问题之后，中国可以避免西方与伊斯兰世界打交道时所犯的错误。在这一关键时刻，如果中国价值体系遵循西方道路，那么它就很可能在与伊斯兰世界交往时遇到麻烦。反过来，中国越是转向其原初的思想，使用传统的资源复兴其软权力，就越有可能与伊斯兰世界顺利交往。

本章探讨的是中国与伊斯兰世界之间相互理解的障碍，以及克服这种障碍的一些思考。此后一章阐述了这一问题，并且提出了一些重要的值得关注的领域。在这些领域中，中国人可能对理解伊斯兰世界感到困难。本章将呈现“伊斯兰恐惧症”带来的全球性挑战，以及如何使中国文明摆脱西方建立的对抗性陷阱。西方设置陷阱的目的是让中国在面对全球性挑战的过程中消耗国力。这些陷阱一方面是设置出来的，另一方面又是真实存在的，而制造全球恐怖主义源头的正是西方本身。在这里，我们可以为中国读者提供一些认知方面的方法，以应对这些挑战。最重要的是，本章还将讨论未来在两个领域可能出现潜在文化摩擦。第一个领域容易出现的摩擦较为值得关注，但也是容易克服的，包括语言和生活习惯方面的障碍。这些障碍其实是文化的外在表现，语言可以学习，食物可以习惯。然而，第二个领域是比较遥远的，但却是更重要的。第二个领域的第一部分是理解为什么穆斯林不像西方和当代中国那样世俗化，还有理解穆斯林对于谦虚、性别和性问题的观点。在第一个领域中，中国人和穆斯林可以寻求适应彼此的生活习惯，但是在第二个领域中，双方可能不那么容易改变。如果中国人能从穆斯林的角度理解这两个领域，那么他们就可以用自己的方式更好地理解穆斯林，而无须自我改造或改变穆斯林。

10.2　“伊斯兰恐惧症”的风险

在 1991 年苏联解体以后，美国需要树立一个敌人来为自己在世界范围内的军事扩张正名。为了维持全球霸权，美国和追随它的西方盟友把穆斯林塑造为新的“妖怪”，并把伊斯兰教看作敌对的意识形态。从 1990 年到 2001 年的 11 年中，美国宣扬福山提出的历史终结论，认为不把民主和资本主义作为理想的国家将与强大的西方——新的单极世界的主宰——迎头相撞。塞缪尔·亨廷顿在其著作《文明的冲突与世界秩序的重建》中预言了这一碰撞过程，他认为，世界将向着西方主导的民主世界与专制的儒家和伊斯兰世界发生冲突的方向发展。在那些年里，中国的崛起还不足以使其成为美国的重要经济竞争对手。在此期间，为了证明穆斯林和伊斯兰世界是西方新的敌人，华盛顿的犹太复国主义者们创造了“伊斯兰恐惧症”。伯纳德·刘易斯、亨利·基辛格（Henry Kissinger）、丹尼尔·派普斯（Daniel Pipes）、马丁·克雷默（Martin Kramer）、朱迪思·米勒（Judith Miller）、大卫·霍罗威茨（David Horowitz）、罗伯特·斯宾塞（Robert Spencer）和许多其他学者一起鼓吹穆斯林是新的敌人，这是绝对错误的思想。几年以后，“伊斯兰恐惧症”的传播形成了一个由学术界、媒体、好莱坞和其他信息渠道支持的成熟链条，并错误地将伊斯兰教和穆斯林妖魔化，甚至时任美国总统特朗普都在推特上转发了世界著名的仇恨言论。由“伊斯兰恐惧症”大范围传播导致的对穆斯林的仇恨已经达到新的高度，针对居住在西方的穆斯林的犯罪率连创新高。西方扩散“伊斯兰恐惧症”对阻碍中国发展具有重要意义，原因有二：第一，中国的现代化计划还没有完全摆脱西化的力量。第二，由于西方全面霸权梦想的最大挑战是中国的崛起，所以从西方的角度来看，使用其在中国境内的代理人，可以带来中国社会的对立，这将会是一个好办法。根据西方的战略，这一对立可以采用挑起中国汉族人（特别是基督徒）与中国穆斯林的斗争来实现。中国内部的西方代理人包括一些非政府组织，以及一些中国媒体和学术界的人士。植根于西方国家的犹太复国主义计划，通过夸大中国文化断层线的方式来阻止中国的崛起。历史上，犹太复国主义精英经常资助战争或争端的双方，以加剧冲突。如果他们成功地加剧了一个国家的国内冲突，那么他们就可以通过削弱冲突双方来达到“分而治之”，并且迫使双方屈从于其霸权计划的目的。因此，如果他们能破坏中国汉族人与中国穆斯林之间的和谐，那么他们就可以让中国在伊斯兰世界不受欢迎，“一带一路”就会失败。对此，中国必须尽其所能，防止被影响西方政府的犹太复国主义精英玩弄于股掌之上，防止被他们伤害。

最近一些分析家注意到，“伊斯兰恐惧症”在社会各层都有流行的趋势，这值得警惕。一位学者做过下面的分析：

> 我很好奇，为什么这些常常是直接从西方“进口”的观点，在很多中国人当中看起来却拥有吸引力。毕竟人们经常批评西方在中东的干预，他们也很有自己的理由去支持反制西方政治和文化优势地位的努力。[121]

很多中国人害怕伊斯兰“恐怖分子”包围中国，还有中国本地的穆斯林可能会支持或帮助他们的穆斯林兄弟。这种观点当然是错误的。但是在社交媒体上，它确实很有影响力。如果仔细追踪，这种观点可以追溯到西方的宣传者，他们想在伊斯兰世界与中国之间制造更多的矛盾。北京大学阿拉伯语系主任林丰民教授也曾做过下面的分析。

> 西方媒体对中国关于伊斯兰的思考影响很大……中国媒体大量（从西方媒体）中引进二手信息……在中国学术界，西方意识形态仍然占统治地

> 位……（中国）研究伊斯兰的群体在扩大……主要是由汉族人主导的，但是（他们）的语言能力仍然不足，他们所阅读的大部分资料是英文或法文的，所以很多人吸收了西方世界观。[122]

其他一些学者也注意到，中国的“伊斯兰恐惧症”不是土生土长的，而是从西方观点中引入的。中国需要以一种战略眼光去应对这种令人不安的状况。中国已经在审查英语的信息来源，但是这不会切断与世界的联系。这一现象部分源于英语的全球化，但不能用汉语的全球化加以应对并取代英语的全球化，而应该对伊斯兰进行客观认识和沟通，并加强与穆斯林的交流。因此，更现实的方式是，中国学术界和媒体应更加努力，以及让穆斯林在向中国公众解释自身的过程中发挥更大的作用。

上文中提到过，有两件事情让全球读者对穆斯林感到迷惑：第一，为什么穆斯林如此不合时宜，拒绝完全融入西方设定的“世俗规范”。第二，穆斯林在社会、性别和性角色方面为何如此保守。在中国，也有人经常问，为什么穆斯林不饮酒，穆斯林为什么还在包办婚姻，为什么穆斯林与表姐妹结婚，穆斯林女性约会吗，穆斯林女性为什么不能发生婚前亲密关系，为什么穆斯林女性戴着头巾，等等。如果中国专家和大众能够理解穆斯林批评西方式“世俗规范”的基础，以及穆斯林批评现代性别和性角色的基础，穆斯林的立场就能够获得正确的理解。即使中国人心里默认这是落后世俗的，他们也能由此而更好地理解穆斯林。伊斯兰世界在文化和日常生活中仍然保持固有的传统风俗。在世界上各种传统文化中，很多伊斯兰文化或许比多数非伊斯兰文化更传统。可以说，如果中国人像西方人那样拒绝自身的传统，他们就会难以理解伊斯兰传统。反过来说，如果中国人与自己的传统达成妥协，他们就更加容易理解并且欣赏伊斯兰传统。

因此，下述内容将涉及两个重要的领域：穆斯林对西方模式的世俗主义批判，以及穆斯林对于性别关系、婚姻和性角色的庄重态度。

10.3 世俗主义[123]批判：伊斯兰世界的一种观点

伊斯兰教自称是和平宗教，但在伊斯兰世界里到处都充满了战争。塞缪尔·亨廷顿曾经称“伊斯兰有着血腥的边疆”。这是真的。但是，西方在欺骗的基础上发动多次战争，让穆斯林在全球流血，这也是真的。

当代世界为什么缺少和平，可能并非因为战争本身，没有战争也并不必然意味着和平。现代战争是缺乏和平最具戏剧性的呈现，也是某些需要理解的更深层次原因的明显症状。很早之前就有战争，然而当今世界战争的频率和烈度与现代之前的战争明显不同。据保守估计，20 世纪的战争导致约 2.5 亿人丧生。[124] 21 世纪初的战争导致约 25 万人被屠杀，其中大部分是非战斗人员。在 20 世纪里，绝大多数是非战斗人员的死亡，他们为原子弹轰炸、种族清洗、集中营屠杀以及其他炸弹和无人机袭击的“附带伤害”所杀。现代战争比此前的战争中杀人更多。随着基因科学的进步，加上生物技术的复杂化，地球上某些人群被选择性大规模灭绝变得越来越容易。

现代世界的起源[125]植根于宗教改革和启蒙运动。欧洲现代秩序的建立是以基督教在生活的几乎每个方面被逐渐击败为前提的，这一过程持续了几百年。其他地方的现代世界秩序的开始相对要迅速一些。此外，西方以外地区现代世界秩序的开始恰逢亚洲、非洲、南北美洲和大洋洲等地区被征服的时期。同时，欧洲宗教的消亡和世俗思想的兴起是现代主义产生的原因和后果。世俗气氛及其伴随的心态制造了一个又一个的意识形态。从一个多世纪以前开始，这些意识形态在现代西方和西方以外的地区不断失败。我们就生活在意识形态崩溃及与之相关的现代秩序毁灭的时代。迫在眉睫的生态悲剧对我们“怒目而视”，恳求我们从濒死的物质主义的世俗之路上改道而行，走上尊重自然的温和发展之路，把自然看成神圣的、不可侵犯的。

现代世界并不和平，不仅是因为普遍存在的战争，而且主要是由于在元意识形态（指世俗主义）的推动下，人们在错误和消极的意识形态的影响下偏离了对人性的传统理解。[126]有证据表明，今天在地球上生活的各类人群中，穆斯林与其他宗教的信徒相比，与其宗教传统有着更密切的联系。

他们一直撰文，以精神视角来批判受现代主义思潮影响的唯物主义的文学。重要的是，穆斯林不是唯一致力于此的群体，其他传统信仰者也对肤浅的现代意识形态所带来的毁灭性影响有相应的认识。然而，穆斯林是现代主义代理人仍然需要征服的最后防线。现代强权（某些国家和大型企业）可以摧毁、占领一部分伊斯兰国土，但是那些肤浅的西化思想却难以征服穆斯林的心灵和思想。现在，人们认识到，在当前由西方国家在伊斯兰土地上发动的“全球反恐战争”中，单纯轰炸和占领，除了让伊斯兰手无寸铁的百姓感到惊恐不安外，别无他用。现在这些强权转而诉诸“观念控制”，通过贿赂、收买私营媒体，修改学校教学大纲，监控大学等手段来达成目的。这种新型战争方式又被称为“去中心化”的第四代战争，实质是操控意识、颠覆价值观的心理战，旨在控制伊斯兰世界，“管理”其人口，让穆斯林臣服于强权。而西方强权动用了各个层级的世俗化意识形态，把伊斯兰描绘成倒退、落后的形象，以此来侵蚀伊斯兰的根源。

穆斯林历史上（对西方）的仇恨情感，西方对伊斯兰世界石油资源的盘剥，以及当前美利坚帝国的骄傲跋扈，是当前西方主流媒体把穆斯林设定为假想敌的主要原因。如果我们注定要面对全球后工业化的未来，那么这场旷日持久、冷热交替的新型战争会带来相应的结果。这些武装到牙齿的国家向拿着棍棒和石头的人民袭击，至今仍然没有“赢得”战争。结果，这些强权变得更为贪婪、凶暴。很多西方国家的分析家指出，之前导致两次世界大战的悲观情绪已经四处弥漫，从非西方国家的后殖民视角来看，似乎这些情绪并无重大改变。伊斯兰世界以外的明智之士理解穆斯林是为了保卫资源、捍卫身份而采取抵抗行动，他们也开始同情穆斯林的处境。中国就是众多文明的榜样，世界逐渐从过去妖魔化穆斯林的“官方叙事”中挣脱出来，从日本到美国加利福尼亚，全世界各地的非穆斯林开始声援穆斯林的斗争。随着“官方叙事”越来越多地大白于天下，我们越来越可能看到西方世界内部政策的暴力升级，也越有可能见证世界各国团结在一起为全球正义而斗争。这种斗争起先为星星之火，而后成燎原之势。即使不是扮演道义领导者，穆斯林在捍卫全球正义的群体中也一定扮演重要角色。

对很多穆斯林而言，想要搞清楚西方世界如此嗜血的原因非常困难。为何世界资源不能按照当前世界人口公平合理地分配？为何我们宁愿往太空发射飞船，而不愿意消除贫困？为何我们宁愿生产大规模杀伤性武器，而不愿意在事关控制人口和疾病的全球研发项目上多多投入？到底是通过发动战争、过度消费、毁灭环境来减少世界的人口，还是引导人们在未来过上更为节俭和谐的生活为宜？所有这些问题都要求我们研究当前反人道主义背后的信仰和价值观。穆斯林认为，世俗人文主义是当今普遍的反人道主义的祸根。

10.4 世俗政治的嘈杂与战争

如果人们回顾过去5个世纪以来的西方政治史，就会看到传统秩序的毁灭，政治生活中世俗化的推进，旧事物被一波接一波的革命摧毁。后来，这种状况也影响了世界其他地区。然而，这种崩坏在更早的时代就已经出现过。穆斯林认为，如果灵性准则不能一代又一代更新我们的制度和社会，那么每个人类组织都会随着时间的流逝而丧失自身的价值观。如果自身没有获得合法的授权，王室和贵族就会被废除，甚至囚禁罗马教皇，刹帝利会消灭庙宇中的婆罗门，苏丹会架空哈里发的权威。不久，资产阶级崛起，其反对贵族，力图按照自己的逻辑来统治世界。然而，无产阶级的崛起，则是争取以普通人/人民大众的名义来统治。这种世界历史的循环颇为普遍。很久以前，柏拉图就在他关于人类政体类型的谈话中讨论过这一点。

现代大众社会的政治秩序自诞生之日始，就在全球范围内传播着。不少现代知识精英高歌民主和资本主义，将它们尊奉为人人要适应的普世圭臬。这种秩序因其世俗的形式而被世界强权的精英阶层接受，但被其他地区排斥。我们必须重新思考民主本身，因为事实上西方所谓的民主就像它们的经济一样正在倒退，但是这样说似乎对现代西方人而言是大不敬。即使这些国家在民主方面按照自身的标准健全起来，它们对世界的其他地方也依然构成了威胁。民主与国家发展程度相关，而其部分的发展程度与全球资源的系统性掠夺相关。随着这些所谓文明开化的民主国家选举日期临近，伊斯兰世界的人们会变得紧张，准备迎接即将到来的灾难。因为民主的信徒们对他们的金主说，穆斯林会对本国发动炸弹袭击，[127]以至其促使国家采取限制移民、禁止诸如头巾和清真寺尖塔这样的穆斯林符号等种种措施。为赢得选票，他们必须对已经由媒体妖魔化的假想敌的形象加以进一步抹黑。难道这样做可以换来世界和平吗？难道民主国家会因为迎合民众的无知和仇恨而给世界带来和平吗？认为民主国家就是天然的和平捍卫者的观点就是白日梦。今天，我们应该思考什么是人类，为什么人类需要更高的存在来成就完善自身。任何传诵正义的政治秩序都该记住人性的本质。对这个问题，我们将稍后继续讨论。

伊斯兰哲学一直认为，唯有宗教力量居于至高之位，能带来永久的政治稳定。否则，随着时间的流逝，人类将会发生纷争，背弃尊者。在关于西方世界的理念和讨论中，人们对“普通人”这个概念加以尊崇，关于平等的观念回响在人们生活的各个角落。然而，达成平等仍然是个遥远的梦想。一方面，本国内部和各国之间的收入差距日趋悬殊；另一方面，强权给普通人开出空头支票，同时强权牢牢地置于本国政府和全球力量合法掠夺的地位之上。

任何政治哲学研究的关键问题都在于如何实现良善的社会，其使公民的生命、自由、财产和名誉在管理中处于安全状态。在良好的社会里，政治、经济和社会公正会产生和谐，带来和平幸福。这带来一个问题，什么能让人类幸福？要想回答这个问题，必须洞悉人类天性。

这里就是世俗主义者和非世俗主义者产生分歧的地方。现代思想对真理做了相对化处理，同样也把幸福和美的概念相对化。世俗主义者认为，幸福就是让人获取快乐，美取决于主体自身而无客观标准。古代哲学家和宗教所讨论的福德、幸运及其他思想并不为当代思想所认可。现代人性研究中所包含的相对化倾向，无法对什么会带来幸福给予可靠的回答。

根据人类的进化论观点，生命的起源通常而言是随机的，自身没有任何固有意义。进化论者相信人类由生命的低等形态进化而来，生命本身没有天赋意义。相反，人们给自己的生命赋予意义。关于人生意义的真谛，没有绝对一致的标准，相对性观念是这个思想的基石。尽管进化论只是一种假说，但它在学校里被当成事实代代传授，已经冲击并塑造着学术界、媒体、文艺领域、娱乐业的认知思维。现代世俗社会的两大信条就是进化论和相对主义。如果把这两个理论抽掉，世俗社会的世界观会轰然倒塌。这种世界观认为人类是有语言的高等动物，人有思想和身体，其价值规范是一直因时而变的社会的组成部分。对现代世俗社会而言，看不见的灵魂并不存在，无非就是遥远世代的迷信而已。现代科学的机构和代理人作为传播这种思想的“教士”，结合了科学主义和政治力量，具有很大影响力。

《牛津哲学词典》将人类描述为："我们人类是动物，在林奈分类法中归为智人种。我们人类是什么时候最早出现的，还存在争议，确实这完全是一个定义问题——不会早于100万年前出现……我们分为几个次种群（种族），或许其他有机体可以称为'亚种'，但是它们已经完全相互融合，因而今天（由于便捷的旅行等因素），严格的界限已经在很大程度上被打破。"[128]这是典型的用世俗思路去理解人类的定义。现代主义者就从这种哲学的角度来理解人性。早期人文主义强调权力、权威和人的利益的重要性，它并没有试图贬低神。然而，在文艺复兴运动之后，人文主义成为远离神的运动。"科学和宗教的冲突兴起于19世纪，很大程度上是因为达尔文主义与对《圣经》的原教旨主义解读不一致。于是，在现代，人文主义与无神论和不可知论联手了。"[129]不久之后，对人性的这种观念进入人文学科领域，制造了残忍的社会达尔文主义理论。在这种理论中，上等人有权支配下等人，将丛林法则合法化。这直接导致了自认为进化得更完善、更高等的人们对被认为低等的人群的屠杀和征服。

从穆斯林的角度来看，人与动物的本质区别是重要的。除了语言和社会，还有别的东西将人与动物区别开来吗？人性本质是好的、坏的，还是中性的？当柏拉图提出社会在塑造人性方面具有重要性时，他的论点与很多社会建构主义者的不同。社会建构主义者们认为人性非善非恶，只是依赖于它是如何被"社会建构的"。柏拉图的世界充满了古希腊宗教的奥秘。古希腊是一个在亚伯拉罕宗教占上风之前以神为中心的社会。类似地，基督教强调人类的堕落本性，其关键在于人类的救赎，就像伊斯兰教对人性"本质上是好的"的观念并不否认，《古兰经》中充满这样的告诫：我们不要偏离正道，以避免"堕落"。

今天，即使在和平时期，也有如此多的冲突，这是因为我们错误地认同产生冲突的因素，如阶级、种族、性别和其他经济与政治意识形态。阶级和种姓总是存在的，但在马克思之前，没有人认为社会阶级是相互进行斗争的，工人和资本家之间是互相争斗的。种族差异一直存在，但现代发生的由种族差异而引发的系统性的人类灭绝是史无前例的。社会达尔文主义的影响使其迅速发展。同样，性别差异也从一开始就存在，但性别战争是当今的产物。家庭的崩溃导致社会的解体，这表明我们正在自食恶果。现代主义包含着毁灭它自身的种子。我们现在都能发现现代性危机，几乎所有现代化理论宏大叙事的假设都在我们眼前失败。正如西奥多·罗斯扎克（Theodore Roszak）早在20世纪70年代所指出的，“现在我们可以认识到，灵魂的命运就是社会秩序的命运；如果我们的精神枯萎，我们身边建设的世界也会枯萎”。[130]

世俗主义产生了分裂和分化世界的影响。现代主义的第一个政治说教是对欧洲基督教徒说，“你们不再是跨越国界的基督徒兄弟，你们属于不同的国家，被语言和族群壁垒分隔”。在现代之前，传统的欧洲基督教徒之所以能够跨越这些障碍，是因为他们拥有同一种精神支柱。相比之下，现代人失去了精神支柱，被禁锢在自我设定的范围之内。欧洲内部早先的宗教战争比起两次世界大战，只是小规模的战争。欧洲殖民者还盲目地在伊斯兰世界传播同样的世俗民族主义主张。以宗教信仰为基础的团结在穆斯林之中大体保持完好，但是在此之前，穆斯林中更高层次的社会和政治领域的相互影响已经被破坏。殖民统治者之所以能够成功地把穆斯林锁进小的民族国家里，是因为穆斯林缺乏对现代西方历史、政治中的弱点和背离自身价值观念的理解。当伊斯兰世界被“分而治之”而隔离的时候，欧洲人忙于组成欧洲经济共同体、欧洲共同体和欧洲联盟，努力避免重蹈大战的覆辙。地球上的战争开始远离欧洲，在别处进行。

在人类历史中也有恶魔为了杀戮而杀人的一些例子，但这样的例子在旧的秩序中是例外情况。在过去6000年的历史记录中，这种情况相当罕见。而在我们当今世界，消灭非战斗人员几乎成了常态。因此，我们可以说，在现代，暴力是系统性的，战争是有利可图的。掠夺和霸占其他人的资源被所谓的文明民主国家看作是可以接受的。那些阻拦这种行为的人被严厉惩罚。如果一个没有深入思考的非洲人或亚洲人被问到这么做的人在想些什么，他的回答可能很简单：那些杀人、伤人、掠夺的人一定不害怕神、天堂或者腾格里。他可能会说，他们没有被教过善有善报，恶有恶报。印度教徒还会说，他们不懂报应。世界上所有的智慧传统都将说类似的话。偏离这样的心态，就会被解释成偏离人性的精神态度。

发生战争的一些一般性原因可以与人性相联系，在另一些情况下，战争也会由外部因素触发。然而，前者是后者的根本原因。沙里亚、道和佛法告诉我们，人类的痛苦是因欲望、贪婪所致。前现代社会的宗教伦理和神圣法构成了对人类自我要求的文化约束。传统文化有着高度发达的规范，带有古代智慧的印记。因此，经济事务中的贪婪和对权力的贪欲虽然存在，但却被斥责，在社会上不被接受。当旧秩序逐步演变为现代秩序，我们可以发现过去令人厌恶的东西，现在在文化上变得可以接受了。著名的电影《华尔街》中重要的（或是臭名昭著的）线索就是“贪婪是好的”。这些信息对人们心灵的影响，有时会在他们的心智形成阶段改变其认知。他们在多年以后或许会发现，这些信息既不符合他们的本性，也不利于世界和谐。使贪婪合法化，在道德和伦理的束缚被世俗主义力量解除的环境中赞美所有的欲望，是当今世界常见的现象。有些行业已经准备好激发这种动机，并从中受益。企业和全球媒体以从这些欲望中脱胎的“非必需品”为乐，而传统社会则控制这些欲望。传统社会的圣人和他们的圣典告诉我们，这些欲望最终导致恶果。

世俗主义中解放人类欲望的错误观念影响了人类的最终道路。世俗主义颁发了生产、消费和浪费的许可证，不懈地追求利润和财富，直接导致了环境恶化。今天的世界由于自身的性质，容易发生暴力和战争。托马斯·霍莫·迪克逊（Thomas Homer Dixon）认为，现代经济中人为诱导的稀缺性最终将成为内乱、犯罪的催化剂，从而导致世界上的苦痛突然急剧增多。一个良好的环境是世界和平不可缺少的因素。研究这一议题，迫切需要我们更仔细地审视世俗主义在产生无伦理的经济、亵渎自然以及由此造成的动乱冲突等方面所起的作用。

10.5 世俗主义与生态悲剧

深层生态学[131]和生态系统学派[132]认为，现代经济秩序中的可持续性是一个很大的谎言。在环境研究中提出的悲观论断得到证实之前，可持续发展的神话是一个委婉的说法——旧秩序将持续下去。如果事态继续以往常的速度发展，要想回到一个世纪前的生态环境状况，就太难了。环境损耗是另一个元问题，是世俗主义的表现。不幸的是，大多数发展中国家仍然把发展看作它们日常问题的解决办法，没有认识到生态退化并不是发展不足导致的，而是过度发展导致的。那些自称了解这个问题的人，其实只是在表面上知道一点，而且说这是一个历史遗留问题。

由世俗思维方式驱动的知识理论认为，所有学科都同等重要，不会因为在有些学科的基础上可以建立一个有着优先等级的高级知识体系，就将这些学科赋予特殊的重要性。随着专业化程度的不断提高，不同领域的知识都受到本领域局限，这导致知识领域内的细分，从而妨碍了对人类及其与自然关系的整体性理解。在现代学术界中，深层生态学学派大多与哲学和宗教研究领域相互渗透，近年来重要性得到逐步提升，这缘于1992年联合国环境和发展大会发出的警报和“9·11”事件之后的破坏性后果。深层生态学欢迎人们对环境的交叉学科研究，但遗憾的是，在这一领域里人文与社会科学缺乏足够的整合。此外，对社会科学中环境保护论的研究在很大程度上仍然停留在既定的知识范式中。挑战既定的范式往往是困难的，虽然新的突破可能是有趣的，但对范式边界的挑战可能会产生一些问题。托马斯·库恩可以帮助我们很好地理解这一点。

威廉·奥菲斯（William Ophuls）在他的《生态学与稀缺的政治》一书中将这一点讲得很清楚。他认为经济发展和生态学法则是互相矛盾的，这种矛盾使得不断的增长无法实现。[133]他指出，造成这种状况的反生态机制在哲学上是肤浅的、盲目的，因此，对反生态政策的批评是没有意义的，而应该批判使我们陷入当前僵局的哲学。

奥菲斯说，这一反生态的“泰坦尼克号”最终将由于热力学的原理而失败，不久之后，我们就会将这艘沉没的“泰坦尼克号”换成一艘帆船在后工业时代航行。简而言之，奥菲斯认为，挑战世俗西方普遍存在的社会、经济、政治和道德假设，是朝着生态健康方向迈出的根本性的一步。我们现在需要的不是改革现有体系的新政策，而是产生新体系的新哲学。无论我们能保留现代世界的多少特征，新的后工业化时代将接近于甘地复兴旧世界的主张。

现代世界寻求治愈经济不平等和政治压迫，但这反而催生了两种新的疾病：生态剥削和军事侵略。[134]工业化和军事化导致对自然的逐步破坏。在《柏拉图的复仇》中，奥菲斯提出在启蒙运动者的领导下，欧洲的教会被摧毁。他们以为这将把人们从神学中解救出来，带来解放，但这并未实现。

启蒙运动所推动的世俗化呈现出自身的逻辑和动力。因为理性主义取代了理性，所以唯一允许的自然法则是机械的法则，而不是道德的法则。事实证明，人类远不如这些思想家所认为的那样理智，而是比他们所设想的更不理智。一种纯粹的理性和物质的政治——一种没有道德准则或憧憬美好生活，或神圣的意识的政治，在术语上就是自相矛盾的……事实上，现代政治的计划失败了……尽管其以进步为旗帜前行，自由主义政治导致自我毁灭。[135]

在评价奥菲斯关于世俗和理性政治失败的论点时，人们认识到，这种自我毁灭是由于其固有的性质造成的，它不是体现在政治、经济和生态领域中，而是体现在所有领域中。这种自我毁灭被尤利乌斯·埃佛拉（Julius Evola）称为现代世界体系的“解体”。100 多年来，从世界智慧和精神传统的角度对世俗主义的严厉批评一直持续着。在我们寻求一种新的哲学和一种新的体系时，许多人可以看出旧哲学就是后世俗时代的新哲学。一种久经考验的生态友好的生活方式，只能从过去而来。它可以帮助我们超越现代主义的障碍。在世界上很多所谓的“自由”国家，有强制性的警察等国家机器在支持着现代主义。为了恢复我们的环境，打击全球性的压迫，我们应该清醒地认识到，“政治腐败和生态退化的解毒剂是相同的”——“这就是以高于某种持续性的物质满足的目标来统治人的意志和欲望的道德秩序”。[136]同时，西奥多·罗斯扎克认为，人类意识的世俗化和随后我们文化的世俗化是时代的标志。这一时代让人类看到荒原结束了，人类整体性的文化开启了。[137]舒马赫建议我们，生态和平与持久的政治和经济是联系在一起的。[138]我们一度追求的“美国梦”的那种飞速的变化，很快就会成为一场噩梦，“美国梦”并不能从根本上改变我们的世界观和生活方式。[139]

对世俗自然观的生态挑战

此外，关于生态和平的大部分争论围绕着“自然是什么”这一关键问题而展开。那些在科学基础上否认气候变化的人，常常认为自然系统中的破坏是“自然的”，而且以前也发生过。有趣的是，同一批人恰好也是自由市场经济的忠实信徒。这一学派认为，就像亚当·斯密“看不见的手”照顾市场一样，自然也有“无形的手”来照顾自然本身。在他们看来，人类对地球的开发以前就有过，自然也在处理它，所以这一次还会得到自然的解决：一方面，这样的建议和推理无非是一粒安神丸，让我们暂时乐不可支；另一方面，这是一种复杂和多方面的无知，是对现代经济史认识不足和与自然破产理论相结合的结果。爱因斯坦说，“没有任何问题能够从创造问题的同一层次的意识中得到解决”。[140] 大多数现代学者倾向于在他们的知识领域内进行争论，很少敢于走出他们的领域，特别是不会进入那些与他们自身的领域有矛盾的领域中去。他们的研究只不过是他们自身系统内的产物，在对自然的整体研究方面仍然是没有帮助的。众所周知，温斯顿·丘吉尔（Winston Churchill）曾说过：“我们塑造了我们的制度，然后我们的制度塑造了我们。”[141]这样的二元信息包含着好消息和坏消息。这一陈述中后者的含义指向智力的惰性和我们难以打破的陈规，而前者带给我们希望，在结构能动性争论中，能动性确实发挥作用。

在过去的几个世纪中，两种完全不同的世界观，导致了对自然界的破坏。现代主义产生了一种祛魅的、非神圣的自然观，把自然看作被用于生产和享受的目标的死物质。而基督教的新教分支则在一些方面产生一种狭隘的理解，他们在后来被称为“字面上的基督徒”。《圣经》中赋予我们对自然的统治权的观念，在历史上被误解为对自然的控制和支配，其实这是两种不同的、看似相互敌对的思想系统。实际上，世俗现代主义和全球宗教原教旨主义是同一枚硬币的两面。这一现象在非西方地区并不存在，尽管现代主义在20世纪的非西方地区成为时尚，也成为表面上不可或缺的一部分。前逍遥学派的渐进的形而上学，旨在以简洁的形式思考自然的核心问题。这种知识形而上学维度的丧失导致了超验主义的丧失，这是现代思想的特征。为了摆脱造成生态退化结构的哲学，我们可以试图嫁接、合成或取代世界体系，而且必须尝试理解和恢复对自然的原始的看法。当前的世界体系是对人类和全球和平的最大威胁，因为它建立在错误的自然观之上。

因此，转向人类原始的自然概念是很重要的。世界古老的智慧传统来自印度教。印度教强调生命本源和摩耶的吠檀多教义。生命本源，即精神本身，摩耶是遮住生命本源的东西。从生命本源或婆罗门的观点来看，摩耶一方面是笼罩在真实之上的不真实的面纱，另一方面则是对真实的反映。摩耶的含义与重要性或者自然的外在表现，离开了生命本源就不可识别。生命本源同时是圣灵

(Spiritus)和逻各斯(Logos)的入口,即婆罗门。印度教传统中的坦陀罗(tantric)道路将人与宇宙在天上的交流解释得很好。在坦陀罗主义(Tantrism)中,女性力量或沙克蒂(*shakti*)成为宇宙力量的化身。瑜伽修行者利用这种力量去完全把握自然,并且超越自然,达到与现实的相反之极。类似的形而上学在其他东方传统如道家、儒家、神道教和佛教禅宗中也存在。与超现实交流,是了解自然的关键,也是离不开天堂的。有教养的态度、物质科学的发展以及其他社会知识和艺术,被视为自然奥秘,又是从自然中获得的直接结果。它们是我们以人的神性参与其中,从神那里获得的。在道家学说中,自然的艺术和自然之上的艺术,都有神圣的品质。北美原住民也对自然有着相似的理解。类似地,在伊斯兰教中,伊斯兰信仰的外在维度和内在维度不可分离地相互联系在一起。离开了其外在表现,就很难知道隐藏的原理会在哪里显现。Al-Muhit——真主的99个尊名之一,本身就是环境,因此,其包含着重要的神圣性。苏菲向我们解释这神圣的精神贯穿于大自然母亲的动脉,正如神比我们的颈静脉更接近我们,因此,神就在我们之中。这里的重点不是让人类开始崇拜自然,尽管有些宗教确实是这样要求的。重点在于向我们强调大自然的神圣性。目标是灌输这样的观念:人类是自然的一部分;人类被赐予了智慧;人类有着更大的责任,去守护自然的花园,这一花园也包含了人类自身。自然界的秩序和人性的秩序,都有形而上学的渊源,这一事实既不是单纯的感伤,也不是空谈环境问题。只有当我们拥有通过理智的透镜重新激活感知的能力和思考自然的能力之时,才能走上高度理性之路途。智慧的传统告诉我们,自然确实在物质上有所表现,但它也有一个精神的起源。而正是这一方面,被世俗哲学和现代科学及其所产生的社会科学掩盖了。

受干扰的生态不是像堕胎、枪支管制和同性恋权利那样单一的问题。它是一个元问题,其历史的元原因是世界观和文化的深刻世俗化。因此,它需要总体指导原则或元哲学。它不能通过制定更多的法律法规来解决,特别是在旧的法律法规失效的时候。《道德经》说,“天下多忌讳,而民弥贫”。治理人民最好的办法是不治理人民。然而,现代意识完全不是“道”,我们必须首先创造道家的、瑜伽的、苏菲的意识,然后摆脱每天缠绕在我们身边的无数的法律。这一新的意识工程包括了古人的智慧，是一个知识工程。当代知识产业已不再拥有超然的享受。我们无法依靠我们的公司和全球业务来宣传即将到来的一个新时代！由于道德沦丧和视野的局限，人们已经可以看到世界在默默地远离物质主义。自从奥斯瓦尔德·斯宾格勒（Oswald Spengler）预言嬉皮士革命标志着西方文明的顶峰以来，我们看到太极、瑜伽、苏菲、诺斯底主义和禅宗都在今日世界中勃兴。我们时代最杰出的形而上学家雷内·格农说，“当东方躺在其真理上睡觉时，西方继续生活在错误中”。[142] 现代西方世界是特殊的。人类的这一部分背弃了传统智慧，并为我们今天生活的世界奠定了基础。潘迪特·普拉布帕达（Pandit Prabhupada）曾经说过，传统的印度仍然是非常传统的，但它是跛脚的，已经不能走了。此外，现代西方可以走和跑，但是它看不见，它变瞎了。让两者都能生存的唯一方法是跛足的幻想者骑在盲目的赛跑者之上。如果现代与传统相互竞争以求生存的话，双方都会陷入困境。现代状态的寿命取决于它吸取了多少传统药剂。哲学家们和科学家们的影响，催生了现代世界的结构，但他们没有预料到当前的生态灾难。他们看不到这种灾难，因为他们不再被超越了他们狭隘的人文思想的更高的自然观引导。100 年前，西方的传统主义者（今天的深层生态学家）已经开始给我们做出现代秩序自我毁灭的预言，但他们的声音在狂热的进步噪声中显得太小了。今天，对进步的意识形态的崇拜暴露出各种可怕的副作用，世界传统智慧的声音正在变强。今天，已经到了现代社会科学家理解生态形而上学的本体论框架的时候了。现代认识论必须吸收传统本体论的要素，以提供更有远见卓识的导航。“跛子”与“盲人”的这一结合，能为我们提供一种可能性：我们采用自然的智慧，产生新的知识体系和范式系统，让我们的生活慢下来，走向后工业时代的未来。在历史的这个关键时刻，“客观的”、人类中心说的、带有复杂方法论的学术，与富有自然智慧的、改变我们世界观的学术相比，已经变得不那么重要了。现代的知识和文化体系（学术界、媒体界、娱乐界）必须推动“新—老”结合的思维方式，以改变我们对自己和周围世界的思考方式。这可能是治疗人类内心、实现内在平和的第一步，最终将走向一个更加和谐的世界。

根据对世俗主义和伊斯兰教的讨论总结，应该说，欧洲的历史经验和政教分离并不适用于伊斯兰教及许多其他的非西方传统文化。此外，穆斯林永远不会容忍其他宗教群体对伊斯兰教精神原则的贬低，尽管所有宗教的共存在历史上就是在伊斯兰世界实践的。穆斯林从来没有给这种共存冠以世俗主义之名。伊斯兰哲学坚持使用统一的范式来看待事物之间的联系，不把它们分成单独的、不相联系的宗教生活和世俗生活。世界观的世俗化，让人们在知识和态度层面放弃了神圣的重要性，在处理社会关系、人与自然的关系以及经济和政治事务中，出现了不敬神的观念。

接下来，我们将讨论一个更为敏感的话题，穆斯林对妇女在社会中作用的认识。

10.6　穆斯林对女性、性别平等和性的态度

正确理解伊斯兰教和穆斯林的主要障碍之一是穆斯林妇女在伊斯兰教中的地位和作用，以及伊斯兰性哲学和性别哲学，理解它们在伊斯兰世界各国中的变化。目前，被评为最适合妇女居住的国家都是西方国家，而最差的是伊斯兰国家。[143]但是，被评为“最适合女性居住”的国家也有很高的离婚率，而伊斯兰世界大多数国家的离婚率则要低得多。当然，统计结果完全取决于人们如何制定最好和最坏的标准。但在伊斯兰世界的许多国家，妇女的自由确实比东亚国家要少得多，更不用说和西方国家相比了。许多中国人可能想知道这种现象的原因是什么。

迄今为止，中国在这个问题上的学术研究还不够多，但是西方人已经做了长期研究。西方国家的政府及其他机构想要为穆斯林女性带来标准的“西方”模式的改革。但是，西方政府和非政府机构在伊斯兰世界设想的社会变革，经常与穆斯林的规范和伦理相冲突。即便伊斯兰教的教义本身没有否定西方机构提出的思想或政策建议，后者也很少从伊斯兰传统内部的角度去证实这些建议，从而疏远了伊斯兰社会，也伤及他们自己的奋斗目标。伊斯兰世界并不缺少拥护自由主义的西方化穆斯林女性，但即使是西方化的穆斯林男性或女性，也批评西方社会在对穆斯林的传教和实践上所采取的双重标准。与西方视角相对，从中国的角度来看，研究穆斯林对此的反应将很有建设性，这样一来，也就可

以避免一些来自西方社会的说教了。

西方国家异常痴迷于伊斯兰世界的“性别平等”，却忽视了他们自身社会中对女性的极端暴力。例如，联合国开发计划署等类似的机构，对伊斯兰教如何保证妇女的公平与正义几乎没怎么做过调查，但它们却以自己事先的假设为基础，认为生活于宗教社会的女性被视为低等人群。这些机构认为，在工作人口中女性的比例，与女性解放的程度密切相关。它们认为，西方的女性解放运动就发源于有工作的女性这一群体当中。但是，采用扩大职业女性比例的这种做法，可能会给整个家庭制度带来更多痛苦，而且还会导致女性的不安。[144]海伦娜·诺伯格－霍奇斯（Helena Norberg-Hodge）评论称，拉达克地区女性的现状是印度国家现代化计划的结果，也受到全球化的影响。她认为：“女性变成了无形的阴影。她们不是自己去工作赚钱，所以不再被视为‘具备生产力的人’。她们的劳动不被计算进入国民生产总值中。在政府统计中，有10%左右在现代经济部门中工作的拉达克地区的人根据职业列出，另外90%的家庭主妇和传统农民则被归类为非劳动者。农民和女性被认为低人一等，他们自己正在逐渐感到不安。”[145]

伊斯兰世界中很多地方的情况也与此相似。在现代工业社会中，由平等驱动的空话已经超越了对社会正义的论述，因为现代主义的论述更关心“实现平等的梦想”，而不是实现正义。正如《女太监》的作者杰梅茵·格里尔（Germaine Greer）所证明的那样，发展观念带来的社会影响及其给家庭制度造成的危害显而易见。格里尔认为：“伴随性别革命的性解放，在多数情况下给女性造成了比男性更多的伤害。‘被解放的性行为……是男性的性行为。’滥交对女性的伤害比男性多——女性后续承受怀孕带来的重大影响，而男性身体不受影响。当美国军舰‘阿卡迪亚号’从海湾战争返航时，女性船员中已有十分之一因为在被称为‘爱之船’的军舰上怀孕而提前返回美国，而男性船员提前回国的人数为零。”[146]

在西方国家，平等的梦想也难以实现，性革命并没有在任何有意义的方面解放女性。相反，它以自由名义导致了她们的屈从。据估计，工业革命带来的其中一项后果就是，超过8万名妇女沦为伦敦街头的妓女，在法国出生的儿童中有三分之一是非婚生子女。[147]尽管福利国家制定出保护女性免受虐待的法律，但西方女性的状况并没有得到显著改善。格里尔的分析表明："在1971年，在英国每12个家庭中就有1个单亲家庭，而在1986年这个比例变成7个家庭中有1个，到1992年是5个家庭中有1个。另一个后果是独处的痛苦。到2020年，英国所有家庭中有三分之一将会是一人一户，且其中大部分将会是女性。性革命最持久的传说之一，即婚前'试水'有助于确定双方合适程度的观点，似乎已被彻底驳倒。一些最短暂的婚姻反而是那些经历了长期同居的婚姻。"[148]

尽管有诸如此类的证据，但工业化国家及它们的发展机构仍然要求伊斯兰社会采取所谓解放妇女的做法，而正是这样的做法把西方社会引入家庭瓦解和生活意义缺失的歧途。在现代观念中，父权制被认为是不平等的、压迫的和倒退的，然而家庭的生存机会也会由于缺乏一个明智而慈爱的族长而大幅度减小。伊凡·伊里奇（Ivan Illich）认为，开放的传统父权制比现代社会隐蔽而功利的性别歧视更为有益。[149]他在批判现代性别歧视的《性别》一书中说："讨论这种功利的性别歧视的文献最近势如洪水。它记录了性别歧视者自私自利的剥削，谴责这是一种不公正的行为，通常将其形容为一种由来已久的邪恶的新体现，并提出了带有补救策略的解释性理论……工业社会创造了两个神话——一个是关于这个社会的性起源，另一个是关于其走向平等的动向……我不知道到底什么是女性在经济利益上与男性平等的工业社会。"[150]

据他所言，除非强制假设两性做同一种类型的工作，具有相同的需求或以相似的方式来感知现实，否则现代工业化大众社会在逻辑上就不能存在。[151]研究发展和全球化的专家提出一些重要建议，要求经济增长、社会性别平等以及在劳动力中保持一定比例的女性。伊里奇在关于发展的研究中表明，经济增长和性别平等的意识形态相伴而来。他认为，经济增长在逻辑上会导致更多的不平等和分配不公，这使得平等的准则完全成为无稽之谈。由于现代经济学是稀缺经济学，从家庭到学校，再到法庭的整个现代制度都融入了这种稀缺的假设。[152]同样，教育自身首先成为商品，然后成为稀缺商品。现在它已经成为一种商品，不去消费它，人们就不能成长：

> 在传统社会，（男人和女人）的成熟不需要附带成长被感知为稀缺品这一条件。而现在，教育体制教导他们，理想的能力和学习是男性和女性必须靠竞争获得的稀缺物品……（现代教育）假定了无性别价值的稀缺性，它教导人们说，经历这一教育过程的人首先是一个需要无性别教育的人……没有性别歧视的废除和性的社会建构，经济制度就难以存在。[153]

现代工作场所的中性劳动力本质上就是具有性别破坏性和歧视的，而且这种现象本身就只会因更多的经济增长而变得愈发显著。根据伊里奇的判断，要想使这种社会弊病痊愈，我们应该在经济上收缩而不是扩张，否则就会加剧性别歧视者的剥削，而这已然成为工业社会的特征。[154]为了保持良好的社会关系，与追求增长型经济相反，维持基本生活最低限度的经济则更有可能是可持续且和平的。诺伯格·霍奇斯在从社会和生态的角度比较传统与现代文化时称，“旧文化在尊重自然界限的同时，反映了基本的人类需求。而且，它是有效的。对自然有效，也对人类有效”。[155]

绝大多数社会活动家同意性别是社会学上的建构这一观点。这种立场源于对人类这一物种“进步”和进化的信念。这种信念本身就是基于这样的假设：宗教是人类意识的倒退形式。从这个角度来看，性是一种由生物学决定的现象，但是性别则是社会学上的建构。此外，这也是对19世纪医学观点的一种回应，女性的特质是由她的解剖结构和生殖能力决定的。沿着类似逻辑，社会心理学家也会认为，性别建构纯粹是一种儿童成长的过程，而马克思主义女权主义者则完全将女性的地位与生产过程联系起来。这类性别研究被人类学家玛格丽特·米德（Margaret Mead）等人批评，她在研究中展现了不同社会性别角色的差异性，证明了关于性别的现代哲学应当否定性别发展的单一模式。西方专家认为“性别平等政策”有益于伊斯兰世界，却对传统宗教社会中性别和性如何被感知这一问题漠不关心。

在谈及女性所处的困境时，村田幸子（Sachiko Murata）批评了主流女权主义者的欧洲中心主义和天真。她评论说：“在我看来，批评伊斯兰教或伊斯兰社会各个方面的女权主义者的立场是基于他们与伊斯兰信仰完全不相容的世界观。

他们的批评通常站在道德立场之上。他们或明示或含蓄地要求改革。无论是明示还是暗示，他们所设想的改革也是标准的现代西方式的。”[156]

村田幸子认为，西方对伊斯兰国家女性角色存在根深蒂固的偏见。[157]她认为，正如在中国世界观中用阳和阴（主动的和被动的）看待男性和女性存在的理论一样，伊斯兰世界观也是基于主动和被动理论中的互补或对立。[158]这种二元性的理论只有与统一性的理论相比较才有意义。在伊斯兰传统中，这种统一性理论的表达就是神本身。伊斯兰教对女性的看法只能被那些相比物质性的世界观而言更偏爱精神性的世界观的人们接受。通过伊斯兰世界的西方化进程，现代的女性观在伊斯兰世界衍生出性别角色的混乱，使得穆斯林女性对自身缺乏信心，也对其所在社会造成了普遍破坏。

了解伊斯兰教关于人类的性与性别的哲学

和其他有关伊斯兰的主题一样，伊斯兰对于性别和性的看法在西方也受到了仔细的审视。不幸的是，正如圣战和恐怖主义这样的话题普遍掺杂着许多误导性的见解，西方人普遍认为伊斯兰教是一种压迫性的宗教，因而得出了穆斯林女性的困境和所谓的男性性压抑都必须归咎于伊斯兰教这一结论。本部分通过揭示伊斯兰性道德背后的形而上学原理，试图超越社会科学对伊斯兰世界性别和性的观察。像伊斯兰教的所有其他支配穆斯林理想的传统精神原理一样，其关于人类的性的原则在本质上也是传统的。因此，在这里批判关于“性”这一主题的现代意识形态思维，正是因为其过于局限和狭隘，以至于无法容纳人际关系的非物质（精神）基础，并且难以超越支配其哲学立场和世界观的进化论偏见。

现代性学在研究人类的性的问题上是以进化论理论为前提的。人类意识的细微和超验的方式则或多或少被避开：“……性爱经验可以导致自我界限移位和出现深远模式的意识。据观察，在每一次强烈的性爱体验中，都会有不同的节奏。这种体验会改变个体的正常机能，并可能形成其对不同世界的展望。”[159]正因如此，现代性学家应试图在性行为中研究他们自身，而不是通过大量的案例考察，应在人类关于性的主题上进行“客观研究”。不仅是伊斯兰教，对于这个主题的任何精神研究方法都不能绕过性经验的主观性的本质，这在宗教世界观中来自最高命题，即神本身。

伊斯兰式的从精神层面看待性的方式，并不把人类的性看作是动物的性的延伸，因为人类和动物之间是存在本质差异的。进化论性学家们观点的根本哲学立场在于，人类的性是基于物种延续的本能和冲动。诚然，人类的性行为包含有动物的特征，但动物本性并不是男性和女性之间存在性关系的主要决定因素。性行为并不主要出于生理欲望，而是心灵和精神上的。尤利乌斯·埃佛拉指出：“将性本能视为繁殖本能是一种故意歪曲。繁殖是性行为的一种可能结果，但它不以任何方式包含在性兴奋的实际体验中。”[160]动物不知道繁殖的本能，只有人知道这种本能，并且能抑制这种冲动使它转到其他方向。在许多不同宗教关于性的神圣仪式中，繁殖从来不是目的。

与植物无性生殖的世界相比，动物世界的繁衍要少得多。与动物世界相比，人类的繁衍则更少。一般而言，某种生物所在的生物等级体系越高，其繁殖的能力越小，但相互吸引的力量越大，可以说“物种的性爱和繁殖是互为反比的：一项越强，则另一项越弱”。[161]因此，人们可以推断，人类的性激情总是包含对本能冲动的偏离，性的结合的存在避免了物种的繁殖。[162]

本能行为是动物本性的一个组成部分。虽然动物不能反抗其天性，但人性却被赋予了违背天性的能力。人类拥有这个天赋的理由是，人类可以赋予自身更高水平的自由意志，这也将使他们在审判日可以对自己的行为负责。马匹和青蛙不具有同性间的性关系，而人类却可以。但人类也被赋予了通过启示、直觉和理性来了解自己天性的手段，而动物却没有。从精神层面研究人类天性的观点主张，使人类成为人类而不是动物的东西并不仅仅是语言能力，还包括人类天性对精神信仰的认知。

正是由于人性的不同，男人和女人为什么相互吸引的问题不能通过动物本性来解释。男女之间情爱的主要动力是在精神层面上确立的。当周围存在处于炽热的发情期的雌性动物时，雄性动物没有能力克服自己的交配本能。动物在交配中并不具备洞察力，每当到了交配期的时候，它就会交配。对于人类来说并非如此，因为人类被赋予了洞察力，没有固定的交配期。人类对于交配的决定是一种超越生理层面的吸引力的结果。在人类决定彼此相爱时，精神相容起着重要作用。人类的精神气质先于彼此的正式介绍之前便燃起火花。经常当一个人不想与某些人相处时，会感受到来自这些人的使他毛骨悚然的“气场”，即便其并没有做出这一决定的理性基础。灵魂可以根据一个人灵魂的倾向来探测其适合的对象。[163]成为一个真正的人并不容易。在伊斯兰教中，人需要增强精神灵性并压抑灵魂的低级或兽性的方面。一男一女相互吸引的奥秘本身，可以追溯到人的神圣本质。有人认为：“婚姻与性结合的魔力，在于它有能力通过超越双方的爱来实现双方的互补，使他们变得更完整。这是一种植根于神的爱……两颗心的纽带是神创造出来的，像寻常的伊斯兰婚姻状态一样。配偶一方对另一方的爱，是对神的灵魂之爱的世俗反映。”[164]

配对在伊斯兰教中的意义

亚伯拉罕宗教关于亚当和夏娃起源的描述阐明了两性的本质。根据伊斯兰教的说法，亚当是第一个由神创造的人，地位高于天使。作为一个男性，亚当是按照神的绝对性塑造的。夏娃是由亚当的肋骨塑造的，因此代表了女性，代表了神的偶然性的一面。在希腊传统中，根据柏拉图在他的《会饮篇》中所说，阿里斯托芬（Aristophane）讲了一个神话：原本人类是四只手和四条腿的球形，这给予他们巨大的凌驾于神之上的力量，因而神决定通过将他们切割成一半来防止未来的叛乱。[165]联合起来的两者，势力如此强大以至于神感到遭受威胁，所以其决定通过性别分离来限制人类的力量。因此，适当的两性结合把人类带回到一种拥有神所象征的所有幸福和力量的强大状态。由于人类的分裂和繁殖是神的决定，所以其决定成对地创造人类。

与其他宗教传统一样，伊斯兰教承认“配对原则”是理解人类的性的神秘本质的关键。人类在性上所分离成的相反的成对存在，意味着他们的对立。对立是必要的，因为它使完全相反的对立处于相互吸引的状态。就像一块磁铁一样，正极和负极之间总是存在对立关系。消除两极之间的障碍会造成突然的拥抱、爱慕和团结。让他们分离可以恢复这种相互吸引的张力。极性是对立的，也意味着互补。成对结合而产生的性依恋使得人们难以察觉周围环境。这种模式中的性结合也代表了一种超越：“男性和女性的两极分化是神所创造之谜中的重要组成部分。每种性别都是具有不朽灵魂的完整个体，两性平等分摊他们的宗教责任，且在神的律法面前是平等的。然而，每种性别都与另一种相辅相成而结合起来，就像东方的阴阳象征一样。它们作为一种循环，代表着完美、完整和完成。这就是为什么男女之间互相争夺而又互相吸引……尽管男女的精神形式不尽相同。”[166]

伊斯兰教要求服从自己在配对中的位置，反对现代的性及性别观念。现代观念认为性是生物决定的，没有固有目的，而性别则被认为是社会建构的。现代观念认为，一个人的生物性别与性别取向之间没有必然的逻辑联系。相比之下，伊斯兰教坚持认为，性和性别本质上是相互联系的，并且都是出于特定目的被神主宰。伊斯兰关于性别角色的观点有助于人们为了更高的目的而发挥出其性能力的最大潜力。作为一个配对的一部分，一个人必须接受那个决定一切的“一”所赋予自己的性和性别。有人认为，“一个人作为男性或女性的出生不是偶然的，而是自己的命运。他们只有接受自己的命运，而不是反抗它，才能够履行自己的人生职责，达到赋予自我幸福的完美状态，甚至超越所有分离，回归于‘一’”。[167]

因此，理解配对的意义，就可以看出为什么家庭单位是如此重要。没有成对存在的相对立的极，就不能感知它的重要性。现在我们转而强调统一对二元性的形而上学的重要意义，即神与成对生命的关系。

《古兰经》中男女的性别之谜

为了理解伊斯兰教中人类的性的本质，从《古兰经》来理解性别的本质是很重要的。从伊斯兰教的角度来看，男女之间的差异不仅仅存在于生物和心理方面，而是植根于神性本身。[168]在《古兰经》中有数节[169]经文提及性的奥秘。在Surat al-layl（黑夜）章节中关于性别的奥秘，神说：“以笼罩时的黑夜发誓，以显著时的白昼发誓，以创造男性和女性的主发誓。”[170]在这节经文中，神对遮覆万物的夜发誓，也对壮丽光辉的昼发誓。这节经文强调了对立和对比的重要性，启示以异性的相互吸引为前提的二元性原则。夜晚象征着女性，而光象征着男性。隐藏和启示都是神的本性。他的一部分永远藏在隐藏的奥秘（al-Batin）之中，也有一部分会揭示自己（al-Zahir）。

在Surah al-Yasin（雅辛）这一章节中，《古兰经》写道：“赞颂真主，超绝万物！他创造一切配偶，地面所生产的，他们自己，以及他们所不知道的，都有配偶。”[171]在伊斯兰的观点中，性的奥秘贯穿天地万物——人类、动物、植物的生命，以及其他我们可能不曾知道的事物之中。配对意味着自然之中相反的力量。同样，在 Surah al-Shura［协商（舒拉）］章节中，神也说：“他是天地的创造者，他以你们的同类为你们的妻子。”[172]根据这节经文，《古兰经》解读学者阿布顿拉·优素福·阿里指出，“性的奥秘不仅有其物理方面，也有道德和精神方面，因此，人类在这方面与低等动物有区别，人类之中的等级与品行也能从‘与他同类’这个词组中显现出来”。[173]在 Surah al Dhariyat［（播种者）达理雅特］这一章节中，《古兰经》写道：“我将每种物造成配偶，以便你们觉悟。”[174]在 Surah al Najm［星宿（奈智姆）］这一章节中还说：“他曾创造配偶——男性的与女性的。”[175]在另一节经文中，《古兰经》强调婚姻中男女之间的亲密纽带，“她们（你们的妻子）是你们的衣服，你们是她们的衣服”。[176]所有这 7 节经文都与性的奥秘有关，基本主题是所有事物都被成对地创造出来，并且各自发挥合适的职能。[177]

成为配对的一部分，意味着带有统一性的二元性的结合。这种统一状态是天命的一种反映。两性的结合将夫妻引入幸福状态。幸福的状态意味着和谐、永恒和安宁。在 Surah al-Rum［罗马人（鲁姆）］章节中，《古兰经》写道：“他的一种迹象是：他从你们的同类中为你们创造配偶，以便你们依恋他们，并且使你们互相爱悦，互相怜恤。”[178]夫妻之间的安宁是有层级的，从消除灵魂的焦虑使之回归宁静的拥抱，到性行为本身。夫妻之间的行为将从安宁开始，进入运动的状态，并再度以让时间停驻的短暂狂喜结束。动态、声音的停止和感官的变化是一种较高水平的安宁。同样的模式对应着一个人的生命周期。从一个人“蜜月”的平静开始，进入一个动态阶段，这个阶段代表着社会和人类面对的困境所带来的挑战，生儿育女维系家庭，又反过来导致夫妻在做好身体死亡、面对永生的准备之前，接受安宁的“空巢”状态。《古兰经》第 30 卷第 21 章中提及的是性的美妙奥秘以及圆房所代表的同居婚姻关系的出现。此外，如果孩子是由两性的结合与婚姻的至福而产生的，那么孩子也是神的圣洁给予这个家庭的恩典的一种体现。伊斯兰教认为，这种孕育孩子的美好与天真的行为是神圣的。

其他传统中对性与精神原则的苏菲派佐证

弗里肖夫·舒昂（Frithjof Schuon）曾指出：“原始人类在性上的狂喜与精神上的狂喜是共起的，它向人传达了一种超凡结合的体验，是人类对神圣爱情的‘纪念’。”[179]著名的苏菲神秘主义者莫拉维·贾拉鲁丁·鲁米（Mawlana Jalaluddin Rumi）曾说过，爱是神的奥秘的星盘。[180]阿布·赛义德·伊本·阿比·卡尔曾说：“施爱者、被爱者和爱情在我身上合而为一，恰似美妙、镜子和我用以观察的双眼。”[181]与此类似，伊斯兰教的先知也强调过配对而不是过单身生活的重要性。他说，“婚姻一半是传统，另一半是耐心”。[182]此外，他也说，“这个世界上有两样令我高兴的事：女人和香水。这两样东西让我眼前一亮，让我更加虔诚地爱慕”。[183]同样，中世纪伊斯兰世界最伟大的精神领袖之一伊本·阿拉比（Ibn Arabi）也曾经说过：“对神最为强烈和完美的沉思是通过女性，而最强烈的结合（在感官领域作为对沉思的辅助）是夫妻间的行为。”[184]

不仅穆斯林强调从精神角度看待女性、爱情和性的重要性，许多其他传统文化也抱有同样的观点。《阿尔泽之书》（The Book of Alze）中写道：“我们的艺术的秘密就是男女的结合。”[185]在《世界的荣耀》中，我们发现为什么太阳和月亮必须像男人和女人一样性交，否则我们的艺术就无法实现目标。在《会饮篇》中，柏拉图说，“这种生育是男女的结合，是一种神圣的事物：因为受孕和世代传承是终将死亡的人类的一种不朽的原则”。[186]被视作亚伯拉罕传统文化先知的赫尔墨斯·特利斯墨吉斯忒斯（Hermes Trismegistus）说过：“在两性的结合中，或者更确切地说，把他们合而为一（可能被理所当然地称为爱神厄洛斯或爱与美之神阿佛洛狄忒，抑或是这两者）的过程中，有一个比人类所能理解的更为深层的意义。这是一个被广为接受的明显超越所有其他真理而存在的真理，这是全体生物被神——拥有一切繁衍力量的主所创造和赋予的永续繁衍的圣事，饱含生物体内固有的所有喜爱，所有欢愉和喜乐，所有渴望和来自神的爱。”[187]

基督教也有类似的观念：“如今男人不能爱整整七夜……因为爱不能持续……匆忙的激情过后又迅速降温。现在的爱情历程如此，忽冷忽热，毫无稳定可言。但是过去的爱情并非如此，男人和女人可以相爱七年，他们之间不存在私欲，而是爱、真理和忠诚。在亚瑟王的时代，爱就是如此。"[188]在此需要提出，与基督教的传统或后基督教的现代概念相比，在伊斯兰教的传统中，性的意义更为重要："在传统的西方基督教神学体系中，性本身与原罪有关，而且只被当作生育的手段。因此，要在宗教的背景下去实践它，就需要通过婚姻这一圣事使其神圣化。在伊斯兰教中，如同在犹太教中一样，性本身就是神圣的，也是一种祝福。所以没有必要以基督教的方式通过圣礼使之神圣化。"[189]

由于伊斯兰教要求顺服并完全听从于神的状态，生活中的各个方面必须反映神的意识，包括性关系。在伊斯兰教中，通常状态下夫妻关系会带来养家糊口的闲适和宁静。[190]既然顺服于神对实现内在的和平至关重要，那么一个具有反宗教灵性倾向的人就不会在内心达到和平，因而也就没有家庭的正义。在传统的穆斯林看来，正是这种普罗米修斯式的男人和女人可能会反抗，而不是敬畏神。按照神和神圣的伊斯兰教法所要求的宗教义务，男性必须满足女性。

就像人权控制着穆斯林对待同胞的行为一样，对待异性的伦理也是从精神原则出发。穆斯林同胞之间骑士精神的普遍伦理（与对待其他所有人类一样）也成为男性对待女性的礼节基础。两个男性之间的友谊中缺少了与异性相处中的那种特别的爱与温柔。尽管同性之间的友谊具有深刻的精神意义，但异性之间特殊的爱与温柔却暗示着一种可以立刻高涨精神、抚慰心灵和满足身体的魔力与魅惑。这个"特殊的东西"成为男性对待女性的礼节基础。对待异性的礼节被看作是天然的由神赋予的能力。

伊斯兰教中的婚姻与性关系

历史上，西方基督教在研究伊斯兰教中关于性的主题时，总是无法避免将伊斯兰教视作犹太－基督教的异端这一偏见。因此，他们无法探究性与伊斯兰原则存在的确切关系。在近代，东方学派的方式仍然陷入传统的偏见，用基督教的清教主义以及现代理性主义来攻击伊斯兰教和穆斯林过度的情欲和性开放。特别是当基督形象与伊斯兰教先知相比时，欧洲人把先知的多重婚姻视作淫乱。蒂图斯·布克哈特（Titus Burckhardt）试图通过以下论证来消除东方学派对伊斯兰教和性的主题的迷恋，"伊斯兰婚姻预设了一个完全不同于基督教婚姻的精神原型：基督教一夫一妻制反映了教会—灵魂—基督的结合，而这个结合是建立在个人的不可转移的爱情之上。与此不同，伊斯兰一夫多妻制在一个真理与其多个‘船只’的关系中找到了合理性：男人，作为他家庭的灵性礼拜者，代表真理；他的角色对应活跃的船只，即圣灵；而妻子则相当于‘被动’的船只，即灵魂……这些精神原型——这两种情况——都不是从外部强加于婚姻的东西，而是事物内在固有的本质。这个有争论的象征意义并不一定在每个人的意识中存在，而与之相反，是在各自的传统中固有的，因此也是集体心态的一部分”。[191]

在中世纪，西方曾抨击穆斯林过于放任宽容；今天，西方研究性方面的专家则严厉批评穆斯林过于“因循守旧”和谨慎传统。在现代社会转型的这几个世纪，穆斯林或多或少地保留了自身的传统，但西方却一百八十度转弯走向极端。在这两个时期，对穆斯林许可一夫多妻制的偏见一直都存在。在西方基督教时期，西方社会认为基督和僧侣的无性生活优于一般人的家庭生活。在今天，尽管他们声称一夫一妻制是优越的，但却不断沉溺于在不组成家庭的情况下出现的“连续阶段性一夫一妻制”，“如果对于基督徒来说，先知的多重婚姻会降低其宗教地位，那么对于穆斯林来说，他们将性的结合视为高尚，并使之神圣化。此外，如果将性行为与婚姻联系在一起，则认为婚外不应有任何性行为发生，在伊斯兰世界中，尽管有一夫多妻制存在，但滥交的发生可能比西方在20世纪60年代的性革命之前宣称实施一夫一妻制的时期还要少。伊斯兰世界在西方社会长期被指责为淫乱，而基督教则被认为是守贞洁而坚决反对婚外性行为的。社会现实却是另一回事。毫无疑问，伊斯兰世界存在一些一夫多妻制，也存在什叶派的临时婚姻，但是大多数男人是一夫一妻制的。与世界其他地方相比，在传统的伊斯兰社会中很少有婚外性行为。另外，尽管一夫多妻制并未正式实施，但西方仍有大量的婚外性行为。在伊斯兰社会，通奸行为是罕见的，也基本上没有私生子现象，包括临时婚姻在内的所有类型的婚姻中，子女都得到法律的正式承认，父亲有责任抚养他们”。[192]

自苏联解体以来，西方又一次唤起了与伊斯兰世界历史性的敌意。作为新（老）对手，西方媒体和学术机构不仅与穆斯林，而且还与伊斯兰教交战。显而易见，这一方面是由于西方世界新保守主义的言论与对穆斯林的仇恨，另一方面是对伊斯兰国家的全面袭击。对伊斯兰教的妖魔化在世界范围之内都产生了影响。

来源于西方的舆论一直在诋毁穆斯林，称穆斯林倒行逆施，没有遵循由现代西方世界树立起来的世俗规范。以上讨论，我们是从穆斯林的角度来看待这一问题，试图找寻与我们在主流媒体上所听到的相反的表述。中国的持续崛起在一定程度上依赖于伊斯兰世界的和平。因此，中国必须理解穆斯林为什么不想在各行各业追随西方式的世俗制度。伊斯兰信仰的本质是坚持事物之间的统一，世俗与神圣相互交织，不可分离。同样，关于穆斯林对性别、性和女性角色的观点也存在许多误解。本节的后半部分试图首先从全球角度解释这个问题，批判西方对性别、性以及女性地位的理念和相关事实，其次阐明伊斯兰教对这些问题的立场及其依据的原则。中国学者应当从自己的角度，而不是沿袭西方学术和政策的角度去看待伊斯兰世界的现实与理念。

11 深入伊斯兰内部世界：走进“塔利班大学”和阿富汗塔利班[193]

“我这身衣服参加这样的仪式合适吗?”出发去神秘的马德拉萨之前，我问穆沙希德·侯赛因参议员。我头戴普什图圆顶白帽，换上了金丝边眼镜，上身穿黑色镶边中式马甲。

“很好。看到你戴的帽子，开伯尔－普什图赫瓦人会热情拥抱你的。”穆沙希德参议员说。他是巴基斯坦参议院外交委员会主席，习近平主席曾接见他四次，并亲自授予他和平共处五项原则友谊奖。我跟参议员坐在丰田轿车的后座，前面坐着蓄着长长白胡子的随身秘书。三个卫士抱着枪坐在紧随我们的皮卡车上。

今天一早，参议员带着我驱车前往位于阿克拉哈塔克小镇的正义学识大学。这所大学是巴基斯坦和阿富汗地区最大的马德拉萨，以培养塔利班领袖闻名于世，被西方称为“圣战大学”。萨米·哈克在他写的《阿富汗塔利班：意识形态之战，为和平而奋斗》一书中说，90%的塔利班是从这个大学毕业的。穆沙希德参议员邀请我陪他参加曾在参议院与他共事多年的萨米·哈克老参议员的追悼大会。萨米·哈克毛拉曾是这所大学的校长，被西方称为“塔利班之父”。2018年11月2日，萨米·哈克毛拉遭遇暗杀身亡后，正在中国访问的伊姆兰·汗总理发表声明说，“我们今天失去了一位伟大的学者和一位宗教领袖”。

穆沙希德参议员特别带我参加萨米·哈克毛拉的悼念活动，对萨米·哈克毛拉的儿子和孙子表示慰问。萨米·哈克的儿子艾哈迈德·哈克是国民议会议员，同时兼任巴基斯坦议会地方政府与农村发展常务委员会主席。“过去30年里，你来巴基斯坦不下20次，写过3本关于巴基斯坦的书，办过3个巴基斯坦文化展，采写过无数篇有关巴基斯坦的文章，但是，今天你才真正深入巴基斯坦人的精神生活，更深层地了解巴基斯坦人民和社会。”穆沙希德参议员说。

出了伊斯兰堡，我们朝白沙瓦方向开去。一个半小时后过喀布尔河大桥。我们沿着16世纪莫卧儿王朝时期修建的从加尔各答到开伯尔山口的横贯南亚东西的古丝绸之路往西走，沿途可以看到一些当年为行商修建的客栈遗迹，有的还在使用。

道路颠簸，路面一半正在重铺。路上跑的多是柴油三轮车，也有少量的驴车和骑毛驴的人。我们终于来到了这个全世界关注的小镇。小镇街头的女子都穿着长袍，蒙着面纱，全身上下裹得严严实实。世界著名的正义学识大学就坐落在这个小镇的马路旁。

正义学识大学入口处站着几个警察和便衣保安。我们从一个破旧的安检门进入，里面的保安一只手随意在我身上乱摸两下就放我进了“塔利班大学”。

校园里有一幢教学楼、一幢办公楼和一幢学生宿舍楼，阳台上挂着学生洗的衣服。2017年由开伯尔－普什图赫瓦省政府拨款资助的科研大楼正在兴建。校园里看不到一个持枪者，更看不到任何武器装备。西方记者杰弗里·戈德堡（Sir Jeffery Goldberg）曾在这所学校里住过3天，仔细检查了每一间学生宿舍，连把刀都没有发现。萨米·哈克在《阿富汗塔利班：意识形态之战，为和平而奋斗》中说：“我们不向塔利班提供军事训练课程，我们也没有军事教员、武器装备。塔利班的军事技能是从抵抗苏联入侵的实战中学习并传承下来的。塔利班使用的武器都是美国制造的。今天年轻一代的塔利班是通过老兵带新兵的方式培训出来的。阿富汗今天的局面完全是美国一手造成的。”

学校位于通往喀布尔的南亚古丝绸之路旁，离阿富汗很近。这所学校有近3000名学生，50名老师。大部分学生来自阿富汗和巴基斯坦，少数来自中亚的塔吉克斯坦、乌兹别克斯坦和哈萨克斯坦，没有来自中国的学生。

学生们（塔利班）在这里除了学习、背诵和研究《古兰经》外，还学习学校开设的语言、文学、哲学、计算机、历史、地理、科学、数学、逻辑、经济学和天文学等课程。“我们的学生在这里学习8年，获得相当于哈佛硕士学位的证书后，到各地的学术机构、教育机构开展伊斯兰的学术研究。”萨米·哈克毛拉的孙子阿卜杜勒一边带我们参观，一边介绍说。萨米·哈克在《阿富汗塔利班：意识形态之战，为和平而奋斗》中写道：“《古兰经》里，没有对爱好和平国家发动圣战的训诫。《古兰经》里也没有要求伊斯兰国家通过利剑传播伊斯兰教的指示。伊斯兰教的目标是给社会带来和谐和安定。穆斯林和非穆斯林都是兄弟。”

李希光日记

2018 年 11 月 4 日

2019 年 4 月 4 日，中国驻阿富汗大使刘劲松在接受阿富汗 1TV 电视台采访时，就阿富汗未来是塔利班提出的让阿回归到“阿富汗伊斯兰酋长国”，还是加尼总统强调的保持阿富汗民主政体，中方倾向于哪个选项，做出明确回答：“阿未来的政治安排应由阿人民进行深入和包容性的协商，如果阿人民做出了选择，我相信，国际社会都会尊重。”中国大使敦促阿富汗政府官员、其他政治人物和塔利班“可以坐下来谈，一起找到让各民族、各群体都满意的政治解决方案”。记者又问中国大使：“阿政府提出了一些‘红线’，例如民主体制、言论自由、保护少数群体、妇女权利等，这些是否也是中方的红线？”中国大使说：“我注意到阿政府的上述表态，同时也注意到阿政府表示在和谈问题上不设先决条件，这对阿政府与其他政治派别接谈非常重要。阿各政治力量都有自己的立场，最重要的是让他们坐在一起，摒弃前嫌，以国家利益为重。阿政府人士、各党派人士和塔利班都是阿富汗人，说着同样的语言，相互了解。他们完全可以搁置争议，着眼国家长远和整体利益，相向而行。”

早在 2018 年 12 月 15 日，在特朗普下令从阿富汗大规模撤军的三天前，王毅外长在喀布尔举行的第二次中国－阿富汗－巴基斯坦三方外长对话上做了重要发言，其中最引人注目的是这样三句话：“推动塔利班早日重返谈判桌，回归政治主流。”“中方同阿富汗各方都保持友好关系，中国对阿富汗的政策面向阿富汗全体人民。”“我们愿继续发挥自身优势，在尊重阿富汗各方意愿的基础上，做阿富汗和解的支持者、斡旋者和参与者。”[194]在王毅外长到达阿富汗的第二天，美国在巴基斯坦的斡旋下，把阿富汗政府排除在外，在阿联酋的一家酒店里同塔利班谈判。王毅离开阿富汗后，俄罗斯驻阿富汗大使专程到中国驻喀布尔大使馆拜访，了解中国在阿富汗开展的和解与斡旋工作。此前，俄方在2018年10月主持了由塔利班、阿富汗政府和全球利益相关方参加的和平谈判。巴基斯坦也参加了会谈。

11.1 美国世纪的终结，亚洲世纪的开始

在阿富汗，塔利班势如破竹，攻占全国大部分城镇后，于2021年8月15日进占喀布尔。巴基斯坦参议院外交委员会主席穆沙希德在《快报》发表署名文章《美国世纪的终结，亚洲世纪的开始》。他说，2021年8月15日会被载入史册，因为这一天标志着美国世纪的终结和亚洲世纪的开始。就在那一天，美国扶持的阿富汗政府垮台了。美国军队恐慌地撤离，与阿富汗塔利班20年后出人意料地迅速而温和地重新掌权同时发生。美国曾在第三世界国家占据主导地位，如今在这些国家，混乱退出是美国的一个特点。

穆沙希德说，在“9·11”事件20周年前夕，阿富汗政府军的崩溃唤起了人们对1975年柬埔寨和越南以及1979年伊朗的回忆，当时离任的美国大使不无苦涩地宣布：“直到昨天，我们还在统治这个国家!”这些事件的发展速度印证了列宁的话：“有时候几十年里什么都没发生，有时候几周里就发生了几十年的事情!”

美国成为第二次世界大战的胜利者时，被誉为美国世纪的先兆。美国前总统乔治·H. W. 布什在苏联解体时曾得意扬扬地宣称：“我们说什么就会做成什么!”然而今天美国这个唯一超级大国的形象、实力和信心已被埋葬在阿富汗战场的废墟里了。阿富汗战争先是导致英国的衰落，后来促使苏联解体，今天成了美国的坟场。

早在2018年12月20日，美国总统特朗普下令将撤回大约一半驻阿富汗美军，约7000人。在题为《塔利班以胜利的姿态迎接五角大楼从阿富汗撤军》的报道中，该组织一高级成员告诉美国全国广播公司（NBC），这一消息清楚地表明塔利班即将取得胜利。来自阿富汗赫尔曼德省的一名塔利班高级指挥官评论称，“我们数千人经过长达17年的‘战斗和牺牲’终于结出‘硕果’”，“我们

向全世界证明，我们打败了自称为世界上唯一超级大国的国家”。[195]当时塔利班的所有战地指挥官被告知要加强训练，以赶在美国和塔利班下一轮会谈之前占领四个战略省份。该谈判计划于2018年1月举行。阿富汗东部库纳尔省的塔利班领导人穆尔维·谢尔穆罕默德说：“美国人民，特别是美国的统治者，应该好好想想，他们入侵阿富汗得到了什么，他们给阿富汗民众造成了这么多损失，自己也在这场漫长的战争中浪费了资源。”在阿富汗经商十多年的余先生接受我采访时说，美国撤军一半“对塔利班确实是个好消息，高层开始盘算，走出山坳甚至登上大位，而且美国也改变了对阿政策，开始直接和塔利班谈判，促进整个局势向和解方向努力，周边国家表示欢迎，都在积极地做着应对方案”。[196]在阿富汗重大变局的背景下，中国要对阿富汗形势特别是塔利班，做一个全面完整的信息分析和研判，从而找到有利于中国新疆地区长期稳定，特别是有利于加强中国与共建“一带一路”伊斯兰国家大团结的方案。

2018年1月是阿富汗近年来暴力袭击致死人数最多的一个月，在喀布尔发生的三起袭击中，共有150人死亡。2018年1月27日，喀布尔发生95人死亡的大爆炸后，附近商店的店主穆罕默德·哈尼夫说：“我们该如何生存？我们该去哪儿？我们的安全没有保障，我们只有一个无能的政府，我们该怎么办？”另一个店主塞米说：“人们没有工作。阿富汗人没有生活。人们不得不去其他地方寻求生存，但无处可去。”[197] 2017年，阿富汗共发生2050起安全事件，造成14 600人死亡，10 277人受伤，平均每天68人伤亡。每100人中有56人因面对面战斗伤亡，[198] 16人因（美军）空袭伤亡，12人因自杀式袭击伤亡，8人因针对性攻击伤亡，8人因炸弹袭击伤亡。[199]

2018年1月30日，英国《金融时报》报道，应美国国防部要求，美国最新的阿富汗重建报告删减了一些最关键的数据，包括处于阿富汗政府控制下的土地的占比。这是美国首次禁止其在阿富汗的人员发布由塔利班和其他反抗分子控制的阿富汗土地的占比数据。[200]

此前，2017年12月，美国总统特朗普签发的《美国国家安全战略》显示，美国将在阿富汗继续开展反腐改革，以增强阿富汗政府的合法性，削弱“极端组织”的吸引力。巴基斯坦国防大学教授阿克拉姆说，[201]美国一手操纵的阿富汗大选对真正了解阿富汗的人来说，就是个笑话。长期以来，美国依靠仅控制阿富汗国土面积约30%的由塔吉克人、哈扎拉人和乌兹别克人组成的北方联盟。美国扶持的阿富汗政府完全通过国外经济支持维持运作，自身没有根基。一旦美军撤离阿富汗，喀布尔政权就会崩溃。就如同当年苏联撤离阿富汗后，纳吉布拉政权很快被反对派游击队推翻一样。阿富汗高官或精英多持有美国或西方护照，靠西方经费创建非政府组织、智库和媒体以及养家糊口。越来越多的人靠种植罂粟及贩卖毒品养家糊口，而住在文物区附近的人靠挖掘佛像和倒卖文物生存。

巴基斯坦国立科技大学中国研究中心主任哈桑·贾维德大使说[202]，阿富汗的政治制度已经停止运转。来自北约的13万军队及西方帮助培训的阿富汗安全部队无法打败塔利班。特朗普上台后，下令美军在靠近中国的巴达赫尚用了威力仅次于核弹的“炸弹之母”，丝毫没有打垮塔利班。巴基斯坦国立科技大学中国研究中心副主任、巴基斯坦原驻华参赞泽米尔·阿万教授说，[203]面对在阿富汗造成的混乱，美国必须接受失败。美国是世界唯一的超级大国，美国在阿富汗驻扎大规模军队，此外还有来自欧盟在内的西方社会的政治和道义支持。美军训练有素，装备精良，但无法完全控制或占领阿富汗，不能战胜塔利班。除待在军营内，美军不能在阿富汗首都喀布尔的街头自由走动。事实上，统治阿富汗大部分地区的是塔利班。

阿克拉姆教授说，为了维持美国的霸权，建制派新保守主义者希望通过海军基地在东部包围中国，并在西部通过渗透在中国制造动荡与战争，同时要使阿富汗人自愿让美国在阿富汗拥有无限期的势力，以压制中国的崛起。但是，由于美国在阿富汗进行的长期残酷战争致使其无法达到总体战略目标，美国转而希望通过原美国黑水（Academi）、戴阳（DynCorp）以及哈里伯顿（Halliburton）等一系列安保公司将阿富汗战争“私有化”。这些公司与某国情报部门一道，为“伊斯兰国”以及“巴基斯坦塔利班运动”（Tehrik-i-Taliban Pakistan，简称TTP）等组织提供训练。面对中国发起的“一带一路”倡议，阿万教授说，美国为中国可能在不久的将来成为世界领导者深感不安。美国利用南亚某国来破坏“中巴经济走廊”，并为其提供最新的技术、最新的武器和最新的战术、后勤以及情报支援。

11.2 “美式阿富汗”建立近20年，国家治理全面失败

从2001年美军推翻塔利班政权算起，至2021年美国扶持的喀布尔政权垮台，“美式阿富汗”统治阿富汗近20年。在西方价值观影响以及其代理人治理下的阿富汗在过去的20年里，成为世界上最悲惨和最恐怖的国家之一。2017年，巴基斯坦外交部长赫瓦贾·穆罕默德·阿西夫说，西方联军成千上万的士兵装备有现代化武器，仍然无法在阿富汗建立和平。“伊斯兰国”至少在阿富汗9个省活动，广大国土不被阿富汗政府控制。在西方联军的眼皮底下，阿富汗在2017年生产9000吨鸦片。在争取阿富汗和平的事业中，美国已经失败。[204]阿富汗取代拉丁美洲各国、金三角等，成为世界鸦片生产第一大国。2001年，联合国的一项调查显示，在塔利班禁止种植罂粟之后，2001年阿富汗的鸦片产量下降了91%。在这之前，全世界71%的鸦片是由阿富汗提供的。但是，北方联盟控制区的罂粟种植依然保持稳定。据统计，在2007年，全球市场的92%非药用鸦片来自阿富汗。到了2017年，阿富汗的罂粟种植面积超过了30万公顷，其中很多处在靠近巴基斯坦的边境地区。美国入侵阿富汗后，阿富汗成了世界第一大毒品生产国。

阿富汗毒品每年在国际市场的价值高达1500亿美元，但只有80亿美元回到阿富汗。这激起了国际贩毒集团的极大兴趣。国际贩毒集团希望阿富汗与巴基斯坦交界地区的冲突持续不断，这样就可以把巴基斯坦安全部队牵制在联邦直辖部落区和俾路支省的武装冲突上，而无法顾及这些地区的罂粟种植和毒品交易。阿富汗今后10年需要400亿美元才能把这些鸦片产业改造回正常的农业经济。但是，美国在阿富汗的投入只包括军费开支，没有农业开支。据世界银行统计，阿富汗的GDP约为230亿美元，其中鸦片贸易占30亿美元，公共开支占GDP的57%，GDP的95%来自外援和西方联军在阿富汗的消费。[205]鸦片走私成了阿富汗和巴基斯坦恐怖主义的重要经济来源。巴基斯坦国立科技大学智库报告指出，[206]毒品威胁是巴基斯坦俾路支省和联邦直辖部落区不稳定的重要因素之一。

阿富汗经过20年的治理后，社会倒退，民生凄惨。据美国中央情报局2016年资料，阿富汗婴儿死亡率为112.8‰，在伊斯兰国家中位列第一。阿富汗孕产妇死亡率是638/10万[207]（邻国伊朗为161/10万），在伊斯兰国家中位列第一。阿富汗人均预期寿命为60.5岁（邻国伊朗为75.5岁），在伊斯兰国家中位列倒数第一。阿富汗15岁以上人口识字率为38.2%（邻国伊朗为86.8%，世界平均为86.3%），在伊斯兰国家中位列倒数第一。

西方军人、外交官和某些国际机构人员多年来还趁阿富汗战乱，在这个悲惨的国家大发战争财，其中包括向海外运送毒品或走私文物。我在敦煌听一位日本学者的报告时获悉，某国大使从阿富汗走私了一件价值连城的犍陀罗石雕佛像，偷运到欧洲市场出售，被日本收藏家买走并带到了日本。

11.3 阿富汗塔利班建国的政治理念和政治结构

在猜测阿富汗塔利班的治理情况时，要避免犯的一个根本错误是用美国入侵阿富汗的反塔利班的宣传话语来推测未来的阿富汗。同时，也不要预测阿富汗塔利班会大大背离伊斯兰教义。人们应该期待的是，阿富汗的核心价值将与自己的文化和历史传统相联系。

在塔利班上一个执政期，大部分人员年龄在十几岁到二十几岁，搞不清什么是“正确的伊斯兰教”，他们中的很多人对世界的发展趋势一无所知，对自己的历史也知之甚少。他们从小在伊斯兰学校学习《古兰经》并参加抵抗战争。在针对苏联的第一次“圣战”期间，塔利班接受了沙特阿拉伯的财政援助，伴随沙特阿拉伯的资金而来的是某些强硬又不合时宜的瓦哈比思想，这种现代激进主义思想背离了伊斯兰教的宗教信仰，但是得到了美国的大力支持。

今天的塔利班领导层年龄在五六十岁，主要领导人是在监狱里、流放时或在山区里打游击时学习知识的，在政治上更精明，并且知道世界是如何运作的。他们已经抛弃了上个执政期的许多思想，这些植根于传统伊斯兰教的普什图人重新建立了对伊斯兰教的理解。伊斯兰教并不是排他性的，它在阿富汗和巴基斯坦边境地区兴起之前，吸纳了琐罗亚斯德教和佛教传统。普什图人对伊斯兰教法和伊斯兰教政治思想的理解也与伊斯兰教之前的普什图法典有关。普什图法典原则上与伊斯兰教思想并不冲突，而是提供了一个理解框架，该框架容纳了对社会有益的前伊斯兰知识。在新的任期内，他们犯错的可能性要小得多，也不会被西方人的意识形态所欺骗。

但是，由于过去40多年里一直忙于跟苏联和美国入侵者作战，阿富汗塔利班并没有时间对国家重建进行理论上的研究。这些新领导人进入现代社会的一个重大困惑是如何制定一套合理的并为世界其他国家所认可的政策。从近年来塔利班多次派代表团来中国磋商的积极性看，塔利班将会主动学习中国在治国理政方面的成功经验。中国在改革开放、基础设施建设和脱贫等方面的治理经验可为阿富汗提供借鉴。

阿富汗不会是一个共和国，而是一个酋长国。酋长国类似于一个王国，但不是基于权力世袭制，不应将其与阿联酋的政治体制等同。如果塔利班仍然忠于他们的伊斯兰教义，那么他们将会无视西方的共和国和民族国家的逻辑，对东方文明国家的治理模式持开放态度。在伊斯兰政治史上，伊斯兰世界是一个文明体系，而中国是世界上最古老的文明体系，从中国、伊斯兰世界到俄罗斯的亚欧大陆形成一个文明体系。

11.4　阿富汗与中巴经济走廊

中国、阿富汗、巴基斯坦是领土紧密相连的国家。历史上，这三个国家就是通过瓦罕走廊、开伯尔山口和白沙瓦连接。不幸的是，阿富汗过去40多年陷入持续的战乱，不仅影响了自己，也影响了中国和巴基斯坦。阿富汗与巴基斯坦有2000多公里边境线，是阿富汗最长的边境线。阿富汗如果继续处于动荡状态，将影响中巴经济走廊的长治久安。2018年，巴基斯坦外交部阿富汗、伊朗和土耳其司司长曼苏尔·艾哈迈德·汗说，巴基斯坦和阿富汗边境地区人们的语言、文化、民族、信仰、衣着都一样。有很多跨境村庄，兄弟各住一国的情况也很常见。几个世纪以来，在阿富汗和巴基斯坦两国边境地区，出入两国看病、经商、上学、走亲访友，是再正常不过的事情了。巴基斯坦是阿富汗贸易活动最便利的通道。每天约有6万阿富汗人过境进入巴基斯坦，90%没有签证，因为巴基斯坦只有每天签发几千人的能力。直到几年前，大多数阿富汗人去巴基斯坦不用签证。巴基斯坦边境大门大开，边防人员没有检查阿富汗人护照的传统。[208]

近年来，巴基斯坦开始对阿富汗实行签证制度。巴基斯坦启动签证程序，不是为了限制阿富汗人的进入，而是要记录来往人员的信息。阿富汗边境有签证检查站点，也有自由进出的关口。不少阿富汗人去巴基斯坦上学、看病、经商。两国的医疗费用基本是一样的，去巴基斯坦看病的阿富汗人，不仅仅去边境地区，有的还远道去卡拉奇。近年来，巴基斯坦政府向阿富汗提供了 10 亿美元的医疗交通援助，援助经费已经用去一半，剩下的 5 亿美元正待启用。苏联和美国先后入侵阿富汗以来，有 500 万阿富汗难民逃到巴基斯坦。目前至少还有 300 万阿富汗难民非法居住在巴基斯坦，150 万难民在巴基斯坦上学，他们在阿富汗人自己在巴基斯坦办的学校或巴基斯坦国立学校上学。巴基斯坦政府过去两年每年给 3000 名攻读本科、硕士或博士的阿富汗难民颁发奖学金，男女生都给。至少有 5 万在巴基斯坦受过教育的阿富汗人已经回到阿富汗工作。[209]

阿富汗和平对中巴经济走廊乃至巴基斯坦来说是至关重要的。阿富汗约 3000 万人口中普什图人约占 40%。巴基斯坦毗邻阿富汗边境的开伯尔 - 普什图赫瓦省有很多普什图人。开伯尔 - 普什图赫瓦省边境地区在历史上一直是普什图人无须签证就可往来的“开放边疆”，有亲属关系的普什图人很可能生活在阿富汗 - 巴基斯坦边境两边。阿克拉姆说，如果巴基斯坦反对阿富汗塔利班，由于普什图人在阿富汗塔利班中占多数，巴基斯坦就有疏远本国境内普什图人的危险，巴基斯坦也就很可能会失去整个开伯尔 - 普什图赫瓦省。在这种情况下，由于现今俾路支省首府奎达（巴基斯坦西南部）的人口已经不是主要由俾路支人构成，而是主要由普什图人构成，那么俾路支也可能会脱离联邦。巴基斯坦沿海经济港口卡拉奇也是同样的情况。卡拉奇曾经是一个以从印度移民来的莫哈吉尔人为主要人口的城市，而今已经成了以普什图人为主要人口的城市。如果巴基斯坦疏远境内的普什图人，一个受印度支持的普什图民族运动将在巴基斯坦产生，巴基斯坦就会被肢解。一旦发生这种情况，巴基斯坦将会被挤压成一个内陆国家——仅仅由旁遮普省构成，同时被位于旁遮普北面的印控克什米尔地区包围，印度还将控制旁遮普的水源。在这种紧要关头下，如果巴基斯坦被围困在旁遮普地区，面对被切断水源的危险，巴基斯坦和印度间可能就会爆发战争，不排除引发核战争的可能性。上述情况一旦发生，不仅中巴经济走廊毁于旦夕，更会危及“一带一路”倡议的实施。为防止这种极端情况发生，应尽早让广大的阿富汗普什图人的生活正常化，同时对阿富汗塔利班去边缘化。[210]

回顾巴基斯坦被胁迫加入美国对阿富汗战争的惨痛教训，巴基斯坦精英想必相信中巴经济走廊，而不相信美国对阿富汗战争能给巴基斯坦带来一个光明的未来。巴基斯坦国立科技大学中国研究中心副主任泽米尔·阿万教授说，巴基斯坦在美国发动的阿富汗战争中遭受了1230亿美元的经济损失，牺牲了7万多人的宝贵生命。巴基斯坦正式接纳了350万阿富汗难民，加上未登记的可能有500万左右。由于“反恐战争”，巴基斯坦面临着毒品问题、枪支问题、法律和秩序的恶化问题。巴基斯坦在20世纪六七十年代是快速发展的国家，但由于“反恐战争”，巴基斯坦局势严重恶化，失去了在国际社会中的原有地位。美国向巴基斯坦提供援助，作为对巴基斯坦“反恐战争”的支持。巴基斯坦从2001年到2017年的16年里名义上共收到330亿美元援助，但是实际收到的经济援助只有108亿美元，平均每年有6.75亿美元，这对有约2亿人口的巴基斯坦来说实在微不足道。美国的经济援助模式过于政治化，一般通过美国国际开发署提供。其中大部分已经到了美国在巴基斯坦的代理人和顾问手中，有的援助则直接用于贿赂巴基斯坦的统治精英。巴基斯坦普通人几乎没有享受到美国的任何好处。随着中巴经济走廊的启动，巴基斯坦对美国援助的依赖将会减少。[211]

巴基斯坦外交部阿富汗、伊朗和土耳其司司长曼苏尔说，[212]中巴经济走廊应聚焦到区域连通上，我们可以把中巴经济走廊延伸到阿富汗，具体有5条路线：白沙瓦—喀布尔快速路（甘肃公司修建白沙瓦到开伯尔山口一段）；白沙瓦到贾拉拉巴德铁路（附近有中国投资占比最大的铜矿）；阿拉伯海—瓜达尔—奎达—坎大哈—土库曼斯坦（连通中亚）；新疆—瓦罕走廊—喀喇昆仑公路；白沙瓦—喀布尔—贾拉拉巴德—瓦罕走廊—新疆。把中巴经济走廊延伸到阿富汗后，中国、伊朗、巴基斯坦、印度、土耳其、叙利亚、伊拉克之间的交通，都将更加便利。

11.5 阿富汗新政府与中国和“一带一路”

当美西方那些喜欢空谈天下大事的人还在围绕阿富汗塔利班该不该掌管政权扯闲篇时，务实的中国工程师和工人们以钢铁般的干劲在瓦罕走廊东端的入口处修建了跑道长达3800米的塔什库尔干红其拉甫机场。

塔什库尔干红其拉甫机场被视为“一带一路”愿景的未来基地。它与周边的巴基斯坦、阿富汗、塔吉克斯坦、伊朗、乌兹别克斯坦、塔吉克斯坦和吉尔吉斯斯坦七国的首都以及周边的拉达克、印控克什米尔、中国新疆和田、中国西藏阿里等地区近乎是等距离。可以说，塔什库尔干红其拉甫机场不仅是瓦罕走廊机场，更是亚洲的中心机场。

阿富汗塔利班相信中国是爱好和平的国家，中国是阿富汗的好邻国。中国是最好的基础设施开发商，将开发白沙瓦—塔什干公路，该公路穿过阿富汗，将为该地区带来前所未有的发展机遇。

阿富汗塔利班已经做出承诺，不会允许任何人和任何力量从阿富汗的土地上攻击中国等国家。阿富汗新政府在中国、俄罗斯、巴基斯坦等国的支持下，将与南亚和中亚建立联盟，以确保南亚和中亚的安全。这将确保中巴经济走廊的安全，有助于共建“一带一路”。巴基斯坦西部边境会变得更加安全，巴基斯坦将获得进入中亚的通道。阿富汗、中亚五国和俄罗斯将受益于中巴经济走廊和瓜达尔港。

早在特朗普宣布从阿富汗撤军的第二天，巴基斯坦外长库雷希就马不停蹄地走访阿富汗、伊朗、中国和俄罗斯。2018年12月25日，库雷希飞到北京拜会不久前从阿富汗回国的国务委员兼外长王毅。新华社对此报道：“双方就阿富汗局势的最新变化进行了深入讨论，达成了广泛共识。双方一致认为，军事手段解决不了阿富汗问题，推进政治和解是唯一现实可行途径。双方欢迎各方为此做出的各种努力，愿就此保持密切沟通和战略协调。”《巴基斯坦日报》报道，库雷希外长在会谈中称赞中国在推动阿富汗和平与发展方面发挥的重要作用，特别是通过中阿巴三边机制。巴基斯坦《黎明报》说，库雷希与王毅讨论的重要议题中，包括美国决定从阿富汗撤出近一半军事力量等话题。目前中方尚未对美国撤军置评，但巴方对削减美军数量的决定表示欢迎，称这是在饱受战争蹂躏的阿富汗“迈向和平的一步”。

2018 年 12 月 26 日，库雷希访问俄罗斯并与俄外长拉夫罗夫举行会谈，双方表示在阿富汗问题上有共同利益和关切，同意通过莫斯科进程等渠道继续推进阿和解。另据巴基斯坦媒体报道，特朗普宣布从阿富汗撤军后，伊朗同塔利班进行了接触，这是伊朗首次承认与阿富汗塔利班举行会谈。12 月 26 日，俄罗斯政治学家斯坦尼斯拉夫 · 塔拉索夫在接受俄罗斯卫星通讯社采访时说，美国关于部分撤军的决定或许改变阿富汗的力量对比，将给中国带来新的挑战。

值得警觉的是，“美国从叙利亚和阿富汗撤军，意味着美国准备退出‘反恐战争’，但是在最终退出‘反恐战争’之前，美国想把‘反恐战争’的旗帜转移给中国，一旦中国接过反恐大旗，恐怖主义就会把目标转移到中国”。[213]

从长远看，中巴经济走廊不仅连接中国和巴基斯坦，还将连接伊朗、阿富汗、中亚五国、俄罗斯、印度及东非和南欧等国家和地区。瓜达尔港不仅是中国的出海口，也将是阿富汗、乌兹别克斯坦、土库曼斯坦、哈萨克斯坦、塔吉克斯坦、吉尔吉斯斯坦和俄罗斯等国家通往世界的门户。以位于俾路支省的瓜达尔港为中心，未来将形成一个近可辐射喀什、喀布尔、赫拉特、伊斯法罕、撒马尔罕和布哈拉等丝绸之路古城，远可辐射乌鲁木齐、塔什干、德黑兰、阿什哈巴德、巴格达、大马士革到伊斯坦布尔的丝绸之路网络。

目前在巴基斯坦的中国人约有 35 000 人，其中约 12 000 人为中巴经济走廊工作。[214]中国人在巴基斯坦安全与否，不仅关系到中巴经济走廊的成败，也关系到“一带一路”倡议的成败。2018 年 11 月 23 日，俾路支分离主义组织袭击中国驻卡拉奇总领事馆，引起了媒体和网络舆论的极大关注，中巴经济走廊的安全性受到了广泛质疑。早在 2016 年 12 月，我在瓜达尔港考察期间，下榻的当地唯一的一家洲际酒店房间里，夜里有不明人士闯入。事后我在房间的床头柜里发现一个鼓鼓的旧钱包和五张被撕碎的男人照片。我把钱包里的照片拿给巴基斯坦参议院外交委员会主席穆沙希德看，他认为照片上的人跟俾路支分离主义组织有关。

但是，不容置疑的是，巴基斯坦整体治安和安全形势发生了质的变化。

2016年我去斯瓦特山谷考察佛教遗址，巴基斯坦反恐部队前后两辆车护送我进山。2018年11月，我再去时，只有斯瓦特王子阿德南一人陪我从伊斯兰堡驾车去斯瓦特山谷，到了山里，就他一人带我跋山涉水，走山间小道，穿行山野之村。老百姓开始在伊斯兰堡街头野餐，街头不再有警察的安全路障，也看不到很多警察，伊斯兰堡节日消费连创新高。在卡拉奇巴扎可以看到中国人在卖锅贴，在伊斯兰堡街头可以看到中国女子在卖手机。

而在2017年，伊斯兰堡发生过三起暴恐事件，那三起事件都是摩托车枪击事件。巴基斯坦以枪击为主的暴恐事件难以根除是因其法律制度。在巴基斯坦，私人可以拥有枪支。拉瓦尔品第有个枪支市场，白沙瓦有世界最大的枪支市场，在伊斯兰堡200美元可以买到一把枪，店主还送200发子弹。中国使馆曾向巴基斯坦政府提议在瓜达尔建立非武器化区，但是这在巴基斯坦法律上做不到。目前的情况是，在瓜达尔开发区，每隔两百米建立一个岗楼来保护在那里工作的中国人。

其他潜在不安全因素还包括中国有大量的回族留学生在巴基斯坦学习，他们住在廉价的房子里，安全得不到保障。2017年，两个“90后”中国人在巴基斯坦俾路支省首府奎达被绑架杀害。那两个人不是到巴基斯坦建设中巴经济走廊的，而是受雇于韩国的一个基督教组织，目的是回到所谓基督教当年在南亚传教的地方，特别是到奎达这样的伊斯兰中心地带去夺回基督教的旧地。韩国传教组织给他们每人每月1000多元，发给他们使用的手机是上不了网的老人机。[215]“塔利班之父”萨米·哈克在他的《阿富汗塔利班：意识形态之战，为和平而奋斗》一书中透露，2007年塔利班抓的23个韩国人也是该传教组织派遣的，他们在保证停止在阿富汗民间传播基督教后，全部获释。[216]中国在靠近阿富汗的巴基斯坦俾路支开始兴建中巴经济走廊后，大批中国工程技术人员和商人来到这个地区参加建设或经商。“巴基斯坦热烈欢迎来做生意的中国商人，但是如果你拿着巴基斯坦开具的商务签证，入境之后立即隐藏到一个我们找不到的地方去传教，我们就无法保护你的人身安全。”巴基斯坦驻中国大使馆一位高级外交官接受我采访时说。

2018年12月16日，美国驻巴基斯坦前大使奥尔森接受脸书采访时威胁巴基斯坦，“未来中美两国将成为全球主要竞争者，中巴关系将是影响巴美关系的主要因素”。但是长期以来，巴基斯坦政界、学界和宗教界不怕美国的恫吓。巴基斯坦三军公共关系局局长阿西夫将军对我率领的中国大学智库代表团说，“你要是自己去了不安全的地区，又不告诉我们，那你不受我们的保护。巴基斯坦是美国‘反恐战争’的受害者，也是西方媒体的受害者。中国是巴基斯坦唯一的朋友，尽管美国不愿意看到中国成为世界大国，变着花样进行反华宣传，但是巴基斯坦希望中国成为世界的领导者。美国不愿意看到中巴友好，但是巴基斯坦把瓜达尔港租给了中国。美国也许给巴基斯坦更多的钱，但是美国人在巴基斯坦享受不到中国人在巴基斯坦享受到的那么友好的待遇。中国在巴基斯坦投资公共设施，而美国投资 issue（问题），比如美国制造了‘圣战’，不仅导致苏联解体，还导致巴基斯坦西部持续动荡。当前的‘反恐战争’是美国强加给我们的，巴基斯坦军队在过去 17 年里，一直在打仗。我们不需要外军支援，我们的军队举一国之力打败了巴基斯坦境内的恐怖主义。而在阿富汗，美国联合 50 个国家的军队去打仗，但是阿富汗还是没有和平，50 个国家的军队都打不赢”。[217]

2018 年 11 月 15 日，中国政府收到了西方 15 个国家大使的联名信，信中指责中国对宗教极端主义采取的压制措施。这封信的发起国是加拿大。加拿大总理特鲁多说，“加拿大将继续与我们志同道合的世界各地的盟国联手，寻找途径，推进人权”。[218]很多伊斯兰国家的知识分子非常明白西方国家的全球大战略。“先是通过支持沙特阿拉伯的瓦哈比主义，让中东的伊斯兰世界碎片化和敌对化，从而达到控制中东的政治、军事和资源的目的。当年被西方用来分化及控制中东乃至世界的宗教极端主义，也被用来在中国传教和建清真寺。犹太复国主义和基督教原教旨主义都支持用《圣经》的传说建立以色列国和传播宗教极端主义思想。”[219]

自 2015 年以来，我四次赴巴基斯坦北部山区，对兴都库什山和瓦罕走廊周边的安全形势进行调研。我了解到“伊斯兰国”活跃在靠近瓦罕走廊的阿富汗东北部。一名在喀布尔工作的阿富汗记者[220]通过书面访谈告诉我，“ISIS 得到了驻阿富汗美军的直接支持。特别是在东北部的巴达赫尚省、东部库纳尔省和楠格哈尔省，当地居民声称，他们看到美国空军最近几个月在上述省份向叛军提供了各种物资。在此期间，美国部队在巴达赫尚省城市地区对塔利班进行了空中打击，我们和中国在该省瓦罕地区有边界。据高级政治人物透露，美国军队希望在上述省份消灭塔利班，以便为‘伊斯兰国’叛军提供空间，从而给该地区国家，尤其是俄罗斯和中国造成安全威胁。总的来说，阿富汗冲突正逐渐接近超级大国之间全面的代理人战争。这些超级大国在战术上支持叛乱组织。对这些组织来说，楠格哈尔省是它们活动的避风港，它们以我们无辜的公民为目标，破坏我们的领土完整和稳定。为了威胁俄罗斯和中国等地区大国，其中一些叛乱组织得到了美国指挥的核打击集团的直接支持”。2018 年 12 月 31 日的《纽约时报》一份调查报告披露，目前霍斯特省和楠格哈尔省两支最有效、最残忍的“反恐追击队”是美国中情局资助的，由中情局间谍或其承包商招募、训练和装备，二者密切合作。这个承包商招募的“反恐夜袭队”的工资是阿富汗普通士兵的 3 倍。一个亲属被“反恐夜袭队”杀死的名叫莫希卜拉的人说，中央情报局的“反恐夜袭队”跟“伊斯兰国”看不出任何区别，都是搞偷袭。[221]

瓦罕走廊是阿富汗、中国、巴基斯坦和塔吉克斯坦的交会点。如果中国在这条宽阔平坦的高原走廊上修建铁路，那么喀什这个第二大经济特区将通过赫拉特与伊朗石油实现短而直接的联系，使喀什成为“一带一路”最大的枢纽。巴达赫尚通过瓦罕走廊与新疆接壤，矿产资源丰富，地处“一带一路”的心脏地带。美方将以反恐的名义遏制“一带一路”建设和中巴经济走廊建设。西方联军对阿富汗的占领就像一把匕首深深地刺进了“一带一路”的心脏地带，控制着中国与巴基斯坦、阿富汗、伊朗和中亚地区的联系。特朗普上台几个月后，美国人在楠格哈尔省投下了威力仅次于原子弹的“炸弹之母”，但是当地没有人被炸死。阿克拉姆教授在伊斯兰堡举行的国际会议上对我说，“美国人投下‘炸弹之母’是为了威慑中国。这也向分裂武装分子表明，如果分裂分子有一天需要军事支持，美国人离他们很近”。[222]

巴基斯坦外交部对我说，由于巴基斯坦军队采取的行动，2013 年以来，从开伯尔 – 普什图赫瓦省、俾路支省到旁遮普省、信德省、吉尔吉特 – 巴尔蒂斯坦地区，以及首都伊斯兰堡，所有这些区域已经变得相对安全。当前，为了维护边境地区的安全，巴基斯坦政府已经清除了边境地区所有恐怖主义组织，边境地区已经在政府军的控制之下。巴基斯坦还沿着与阿富汗的边界建立了铁丝网、1000 个边防哨所和监控设备。出于反恐需要，过去阿富汗人到巴基斯坦可以自由往返，现在不可以。[223]阿克拉姆教授说，“东突”、巴基斯坦塔利班、乌兹别克斯坦恐怖组织、来自叙利亚和伊拉克的“伊斯兰国”武装分子都藏匿在阿富汗。上述这些人对巴基斯坦西北部联邦直辖部落区与阿富汗接壤地带进行渗透，并派遣破坏分子和恐怖分子发动攻击，然后逃到阿富汗。巴基斯坦军方人士建议，在中巴经济走廊上，中国和巴基斯坦需要在战略层面上做一些情报分享工作。[224]巴基斯坦国立科技大学中国研究中心的一个长期在巴基斯坦生活的华人说，要警惕在巴基斯坦的美国代理人，他们来自阿富汗，在阿富汗边界地区和俾路支斯坦搞破坏。[225]

11.6　警惕媒体制造中巴经济走廊恐怖气氛

那些企图破坏中巴经济走廊的人，试图通过制造恐怖气氛，涣散军心，打击士气，破坏中国投资者和建设者的信心。长期在阿富汗经商的余先生更是不客气地批评媒体像苍蝇逐臭般寻找爆炸现场。巴基斯坦外交部曼苏尔司长说，中巴经济走廊面临的真正威胁，是媒体给人们制造出来的那些负面看法，而那些负面看法极大程度上是没有事实依据的。但是，那些负面看法给中国人心理上造成很大的阴影，同时对安全方面有所顾虑。巴基斯坦的一个科技代表团访问中国科学院时，中科院有关人士对他们说，由于媒体报道的所谓安全威胁，中国科研人员不得不搁置在巴基斯坦做的一些项目。巴基斯坦国防大学阿克拉姆教授说，南亚某国现在就在自己的国家安全系统内建立了一个媒体小组。这个媒体小组内现在有成千上万的人通过媒体，尤其是通过渗透巴基斯坦媒体，制造反对中巴经济走廊以及其他一些问题的谣言。例如，巴基斯坦媒体歪曲报道，“中国把投资给瓜达尔港的 91% 的红利都拿走了，只留下 9% 给了联邦政府，而当地的俾路支人民一点儿好处也没有得到”。这个消息不是巴基斯坦人编造的，而是南亚某国资助的位于巴基斯坦的一家媒体编造的。2018 年，巴基斯坦驻华公使穆塔兹·布洛奇说，[226]中国网络当前广泛流传的一条消息——巴基斯坦政府取消了中国在巴基斯坦的一个水电项目，也是一条谣言。但是奇怪的是，这条谣言只有中文网络在传播，而英文和乌尔都语网络并没有传播。

根据“鲍威尔主义”，现代战争不必像传统战争那样实际地真刀真枪打仗。第四代战争也可以是一场舆论战，在一个国家内部煽风点火，通过媒体制造认知错觉。例如，西方媒体大肆报道孟加拉国罗兴亚人与缅甸军方的冲突，并将其炒作成“文明的冲突”。美国智库制造伊朗政权更迭话题，制造既成事实。2001年“9·11”事件发生后，英国广播公司、美国之音及“自由之声”电视台等西方媒体纷纷在阿富汗境内设立分支机构，开办广播、电视、网站及各种新媒体。例如，英国广播公司普什图语部门每天黄金时段在当地知名的沙姆沙德电视台（Shamshad TV）播放5分钟的视频新闻节目。在舆论争夺战中，目前美、英等国的西方媒体占据主动地位，左右了阿富汗民众对地区和全球事务的看法，[227]希望最终打造出一个“反恐战争”后的“美式民主样板国家”。

美国针对巴基斯坦和阿富汗边境地区的传播手段，从传统的无线广播、网站到基于移动互联网技术的新媒体平台，如脸书、推特、优兔、谷歌及手机App。其通过不同的渠道，又分别使用不同的媒体平台，基本实现了对巴基斯坦和阿富汗边境地区受众的传播专业细分和全面覆盖。根据美国阿尔泰咨询公司2015年发布的2014年阿富汗媒体发展报告，截至2014年11月底，仅美国政府主办的“自由阿富汗广播电台”和美国之音就分别占据阿富汗广播市场30.9%和7.1%的份额，上述两个广播电台是影响阿富汗公共舆论的主要力量。此外，美国等西方国家还通过资助阿富汗本土的商业媒体集团，培养与美国拥有共同价值观的阿富汗本土媒体。例如，阿富汗莫比集团（Moby Group）仅2003年就接受了美国国际开发署近300万美元的资助。近年来，在美国的扶持下，该集团旗下的黎明电视台（Tolo TV）、黎明新闻电视台（Tolo News TV）、阿曼电台（Arman Radio）等平台均居阿富汗媒体市场前列。

美国不惜花费重金，在阿富汗地区进行宣传，推广其“普世价值观”，意在将阿富汗改造成其心中的“美式民主”伊斯兰国家，进而使其成为美国在中亚和南亚地区的重要盟友。阿富汗地处“一带一路”心脏，毗邻中国新疆，近年来，在事关中国利益和安全的一些重要问题上，阿富汗社会已经出现倒向美国立场的舆论倾向。[228]

美国针对巴基斯坦和阿富汗边境地区的宣传已经引起了巴基斯坦政府的高度警觉。为了维护中巴经济走廊地区的稳定与安全，特别是维护巴基斯坦和阿富汗边境地区的稳定与安全，2018 年 1 月 19 日，巴基斯坦政府决定关闭包括“自由欧洲电台/自由电台”在内的美国资助的“米歇尔网络电台”。巴基斯坦内政部声明，“‘米歇尔网络电台’已经被关闭，理由是该网络电台不断播放损害巴基斯坦国家利益的消息，并要求该组织在巴基斯坦的所有记者立即停止工作，否则将以违法论处”。[229]巴基斯坦内政部还声明，“米歇尔网络电台”包括“自由欧洲电台/自由电台”，该台一直在巴基斯坦部落地区和靠近阿富汗边界的西北部地区以 26 种语言播放危害巴基斯坦利益的消息，严重危害了巴基斯坦国家安全。据半岛电视台报道，“米歇尔网络电台”是美国官方资助的机构，总部在布拉格，在巴基斯坦共有 26 名记者，目前在巴基斯坦首都伊斯兰堡和白沙瓦等城市的所有办公室已经关闭。

11.7 “塔利班之父”的观点

2018 年 11 月 2 日，被称为“塔利班之父”的前参议员萨米·哈克毛拉遇袭身亡。萨米·哈克不仅是阿富汗塔利班已故领导人奥马尔的老师，也是 2018 年当选为巴基斯坦总理的伊姆兰·汗的好朋友和支持者。

多年来，我每次去巴基斯坦或巴基斯坦和阿富汗边境地区逛书店，能买到的绝大部分是英美记者、学者和外交官写的有关塔利班的书。偶尔看到一两本巴基斯坦记者写的，也是为了迎合英美口味，由英美出版社审核出版的。2017 年 9 月下旬，我在伊斯兰堡瑟琳丹酒店吃早饭，竟然意外在酒店走廊拐角处的一个卖二手书的书亭里，看到了一批有关塔利班、阿富汗、克什米尔、印度河、巴基斯坦北部山区的书和地图，其中一本是萨米·哈克的著作——《阿富汗塔利班：意识形态之战，为和平而奋斗》。作为国际上最有争议的学者之一，萨米·哈克在各个讲坛上公开支持阿富汗塔利班，及时澄清塔利班在各种问题上的立场，被认为是阿富汗塔利班的学界发言人。萨米·哈克的这本书回答了记者们最关注的有关塔利班的问题：伊斯兰、妇女、阿富汗战争。这本书还否定了西方对塔利班的极端评论。萨米·哈克和他的家族对定义现代社会的伊斯兰信仰、教法和教育发挥了关键作用。他的很多学生成了阿富汗和巴基斯坦的塔利班领导人。他在宗教上的影响遍及中亚和高加索地区。他在书中称，美国为了反苏制造了本·拉登，同时创建了“圣战者”。后来由于本·拉登开始反美，美国又制造了“基地”组织去对付本·拉登。美国驻巴基斯坦大使曾在 2013 年 7 月拜访萨米·哈克，萨米·哈克公开表示支持塔利班在阿富汗重新执政。“只要美国人离开阿富汗，塔利班不出一年就会让整个阿富汗人民幸福。整个阿富汗都会支持他们。阿富汗必须为自由而战。只要外国占领者一天不走，塔利班一天也不会停止战斗。”

为了更准确和完整地了解阿富汗塔利班的真实诉求，这里把萨米·哈克毛拉在其著作《阿富汗塔利班：意识形态之战，为和平而奋斗》一书中读者关心的内容介绍如下。[230]

在 20 世纪 80 年代中期苏军撤出阿富汗以后，美国中央情报局挑拨“圣战”组织领袖们的关系，让阿富汗各派力量无法联合起来组成统一的政府。“圣战”组织领袖们为了一些小问题而相互交战，阿富汗陷入近 10 年的长期混战，法律和秩序不复存在。“塔利班”在波斯语和普什图语中是“学生”的意思。塔利班在阿富汗反抗苏联战争期间获得了美国的武器和培训。此后，从巴基斯坦毕业的塔利班人士到阿富汗之后受到老兵的军事训练。塔利班领导层尽全力想让“圣战”组织的领袖们坐下来谈判，但是没有成功。1995 年夏天，一些马德拉萨的学生团结在奥马尔毛拉的旗帜下，为阿富汗重建和平，在短期内恢复了阿富汗的法律和秩序，受到公众的热烈欢迎。饱受战乱的阿富汗人民把塔利班看作解放者。塔利班在阿富汗以惊人的速度重建秩序，出乎西方各国政府的预料。萨米·哈克在书中写道，“如果我们回顾塔利班政府的短暂执政，我们会发现他们在上述目标中除了提振经济或提供基本生活供应之外的所有目标都实现了。最终目标没有实现，是因为美国和西方的敌视”。在塔利班上台以前，阿富汗一片混乱，女人们出了家门就不安全。萨米·哈克写道，“塔利班上台之后，女人们可以戴着首饰安全地旅行。伊斯兰教并没有在女人的肩上强加任何负担。塔利班还在历史上首次禁止了罂粟种植。[231]阿富汗的印度教徒和其他的非穆斯林很满意塔利班政府的政策。西方如果对此提出异议，应该给出事实依据。塔利班没有强制非穆斯林按照伊斯兰文化的要求行事”。萨米·哈克说，“非穆斯林有按照自己宗教行事的自由。如果不抱有偏见，我们可以发现，当年塔利班治理下的社会安全形势远远好于美国和英国”。萨米·哈克在书中写道，没有任何证据表明阿富汗塔利班政权对美国采取了敌对行动，而是西方先对塔利班采取敌视态度。当塔利班控制了阿富汗 90% 的国土面积时，西方仍然支持北方联盟。阿富汗塔利班政府曾向巴基斯坦派出板球队，希望注册参加国际比赛，但是这一申请因某些国际机构的建议而被否决。法国曾试图和塔利班建立联系，但是由于美国的阻挠而终止。

毛拉萨米·哈克说，塔利班政权的存在，阻碍了美国在阿富汗建立用以威胁中国和俄罗斯的军事基地，美国在阿富汗的军事基地可以接近中亚能源产地。塔利班的和平革命对西方和美国并没有构成威胁。然而，美国及其盟友担心，塔利班如果在阿富汗建立伊斯兰政权，就会对西方的资本主义和民主制提出替代方案。美国及其西方盟友担心伊斯兰教会拥有可以战胜西方世界、提供理想的有效的世界秩序的潜力。如果不对塔利班加以遏制，西方文化将遭受重创。因此，他们采取颠覆塔利班政权的措施。美国和西方想让伊斯兰国家和其他第三世界国家在经济和军事上都处于落后状态，从而任由西方支配。因此，乔治·沃克·布什宣布对伊斯兰发动“十字军东征”。然而，西方对穆斯林的压迫越重，穆斯林的反抗就越强。

西方为什么在宣传中诋毁穆斯林？萨米·哈克说：“穆斯林向非信徒传播和平与安宁的知识。我们没有侵略性的目标。美国和西方必须把穆斯林看作朋友，而不应侵犯或歧视穆斯林。我们需要他们的全力帮助，以向全世界传播和平的知识，带来和谐。不要浪费你们的力量来反对伊斯兰。来和穆斯林携手为全球带来和谐吧！我们不是西方的敌人。”[232]他还说，“我对美国的忠告是其应该尽快从阿富汗撤军。阿富汗人民在最后一个美国士兵被赶走之前不会停止战斗”。

在伊斯兰教中，相比于对男性的教育，更重视对女性的教育，对女性的教育也没有限制。每个孩子的第一个学校是母亲的摇篮。想要教育孩子，首先要教育母亲。根据《古兰经》和圣行的教导，对一个女人进行教育的效用，要超过对1000个男人的教育。萨米·哈克说，“我并不知道塔利班政府曾对女性教育加以限制，这是西方负面宣传的一部分。但是，最初当法律与秩序状况不良时，塔利班政府做出了暂时限制，以保护女性的尊严。后来，当情况好转后，塔利班政府取消了限制”。毛拉说，在伊斯兰传统中，音乐被禁止或不受鼓励。为了良好的目的而看电视从未被伊斯兰教禁止，但是展示无耻画面的除外。

萨米·哈克说，阿富汗塔利班政权建立初期，得到了巴基斯坦政府和人民的支持。巴基斯坦的命运受阿富汗影响较大，因为巴基斯坦的边界中其与阿富汗的边界最长。巴基斯坦人口中的四分之一是普什图人。阿富汗也为巴基斯坦提供了战略纵深。美国下一个目标可能就是巴基斯坦。美国国务卿曾说，华盛顿的恐怖主义和克什米尔的恐怖主义的根源是相似的。美国有肢解巴基斯坦的计划，想让卡拉奇独立，让俾路支省和开伯尔-普什图赫瓦省加入阿富汗，让旁遮普省加入印度。美国长期扶植印度来打击巴基斯坦，美国容忍了印度的核武器试验，并与印度签署了核协议。

11.8 正视阿富汗现实政治与塔利班的诉求

“阿富汗”在普什图语中的意思就是“普什图人的地方”，而普什图人亦是阿富汗国内人口最多的族群。由于阿富汗近半数的人口是追随塔利班的普什图人，他们生活在农村广阔的部落区，所以塔利班搞的是“农村包围城市”的战术。苏联入侵阿富汗10年，最后以失败告终。阿富汗政府和美军，龟缩在有层层安全保卫的据点里。普什图人遍布阿富汗，给美国在民族的基础上对阿富汗实行“巴尔干化”带来巨大困难。阿克拉姆教授说，阿富汗塔利班本质上是在进行一场反对外族占领的普什图民族解放运动。几个世纪以来，阿富汗的普什图人在外敌入侵时一直奋起反抗，无论外敌是昔日的英国人、苏联人，还是今天的美国人。普什图人有三样东西是不让外人碰的：土地、财富和女人。一旦被外族侵犯，普什图人会凶猛地报复。在阿富汗，如果举行一场不受北约军队、西方媒体及西方非政府组织和智库操控的公开、公平选举，因为有人口占优势的普什图人的支持，阿富汗塔利班很可能会赢得大选。北约不可能仅依靠人口占少数的乌兹别克族、哈扎拉族、塔吉克族等民族去重建阿富汗，并给阿富汗带来长远的和平。普什图人是阿富汗的最大族群，政府应该赋予其应有的代表权。普什图人是不愿把代表权交给北方联盟的，而北方联盟控制着阿富汗政府，这是违反普什图人利益的。[233]阿富汗政府军有30%～40%的人员开小差，根本没办法独立地控制阿富汗局势。即使在奥巴马当政时期对塔利班的清剿中，三万美军也不能控制阿富汗局势。美国人在阿富汗陷入困境，在于美国人不愿意面对阿富汗的现实。[234]

在对待与塔利班和谈这件事情上，美国的政策更是自相矛盾。一方面，他们说要把阿富汗塔利班带到谈判桌上；另一方面，他们又说阿富汗塔利班是美国的敌人。无论是在战场上还是在美国媒体的新闻报道中，甚至在好莱坞大片的娱乐宣传中，他们认为，所有的普什图人都是塔利班，普什图部落都是需要消灭的。美国人不理解，普什图人的历史传统就是反抗外国占领军。这就是为什么巴基斯坦的普什图人也参加了抵抗美国占领阿富汗的战争。美国人与普什图人的战争是美国人自己的战争，但是美国人却要求巴基斯坦在巴基斯坦境内替美国人打一场战争。巴基斯坦不愿意，也不能在巴基斯坦境内打一场美国人的战争。[235]居住在瓦尔达克省的居民阿陶拉说，“阿富汗人正在被人以各种名目加以杀戮。我要求武装组织和政府像兄弟一样停止战斗”。他要求国际社会帮助阿富汗结束冲突，呼吁那些为了自己的利益给冲突煽风点火的国家停止干涉阿富汗。喀布尔大士特－巴什区的居民穆罕拉姆·阿里在发生在伊玛目扎曼清真寺的恐怖袭击中丧生，此前他说：“我们希望和平，我们希望停止所有正在杀害阿富汗人的战争。”[236]

长期以来，西方国家通过电影、小说和新闻媒体不断使阿富汗塔利班在国际社会和阿富汗国家重建中边缘化。在阿富汗国家重建的过程中如果阿富汗塔利班被边缘化，阿克拉姆说，他们将会继续开展军事斗争，阿富汗也就不可能和平。如果动荡继续困扰阿富汗，巴基斯坦境内的恐怖活动很可能会持续。如果巴基斯坦境内的恐怖活动持续，中巴经济走廊的各条线路、沿线的经济开发区、中国的投资就不会有和平的运行环境。在中巴经济走廊上工作的中国公民将会继续生活在危险中，而中巴经济走廊的敌人就会实现其在巴基斯坦制造恐怖气氛的目的。其结果是，中国政府与中国公司将会对推进中巴经济走廊望而却步。如果作为旗舰的中巴经济走廊受到了摧毁，整个“一带一路”进程将面临丧失动力的危险。

11.9 重新认识阿富汗塔利班

阿富汗与中国、巴基斯坦、伊朗、乌兹别克斯坦和塔吉克斯坦五国接壤，如果阿富汗没有和平，巴基斯坦和中亚就不会有和平，就会威胁到中国周边的稳定。近年来，中国努力做阿富汗各方的工作，促进各方和谈，早日实现政治和解，让阿富汗人民早日过上和平的日子。中国是阿富汗的邻国，阿富汗能否保持和平与稳定事关中国切身利益。中国一开始就积极推进阿富汗问题解决进程。中国支持“阿人主导、阿人所有”的阿富汗和解进程，对任何有助于实现阿富汗国内和平和解的倡议都持开放态度。

2018 年，巴基斯坦外交部阿富汗、伊朗和土耳其司司长曼苏尔说，“美国推翻塔利班政权 17 年后，仍解决不了阿富汗的权力分配。我们应该把塔利班吸引到谈判桌上，腾出手来对付潜藏在阿富汗境内的真正的恐怖组织，以及阿富汗泛滥成灾的鸦片生产与走私。中国和巴基斯坦都应一视同仁地对待阿富汗政府和塔利班”。为此，巴基斯坦国防大学阿克拉姆教授建议，[237] 中国和俄罗斯的政策部门需要通过两国的宣传开展一场非政治化的阿富汗新议题设置宣传运动，扭转塔利班被妖魔化了的国际形象。这样做也是为了让中国的知识界、政策部门和公众知晓阿富汗塔利班的真相，让中巴经济走廊以及“一带一路”倡议的项目不会因阿富汗和巴基斯坦的暴力事件而受阻。

早在 2015 年 7 月，在巴基斯坦的撮合下，塔利班与阿富汗政府在伊斯兰堡附近的度假小城莫瑞举行首次面对面谈判，中国和美国作为观察员参加。但是，在举行第二次会谈的头一天，塔利班前任最高领导人奥马尔的死讯被美国公开，导致原定于 2015 年 7 月底举行的第二轮对话被推迟。一些分析师认为，即便北约在此前打死奥马尔，也有可能不及时发布消息，因为对北约而言，有必要选择适当时机，使消息发挥“政治作用”。

接替奥马尔的是塔利班二号人物曼苏尔。曼苏尔被视作塔利班内的温和派，支持与阿富汗政府和谈。但是，2016 年 5 月 21 日下午 3 点 45 分，塔利班武装领导人曼苏尔乘坐一辆出租车从伊朗境内的家前往巴基斯坦的时候，被美国军队无人机的“定点清除”导弹炸死。五角大楼在一天后发表的声明中说，他们是在总统奥巴马授权下，采取了空袭行动。曼苏尔是真正想通过与阿富汗政府和谈，实现阿富汗和解与和平而认真和谈的塔利班领导人。2018 年，阿克拉姆教授说，美国在阿富汗的战争打了 17 年，阿富汗早已经因战争而衰退到了一定程度，但是美国不仅不撤兵，还阻挠阿富汗国内各派实现政治和解，好让美军有理由长期驻扎在亚洲的心脏——阿富汗。

巴基斯坦普什图参议员阿夫拉夏卜·哈塔克（Afrasiab Hattak）说[238]，“世界在变化，但是国际政治联盟并没有发生变化。我们亚洲国家一定要团结起来，自主解决自己的问题”。中国应继续促进就阿富汗问题召开的六方会谈——阿富汗、中国、巴基斯坦、伊朗、印度和俄罗斯。只有阿富汗和平了，巴基斯坦才会和平，整个中亚、西亚、南亚才会和平，“一带一路”建设才会有安全保障。“一带一路”倡议下的中巴经济走廊以及可能的“中阿经济走廊”（瓦罕走廊重新开放）将中国梦与巴基斯坦梦、阿富汗梦相连。

2017 年 12 月 26 日，首次中国－阿富汗－巴基斯坦三方外长对话在北京召开。中国外交部长王毅表示，“中巴两国愿意在互利互惠的原则基础上，与阿富汗一道，以适当的方式将中巴经济走廊延伸到阿富汗”。[239]中国一直想推动巴基斯坦和阿富汗改善关系，并试图促进阿富汗政府与阿富汗塔利班武装的和平谈判。

中国、巴基斯坦和阿富汗三方同意中阿巴合作实现以下四个目标：支持阿富汗和平重建与和解进程，帮助阿巴改善和发展关系，促进三国和地区共同安全，推进区域互联互通与“一带一路”国际合作。中巴对此表示欢迎并愿全力支持阿政府同塔利班和谈，为此继续提供便利。[240]三方还就加快推进阿富汗国内政治和解进程达成共识，重申致力于推进“阿人主导、阿人所有”的阿富汗和解进程，呼吁阿富汗塔利班尽早加入该进程。阿富汗政府表示将尽快提出更有吸引力的和解方案，对此中巴两国表示欢迎，并愿继续提供便利。[241]

2018 年 1 月 14 日，中国新任驻阿富汗大使刘劲松在接受帕吉沃克通讯社、托罗新闻、《阿富汗时报》、《亚洲之心》、《每日瞭望报》等阿富汗主流媒体书面采访时强调，中国大有大的样子，对阿富汗平等相待，一心一意帮助阿和解与重建，“一带一路”将使中阿成为命运共同体，等等。贫穷落后和恐怖主义是中阿两国共同的敌人，消灭这两个敌人需要真诚的国际合作，特别是邻国之间的合作，各行其是和相互指责都不是出路。中阿两国都反对一切形式的恐怖主义，主张消除恐怖主义的根源，综合施策，标本兼治。在访谈中，刘劲松大使引用毛泽东主席的话，“阿富汗是一个英雄的国家，历史上从来没有屈服过。中阿两国是友好国家，中国不想损害阿富汗，阿富汗也不想损害中国，两国是相互支持的”。刘劲松说，“中国从来没有欺负过阿富汗，从来没有干涉过阿富汗内政，从来不在阿推进地缘政治利益，从来不在阿富汗寻求代理人，而是秉持亲、诚、惠、容的原则，对阿富汗平等相待，一心一意帮助阿富汗人民实现和平与重建”。[242]

刘劲松大使在 2018 年 2 月 21 日和 22 日的阿富汗主流媒体《每日瞭望报》（英文）、《文明之路》（达里文）发表署名文章《什么是中国道路?》[243]。刘劲松大使在开篇直截了当提出几个重要问题：为什么中国能够在过去四十年里实现举世瞩目的成就？中国道路的经验和意义是什么？是否值得阿富汗借鉴？刘劲松回答说，这些问题的权威答案都在十九大报告里。这份报告提出中国进入新时代，也就是帝国主义和西方列强在中国海岸线上架起几座大炮就能让一个国家屈服的时代一去不复返了。中国道路的特点之一，就是中国对本国的道路、理论、制度和文化充满自信。中国这些年还积累了一些十分重要的政治经验，例如像爱护眼睛一样珍惜国内稳定与民族团结。刘劲松说，中国道路的另外一个特点是，“这是一条构建新型国际关系和人类命运共同体的道路，弘扬的是相互尊重、公平正义、合作共赢，对话不对抗，结伴不结盟的精神。这是国际和平发展事业的强音，是广大发展中国家的福音”。“中国道路不仅仅是中国人的骄傲，因为它拓展了发展中国家走向现代化的途径，给世界上那些既希望发展又希望保持自身独立性的国家提供了全新和更多选择。”刘劲松大使欢迎阿富汗朋友多到中国走走看看，研究和对比中国道路，进而为中阿两国下一步的发展提供中肯的建议。

2018 年 2 月 28 日，阿富汗总统对媒体宣布[244]：同意无条件与塔利班和平谈判，停火，交换战俘，正式承认塔利班是一个合法的政治组织，修改宪法，把塔利班吸纳进国家的政治进程。《巴基斯坦观察家》报道，阿富汗总统对塔利班的新态度和新举措是2017年底首次中国－阿富汗－巴基斯坦三方外长对话的重要成果。阿富汗政府实现与塔利班的政治和解将极大改善以中巴经济走廊为龙头的“一带一路”核心区的连通性。中巴经济走廊延伸到阿富汗后，将减少阿富汗政府对西方援助的依赖，促进巴基斯坦与阿富汗的经济联系，削弱印度对阿富汗的影响。

我们通过阿富汗战争，清晰地看到“恐怖主义”一词是美国为了自己狭隘的政治利益和战略利益张贴的标签。美国为了入侵阿富汗，曾视阿富汗塔利班为“恐怖分子”。当年由于美西方找不到阿富汗塔利班从事恐怖主义活动的证据，便打着“女权主义”的口号入侵阿富汗，然而数以百万计的阿富汗妇女儿童却死于美西方“女权主义”的战旗之下。

今天，阿富汗已经翻开了新的一页，一个由阿富汗人民所推动、人民拥有和人民主导的阿富汗政府正在组建。阿富汗不会是一个共和国，而是伊斯兰酋长国。美国支持的喀布尔政权垮台后，西方精英想象的是在阿富汗这样一个支离破碎的亚洲国家建立一个联合政府，而且是三权分立的西式民主国家。如果阿富汗没有一个权力集中的政府，外部势力就会很容易发现裂缝，并利用裂缝再度分裂这个国家。

巴基斯坦参议员穆沙希德说，阿富汗塔利班对中国不存在威胁。今天的阿富汗塔利班需要中国的支持。只要广大的阿富汗人民满意，中国在坚持和平共处五项原则、互不干涉内政的基础上，应牢牢把握先机，尽早承认阿富汗新政府。中国不要等待所谓的国际社会先承认阿富汗新政府。国际社会要等到中国、俄罗斯、巴基斯坦和伊朗承认后才会承认阿富汗新政府。中国要么先承认阿富汗伊斯兰酋长国，要么推动巴基斯坦和俄罗斯先承认，然后紧随。如果中国或巴基斯坦不带头承认阿富汗新政府，将对“一带一路”在亚洲的许多互联互通项目产生不利影响。

阿富汗是中国通往西亚、中东和欧洲的陆路捷径。直到20世纪上半叶，商人、外交官、朝圣者等还在使用瓦罕走廊。瓦罕走廊对“一带一路”倡议和构建亚洲命运共同体至关重要。

11.10 重建巴米扬大佛

阿富汗当前最重要的问题是如何让阿富汗塔利班回归国际主流社会，涉及如何让西方主导的主流社会认可并接受塔利班的敏感问题。这不仅需要媒体重新发现和正确认识阿富汗塔利班，更需要阿富汗塔利班用行动来证明自己。比如，阿富汗塔利班能否同意参与重建巴米扬大佛。“塔利班之父”萨米·哈克在他的《阿富汗塔利班：意识形态之战，为和平而奋斗》一书中透露，“佛像被毁有两个原因。一个是美国尽一切努力中止向饥饿中的儿童和其他无辜人士提供食品，因而一些愤怒的人炸毁了佛像。这些人也许是塔利班，也许不是。塔利班没有下令炸佛像。塔利班从来不赞成破坏佛像。伊斯兰禁止个人偶像崇拜，（巴米扬）佛像（当时）并不是政府的财产，也不是朝拜的场所”。[245]

深藏在阿富汗巴米扬山谷的巴米扬石窟群中有两座相距400米的大佛：一尊凿于5世纪，高53米，着红色袈裟，俗称“西大佛”；一尊高37米，身披蓝色袈裟，俗称“东大佛”。从巴米扬的西大佛，到中国大同的云冈石窟，再到日本镰仓大佛，这7000公里的丝绸之路证明，中国乃至整个东亚与阿富汗巴米扬是一脉相承的。有关巴米扬乃至阿富汗的历史与文字记载则来自中国玄奘的《大唐西域记》和新罗僧人慧超的《往五天竺国传》。纵观阿富汗巴米扬历史，佛教文明和伊斯兰教文明各自在此维系千年。作为崛起中的大国，中国有责任成为新文明秩序的倡导者，中国有理由和能力启动和带动国际社会来修复巴米扬大佛，为共建“一带一路”国家人民未来的可持续共同发展，塑造一个因互信、尊重、包容与和谐而重新站起来的亚洲新文明和亚洲命运共同体。阿克拉姆说，2001年巴米扬大佛的摧毁为美国提供极佳的机会——在全球佛教徒和全世界电视观众面前妖魔化塔利班，并且在国际上煽动了对塔利班的极大愤慨。在这个过程中，阿富汗塔利班遭到了全球最严厉的批评，得不到一点支持。当前中国在这个地区兴建“一带一路”旗舰项目——中巴经济走廊的关键时刻，如果采取以下策略，那么不仅“一带一路”和中巴经济走廊会有安全保障，对阿富汗的国家重建也会有帮助。

阿富汗塔利班多次向中国直接并清晰地表示，他们愿意为重建巴米扬大佛提供安全保障。为此，中国政府可以为重建巴米扬大佛提供物质以及技术上的支持，利用最新的技术，让巴米扬重新变成世界知名的旅游特区。在这个旅游特区里，不仅巴米扬大佛可以得到重建，而且佛教寺院和服务于朝圣的酒店也可以同时得到规划和建设。巴米扬旅游特区实行封闭式建设和管理，由阿富汗塔利班维护，确保重建期间工人的安全。

要让阿富汗塔利班相信，他们同意并助力重建巴米扬大佛，将会使塔利班回归主流社会，并有助于中国说服国际社会将塔利班作为一个值得尊敬的伙伴，从而有助于其回归主流社会。

文明冲突论背后的一个重要思路在于防止一个伊斯兰文明与儒家文明联盟的产生。与西方崇尚分而治之与零和博弈的文化相反，传统意义上的伊斯兰文化在精神内核上，与儒家文化类似，主要包含了和平统一、融会贯通的团结思想。然而，随着文明冲突论与伊斯兰原教旨主义在当今国际社会的兴起，伊斯兰信仰时常受到一些有组织的曲解与妖魔化，以至于世界上很大一部分人对伊斯兰产生误解。我在中巴经济走廊，特别是在巴基斯坦和阿富汗边境地区的长期调研中了解到，当地伊斯兰学者多次强调，传统的伊斯兰信仰与中国文化传统异曲同工，强调和谐与融合，不应当存在隔阂，而只有中国学者与伊斯兰学者深入交流双方的文化，并使人民通晓理解，中国才能与伊斯兰世界团结起来，也就意味着西方分而治之的失败。

2018 年中国驻阿富汗新任大使刘劲松一到任，与阿富汗人的第一个工作宴请就是讨论中国帮助重建巴米扬大佛的事宜。2018 年 1 月 11 日，刘劲松大使在使馆会见并宴请了巴米扬省省长塔希尔・佐希尔。刘大使说，[246]中国愿为巴省文物修复与保护提供力所能及的帮助，中国相关科研机构与文化机构也会考虑赴巴米扬省实地调研并探讨合作，相信巴米扬一定会再度成为丝路明珠。刘大使还向佐希尔省长展示了中国山西大同云冈石窟的画册，介绍云冈大佛与巴米扬大佛的历史与艺术渊源，可以作为修复巴米扬大佛的重要参照。佐希尔对中国帮助重建巴米扬大佛表示欢迎。他说，“我真诚地希望中国政府、中国企业和中国文化考古界人士帮助我们修复大佛，这将不仅是巴米扬省的大事，也会是国际文化界、考古界的盛事”。佐希尔省长说，当地文化遗产多次遭到盗窃与劫掠，有的与殖民主义有关，有的则缘于国内战乱。该省正在试图修复巴米扬大佛，让其重新焕发光彩，使之与中国敦煌莫高窟交相辉映，成为“一带一路”上的明珠。他说，“最早记录巴米扬大佛的是5世纪中国的高僧法显，玄奘法师在《大唐西域记》里对大佛有详细华美的描述，是未来修复大佛的依据，也是巴米扬人民对中国充满敬意和感激的渊源”。

说服塔利班同意并助力重建巴米扬大佛的行动是塔利班回归主流社会的第一步。

与此同时，还要帮助阿富汗重建，例如修建学校、医院以及小型水坝等，甚至参加“一带一路”相关项目的建设，如为“一带一路”项目提供安保和其他服务。2018年9月，中国驻阿富汗大使馆向阿富汗北部的马扎里沙里夫市的一个小学捐赠，让150名女孩接受教育。这所小学被命名为“张骞小学”。张骞是中国历史上第一个出使巴克特里亚（今阿富汗北部及阿姆河北岸一带）的大使。古代阿富汗的和平繁华给张骞留下了美好的印象，他描述阿富汗人“宽大信人，蛮夷爱之”，并称阿富汗为“大夏”，表明古代阿富汗是个令人向往的伟大国家。

为了中巴经济走廊的长治久安，曾多次去阿富汗采访塔利班的美籍记者岛津阳一建议，[247]中国和巴基斯坦需要清除源自阿富汗的鸦片贸易，方法就是用高价值的农作物如芝麻替代巴基斯坦和阿富汗边境地区种植的罂粟。芝麻是中东地区的基本食物，而它的价格很高。阿富汗和巴基斯坦边境土地可以成为世界上较大的芝麻种植地。中国可以为这个地区改种芝麻提供食品加工机器和技术人员，并为该地区提供一定的经济帮助。

12 “一带一路”的宏大叙事与精细写作[248]

12.1 一列被媒体忽视的中国开往阿富汗的中亚专列

这是一条具有重大历史意义和现实意义的新闻，但是除了2016年9月江苏南通本地官方网站和媒体作为一条经济信息进行报道外，全国的其他媒体几乎都没有进行报道：

南通中亚班列计划全年开行24次

中国江苏网9月13日讯（记者 陈可）9月7日，南通至阿富汗海拉顿的国际货运专列——中亚班列，满载南通家纺和来自苏南、浙江的小家电等货物顺利抵达阿富汗境内的终点海拉顿。远在家乡的市铁路办工作人员得知消息后，也倍感振奋。“在各方大力支持下，这趟班列从无到有，也让南通更好融入‘一带一路’大潮之中。”市铁路办主任薛祖健介绍说。

今年7月初，作为“两学一做”活动之一，市铁路办赴海门叠石桥，调研铁路货运情况。在调研中，铁路办获悉叠石桥计划在苏南开通一趟国际货运专列，让叠石桥名扬天下的家纺产品走向中亚。“选择苏南，主要是看中那里的配套服务，但是从物流角度来说，成本要增加很多，并不是最佳选择。”叠石桥方面的一番话让铁路办一行人牢记在心，当即表示，大家共同努力，争取让这趟班列从南通发车，既节省海门方面物流成本，也推动南通物流产业发展，进一步融入“一带一路”建设之中。

一回南通，市铁路办上下立刻动员起来，与上海铁路局、南京铁路货运中心等部门积极沟通，协调解决相关问题。经多次沟通，在各部门大力支持下，中亚班列确定从南通火车东站发车。8月中旬以来，货物陆续集聚，但就在这时，问题出现了。由于种种原因，货运计划迟迟没有批下来。负责运营“中亚国际班列（南通—阿富汗·海拉顿）”项目的省勤耕实业有限公司有些着急，公司负责人立刻将问题反映给市铁路办。“还有几天就要发车了，如果计划还批不下来，前面的诸多努力就要付诸东流。”市铁路办得知情况后，立刻派员去南京、上海积极争取。努力没有白费，终于在发车前3天，计划批了下来。

根据计划，今后中亚班列货运业务会以铁路专列形式开展，进出口业务量每次不少于41个标箱，每月开行班列2次，第一年全年达到24专列，预计每年出口货值2亿美元，进口货值2亿元人民币。市铁路办表示，将进一步贯彻市委、市政府指示要求，加快推动交通转型发展，更好发挥铁路运输在经济社会发展中的基础性、先导性作用，为建设长三角北翼经济中心提供战略支撑。

只有《印度教徒报》驻中国记者阿图尔从政治和安全战略高度写了一条新闻，但没见到中国记者的相关报道。用关键词“Hindu Silk Road Train to Afghanistan”（印度丝绸之路开往阿富汗的列车）在Bing（必应）上搜索，搜索结果高达602 000条，而同样用“南通丝绸之路列车”作为关键词搜索，搜索结果只有18 400条。

“丝绸之路”火车9月9日到达阿富汗

发自中国的第一列货运火车将于9月9日抵达阿富汗，这一举措标志着中国在北约撤出这个地区后意图扮演重要角色。从中国发出的第一列货车被设定为9月9日到达阿富汗，显示北京努力把巩固与喀布尔的关系作为沿着古丝绸之路的“一带一路”的一部分。

这列火车于8月25日离开中国的东部城市南通，开始为期15天的旅程，目的地是阿富汗与乌兹别克斯坦边境上的小镇海拉顿。火车将从中国与哈萨克斯坦的边境口岸阿拉山口出境，穿过哈萨克斯坦，然后前往乌兹别克斯坦的铁尔梅兹市。火车在穿越乌兹别克斯坦和阿富汗之间的边界——阿姆河的“友谊桥”后，进入阿富汗。

分析人士说，这列火车的发车标志着中国意图巩固与阿富汗的关系，以确保新丝绸之路把亚洲跟欧洲的交通顺畅地连接起来。

上面这条新闻从新闻价值、重要性、语境运用、写作技巧和国际传播效果看，远远高出前面江苏新闻网的那条。但是，记者阿图尔在文中没有加入中国商品在阿富汗的供应现状和中国商品长期以来是如何运往阿富汗的这些背景，更没有说明南通中亚列车对整个阿富汗的对外交通运输的重要价值。

目前在阿富汗各地的巴扎，中国商品琳琅满目，在喀布尔市场可以看到中国商人和小贩。目前中国通往阿富汗的货物运输线可以到达阿富汗首都喀布尔、南部重镇坎大哈、文化名城哈拉德和历史名城马扎里沙里夫。把中国的货物运到阿富汗通常有两条线路。线路一：从中国各地起运，走海运至巴基斯坦的卡拉奇，从卡拉奇上岸再由中国物流公司在当地的企业转关，经俾路支省查曼进入阿富汗，然后到达阿富汗南部大城市坎大哈，再转往阿富汗各地。此路线适合工程项目、美军基地、联合国援助物资及商业或非商业性质的货物运输。但是，由于巴基斯坦与北约之间的关系紧张，该路线几度关闭，处于半瘫痪状态。目前包括美军在内的货主纷纷选择其他路径。商业货物虽然可通行，但通常在卡拉奇滞留两个月以上。线路二：从中国各地起运，走海运至伊朗阿巴斯港（ABBAS），再由中国物流公司在当地的企业转关中转到阿富汗目的地。此路线适合目的地邻近伊朗的阿富汗城市，如赫拉特、海拉顿、马扎里沙里夫等。

南通—阿富汗·海拉顿中亚国际专列的开通，标志着“一带一路”列车首次进入古丝绸之路的腹地，但是没见到任何记者或媒体就南通“中亚列车”开通的故事，从古丝绸之路的地理、历史和人物写一条知识丰富、角度新颖的重大文化新闻。如果不是因为中国媒体对“一带一路”沿线文化的无知，至少是因为中国媒体人对丝绸之路历史文化和人文的不敏感和漠然。

中国首列驶往阿富汗的列车，从东海之滨的南通出发，经过 13 天、7000 多公里的旅行，过新疆阿拉山口，进入哈萨克斯坦，开往乌兹别克斯坦的边境重镇铁尔梅兹。作为丝绸之路铁路枢纽的铁尔梅兹，东线通向塔吉克斯坦首都杜尚别，西线通向乌兹别克斯坦的丝绸之路古城撒马尔罕和布哈拉，向南跨过苏联人在阿姆河上建的“友谊桥”，终点是兴都库什山北坡的巴尔赫省的小镇海拉顿。

12.2 进行“一带一路”报道时，须知晓古人的阿富汗行记

如果南通中亚列车驶离海拉顿小镇，继续往前行驶 70 公里，将抵达丝绸之路历史名城马扎里沙里夫城。马扎里沙里夫附近坐落着最早的佛教国家——巴克特里亚的首都巴克特拉（今巴尔赫）。公元前 4 世纪末，亚历山大大帝东征后，奥克萨斯河（今阿姆河）流域成为希腊殖民地，亚历山大就是在这里娶波斯帝国君主大流士之女为妻。这里是波斯与其东部边境和东北部边境的分界线，亚历山大大帝的军团在这里建立了希腊化的佛教王国——巴克特里亚，位于奥克萨斯河之南的巴尔赫在中国古文献中被称为蓝氏城、巴里黑等，玄奘记其名为小王舍城。

后来，大月氏从甘肃迁徙至此地，张骞出西域亦来此地寻访大月氏，寻求军事联盟抗击匈奴。《史记・大宛列传》是最早通过张骞搜集的情报详细向中国人报告中亚情况的文章。张骞说，“大夏去汉万二千里，居汉西南”。“大夏在大宛西南二千余里妫水南。其俗土著，有城屋，与大宛同俗。无大长，往往城邑置小长。其兵弱，畏战。善贾市。及大月氏西徙，攻败之，皆臣畜大夏。大夏民多，可百余万。其都曰蓝市城。有市贩贾诸物。其东南有身毒国。”张骞还报告说，他在大夏时，看见来自蜀地的邛竹杖、布匹。这些商品是中国商人从四川经过西南蜀道带到印度市场的。“天子既闻大宛及大夏、安息之属皆大国，多奇物，土著，颇与中国同业，而兵弱，贵汉财物；其北有大月氏、康居之属，兵疆，可以赂遗设利朝也。且诚得而以义属之，则广地万里，重九译，致殊俗，威德遍于四海。”根据张骞的报告，汉武帝决定派使者跟大宛（今吉尔吉斯斯坦、乌兹别克斯坦地区）、大夏发展外交和经贸往来。

《史记・大宛列传》里还记载，自张骞通西域并获得皇上的赏识和恩赐后，

人们争相上书，要求出使西域。皇上考虑西域路途遥远艰险，就不问他们的出身，派遣他们出使西域，以拓展通往西域的道路。那些官吏盛推外国所有，“言大者予节，言小者为副”。说大话的当正使，不说大话的当副使，结果妄言无行之徒争相效法。特别是出身贫寒的人，把官府送给西域的礼物窃为私有，在国外变卖获利。外国也厌恶汉使人人说话不靠谱，考虑到汉兵远，常常不给汉使食物令其受苦。由于汉使生活贫乏艰辛，对外国有积怨，导致相互攻击。这也提示今天从事“一带一路”对外宣传的人，一定要实事求是，不可夸大其词。

法显、宋云和玄奘都去过巴尔赫。《魏书》称其为“薄提城”，《大唐西域记》称其为“缚喝国”“纳婆毗诃罗国”。纳婆毗诃罗是缚喝国的佛教大寺院，是中亚佛教的高等学府和中心。纳婆毗诃罗由于藏有佛祖乔达摩的佛牙舍利子，成了中国僧侣和香客去印度取经的主要停留地。玄奘在进呈《大唐西域记》的《进大唐西域记表》中写道，“班超侯而未远，张骞望而非博。今所记述，有异前闻，虽未极大千之疆，颇穷葱外之境”。“葱外”指的是包括乌兹别克斯坦和阿富汗在内的帕米尔高原以西地区。公元 630 年，玄奘访问巴尔赫时，发现那里有无数的佛塔，100 座寺庙，3 万僧人在那里学习。他还发现，巴尔赫与塔里木盆地的和田佛教王国关系密切。贵霜王国时期，那里是佛教最大的中心。城址附近有几处贵霜时期的佛教建筑，其中的托皮鲁斯塔姆覆钵塔，塔高 70 米，方形台基边长 50 余米。西方还有学者从波斯语词源考证，巴尔赫所在地正是佛教和印度教里的理想国“香帕拉”（香格里拉）。

随着阿拉伯人和伊斯兰教的崛起，唐朝以后中国很少有关于这个地区的资料。直到长春真人丘处机到兴都库什山给成吉思汗讲道，他的随行徒弟李志常编纂了《长春真人西游记》。受蒙古帝国可汗成吉思汗的邀请，丘处机从黄海之滨的山东远足到兴都库什山，途经漠北，翻越阿尔泰山、天山，踏过中亚草原，路上走了近两年，于 1222 年在兴都库什山西北坡的八鲁湾行宫谒见了成吉思汗。《长春真人西游记》清晰地记载了丘处机从今乌兹别克斯坦进入阿富汗的路况：“十有四日，至铁门西南之麓，将出山。其山门险峻，左崖崩下，涧水伏流一里许。中秋，抵河上，其势若黄河，流西北，乘舟以济，宿其南岸。西有山寨，名‘团八剌’，山势险固。”“溯河东南行三十里，乃无水，即夜行。过班里城，甚大，其众新叛去，尚闻犬吠。”当时成吉思汗和儿子拖雷率军南下，先后攻占了忒耳迷（今乌兹别克斯坦铁尔梅兹）和巴里黑。此段描述跟我过去26年两次经铁门关去铁尔梅兹“友谊桥”考察见到的情形完全符合。

到了明朝，明成祖朱棣派遣郑和下西洋，同时派遣亦失哈去黑龙江流域探险，并在库页岛建立统治野人女真部落的奴儿干都司，派遣陈诚出使帖木儿帝国首都哈烈（今阿富汗赫拉特）。但是在明朝人的地理视野里，好像不存在前朝的横跨亚欧大陆的知识体系。虽然元朝横扫亚欧大陆，成吉思汗的子孙在中亚、西亚和东欧建立了伊儿汗国、金帐汗国和察合台汗国，但是明朝人仍相信撒马尔罕是西域最远的地方。明朝的西域报告缺乏叙事、记载、描述和历史的一贯性，明朝少有人去西域实地考察，记述多凭汉唐旧史、僧侣笔记、传闻或想象。

也许是由于与奥斯曼、帖木儿、阿拔斯和莫卧儿等强大伊斯兰帝国的异质文化的隔阂，以及与帖木儿帝国关系密切的北元残部的威胁，明朝重修长城，并把嘉峪关外尽称西域，基本上没有来自这些地方的新闻和资料。虽然明成祖多次向西域和中亚派遣使团，并跟帖木儿王朝建立了联系，且《大明会典》里记载有撒马尔罕、巴达克山和伊斯法罕等“西戎朝贡国”，但是鲜有帕米尔高原以西的翔实可信的纪实性文献。在明使陈诚的视野里，撒马尔罕已是西域极西边地。由于缺乏实地考察的见闻，从明代以来，中国人多凭借历代文献记载，对当时的西域进行想象或猜测。例如，16世纪中叶，明朝学者郑晓所著的《皇明四夷考》，记述了明朝周边国家的地理交通、风土文化和民俗等。但是，在记录连接中国新疆叶城、瓦罕走廊和阿富汗赫拉特之间的巴达赫尚的风土时写道，“人俗朴实，奉佛，有浮屠数区，壮丽如王宫”。郑晓的描述显然是根据《佛国记》或《大唐西域记》的记叙想象出来的。

明初，陈诚三次出使哈烈，所著的《西域行程记》是对亲历明代中西交通的记录。他对西使所历西域诸国的方位、疆域、山川、形势、居民、隶属、沿革、古迹、建筑、气候、物产、贸易、货币、税收、衡器、宗教、语言、文字、民俗等，都有详细记载。但是，这样一本明代仅见的西域行记，虽然填补了明代丝绸之路记载空白的一手纪实性笔记，却因“其所载音译，既多讹舛”，“且所历之地，不过涉嘉峪关外一二千里而止，见闻未广，大都传述失真，不足征信”等种种指控，未被收入《四库全书》。而与明朝同期的莫卧儿王朝的开国皇帝巴布尔，在一生征战中亚撒马尔罕、安集延、赫拉特、喀布尔、拉合尔和德里等丝绸之路重镇的过程中，每天写日记，甚至打仗期间也写。他写的日记是编年史，简洁且开门见山，不掺杂个人情感。他像一个率直的记者，他认为只有把每一件事都写到，每一个行动都准确记录下来，那才是真相。《巴布尔回忆录》不仅是丝绸之路的纪实名著，也是极有历史价值的世界学术名著。

直到清廷平定准噶尔后，天山南北尽入版图，1756年乾隆皇帝才下令编纂《西域图志》，派何国宗等率西洋人分别由西、北两路深入吐鲁番、焉耆、开都河等地及天山以北进行测绘。1759年，清军平定大小和卓叛乱，打到巴达克山，也就是今阿富汗和塔吉克斯坦交界附近，中国才开始关注这个地区，但是知道的人仍然极少。清政府通过派人员对天山南北和帕米尔高原地区进行野外地理和人文考察，编纂新的《西域图志》，把中土与西域断裂的知识联系重建起来。据学者马子木研究，乾隆年间就有清廷官员利用出使之便对西帕米尔的巴达克山一带进行细致的地理考察，逐日观览，绘图记录，溯河源所出而绘图，凡各部山谷、城池、村寨分别绘入，并将未到的阿富汗等地方，城池远近俱明白探问，贴签缮写谱系。

12.3　回到丝绸之路文明的原点写作

古丝绸之路以长安为起点，途经新疆，走过瓦罕走廊明铁盖山口，再经过巴达克山，穿过兴都库什山后到达阿富汗北部的大夏、赫拉特，最终抵达波斯丝绸之路名城伊斯法罕。阿富汗是“一带一路”倡议的关键节点、亚洲的中心，是贯穿亚欧开展陆上贸易交往的主要通道。如果南通—阿富汗·海拉顿列车驶离海拉顿，再前行70公里，就会抵达阿富汗历史名城马扎里沙里夫。中国冶金集团计划把这条铁路扩建到首都喀布尔，然后再修到东部边界城镇托克汉姆，与巴基斯坦铁路连接，最后到达中巴经济走廊的终点——位于阿拉伯海的瓜达尔港。如果与中巴经济走廊连通，南通—阿富汗·海拉顿列车等于给“一带一路”建造了个闭环。

南通—阿富汗·海拉顿列车把我们带进了一个中华文明、伊斯兰文明和印度文明三位一体的古丝绸之路文明。这个地区在西方人到来之前，还没有这么多的国界和口岸。从兴都库什、喀喇昆仑到喜马拉雅，既是“一带一路”需要翻越的屏障，也是连接“一带一路”的廊道。穿越大雪山的廊道硬设施好建，难建的是联结“一带一路”的文化走廊和精神廊道。挖掘和利用好古丝绸之路沿线的精神资源和文化资源是建好“一带一路”廊道的根本保障。

文明有软结构和硬结构。“一带一路”的产能和基础设施是很容易建设的，难度大的是价值观和文化观念的建设。“一带一路”，意味着自古以来存在于兴都库什、喀喇昆仑和喜马拉雅这个地区的伊斯兰文明、中华文明与印度文明的共存共荣共享。“一带一路”是基于价值、文化理念、语言、文化多样、政治包容，强调文化的平等、文明的多样共存、政治上的多样包容，反对二元对立的文化，不搞分裂人类的独尊型和独霸型普世的意识形态，形成超越西方对抗型文明的“一带一路”新文明，让人类摆脱具有独断和普世双重属性的普世主义意识形态，从而从根本上摆脱文明的冲突带给人类的困扰。

2016 年暑期的一天，我在新疆克拉玛依吃晚餐，坐在我对面的是埃及前总理沙拉夫和巴基斯坦参议院外交委员会主席穆沙希德。沙拉夫说，“我是‘阿拉伯之春’的领袖。在‘阿拉伯之春’后，军方推举我担任政府总理。当时，埃及贫富差距到了无以复加的地步”。我问他：“埃及人民现在的梦想是什么？”他说：“我曾经在埃及做过调查，未来最可持续性的梦想是什么，中国梦？欧洲梦？美国梦？70% 的人认为是中国梦。”中国梦是由中国文明、道德价值、文化多元性和包容性决定的。当前的全球化与文化多样性存在冲突，而“一带一路”是文明走向和谐的桥梁。中国倡导的文化多样性具有普遍价值。“一带一路”倡议是文化多样性的共存共赢，而不是西方文化的那种你赢我输或你死我活的二元对立的文化。为什么要提倡文化多样性？“巴基斯坦诗人伊克巴尔说过，从尼罗河岸边到古老的喀什城，人类必须团结起来。今天，沿着‘一带一路’，从尼罗河到敦煌，伊斯兰文明和中华文明应该联合起来，团结起来。”坐在一旁的穆沙希德说。

有学者预测：几年后，中国的中等收入人口将达到 6 亿，成为世界最大的中等收入人群，中国也将成为世界上最大的消费市场之一。随着富裕的中国与阿拉伯地区密集交通网的恢复，阿富汗、伊朗、巴基斯坦、印度、尼泊尔和中亚五国等的潜力将形成巨大的财富。中国作为“一带一路”倡议的倡导者和发起者，其历史使命是要使共建国家共同发展，共同富裕，共同繁荣，与世界各国特别是发展中国家共建大同世界。中华文明、伊斯兰文明和印度文明是世界上仅存的古老文明，共同构建“一带一路”话语体系，会为世界新秩序的形成做出应有的贡献。

在历史上，中华文明、伊斯兰文明、印度文明这三大文明一直通过陆上和海上丝绸之路开展密切交往。这种文明交往不仅让各方受益，也惠及亚非欧三大洲的其他文明。古丝绸之路上的文明交往所体现出来的开放、平等、包容、多元特点，在全球化的今天闪烁着其独有的智慧和光芒，对世界各国具有重要的借鉴意义和普遍价值。中华文明、伊斯兰文明与印度文明均强调“和平”“和为贵”，奉行与人为善，以邻为伴，以理服人，以德化人。这三大文明对待差异的智慧是多元共存，和而不同，都提倡中正、戒极端的中庸思想。这三大文明应该通过文明对话、包容互鉴，共同发掘亚洲民族文化传统中积极处世之道同当今时代的共鸣点，反对国际上一切针对特定民族宗教的歧视和偏见。从19世纪后半叶开始，由于英国与沙俄在中亚、西亚、南亚进行博弈，两大国为了自身的利益，用所谓民族国家的理论，重新划分边界，在东方三大文明的丝绸之路上，设置了人为的国界和障碍，把中国与南亚、中亚和西亚2000多年来的文明大道阻隔了。而“一带一路”倡议的提出，使扫除阻隔成了可能。

早在2015年10月，党的十八届五中全会提出中国对外开放是“东西双向开放”，这项决定重新定位了中国的地缘政治关系。按照“一带一路”倡议的构想，中国既是一个中亚国家，又是一个印度洋国家。考虑到中国－东盟泛亚铁路、孟中印缅经济走廊、中巴经济走廊和青藏铁路，印度洋将成为界定中国的新地理视角。随着“一带一路”倡议的落实，在新的视角下，“一带一路”倡议将中国变为印度洋国家：在阿拉伯海和海湾地区建立港口，将其作为中国在印度洋的落脚点，如在巴基斯坦建瓜达尔港，在孟加拉国建吉大港，在缅甸建皎漂港，在斯里兰卡建汉班托特港。特别是随着中巴经济走廊的建成，中国将进入“两洋”时代，即太平洋和印度洋时代，“东西双向开放”。“一带一路”

以西域为中心，重新界定中国与世界。我们不再站在太平洋岸边看世界，不再以深圳和上海为视角看世界，而是站在喜马拉雅山上看世界，构思“一带一路”人类新文明：那是一个突厥、阿拉伯、波斯、俄罗斯、印度和中国文化并存、交流、融合的文化带。

党的十八届五中全会还提出，积极参与全球经济治理和公共产品供给，提高我国在全球经济治理中的制度性话语权，构建广泛的利益共同体。从提高“制度性话语权”看，中国与共建国家要建成“一带一路”经济带，需要建成一个“一带一路”新文明。建设“一带一路”新文明，等于重塑地缘政治与地缘文明。丝绸之路不仅是商业通道，还是人类社会交往的平台，多民族、多种族、多宗教、多文化在此交汇，因而丝绸之路不仅是一条“经济带”，也是一条“文化带”，是古老的中华文明、伊斯兰文明和印度文明三位一体的古丝绸之路文明，是多种宗教、多种民族和多种社会制度构成的新文明。

“一带一路”倡议是人类开创新文明的重大机遇。“一带一路”新文明是基于价值的、文化的、理念的和话语的文明。“一带一路”新文明的核心是文化上的多样性、政治上的包容性，求同存异，反对二元对立，反对人类对抗，反对用各种理由分裂人类社会。

为什么在亚欧大陆能实现“一带一路”人类新文明共同体？这是“新瓶装旧酒”，是古老的丝绸之路文明与“一带一路”新文明的大联合，重建中华文明、伊斯兰文明与印度文明在世界上的价值高地和道德高地。“一带一路”倡议是指在古老的丝绸之路上，各个国家独立自主地走自己的经济发展道路、社会发展道路和政治发展道路。

有人担心共建“一带一路”国家的恐怖主义问题。事实上，“一带一路”是根除恐怖主义根源的最佳选择，是最好的防恐反恐战略。“一带一路”倡议尊重多元文化，重视对共建“一带一路”国家群体文化、种族特征差异的保留和认可。“一带一路”倡议能够给予西方所谓的异质文化自由空间，并提供特别的经济援助，维护共建“一带一路”各国族群在语言、文化方面的独立性。同时，积极将处于边缘的族群和中下层人群接纳进“一带一路”新文明的主流。通过“一带一路”人类新文明的文化多样性建设，通过惠及共建“一带一路”各个国家、民族、部落和个人的社会经济发展，满足人民的精神和物质生活，让共建国家和人民过上共同富裕的生活，共同实现中国梦、伊斯兰梦和印度梦等梦想。

▲ 从喀什去塔什库尔干的路上遇到泥石流

▲ 沿着当年的茶马古道，翻过大雪山，可以到达西藏和新疆

▼ 世界最早的琐罗亚斯德教寺庙遗址（位于塔什库尔干）

▲ 丝绸之路古道上巴基斯坦村庄里的孩子

◀ 民国时期的新疆货币在巴基斯坦北部山区丝绸之路古道上流通

▼ 慕士塔格雪山下的柯尔克孜族男孩

▲ 清真寺前的瓜达尔市民看着护送我们的车队通过

▼ 瓜达尔国际码头

▲ 中国港控经营的瓜达尔国际码头

▼ 中国正在投资建设瓜达尔新机场

▲ 正在操练的巴基斯坦海军驻瓜达尔港特遣部队

◀ 在巴基斯坦通往阿富汗的要道采访时，遇见边境巡逻兵

◀ 路遇阿富汗女孩

◀ 俾路支沙漠里的老树

▶ 巴基斯坦与阿富汗边境地区的野生罂粟

▶ 巴基斯坦参议院外交委员会主席穆沙希德（右一）为我们在俾路支考察探路

▼ 巴基斯坦通向伊朗的废弃铁路

▲ 俾路支族女孩

▼ 考察人员和武装安保停车休息

▲ 李希光教授（左）与俾路支部落长老（右）

▼ 2017年9月，李希光（左）与阿克拉姆（右）沿着中巴边境附近的印度河考察

◀ 在俾路支山里考察铜矿

▼ 守卫在南亚与中亚大通道的门口
——开伯尔山口的武装人员

▲ 李希光教授（左三）、穆沙希德参议员（左四）与当地村民在喀布尔河畔

▲ 穆沙希德参议员（右一）陪同李希光教授（右二）采访印度河上游的乡绅

▲ 伊斯兰堡搭车人

▲ 李希光教授（前排左二）在巴基斯坦参议院外交委员会主席穆沙希德（前排右一）陪同下考察印度河畔的一所马德拉萨

▲ 巴基斯坦开伯尔–普什图赫瓦省的伊斯兰神学院图书馆

▲ 伊斯兰神学院学生听李希光教授讲“‘一带一路’和人类命运共同体”

▲ 李希光教授参加南亚著名的正义学识大学校长萨米·哈克的葬礼

▲ 正义学识大学校长萨米·哈克的儿子把他父亲生前出版的《阿富汗塔利班：意识形态之战，为和平而奋斗》送给李希光教授

附录
伊斯兰国家的智库与媒体

为什么要关注伊斯兰国家的智库与媒体

2018年秋天，连接麦地那和麦加两座伊斯兰圣城的高铁由中国铁建集团修建并由中铁集团运营。这条长达约450公里的高铁预计每年可以运输600多万的朝觐者去麦加。高铁正式通车运营后，麦加至麦地那的行车时间由原来的4个小时缩短到2个小时。伊斯兰圣城高铁是一条双线电气化高速铁路，设计最高时速360公里，也是中企在海外参建的世界首条穿越沙漠地带的高铁。

作为“一带一路”的标志性载体——中国高铁开进了伊斯兰的心脏地带，这是“一带一路”上不可缺少的物质联通或道路连通。但是，“一带一路”最难打通的，也是建设人类命运共同体最关键的，是民心相通。早在2013年9月7日，在哈萨克斯坦纳扎尔巴耶夫大学演讲中首次提出“丝绸之路经济带”倡议时，习近平说，国之交在于民相亲。2000多年的交往历史证明，只要坚持团结互信、平等互利、包容互鉴、合作共赢，不同种族、不同信仰、不同文化背景的国家完全可以共享和平，共同发展。这是古丝绸之路留给我们的宝贵启示。2013年10月3日，在印度尼西亚国会演讲时，习近平提出共同建设“21世纪海上丝绸之路”倡议并指出，中方愿同印尼和其他东盟国家共同努力，使双方成为兴衰相伴、安危与共、同舟共济的好邻居、好朋友、好伙伴。[1]2014年6月5日，习近平在中阿合作论坛第六届部长级会议开幕式说，回顾中阿人民交往历史，我们就会想起陆上丝绸之路和海上香料之路。千百年来，丝绸之路承载的和平合作、开放包容、互学互鉴、互利共赢精神薪火相传。中国同阿拉伯国家因为丝绸之路相知相交，我们是共建“一带一路”的天然合作伙伴。[2]2019年5月31日，第14届伊斯兰合作组织首脑会议在麦加召开，习近平致贺电说，中国同伊斯兰国家关系传统友好、友谊深厚。双方一贯相互支持、真诚合作。中方高度重视同伊斯兰国家的友好关系，视伊斯兰合作组织为中国同伊斯兰世界开展合作的重要桥梁。中方愿同伊斯兰国家携手努力，增进政治互信，推进务实合作，促进文明对话，共同开创中国同伊斯兰世界友好关系更加美好的未来，为推动构建人类命运共同体作出贡献。[3]

但是，很多中国人并不在意去了解和理解伊斯兰思想界和知识界内部在思考什么，媒体在报道什么。虽然中国身处东方，但是中国的知识界和媒体界的确有人站在“西方中心论”和“东方主义”的立场去看伊斯兰世界。当代的中国人更多的是通过西方的镜像去认识伊斯兰国家。我们每天在看的关于伊斯兰国家的新闻，大多数是西方媒体报道的新闻。在中国的知识界中，那些读过美国政治学家塞缪尔·亨廷顿的著作《文明的冲突与世界秩序的重建》的人中，恐怕极少有人了解《古兰经》或圣训。中国文明与伊斯兰文明急需加强直接的相互交往和相互认识。我在清华大学的同事汪晖教授认为，在近30年的转变中，我们对非西方地区的认知没有太多的进展，我们所知道的大多数作者及其研究，仍然主要是来自西方的。印度裔穆斯林非洲学者马姆达尼也承认，乌干达的马凯雷雷大学“跟你所描述的这里的情况差不多，我们了解世界其他地方的渠道主要是媒体和一些著作——其中很多是西方学者写的”。研究伊斯兰国家的智库，其必要性表现在有利于“一带一路”的顺利推进，有利于发展与伊斯兰国家的经贸往来，有利于了解伊斯兰国家的内政外交，有利于破除“伊斯兰恐惧症”，有利于与伊斯兰国家智库的交流等。然而，在中国社会科学院官方网站上列出的30个全球著名智库（美洲13个、欧洲11个、亚洲5个、非洲1个）中，并没有一个伊斯兰国家的智库。目前，中国对伊斯兰国家智库的研究几乎处于空白状态。在国家哲学社会科学文献中心和中国知网等著名的数据库中，找不到一篇概括介绍伊斯兰国家智库的论文，也找不到一篇研究某一个伊斯兰国家智库或伊斯兰国家的某一个智库的论文。

本部分的写作目的就是从伊斯兰国家的智库和媒体两个维度展开研究，试图向中国读者呈现从伊斯兰国家决策圈的精英、知识分子、宗教界人士到普通民众的伊斯兰社会的历史与现状，为与伊斯兰国家实现相知相亲和文明互鉴提供对话的平台、思想的素材和研究的佐料。

我们对伊斯兰国家和地区的智库研究既包括对伊斯兰国家智库概况和发展历史的梳理，也对伊斯兰国家智库的最新研究成果进行了分析，重点关注了这些成果的研究背景和支持机构、主要内容、观点与研究方法、产生的影响力、与中国有关议题等内容。此外，对共建“一带一路”伊斯兰国家智库的国别研究，也是我们关心的重点领域。我们研究了主要智库的机构设置、运行机制、领军人物、最新重要研究成果等。

在当代世界，有关伊斯兰国家的信息的主要来源是媒体。当代西方媒体，特别是新自由主义媒体使用恐怖主义、伊斯兰圣战主义、狂热伊斯兰教、原教旨主义、伊斯兰独裁等标签塑造穆斯林形象。穆斯林和伊斯兰国家总是被塑造为与西方现代性不相容的反派。但是，今天伊斯兰世界的乱象更多地来自西方殖民主义者从19世纪到20世纪对伊斯兰世界的“分而治之”，而不是来自教派本身。本部分在反思当代知识秩序和世界秩序的基础上，充分讨论了伊斯兰世界文化多样性、伊斯兰世界内部的文化区域类型、中国与伊斯兰世界历史上的文明交流与互鉴、当前与伊斯兰国家和人民沟通上的障碍等重大问题，提出了“一带一路”与伊斯兰国家的沟通战略，其中包括建立“一带一路”话语体系、“一国一策”的跨文化交流策略、扩大与伊斯兰国家的教育交流、积极培养掌握伊斯兰国家语言的人才、发挥中国国内信仰伊斯兰教比例较大的10个少数民族的作用、宣传中国与伊斯兰国家共有的历史文化财富、将伊斯兰文化与中国传统文化的契合点发扬光大、寻找伊斯兰文化与社会主义的共同点、高扬“丝绸之路”旗帜、挖掘中国与伊斯兰国家友好交往的历史遗产、开展中国与伊斯兰国家的双向旅游、建设面向伊斯兰国家精英的英文媒体和面向伊斯兰国家普通民众的当地语言的大众媒体、关注当代伊斯兰激进思潮及其代表人物等。根据获得资料的情况，我们研究了伊斯兰国家部分智库的对华态度，主要关注其对中国的了解程度、对“一带一路”倡议的认识与合作意愿、对涉及中国国家利益关切问题所持立场、与中国正在合作或计划合作的研究项目与机制等。在评价一个智库的基本概况指标方面，我们主要关注人员数量、资金投入、资金来源、外联网络、媒体引用、学术引用、智库网站、政策参与、研究成果、成果转化、会议交流等方面。评价一个智库的影响力，我们主要考察智库对决策的影响力、对学术的影响力、对议题设置的影响力、对公众的影响力、对媒体的影响力和超越国界的国际影响力等。中国学界、媒体和政策部门需要加强对共建“一带一路”的伊斯兰国家乃至伊斯兰世界的认识和了解。

本书在喜马拉雅山区、兴都库什山、喀喇昆仑山、天山境内外伊斯兰地区的调研和写作得到了中国开发性金融促进会、中信改革发展研究基金会和清华大学自主科研计划文科专项的支持。在此一并致谢。

附录一　伊斯兰国家的智库

1　伊斯兰智库的历史与发展*

当前，全球发展格局和世界秩序都发生了诸多新变化，而伊斯兰世界的动态与此密切相关。随着“一带一路”倡议的不断推进，研究伊斯兰世界的智库具有前所未有的重要性。在超级大国美国不断衰退、多极化世界秩序已经显现的地缘政治背景下，伊斯兰世界依然占据着地缘政治事件的舞台中心。[4]中国是继美国之后不断崛起的大国，理解伊斯兰世界及其内部理念纷争，对中国而言具有重要意义。随着持续40多年的经济开放，中国在国际事务中的影响力越来越强，[5]中国发起成立上海合作组织、筹建亚洲基础设施投资银行[6]以及共建“一带一路”倡议，这是中国在构建新型国际秩序中提供的中国方案。[7]自习近平就任国家主席以来，中国的崛起态势变得愈发明显。近年来，中国不仅抨击美国海军在南海的行动，而且反对美国在东亚增加军事力量。丝绸之路曾是全球商贸枢纽，东起亚洲，横贯整个欧洲。2013年，习近平主席提出了“一带一路”倡议。截至2022年7月底，中国已与140多个国家、30多个国际组织签署200多份“一带一路”合作文件，中国也将再次寻求建立与伊斯兰世界的密切联系。

如果中国希望顺利推进“一带一路”倡议，那么加深对伊斯兰世界的理解就必不可少。[8]

---

* 《伊斯兰智库的历史与发展》作者为明竺、尹佩娃，郑润民、洪雁翻译。

伊斯兰世界大部分被分为逊尼和什叶两派，它们彼此对立，特别是瓦哈比主义的兴起激化了这种业已存在的裂痕。伊斯兰内部不同思想流派也开始从一种相对和平共存与和谐的状态逐渐演变为相互敌视，这种状态弱化了伊斯兰世界的整体实力与声誉。今天，当我们扪心自问“究竟有没有一个团结的伊斯兰共同体”时，回答这一问题的关键就是从内部理解伊斯兰世界。[9]

西方新自由主义者并不希望中国能够繁荣发展，一直声称中国要称霸并领导世界。[10]然而，很多发展中国家支持中国方案。[11]中国希望与其他国家构建命运共同体，共同发展，这种思维将减少战争发生的概率，因为权力不再向某个国家倾斜。

鉴于这些观点与“一带一路”倡议产生共鸣，中国与伊斯兰世界相互理解就尤为重要，这样做有利于进一步提高中国在亚洲的影响力。[12]埃格巴尔·艾哈迈德称：“除非新形式与旧的一致，否则不会发生显著变化。移植植物只有与土壤相适应，才能顺利生存。因此，了解移植植物与土壤十分重要。”[13]

艾哈迈德的话对我们理解为何中国需要努力理解伊斯兰世界的意义与目的十分关键。来自伊斯兰世界内部的知识才是真实的，没有偏见和被篡改，后者导致了所谓的“东方主义”话语。中国要想保持不断发展的态势，拓展海上与陆上丝绸之路，就不能忽视伊斯兰世界的重要性。[14]

1.1 伊斯兰世界：理念之争

若要理解伊斯兰世界智库的历史与当下状况，对“伊斯兰世界”进行更清晰的定义十分必要。广义上，我们在21世纪所讲的伊斯兰世界包含了伊斯兰帝国，亦即奥斯曼等帝国曾经占领的国家与地区。这片土地西起北非，包括中东、南亚、中亚与东南亚的马来西亚及印度尼西亚等国。中东和北非地区，简称为MENA，是奥斯曼帝国的核心地带与历史上的都城所在地。除此之外，伊斯兰帝国的势力曾扩张到西班牙，至今伊斯兰文化仍对西班牙有一定影响。

了解历史上伊斯兰世界知识创造与传播的概念十分重要。与21世纪我们对伊斯兰世界的普遍印象相反，历史上伊斯兰世界在探索思想、哲学、科学与数学上非常开放。[15]但后来伊斯兰一些最伟大的思想家甚至开始对单因论以及二元论表示质疑，[16]其中包括第一个质疑传统的伊斯兰学者伊本·赫勒敦（Ibn Khuldun）。

直至西方影响力侵入东方，融入法律后的伊斯兰才逐渐不再对新的解释或者文本阐释持开放态度。伊斯兰世界存在着两波极端化浪潮。第一波产生于英国殖民统治时期。当时穆斯林是被殖民国家人口的重要组成部分，伊斯兰教法被吸收进英国刑法典。伊斯兰教法作为圣典这一概念对伊斯兰世界来说还十分陌生。事实上，该概念源自基督教世界国王创立的“绝对权力”与“君权神授”等理念，被用于让穆斯林保持顺服。

伊斯兰教法被殖民者用来维护统治。英国人撤离殖民地后，这些法律成为基石，信念开始固化，即便在《古兰经》教学范围内，也没有进一步理解或者改变这些法律的讨论空间了。

导致极端主义出现的第二波浪潮源于美苏冷战期间“吉哈德主义”的引进，阿富汗成为双方对峙的战场，被现代宗教情绪驱动的战争也因此发生。[17]现实政治的考量影响了对伊斯兰知识的教育与控制。[18]

此时，国家更深度地介入控制宗教叙事当中，对伊斯兰有了新的定义权。1979—1989年苏联入侵阿富汗期间，代表逊尼派及瓦哈比利益的沙特阿拉伯与代表什叶派利益的伊朗之间的代理人战争实际上也开始了。虽然逊尼派和什叶派之间的纷争早已存在，但权力斗争及隐蔽的扩张主义意识则是前所未有的。

上述两波极端化浪潮都与西方影响有密切关系。[19]脱胎于反对苏联扩张的“圣战”组织的极端主义，在苏联解体后就以多种形式逐渐显现。例如，“伊斯兰国”在本质上与“基地”组织的极端主义十分相似。这些恐怖组织在大国争斗的缝隙中崛起。当战争在伊拉克、利比亚以及叙利亚造成上百万人死亡时，极端主义则趁机崛起。

在这种背景下，伊斯兰的负面形象被建构，西方对其的刻板印象被广泛传播，虽然这与《古兰经》及先知的教导并不相符，但对中国以及世界其他国家对伊斯兰的认知有很大影响。因此，中国要想理解伊斯兰世界的思想家与经院学者，就要理解他们所追求的平衡与和谐。

本章写作的主要目的是让更多的人对伊斯兰世界与伊斯兰学者的真实内心有正确认识。由于语言障碍，中国对伊斯兰世界的绝大多数认识都来自西方主流媒体，关于伊斯兰世界以及与此相关的政治、安全与经济挑战的学术讨论，也主要通过带有偏见的西方视角加以传播。

伊斯兰世界的智库是伴随奥斯曼帝国的解体而涌现的，是西方影响下的产物，但这些智库有着独立的发展轨迹。我们应当认识到，伊斯兰世界的理念其实产生于内部。

1.2 作为“他者”的伊斯兰

20 世纪 90 年代及之后的 10 年间，伊斯兰比以往任何时候都更多次地被描述为“他者”。

我们可以看到，这些年来全球范围内对“穆斯林的身份和本质”、“成为穆斯林的意义”以及“伊斯兰文明与现代文明以及全球秩序的兼容性”的研究屡见不鲜。

鉴于与西方大国之间的“斗争”关系，伊斯兰世界的研究主题自然而然地主要集中在“反思穆斯林的身份，从而捍卫伊斯兰免受西方的攻击”。伊斯兰学界集中精力进行内部防御和自我保护，同时也反思了伊斯兰国家体制弱化和国内失衡的情况。当前，随着人们对世界多极化和中国崛起的关注，“一带一路”倡议为经济发展所提供的各种可能性也越来越成为焦点。

1990 年后，西方对伊斯兰世界的兴趣和好奇心的增长与大量伊斯兰内部智库的崛起成反比。[20]苏联解体，导致当前西方学界将注意力逐渐转移到伊斯兰世界和中国问题上，他们认为这是来自非西方的“迫在眉睫的威胁”。[21]这些反穆斯林政策所引发的事态导致了“9・11”事件后反穆斯林言论的增加。

“对阿富汗和伊朗的袭击”、“叙利亚冲突”以及“中东日益加剧的紧张局势”等问题使得伊斯兰世界受到西方的“过度”关注。在西方，很多相关事件的叙事被诸如美国兰德公司的政策机构主导。

许多当代学者认为，当前西方对伊斯兰世界和穆斯林叙事的系统性否定描述，是由美国政策界精心设计的策略性结果，使其获得了对中东政治和经济的控制权，确保了其在以色列的利益——这对美国政界产生了巨大影响。[22]故而，很不幸的，我们可以看出，当今西方叙事中的伊斯兰世界都是经过前者精心设计过、具有政治动机的——其中几乎没有来自伊斯兰世界自身的解读。

全球视野下，伊斯兰原教旨主义派别瓦哈比派受到了尤其多的关注，这也直接导致了外界对伊斯兰世界的关注肤浅地集中在原教旨主义和极端主义上。

因此，当前世界上针对伊斯兰世界的大部分研究致力于诸如全球恐怖主义、极端主义和暴力等主题。[23]此外，涉及“冲突解决”“革命和反革命”的问题也已成为当下智库分析的主要重点。

由于财力拮据和人力资源匮乏等原因，这些研究的质量仍然令人担忧。伊斯兰国家很少有关于这些问题的本土研究成果。此外，研究发现，在“9·11”事件之后，一些关于激进主义与恐怖主义的学术研究过度强调了“伊斯兰恐怖主义”，而忽略了所有其他形式的右翼恐怖活动。这样一来，尤其是西方国家，在选择恐怖主义研究主题时都会紧贴自己国家的战略思路，间接导致了“基地”组织等组织受到不成比例的高度关注，这些组织一直是当代无数研究的焦点。[24]

1.3　伊斯兰智库的历史与发展

智库培养、汇聚各行各业的专家，是理念得以产生的机构。[25]它们在社会、经济、政治与军事等领域进行研究、提出建议并制定政策。虽然这些机构往往声称独立运营，但大多数时候它们直接或者间接地与政府共事。[26]它们为政府、情报机关、军队、武器生产商提供政策研究。[27]通过积极活动，智库可以制造舆论，引导国家的国内外政策，乃至影响世界政治。[28]一些重要智库的预算可达数百万美元，其中一些拥有300—500人的团队。

“智库”这一术语产生于20世纪初的美国，当时是指理念交易市场。[29]20世纪40年代随着冷战开始，智库的数量快速增加。美国在1907—1950年间只有20多家智库，自50年代起成倍增加，智库开始形成产业。这些智库为美国在冷战期间引导世界政治、与华约集团对峙提供了有力支撑。冷战结束后，世界范围内对智库的认知发生变化。

20世纪90年代后，智库开始聚焦于“世界新秩序”，[30]开始关注伊斯兰世界。一些智库宣称，伊斯兰世界会带来巨大威胁。[31]它们发起“世界新秩序”以及“大中东倡议”（Greater Middle East Initiative）等项目。[32]还有一些智库则研究如何促使中东伊斯兰国家解体。根据这些计划，一些拥有较大领土的国家应该被分解为更小的国家，它们应该彼此对立，新产生的国家应该对美国感恩戴德并成为美国的卫星国。[33]与此同时，这些国家不应该成为以色列的威胁，反而应该与以色列合作。随着对伊斯兰世界的关注与日俱增，智库开始关注土耳其，部分原因是土耳其对中东，特别是对以色列安全的重要性。而在这一进程中，伊斯兰智库也在不断发展变化，力图发出穆斯林的声音。

虽然在伊斯兰教育与理解《古兰经》的传统中，各种观念都能得到有效记录，但现代意义上的伊斯兰智库直到20世纪才开始出现。19世纪，泛伊斯兰主义最初涌现，与此同时，穆斯林共同体开始引起西方的关注。第一个出现的伊斯兰智库诞生于20世纪20年代的伦敦，以伊斯兰信息局（the Islamic Information Bureau）为名，主要负责刊发伊斯兰新闻。[34]同时，它也关注伊斯兰议题，如基拉法特运动（the Khilafat Movement），该运动是一战后同盟国肢解奥斯曼帝国的产物。[35]该智库随后更名为“穆斯林标准”（the Muslim Standard），本质上是一个平台，主要传播有关巴黎和会以及对奥斯曼帝国处置的评论。[36]基拉法特运动在南亚次大陆的穆斯林中得到广泛支持，而这家智库所在地——伦敦，正是英属印度的统治者英国女王的家乡，也就不是巧合了。

20世纪30年代，一个泛伊斯兰主义学者沙基卜·阿萨兰（Shakib Arsalan）在日内瓦发起了一项具有影响力的独立运动。[37]他坚持印刷具有影响力的作品，诸如《阿拉伯民族》以及书籍《我们的衰败及原因》（*Our Decline and Its Causes*）。在伊斯兰民族主义崛起过程中，以及在奥斯曼帝国解体后留下的真空中，这些作品变得极具影响力。它们对理解伊斯兰智库历史以及随后伊斯兰世界更多智库的创建依然有帮助。与此同时，在英属印度，出于相同动机，毛杜迪（Mawdudi）、萨德鲁丁·萨拉姆（Sadruddin Salam）和曼苏尔·努玛尼（Manzoor Numani）等知名学者在旁遮普的帕坦科特创建了智库Dar ul Salam。[38]这家机构旨在更深入地理解伊斯兰教，同时保存伊斯兰传统中的历史文化、价值与规范。毛杜迪的解释对很多穆斯林学者以及整个南亚地区来说至今依然颇具影响力。巴基斯坦刑法典中的“胡德条例”（Hudood Ordinance）就深受他对《古兰经》与圣行的解释的影响，今天巴基斯坦对伊斯兰教法的执行也是如此。[39]

在巴基斯坦的卡拉奇，“世界穆斯林大会”（Al-Motamar al-Alam al-Islami）智库因为于1949年举办世界穆斯林大会（World Muslim Congress）而开始崭露头角。[40]此次会议的组织者，同时也是这家智库背后的主要人物伊纳姆拉·汗（Inamullah Khan）在会议结束后的30多年里一直坚持出版《穆斯林世界》（*The Muslim World*）杂志。此外，在伊纳姆拉·汗的组织下，Motamar——外界对这次会议的称呼，在卡拉奇召开了第三次会议。此后不定期在不同的伊斯兰国家继续召开，这些地点包括伊拉克（1962年）、索马里（1964年）、约旦（1967年）、塞浦路斯（1980年）以及其他国家。会议的目的是应对伊斯兰世界的共同威胁：犹太复国主义者对巴勒斯坦领土的占领。[41]

到了20世纪60年代，伊斯兰智库的方向开始从纯粹的泛伊斯兰主义意识向发展、经济与社会进步的共同目标转变。尽管这些机构反映了较宽范围的利益，但很大程度上它们的主题依然深受穆斯林身份以及社会经历影响。在巴基斯坦，Begum Aisha Bawany Wakf（巴基斯坦一家出版社）主要由易卜拉欣·巴瓦尼（Ebrahim Bawany）主管，他还赞助了《穆斯林国际新闻》（*Muslim News International*）杂志，同时他也是《民族发展的革命战略》（*Revolutionary Strategy for National Development*）的作者。[42]与此同时，在土耳其的安卡拉，内吉梅丁·埃尔巴坎（Necmettin Erbakan）教授创建了经济与社会研究中心（Economic and Social Research Centre）、[43]金字塔政治与战略研究中心。

1973年，伊斯兰欧洲理事会（Islamic Council of Europe, ICE）在塞勒姆·阿扎木（Salem Azzam）的主管下得以建立。[44] 20世纪70年代末到80年代，通过在伦敦举行一系列会议与研讨会，伊斯兰思想家与政治家的联合网络逐渐形成，该网络主要规划与阐述伊斯兰在一系列当代议题上的立场。其参与者主要包括苏丹前总理萨迪克·马赫迪（Sadiq Al-Mahdi）、巴基斯坦的两名顶尖法律专家布罗希（Brohi）与哈立德·依沙克（Khalid Ishaque），以及来自埃及的法官米德哈特·阿扎木（Midhat Azzam）和克里（Kholi）博士。其成果是两份反映当时穆斯林思想的杰作：《伊斯兰普世人权宣言》（Universal Islamic Declaration of Human Rights）（1981年）与《伊斯兰宪法的一种模型》（A Model of an Islamic

Constitution）（1983 年）。[45]

1979 年建立于伊斯兰堡的政策研究院（Institute of Policy Studies，IPS）是一家“旨在促进政策研究”的智库，[46]它代表了伊斯兰世界智库进一步向政策导向型智库的转变。类似地，受到伊斯兰会议组织赞助的伊斯兰教育、科学与文化机构（Islamic Educational, Scientific and Cultural Organization, ISESCO）中就包括“科学研究促进中心”（Centre for the Promotion of Scientific Research）。[47]

20 世纪 80 年代，推动学术工作的相关运动依然在持续。领头机构包括建立于华盛顿的国际伊斯兰思想研究所（International Institute of Islamic Thought, IIIT）以及由穆阿扎姆·阿里建立于伦敦的伊斯兰国际研究中心（the International Centre for Islamic Studies, ICIS）。类似地，伊斯兰思想与文明国际协会（International Institute of Islamic Thought and Civilization, ISTAC）由赛义德·穆罕默德·那其卜·阿塔斯（Syed Muhammad Naquib al-Attas）建立于吉隆坡，[48]其目的包括：（1）推进穆斯林思想与文明的研究，这些研究涉及对当代穆斯林面临的文化、教育、科学与认识论问题中的关键概念进行分析、澄清、阐述与定义；（2）为当今世界及不同思想、宗教与意识形态流派遇到的智力及文化挑战提供伊斯兰式回答。[49]

20 世纪 90 年代，雅加达的伊斯兰国际科学技术与人力资源发展论坛（Islamic International Forum for Science, Technology and Human Resources Development）与吉隆坡政策研究院（Institute of Policy Research）支持的一些机构在安瓦尔·易卜拉欣的赞助下得以建立。这些机构标志着向具体政策选择的新转向，同时摆脱了 20 世纪 20 年代到 70 年代相关机构十分明显的泛伊斯兰主义倾向。

成立于 1970 年的伊斯兰会议组织，标志着伊斯兰世界在处理集体问题时的团结一致。成立于 20 世纪 70 年代的智库具有独特优势，因为它们能够代表伊斯兰世界的集体意识，同时它们还能意识到西方世界的偏见与媒体宣传倾向，并加以应对。此后的 20 世纪 80 年代至 90 年代，智库更加倾向于政策导向与科学研究。随着穆斯林身份开始被民族主义替代，这一时期应对西方针对伊斯兰世界宣传的能力在很大程度上被削弱了。

1.4　当今伊斯兰世界的智库现状

从一战后到冷战结束，伊斯兰智库发生了很大变化。一战结束后，虽然很多伊斯兰国家处于被殖民状态，但它们依然能维系自身的穆斯林身份。尤其随着巴黎和会的结束以及奥斯曼帝国的解体，伊斯兰世界主要群体感到有必要促进穆斯林身份的建构。结果就是大量宣传、研究伊斯兰世界的机构建立在伊斯兰国家，设在殖民宗主国英国和学术发展迅速的美国的机构数量也不少。

20 世纪 90 年代后，一种全球可见的趋势悄然出现了。西方国家感知的威胁从苏联转移到了伊斯兰世界，也就是所谓的“流氓国家”或者独裁者身上。[50]对世界新秩序的这种理解，导致西方对伊斯兰世界的研究出现转变。与此同时，伊斯兰世界内部的智库并没有得到快速发展，直接后果就是世界需要依赖西方智库来认识和理解伊斯兰世界。截至 2016 年，按人口比率来算，伊斯兰世界拥有最少的智库数量。如表 1－1 所示，在世界排名前 150 的非美国智库中，只有 10 个来自伊斯兰国家。[51]相比之下，来自英国的有 16 家，来自印度的有 9 家，来自中国的有 8 家，其他的智库大多数都来自欧洲。

表 1－1　顶尖伊斯兰智库世界排名（2016 年）

序号	排名	智库	国家
1	41	土耳其经济与社会研究基金会 Turkish Economic and Social Studies Foundation（TESEV）	土耳其
2	63	经济与社会发展中心 Center for Economic and Social Development（CESD）	阿塞拜疆
3	65	战略与国际问题研究中心 Centre for Strategic and International Studies（CSIS）	印度尼西亚
4	73	金字塔政治与战略研究中心 Al-Ahram Center for Political and Strategic Studies（ACPSS）	埃及
5	75	自由思想协会 Association for Liberal Thinking（ALT）	土耳其
6	103	可持续发展政策研究所 Sustainable Development Policy Institute（SDPI）	巴基斯坦

续　表

序号	排名	智库	国家
7	116	布鲁金斯多哈研究中心 Brookings Doha Center	卡塔尔
8	134	拉凡德经济与国际研究所 Ravand Institute for Economic and International Studies	伊朗
9	147	哈萨克斯坦战略研究所 Kazakhstan Institute for Strategic Studies（KazISS）	哈萨克斯坦
10	148	半岛研究中心 Al Jazeera Centre for Studies（AJCS）	卡塔尔

资料来源：TTCSP Global Go To Think Tank Index Report。

更令人奇怪的是，像沙特阿拉伯、卡塔尔以及巴林这些伊斯兰世界的富裕国家，其财政状况对它们来说并不成问题，但它们却拥有极低数量的智库。这些国家的大多数政策导向型研究主要由英美国家的智库主导。这不免令人怀疑其国内缺乏进行相关政策研究的专家。另外，在巴基斯坦与阿富汗等国，接受外国资助的智库十分常见。例如，美国国际开发署以及英国国际发展部是巴基斯坦智库研究的重要利益相关方。总之，伊斯兰世界普遍依赖西方国家的智库与援助。

尤其是共建“一带一路”的众多伊斯兰国家，它们在智库数量上的匮乏值得中国认真研究。伊朗（58）、埃及（35）、孟加拉国（35）、土耳其（32）以及伊拉克（31）等国拥有较高数量的智库，而土库曼斯坦（1）、文莱（1）、阿曼（2）、沙特阿拉伯（4）及巴林（4）等国则只有很低数量的智库。由此带来的问题是：谁在这些国家制定政策？这些国家的政策在多大程度上由国内驱动呢？

鉴于此，伊斯兰智库的现状需要得到认真评估。偏离国内驱动的政策研究将使国家在面临外部干涉时十分脆弱。[52]这部分源于缺乏资金援助以及人力资源，不过合作的渠道依然存在。这些国家的很多智库在影响国内政策方面都十分重要，它们比西方智库更能契合伊斯兰国家的实际，因而通过它们能更好地理解这些国家的政治、经济与社会状况。

“知识就是权力”是一句广为流传的箴言。西方国家拥有对世界的霸权，部分源自它们对东方国家尤其是伊斯兰世界的知识。只有借助系统且专业化的知识，我们才能对某个群体有更深刻的理解。对发起“一带一路”倡议的中国来说，填补有关伊斯兰世界的知识与研究真空就显得颇为重要。目前，西方和伊斯兰世界之间具有深度联系，并且这种联系在现代智库出现之前就已存在了。这种联系产生于双方过去的文化连通性（cultural connectivity）、穆斯林向西方的移民以及20世纪90年代以来的政策利益转向。

历史上，伊斯兰世界的智库主要为了达成穆斯林共同体的共识而建立。今天，这种共同身份已经不再明显了。同时，伊斯兰世界被西方视作一种威胁，在东方主义的视角下被研究，导致外界进一步加深对伊斯兰的误解，并引发外部政策干预。

随着伊斯兰世界的重要性在“一带一路”倡议下得到彰显，中国对伊斯兰的研究传统得以恢复。借助西方学界及政策制定者来理解伊斯兰世界，有悖于中国利益。其原因在于：第一，西方将伊斯兰世界视作威胁及潜在敌人，而中国则致力于与其发展持久的战略与经济伙伴关系；第二，中国并没有像西方那样对伊斯兰世界有着长期战争和武装冲突的历史，恰恰相反，当代中国的政治与经济崛起和伊斯兰世界紧密相关。

据宾夕法尼亚大学“智库与公民社会计划”（TTCSP）的报告称，截至2016年，世界上有6846家智库，美国拥有1835家，[53]其中约有400家智库在华盛顿运作。而且，美国智库在预算、雇员数量、效能以及与政府机构的协同性等方面都远超其他国家的智库。几乎所有重要智库都在美国活动，智库是美国对外政策不断发展与丰富的产物。

根据“智库与公民社会计划”报告，世界上接近55%的智库都位于北美及欧洲，其中欧洲拥有1770家智库。这些地区的智库在预算、人员数量、公开出版物以及效能水平上都处于行业前列。一些国家的智库数量如下：墨西哥有61家，罗马尼亚有54家，乌克兰有47家，匈牙利有42家，尼日利亚有38家，孟加拉国有35家，等等。

与西方国家、拥有480家智库的中国和拥有280家智库的印度相比，伊斯兰世界落后太多。此外，土耳其拥有 32 家智库，巴基斯坦拥有 20 家，阿富汗拥有 6 家，沙特阿拉伯拥有 4 家，印度尼西亚拥有 27 家。伊斯兰世界在这方面的领头羊是伊朗，该国拥有 59 家智库。这些国家的许多智库接受来自西方国家的资金援助。[54] “9・11”事件以来，英国、美国、荷兰与澳大利亚等国就与巴基斯坦的智库有深厚的合作关系。

中东地区有影响力的国家（如沙特阿拉伯和卡塔尔等国）同样依赖西方国家提供政策建议。[55]当下，伊斯兰世界亟须建立本土智库，用来进行社会、经济与政治研究并提供解决方案。[56]中国等非伊斯兰国家如果想要对伊斯兰世界有更深入的理解，就有必要与这些智库进行合作。

在“一带一路”的背景下，伊斯兰国家的智库有复兴的趋势，这种复兴将在政治、经济及社会等层面产生积极效应。伊斯兰国家智库应增强自身的研究能力，从而减少西方国家的干涉，这将是这一区域国家实现共同繁荣必要且可行的选择。伊斯兰世界拥有强大的脑力资源潜力等待开发。伊斯兰世界的智库可以聚焦大量议题，比如教育、健康、贫困、农业、进出口、工业、法律、种族、政治、社会凝聚力等，并提出相应的解决方案。[57]

1.5 伊斯兰智库不是自身议程的制定者

在国际社会涉及伊斯兰的重大问题方面，尽管伊斯兰世界是这些问题的核心和当事者，但伊斯兰智库并没有成为主要的议程制定者。

我们看到，西方智库对伊斯兰的叙述仍然肤浅，缺乏语境基础，但不幸的是，很多西方观点依旧成为伊斯兰智库的主要参考点。例如，在新加坡闻名的研究机构南洋理工大学是原教旨主义议题的主要议程设置者，特别是在大众传媒上，其经常被视作“西方的附庸”或“非穆斯林族裔的穆斯林专家”。[58]但是，也有一些重要的例外，例如总部位于伊朗的科学研究中心和中东战略研究中心（CMESS）[59]，该智库涵盖了中东问题的各个方面，包括以色列的关键作用、伊朗与阿拉伯关系和更大范围的伊斯兰世界，有效地批评了西方在此类问题上的主流观点。

“9・11”事件以后的伊斯兰智库和政策机构也将重点放在需要进行过渡性

社会改革的领域，特别是围绕着经济和民主过渡这一关键问题。[60] 2004 年举行的第一届“未来论坛”会议汇集了来自整个伊斯兰世界的知识分子、政府代表和领导人。这次会议重申了社会改革的必要性，同时强调“每个国家都拥有自由发展自己的民主、政治和社会文化体系的主权，不受外界干扰”[61]。不同伊斯兰国家的智库一直侧重于其国家内部政治与经济斗争。此外，由于民众对表现不佳的政府愈发缺乏信任，经历了民族主义英勇斗争和反殖民主义斗争的伊斯兰世界，如今越来越趋向于受到区域冲突和经济繁荣与发展等更本土化的问题影响，从而局势更加动荡。

2011 年的“阿拉伯之春”使阿拉伯世界重新受到关注。随着对“民主”、“自由”和“平等”的呼吁变得愈加流行，世界见证了阿拉伯独裁统治的瓦解。一些独立的、由外国（西方）资助的智库在制定以“巩固专制主义的过渡成果”为基础的议程上发挥了重要作用。阿拉伯改革倡议（ARI）是一个值得研究的实例。[62]

1.6　穆斯林侨民作为舆论制定者的兴起

鉴于全球对伊斯兰世界和穆斯林群体的极高关注度，对“西方国家的知识分子如何通过影响智库和政界去控制叙事，从而影响周边舆论环境”的研究就显得尤为重要。

特别是在美国，从美国企业协会等保守派思想库到布鲁金斯学会等自由派智库，“穆斯林群体”和“伊斯兰世界”一直是各类政策辩论的中心。鉴于这种不对称的关注点，分析穆斯林群体、学界和智库在西方世界中的影响力，去深入了解它们的“自我感知”以及“对其现有形象表达立场的能力”就显得尤为重要。

在美国的穆斯林群体中，人们越来越意识到“伊斯兰恐惧症”和歧视等问题对全球化的影响。[63]这使得人们重新关注以往被视为民族事务的问题，从而就穆斯林少数族裔的待遇和代表权（尤其是在西方国家）进行全球辩论。

诸如穆斯林公共事务委员会（MPAC）或美国伊斯兰关系委员会（CAIR）之类的组织，关注与穆斯林身份有关的问题，使得以穆斯林为中心的政策问题得到了更多的曝光率。

伊斯兰思想研究所是另一个设在华盛顿特区的组织，该组织最近也引起了人们的关注——因为跨国“伊斯兰恐惧症”这个日益严重的问题正在作为一种系统现象在这个穆斯林是少数族裔的世界里出现。[64]

美国现行的新保守主义制度使穆斯林社区内的极端分子和边缘分子对政策制定者更具吸引力。双方的破坏分子和极端主义边缘分子之间的这种“不可思议的联盟”进一步扩大了保守智库（受亲以色列政策的影响）与主流穆斯林知识分子之间已经存在的鸿沟。[65]而能表现这种“鸿沟”不断扩大的一个例子是，美国政府圈内的保守派人士对待穆斯林参议员伊尔汗·奥马尔和拉希达·特莱布的方式，这表明穆斯林群体是如何被边缘化、被妖魔化为“不同的”，即便有着共同的“美国身份”。

诸如此类为穆斯林说话的“温和声音”常常被剥夺了发言空间，仅仅是因为他们有效地反对了围绕穆斯林社区散布的极端主义言论，通过这样的“屏蔽”，美国将其对伊斯兰世界的侵略政策在国内的舆论环境中合法化——将这种“声音”规范化为美国境内的合法声音，对美国重构针对伊斯兰国家的整体叙述方面大有裨益。

随着全球政治格局的变化，当代伊斯兰国家议程的变化吸引了人们越来越多的关注，即美国地位的下降以及中国的影响力日益增强，越来越多的人意识到穆斯林集体话语和南南合作的重要性。“亚洲世纪”进一步促进了对亚洲崛起的研究，伊斯兰国家的决策者越来越多地侧重于调整政策，以便在参与共建“一带一路”倡议的前提下受益于新世纪的潮流。例如，巴基斯坦战略研究所等智库设有专门的研究中心，专门研究中国和“一带一路”倡议。[66]

2　研究伊斯兰智库的现实意义*

2.1　如何界定伊斯兰国家的智库

1000多年来，数以万计的伊斯兰教圣门弟子漂洋过海、翻山越岭，将伊斯兰教的种子播撒到地球的各个角落。几乎凡是有人活动的区域，就有伊斯兰教的存在。[67]2010年，全世界穆斯林人口约有16亿，占世界总人口的23.2%，[68]几乎每个国家和地区都有穆斯林。

伊斯兰国家与伊斯兰世界是不同的。根据牛津大学的解释，伊斯兰（穆斯林）世界是从社会或文化含义上讲的，意思是整个地球上的穆斯林社区。而“伊斯兰世界”这个术语还有地缘政治的含义，指穆斯林占多数或伊斯兰教占支配地位的国家。伊斯兰世界的整体也被称为乌玛。[69]

“伊斯兰国家”（又称穆斯林国家）一般被认为是加入伊斯兰合作组织的正式成员国，并不涉及伊斯兰教教徒在国内的人口比例，以及伊斯兰教在国内政治、经济、文化、社会等领域的地位，也不涉及其在多大程度上直接使用伊斯兰教法（沙里亚）治国。

伊斯兰合作组织是世界上唯一以宗教命名的政府间国际组织。伊斯兰合作组织，原名为伊斯兰会议组织，[70]现有57个正式成员国，[71]成员国遍及亚洲、非洲、欧洲、南美洲，拥有世界1/5的人口，超过1/4的联合国大会席位。此外，伊斯兰合作组织占有全球约70%的油气资源，其国际影响力不可小觑。将来也不排除某些国家国内穆斯林人口增长或接纳大量穆斯林移民，而申请加入伊斯兰合作组织的可能性。

---

* 《研究伊斯兰智库的现实意义》作者为孙力舟。

据上海社会科学院智库研究中心 2014 年 2 月发布的《2013 年中国智库报告》的定义，智库主要是指以公共政策为研究对象，以影响政府决策为研究目标，以公共利益为研究导向，以社会责任为研究准则的专业研究机构。智库是国家“软实力”和“话语权”的重要组成部分，对政府决策、企业发展、社会舆论与公共知识传播具有深刻影响。从组织形式和机构属性上看，智库既可以是具有政府背景的公共研究机构，也可以是不具有政府背景或具有准政府背景的私营研究机构；既可以是营利性研究机构，也可以是非营利性研究机构。

在本文中，伊斯兰国家的智库主要指的是总部位于伊斯兰国家的智库。伊斯兰国家的智库还包括其他国家智库在伊斯兰国家的分支机构，以及其他国家的穆斯林人士或伊斯兰教宗教机构在伊斯兰国家组建的智库，但不包括伊斯兰国家的政府或公民出资，在其他国家组建的智库。

智库首先兴起于欧美国家，全世界的智库以美国最为发达。在智库领域，伊斯兰国家和中国一样，属于起步较晚的学习者。据笔者搜集到的信息，伊斯兰国家中建立智库较早的是巴基斯坦和土耳其。伊斯兰教承认人的自由意志，[72]穆斯林具有千年的学习和思辨传统。穆罕默德曾说：“求知在每个男女穆斯林上是主命。”[73]脍炙人口的《穆罕麦斯》诗篇中写到“要博采美德”[74]。因此，伊斯兰国家的智库一经起步，发展就会比较快，目前几乎所有的伊斯兰国家都有智库。

伊斯兰国家中最早的智库建于 1957 年，是孟加拉国发展研究所（Bangladesh Institute of Development Studies）的前身巴基斯坦发展经济研究所（Pakistan Institute of Development Economics）。1971 年 1 月，该研究所迁往东巴基斯坦（即今天的孟加拉国），同年孟加拉国独立后，改名为孟加拉国发展经济研究所（Bangladesh Institute of Development Economics），1974 年改成今天的名称。[75]

土耳其的智库起步于 20 世纪 60 年代。2015 年 6 月，美国波特兰州立大学土耳其研究中心发表研究报告称，土耳其的软实力体现在经济的发展中，经济发展催生了众多智库。智库更多地出现在民主原则得到遵守的发达国家。在美国人看来，研究机构的存在代表了民主的公民社会的存在和繁荣。[76]

目前，智库几乎在所有的伊斯兰国家广泛存在。2014 年全球智库的报告列出了 39 个突尼斯智库、29 个土耳其智库、14 个阿联酋智库和 7 个沙特阿拉伯智库。[77]一些伊斯兰国家还参与了国际性智库的工作。例如，哈萨克斯坦参与了内陆发展中国家国际智库[78]的工作。

2.2　有利于推进“一带一路”倡议

2017 年 1 月，习近平主席在瑞士达沃斯国际会议中心出席世界经济论坛 2017 年年会开幕式，并在发表的题为《共担时代责任 共促全球发展》的主旨演讲中说：“‘一带一路’倡议来自中国，但成效惠及世界。”[79]

2013 年，国家主席习近平在访问哈萨克斯坦时首倡共建“丝绸之路经济带”，在访问印度尼西亚时提出共建“21 世纪海上丝绸之路”构想，此后正式称为“一带一路”。哈萨克斯坦和印度尼西亚都是伊斯兰国家，可见中国在推进“一带一路”中对伊斯兰国家的重视。

中国政府并没有明确列出哪些国家和地区属于“一带一路”的范围。一般认为，“一带一路”目前包括中亚、东南亚、南亚、西亚、北非、中东欧的国家和地区，以及东亚的蒙古国等。在“一带一路”涵盖的地理范围中，东南亚的马来西亚、文莱和印度尼西亚属于伊斯兰国家；中亚五国都属于伊斯兰国家；南亚的巴基斯坦、孟加拉国、马尔代夫属于伊斯兰国家；西亚地区除了以色列、亚美尼亚、格鲁吉亚、塞浦路斯以外的所有国家都属于伊斯兰国家；位于中东欧地区的阿尔巴尼亚，也是伊斯兰国家。在“一带一路”倡议中，已经有 33 个伊斯兰国家正式加入，这 33 国按照国名的英文首字母排名分别是：阿富汗、阿尔巴尼亚、阿尔及利亚、阿塞拜疆、巴林、孟加拉国、文莱、埃及、印度尼西亚、伊朗、伊拉克、约旦、哈萨克斯坦、科威特、吉尔吉斯斯坦、黎巴嫩、利比亚、马来西亚、马尔代夫、摩洛哥、阿曼、巴基斯坦、巴勒斯坦、卡塔尔、沙特阿拉伯、叙利亚、塔吉克斯坦、突尼斯、土耳其、土库曼斯坦、阿联酋、乌兹别克斯坦、也门。

随着马达加斯加加入“一带一路”倡议，[80]“一带一路”继续向撒哈拉以南非洲扩展，这种扩展同样离不开伊斯兰国家。截至 2019 年，伊斯兰合作组织在撒哈拉以南非洲共有 22 个成员国。

在伊斯兰国家中，除了几个海湾石油富国和土耳其、马来西亚等中等发达国家，大多数处于欠发达状态。

2016年6月，伊斯兰合作组织负责经济事务的助理秘书长哈米德称，该组织成员国中有1.6亿人因粮食短缺而营养不良，超过了伊斯兰世界总人数的20%。伊斯兰发展银行主席艾哈迈德称，根据2015年的统计，全球有54个国家粮食短缺，而其中有28个是伊斯兰合作组织成员国。他还强调，食品保障是当前伊斯兰国家面临的大问题，该问题已经给伊斯兰世界造成了巨大负面影响，如果不采取切实措施和政策解决农业问题，后果是极为严重的。[81]

中国与伊斯兰国家存在着广泛的政治、经济和文化联系。中国与哈萨克斯坦、吉尔吉斯斯坦、塔吉克斯坦、阿富汗、巴基斯坦5个伊斯兰国家接壤，与马来西亚、印度尼西亚、文莱3个伊斯兰国家隔海相望。2015年4月，习近平主席访问巴基斯坦期间，签订了总额为460亿美元的中巴经济走廊项目投资协议，是巴方过去8年里获得的外商直接投资总额的3倍。

中国与伊斯兰国家也在展开高技术领域的合作。例如，中国卫星全球服务联盟在银川国家级经济技术开发区设立了“中阿卫星应用研究与展示服务中心”，为阿拉伯国家和伊斯兰地区培训专业技术人员，并为用户提供实景体验服务。宁夏中阿技术转移中心和华宇公司与阿拉伯国家开展北斗卫星导航系统落地项目，建立合作实体，共同经营北斗卫星导航服务业务。[82]北斗系统已经覆盖了包括伊斯兰国家在内的共建“一带一路”国家。

然而，美国战略与国际研究中心认为，中国在中亚地区伊斯兰国家基础设施的大规模投资，并不会自动地带来所在国经济的顺利发展，必须考虑所在国家和地区的个别部门、地方性政治力量和项目的管理，分析参与国的具体条件、面临的挑战、付出的代价和受到的影响等。[83]

2017年，“一带一路”倡议在从伊朗到摩洛哥的中东核心地区的反响相当有限。因此，加强对共建“一带一路”伊斯兰国家的研究，促进与这些地区智库的交流，是在该地区推进“一带一路”的好办法。[84]

从宏观角度来看，在推进“一带一路”的过程中，研究共建“一带一路”伊斯兰国家的智库，是了解别国政府、企业、公众的需求和规划的重要环节。这样可以减少政策与投资的盲目性，避免出现“剃头挑子一头热”的情况。在这一过程中，智库起着重要作用，例如，哈萨克斯坦的“光明之路”计划就与

“一带一路”倡议对接良好。

为振兴国民经济，2014 年 11 月哈萨克斯坦总统纳扎尔巴耶夫在其年度国情咨文中提出了“光明之路”的新经济政策，旨在强力推动经济增长，使收入来源多样化，并降低哈萨克斯坦对能源出口收入的依赖程度。[85]2019 年 9 月 11 日，在习近平主席和哈萨克斯坦总统托卡耶夫的共同见证下，中哈签署《关于落实“丝绸之路经济带”建设与“光明之路”新经济政策对接合作规划的谅解备忘录》，“丝绸之路经济带”与“光明之路”正式对接。

哈萨克斯坦实力最强的智库——直属哈萨克斯坦总统的哈萨克斯坦战略研究所，于 2016 年 1 月预测了 2016 年影响中亚的十件大事。其中，“中国扩大在中亚的投资”排名第三。该智库称，2016 年“丝绸之路经济带”和欧亚经济联盟将展开对接与合作。该智库还认为，在 2016 年 3 月举行的全国人民代表大会上，“丝绸之路经济带”倡议和“走出去”的概念还处于中心环节，对包括中亚在内的外国投资将得以实施。在排名第六的“中亚国家在安全领域扩大合作”中提到了上海合作组织。在排名第八的“地区交通和能源项目发展的新阶段”中介绍了中国 - 中亚 - 欧洲的铁路交通走廊及连接中国西部和西欧的跨国公路走廊的哈萨克斯坦段公路。在排名第九的“伊朗回归区域进程”中，指出伊朗对参与“丝绸之路经济带”和在上海合作组织中发挥作用感兴趣。[86]

印度尼西亚政府提出的“海上高速公路”计划也与“21 世纪海上丝绸之路”高度契合。[87]2014 年 12 月，印度尼西亚有影响的英文报纸发表了关于中国的“21 世纪海上丝绸之路”倡议的文章。这篇文章的作者是印度尼西亚的智库印尼科学研究所（Indonesian Institute of Sciences）政治学研究中心的高级研究员卢惠立玛（Luhulima）。该文称，习近平主席提出的“21 世纪海上丝绸之路”计划在东盟各国修建基础设施，有利于降低中国南海地区的冲突烈度。印度尼西亚对中国发出的加入亚洲基础设施投资银行的邀请持积极态度，并与中国签订了合作备忘录。[88]

伊斯兰国家的智库往往起到政府与企业、公众沟通的桥梁作用，其报告对影响政府决策、媒体导向和公众舆论都起到不小的作用。在充分研究伊斯兰国家智库的基础上，与伊斯兰国家智库开展交流，带有在政府宣布政策之前“投石问路”的性质。这么做有利于两国或多国之间相互磨合，在一定范围内、一定程度上有利于开展公共政策的讨论，减少在政策宣布时的突然性，减少在伊斯兰国家中可能遇到的阻力。

例如，土耳其的经济与外交政策研究中心（Center for Economics and Foreign Policy Studies）把土耳其社会各领域，如学术界、公民社会、媒体和商界联系在一起。这种多样性使得经济与外交政策研究中心能够创造一个有效的平台，让多种视角和意见相互碰撞。[89]智库学者也常在媒体上发表文章，以影响公共政策讨论。例如，土耳其的塞利姆·科鲁（Selim Koru）是土耳其经济政策研究基金会（TEPAV）的分析师。[90]他在欧盟外交事务委员会发表文章称，土耳其位于欧亚两大洲之间，俄罗斯的欧亚经济联盟计划和中国的“一带一路”倡议都是希望整合两大洲的宏伟规划，这两大计划都让土耳其再次成为连接两大洲的桥梁。但是，土耳其必须先解决与俄罗斯的矛盾。[91]

从微观角度来看，伊斯兰国家的智库可以为企业提供咨询和仲裁服务。例如，伊朗的拉凡德经济与国际研究所在对其业务的介绍中，第一项就是咨询与建议。该研究所称，“拉凡德在很多领域提供战略性建议，由专业团队提供面向能源、金融、宏观经济、投资和环境等具体领域的、针对不同客户的咨询意见和顾问服务”。[92]

“一带一路”建设涉及很多伊斯兰国家，鉴于可能产生相关的法律风险，面对纷繁复杂的国际商事纠纷，仅靠传统的纠纷解决方式——诉讼，难以适应多元需求，国际商事仲裁具有高效性、跨国可执行性、保密性等特点，凸显其独特的优势。[93]如能加强对伊斯兰国家经济、法律类智库的研究，那么面对有可能出现的法律风险，无论是诉讼还是仲裁，都有利于中国企业维护好自身的核心权益。

2.3 有利于维护区域能源供给安全

随着中国经济的迅猛发展，中国对进口能源的依赖度日益上升。据菲律宾ABS-CBN 新闻网 2015 年 5 月 11 日转载路透社消息，2015 年 4 月，中国取代美国，首次成为全球第一大原油进口国。[94]英国石油公司（BP）在 2015 年 4 月发布报告称，到2035年，中国的能源产量将增加47%，消费量将增加60%，中国能源产量在消费中的比重将从当前的85%降至77%，使中国成为世界上最大的能源净进口国。[95]

在中国的煤炭、石油和天然气的进口中，伊斯兰国家都占有重要地位。2015年，中国煤炭进口来源国中，印度尼西亚排名首位，进口量高达7376.25万吨，比进口量排名第三的朝鲜、第四的俄罗斯和第五的蒙古国的总和还多。[96]

在原油进口来源国分布图中（见图2－1），中国最大的原油进口来源国沙特阿拉伯是伊斯兰国家。在排名前列的进口来源国中，还有伊拉克、阿曼、伊朗、科威特和阿联酋，伊斯兰国家总计约占中国石油总进口量的50%。

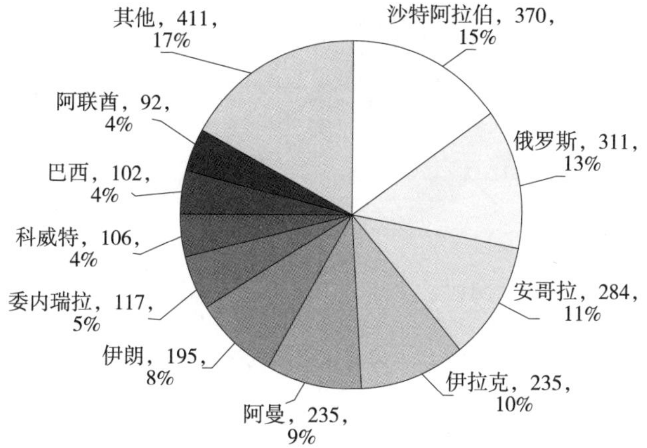

图2－1　2015年中国原油进口来源国分布图

资料来源：2015年海关数据。

注：图中单位分别为百万桶、整体原油进口占比。

2017年1月，国家发展改革委网站刊登了《石油天然气发展“十三五”规划》，规划中指出，中国石油需求仍将稳步增长，石油在一次能源消费中的占比保持基本稳定。同时，以提高天然气在一次能源消费结构中的比重为发展目标，大力发展天然气产业。[97]

中国进口的天然气，分为海运进口的液化天然气和陆路进口的管道天然气两大类。2016年4月，海关总署公布的统计数据显示，中国在2016年3月共进口了272万吨的管道天然气，比2015年同期猛增了37.7%。海关总署的统计数据还显示，中国在 2016 年 3 月共进口了 170 万吨的液化天然气，比 2015 年同期大幅增加了 27.4%。[98]

如图 2－2 所示，在液化天然气进口领域，卡塔尔与阿联酋、马来西亚、印度尼西亚、尼日利亚、科威特、沙特阿拉伯等伊斯兰国家总计占中国液化天然气进口量的 61%。

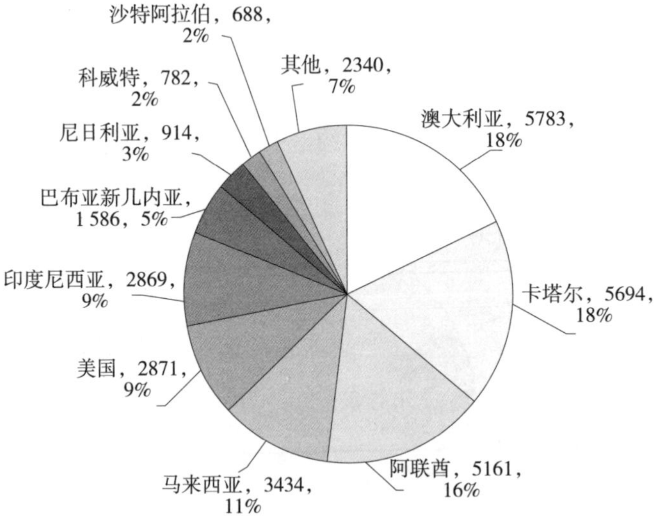

图 2－2　2015 年中国液化天然气进口来源国分布图

资料来源：2015 年海关数据。

注：图中单位分别为千吨、整体液化天然气进口占比。

在管道天然气进口领域，2015 年上半年，中国累计进口管道天然气 1237 万立方米，同比增长 14.82%。按进口总量排名，管道天然气主要来源国分别为土库曼斯坦、缅甸、乌兹别克斯坦和哈萨克斯坦。[99]在四大进口来源国中，有三个是伊斯兰国家。2019 年 1 月 16 日，中国石油集团经济技术研究院发布《2018 年国内外油气行业发展报告》表示，2018 年中国成为全球第一大天然气进口国，天然气进口量为 1254 亿立方米，增速 31.7%。[100]2018 年，原油进口同比增长 10.1%，达到 4.62 亿吨。2018 年，成品油进口同比增长 13%，达到 3350 万吨。

霍尔果斯出入境检验检疫局的信息显示，2016 年中亚天然气管道向国内输气 341.7 亿标方，日均输气量为 9360 万标方。中亚天然气管道西起土库曼斯坦和乌兹别克斯坦边境，穿越乌兹别克斯坦中部和哈萨克斯坦南部地区，经新疆霍尔果斯口岸入境，可保证沿线4亿人口的生活燃料供应。[101]

能源生产和出口，从来就不是一个简单的经济问题。20世纪70年代，多个伊斯兰国家中的产油国曾以石油为武器，对西方国家采取石油禁运和石油提价的方式，支持埃及、叙利亚和巴勒斯坦人民对抗以色列的斗争。伊斯兰国家中产油国、产气国、产煤国、运输油气关键通道国的智库，对能源出口的经济价值和战略意义研究较多。例如，土耳其的智库曾研究过由阿塞拜疆穿越土耳其向欧洲输气的天然气管线建设方案，称为“跨安纳托利亚天然气管道”（TANAP）。[102]2015年底，土耳其智库网还介绍了第64届土耳其政府施政纲领中的“能源安全”部分。[103]

巴基斯坦智库曾研究过从伊朗到巴基斯坦和从巴基斯坦到中国的石油管线建设方案。这些方案都是综合自然地理、地缘政治、国际战略、安全反恐等因素之后制订的。巴基斯坦专栏作者阿瑟夫·哈龙·拉贾（Asif Haroon Raja）撰写了《中巴能源走廊》一文，发表在巴基斯坦智库网上。该文认为，从战略角度看，巴基斯坦的发展需要吸收中国的投资，而中国也需要开辟阿拉伯海的温暖出海口，从瓜达尔港运输能源是最近、最便宜的路线。[104]

2015年9月，沙特阿拉伯的海湾研究中心（GRC）发布了题为《海湾地区能源前景的变化：战略含义》的报告。报告基于2014年夏天第五次海湾研究会议的讨论，收录了美国、中东、欧洲和亚洲国家专家的文章，研究了海湾地区能源产业的变化趋势（包括可再生能源与核能）。报告讨论了页岩气革命对中东产油国的冲击以及相关法律问题。[105]

能源是人类社会发展的重要基础资源，也关涉国际秩序的战略问题。当今世界，由于能源资源之争所衍生出的国际问题也越来越多，世界各国对能源资源的争夺日趋激烈，由此引发的冲突或战争已成为影响人类和平发展的重要难题。很多伊斯兰国家处于能源聚集区，也是“一带一路”倡议的战略枢纽区，大国围绕能源问题角逐纷争，因此，中国加强对伊斯兰国家，特别是伊斯兰国家中的能源出口国、能源通道国的智库的研究，有助于了解其能源经济政策和能源战略，有利于营造区域更加安全、更加稳定的能源安全环境，保障各方利益。

2.4 有利于进一步促进经贸往来

中国与伊斯兰国家的经贸往来，远远不止于能源领域。在与作为伊斯兰国家重要组成部分的阿拉伯国家合作方面，2014 年 6 月，国家主席习近平在出席中国 – 阿拉伯国家合作论坛第六届部长级会议的开幕式演讲中提出，中阿共建“一带一路”，要构建“1 +2 +3”合作格局。其中，“1”是以能源合作为主轴，构建互惠互利、安全可靠、长期友好的中阿能源战略合作关系；“2”是以基础设施建设、贸易和投资便利化为两翼，加强中阿在重大发展项目、标志性民生项目上的合作；“3”是以核能、航天卫星、新能源三大高新领域为突破口，努力提升中阿务实合作层次。[106]

近年来，中国已经成为绝大多数伊斯兰国家的重要贸易伙伴。2015 年，除了阿塞拜疆和巴勒斯坦之外，在共建“一带一路”的伊斯兰国家中，中国均名列出口对象国的前五名或进口来源国的前五名。

2015 年，在共建“一带一路”的伊斯兰国家中，中国是哈萨克斯坦、印度尼西亚、马来西亚、吉尔吉斯斯坦、塔吉克斯坦、乌兹别克斯坦、土耳其、阿尔及利亚、埃及、利比亚、巴基斯坦、孟加拉国、科威特、黎巴嫩、卡塔尔、沙特阿拉伯、阿联酋等 17 个国家的第一大进口来源国。2015 年，中国也是土库曼斯坦、伊朗、伊拉克、阿曼、沙特阿拉伯、也门等 6 个国家的第一大出口对象国。[107]

2015 年，中国前四大出口对象是美国、日本、韩国和中国香港地区，中国前五大进口来源国是韩国、美国、日本、德国和澳大利亚。在中国的前几大贸易伙伴中，并没有伊斯兰国家，这与中国在伊斯兰国家外贸中普遍占有重要地位形成鲜明对比。因此，伊斯兰国家智库对对华贸易的关注程度，自然而然地高于中国智库对伊斯兰国家的外贸，以及中国与伊斯兰国家贸易的关注程度。伊斯兰国家智库对中国和伊斯兰国家经贸往来的研究成果值得借鉴。

2018 年 1—11 月，中国成为阿塞拜疆第五大贸易伙伴。[108]在开拓伊斯兰国家市场的过程中，中国不少企业员工根据自己的实践经验积累了大量第一手材料，有的企业也有专门从事市场研究的人员，包括风险评估人员，从而取得一些研究成果。但是，不同企业之间的信息往往相互隔绝，甚至相互封锁，很少搭建可以分享经验的平台，这些企业也很少和伊斯兰国家的智库打交道。

关注伊斯兰国家的智库对外贸特别是对华贸易的研究成果与动态，将有利于我们了解伊斯兰国家在这些方面的政策趋势。例如，中国是马来西亚、印度尼西亚、土耳其、埃及、阿尔及利亚、摩洛哥等重要伊斯兰国家的最大贸易逆差来源国，这些国家的智库对于如何打开中国市场、扩大对华出口的研究，有利于中国制定从这些国家进口商品的策略。

伊斯兰国家的很多智库以研究经济和发展领域的问题为主。例如：孟加拉国与经济贸易相关的智库包括孟加拉国发展研究所（BIDS）和国际发展中心（IGC）；马来西亚经贸类的智库包括民主与经济事务研究院（IDEAS）、领先教育与完美经济研究院（INSPIRE），以及马来西亚经济研究所（MIER）；巴基斯坦经济类的智库主要有卡拉奇大学应用经济研究中心[109]。

巴基斯坦卡拉奇大学应用经济研究中心2014年夏季发表了论文《巴基斯坦与中国和阿联酋的贸易：对于购买力平价理论的意义》，研究巴基斯坦与这两大贸易伙伴自1980年到2013年的贸易发展。[110]该研究中心2015年冬季发表了论文《空中交通与亚洲国家的宏观经济表现分析》[111]，研究了空运发展对经济发展的促进作用，对中国与亚洲邻国发展互联互通有借鉴意义。全球智库指数排名中在东南亚和太平洋地区排第16位的孟加拉国发展研究所的《孟加拉国农业部门的包容性市场发展：挑战与机遇》，有助于中国企业开拓孟加拉国农产品市场。[112]

2.5　有利于全面了解伊斯兰国家的内政方针

在不干涉内政的对外政策前提下，提高中国在伊斯兰国家的影响力，有助于伊斯兰国家的意见领袖了解真实的中国和涉伊斯兰政策，以达到互利共赢的效果。伊斯兰国家的智库对本国的政治、经济、社会、法律、文化等内政问题研究的深度、广度，一般高于中国和西方的智库。

伊斯兰国家智库在本国政策制定中发挥重要作用，加强对伊斯兰国家智库的研究并积极与其进行交流，有助于预判这些国家的政策走向。伊斯兰国家本身的智库，一般比西方智库做出的关于伊斯兰国家内政的预测更准确。例如，2003 年，一个欧洲著名的智库——布鲁塞尔的国际危机组织（International Crisis Group）认为卡里莫夫领导下的乌兹别克斯坦必须改革，否则会出现大的动乱。[113]实际上，直到 2016 年卡里莫夫去世，乌兹别克斯坦都没有开展大的改革，也没有出现全局性的动乱。

伊斯兰国家的政府和智库之间也存在“旋转门”机制。例如，2015 年 3 月，在举办伊斯兰合作组织第六次智库论坛时，一位伊拉克与会嘉宾的名片一面写着伊拉克某智库主管，另一面则写着伊拉克总统办公厅主任。

因此，研究伊斯兰国家的智库，有利于给中国政府和各类企业提供咨询服务，也有利于给前往伊斯兰国家从事商务活动或旅游的中国公民提供安全等方面的信息。截至 2018 年，“一带一路”涵盖的地区中对中国持有普通护照的公民给予免签或落地签的 25 国中，伊斯兰国家有阿联酋、摩洛哥、突尼斯、埃及、文莱、印度尼西亚、阿塞拜疆、巴林、黎巴嫩、马尔代夫、土库曼斯坦、伊朗、约旦、孟加拉国等 14 国，占了一大半。

在共建“一带一路”的伊斯兰国家中，以下国家的智库对本国内政的研究比较深入：马来西亚、印度尼西亚、巴基斯坦、孟加拉国和土耳其。

马来西亚的槟城（Penang）研究所是槟城州政府下属的研究机构。它成立于 1997 年，当时的名称是社会经济与环境研究所，后来改以“槟城”命名，反映了把槟城州建设成为国际智慧城市的期望。槟城研究所的口号是“让思想工作起来”，研究所力图鼓励在经济、社会、政治和可持续发展等关键领域的大胆思考。槟城研究所的业务领域包含三个方面：第一，研究与分析公共政策，为槟城州和本地区的战略规划提供建议。第二，为槟城州和周边地区的知识分子和专业人士提供就当代战略性问题进行交流、批判和思考的平台。第三，在经济、社会、政治与可持续发展领域发挥综合性数据库和咨询中心的功能，并创作和传播出版物。[114]

马来西亚民主与经济事务研究院（the Institute for Democracy and Economic Affairs，IDEAS，缩写名的英文含义是“点子”）遵循马来西亚首任总理东古·

阿卜杜勒·拉赫曼1957年宣读的独立宣言中的教诲，即“永远做一个建立在自由和正义基础上的主权、民主和独立的国家，致力于我国人民的福祉和幸福，致力于维护所有国家之间公正的和平”。民主与经济事务研究院是马来西亚第一个试图以市场为基础的方式解决公共政策战略问题的智库。作为一个超党派、超民族、超宗教的智库，该研究院的目标在于推广以市场为基础的原则，包括法治、有限政府、自由市场和自由的个人。该研究院定期对马来西亚联邦和州的政府官员做培训。2013年1月，在美国宾夕法尼亚大学的智库与公民社会研究项目考察的169个国家超过6500个智库中，马来西亚民主与经济事务研究院被列为排名第五的新兴智库。[115]

领先教育与完美经济研究院（Institute for Pioneering of Education and Economic Excellence，INSPIRE，英文缩写词义为“启发”）成立于2012年6月，是马来西亚第一所通过教育促进企业家精神和商业的智库。它不参与政治活动，主要致力于青年的教育。[116]

据印度尼西亚《雅加达邮报》2014年10月18日报道，作为印度尼西亚苏希洛总统执政时期最重要的政府智库——印尼国家经济与工业委员会（KEIN）为新总统佐科·维多多提出一系列经济政策建议。该智库建议，印度尼西亚央行和政府应该协同一致，打好货币和财政政策组合拳，并在未来1—3年内进行宏观经济结构性改革。该智库认为，新政府的首要任务是削减能源补贴，将结余资金用于公共基础设施建设和社会保障。[117]

巴基斯坦的智库主要围绕着社会政策、国内政治、外部安全问题和地区地缘政治开展研究，大部分智库位于首都伊斯兰堡。巴基斯坦主要研究内政的著名智库包括可持续发展政策研究所和社会与政策研究所（I-SAPS），其工作偏重于教育、健康、减灾、治理，以及冲突与稳定。可持续发展政策研究所代表巴基斯坦和整个南亚，加入全球可持续发展共同体，该研究所的目标是推动向可持续发展的转变。该研究所对可持续发展的界定是在一代人之内和代与代之间增进和平、社会公正与福利。该研究所希望成为巴基斯坦最优秀的可持续发展的政策研究、能力发展和社会推广的中心。[118]目前，该研究所的研究课题包括环境、可持续的生活、包容性的经济增长、社会部门的发展、文化研究、长期发展项目、治理、能源、性别、食品安全、检测与评估、和平与冲突、人类安全等。[119]巴基斯坦社会与政策研究所认为，巴基斯坦正在经历迅速变革，社会、经济、政治领域都在发生深刻变化。正在发生的社会变革、对平等发展的期待、改革的政治经济学、贸易与市场的变革、公司与监管部门关系的变化等，都给巴基斯坦的发展带来了巨大的障碍。该研究所称，巴基斯坦处于相对不利的地位，其原因是忽视教育和社会研究，公共政策也缺乏决策依据。令人悲哀的是，巴基斯坦存在着人力资源赤字、不透明的治理、越来越不合格的公共部门和缺乏竞争力的私人部门，这些问题影响着每个巴基斯坦人和巴基斯坦这个国家。为了应对这些挑战，开展有效的社会研究，积累巴基斯坦人关于社会、政治与经济现象的知识，为推行适当的公共政策打下基础是非常必要的。巴基斯坦社会与政策研究所正是为了应对这些挑战而创立的。1998 年，该研究所从巴基斯坦消费者权益委员会（CRCP）中独立出来。从那时起，该研究所就开始从事独立的研究、教学和培训，其目标是进行多学科的研究，发展人力资源，提供公共政策建议，促进社会发展，与国家和市场因素相联系，以推进可持续发展。该研究所与公共部门密切合作，以确保系统性的改进，同时通过很多项目成为学术机构、公民社会组织、公共部门机构和商业机构的桥梁纽带。巴基斯坦社会与政策研究所希望将巴基斯坦改造成为建立于知识之上的公平社会。[120]巴基斯坦内政类的智库还有巴基斯坦立法进展与透明度研究所（PILDAT）、政策研究所（IPS）等。

孟加拉国内政类的智库主要有孟加拉国法律与国际事务研究所（BILIA），政策、宣传与治理研究所（IPAG），孟加拉国和平与安全研究所（BIPSS），以及政策对话中心（CPD），这些智库与南亚、拉美等地区的智库建立了协作关系。[121]孟加拉国国际关系类的智库包括孟加拉国法律与国际事务研究所和孟加拉国和平与安全研究所。孟加拉国发展研究所是一个公立的、多学科研究的自治组织，从事孟加拉国和其他发展中国家的发展研究。其目的在于从事可信的研究，促进政策对话，提出政策选择，发展支持明智决策的伙伴关系。该研究所的研究人员也可以通过与政府的互动，直接参与政府政策的制定过程。[122]

土耳其成立最早、影响最大的智库是经济社会研究中心（ESAM），于1969年成立，总部在安卡拉，并在伊斯坦布尔、布尔萨等城市建有分支机构。经济社会研究中心在国际上，特别是在伊斯兰国家和伊斯兰社会建立了广泛的联系。经济社会研究中心提出的政策、思想，正在进行的项目，在意识形态领域与土耳其“民族观念运动”接近。经济社会研究中心对土耳其的政党和国际战略影响较大。“民族观念运动”的领导者内吉梅丁·埃尔巴坎对经济社会研究中心的活动很关注。土耳其共和国的2位总统、4位总理、多位部长和议员、很多市长和官员都曾在经济社会研究中心工作过。经济社会研究中心现任主席是雷贾伊·库坦（Recai Kutan），他曾先后任两个部的部长，也曾担任主要反对党的领导人，同时是幸福党的创始人和主席。

土耳其经济与社会研究基金会（TESEV）成立于1994年，是土耳其另一所顶尖智库。它是一所非政府的独立智库，其工作包括研究伊斯兰与民主的关系、反腐败、政府改革、透明度与责任等。该智库发挥学术研究与政策制定之间的桥梁作用，其核心领域包括民主化、良好治理以及对外政策。在教育领域，教育改革倡议（ERI）智库于2003年在萨班哲大学成立，其口号是“让所有人享受高质量的教育”。[123]自由思想联合会（ALT）成立于1992年12月，是一个非营利性的非政府组织。该机构的宗旨在于发扬土耳其社会的自由民主文明传统，促进对自由、公正、和平、人权、法治等价值观念的理解和接受。该机构鼓励对自由理念进行学术研究，并且以自由思想为土耳其的政治和经济难题寻找解决之道。[124]该机构将安卡拉恐怖袭击定位为“选择性的恐怖主义”，即恐怖分子以特定的一部分人作为目标发动袭击，并以此向全社会传递信息。[125]

其他伊斯兰国家也有不少以研究内政问题为主的智库。

- 阿联酋是最富有创新力的阿拉伯国家，阿联酋增加了智库的数量，以配合其“国家创新战略”，该战略希望在7年内让本国成为世界最富有创新力的国家。阿联酋希望在7个领域获得突破：可再生能源、交通、教育、健康、技术、水和空间。[126]

- 阿塞拜疆经济类智库主要是经济与社会发展中心（CESD），它力图促进对国内和地区经济与社会问题的研究。这个智库被美国宾夕法尼亚大学列为世界排名最靠前（第 19 位）的智库之一。国际战略类的主要智库是阿塞拜疆总统战略研究中心。[127]

• 乌兹别克斯坦最著名的智库是经济发展研究中心，主要为乌兹别克斯坦的改革与发展提供分析支持。

• 埃及关于内政的主要智库包括信息与决策支持中心（IDSC）和金字塔政治与战略研究中心。

• 位于摩洛哥拉巴特的阿玛达斯（Amadeus）研究所以研究内政为主，参与摩洛哥和马格里布地区其他国家的公共辩论。[128]

• 突尼斯大部分的智库兴起于 2011 年“茉莉花革命”本·阿里总统出逃以后。其中，社会科学应用论坛[129]主要研究社会变迁与民主化。今天，社会科学应用论坛的双重目标是“培育下一代领导人”和“向现在的领导人提供决策所需的知识等”。

2.6 有利于及时掌握伊斯兰国家的对外政策

伊斯兰国家的智库对本国对外政策和地区局势研究的深度、广度，一般高于西方和中国的智库。因此，研究伊斯兰国家的智库，有利于了解伊斯兰国家的外交，以及东南亚、南亚、中东地区的形势。

• 印度尼西亚的战略与国际问题研究中心成立于 1971 年 9 月。这一机构的任务是通过政策导向的研究、对话和公共辩论，以改善政策的制定。该中心的研究成果向政府、大学及其他研究机构、公民社会机构、媒体和商界提供。该中心的研究范围包括经济、政治、社会变革和对外政策。[130]

• 巴基斯坦的智库在政策制定中的地位很高，常常出现“智库制定政策，政府批准政策”的情况。[131]巴基斯坦中国研究院（Pakistan-China Institute）由巴基斯坦参议院外交委员会主席穆沙希德·侯赛因担任主席，专门从事中巴关系和中巴经济走廊的研究。[132]巴基斯坦国际战略类的智库还包括政策研究所、地区研究所等。

• 土耳其大部分智库与政党、大学或公司关系密切，并向其提供研究成果和思想。例如，土耳其国际关系和战略分析中心、土耳其亚洲战略研究中心

（TASAM）[133]被认为是提供信息最快捷的智库。土耳其亚洲战略研究中心建立于2003年，已经成为国际上的一个“土耳其商标”。数百名专家和学者参与了TASMA的各项工作。在对外政策领域，TASAM从事超过10个项目。其研究范围：按大洲来讲，包括非洲、亚洲、欧洲、拉丁美洲和北美洲；按地区来讲，包括巴尔干、中东、地中海和黑海沿岸、高加索地区。突厥语世界和伊斯兰世界也在其研究范围之内。[134]土耳其国际关系类的智库还包括国际战略研究院（USAK）等。国际战略研究院赢得了广泛的赞誉，被称为土耳其最独立、最平衡的信息来源之一，提供了关于土耳其及其周边地区最好的研究成果。[135]

- 阿尔巴尼亚国际关系类的主要智库是阿尔巴尼亚国际研究所。印度尼西亚最著名的国际关系类智库是战略与国际问题研究中心。伊朗国际关系类的主要智库有伊朗研究基础、伊朗研究国际共同体、拉凡德经济与国际研究所等。哈萨克斯坦国际关系类的智库包括哈萨克斯坦战略研究所和世界经济与政治研究所（IWEP）。阿联酋的海湾研究中心主要研究国际关系。黎巴嫩国际关系类的智库主要是以黎巴嫩前副总理伊萨姆·法里斯（Issam Fares）命名的伊萨姆·法里斯公共政策与国际事务研究所。利比亚政策与战略研究院（LOOPS）[136]是利比亚国内唯一有影响力的智库。突尼斯战略研究所（ITES）[137]成立于20世纪90年代中期，其职责在于研究分析和预测国内外重大问题。

中国驻伊斯兰国家的使领馆一般规模不大，人员有限，中国对伊斯兰国家的政策走向有时缺乏信息、判断不明，中国未能预测“阿拉伯之春”就是很惨痛的教训。加强对伊斯兰国家智库的研究是了解其内政的便捷渠道。

因此，加强对伊斯兰国家智库的研究，有助于中国的政府、学术界和企业全面了解伊斯兰国家的外交，有助于理解伊斯兰国家政策的制定，以及开展多方面的交流活动。

2.7 有利于中国各界正确认识伊斯兰

美国著名独立民调机构和智库——皮尤研究中心于2015年4月发布的一份宗教调查报告称，根据各大宗教的人口增长速度，穆斯林人口将在2070年超过基督徒人口。[138]至2050年，欧洲人口中将有10%是穆斯林。[139]伊斯兰教是目前世界人口增长最快的宗教，能否处理好与国内外穆斯林的关系，关系到一个国家的长治久安与和谐发展。研究伊斯兰国家的智库，有利于中国破除“伊斯兰恐惧症”，实现“一带一路”五通中的“民心相通”。

中国与伊斯兰国家之间的“民心相通”，正在遭遇“伊斯兰恐惧症”的严峻挑战。一方面，中国每年有大批人到伊斯兰国家从事商务活动或旅游；另一方面，网络和社交媒体中带有“伊斯兰恐惧症”色彩的文章风头很盛。

2014 年，11 个阿拉伯国家成为中国公民出境旅游目的地国，中阿每周往来航班达 183 架次，每年往来人员达 102 万人次。[140]

2015 年，在中国游客最喜欢去的国家中，马来西亚、马尔代夫、阿联酋、印度尼西亚等国，都是伊斯兰国家。中国著名旅游网站同程旅游发布的《2015 出境游服务（在线）消费趋势报告》，对 2015 年前 10 个月出境游服务在线预订消费趋势进行的系统分析称，马尔代夫、马来西亚、印度尼西亚巴厘岛及其他地区，被列为前 20 名的跟团旅游目的地国家和地区。在自助游预订的排行榜中，马尔代夫和印度尼西亚的巴厘岛也榜上有名。[141]

然而，2014 年以来，带有渲染“伊斯兰恐惧症”色彩的短文和帖子在中文网络自媒体和网络论坛，特别是微博、微信等广为传播。比较典型的是《穆斯林的人口比例与行为的关系》[142]《中巴铁路开建曝出骇人消息：西部将有危机?》[143]《危机来临！中国西北伊斯兰化日趋严重!》[144]等短文，它们虽然未曾出现在官方和学术机构的出版物中，但也很少受到公开的严肃批驳。国内一些人对伊斯兰教持否定态度，在各方面贬低穆斯林，尤其是在网络上，双方对骂的情况时有发生。然而，如果一些研究报告和正式文章带有“伊斯兰恐惧症”的色彩[145]，就需要重视了。出现这种情况的原因主要有两点：一是西方媒体、智库对伊斯兰国家和其他国家，包括本国国内的穆斯林民众的报道和分析，往往带有“伊斯兰恐惧症”的色彩，这些偏见随着全球化的深入影响着中国的舆论氛围；二是国内民族关系、宗教关系出现一定问题，打着宗教旗号的恐怖主义、打着民族旗号的分裂主义频频制造暴行，影响了很多人对整个伊斯兰教和主要信仰伊斯兰教的民族的认知。

中国媒体和公众对伊斯兰世界的复杂性和多样性认识不足，容易受西方有意或无意散布的“伊斯兰恐惧症”的误导，对伊斯兰世界形成宗教极端主义和暴力恐怖主义泛滥的片面印象。其中也不排除极少数国内外的敌对分子，有意挑动网络舆情中的穆斯林与非穆斯林的矛盾，并企图把这种矛盾从“线上”引入“线下”。

与伊斯兰国家智库交流，有利于纠正中国一些人对伊斯兰世界带有偏见和错误的印象。其实，从整体上看，现代伊斯兰国家是注重保护少数宗教信徒的合法权利的。例如，伊朗伊斯兰共和国和巴基斯坦伊斯兰共和国，都在议会中给非伊斯兰教的少数宗教团体预留了席位。马来西亚的华人，印度尼西亚的印度教徒，也都享有比较充分的宗教信仰自由。土耳其的智库政治、经济和社会研究基金会（SETA），将“伊斯兰恐惧症”称为新时期的反犹主义，并于2017年3月21日发布了报告《欧洲的“伊斯兰恐惧症”2016》。[146]

从对伊斯兰国家智库的研究中，我们可以看到伊斯兰国家政府、企业、民众实际的利益和诉求。我们可以发现，很多伊斯兰国家的政府和财团、非伊斯兰国家的穆斯林社团，并没有如一些人所设想的那样，致力于伊斯兰教的传教活动。2016年2月，摩洛哥举行了“在伊斯兰国家，少数群体宗教权利”国际会议，[147]还邀请了中国代表参加。这次会议得到了摩洛哥国王和时任联合国秘书长潘基文的支持。

克服国内“伊斯兰恐惧症”的关键，是促进中华文明与伊斯兰文明之间的对话。中国与伊斯兰国家间的“民心相通”，不仅具有深厚的历史基础，而且具有强大的现实动力。“一带一路”建设为双方的“民心相通”带来了新的机遇，赋予了新的内涵，提出了新的要求。当然，中国与伊斯兰国家间“民心相通”的现状还存在不少问题，与“一带一路”建设的实际需要还有较大差距。进一步促进中国与伊斯兰国家间的“民心相通”，深化中华文明与伊斯兰文明的对话、交流与互鉴，是一项宏大而系统的文明交往工程，需要深入研究、总结经验、继承传统、开拓创新，确立长期可持续发展的人文交往方略。对伊斯兰国家智库的研究，以及与伊斯兰国家智库的交往，是中国与伊斯兰国家文明对话的重要组成部分。

2.8 中国和伊斯兰国家智库的交流现状

伊斯兰国家的智库在国家的对外交流中也发挥重要作用，这是一种介于官方外交与民间外交之间的“一轨半”外交。截至2015年，土耳其重要智库亚洲战略研究所已经在土耳其、埃及、阿塞拜疆等国与当地智库合作召开了六届伊斯兰国家智库研讨会。2012年3月，第三届伊斯兰合作组织国家智库论坛在阿塞拜疆首都巴库举行，来自30多个国家的近100名官员、学者及社会人士与会。论坛的议题包括“伊斯兰社会经济及政治动态”“和平任务和伊斯兰国家冲突的和解”等，主要目标是为新形势下伊斯兰国家内政外交政策的调整提供建议。[148]

中国与伊斯兰国家的智库交流相对滞后，目前仍处于个别、零星的状态，远远落后于中国与伊斯兰国家的政治合作、经贸交流和人员往来的进展。总体看来，中国对伊斯兰国家的智库缺乏了解。

政治方面，新中国成立后，中国与伊斯兰国家一直保持着良好的交往。所有伊斯兰国家都与新中国建交，没有一国与台湾保持所谓外交关系。[149]在作为伊斯兰国家一部分的阿拉伯国家中，已有埃及、阿尔及利亚、沙特阿拉伯、阿联酋、卡塔尔、苏丹、约旦、伊拉克等8个国家同中国建立或提升双边战略合作（伙伴）关系。

经济方面，2014年，中阿贸易额突破2511亿美元，中国从阿拉伯国家进口原油1.46亿吨，成为阿拉伯国家第二大贸易伙伴。7个阿拉伯国家成为亚洲基础设施投资银行创始成员国。

交流方面，中国与伊斯兰国家智库的双边交流对话不多，多边交流对话更是屈指可数。笔者知晓的中国近年来主办或参与的与伊斯兰国家智库的多边交流主要包括：2014年起，中国人民大学重阳金融研究院举办的二十国集团（G20）智库峰会，邀请了伊斯兰国家印度尼西亚、沙特阿拉伯和土耳其的智库。由经济日报社与哈萨克斯坦国家经济研究所共同主办、中国经济网承办的“丝绸之路经济带智库峰会”于2014年和2015年在哈萨克斯坦首都阿斯塔纳举办过两届。2014年以来，清华大学李希光教授连续参加了中国－阿富汗－巴基斯坦有关阿富汗问题的三方对话。2015 年 3 月，笔者随李希光教授参加了在巴基斯坦举行的第六届伊斯兰国家智库研讨会。[150]研讨会主题是“应对全方位安全挑战”，来自土耳其、苏丹、埃及、阿富汗、中国等国家的学者、使节及官员参加了研讨会。[151]2015 年 5 月，中国学者参加土耳其亚洲战略研究中心举办的中东形势研讨会。2016 年 10 月，以“加强安全对话合作，构建新型国际关系”为主题的香山论坛邀请孟加拉国的智库参加，该智库把其代表在香山论坛的发言照放在官方网站首页最上方，可见其重视的程度。

目前，中国与伊斯兰国家的智库仍缺乏制度化的交流沟通制度与渠道。其实，中国和伊斯兰国家有很多共同话题可以讨论，如能源安全、基础设施建设、联合反恐等。智库在伊斯兰国家的政治、经济、文化等领域的政策制定中起着极为重要的作用，而且，它们的信息相对公开透明，人员来往参会相对自由。伊斯兰国家的智库之间经常开会交流，形成了机构间人脉关系的网络。中国智库应该加强对这种网络体系的研究，并力争加入该网络体系。

总之，在中国成长为世界大国、中国的各类智库如雨后春笋般涌现的今天，中国的政府、企业、学术界，特别是中国的智库，需要进一步加强对伊斯兰国家智库的研究，扩大与伊斯兰国家智库的交流合作。

3 共建“一带一路”伊斯兰国家国别智库研究*

3.1 伊斯兰国家智库概述

在任何社会中，智库都与研究、政策的制定实施和宣传有联系。然而，智库为自己制定的目标以及影响政治的方式，则因地区而异。一个国家的历史、政治环境和社会背景是智库发挥实际作用的主要决定因素。此外，财务资源和专业知识也会影响智库的执行力。例如，一个无法为智库提供资金的政府，在决定智库的研究重点方面几乎没有影响力。同样，拥有财务资源但缺乏专业知识的国家则会诉诸外包资源，这种方式也有其缺陷。通常来说，智库能够进行研究，引导政府决策，在重大问题上助力公众意见。因此，政府和作为大众传播论坛的大众媒体都需要智库的参与。随着面临问题的复杂性不断加强，世界对智库和政策研究的需求也在日益增长。

伊斯兰国家[152]有着尊重智慧、推崇学习的优良传统。伊斯兰教的先知穆罕默德说，“学问虽远在中国，亦当求之”。中古时代波斯长篇史诗《列王纪》道：“理智是真主的最慷慨的赐予，弘扬理智是人间最大的善举。”[153]

据《全球智库：政策网络与治理》一书统计，各伊斯兰国家的智库数量如下：阿尔及利亚（4），巴林（3），埃及（29），伊朗（24），伊拉克（28），约旦（14），科威特（8），黎巴嫩（11），利比亚（1），摩洛哥（9），阿曼（0），巴勒斯坦（19），卡塔尔（5），沙特阿拉伯（4），叙利亚（4），突尼斯（9），土耳其（21），阿联酋（5），也门（17）；阿富汗（6），阿塞拜疆（13），孟加拉国（34），

---

* 《共建“一带一路”伊斯兰国家国别智库研究》作者是张立飞、孙立丹、明竺、尹佩娃，张立飞、孙力舟翻译。

文莱（0），印度尼西亚（20），哈萨克斯坦（8），吉尔吉斯斯坦（9），马来西亚（18），马尔代夫（6），巴基斯坦（19），塔吉克斯坦（7），土库曼斯坦（0），乌兹别克斯坦（8）；阿尔巴尼亚（11）；贝宁（13），布基纳法索（16），乍得（3），科摩罗（0），科特迪瓦（12），吉布提（0），加蓬（2），冈比亚（6），几内亚（1），几内亚比绍（0），马里（9），毛里塔尼亚（2），莫桑比克（4），尼日尔（4），尼日利亚（45），塞内加尔（16），塞拉利昂（1），索马里（4），苏丹（4），多哥（4），乌干达（23）；圭亚那（3），苏里南（2）。表3－1展示了伊斯兰国家主要分布地区的中东地区智库数量的增长。

表3－1　中东地区智库数量增长表

年份	新成立的智库数量
1951—1960	3
1961—1970	13
1971—1980	24
1981—1990	31
1991—2000	63
2001—2010	24
总计	158

目前，中东地区的智库数量低于北美、西欧、亚洲、东欧和非洲，在世界各地区中列倒数第一位。[154]总计57个伊斯兰国家中，51个有智库，其中17个国家有超过10个智库。伊斯兰国家中的智库总计548个，约占全球6305个智库的8.7%，远远低于伊斯兰国家占世界国家总数的比例（超过1/4）和伊斯兰国家人口占世界总人口的比例（约1/5），可见伊斯兰国家的智库总体仍然处于比较低的发展水平。其中，智库最多的国家是尼日利亚（45），其次为孟加拉国（34）。[155]

相较于欧美国家的智库而言，伊斯兰国家的智库大多成立较晚，运作规模较小，研究独立性较弱，在本国和本地区的知名度较低，全球影响力有限。然而，当前有关世界和平发展的很多热点问题，如能源、反恐、扶贫、警惕和打击极端主义等等，都离不开伊斯兰世界。伊斯兰世界内外都迫切需要听到来自能够影响伊斯兰国家决策的伊斯兰国家知识分子的声音，因此，伊斯兰国家的智库具有广阔的发展前景。

由于智库在伊斯兰国家产生了巨大影响，有的伊斯兰国家媒体号召建立新的智库，通过智库人士在媒体广泛兼职的方式，生产大量有深度的媒体产品，以应对目前“伊斯兰恐惧症”泛滥的危局。

伊斯兰国家的智库通过相互交往，逐步发展起自己的国际网络体系。目前，有中国学者参与的影响力较大的国际性伊斯兰智库学者会议包括：土耳其亚洲战略研究中心与其他智库轮流合办的伊斯兰国家智库研讨会（曾在土耳其、埃及、阿塞拜疆、巴基斯坦等国举行）、亚洲战略研究中心主办的中东研究会议等。中国和伊斯兰国家之间需要加强双方的智库交流，中国方面可以借用对方智库来相对准确地研判中东、中亚、东南亚等地区的形势，制定相应的政府政策和企业策略。而随着伊斯兰国家的媒体与智库互动的程度逐渐加深、互动的频率逐渐增强，中国方面既可以通过伊斯兰世界内外的媒体了解伊斯兰国家智库的基本立场、研究领域、影响范围，又可以通过与伊斯兰国家智库的合作，扩大在伊斯兰国家媒体中的影响力，让中国在伊斯兰国家媒体中的形象变得更加积极正面。同时，中国媒体也可以增加对伊斯兰国家智库的报道，这既是对伊斯兰国家智库提升全球影响力的支持，也能使更多的中国人关注伊斯兰国家的智库。

智库的意识形态经常被论及，一般来说，西方智库更倾向于支持其他国家的西方式的民主、自由和平等在内的价值观。[156]然而，现实所需要的是在深入了解当地状况和政策需求的基础上进行一系列综合且重点突出的研究。进行这种研究的最佳主体是在本国具有根基的当地机构。例如，今天的中国智库蓬勃发展，它们的研究基于中国崛起以及中国特色社会主义的理论体系和实践。[157]这种理论和实践相结合的研究模式是成功的知识管理范例，其研究成果基于中国现状，使政府和学术界都能从中受益。

我们应该谨记智库发展的多样性以及伊斯兰国家现状的不同，深入分析智库对伊斯兰国家决策的影响。

综上所述，伊斯兰国家发展模式和历史演变的轨迹引发了不同类型智库的形成。波拉德（Pollard）发现，政权体制对一个国家的民间社会以及由此衍生的研究机构的类型和性质有着极大影响。[158]考虑到政府类型、资助模式和研究机构享有的信息自由度的不同，这些智库机构及其所带来的影响可能会有所不同。

3.2　阿拉伯各国智库

3.2.1　阿拉伯国家智库总论

阿拉伯地区是人类文明的摇篮之一，是伊斯兰教的发源地，但是16世纪以后在外来侵略和统治下长期落后。自从16世纪初埃及的马穆鲁克王朝被奥斯曼土耳其帝国灭亡以来，曾经显赫一时的阿拉伯民族一直处于世界历史的边缘地位，鲜有强大的政权、影响深远的科技发明和思想家出现。

第二次世界大战结束后，阿拉伯国家先后赢得民族独立。但是，在与美国支持的以色列的几次战争中，阿拉伯国家胜少败多。20世纪70年代石油提价之后，部分产油的阿拉伯国家的人均收入上升到发达国家水平，但总体来看，阿拉伯国家没有改变长期单一的经济形态，经济社会发展存在隐忧。

从经济上看，尽管阿拉伯人坐拥丰富的石油资源，但现在还没有一个阿拉伯国家可以称为发达国家，也没有一个国家建立了独立的、比较完整的工业体系，同时没有一个国家拥有成规模的高科技产业，没有一个国家的工业制成品在国际市场上拥有较强的竞争力。当伊朗的汽车工业已经排名世界前十几位的时候，阿拉伯国家却不论穷富，街头都跑着清一色的进口汽车。

2013年6月，美国著名智库战略与国际研究中心中东项目主任琼·B. 奥特曼博士在重庆大学人文社会科学高等研究院讲座中指出，中东地区曾是跨洲际的大帝国的摇篮，曾是武力、物质财富和文化向外输出的地区。但是，近代以来，中东成为其他地区的国家军事占领和殖民统治的对象，至今仍是受到外界强烈影响的区域。

在2011年“阿拉伯之春”开始后，利比亚、突尼斯、埃及发生政权更替，叙利亚、也门陷入内战，海湾阿拉伯国家与伊朗之间的矛盾并未缓和，沙特阿拉伯和卡塔尔之间争夺海湾阿拉伯国家领导权的斗争趋于激化。

从长远来看，“阿拉伯之春”似乎是阿拉伯人探索富强道路的漫长历史进程中的一个环节。到目前为止，各个阿拉伯国家的探索之中失败多于成功，教训多于经验。在短期内，阿拉伯人还很难创造出符合本地区、本国特点的稳定的发展模式，也很难成功运用某种外来的号称“普世”的模式。总之，阿拉伯能否走上复兴的大道，不仅取决于中东地区的政治、经济、文化进程，而且受制于全球权力结构的变化。或许，一个中美力量和影响对比更加均衡的世界，将更有利于阿拉伯人更加独立地探索现代化的道路，更加自主地汲取其他大国，特别是中国复兴的历史经验。[159]

在这种历史背景下，阿拉伯国家的智库除了具有一般的资政、研究问题和教导社会的功能之外，更应该担负起“寻路”，也就是结合本国国情和世界潮流，探索发展道路、总结发展理念的任务。然而，从目前阿拉伯国家智库的现状来看，它们是很难肩负这一历史使命的。

阿拉伯国家的智库大体分为四类：一是从属于媒体集团的智库，比如埃及的金字塔政治与战略研究中心、卡塔尔的半岛研究中心等，它们受媒体自身时效性、公众性的影响，侧重于研究热门、大众短期内关注的话题，不易从事长时段、理论性较强的研究。二是从属于政府的研究机构，比如沙特阿拉伯的费萨尔国王伊斯兰研究中心、阿联酋战略研究中心、阿联酋的扎耶德协调与跟进中心等，它们由王室出资并领导，自然不可能从事不利于君主制的研究。三是总部在西方国家、受阿拉伯国家政府资助的机构，例如阿拉伯海湾国家研究所，其立场在于寻求西方国家和阿拉伯国家政府间的一致性，也就是维护现有的中东地区格局。四是西方国家智库在阿拉伯国家的分部，如兰德－卡塔尔政策研究所、布鲁金斯多哈研究中心等，它们较为直接地为西方国家制定中东政策服务，其工作语言和主要产品都使用英语。大多数中东国家在知识生产和政策形成之间存在很大的差距，这往往是其在历史上一直是专制政体的缘故。[160]目前，政府对智库的支持在这些国家中仍然较少，这将导致被西方资助者支持的重大项目会在研究中出现偏差，以及聚焦于西方特定的议题等问题。

3.2.2 埃及智库

埃及有36个智库，[161]是伊斯兰世界智库最多的国家之一。埃及与西方国家地理上的接近性和同盟关系也可以解释它为何拥有这么多的智库。这些智库成功地将专家意见传递给政府。埃及的智库效仿西方智库强调智库的独立性并参与决策过程，具有真实的自治属性和对政府事务的影响力。但是，埃及智库推出的议程有时可能反映了西方的利益和意识形态，而不是本土的关切。埃及与美国和以色列的密切关系，以及严重依赖援助的对外经济联系，意味着其在外援支持下运作的机构受到西方话语体系的巨大影响。[162]在政府的支持下，埃及有一批本土的智库从事社会－政治研究，但是政府的支持在“阿拉伯之春”之后有所减少。[163]一般而言，在政治不稳定的情况下，政府需要巩固权力，独立的政策研究部门处境不妙，在埃及也不例外。但是，金字塔政治与战略研究中心等机构以对政府的影响力而著称。

埃及的主要智库包括金字塔政治与战略研究中心、埃及地区战略研究中心、埃及国家水资源研究中心、埃及人权倡议组织、埃及经济和社会权益中心、中国研究中心、郭沫若中国海外研究中心等。

金字塔政治与战略研究中心于 1968 年在开罗注册，是在金字塔报基金会框架内运行的独立研究机构，主要经费来自金字塔报基金会。

2012 年，埃及地区战略研究中心成立于开罗，是一个私营智库，出版学术杂志，定期发布评估报告。其主要成果有：《地区概况》(*State of The Region*)，是一本英文学术杂志，包含有关中东地区最重要问题的文章，这些文章是由中东各国不同学科的区域专家撰写的。

埃及国家水资源研究中心成立于 20 世纪 70 年代，隶属于埃及水利部，经费来源依靠政府拨款。该中心为水利和灌溉部提供服务，推动和加快实施国家水利政策。作为水利技术研发部门，该中心组织协调并进行基础研究与应用研究，以确定、描述和量化埃及水利问题，帮助国家和私营部门解决专业水利问题。

埃及人权倡议组织成立于 2002 年，旨在保护埃及居民健康权、宗教信仰自由权、隐私权和人身安全权。该组织每年出版埃及人权报告，成员以年轻人为主，主要在网络上展开活动，在 2011 年推翻穆巴拉克总统的“阿拉伯之春”与“脸谱革命”中发挥重要作用。

埃及经济和社会权益中心成立于 2009 年，是一个非政府的法律和研究机构，负责研究埃及和阿拉伯人权问题，成员以年轻人为主，主要在网络上展开活动，在“阿拉伯之春”中发挥重要作用。

3.2.3 沙特阿拉伯智库

沙特阿拉伯是由沙特王室管理国家日常事务的君主制国家，在政策形成过程中对民间社会参与的接纳程度很小。国内仅有4个智库，缺乏公众参与政策决策提案和政府事务的路径。[164]出于继续执政的动机，中东国家政府对知识精英的依赖很小。由于担心当地智库可能会侵蚀政府的控制力，这些智库的倡议很难得到这些国家政府层面的支持。因此，智库被边缘化了。对参与政府政策自由度的限制是沙特阿拉伯等中东国家缺乏知识精英的原因之一。[165]对智库缺乏兴趣也导致政府资金投入不足，结果一些外资智库出现。然而，这些外资机构并不总是像本地机构那样，能够较好地反映本地利益和地方情况。最后，中东国家对国外（主要是西方国家）提供的政策建议的依赖，衍生出对这些外资机构的加倍的依赖。[166]美国和以色列在中东政策中的主导作用往往与民众的期望背道而驰，政府利益以及反伊朗的地区均势制衡导致了对西方国家更大的依赖，知识生产外包的后果可能会长期损害一个国家的意识形态。当前，中东国家公众与政府之间的明显分歧，以及缺失统一的国家形象等问题可能会造成严重后果。

沙特阿拉伯的智库主要有海湾事务研究所、阿拉伯海湾国家研究所、费萨尔国王伊斯兰研究中心、海湾研究中心、苏丹王子高级技术研究所等。

海湾事务研究所的注册地在美国华盛顿，经费主要靠私人捐款。该研究所的目的是推动海湾地区人权和教育事业发展。该研究所在华盛顿举行会议，邀请知情人士就海湾国家和海湾关系的重大问题进行辩论和分析，并在官方网站、脸书等网络平台发布信息，就海湾地区问题做逐年报告。

阿拉伯海湾国家研究所的注册地为美国华盛顿，致力于涵盖“波斯湾阿拉伯国家的社会、经济和政治多样性”，促进西方尤其是美国与海湾地区阿拉伯国家的交流，维护阿拉伯国家良好形象。经费来源：沙特阿拉伯和阿联酋政府资助。该研究所发布一份名为《阿拉伯之帆》（“Dhow”，指阿拉伯国家沿海的一种独桅帆船）的每周通讯，内容包含研究、分析和评论。

1983年，费萨尔国王伊斯兰研究中心注册于利雅得，是由费萨尔国王基金会资助的独立的非营利性机构，致力于服务伊斯兰文明，鼓励多个领域的科学文化研究与相关活动。该中心举办讲座，资助伊斯兰文明相关研究项目和学者，举办年度展览，建设图书馆，建立数据库，进行著作和论文互译。

海湾研究中心是一个私人资助的非党派智库、教育机构和专门提供波斯湾地区相关问题咨询的公司，2000 年注册于吉达。目的是为海湾国家的可持续发展和外交决策提供智力支持，主要成果包括年度报告《海湾年度发展报告》《海湾年鉴》等。

苏丹王子高级技术研究所于 2008 年成立于利雅得。该研究所是沙特阿拉伯政府的独立科学机构，由沙特皇家空军部队与沙特国王大学共同组建。该研究所与沙特空军及其他军事和安全部门密切合作，提供专门的研究成果和资讯，主要成果包括电子防御系统、无人机和地面无人防御系统等。

3.2.4　阿联酋智库

阿联酋智库主要包括扎耶德协调与跟进中心、阿尔·梅斯巴尔分析与研究中心、阿联酋战略研究中心和阿联酋国家研究基金会。

扎耶德协调与跟进中心是以阿联酋前总统谢赫·扎耶德·本·苏丹·阿勒纳哈扬为主要资助人的智囊团，由他的儿子阿联酋副总统担任主席，1999 年注册于阿布扎比。

2007 年，阿尔·梅斯巴尔分析与研究中心成立于迪拜，该中心的研究重点是“加快整个阿拉伯世界社会改革与人民发展的步伐，并为阿拉伯人民促进国内和平与安全”。该中心出版了《阿尔·梅斯巴尔月刊》，它是研究现代社会伊斯兰运动的月刊，是该中心的最重要成果之一。

1994 年，阿联酋战略研究中心注册于阿布扎比。它是隶属于阿联酋外交部的半官方智库，经费来自阿联酋王室，主要成果包括“阿联酋讲座系列”（定期出版的讲座论文精选）、“战略研究系列”（阿拉伯国家学者的政治、经济、社会和战略军事研究）和“国际研究系列”（翻译国际上知名的研究出版物，涵盖各个学科）。

2008 年，阿联酋国家研究基金会注册于迪拜，是阿联酋高等教育和科学研究部下属的基金会，经费来自政府拨款和王公私人赞助。该基金会旨在促进大学及学院、研究机构和公司的研究中心以及个人和研究团队在阿联酋进行的研究活动。

3.2.5 卡塔尔智库

根据《2016 年全球智库指数报告》，卡塔尔共有 7 个智库，布鲁金斯多哈研究中心和卡塔尔半岛研究中心是其中最著名的机构。[167] 多哈因西方众多智库在中东地区的中心都汇集于此而声名显赫，包括皇家联合军种研究院（RUSI）、布鲁金斯多哈研究中心、国际与区域研究中心（与乔治城大学合作）以及兰德－卡塔尔政策研究所等。然而，尽管作为西方智库蓬勃发展的中心，以及半岛研究中心这类排名靠前的智库的大本营，在智库层面卡塔尔仍然缺乏民间社会和政府部门之间的联系。

21 世纪初，随着国际社会对海湾地区战略意义的认识与日俱增，出现了第二波建立智库的浪潮，半自治的甚至完全独立的阿拉伯国家研究所纷纷成立，这也包括国外智库和研究所在海湾阿拉伯国家合作委员会成员国设立的办事处。卡塔尔已经成为国际机构在中东地区的首选目的地，例如：2003 年设立的兰德－卡塔尔政策研究所、2007 年成立的布鲁金斯学会多哈办事处（the Brookings Doha Office），以及 2005 年成立的与乔治城大学合作的国际与区域研究中心。[168]

布鲁金斯多哈研究中心成立于 2008 年，是布鲁金斯学会的海外分会之一。该中心对中东和北非地区进行高质量而独立的研究和政策分析，对多种观点持开放包容态度，鼓励中东与全球共同体之间的思想交流。该中心的学者来自 12 个国家。其举办了多种活动，包括高级圆桌会议、及时的政策讨论和年度多哈能源论坛，发布了一系列具有影响力的政策简报和分析文章。[169] 多哈研究中心发布的报告有《卡塔尔危机》（指 2017 年 8 月 11 日，沙特阿拉伯等国与卡塔尔断交事件）等。

2005 年，国际与区域研究中心在多哈成立，是一家从事区域及国际性学术研究的高级科研机构。主要研究项目包括：研究中东体育对社会经济、文化和政治环境的影响，对中东地区诸如土耳其、伊朗、阿尔及利亚、以色列、沙特阿拉伯以及正在崛起的卡塔尔等阿拉伯中等发达国家的研究，对中东地区宗教权威的角色研究，等等。

2003 年，兰德公司与卡塔尔基金会成立了兰德－卡塔尔政策研究所。目前，该智库拥有近 1000 名分析专家，已经与大中东的政策领导人建立并维持了深厚的合作关系。经费来源：卡塔尔基金会。工作方式：兰德出资在世界范围内设立办公地点并委派分析专家帮助有需要的大中东客户。该智库致力于帮助中东、北非和南亚的政府、非营利性组织和私营机构并出版成果。

此外，2006 年半岛研究中心注册于多哈。该中心力图深度分析全球及区域热点时事，主要研究阿拉伯世界及其周边地区的地缘政治和战略发展。该中心旨在促进不同文化和地区之间的对话交流，并为其相互理解与合作搭建桥梁，主要成果包括《1995—2013 年卡塔尔的外交政策：手段与策略》（2014 年）、《不断变化的战略背景下的海湾国家》（2014 年）和《海湾及其周边地区的军备武装项目》（2012 年）等。

3.2.6 叙利亚智库

叙利亚智库主要包括叙利亚政策研究中心（Syrian Centre for Policy and Research）和叙利亚政治与战略研究中心（Syrian Center for Political & Strategic Studies）。

2011 年，叙利亚政策研究中心注册于大马士革，主要成果包括《叙利亚动乱对社会经济的影响》《危机的根源》等。在叙利亚内战中，该智库主张反对派与政府合作。

2011 年，叙利亚政治与战略研究中心注册于华盛顿。该智库在叙利亚内战中持反阿萨德政府立场，力求在反对派中形成共识，组建联合政府。该智库网站从 2016 年以后就没有发布消息。

3.2.7 科威特和巴林的智库

科威特的主要智库是阿拉伯规划研究所（Arab Planning Institute, API）。1980 年，该研究所成立于科威特城，主要研究发展管理、部门发展、社会发展、区域和国际环境发展等领域。

巴林的主要智库包括巴林国家研究中心（Bahrain Centre for Studies and Research）和战略、国际与能源研究中心（Centre for Strategic, International and Energy Studies）。

1981 年，巴林国家研究中心注册于巴林，是巴林政府下属的独立实用科学与战略研究机构。该中心主要致力于服务巴林社会的实用研究，并为巴林国家首脑、政府在公共与个人领域提供政策意见。

2009年，战略、国际与能源研究中心注册于麦纳麦。该中心希望成为地区领先的战略、国际与能源研究领域的智库组织，为巴林和该地区的战略决策做出贡献，主要成果包括《西方的阿拉伯海湾安全政策》《伊斯兰国及其对海湾国家的内部威胁与挑战》等。

3.2.8 约旦、巴勒斯坦和黎巴嫩的智库

约旦的主要智库是战略研究中心（Center for Strategic Studies, CSS）和阿莱研究中心（Al Rai Center for Studies）。

战略研究中心是约旦大学下属的战略智库组织，1984年在安曼注册，目标是在政治、军事、经济和社会方面对与约旦和阿拉伯世界有关的问题进行研究，进行民意调查，为研究人员和决策者提供必要的事实和数据。

阿莱研究中心的主要成果包括《宗教极端主义和地区的未来》、战略黄皮书《“阿拉伯之春”在阿拉伯的发展》（2014年）等。

巴勒斯坦的主要智库包括巴勒斯坦规划中心（Palestinian Planning Center）、以色列－巴勒斯坦创新地区倡议机构（Israel-Palestine: Creative Regional Initiatives, IPCRI）、巴勒斯坦政策和调查研究中心（Palestinian Centre for Policy and Survey Research），以及巴勒斯坦战略研究中心（Pal-Think for Strategic Studies）。

巴勒斯坦规划中心是由巴勒斯坦全国委员会（Palestinian National Council）于1968年提议成立的一所学习、研究与调研巴勒斯坦相关问题的研究组织。1985年，该中心在突尼斯市成立，1994年转移至巴勒斯坦加沙市。

以色列－巴勒斯坦研究与信息中心（Israel-Palestine Center for Research and Information），后更名为以色列－巴勒斯坦创新地区倡议机构，成立于1987年第一次巴勒斯坦大起义以后，旨在建立巴以民间社会之间沟通与合作的桥梁。该中心希望寻找基于巴勒斯坦及以色列的民族自决和国家安全的双赢解决办法，致力于在“两个国家、两个民族”的基础上寻求解决巴以冲突的实际办法。

巴勒斯坦战略研究中心成立于2007年，该中心力图成为巴勒斯坦和中东地区的思想引领者，为建设一个自由和现代的巴勒斯坦国家和民主社会做出贡献。

其主要成果包括案例研究《加沙地带可再生能源：短期、中期和长期概念》和政策文件《加沙地带的重建：过去的教训和未来的挑战》等。

黎巴嫩的主要智库是阿勒－扎伊图纳研究和咨询中心（Al-Zaytouna Centre for Studies and Consultation）。该中心于2004年成立于贝鲁特，出版了超过120种学术类图书，例如《巴勒斯坦战略研究报告》《土耳其和以色列在2012—2016年间的关系》《巴勒斯坦抵抗以色列占领耶路撒冷（1987—2015年）》等。

3.2.9　马格里布国家的智库

利比亚的主要智库是谢巴赫战略研究中心（Sheba Center for Strategic Studies, SCSS），注册地为的黎波里。该智库的主要成果包括《利比亚安全形势：对民主政治的影响》《利比亚如何实现"善政"》《后卡扎菲时代的利比亚冲突》等。

突尼斯的主要智库有：

（1）突尼斯战略研究所（Tunisian Institute for Strategic Studies），成立于1993年，与突尼斯总统有直接联系，成果包括《突尼斯管理：跨越式的应急措施改革》《突尼斯2025年的数字平台》等。

（2）马格里布经济论坛（Maghreb Economic Forum），成立于2011年，注册地是突尼斯。

（3）伊斯兰与民主研究中心（Center for the Study of Islam and Democracy, CSID），成立于2011年。

摩洛哥的主要智库包括：

（1）皇家战略研究所（Royal Institute for Strategic Studies, IRES），注册地为拉巴特，成立于2007年。该研究所根据摩洛哥国王的建议对问题进行战略研究和分析，并在国家和国际层面承担国家战略视野的战略观察任务。

（2）OCP政策中心（OCP Policy Center），注册地是拉巴特，主要成果有2017年的《综合报告：非洲和平与安全年会》、2016年的《中国和我们：应对第二次超越》等。

（3）非洲研究所（Institut des Etudes Africaines, IEA），成立于1987年，研究项目有中国与非洲交流合作项目——气候业务和促进投资等，成果包括《善政与非洲贫困斗争：摩洛哥、博茨瓦纳、刚果民主共和国、毛里求斯和加蓬》等。

3.2.10 伊拉克的主要智库

（1）汉谟拉比战略研究中心（Hammurabi Center for Research & Strategic Studies），2006年注册于巴格达。该中心是由伊拉克一群学者成立的非政府智库组织，主要关注伊拉克与阿拉伯世界相关问题，主要成果包括《阿拉伯民主：找寻伊拉克》等。

（2）中东研究院（Middle East Research Institute，MERI），注册地是库尔德自治区的首府埃尔比勒，成立于2014年。部分经费来自库尔德地区原油与天然气议会下属的产能建设基金，主要成果包括《库尔德斯坦独立是不可避免的?》（2017年）等。

3.3 伊朗主要智库

1979年的伊朗伊斯兰革命从亲美的巴列维国王那里夺取了权力，将其交给阿亚图拉手中，他们从此在伊朗处于支配地位。从那时起，伊朗保持了连续性的政策，而且这些政策反映了国家领导层的意愿。这是一个相对完整、运转良好的系统，将知识生产与决策成功地联系在一起。[170]毫无疑问，由于政府与知识界联系密切，伊朗是伊斯兰世界中知识活动最活跃的国家。位于权力中心的是最高领袖和总统，在国家机器之下运作的大部分智库支持国家的全部意识形态。这是很重要的，因为它催生了有效的知识与学术，能够有力地抗击西方宣传，并创造了自信的叙事，这一和谐的机制让国家能够做好准备，反击信息战的袭击。知识部门与政府间的协同产生了服务于国家的叙事，这种协同还让智库提供有意义的政策分析，并将其纳入国家机器，以产生政府战略。因此，伊朗成功地在知识精英和政府之间建立了直接、有意义的联系。除了参与决策之外，这些机构也是伊朗文化和集体认同的监护人，也在保卫着伊斯兰的意识形态。通过这种密切的联系，这些机构可以提供知识文献，以创造有意义的意识形态讨论和对话，这样就保证文化得以保存，让国家在现代世界价值体系全球化的冲击面前，在总体上保持传统。

在这些与政府合作的机构之外，也存在一些国际智库。和外国资助一同而来的是外国议程，其中绝大多数是西方议程。伊朗民主基金会就是这样的机构之一，它有时公开支持伊朗的反对派团体。[171]

伊朗智库主要有：

（1）伊朗欧亚研究所（the Institute for Iran-Eurasia Studies），2004 年注册于德黑兰，其目的在于促进对亚欧大陆和南高加索地区重大和突发事件的了解。该研究所曾举办“伊朗和乌克兰：25 年外交关系和双边关系展望”“外高加索诸国独立 100 周年”等主题会议。

（2）伊朗研究基金会（Foundation for Iranian Studies），1981 年在美国马里兰州贝塞斯达成立。这个基金会与 1979 年被推翻的巴列维王朝王室关系紧密，其经费主要来源于阿什拉芙·巴列维（Ashraf Pahlavi）公主基金会。该基金会为境外异议组织，对伊朗伊斯兰共和国政府政策尤其是妇女政策提出很多批评。

（3）拉凡德经济与国际研究所，2005 年注册于德黑兰。该研究所对各种经济和国际课题进行政策性研究，并向政府机关和私人企业提供有关分析报告，定期出版英文和波斯文的经济趋势。

（4）政治与国际问题研究院（Institute for Political and International Studies），1983 年在德黑兰注册，是伊朗外交部的下属机构，成果分为活动报告、专家评论、报告和电子期刊四种，例如《重新连接阿富汗：一个开放的伊朗带来的机遇》（与国际智库东西方研究所合著）。

3.4 土耳其主要智库

雷杰普·塔伊普·埃尔多安是一位有魅力和活力的领导人。他领导土耳其所走的路线从早年的以西方为中心变为向东看，以穆斯林认同和全球穆斯林团结为重点之一。今天，土耳其在伊斯兰世界被看作一个富裕国家，埃尔多安作为自信的穆斯林领袖，在国内外都受到赞赏。

在正义与发展党取得政权之后，土耳其社会分裂为亲西方、亲军队的精英和人数更多的亲宗教的大众。[172]土耳其的研究机构有着双重趋势。第一大趋势体现在与政府议程和路线相符的政策研究机构的出现。这些机构反映出政府日益活跃的对外政策和作为伊斯兰世界代表的自我定位。这些机构在强调欧盟和西方衰落背景下的土耳其未来导向的话语体系之中发挥了重要作用，例如对于土耳其-中国-俄罗斯-伊朗关系的研究。[173]土耳其的第二大趋势是一部分学术界和研究人员反对政府扩充权力的政策，指责其不民主，损害公民自由。但是，这一观点在公众中能在多大程度上得到支持，已经在2016年7月反对埃尔多安的未遂军事政变中得以检验。公众对领导人的大规模支持让政变失败，表明虽然受到上述精英的批评，但埃尔多安政府对公众仍然具有强大的影响力。这些智库对土耳其民主的衰落做出了尖锐的批评，因而在欧洲和美国受到欢迎，它们及其出版物对土耳其公众和政府几乎没有影响力。根据政策分析家优素福·思纳尔的说法，土耳其智库的主要弱点在于缺乏本土的专家，导致过于依赖外国专家。然而，这些外国专家并不一定把提供更好的服务与土耳其的利益作为最高目标。[174]因此，这个国家需要更多的本土的知识生产。

土耳其的主要智库包括：

（1）土耳其经济和社会研究基金会（Turkish Economic and Social Studies Foundation），1994年在伊斯坦布尔注册。它是一个独立的非政府智囊团，其作用是分析土耳其面临的社会、政治和经济政策问题。

（2）全球政治趋势中心（Global Political Trends Center），2008年注册于伊斯坦布尔。这是伊斯坦布尔文化大学下设的一个面向全球政治动向的研究机构，成果包括《南欧经济危机和社会运动》等。

（3）国际战略研究组织（International Strategic Research Organization），2004年注册于安卡拉，这是一个在政治、经济、法律和国家安全方面进行跨学科研究的独立智库。

（4）中东战略研究中心（Center for Middle Eastern Strategic Studies），成立于2009年，得到土耳其外交部资助。该中心力图协同政府官员、学者、战略家、记者、政治家、商人和民间社会的代表，提供讯息，并将研究成果与公众分享。

（5）自由思想协会，2014年注册于安卡拉。作为公共政策研究机构，该协会以促进决策制定为目的，希望帮助巩固土耳其的自由主义制度。该协会的口号是“为了自由和繁荣的社会”。

（6）政治、经济和社会研究基金会（Foundation for Political, Economic and Social Research, SETA），2006 年注册于安卡拉。SETA 自称独立智库，但其与土耳其政府关系密切。

（7）经济与外交政策研究中心，该中心的目的是汇集来自土耳其多个社会阶层的人士，打造一个畅通的交换意见平台。

土耳其的其他智库包括[175]：

21 世纪土耳其研究学会（21st Century Turkey Institute）、安卡拉战略研究所（Ankara Strategy Institute）、替代政策中心（Center for Alternative Policies）、欧亚战略研究中心（Center for Eurasian Strategic Studies）、土耳其政治研究中心、战略交流中心（Center for Strategic Communication, STRATIM）、土耳其经济与战略研究中心（Center for Turkey's Economic and Strategic Studies）、教育改革倡议（Education Reform Initiative, ERI）、外交政策研究所（Foreign Policy Institute）、自由研究委员会（Freedom Research Association）、全球政策和战略（Global Policy and Strategy）、伊斯坦布尔政策中心（Istanbul Policy Center, IPC）、国际文化研究中心（International Cultural Research Center）、战略经济社会研究中心（Center for Strategic Economic Social Research, SETAM）、战略展望（Strategic Outlook）、土耳其亚洲战略研究中心、土耳其经济政策研究基金会（Economic Policy Research Foundation of Turkey）、土耳其国际关系和战略分析中心（Turkish Centre for International Relations & Strategic Analysis）、国际战略分析与研究中心（International Strategic Analysis and Research Center）、智者战略研究中心（Wise Men Center for Strategic Studies）。

3.5 中亚伊斯兰国家智库

中亚各国的主要特点主要体现在它们特有的“后苏维埃时代”的风格，即在受苏联影响期间及苏联解体后的时期内形成的种种特点。中亚地区处于亚洲的“十字路口”这一战略要地。在昔日的苏维埃帝国黯然解体、落下帷幕的同时，这些原本由共产党执政的国家引入了一些外资的非政府组织与智库。这些中亚国家新政权的立场仍大多与俄罗斯保持一致，但不可否认的是，那些有着西方背景的智库和集团拥有相当大的影响力，尤其是当这些国家的经济体制转向“市场经济”时，[176]这种影响力就日趋显著。

因此，对于大国而言，这个有着丰富资源的地区一直很重要。例如，中国如今倡议的“一带一路”建设也体现出中亚地区所具有的重要意义。双方对利益的诉求，往往能够影响对方的国内政策与决策，尤其是当国内拥有许多具有不同国内外背景的以各个智库为代表的机构时，这种影响便会更加显著。例如，以乔治·索罗斯旗下的开放社会基金会为代表的各个国际组织就在中亚国家的教育和社会发展领域开展了大量的工作。[177]

中亚各国国内的智库在影响本国政府怎样处理和包括中国在内的其他国家之间的关系上能够扮演重要的角色。

3.5.1 乌兹别克斯坦智库

总统战略与跨地区研究所主要研究全球趋势及其特点，致力于建立国际关系新体系；设置优先级管理（方向），为乌兹别克斯坦融入国际社会提供相关方法和机制；研究乌兹别克斯坦可持续发展道路，研究也涉及“一带一路”。

乌兹别克斯坦共和国政治研究中心是直属该国前总统伊斯兰·阿卜杜加尼耶维奇·卡里莫夫的智库，该中心主任由卡里莫夫的大女儿卡里莫娃担任。2016 年，卡里莫夫去世后，据传卡里莫娃已经被捕，这个智库前途未卜。

3.5.2 土库曼斯坦智库

土库曼斯坦科学院（Academy of Sciencesof Turkmenistan）的部分研究所，注册地为土库曼斯坦首都阿什哈巴德。其中，带有智库性质的研究所有：土库曼斯坦战略规划与经济发展研究所、直属土库曼斯坦总统的国家与法律研究所、土库曼斯坦国家水资源管理研究与生产规划研究所、土库曼斯坦国家能源研究所及土库曼斯坦民主和人权研究所。

3.5.3 哈萨克斯坦智库

公共政策研究中心（Public Policy Research Center, PPRC），2001 年成立于哈萨克斯坦。该中心是由哈萨克斯坦索罗斯基金会和公共资助中心共同建立的中欧和东欧的 22 个公共政策机构之一。

哈萨克斯坦战略研究所，成立于 1993 年，这一研究所在哈萨克斯坦总统直接领导下工作。2016年1月，该研究所发布了2016年影响中亚地区政治、经济发展及稳定安全的10件大事，其中包括中国在哈萨克斯坦投资的扩大。[178]

3.5.4　吉尔吉斯斯坦智库

吉尔吉斯斯坦索罗斯基金会（Soros Foundation Kyrgyzstan），成立于1993年，由国际索罗斯基金会提供经费。

3.5.5　塔吉克斯坦智库

（1）塔吉克斯坦总统战略研究中心（Strategic Research Center under the President of Tajikistan）。

（2）塔吉克斯坦自由市场中心（Tajikistan Free Market Centre），成立于2009年。

3.6　南亚伊斯兰国家智库

在沙特阿拉伯等许多中东国家，大部分研究都外包给外国智库，从而给人以当地专家缺乏的感觉。[179]但是，这并不是南亚等地区伊斯兰国家的真实情况。在下面这段分析中，我们将概括南亚地区巴基斯坦和孟加拉国的情况。

根据全球智库报告，孟加拉国有35个智库，巴基斯坦有20个智库，而阿富汗有6个智库。其中，全球前150位非美国智库中，巴基斯坦有1个智库排名第103位——可持续发展政策研究所。这些智库在制定政策方面作用显著，且在研究方面着眼于全国性的问题。巴基斯坦和孟加拉国的智库相对独立，且立足于国家政策目标。

3.6.1　巴基斯坦智库

巴基斯坦在“一带一路”中扮演着不可替代的角色。作为中国的“全天候战略合作伙伴”，巴基斯坦拥有区域地缘核心位置，坐落在南亚、中亚与中东的交接处，且邻近世界油田波斯湾，是中国最重要的战略合作伙伴之一。瓜达尔港对中国的中亚战略、能源通道、海洋权力等都有深刻意义。同时，巴基斯坦拥有丰富且处于未开发状态的油气和矿产资源，基础设施和交通通信等也都在初级开发阶段，对中国来讲意味着有大量的投资合作机会。智库在巴基斯坦是影响政策、确立国家目标、实现目标的工具。[180]由于政府不能提供足够的研究经费，一个重大后果是，大多数优秀、有能力的研究人员和研究机构正在从事由外国捐助者支持的项目。这导致了两个核心的问题：首先，由像英国国际发展部和美国国际开发署这样的外国组织赞助的研究可能带有偏见，其往往提出一个与国家重点项目相冲突的平行体系。其次，会造成人才流失。这些智库并非缺乏专业知识，而是缺少政府的财政支持，不具备与外国智库相匹敌的能力，这也造成在研究重点上的局限性。随着发展政策研究联盟（CDPR）、伊斯兰堡战略研究所（Institute of Strategic Studies Islamabad, ISSI）和真纳研究所（Jinnah Institute）等重要智库将重点转向国家优先项目，这种趋势正在发生变化。

（1）伊斯兰堡战略研究所，注册地为伊斯兰堡，成立于1973年。该研究所发表的季刊名为《战略研究》。该研究所在2016年8月19日成立了中国－巴基斯坦研究中心（China-Pakistan Study Centre, CPSC），旨在认真全面研究分析中国在地区与全球的角色，以及这种角色对巴基斯坦的影响。

（2）巴基斯坦国际事务研究所（Pakistan Institute of International Affairs），于1948年成立，注册地为卡拉奇。

（3）巴基斯坦中国研究院（又译巴中学会），2009年注册于伊斯兰堡。在主席穆沙希德·侯赛因领导下，这个非政府、非党派、非政治性的智库建立了，是巴基斯坦智库史上的创举。巴基斯坦中国研究院希望在防务与外交、能源与教育、经济与环境、青年与女性等方面，推动巴基斯坦和中国之间的民间交流。

2015年3月，巴基斯坦中国研究院在伊斯兰堡与土耳其亚洲战略研究中心共同举办了第六届伊斯兰国家智库研讨会，有30多个国家的智库参与。李希光教授作为大会主旨演讲特邀嘉宾参加了这次研讨会。

巴基斯坦中国研究院完成了一系列出版物的出版。自2012年2月起，该研究院与新疆维吾尔自治区对外文化交流协会、新疆维吾尔自治区版权保护协会合作出版月刊《友邻》。

（4）巴基斯坦国立科技大学中国学研究中心，2016年成立于伊斯兰堡。

巴基斯坦国立科技大学，是巴基斯坦境内科学与技术领域的最高学府。2016年，该校在其社会科学与人文学院成立中国学研究中心，由巴基斯坦前驻德国大使赛义德·哈桑·贾韦德（Syed Hasan Javed）担任主任。

（5）可持续发展政策研究所，于1992年成立，注册地为伊斯兰堡。该研究所进行了印巴双边贸易及交通研究。2015年5月，时任研究所主任萨利姆·卡尔吉在接受新华社记者采访时说："巴中命运共同体不仅为两国人民带来福利和繁荣，也将造福于整个地区的国家和人民。""巴中两国之间相互支持、相互信任，在经济、能源、安全、防卫和外交等领域存在共同利益。两国未来命运紧紧相连。"

巴基斯坦智库是中巴经济走廊建设的一支重要力量。巴基斯坦对华关系总体上亲密向好，但是政界、媒体、智库对华态度也有较大差别。中国应该加强与巴基斯坦智库和媒体的合作。

巴基斯坦的一些智库学者认为，很多国家在巴基斯坦培养代理人。印度、美国、日本通过各种中介渠道向巴基斯坦很多智库提供经费，印度甚至投资英国、美国的智库，然后辗转付钱给巴基斯坦的智库，在巴基斯坦培养亲西方或亲印势力。巴基斯坦的智库体系与美国类似，是与政府（特别是情报机构）、企业、媒体联系紧密的力量。但是，由于巴基斯坦政权更迭频繁，政府的政策制定功能长期处于惰性状态，基本情况是智库制定政策，政府批准政策。在巴基斯坦，民间智库也是一支非常重要的研究力量。有良好信誉的智库不会和政党产生公开的联系，不会发表宣传性的文章，而是做扎实的研究。伊斯兰堡的能源智库负责人阿萨德·阿巴斯说，涉及中巴经济走廊的双边会议，最好不要让第三国，特别是不要让印度、美国和其他西方国家参加。印度力图破坏巴基斯坦的稳定，力图控制孟加拉国、尼泊尔、不丹、马尔代夫和斯里兰卡。印度政府和印度智库非常关注中国在南亚和中亚的活动。[181]巴基斯坦智库学者对这些问题的判断，被2017年6月中印边境对峙之后中国国内发表的很多文章证实。

巴基斯坦在伊斯兰世界的影响力是中国打开伊斯兰世界宝库的金钥匙。巴基斯坦移民遍布东南亚及海湾地区，甚至北非的广大地区。中国可以借助巴基斯坦这个朋友拓展人脉关系，并且依靠其在伊斯兰世界中增信释疑。巴基斯坦地处南亚、中亚和西亚交会处，巴基斯坦人对这些地区比中国人更熟悉，中国可通过巴基斯坦了解地区动态。巴基斯坦力图建设从中东向东、从中亚向南的能源走廊，这些管线最终可以通过中巴经济走廊与中国新疆连通。

目前，巴基斯坦的智库正在与中国全面加强合作，共同推进中巴经济走廊建设。

3.6.2 阿富汗智库

根据《2016 年全球智库指数报告》，在阿富汗国内运作的智库只有 6 家，[182] 有 4 家跻身中亚各国智库排行榜的前 60 位。其中，阿富汗研究与评估组（Afghanistan Research and Evaluation Unit, AREU）在排名中占第 27 位。阿富汗政府采取国内驱动的政策导向，而阿富汗智库的状况则不同。除了政策制定和学术论述之间联系薄弱之外，该国目前缺乏足够的财政资源和本地区的专门知识。目前，该国所有的智库都是在国外基金会的扶持下运行的，其中有些是美国智库设在该国的分支机构，它们的核心研究目标都从华盛顿而来。

（1）阿富汗战略研究所（Afghan Institute for Strategic Studies, AISS），2012 年注册于喀布尔。

（2）冲突与和平研究中心（Center for Conflict and Peace Studies），注册地为喀布尔。

（3）军事研究与监测中心（Center for Military Research & Monitoring），2013 年注册于喀布尔。

（4）阿富汗经济和法律研究组织（Afghanistan Economic and Legal Studies Organization, AELSO），2009 年成立于喀布尔。

（5）阿富汗农村发展研究所（Afghanistan Institute for Rural Development, AIRD）。

（6）国际安全与发展理事会（International Council on Security and Development），注册地为比利时与阿联酋，该机构在阿富汗、约旦、突尼斯等地设有分部，经费来源于墨卡托基金会。

（7）亚洲基金会（Asia Foundation），1954 年成立于美国旧金山，该组织对阿富汗地区的研究有 60 年的经验与专业知识。

（8）阿富汗研究与评估组，2002 年注册于喀布尔，主要研究自然资源管理、治理与政治经济、性别、宪法、社会保障等领域。

3.6.3 马尔代夫智库

笔者并未在马尔代夫国内发现在当地注册的智库，唯一的智库是在英国注册的，名称为马尔代夫研究（Maldives Research），主要项目为：向马尔代夫政府提交环境建模、马尔代夫群体犯罪和人权侵犯状况的快速评估。

3.6.4 孟加拉国智库

在南亚伊斯兰国家中，孟加拉国智库数量最多，达到35个。这也反映了随着国家战略的成功执行，孟加拉国在教育、健康、经济方面迅速取得了进展。然而，孟加拉国学者指出，负责政策执行的官员以及法律制定者不愿考虑外部利益相关者提出的建议。[183]与之类似，智库与国家的关系并不总是富有建设性。尽管智库顾问和政策制定者会例行公事，一起出席会议，但是政府对智库顾问深表怀疑。[184]因此，民间社会与国家在许多方面存在分歧。尽管有着强大的民间社会传统，但孟加拉国的智库却无法对政策决策产生影响。与巴基斯坦的情况一样，另一个限制孟加拉国智库对政府决策产生影响的因素是财政。资助者中的外国机构更多，国家（政府）和智库之间基本出发点的背离，最终导致智库作用受限。官员与资助者之间的分歧也限制着智库在政策制定中发挥作用。尽管资助者对帮助智库扩充实力、提高研究质量方面感到非常自豪，但人们普遍认为，若有官员参与，并且能评估国家优先需求的话，智库还可以提供更多的成果。

（1）孟加拉国发展研究所，也称为Unnayan Gobeshona Protishthan。1957年成立于巴基斯坦，1971年孟加拉国独立后迁到达卡。经费主要来源于孟加拉国政府拨款。主要成果有《孟加拉国发展研究》等。

（2）孟加拉国和平与安全研究中心（Bangladesh Institute of Peace and Security Studies, BIPSS），2007年成立于达卡。

该中心下设两个机构：孟加拉国恐怖主义研究中心（Bangladesh Centre for Terrorism Research, BCTR）以及孟加拉国中国研究中心（Bangladesh Centre for China Studies, BCCS）。近年来，该组织对中国"一带一路"倡议有较多关注。主要成果有专著《国家脆弱性悖论：探索孟加拉国在国际格局中发挥的作用》（*Paradox of State Fragility*：*Exploring the Role of International Structures in the Context of Bangladesh*）等。

（3）孟加拉国法律与国际事务研究所，1972年注册于达卡，主要经费来源于孟加拉国政府。主要成果有《情报、国家安全和外交政策：一个南亚叙事》（Intelligence, National Security, and Foreign Policy: A South Asian Narrative）等。

（4）政策对话中心，1993年注册于达卡，主要关注孟加拉国重要的前沿问题。主要成果包括《促进南亚区域一体化：促进贸易便利化和连通性》（Towards Regional Integration in South Asia: Promoting Trade Facilitation and Connectivity）、《孟加拉国愿景2021》（Bangladesh Vision 2021）等。

3.7 东南亚伊斯兰国家智库

东南亚伊斯兰国家的智库一般是由政府创建的，其研究也倾向于政府。因此，历史上独立智库从未在这些国家的智库中占据主导地位。[185]

3.7.1 印度尼西亚智库

印度尼西亚国内共有27家智库。印度尼西亚战略与国际问题研究中心在全球顶级智库的排行榜中占第78位。[186]据印度尼西亚国内某主流智库的所有者表示，该国智库的主要问题在于资金的缺乏，这些智库获得的资金普遍用于小规模项目，很难支撑其进行长期研究。[187]

印度尼西亚智库与那些受政府资助的公立大学间的紧密关系，是其最大的优势。本节通过对印度尼西亚智库的分析，指出其对本国决策的不同影响。这些智库的效用，主要在于基于本国国情提供专门知识的能力。这一能力的形成又取决于两个主要因素：其一，这些智库用于研究长期项目所需要的资金。其二，这些智库需要在国内拥有资源和专业人士。在这方面，中国提供了一个重要范本。目前，中国已经成功建立起一种智库模式，即智库直接联系政府部门，为后者提供专业知识。

伊斯兰国家智库的发展因特定的社会政治形势而存在差异。研究发现，在不同的地区中，智库与政府的关系大不相同，从完全融合到几乎没有联系，各种类型都存在。伊朗是伊斯兰世界中最具智力活力的国家，其智库体系完全融入政府的意识形态之中。而在光谱的另一端，一些中东国家，例如沙特阿拉伯，拥有充足的研究资金，却缺乏足够的专业知识和专门技能。因此，它们的研究大多外包给国外的智库，其研究缺乏对本国的关注。其他地区的智库也主要面临资金和专门知识方面匮乏的问题。例如，一些南亚国家和东亚国家的智库拥有专业的研究水准，却苦于缺乏足够的资金，不得不依靠项目研究来维持发展，这就阻碍了它们与政府部门之间形成实质性联系。在这些地区运作的西方智库，则将研究重点集中在自身的议程和前景之上。如今，中亚国家智库可以获取到更为充裕的资金，开展切实可行的研究。

如果伊斯兰国家提供的财政支持和本国智库特有的技术专长能够实现有效融合，而不是依靠外来的智库或是外来资金，或许这些智库的研究成果可以转化为更有意义的政策。

东南亚地区最初的现代智库大多是以政府官僚机构分支的身份出现的，经费主要来自政府，“旋转门”现象很普遍。印度尼西亚经济类的智库主要包括经济与社会研究所和印度尼西亚科学研究所。印度尼西亚的经济与社会研究所建立在印度尼西亚大学内部，与国内外的公共和私营机构展开合作。印度尼西亚科学研究所成立于20世纪70年代，它学习了中国科学院的经验。[188]

印度尼西亚战略与安全类的智库主要是1971年成立的战略与国际问题研究中心，自成立以来，该研究中心就是印度尼西亚最著名的智库。它从事经济、政治、社会及国际关系方面的研究，在意识形态领域传统上比较反共。它是在安全和国际事务方面全球排名前25的智库之一，而且排在亚洲智库的前5名。[189]该中心的最大资助方是战略与国际问题研究中心基金会，它可以保证该中心80%~90%的运行成本（另外10%来自该中心签订的合同项目收入），重点研究项目包括“印度尼西亚与世界：东盟经济和政治安全”等。

3.7.2 马来西亚智库

根据《2016年全球智库指数报告》，马来西亚智库在治理、透明度、社会和经济政策等领域的政策研究中排名地区第一。[190]目前，马来西亚共有18个智库，其中有6个名列“东亚地区最佳智库机构”。

鉴于马来西亚丰富的文化与宗教背景为这个国家所带来的多样性，政府允许多元一体。[191]马来西亚绝大多数的智库都得到国家的支持，这些智库通常直接由政府发起和建立，并作为该国官僚机构的一种延伸。[192]例如，战略与国际问题研究所（the Institute for Strategic and International Studies, ISIS）和马来西亚海事研究所（Maritime Institute of Malaysia, MIMA）就是智库支持政府的例子。此外，马来西亚经济研究所（Malaysian Institute of Economic Research, MIER）就与马来西亚工商界融合，成为政府与商界之间重要的联系纽带。

（1）战略与国际问题研究所，1998 年注册于吉隆坡。该研究所积极参与第二轨道外交，通过亚太圆桌会议、东盟战略与国际问题研究所、太平洋经济合作理事会等论坛，在促进更密切的区域一体化和国际合作方面发挥作用。

（2）马来西亚海事研究所，1993 年注册于吉隆坡。该研究所是由马来西亚政府成立的一个政策研究机构，负责研究与马来西亚海上利益有关的事宜，出版杂志《海洋法律与政策》《海上安全与外交》《沿海和海洋环境》《海事经济与工业》和《马六甲海峡》。

（3）马来西亚经济研究所，1985 年在吉隆坡注册。该研究所的经费来自基金捐赠和马来西亚政府的拨款，主要成果有《马来西亚经济展望》（季刊）、《地区差距：马来西亚发展不平衡》等。

3.8 其他伊斯兰国家智库

3.8.1 阿尔巴尼亚智库

（1）阿尔巴尼亚国际问题研究所（Albanian Institute for International Studies, AIIS），是一个旨在独立、深入分析阿尔巴尼亚周边复杂安全形势的非政府、非营利性质的政策研究机构，主要研究巴尔干半岛核心问题，并就该地区政治、经济、安全、民族问题、文化、宗教等方面的发展趋势进行预测。

（2）阿尔巴尼亚社会经济智库（ASET），原名财政教育研究所，于 1999 年在一些研究者的倡议下成立。通过设立项目，ASET 向政府和私营机构提供各方面的服务，例如就社会经济政策提出建议，向特定群体传播信息和进行教育，等等。该智库的总部设在阿尔巴尼亚首都地拉那，其活动范围遍及全国。ASET

关注的焦点是阿尔巴尼亚转型发展期间遇到的严重问题，特别是经济进步和社会福利方面。ASET 的项目大多由政府、国际机构或企业提供经费，例如“东南欧人才外流：2006 年阿尔巴尼亚案例”（联合国教科文组织罗马尼亚分部提供经费）、“阿尔巴尼亚电子政务的发展前景”（阿尔巴尼亚共和国总统和部长会议提供经费）等。[193]

3.8.2　阿塞拜疆智库

阿塞拜疆国内共有 13 家智库。阿塞拜疆国内的智库和研究所在学术机构和政府之间起到了关键作用。在欧盟或者中国寻求多样化能源的计划中，作为一个能源丰富的国家，阿塞拜疆是优先目标。

然而，当其他前苏联加盟共和国以及其他一些东欧国家纷纷开始仿效西方国家智库模式建立自己的智库时，阿塞拜疆的智库模式由于受某些政治因素所限，具有独特性。[194]这种独特性的形成，首先源于其对西方国家智库模式的抵制，其次是其作为一个新独立国家，能力缺乏。阿塞拜疆早期的智库大多是采用马克思主义和理性主义模式。1993 年，情况发生了变化，西方的非政府组织开始向智库和研究所提供资金支持，而这也成了这些智库获得资金的主要途径。

因此，阿塞拜疆国内的智库数量激增，但雇员却很少，甚至出现了一些缺乏基本专业知识的“单人智库”。这也是阿塞拜疆智库数量在该地区的国家中处于首位的原因之一。2007 年，阿塞拜疆政府成立了一个由政府提供资金援助的智库——战略研究中心。同年，阿塞拜疆议会批准设立了一些由政府扶持并出资的研究所和非政府组织。

2014 年，阿塞拜疆发起建立了经济与社会发展中心。[195]经济与社会发展中心是中国 2013 年构思的智库联盟的成员，该智库联盟包括巴西、俄罗斯、南非、土耳其等全球各国的智库。在政府的支持、合作与财政援助之下，如今的阿塞拜疆智库已能够在研究与政策之间建立起深刻而有意义的联系。

经济与社会发展中心，2005 年在巴库注册。该中心力图在政府与民间社会之间搭建起一座桥梁。该中心针对阿塞拜疆公共政策问题做研究报告，并提出相应的解决对策，为阿塞拜疆国家公共政策和经济发展做出贡献。主要项目包括美国 PTF（漆面保护膜品牌公司）支持的“阿塞拜疆石油状况监测”、亚洲开发银行支持的“阿塞拜疆自然资源管理建模”、日本政府支持的“灌溉设备改造工程的后期评估”等。该中心把活动简报定期发送给媒体、政府机构、其他智库和学者，以扩大影响力、塑造媒体议程。

4 伊斯兰世界超级思想库——马德拉萨*

在西方殖民者侵入伊斯兰世界之前，马德拉萨就是传承知识的学校。马德拉萨既是培养人才的教育机构，也是产生思想智慧、输出决策和参考报告的智库。此外，马德拉萨本身被看作一种宗教活动。随着伊斯兰世界的扩张和新的知识领域的发现，这种活动的学习内容不断变化，今天也是如此。

目前，关于伊斯兰和穆斯林研究的激增显示了学术界对其重视程度。[196]西方研究伊斯兰的学者使用复杂的术语试图证明，伊斯兰与现代生活规范之间有差异。[197]这就加大了以宗教信仰为根本的传统社会与西方霸权国家之间的差异。因此，这一领域的话语体系通常带有倾向性，很少超越西方新自由主义话语所设定的标准，也缺乏历史比较性。

本篇试图超越西方对伊斯兰的通常看法，解构西方学界确立的"事实"；通过对伊斯兰学者自身话语的历史性分析，展示历史上马德拉萨从阿拉伯半岛沙漠到印度河以东地区的发展。

在阐述中世纪马德拉萨的社会文化历史背景以后，本篇还将探析马德拉萨教育的发展趋势，探讨其与"现代性"和西方帝国主义的互动。在深入探索几个地区的当代马德拉萨教育的发展趋势之后，还将试图归纳关于马德拉萨的新观点，探索其未来及其与中国文化交流、合作的可能性。

4.1 从词源分析看马德拉萨

"madrassah"（马德拉萨）一词来自阿拉伯语"darasa"（达拉萨）一词，

---

* 《伊斯兰世界超级思想库——马德拉萨》作者为尹佩娃，张立飞翻译。孙力舟编译了本章有关巴基斯坦正义学识大学一节。

意为“学习的地方”，可与“mosque”（清真寺）一词替换使用。在伊斯兰早期，它是为学生提供免费教育的寄宿学校。[198]由于当时还没有出现学科分化的概念，因此马德拉萨是穆斯林综合学习历史、哲学、神学、科学等科目的场所。[199]

艾拉·拉皮德斯等一些古典伊斯兰历史学家认为，历史上马德拉萨的学习机制与清真寺、私塾和店铺等学习场所的相同。

穆罕默德被视为第一位伊斯兰先知。[200]此后，伊斯兰世界的扩张迫切需要将伊斯兰“福音”带到新领土上，以便皈依者获取伊斯兰的基本信条。这种状况促成了先知的伙伴以及其他学者来到新领土，建立“马克塔布”（经堂学校）、“马斯基德”、“马德拉萨”等类型的学校。这些学校的基本教材是《古兰经》和《圣训》。[201]

中世纪见证了马德拉萨的繁荣。布哈拉和内沙布尔是当时两个重要的学习中心，全球穆斯林来到这些地方学习。[202]传统上，马德拉萨是学习与宗教场所。一所马德拉萨一般有一个图书馆、旅行者的宿舍和学习的公共空间。马德拉萨通常为云游的学者提供免费住宿和食物，而这些学者为马德拉萨带来了新的知识。[203]

马德拉萨的师生是师徒关系，而不是上下级关系。精通经典的教师获得讲授知识的许可。“宗教学者把学生们联结在传递知识的链条上。”[204]这并不意味着学生一定要把自己绑在一位老师身上。学生的知识来源包括许多教师、非正式的学习圈和频繁的旅行，其目的是精通多门学科。[205]除此之外，追寻精神辅导的门徒通常会聚集在一位苏菲大师周围，因为苏菲圣徒会向合格的门徒传授深奥的知识。[206]

马克迪西（Makdisi）强调，伊斯兰世界的马德拉萨与中世纪欧洲的基督教大学有十分显著的区别。[207]与基督教大学不同，马德拉萨大多是分权的，由私人控制，通常受到多代延传的导师的影响。[208]乔纳森·伯基强调，中世纪的马德拉萨不像现在那样停滞不前。[209]伊斯兰社会在很大程度上允许个人在知识生产中拥有自主权。马德拉萨在中世纪促进了早期犹太教、基督教与伊斯兰文明之间的对话，创造了文化交流方面的丰富遗产，后来这种交流受到殖民主义的阻碍。[210]

穆斯林学习中心有突尼斯的凯鲁万、栽突那学院，埃及的爱资哈尔大学，以及摩洛哥的卡鲁因大学。这些组织被誉为世界上最早的大学。爱资哈尔大学由一所法蒂玛时期的马德拉萨，发展成传授科学、哲学和神学的高等学院。伊本·海什木、伊本·赫勒敦等显赫学者赋予了这个机构极高的声望，吸引着伊斯兰世界的学生。今天，该机构也是世界上最负盛名的神学大学之一。[211]

12 世纪，现代大学作为授予文凭的教育机构在欧洲产生。马克迪西（1980 年）将其起源与 9 世纪已经成形的马德拉萨系统联系在一起。他认为欧洲书院一类的教学组织和马德拉萨的教学模式类似，但是出现得较晚。爱资哈尔大学作为穆斯林最早的高等教育学院或现代大学之前的大学，为欧洲建立早期大学提供了样板。[212]

4.2　现代性与伊斯兰教

“现代性”源于启蒙时代西方知识分子提出的“现代主义”概念。西方启蒙哲学把人文主义、世俗主义和理性作为现代西方社会的基石。[213]与之相反，传统被定义为与过去相连，在形而上学领域中处理世俗现实之上的超然问题。[214]

西方在 19 世纪和 20 世纪对亚洲、非洲的殖民，[215]促成了西方在世界政治与经济中的霸权。西方思想观念强加在传统社会上，造成世俗与精神的二元分裂，而此前传统社会并不区分精神与物质。西方社会高唱物质高于精神、个人高于集体，这种思想与传统决裂。[216]这种认知造成的混乱是后殖民地国家认知失调的表现形式。[217]所有形式的传统意识都崇尚人与自然融合，抗拒现代性制造的两者的分裂。这种分裂最终导致亚洲、非洲的传统与西方“现代性”之间的冲突。

传统主义者批评西方的全球化是一种将西方思想、文化和经济价值强加于全球的运动。随着西方科技和经济的崛起，非西方国家面临现代化的压力，并且放弃了古老的风俗习惯和思想传统。[218]殖民力量压榨殖民地这一经济政策方面的话题，学者们已经着墨很多。这些政策旨在扩大市场，扩张资本主义，给非西方国家造成巨大破坏。[219]知识来源也转到西方强加的新的学习模式，破坏了伊斯兰世界已有的学习方式。[220]现代性所带来的思想挑战，把以前的知识体系排挤到了社会的边缘。

由此看来，现代性就是西方化，是西方帝国主义强加西方价值观念的一种手段。

4.3 现代性与马德拉萨的互动

现代性在与伊斯兰世界的互动中创造了宗教和世俗之间一种人为的二元对立性。[221]随着西方影响在伊斯兰世界的推进，传统的乌莱玛（ulama，伊斯兰教学者的统称）逐渐衰落。[222]

在现代化的压力下，社会中出现了两个极端群体：一个是自由主义的精英团体，另一个是宗教原教旨主义者。前者持有反传统的现代观念，自我厌恶。[223]

人们热情接受现代化和殖民化的教育制度，开始废除马德拉萨。[224]这在有关马德拉萨的分析中添加了一个“阶级”的维度：上层人士获得西方正规教育，而获得马德拉萨教育的人群被排挤到较低的社会阶层。具有社会保障网络作用的马德拉萨变得至关重要，向边缘化群体提供住所、膳食和教育。[225]

另一个极端群体，即宗教新的极端主义者，试图保护宗教不被侵蚀。

伊斯兰复兴主义在广义上是一种对伊斯兰的曲解。[226]它强调信仰的外层，通过宗教活动、社会行动和争夺政治权力来形成大众信仰的基础，实现宗教的救赎。[227]

这两个不同的新生阶层对马德拉萨整体的存在构成威胁。两者都与伊斯兰传统原本构想的温和与中庸非常不同。

这里必须对极端主义和政治伊斯兰（或称伊斯兰原教旨主义）做区分。前者追寻的是与传统马德拉萨没有任何关系的暴力议程，后者是在殖民背景下出现的借用马德拉萨反对殖民主义的一种民众动员方式。里亚兹将“伊斯兰主义”定义为现代大众社会下形成的一种激励伊斯兰主义者的政治意识形态。[228]其内部成因是穆斯林精英的腐败与过度的世俗主义，而外部成因是穆斯林在全球受到的屈辱。解释“激进圣战”（militant jihad）这个理念的时候，必须有这样的背景考虑，才能够被人理解。所有这些因素，包括全球性的殖民压迫、冷战政治，以及传统伊斯兰社会的困境等，都是当代马德拉萨复兴的原因。马德拉萨与灌输性教学的联系，是一种新现象。[229]

4.4　伊斯兰世界范围内的马德拉萨

“9・11”事件后，学者们关注马德拉萨的目的主要是试图理解其对现存世界秩序的威胁。[230]这种对马德拉萨的作用和地位的“公众审判”是这套话语体系思想层面上的核心。[231]本节旨在从西方学者制定的框架中叙述马德拉萨制度，从而试图理解马德拉萨在伊斯兰社会中的作用和表现形式。

长期以来，伊斯兰教和穆斯林通常被人们视为一个单一的整体，而忽视其内部不同社会文化中所固有的差异。其实，马德拉萨在当代不同的伊斯兰国家中有着不同的表现形式。

4.4.1　南亚

莫卧儿被广泛认为是不同种姓、信仰的人民的文化港湾，那里各种思想活跃并相互交流。马德拉萨在莫卧儿王朝一直是受人尊重的学习中心，为国家培养公职人员。在莫卧儿时代的传统社会环境中，马德拉萨教育包含了古兰经、圣训、法学、逻辑和哲学等基本学科。教学的重点包括理性科学、逻辑、哲学与神域的“法拉比定”（Maqulat）。莫卧儿王朝几任君主为马德拉萨增加了梵文与瑜伽等规定的课程。随着达斯－伊－尼扎米（Dars-e-Nizami）的引入，莫卧儿王朝的马德拉萨系统在奥朗则布（Aurangzeb）皇帝的赞助下，制订了统一的标准化的教学大纲。[232]除了基本的宗教科目之外，音乐、印地语、神秘主义和历史也被纳入马德拉萨达斯－伊－尼扎米下的课程。[233]

莫卧儿帝国衰落后，由于宗主国随后对殖民地国家事务和教育制度进行统一的控制，萨拉菲主义作为伊斯兰教更为清教化的一种形式被南亚宗教界接受。[234]

殖民者在南亚试图用新教育系统取代旧的。在当时的社会文化环境中，在殖民统治下穆斯林需要改变过去的生活方式，铸就其不同的身份认同，导致马德拉萨由教授广泛科目向专注于宗教科目的转变。

19世纪和20世纪的伊斯兰抵抗运动在历史上被广泛认为是通过宗教议程抵制殖民化、资本主义、西化和其他形式压迫的运动。[235]在印度被英国殖民时期，印度的马德拉萨是反殖民统治运动的参与者。德奥班德运动，包括为抵抗运动提供了理性支持的受人敬仰的老师雅克布·纳诺维（Yaqoob Nanotvi）和谢赫·瓦利乌拉，在抵抗中起到了主要作用。马德拉萨在激励人民中的关键作用是其将殖民者视为压迫者。[236]

今天，马德拉萨的政治角色只是其在伊斯兰社会中的广泛作用的一小部分。马德拉萨提供社会保护的功能通常被人们放在次要地位。

（1）阿富汗

传统上，阿富汗的马德拉萨在自身的历史文化框架下运作，受到撒马尔罕和布哈拉的影响。[237]随着阿富汗战争以及由美国和沙特阿拉伯资金支持的瓦哈比主义的到来，一种清教化的伊斯兰信仰也来到了中亚。[238]塔利班对阿富汗的控制进一步巩固了该地区的瓦哈比主义。

尽管这里的马德拉萨通常被一种极端主义以及本本主义模式限制，但在文化上依然对民众有很大的影响。[239]农村人通常偏爱马德拉萨胜于西式学校，因为马德拉萨在文化上更加接近传统机构。达纳·伯德认为，在教育的获取上，阿富汗的农民对受教育没有任何偏见，只不过他们按照传统方式获得教育，不信任外国的或现代的教育。[240]

（2）巴基斯坦与孟加拉国

哈尼夫（Haneef）对南亚当代马德拉萨教育的现状进行了分析，对其功能做了介绍。[241]殖民统治下的历史演变以及之后的冷战格局，把曾经充满活力的马德拉萨学术研究限制在了有限的单一的话语体系上。由于马德拉萨目前忙于保持自己的身份认同，没有多少空间留给多样的传统知识的传递。

社会上的一部分人得到马德拉萨的赞助和指导的同时，另一些人更加认同西方教育。这样，受到马德拉萨教育的阶层只能获得关于世俗社会的有限的知识，无法在现实生活中表现出色。[242]结果就是后殖民社会的二元对立，导致宗教和世俗的极端分化，两边都不愿意互相接触。

在西方教育巩固了权力结构的同时，后殖民地国家的政府不能填补西式学校与传统马德拉萨之间的鸿沟，由此出现了正式的和宗教的两个并行的教育系统。巴基斯坦教育制度的改革本质上意味着增添了多种不同的知识提供渠道——公立学校、私立学校、马德拉萨，这是一个由于政府的局限且效率低下而似乎不太可能完成的任务。[243]国家贫穷和政府糟糕的表现是马德拉萨在当代巴基斯坦和印度社会依然活跃的重要原因。[244]国家为社会贫困人口提供保护能力的迅速下降，使它疏远了一部分只能依赖马德拉萨及其经济保障的人民。此外，巴基斯坦各级政府在提供初级教育、医疗保健及其他基础设施上的失败，也为马德拉萨这样的（非主流）渠道提供了空间。这意味着在地方上尤其是在乡村里，马德拉萨通常是小学教育的唯一渠道，这加大了一些较低社会阶层对其的依赖，扩大了整个社会的结构性分裂。[245]

除了跟传统教学大纲、经济赞助和政治角色等主题有关，南亚的马德拉萨的另一个主题与冷战后的激进化和反恐战争有关。当伊斯兰在当前的话语体系中被视为“他者”时，这些事件对理解所研究国家的社会政治环境有着广泛的影响。艾哈迈德和纳尔逊对巴基斯坦和孟加拉国的马德拉萨目前的情况进行了深入分析，得出了一个相对平衡的结论：“马德拉萨是反西方情绪的生产者的看法在很大程度上是错误的。”他们发现，人民的激进化和政治化主要归功于他们在阿富汗“圣战”期间的经历，而不是马德拉萨教育。[246]暴力与马德拉萨之间的联系是相当薄弱的。与此相反，殖民地社会整体对西方的幻想破灭很大程度上是人民激进化的原因。

4.4.2 东南亚

（1）印度尼西亚

印度尼西亚是一个具有世俗观念的伊斯兰国家。印度尼西亚宗教和精神教育回归，与伊斯兰世界许多地区一样，可能是由于国家教育体系的失败及精神和道德的丧失。

20 世纪 50 年代中期，在印度尼西亚政府设计和指导的课程下，宗教教育制度被分成了国家控制的马德拉萨（madrassah diniya）和宗教学派下的马德拉萨（pondok pesantren）。

马德拉萨在印度尼西亚的国家教育制度下运作。具有四个不同层次的寄宿学校，分别旨在小学、中学、大学与研究生四个层次上培养人才。[247]“庞多克”（pondok），或称宗教学校，是私人寄宿学校，遍布整个东南亚。[248]历史上庞多克主要在农村地区普遍存在，向男女学生提供教育，其教学大纲通常包括宗教教育、政府课程、职业培训和人格发展。[249]印度尼西亚的马德拉萨在这个方面可以看作是融合宗教与现代性的成功尝试，为现代教育与宗教教育之间的对话铺平道路。东爪哇省有影响力的东爪哇波诺罗戈习经院（Pondok Modern Darussalam Gontor）就是一个例子，该校现在授予埃及爱资哈尔大学学位。[250]

（2）泰国

印度尼西亚、马来西亚和泰国的马德拉萨与庞多克基本在同一框架下运行，但是各自与政府的融合以及受到的监管却不同。泰国的庞多克 20 世纪 60 年代以后已经逐渐与主流学校融合，与中东和南亚地区的神学院搭建桥梁，在学生交换的基础上形成了跨文化交流。[251]

（3）马来西亚

与印度尼西亚一样，20 世纪 80 年代以后，马来西亚政府也试图将现有的庞多克和马德拉萨现代化，导致较低社会阶层的很多人加入。[252]在小学阶段，课程的重点仍然是宗教文本；在中学阶段，艺术、地理、数学和自然科学等学科被加到课程中。

传统上，马来西亚有两个不同的宗教阶级，一个是支持本地化的通融的传统伊斯兰守旧派，另一个是支持清教化的伊斯兰的现代复兴主义派。[253] 20 世纪 80 年代以来，整个伊斯兰世界一直存在一种二元对立性：清教化的伊斯兰的新观念与老派的伊斯兰的冲突。

4.4.3 中亚

中亚几个世纪以来，一直是伊斯兰与其他传统相互学习和文化交流的中心。[254]宗教知识被嵌入传统的苏菲主义中，而马德拉萨则凭教产和个人捐款运作。马德拉萨提供小学和中学教育，小学教育专注于《古兰经》知识，中学教育包括阿拉伯语言学、《古兰经》研究、圣训、神学原则和逻辑及伊斯兰教法之类的课程。高级的马德拉萨专注于培养宗教领袖和教师。正是这种不同的知识传统产生了诸如纳格什班迪（白哈丁·布哈里）那样的学者和圣徒，以及布哈里和铁密济那样的神学家。[255]

苏联长期对中亚实行持续控制以及严格的世俗主义政策，在公共空间中为宗教提供的空间很少。民间宗教机构逐渐被国家机构取代，后来逐渐关闭。[256]哈立德认为，由于苏联对伊斯兰教压制，不允许任何正式的伊斯兰机构存在，所以中亚的伊斯兰失去了与苏联以外世界的联系。[257]

20 世纪后半叶，伊朗伊斯兰革命、阿富汗战争和苏联的解体，导致中亚各共和国的伊斯兰情怀与全世界伊斯兰地区一起复苏，该地区民间的马德拉萨数量激增。[258]该地区出现了一种新形式的激进主义，一种政治伊斯兰。塔利班运动和瓦哈比主义渗透到中亚。[259]中亚各共和国之间的差异，导致人们对宗教的态度各有不同。[260]乌兹别克斯坦和塔吉克斯坦政府对伊斯兰复兴的恐惧使其限制宗教活动，控制马德拉萨和伊斯兰教育。

4.4.4　中东与北非

（1）海湾国家

由马德拉萨的第一个中心，到由广泛的旅行学者组成的活跃的学术交流网络，再到 19 世纪沙特阿拉伯意识形态向瓦哈比主义转变，中东国家宗教教育的话语体系发生了转变。[261]

（2）埃及

在前殖民地时期，受尊敬的爱资哈尔大学是伊斯兰知识的一个重要来源，也被广泛认为是整个伊斯兰世界里权威性的机构。[262]随着殖民主义的到来，北非的伊斯兰国家倾向于采取西方的教育制度。

在此期间，爱资哈尔大学也受到现代化与世俗化的灌输，面临实现标准化与获取国家层面认可的压力。与伊斯兰世界其他地方的例子相反，爱资哈尔大学的教学被视为是与现代主义齐头并进的，传播宗教信仰的渠道成为多种形式知识并存的空间。

4.4.5　西亚

（1）伊朗

7 世纪，伊朗的伊斯兰教育在逐渐制度化。男性出门参加马克塔布，女性在家学习宗教。伊斯兰化促使清真寺和校园广泛发展，促进了学者的流动。库姆直到 18 世纪后期一直是什叶派教育中心，20 世纪早期复兴。库姆的马德拉萨在什叶派领袖阿亚图拉布鲁杰迪领导下，试图统一什叶派与逊尼派穆斯林。布鲁杰迪在世界各地建立了清真寺和学习中心网络，使库姆的马德拉萨得以与国际知名伊斯兰大学竞争。尽管受到政府的限制，马德拉萨仍然与正规教育机构并存，为伊朗伊斯兰革命培育了大量神职人员。革命之后，马德拉萨仍是教育系统的重要部分，旨在培养宗教知识分子和在伊朗长期掌管最高权力的乌莱玛。[263]

（2）土耳其

20 世纪 20 年代，凯末尔进行的世俗化改革使土耳其的马德拉萨被西方式神学院取代。现代派认为伊斯兰教育是现代化的障碍，禁止了公共领域的宗教信仰。[264]宗教人士在遭到镇压之后在地下延续。20 世纪 80 年代以后，宗教被引入义务教育课程，伊斯兰教被视为土耳其人的基本属性。马德拉萨在土耳其国家权力中保留了影响力。

4.5 如何理解马德拉萨的复杂性

马德拉萨保持了文化内涵，为社会的某些阶层提供教育，却没有在其运作中植入现代技术。由于传统与西方现代性之间固有的矛盾，马德拉萨在现代背景下不可避免地衰落了。欧洲帝国主义创造了传统知识和新生知识之间的鸿沟。宗教极端主义者和世俗精英都是现代性的产物，与传统的马德拉萨不同。

马德拉萨为伊斯兰社会持续提供经济和教育上的支持。[265]长期腐败和国家失败导致了后殖民社会的阶级分化。诸如马德拉萨之类的网络在国家基础设施缺乏的情况下，常常履行为社区提供服务的职能。不良治理仍使社会下层依赖马德拉萨获取基本教育。

乔纳森·伯基重申中世纪马德拉萨和现代马德拉萨之间的区别，他认为前者充满活力和多样化话语，而后者拘泥于教条。[266]重要的问题在于现代马德拉萨缺乏批判性思维，“痴迷于基本规律、外在现象和个人行为等正统和过时的课程”。[267]此外，有关由谁设计马德拉萨的课程，课程应该涵盖哪些内容等问题，也一直存在争论。[268]

传统的马德拉萨一直游离在现代伊斯兰国家的边缘。现代伊斯兰国家与现代马德拉萨双方都缺乏批判性思维和多样性学习的精神，造成了马德拉萨的衰落。

今天，越来越多的学术研究和神学辩论转向了西方式大学、智库和其他研究机构，扩大了传统的马德拉萨与大学精英教育之间的差异，也扩大了受传统训练的宗教学者与受现代大学训练的宗教学者之间的分歧。[269]

原教旨主义、“激进圣战”是一种新的历史现象。持有原教旨主义、“激进圣战”观点的组织与传统上强调知识和探索的马德拉萨是相背离的。由美国鼓吹、沙特石油资金支持的伊斯兰激进组织不应该被视为伊斯兰本土的知识生产模式。[270]因此，激进组织不能被界定为马德拉萨。

由于有传统知识的连续性和对科学的探究，爱资哈尔大学是现代伊斯兰大学的一个成功案例，为伊斯兰世界其他类似机构提供了样板。

4.6　当代最著名的马德拉萨——巴基斯坦正义学识大学[271]

4.6.1　正义学识大学概况

（1）声望、历史和影响

马德拉萨来自阿拉伯语，指从事伊斯兰宗教教育的学校或机构。正义学识大学是巴基斯坦宗教教育的中心，毕业生相当于拥有硕士学力。它在巴基斯坦、阿富汗乃至中亚宗教教育中的声望就像哈佛大学在美国的声望，90%的塔利班领导人毕业于此，包括大毛拉尤尼斯·哈利斯。巴基斯坦开伯尔－普什图赫瓦省、俾路支省和阿富汗的很多马德拉萨都与正义学识大学建立了合作关系。

原校长是被称为“塔利班之父”的萨米·哈克毛拉。他说，虽然各个马德拉萨的课程体系大致相同，但是正义学识大学的要求特别严格。该校的标准可以与美国的哈佛大学和英国的牛津大学相提并论。

正义学识大学坐落于巴基斯坦开伯尔－普什图赫瓦省瑙仕拉（Nowshera）的阿克拉哈塔克。1830年，“圣战者运动”与锡克教徒在那里爆发了激烈战斗，此后赛义德·艾哈迈德等超过70名伊斯兰“圣战者”牺牲，因此，那里被视为圣地。

南亚的伊斯兰教育原本包括科学和宗教两方面内容。英国侵占南亚后，为了培养忠顺的奴仆，从教育中剔除了宗教的内容。这迫使南亚穆斯林寻找宗教教育的新方式。他们广泛建立小型宗教学校，学生的学费、书本费和饮食都由慈善机构免费提供。

在伊斯兰传统中，宗教与世俗相互依存，都由信奉安拉的国家来指导。因此，世俗教育与宗教教育相互依存，国家同时强调两者的重要性。萨米·哈克说，当代学院和大学里的宗教教育被完全忽视，或者很弱，无法丰富人们的精神。只有宗教教育让人敬畏上帝，扶助同胞。因此，马德拉萨的课程中包括宗教教育和世俗教育。

正义学识大学成立于印巴分治的1947年。萨米·哈克毛拉自1988年起接替他的父亲阿卜杜勒·哈克·哈卡尼担任校长职务，直到2018年被刺杀身亡。自1985年起他连续10年担任巴基斯坦参议员，努力把伊斯兰教法作为巴基斯坦所有立法的源泉。萨米·哈克回忆，在他父亲担任校长时期，校舍是土屋，他的母亲要砍伐带刺的灌木作为柴火，为大约200名学生做饭。他的祖母当时80多岁，视力较差，但还把大罐子里的面粉捏成面团。

学生在正义学识大学经过大约8年的学习，才能完成学业，并获得达斯-伊-尼扎米学位，荣获“哈恰尼亚”（Haqqania）的称号，这是一种荣耀。达斯-伊-尼扎米学位要求学生学习14门课程。有的学生还会继续学习两年专业课程。

（2）目标、原则、课程、师生和培养方向

正义学识大学的目标为：根据《古兰经》和圣行传授知识，让学生成为理想的穆斯林公民；为各层次宗教教育培养虔诚奉献的师资；适应现代世界的要求，从事研究，改善教学；在全国范围内建立宗教机构，加强合作；为清真寺培养虔诚的伊玛目，传布《古兰经》和圣训；进行研究，定期出版文献，如期刊、书籍、杂志和课程计划等；在人民请求时，发布伊斯兰裁决（fatawa）。

正义学识大学的基本原则是：传播安拉的知识，以愉悦安拉；高质量的教育；培养对事业的献身精神；原则问题上不妥协。

在伊斯兰世界中，马德拉萨的课程基本相同。以正义学识大学为例，宗教课程包括古兰经、圣行（以穆罕默德言行为根据的传统教规）、圣训、法理学（理解沙里亚教法）。其他课程有历史、地理、科学、数学、阿拉伯语、阿拉伯文学、逻辑学、经济学、计算机、哲学、天文学等。宗教之外的课程是为了全部学生，不仅是为穆斯林学生而设计的。课程中不包含政治性内容。马德拉萨的目的是培养爱好和平的人，而不是培训恐怖分子或极端分子。

正义学识大学不收学费，在校生有2500到3000人。学生主要来自巴基斯坦和阿富汗，也有来自中亚各国的学生，因为中亚基本没有宗教教育系统，该学校成为中亚学生学习伊斯兰教知识的理想地点。

巴阿边界是开放的，来自阿富汗和中亚的学生不需要签证。据调查，约90%的阿富汗学生希望在正义学识大学学习。在过去的50年中，该校约有2万名阿富汗毕业生。大学原则上不拒绝任何年龄段的学生入学。有40—50位老师，大部分是巴基斯坦人，有两位来自埃及爱资哈尔大学。老师在这里教书不是为了谋生，而是一种使命，将生命献给安拉，把安拉的知识传授给人们。

在巴基斯坦，马德拉萨的在校生不到全国学生总数的10%。正义学识大学每年约有1000名学生毕业，培养目标是成为宗教学者。该校颁发的学位被认定为伊斯兰研究硕士和阿拉伯语硕士。有些学生毕业后前往其他大学攻读博士学位，有些去攻读培养穆夫提的专门性学位。多数毕业生会去清真寺担任伊玛目，或在马德拉萨任教。有的学生到公立学校、学院和大学任职。萨米·哈克说，该大学的每个学生都能找到工作，而且受到尊敬。

4.6.2　反驳对正义学识大学的指责

（1）正义学识大学并不训练塔利班战士

西方媒体指责正义学识大学培养了好战的塔利班，还把所有的马德拉萨看作“圣战者”的培训营。

萨米·哈克说，正义学识大学和其他马德拉萨都不提供军事训练。西方媒体访问了所有马德拉萨，都找不到其提供军事训练的证据。阿富汗塔利班的领袖奥马尔毛拉也没有在马德拉萨受过军事训练。

萨米·哈克说，塔利班与正义学识大学只存在精神上的师生关系。在伊斯兰传统中，师生关系是神圣的，学生把老师看作精神上的父亲。20世纪80年代的某天，阿卜杜勒·哈克·哈卡尼校长听说，阿富汗的“圣战者”用肩扛式毒刺导弹打下了苏联的战机。他说，“我曾经梦见学生们传播《古兰经》和在宗教学校学到的知识，但是从未想到我的学生们……把毒刺导弹扛在肩头，击落敌机，把俄国佬赶回莫斯科”。[272]

塔利班人士来到巴基斯坦时会访问正义学识大学。大学不会要求学生回阿富汗参加“圣战”。大学只有一次应阿富汗塔利班的请求而放假，那是在塔利班进攻马扎里沙里夫受挫之时。塔利班领袖奥马尔请求大学为阿富汗籍学生放假两周，以便他们回国报效。阿富汗塔利班有时向大学寻求意见，大学则尽力提供意见。

（2）正义学识大学并不鼓励“圣战”和颠覆政权

萨米·哈克称，大学唯一愿景是推广安拉的知识，任何妄图阻止这项事业的大国都会失败。他建议美国做伊斯兰的朋友，不要给伊斯兰制造障碍。让苏联解体或征服任何国家或扩张，都不是他们的目的。他们努力让安拉的知识传播到中亚国家，特别是《布哈里圣训》的故乡布哈拉和撒马尔罕，而且大学没有训练中亚学生推翻中亚世俗政府的计划。同样地，大学希望安拉为巴基斯坦带来伊斯兰政府，但是并不想推翻巴基斯坦政府。

萨米·哈克称，在《古兰经》中，没有向爱好和平的国家发动“圣战”的教义，也没有使用宝剑扩张伊斯兰国家疆土或传播伊斯兰教义。相反，美国和英国占领伊斯兰国家，掠夺资源。他建议西方研究并理解马德拉萨的课程体系，消除疑虑，与穆斯林携手在本土教学中引入这样的体系。

（3）正义学识大学不接受本国政府拨款和外国资金

正义学识大学并没有资产，因此没有稳定的收入来源以支付教育开支。根据大学的原则，不接受任何政府或政治人物的捐款，以防他们影响学校或教师。大学也从未接受沙特阿拉伯、阿联酋、马来西亚或美国的资金。与事实相反的说法是西方的宣传。正义学识大学不试图营利。萨米·哈克认为，正义学识大学的课程计划和教育体系是安拉批准的，因此他们不害怕美国政府和巴基斯坦政府，这两国政府都无法阻断民间的资助。

大学接受富裕穆斯林的私人捐款。这种捐款被称为“使用金钱的圣战”，是崇拜安拉的形式。大学没有银行存款，但从未出现财政崩溃。有时候大学缺乏第二天某个项目的经费，但第二天一早就获得足够的捐款。大学的经费管理得很严格，没有批准，谁也不能买一小袋盐。大学近40年来从未出现过经济方面的丑闻。

（4）正义学识大学并不反美

萨米·哈克说，正义学识大学中没有反美的教学计划或文献。美国对伊斯兰世界的歧视让穆斯林仇恨美国，甚至美国的人民也反对美国政府的政策。

美国退役陆军少将克莱·白金汉（Clay Buckingham）在访问正义学识大学之后写道："我和妻子很珍视2005年9月23日对正义学识大学愉快的增长知识的访问。我们对这里的专业水平、教职员工对祖国的爱和学生的能力印象深刻。我们将作为正义学识大学的大使回到美国。巴基斯坦是伟大而勇敢的国家，奋勇反抗各类恐怖主义。美国是巴基斯坦的朋友，是伊斯兰教的朋友。作为基督徒，我们可以从正义学识大学关于和平与荣誉的教诲中学到很多。谢谢你们，我们是你们的朋友。"[273]

萨米·哈克称，穆斯林通过马德拉萨传播真理，如果伊斯兰教诲能被所有非伊斯兰国家学习和理解，世界一定会变得和平与繁荣。不同种姓、教义和肤色的分歧将不复存在，穆斯林与非穆斯林将成为兄弟，整个人类将融为一体。

萨米·哈克认为，西方若想取消马德拉萨，应该要求伊斯兰国家把马德拉萨的课程体系引入公立学校、学院和大学中。这样，马德拉萨就没有存在的必要了。

4.7　马德拉萨的自我认同

马德拉萨未来路在何方？

当代学者经常思考马德拉萨的改革。人们普遍认为，这些传统的学习场所应当在技术上追求现代化，并包含系统的学习方式，以培养既能在精神层面又能在济世层面有所成就的全面人才。

扎曼（Zaman）称，当代西方学者针对马德拉萨的改革思想主要集中在将宗教与世俗分离。他指出，这种观点错误地假定马德拉萨在历史上的作用纯粹是宗教方面的。[274]改革必须首先消除殖民主义的历史分析框架，传统课程包含的人类全面发展有利于解救马德拉萨。[275]传统伊斯兰学者一直认为，摆脱现代性的唯一方式是恢复神圣的知识，宣扬和谐、中庸、和平共处的历史传承。[276]为了克服伊斯兰世界内部的分裂，需要排除殖民历史遗留的障碍。传统的延续对减轻殖民地历史对伊斯兰社会的影响，以及排除帝国主义强加给伊斯兰社会的认知错位都至关重要。

作为一个文明国家，中国的兴起建立在技术现代化和传统精神之上，为社会带来整体和谐。[277]中国为世界伊斯兰国家提供重要参考和经验。伊斯兰国家可以通过研究中国案例来改善自身马德拉萨的知识精神。伊斯兰人民需要消除对技术和创新的不信任。东方传统与西方现代性的冲突的解决之道是和平共处、互不干涉、共同发展。

伊斯兰国家未来将会迫切需要马德拉萨这样的传统教育机构。马德拉萨若可以在尊重传统基础上实现现代化，加上其传承知识包含的和谐与儒家价值观相通，可为传统的东方社会摆脱西方的不良影响铺平道路。

5　伊斯兰国家智库如何塑造媒体议程*

5.1　智库与媒体

智库又称思想库，顾名思义，是智慧和思想之库。如何让智慧和思想从专业性和政策性很强的库中走出来惠及大众，为国家发展、世界和平贡献力量?世界各国的智库都面临这一问题。

伊斯兰国家[278]有着尊重智慧、推崇学习的优良传统。伊斯兰教先知穆罕默德说，“学问虽远在中国，亦当求之”。中古时代达里波斯语叙事长诗《列王纪》（又译《王书》）开头就歌颂了理智的力量和传播智慧的重要性，“理智是真主的最慷慨的赐予，弘扬理智是人间最大的善举……理智具有生命，永燃不熄……理智指引方向，理智启迪心灵”。[279]

智库和一般的学术研究机构不同，常常需要追求社会影响力。罗杰·斯克鲁顿在他的《政治思想辞典》中有这样的解释：“影响力是权力的一种形式，它通过告诉其他人行动的理由（除了威胁的方式），这些理由或者是对他人有利的，或者是道义上以及善意的考虑，来对其行为进行影响，但是这些理由和考虑必须是对他人有分量的，从而影响其决策。”可以看出，影响力通过具有说服力的语言和“潜移默化”的行为来达到影响他人决策的目的。[280]

媒体是现代社会传播智慧、提升影响力的最快捷方式之一。媒体与智库的互动在很多国家都存在。美国智库长期致力于国家内外政策、可持续发展等领域的研究，与媒体有频繁和相当深入的互动。美国媒体善于利用各种渠道，包括纸媒（报纸杂志）、电媒（电视广播）、网媒及新媒体平台等渠道，与智库和

---

* 《伊斯兰国家智库如何塑造媒体议程》作者是孙力舟。

政府互动。特别是在新媒体使用上，在政策制定前后，智库都会充分与媒体沟通，并在充足资金支持下，让旗下专家在媒体和自身网站发声，对政府和群众进行游说和沟通。[281]

智库和媒体各有特点：智库主要反映精英的声音，媒体的观点则更加平民化，更能反映民众的声音和价值偏好。把精英偏学术化的观点转化成媒体上民众听得懂、乐意听的，需要一个转换的过程。例如，在马来西亚，为新闻记者提供信息是智库的主要职责之一。马来西亚媒体信息传播和技术的不断发展，使智库用更小的成本获得更大的客户群体，也形成了更广泛的影响。当然，媒体过度关注一些煽情或危言耸听的事件，会影响民众对政策的认知理解。[282]

一般来说，在动荡不安的时期，一个国家的政府和社会将努力寻求新出路，寻找新办法。伊斯兰国家的政府在应对地区复杂形势的过程中，越来越倚重智库的辅助功能，因此，为国家和社会提供智力支持的智库的发展随之加速。自2010年底“阿拉伯之春”爆发以来，伊斯兰国家的智库迎来蓬勃发展的势头，其重要性日益凸显。

尽管伊斯兰国家的智库与西方智库相比还比较稚嫩，但它们正在全面影响本国乃至全球的媒体议程和政策议程。伊斯兰国家的智库，除了生产学术产品、参与政策讨论之外，还能够在很大程度上塑造国内外媒体的议程，影响舆论导向。其塑造媒体的主要方式，包括直接在媒体上发表文章，接受媒体采访，言论和著作被媒体引用和推介，智库工作者在媒体兼职，研究成果引领媒体讨论的话题，举办对媒体开放的活动及参加媒体举办的活动，自办媒体并发挥媒体作用，等等。

5.2 智库学者直接在媒体上发表文章

沙特阿拉伯、阿联酋、土耳其、埃及、巴基斯坦、马来西亚等伊斯兰国家的很多智库学者，在国内外媒体上发表文章，直接参与内政、经济、社会、扶贫、安全、反恐、军事、对外政策等问题的讨论，并在这一过程中塑造媒体的议程。

中东历来是能源、国际关系、反恐、民族冲突、宗教问题等研究领域的热点地区。近些年，随着互联网技术的发展，中东本地媒体发展较快，很多区域外媒体也在中东设立分部。这些媒体每天都需要大量的深度分析文章，这正是本地智库之所长。例如，阿联酋的迪拜媒体城发展速度很快，成立之初只有99家公司入驻，现在已经有来自70多个国家的超过1400家媒体公司落户，所有办公场所的入住率达到93%。很多全球和地区顶尖的媒体机构都选择迪拜作为地区业务的区域中心，其中包括路透社、道琼斯、《泰晤士报》、美国有线电视新闻网、美国全国广播公司财经频道、中国中央电视台、索尼和贝塔斯曼等全球知名媒体公司。此外，还有众多媒体相关的自由职业者活跃其间。经过十几年的发展，迪拜媒体城已经成为阿拉伯地区最具竞争优势的媒体集散地。[283]

在中东地区，存在一些在多个阿拉伯国家都有影响力的“泛阿拉伯”媒体，如卡塔尔的半岛电视台、埃及的《金字塔报》、沙特阿拉伯的《中东报》和《生活报》等。“泛阿拉伯”报纸是阿拉伯纸媒中特殊的群体，其内容不局限于某个国家，而是就阿拉伯世界的事务发表地区性观点。在“泛阿拉伯”报纸中，发行量最大、最受读者欢迎的两份报纸是《中东报》和《生活报》。两报以自由的言论、深度分析和评论见长，得到思想家、作家等阿拉伯精英群体的青睐。[284]一些伊斯兰国家的智库学者在“泛阿拉伯”媒体上发表文章，对整个阿拉伯世界施加影响。

由于伊斯兰国家的媒体大量引用区域外媒体特别是西方媒体的报道，伊斯兰国家的智库学者在国外媒体发表文章，可以通过“出口转内销”的方式影响国内媒体和其他伊斯兰国家媒体的议程。例如，法新社阿文专线在阿拉伯世界就有很大的影响力。大量阿拉伯媒体，尤其是具有广泛影响力的“泛阿拉伯”报纸，如沙特阿拉伯的《中东报》《生活报》等，大篇幅地采用法新社等西方媒体的阿文专线稿件，无形中传递着西方媒体的议程设置和观点。[285]沙特阿拉伯、阿联酋、土耳其、埃及、巴基斯坦、马来西亚等伊斯兰国家，都有智库学者活跃在媒体的专栏之中。

沙特阿拉伯最著名的智库——海湾研究中心主席阿卜杜勒阿齐兹·萨格尔博士（Dr. Abdulaziz Sager）2013年11月7日在沙特阿拉伯的海湾新闻网上发文，称美国前总统小布什在中东滥用武力，失去了沙特阿拉伯的信任，整个中东地区都盼望他早点儿卸任。奥巴马于2009年1月就任美国总统后，开始纠正小布什的错误，朝着他所承诺的道路前进。当时，沙特阿拉伯希望奥巴马领导下的美国采取例行的中东政策，配合美国更合理、更正当地使用武力。但是，到了奥巴马的第二个任期，沙特阿拉伯的期望并没有实现。奥巴马政府没有在政治和军事方式的使用上保持平衡，而是走向了小布什政府的反面极端，对使用武力有太多顾忌，拴住了自己的手脚。沙特当局把奥巴马看作一位“纸老虎”总统。[286]

阿联酋战略研究中心（ECSSR）负责人贾马尔·S. 苏维迪（Jamal S. Al-Suwaidi）博士曾在卡塔尔首都多哈获得“海湾杰出研究人士奖”。ECSSR 的官网在对苏维迪先生的介绍中，称他多次接受报纸和电视台采访，并且长期为阿联酋的《团结报》撰稿。[287]

土耳其经济与外交政策研究中心的防务分析家詹·卡萨波格卢博士经常在国际媒体上撰文发表意见，如法国24电视台（France 24）、以色列的《耶路撒冷邮报》、土耳其的安纳托利亚通讯社、英国的BBC（英国广播公司）、卡塔尔的半岛电视台、“德国之声”电台（Deutsche Welle）等。2016年2月到2017年3月，他在卡塔尔半岛电视台发表了4篇时事评论：2016年2月15日的《预测土耳其在叙利亚的下一步动向》，2016年4月3日的《纳戈尔诺-卡拉巴赫：一场新战争的演习?》，2017年2月3日的《幼发拉底盾牌行动：进展与范围》，2017年3月24日的《土耳其为什么可能购买俄罗斯的S-400导弹防御系统》。[288]

埃及发行量最大的报纸——《金字塔报》在与智库学者的沟通方面表现得极为突出。《金字塔报》为学者提供了公开发表研究成果的机会，学者的加入也提升了《金字塔报》的品质和国际影响力。《金字塔报》为著名学者和思想者开设了专栏，其中有些人在智库工作。《金字塔报》的作者队伍中有一批知名度较高的学者，他们提高了报纸评论的权威性，有助于扩大报纸的发行量。报社的许多专栏编辑很容易约到学者高质量的稿件，因为这些学者均与报社有密切联系。[289]埃及金字塔战略研究中心高级顾问哈桑·艾卜·塔利布2017年3月21日在中国《人民日报》发表题为《中国是开放发展的典范》的文章。他表示：

"我了解到今年中国的《政府工作报告》特别提到了继续推进'一带一路'建设，这是埃中两国合作难得的历史机遇。埃方愿意与中国携手落实'一带一路'倡议，将本国打造成位于三大洲交会点的贸易枢纽。'一带一路'倡议不失为促进各国紧密联系、有效应对逆全球化思潮的举措。"[290]

在巴基斯坦首都伊斯兰堡某智库工作的经济学家哈桑·库雷希（Ahsan Kureshi），在巴基斯坦的《民族报》网站共发表了93篇专栏文章。例如，2017年4月22日的《道德的标准》，2017年4月8日的《美国对叙利亚的打击是必要的》，2017年3月4日的《希望是有的》，2017年1月21日的《一个有趣的社会试验》，2017年8月27日的《时间的声音》，等等，涉及巴基斯坦内政、反恐、印巴关系、国际事务等话题。他还连续在专栏中发表多篇有关克什米尔的文章。[291]

2014年，马来西亚公共政策研究中心的高级政策分析员林丽玲女士和马来西亚亚洲战略与领导研究所高级副总裁、公共政策研究中心副主任黄颖欣女士，在中国期刊《开放导报》上发表了《马来西亚智库的运行机制》，介绍了马来西亚智库从以研究和出版为主到为国家提供决策参考为主的转变过程。[292]

总的来看，与西方国家的智库学者相比，伊斯兰国家的智库学者在媒体上撰文还是比较少的。例如，在阿拉伯世界影响较大的阿联酋海湾新闻网的六名专栏作家中，就有两名在英国媒体工作（分别在劳工与社会研究中心和伦敦政治经济学院国际事务与外交战略研究中心）。[293]没有一名伊斯兰国家的智库学者担任阿联酋海湾新闻网的专栏作家。

5.3 智库学者接受媒体采访

伊斯兰国家与西方、中国一样，其各类媒体经常对专家学者进行采访，以体现媒体的深度和专业性。这种采访也是智库扩展影响力、塑造媒体议程的机会。伊朗、阿联酋、孟加拉国、埃及、马来西亚、印度尼西亚等国的智库学者，经常接受媒体的采访。

2015年1月18日，伊朗塔斯尼姆（Tasnim）通讯社刊发了对伊朗执法力量战略研究中心主任艾哈迈德·利扎·拉丹准将的访谈。他称，伊朗和伊拉克两国将推进警察力量间的合作，作为加深两国关系的一部分。[294]

阿联酋《国民报》网站2015年2月10日报道，阿联酋的三个智库进入了美国宾夕法尼亚大学公布的2014年全球智库排名的中东和北非地区前50。该报采访了其中的阿尔·卡西米（Al Qasimi）基金会研究负责人娜塔莎·里奇（Natasha Ridge）博士，博士称这一认可对阿联酋来说很重要："被智库与公民社会项目认可是很重要的，因为这一排名给我们提供了与本地区其他研究机构对比的坐标。它显示出我们的成就和我们的发展机会。阿联酋的一个教育类智库被列入本地区的顶尖智库，表明外部对阿联酋地区研究中心的地位给予了正面评价。"[295]

哈立德·奥马尔·宾·启恰（Khalid Omar bin Qiqa）对阿联酋战略研究中心负责人贾马尔·S. 苏维迪博士的访谈，发表于2014年5月5日的《团结报》上，其中一部分内容如下：

> 提问：在你漫长的研究生涯中，以及建立与领导正在庆祝成立20周年的ECSSR之后，你对自己所取得的成就满意吗？你如何形容自己和ECSSR的关系？作为一名思想者，你和ECSSR这个智库有什么不同点？
>
> 回答：这是不好回答的问题。把机构和个人相混是错的，尽管这种情况时常发生。机构比个人更长久。在ECSSR这个机构工作了20年，我们对已经取得的成绩感到满意，但是我们要通过研究和出版，做更多创造性、建构性的工作。我们为保持这个机构全球性的显赫地位和优良名声，必须做更多的工作。我们希望提升本中心现有的地位，以实现我们睿智的领导层的目标和期望。

ECSSR这20年来的主要成就：大约1000种出版物，超过260种出版物在出版中，800场学术活动（会议、研讨会、讲座、工作坊等），阿联酋联邦图书馆（拥有超过100万册藏书）。[296]

在孟加拉国发展研究所的官网主页上，特设一个栏目——《媒体中的孟加拉国发展研究所》，收录了该研究所学者在英文、孟加拉文的纸媒、电子媒体上发表的文章和接受的访谈。该研究所的学者在纸媒上的发文和接受的访谈共 41 篇，在电子媒体上的发文和访谈共 11 篇。例如，该研究所所长卡斯·莫西德博士（Dr. Kas Murshid）接受了达卡的《金融快报》（*The Financial Express*）的采访。这篇文章介绍了他在缅甸、柬埔寨和联合国开发计划署的工作经历，称他的研究领域包括食品政策、农业市场、价值链金融、农村组织和人类发展。莫西德博士认为，孟加拉国对宏观经济环境的掌控赢得了所有人的好评，孟加拉国的经济增长率超过了 7%，还保持了低通胀和低利率。[297]

伊斯兰国家的智库学者也经常就热点问题接受国外记者采访。如果是接受世界知名的主流媒体采访，会产生很大的影响力，无形中塑造媒体议程。例如，2011 年 4 月 24 日，埃及首次多党选举前夕，金字塔政治与战略研究中心的政治分析师纳比尔·阿卜杜勒·法塔赫（Nabil Abdel Fattah）接受了英国路透社记者的采访。他就世俗政党问题说，“世俗”这个词被伊斯兰主义者转化为带有亵渎和中伤的含义。他认为，这是伊斯兰主义者策略中的一部分，他们把语言和术语加以歪曲，以吸引大众的注意。[298]

2015 年 6 月 2 日，埃及金字塔政治与战略研究中心研究员赛义德·拉文迪在接受中国新华社记者专访时表示，“伊斯兰国”崛起是美国入侵伊拉克和干涉中东事务的直接后果，且单纯军事手段无法消灭该组织。他认为，反恐联盟各国与“伊斯兰国”之间的战争还会持续数年甚至更长时间。若想更加有效地打击该组织，首先，地区以及地区外相关国家应摒弃一己私利，以大局为重，进行坦诚的通力合作；其次，各国不应再一味迷信武力，而是要通过政治、经济等各种手段多管齐下，从而彻底铲除滋生恐怖主义的土壤。[299]

马来西亚的很多智库人员通过定期做客脱口秀节目，在各新闻报刊上发表文章，来提升将所研究的问题转化为公共政策时的影响力。在信息爆炸的时代，智库须以更人性化的方式向公众、媒体、业界精英和政府机关阐述各种问题。在马来西亚，为新闻记者提供信息是智库的主要职责之一。智库接触媒体可以扩大其在决策者和公众中的影响力，从而在形成公共意见和公共政策上具有竞争优势。马来西亚的媒体帮助智库提高知名度，智库研究人员常作为专家被平面媒体采用，或出现在访谈节目中。一些智库研究人员会为平面媒体写专栏，还有一小部分政治刊物和相关信息图表也为智库发挥了传播功能。[300]

5.4 智库学者的言论和著作被媒体引用和推介

埃及、沙特阿拉伯、印度尼西亚、巴基斯坦等伊斯兰国家的智库学者的言论和著作被媒体引用并加以推介，扩大了智库的影响力。

埃及第一大报《金字塔报》网站的书评栏目，就经常推介同一集团下属智库的研究成果。从2011年到2013年，《金字塔报》网站推介的金字塔政治与战略研究中心的5部著作，都属于该中心的研究报告系列，书评中出现了该中心的徽章图案。这5部著作是迪纳·谢哈塔（Dina Shehata）的《埃及青年运动地图》、艾哈迈德·赛义德·纳贾尔博士（Dr. Ahmed El-Sayed El-Naggar）的《革命与面对埃及经济的困境》、28位研究人员和记者合著的《1月25日革命》、阿克拉姆·阿尔法（Akram Alfy）的《人口学家分析埃及选票》、乔治·法米（Geroge Fahmi）的《爱资哈尔大学在埃及寻求新角色》。[301]

《金字塔报》这样介绍《埃及青年运动地图》：这部著作是金字塔政治与战略研究中心系列报告中的一部。该系列从1991年开始发布，从那时起就关注政治和经济领域的热点问题。这部作品的有趣之处在于它所搜集的资料来源广泛，并不限于常见的材料，还加入了不少对埃及青年运动中的活跃分子的访谈。

2014年10月14日，沙特的阿拉伯新闻网刊登了读者来信，该来信表示完全同意10月13日沙特智库海湾研究中心主席阿卜杜勒阿齐兹·萨格尔的“德国必须在中东地区表现得更加活跃”的观点。[302]

2017年3月29日，阿拉伯新闻网发布的题为《阿拉伯领导人在巴勒斯坦建国问题上寻求一致立场》的文章，引用了伊拉克安全专家、沙特海湾研究中心高级顾问、安全与防务研究项目主管穆斯塔法·阿拉尼（Mustafa Alani）博士的话，“阿拉伯国家峰会上可能产生一个成果：针对华盛顿的巴勒斯坦政策持统一的态度。阿拉伯领导人可能在其他问题上有分歧，但在这一问题上立场一致”。[303]阿拉伯新闻网2016年7月16日的文章，引用了穆斯塔法·阿拉尼对当月在沙特阿拉伯发动恐怖袭击的恐怖分子的评价，“这些人在技术、心理和训练上都很差劲。在这5起袭击事件中，有4起只是杀死了自己，没有杀死别人”。[304]早在2011年5月1日，阿拉伯新闻网关于伊朗政局的文章，就引用了穆斯塔法·阿拉尼的看法，“然而艾哈迈德·内贾德仍很大胆。从伊朗的角度来看，现在不是内部出现僵局的好时候”。[305]

2017年4月10日，印度尼西亚《雅加达邮报》国际版题为《智库建议在斋月前进口更多主粮》的文章，引用了印度尼西亚政策研究中心的研究。该研究认为，如果印度尼西亚主粮价格在2017年3月和本地区的其他国家相同，雅加达平均家庭规模的四口之家每月在主粮消费上可以节约40.1万卢比（约合30美元）。该研究中心建议政府在斋月之前进口主粮，因为当时降低价格的政策没有起效。根据印度尼西亚政策研究中心发布的月度家庭消费指数，2017年2月，食品价格高企已经让23%的家庭收入花费在购买食品方面。这个指数涵盖亚太地区和大洋洲地区的新加坡、马来西亚、泰国、菲律宾、澳大利亚和新西兰等国的各个城市主要的食品种类，包括糖、牛肉、米、蛋和鸡肉。该中心的研究员希兹基亚·莱斯帕提亚迪（Hizkia Respatiadi）说：“在斋月开始的两个月前，食品价格就上涨了。如果政府不提供廉价的主粮，我们都将付出代价。”他认为，缺乏质优价廉的食品将对贫困家庭产生最大的影响，年轻一代会出现营养不良和发育停滞的现象。该中心的这项研究认为，如果雅加达的米价和泰国一样，一个四口之家每月可以节约23.3万卢比。这项研究还注意到，2017年2月，全球市场上的米价比2016年2月低了4.4%，但是印度尼西亚市场上的主粮价格却没有下降。

巴基斯坦《新闻报》2016年11月23日报道，在出席卡拉奇大学应用经济研究中心为期3天的国际会议时，巴基斯坦的经济学家们警告，如果巴基斯坦贫富分化的态势得不到扭转，10年内有可能出现希腊那样的经济崩溃局面。巴基斯坦的另一个智库——发展经济学研究所的副所长阿萨德·扎曼（Asad Zaman）博士称，与印度不稳定的关系对巴基斯坦极其有害。他敦促决策者对巴基斯坦与印度的贸易模式进行反思和重建。他呼吁让巴基斯坦的经济变得自给自足，强调经济发展的核心在于高效和有远见的政府。卡拉奇大学应用经济研究中心主任萨米娜·哈利勒（Samina Khalil）称，会议旨在为发展中国家的经济转型设计发展政策与战略，特别是为巴基斯坦经济服务。她认为，这次会议将为国际知名的学者、研究人员、实践人员、政策制定者和学生提供严肃对话和交流思想的平台。萨米娜说，巴基斯坦正在走向社会和经济的崩溃，这将横扫巴基斯坦现在的经济和对未来的观念，导致影响整个世界的危机。[306]

有的智库会把活动简报定期发送给媒体、政府机构、其他智库和学者，以扩大影响力，塑造媒体议程。例如，阿塞拜疆的智库——经济社会发展研究中心，每隔两周左右的时间发布一次简报。2017 年的几次简报内容包括 2017 年第一季度阿塞拜疆经济概况（2017 年 4 月 25 日），欧盟与东方伙伴国家的对话（2017 年 4 月 11 日），阿塞拜疆 2017 年前两个月经济概况（2017 年 3 月 30 日）。

5. 5　智库工作者在媒体兼职

埃及、沙特阿拉伯等伊斯兰国家的智库学者在媒体兼职的情况比较多。在伊斯兰国家，智库学者在媒体兼职的方式大体分为两种：一是机制化的兼职，即媒体下设了相对独立的智库，智库学者在所属媒体上发表观点；二是个体化的兼职，即智库学者以个人身份兼任媒体的记者、编辑或专栏作家等职务，在媒体上发表智库的成果或做评论。

埃及《金字塔报》报业集团旗下的金字塔政治与战略研究中心，就是第一种兼职方式的代表。该中心相对独立，是埃及乃至北非阿拉伯国家中最有影响力的智库之一。联合国前秘书长布特罗斯・加利曾担任该中心主席。中心主要从事重大国际问题和阿以争端的研究工作，为埃及政府的战略决策提供意见和依据。中心被誉为埃及的兰德公司[307]，其影响遍及整个阿拉伯世界。中心的研究人员多为博士，来自世界各地。中心在编的研究人员不多，但有庞大的编外研究人员队伍，几乎囊括了埃及的知识精英，国际知名学者也参与其中，其成果具有国际影响力。中心的研究人员既是学者，又是《金字塔报》的重要撰稿人，为报纸及时提供新闻报道背景材料、研究性的文章和深度国际评论。这些研究人员的参与提升了《金字塔报》的发行量，成为报纸的无形品牌资源，为报纸创造了品牌的国际价值。[308]

此外，伊斯兰国家有的智库与媒体结成了固定的合作伙伴关系。例如，阿联酋的海湾新闻网和沙特的阿拉伯新闻网，就是沙特商人创办的跨国智库——海湾研究中心的合作伙伴。该中心在瑞士日内瓦、英国剑桥和沙特吉达设有分部。[309]

沙特阿拉伯海湾研究中心主席阿卜杜勒阿齐兹·萨格尔博士在阿拉伯新闻网拥有专栏，发表的文章有 2014 年 9 月 11 日的《忽视沙特王国建议的代价》，2014 年 1 月 23 日的《沙特外交的挑战时代》，2013 年 11 月 7 日的《美国 – 沙特关系进入关键阶段》，2013 年 6 月 19 日的《美国与真主党恐怖的共存》，2013 年 4 月 28 日的《建设强大的日本 – 沙特关系》，2013 年 3 月 29 日的《海合会与美国的关系向何处去》，2013 年 2 月 7 日的《叙利亚军队或许对平稳过渡有帮助》。[310]

由于智库在伊斯兰国家产生了巨大影响，伊斯兰国家有的媒体号召建立新的智库，通过智库工作者在媒体广泛兼职的方式，生产大量有深度的媒体产品，以应对目前“伊斯兰恐惧症”泛滥的危局。总部位于吉达市的《沙特公报》（*Saudi Gazette*）的网站 2016 年 2 月 27 日刊登了女作家萨马尔·法塔尼（Samar Fatany）的文章——《我们需要独立的阿拉伯智库去应对我们的危机》。文章称，沙特阿拉伯的专家们认为，沙特本国和其他阿拉伯国家的智库必须提升能力，生产高质量的数据和政策文章。这些智库需要建立一个沟通的网络，并且更具多样性，也更独立。文章认为，阿拉伯世界的智库为了提高被认可的程度，需要提供更好的服务，并且学习更专业的智库经验。[311]2016 年 6 月 25 日，《沙特公报》网站刊登了麦地那居民沙伯尔·蒂尼亚（Shabbir Thingna）的文章，题为《穆斯林为了生存必须建立一个智库》。文章认为，美国、欧洲国家及印度等亚洲国家已经出现了一种集体的反穆斯林心理。这种心理把全世界各种各样的暴力事件和恐怖袭击都归罪于穆斯林。文章呼吁穆斯林兄弟姐妹们一起建设智库，在心理、社会和政治等领域改善自身状况。[312]

5.6　智库研究成果引领媒体讨论的话题

阿联酋、阿曼、巴林、巴基斯坦、巴勒斯坦、伊朗、土耳其、阿塞拜疆、印度尼西亚等伊斯兰国家的智库本身或其活动被国内外媒体报道，起到引领媒体讨论话题的作用。

2015 年 10 月 20 日，阿联酋海湾新闻网报道了在阿联酋战略研究中心举办的一场讲座。该场讲座由《团结报》前任主编、现任王储媒体顾问的拉希德·阿尔·阿拉米（Rashid Al Araimi）担任主讲，阿拉伯国家的很多知识分子和外交官参与。他说："阿联酋的经验最为成功，这是在阿拉伯世界中实行联邦制的唯一例子。国际研究界建议阿拉伯世界跟随阿联酋的步伐，建设现代国家。"[313]

2015 年 1 月 25 日，阿联酋海湾新闻网发表了题为《阿联酋智库引发政策改革与创新》的文章，介绍了阿联酋战略研究中心、阿联酋政策中心、德尔玛研究所（Delma Institute）、穆罕默德·本·拉希德政府学院、近东及海湾军事研究所、趋势研究与顾问机构等阿联酋智库对国家发展与创新的贡献。该文章称，美国宾夕法尼亚大学发布的年度智库排名，将阿联酋战略研究中心排在中东和北非地区超过 500 个智库中的第 19 位。2014 年阿联酋战略研究中心还列出了阿拉伯世界十强智库。它们是黎巴嫩的卡内基中东中心，卡塔尔的布鲁金斯学会多哈研究中心，巴林战略、国际与能源研究中心，科威特的战略与未来研究中心，约旦的中东研究中心，埃及的金字塔政治与战略研究中心，黎巴嫩的阿拉伯统一研究中心，阿联酋的穆罕默德·本·拉希德政府学院，沙特阿拉伯的费萨尔国王伊斯兰研究中心，摩洛哥战略与国际多学科研究中心。[314]

2016 年 4 月 6 日，阿联酋海湾新闻网报道阿联酋官员宣布阿联酋将成为一个全球教育智库的创始会员国。这个智库得到了微软公司的支持，名称是"世界改进教育先进国家组织"。拥有创新教育实践的阿根廷和芬兰也将成为该智库的创始会员国。[315]

阿联酋的智库也曾被哈萨克斯坦的俄文媒体报道。报道称，2012 年 11 月 19 日，在阿布扎比的阿联酋战略研究中心举行了圆桌会议，专门纪念哈萨克斯坦和阿联酋建交二十周年。在这次活动中，阿联酋杰出公众人物、政治人物、专家、记者及外交使团的代表出席了会议。在阿联酋战略研究中心的大厅，有一个双边关系历史影像展，是由中东社会的权威研究专家们设立的。在看台上，可以看到许多动态照片，它们展示了哈萨克斯坦和阿联酋两国元首和政府代表的多次会面。哈萨克斯坦驻阿联酋特命全权大使阿斯卡尔·穆西诺夫做了针对两国关系的主题特别报告。他告诉观众，近年来哈萨克斯坦和阿联酋之间的双边关系发展成果显著。他介绍，由哈萨克斯坦总统纳扎尔巴耶夫和阿联酋总统哈利法·本·扎耶德·阿勒纳哈扬所建立的高水平的合作伙伴关系，有助于国家之间形成真正的友好关系。阿联酋的代表则说，哈萨克斯坦与阿联酋的关系，代表着中亚与阿拉伯世界的关系，成为阿拉伯世界与亚欧大陆之间的桥梁。阿联酋战略研究中心被认为是中东地区处于领先地位的科学研究所，它的活动（都）由阿布扎比王储穆罕默德·本·扎耶德·阿勒纳哈扬将军监督。[316]王储担任该中心的主席。

阿布扎比的阿联酋战略研究中心，是一个在中东很有影响力的聚会场所，供政府领导人和专家讨论关键的中东安全问题。ECSSR 也是一个重要的研究机构，常举办科学会议、研讨会和讲座，并安排著名知识分子、高级军官和政府官员之间的会晤。现在，这些重要活动的影像展示全部使用 RGB Spectrum（提供视频处理和传输解决方案的公司）的技术。研究中心的大厅通常可容纳 600 人，在大厅用于演示的中心显示器最大，是显示面积为 11 米×3.5 米多视觉支持的显示处理器，由 MediaWall 频谱公司生产，Omnix 国际公司提供。因为要向观众演示每一个值得关注的重要细节，所以最优的图像质量和可靠的显示设备是其基本要求。Omnix 公司使用预布局来配置显示器，由 ECSSR 的后台操作人员归档和控制。[317]

2013 年 6 月 25 日，阿联酋海湾新闻网报道了阿曼智库塔瓦苏尔（Tawasul）发布的信息，称海湾阿拉伯国家合作委员会 12 位专家在阿曼首都以南约 1000 公里的南部城市塞拉莱，讨论本地区智库在每个国家中的作用和影响等问题。这次会议是地区智库的第三次年会。阿拉伯计划研究所、阿联酋战略研究中心、迪拜政府学院等本土智库，以及布鲁金斯学会多哈研究中心、兰德公司多哈分部、阿登纳基金会等西方智库在中东设立的分部的代表参与了会议，分享知识和实践经验。[318]

2011 年 7 月 23 日，阿联酋海湾新闻网报道称，阿曼唯一的独立智库 Tawasul 的领导人哈立德·阿尔·哈尔比（Khalid Al Haribi）对阿曼即将举行的咨询委员会选举进行了评价。[319]

2012 年 1 月 15 日，巴林通讯社报道了巴林战略、国际与能源研究中心将在“海湾国家安全与地区安全”研讨会期间与海湾研究中心签署合作备忘录的消息。[320]

2015 年 1 月 23 日，巴基斯坦《黎明报》网站称，在 211 个南亚智库中，只有两个在美国宾夕法尼亚大学发布的 2014 年全球智库排名中进入亚太地区前 20 位。这两个智库都是巴基斯坦的智库：巴基斯坦可持续发展政策研究所和巴基斯坦国际事务研究所。这两个智库分别排在亚太地区第 19 位和第 16 位。其中，巴基斯坦可持续发展政策研究所在跨学科方面世界排名第 38，在影响未来政策方面世界排名第 55。巴基斯坦可持续发展政策研究所举办了纪念此事的圆桌会议，参与会议的学者包括该研究所的执行主任阿比德·苏莱里博士（Dr. Abid Suleri）、巴基斯坦的另一智库——经济发展研究所的副主任伊夫蒂哈尔·N. 哈桑博士（Dr. Iftikhar N. Hassan）等。[321]

2017 年 2 月 19 日，《今日巴基斯坦报》报道了卡拉奇大学应用经济研究中心开始定期发行新闻杂志的启动仪式。巴基斯坦计划、发展和改革部长阿赫桑·伊克巴尔（Ahsan Iqbal）出席仪式并做了讲座。卡拉奇大学应用经济研究中心主任萨米娜·哈利勒教授、比利克·古勒教授和其他研究人员也出席了仪式。阿赫桑·伊克巴尔对卡拉奇大学应用经济研究中心制作这样有价值的新闻杂志并将其正式发行表示感谢。萨米娜·哈利勒教授称，新闻杂志内容包括高官动态、研究中心的学术和非学术活动、对学者和经济学家的访谈、对研究的介绍及校友信息等。[322]

2015 年 4 月 18 日，《今日巴基斯坦报》网站报道了巴基斯坦中国研究院与中国蓝迪国际智库合作，在中国海南岛举行会议，决定创建共同智库的新闻。[323]

2016 年 3 月 10 日，伊朗政府下属的媒体电视台的记者阿什拉夫·香农（Ashraf Shannon）报道了一次由巴勒斯坦加沙地带智库组织的研讨会。这次研讨会旨在引起国际社会对处于以色列监禁或拘留状态下的巴勒斯坦人的关注。成千上万的巴勒斯坦人，包括妇女和儿童，正在以色列监禁或拘留下受苦。[324]

2017 年 2 月 2 日，印度尼西亚的《雅加达邮报》网站称，印度尼西亚著名机构被列入 2016 年全球最有影响力的智库之中。[325]在印度尼西亚官方通讯社——安塔拉的印尼文网站上，2013 年至 2017 年有 39 篇涉及其最著名的智库——国际战略研究中心的报道。[326]印度尼西亚的《雅加达邮报》国际版介绍了 2011 年印尼科学研究所（LIPI）和 2013 年伊斯兰智库马里夫（Maarif）研究所的研究成果：印度尼西亚很多大学的学生越来越支持在印度尼西亚建立伊斯兰教主导的国家。[327]2017 年 1 月 20 日，印尼华文报纸《国际日报》在题为《美军太平洋司令部司令哈里斯警告：IS 或将在亚太增加攻击》，引用了印度尼西亚雅加达一家智库的分析。该智库警告，主要的危险地区是菲律宾南部，在这个区域，一些极端组织已宣誓效忠“伊斯兰国”。[328]

2011 年 5 月 22 日，阿联酋海湾新闻网发布题为《为阿联酋服务的智库》的文章，提出建立一个全国性的独立智库，为国家政策贡献智慧。这篇文章以伊朗和土耳其为例，阐述了智库的重要性。文章称，伊朗有不少智库，包括 ASEF、谢里夫和塞万研究所（Sharif and Seywan Institute），土耳其最著名的智库是国际战略研究组织。该文作者米沙尔·杰尔哈维（Mishaal Al Gergawi）认为，阿联酋面临复杂的国际环境，包括也门和伊拉克的冲突、伊朗的核野心、沙特阿拉伯的人口爆炸等等，阿联酋也存在不少国内问题，因此需要全国性的智库。这一智库应该在政府、企业、知识分子和广阔的社会之间起到穿针引线的联系作用。[329]

伊斯兰国家智库的活动有时也会被中国媒体报道。

2012 年 3 月 2 日，新华网报道了在阿塞拜疆首都巴库举行的第三届伊斯兰合作组织国家智库论坛。报道称，来自 30 多个国家的近 100 名官员、学者及社会人士与会。此届论坛的议题包括“伊斯兰社会经济及政治动态”“和平任务和伊斯兰国家冲突的和解”等，主要目标是为新形势下伊斯兰国家内政外交政策的调整提出建议并加强伊斯兰合作组织的智慧潜力。[330]

2015 年 1 月 14 日，《光明日报》的《中国智库 2014 年大事记》报道了在广西南宁举行的中国、新加坡、泰国、马来西亚等泛北部湾地区的智库参与的泛北部湾智库峰会。[331]

2016 年 1 月 27 日，《光明日报》题为《官学合作构建新型智库外交模式》的文章，介绍了 2016 年 1 月 23 日配合习近平主席访问伊朗而在伊朗首都德黑兰举行的重要活动——中伊“一带一路”智库对话。该对话由中国人民大学和伊朗政治与国际问题研究院主办，吸引了两国近200位各界重要人士参会。对话会的重要成果之一，是两国签署了《中国国家发改委、中国人民大学和伊朗外交部、伊朗政治与国际问题研究院共建“一带一路”智库合作备忘录》。该协议是两国之间关于官学合作、共建“一带一路”国际智库合作的首份协议。[332]

2017年2月22日，《重庆晚报》发表题为《ACCA与巴基斯坦中国研究院携手探索“一带一路”经济契机》的文章。文章称，ACCA（特许公认会计师公会）与巴基斯坦中国研究院签署谅解备忘录，共同促进财会专业人士对“一带一路”、中巴经济走廊的深入理解。[333]

新华社报道了中巴经济走廊能力建设中心成立仪式。仪式于2017年3月27日在巴基斯坦首都伊斯兰堡举行，这是巴基斯坦首家专注研究中巴经济走廊建设的具有官方背景的智库。中巴经济走廊能力建设中心隶属于巴基斯坦计划、发展和改革部，约有17名拥有硕士或博士学位的专家学者，研究领域包括中巴经济走廊给巴社会经济带来的积极影响、走廊框架下贸易与产业合作、区域合作、金融及相关行业发展、城市发展、就业与人力资源开发6个方面。巴基斯坦计划、发展和改革部长伊克巴尔和中国驻巴大使孙卫东出席了成立仪式。[334]我在接受和讯网访谈时也谈到2012年西南政法大学代表团在访问巴基斯坦时签署了中巴联合智库协议。[335]

总体来看，伊斯兰国家智库的活动被媒体报道的还比较少。例如，在伊朗媒体电视台英文网站的数十篇关于智库的报道中，只有一篇是关于伊斯兰国家智库的活动，绝大多数是西方智库的活动或表态。[336]伊朗国家通讯社（IRNA）和法尔斯通讯社的英文网站的文章中，没有一篇提到伊朗著名的欧亚研究所或该所专家，却经常引用美国、印度等国智库学者的评论。马来西亚新闻社中文网的文章中，也只引用了英国经济学人智库发布的全球生活成本比较，以及瑞士信贷银行研究所发布的新兴经济体的网购人数等研究成果，没有提到伊斯兰国家的智库。[337]同样，马来西亚《联合日报》网站的文章引用了美国华盛顿智库“亚洲海事透明倡议”（Asia Maritime Transparency Initiative）、美国的伍德罗·威尔逊国际学者中心、英国的经济学人智库等西方智库的论点，论题涉及中国南海、汇率等议题，却没有提及伊斯兰国家的智库。[338]

5.7　举办对媒体开放的活动及参加媒体举办的活动

土耳其、伊朗、卡塔尔、埃及、印度尼西亚等伊斯兰国家的智库会把公开的研讨会信息发布在官网上，也会参加媒体主办的会议。

土耳其智库经济与外交政策研究中心就把其举办的会议信息加以公布，吸引媒体参与。该智库官网公布了 2006 年到 2015 年举办的 24 次会议的概况。2014 年 5 月 2 日至 4 日，土耳其经济与外交政策研究中心和美国卡内基中东研究项目在土耳其合办了经济治理论坛，论坛也得到德国非政府组织的支持。论坛讨论的话题包括区域贸易一体化、结构变革、全球经济、欧盟增长前景、快速发展的企业融资等等。2015 年 2 月 26 日至 27 日，该中心与美国和平研究所（USIP）联合举办的美国－土耳其二轨对话的信息发布在网上，讨论美国和土耳其的战略合作、土耳其在北约中的作用、大规模杀伤性武器扩散等问题。2015 年 9 月 10 日，该中心网站将一本新书《非西方民主的谜团》的推介会信息予以公布。[339]

伊朗的拉凡德经济与国际研究所每年举办一次国际论坛，邀请伊朗和外国的政府官员、公司领导、国际组织或非政府组织、媒体和学术界人士参与。他们就政治与经济的若干主题进行交流互动和辩论，以塑造政策。论坛提供了结交朋友和寻找可能的合作伙伴的机会。[340]

2011 年 9 月 13 日，印度尼西亚官方通讯社安塔拉报道了印度尼西亚央行所属研究机构的首席研究员苏哈迪（Suhaedi），在印尼国际战略研究中心研讨会中的发言。他说，“我们仍然保持了金融系统的稳定性。印尼央行也一直在为危机爆发做准备”。苏哈迪称，印尼央行已经准备了多项措施，以应对全球经济放缓可能引发的全球危机。[341]

卡塔尔半岛电视台每年举行年度论坛活动，邀请智库学者与政要、媒体记者与编辑等参与讨论，并加以报道，扩大了智库在媒体中的影响。例如，埃及金字塔政治与战略研究中心的亚洲事务专家穆罕默德·法耶兹·法哈特（Mohammed Fayez Farhat）、印度南亚政治研究所所长萨尔曼·海德（Salman Haider）

等智库学者，被邀请参加2009年3月14日举行的第四届半岛论坛，论坛主题为权力、媒体与中东。[342]2015年5月，伊朗外交部下属的政治与国际问题研究院院长赛义德·穆罕默德·卡齐姆·萨加德普尔博士（Dr. Seyed Mohammad Kazem Sajjadpour）、伊朗战略研究中心高级研究员哈桑·艾哈迈迪安（Hassan Ahmadi-an）被邀请参加第九届半岛论坛，主题是阿拉伯世界的冲突与变革。[343]

5.8 智库自办媒体并发挥媒体作用

智库以影响决策和舆论为主旨，采用许多公开的手段向决策者和公众传递其观点和策略。世界上很多有影响力的智库都办有自己的媒体，而其媒体也常以智库的成果作为重要的新闻资源，以扩大自己的影响力。[344]

就成果的传播方式而言，现代智库具有一定程度的媒体功能。智库的核心功能是从事智慧产品的生产，但它是为了传播出去，而不是束之高阁。因此，传播也是智库的核心功能，传播力也是智库的核心竞争力、影响力、生命力。为此，许多智库都办了自己的报刊（有些是内部发行的新闻简报、系列报告等）。随着互联网等新媒体的广泛应用，很多智库拥有自己的网站、网页，众多智库学者开设自己的博客，拥有脸书、推特、领英、WhatsApp、微博、微信等社交媒体的账号，运用自媒体传播智慧产品。从这个角度看，很多智库至少是“亚媒体”。[345]

巴基斯坦、伊朗、土耳其、阿联酋、孟加拉国、马来西亚、埃及等伊斯兰国家的智库，将本智库或其领导层的活动、言论、出版物、获得的荣誉等按照时间顺序公布在官网上，相当于办一个小众的媒体，供对本智库研究和政策建议相关问题感兴趣的人阅读。

一个比较突出的例子是由巴基斯坦参议员穆沙希德·侯赛因·赛义德担任院长的巴基斯坦中国研究院。该智库官网中的媒体相关栏目列出了12条新闻，主要是报道穆沙希德·侯赛因·赛义德参加的各种活动，包括《穆沙希德·侯赛因被选为巴基斯坦议会中巴经济走廊委员会主席》《穆沙希德将中巴经济走廊项目称为中巴合作伙伴关系的新催化剂》《巴基斯坦中国研究院院长称瓜达尔是个关键地点》《巴中联合智库启动》等。[346]巴基斯坦中国研究院也有自己的脸书和领英主页。

伊朗外交部下属的研究机构——政治与国际问题研究院在官网上开设了《新闻与媒体》栏目，介绍本研究院的活动，包括访问俄罗斯并与俄罗斯对外政策智库举行圆桌会议，与来访的印度观察家研究基金会举行圆桌会议，与来访的芬兰亚历山大研究所举行圆桌会议，等等。[347]

一些智库在官网上列出了本智库的各个纸质出版物概要，一些智库有自己的电子出版物，这相当于自己创设媒体进行宣传。有的智库在官网上除了发布概要外，还提供了出版物全文的下载链接。对读者来说，阅读这些内容，与阅读媒体发的概要和书评有着类似的效果，因此智库的这些服务相当于自己创设了附属媒体服务。

例如，土耳其智库经济与外交政策研究中心就在官网上列出了 2013 年以来的 64 种出版物。其中包括 2017 年 4 月 8 日的《幼发拉底盾牌行动的教训》《管理核能风险——土耳其案例》，2016 年 11 月 11 日的《特朗普对土美关系有好处吗?》，2016 年 10 月 26 日的《采纳碳税政策：主要考量》，2016 年 2 月 29 日的《土耳其对核能的追求与外交政策的关联》，2016 年 2 月 23 日的《有关核武器的讨价还价：土耳其与战术核武器》，2015 年 11 月 17 日的《世界和中国煤矿市场的变化及其对土耳其的影响》，2014 年 6 月 11 日的《俄罗斯军事现代化及对北约的影响——乌克兰危机的教训》，2013 年 8 月 27 日的《越过红线——美国及其盟友准备打击叙利亚》，等等。[348]巴基斯坦中国研究院主页上也列出了“中巴经济走廊”系列已经出版的两部专著——《中巴经济走廊对俾路支省发展的影响》和《中巴经济走廊安全威胁及解决方法之策略》。

土耳其著名智库——土耳其亚洲战略研究中心，在官网上介绍了由其主办的第四届伊斯兰合作组织国家智库论坛（2013 年 3 月，埃及开罗）[349]，以及伊斯兰合作组织国家智库论坛名人会议等学术与政策交流活动。又如，成立于 1994 年隶属于阿联酋外交部的半官方智库——阿联酋战略研究中心，在官网上把新的出版物分为阿联酋问题、战略问题、政治问题、国际事务问题、经济问题、石油与能源问题、军事问题、社会问题、健康与环境问题、其他问题这 10 个类别。其中战略问题类别包括 2017 年出版的《中东：转换的角色、利益与联盟》，

2014 年出版的《伊朗与波斯湾：寻求稳定》《核爆后的伊朗：拥有核武器的德黑兰将做什么?》《社交媒体情报简介》《国际舞台上的伊拉克：转变中的对外政策与国家认同》《中东地区国家建设的理论与实践——从宪法视角分析伊拉克和阿富汗》《21 世纪的未来战争》《非洲萨赫勒 - 撒哈拉地区的安全问题》《美国时代的展望：新世界秩序的主权与影响》，2013 年出版的《海合会国家与土耳其关系的安全与军事层面》《21 世纪的未来情报》《印度洋的战略动态》《海合会联盟的未来与挑战》《海湾安全：现实的挑战与未来的情景》，等等。[350]该中心官网还把英文著作和阿拉伯文著作加以区分，向不同地域、使用不同语言的人群推介。该中心出版的期刊主要有《全球研究》《新闻追踪》《战略视野杂志》《未来地平线》等，在阿拉伯学术界颇有地位。[351]

伊朗拉凡德经济与国际研究所定期出版英文和波斯文的《经济趋势》期刊，内容是关于伊朗国内、地区和国际事务的文章。[352]

伊朗欧亚研究所官网上有叫作“媒体空间”的新闻发布平台，介绍该研究所近期的学术活动、政策研讨和研究成果的出版。媒体空间列出了如下活动：2017 年 3 月 14 日，同时在俄罗斯首都莫斯科和伊朗首都德黑兰举行主题为“当代俄罗斯 - 伊朗关系：发展的前景”的研讨会；2017 年 2 月 27 日，题为“伊朗与乌克兰：25 年的外交关系和双边关系的未来”的讲座，邀请了乌克兰驻伊朗大使谢尔盖 · 布迪拉克（Sergey Burdilyak）阁下、伊朗前驻乌克兰大使阿克巴 · 加瑟米（Akbar Ghasemi）参加；2016 年 8 月 1 日，伊朗负责亚洲和大洋洲事务的副外长易卜拉欣 · 拉希姆普尔（Ebrahim Rahimpour）在研究所介绍了将在阿塞拜疆首都巴库举行的伊朗、俄罗斯、阿塞拜疆三国元首会晤；等等。[353]

伊朗欧亚研究所官网上还有访谈栏目，列出本研究所和建立了友好关系的其他智库的学者接受采访的详情。例如，智库官网 2017 年 3 月 15 日，发布了对俄罗斯科学院东方研究所中东近东研究中心的资深研究员埃琳娜 · 杜纳娃的访谈。这位女士几天前与伊朗欧亚研究所就她眼中的伊朗对俄态度、斯大林与普京的比较话题进行了讨论。杜纳娃称，现在很多俄罗斯人，包括俄罗斯的年轻人，对斯大林时期击败纳粹德国、建立重工业、发展教育和卫生事业等功绩表示认同。杜纳娃还指出，伊朗存在强烈的反俄情绪，特别是在青年中存在对俄的不宽容情绪。伊朗前驻塔吉克斯坦、芬兰和爱沙尼亚大使拉苏尔·穆萨维（Rasoul Mousavi），伊朗外交部下属国际研究和教育中心顾问，兼任伊朗欧亚研究所高级研究员，接受了欧亚研究所的访谈，认为阿富汗的稳定是一个内政问题，必须通过在不同的族群之间建立平衡来解决。[354]

再如，孟加拉国发展研究所在官网上列出了近期的出版物，分为专著、系列论文、项目报告、研究报告、工作文件等，在官网上列出价格，有兴趣的读者可以在线购买。孟加拉国发展研究所的出版物包括《随波逐流的航船——孟加拉国的治理与发展》《发展中国家无就业的增长：基于多国数据的分析——孟加拉国发展研究所研究报告系列第一期》《我们时代的繁荣、不平等与贫困：个人的反映》等。[355]

马来西亚智库主要是通过网络发布事件报道、注释评论、政策概要、演讲致辞和报告等，出品的学术期刊并不多。马来西亚亚洲战略与领导研究所（ASLI）的主要受众是决策者、外交界、商界、社会组织和媒体，其在影响“上游”政策规划或政策制定的战略平台方面发挥着重要作用。[356]

还有些智库公开在市场上发行其著作。有的智库的发售行为受本国政府的支持，得以以低价发售，增强了其著作对媒体议程的塑造作用。例如，埃及《金字塔报》报业集团受埃及政府资助，旗下的金字塔政治与战略研究中心撰写的著作，每本仅售 30 埃及镑（约合人民币 12 元），而西方著作的定价则高出数十倍。这样可以保证更多的人能够阅读金字塔政治与战略研究中心的作品。[357]

总之，伊斯兰国家的智库通过学术研究强化公共知识分子的政策认知和政治立场，汇集重要学者对内政外交重大议题进行研究，提供相关解决方案，促进了学者与媒体人士、政府官员的联系和互动，让智库所关心的问题成为媒体关注的焦点和政府议题，同时提升了智库本身的影响力。

相对于欧美国家的智库而言，伊斯兰国家的智库大多成立时间较晚，运作规模较小，研究独立性较弱，在本国和本地区的知名度较低，全球影响力有限。然而，当前有关世界和平发展的很多热点问题，如能源、反恐、扶贫、警惕和打击极端主义等等，都离不开伊斯兰世界。伊斯兰世界内外都迫切需要听到来自能够影响伊斯兰国家决策的伊斯兰国家知识分子的声音，因此伊斯兰国家的智库具有广阔的发展前景。

目前，中国正在努力推动“一带一路”建设。中国和伊斯兰国家需加强双方的智库交流。中国方面可以借用对方智库来相对准确研判中东、中亚、东南亚等地区的形势，制定相应的政府政策和企业策略。而随着伊斯兰国家的媒体与智库的互动逐渐加深，逐渐频繁，中国方面既可以通过伊斯兰世界内外的媒体了解伊斯兰国家智库的基本立场、研究领域、影响范围，又可以通过与伊斯兰国家智库的合作，逐步参与伊斯兰国家媒体的议程设定，扩大在伊斯兰国家媒体中的影响力，从而在伊斯兰国家媒体中的形象变得更加积极正面。同时，中国媒体也可以增加对伊斯兰国家智库的报道，这样既能对伊斯兰国家智库全球影响力的提升提供支持，也能使更多的中国人关注伊斯兰国家智库。

6 伊斯兰智库对中国及“一带一路”倡议研究分析*

21 世纪的到来伴随着一些地区性和国际性的变化。其中最值得注意的是美国超级大国地位的逐渐衰落、中国作为经济大国影响力的日益增强、亚洲力量的崛起，以及随之而来的将东方看作未来全球战略中心的趋势。为了从这些全球性转变中获得期望的利益，各国均试图进行战略调整，伊斯兰世界相机而动。

伊斯兰国家一直是东西方之间的沟通桥梁，历史上也一直是全球政治的主要支点。由于伊斯兰国家地处世界中心的战略位置，拥有全球最多的石油储备，且是世界上第二大宗教信仰的主要所在地，这些国家的内政始终影响全球。从古代丝绸之路纽带到希腊哲学与现代西方思想之间的智力门户，伊斯兰世界在历史上一直扮演着智力对话者的角色，将东西方有机地联系在一起。

下文对伊斯兰世界各地当代知识分子的辩论进行了批判性观察，目的是了解伊斯兰世界应对当代中国崛起以及范围更广的“一带一路”倡议的方法。本文通过案例研究，对主要的伊斯兰国家进行了分析，以了解伊斯兰世界与中国和“一带一路”倡议相关辩论的总体趋势。这一研究的目的是了解伊斯兰世界内部对“一带一路”倡议的看法，伊斯兰世界在其中扮演的角色，以及中国与更大范围的伊斯兰世界未来交往的趋势。

伊斯兰世界把中国看作新世界中强大而可靠的商业伙伴，因此对可能从中国获得的经济利益给予了足够的重视。所有伊斯兰国家都表示希望加入“一带一路”倡议，以共享经济利益。伊斯兰世界普遍对“一带一路”倡议致力于加深世界经济一体化和互联互通的议程持乐观态度。但是，中国和这些国家之间似乎缺少更深层次的跨文化合作。

---

* 《伊斯兰智库对中国及“一带一路”倡议研究分析》作者是尹佩娃，陈佳颖翻译。

6.1 中东地区的相关研究分析

过去几年里，中国在中东地区扮演着更加重要的角色。尽管本质上发挥的是经济作用，但中国在贸易、增加国际直接投资和获取能源方面表现出了更大的兴趣，得到了整个阿拉伯世界的积极认可。[358]相关研究承认，中国是全球经济的主要参与者，同时强调了中国经济在过去40年里的快速增长。中国与阿拉伯世界的互动主要在GDP、商品贸易、外国投资和能源贸易等领域。大多数中东评论员将中国和美国在该地区的角色进行了对比。

> ……为确保能直接控制关键的油气资源，中国在战略上将中东地区而非世界市场视为重点。这使中国与美国在中东的影响力形成了直接竞争关系（Leveret and Bader，2005—2006）。在这种情况下，中国正努力在中东地区的国家和民族中塑造一个开发者和和平缔造者的形象。与之相反，中东地区越来越将美国看作一个殖民战争贩子。[359]

中国在中东地区采取的务实政策，使当地大多数评论家将中国在中东的经济外交手段视为一种积极战略。[360]基于这种方式，中国利用经济激励措施在中东的一些冲突中寻求平衡，并在大多数冲突中保持温和与中立的立场。这使中国能够在敌对的国家之间，如伊朗与沙特阿拉伯之间，保持贸易和关系的平衡。大多数关于这些问题的研究都聚焦在中国的不干涉内政立场上，这一立场仅将经济利益作为双向互动的主要焦点，与美国历史上对中东的不断干预形成了鲜明的对比。[361]近年来，有研究分析了中国在叙利亚冲突中所扮演的角色，认为这可能是中国调整其不干预政策的切入点。中东评论员推测，中国在该地区的目标可能从地缘经济向战略问题转移。[362]但是研究表明，中国在叙利亚冲突事件中一如既往地遵守了不干预政策，尊重了他国的国家主权。[363]

沙特阿拉伯：由于过去数十年与美国的密切关系，沙特历来被视为美国在中东的坚定盟友。在“阿拉伯之春”席卷中东地区之后，沙特的外交政策呈现出对外扩张的趋势，特别是向东扩张。[364]沙特评论员认为，由于沙特与美国的关系出现了问题，尤其是在“阿拉伯之春”和伊朗核协议谈判期间，沙特开始对中国展现出友好姿态，不过主要涉及的是战略和经济方面的举措。同时，沙特与中国日益紧密的关系也被视为一种回应伊朗与中国关系上升的方式。[365]从中国方面来看，纳赛尔·塔米米（Naser Al-Tamimi）等学者和评论家认为，中国不断增长的能源需求是其在中东尤其是在沙特阿拉伯，扮演更重要角色的背后原因。[366]在规模宏大的“一带一路”倡议下，中国西部的发展项目对能源资源的需求量增加，中国因此与沙特的关系更加紧密。此外，在帮助沙特等中东国家发展工业基础以摆脱对石油经济的依赖方面，中国的作用也至关重要。[367]

阿曼：因其独特的战略位置，阿曼在中国的“21 世纪海上丝绸之路”中扮演着重要的角色。阿曼的大多数学者对中国在该地区的参与持积极态度，并显示出很强的乐观主义心态，认为此次合作可能带来一定的经济和战略利益。[368]阿曼的自身定位是未来成为主要的海上力量之一，因此中国发展塞拉莱港的提议为阿曼在更大范围的中东地区获得更好地位提供了机会。从战略上讲，这也使中国得以进入中东地区，从而实现双赢。

土耳其：从历史方面看，土耳其和中国之间的经济联系逐步加强，中国是土耳其的重要贸易伙伴。对土耳其而言，发展旅游业、吸引中国游客是非常重要的。[369]由于埃尔多安与欧盟的联系减弱，与中国结盟就正好符合土耳其以东方为核心的战略。[370]伊西克（Isik）和邹志强[371]根据从土耳其军事、学术界、媒体和舆论等领域获得的数据，对中土安全关系进行了分析，特别是土耳其与“一带一路”倡议的关系。总体来讲，这些关系的重点集中在新疆的紧张局势、中国在库尔德问题上的立场，以及在这些敏感问题上中土不断发展的相互信任关系方面。叙利亚冲突期间，500 万叙利亚难民涌入土耳其境内，同时，土耳其与美国和其他盟国的关系也在不断恶化，这使其在亚洲大陆重新寻找盟友的压力越来越大。在这个过程中，中国与土耳其存在更多战略合作的空间。土耳其提出的“中间走廊”政策表达了对中国的关注，也与“一带一路”倡议不谋而合。[372]除了积极参与“一带一路”外，土耳其也表达了对上海合作组织“对话伙伴”角色的浓厚兴趣，表明了土耳其向东倾斜的态度。[373]上合组织作为一支区域力量，为解决长期存在的区域问题带来了新希望，与之相反的是欧盟在土耳其政策中心方面所扮演的令人失望的角色。[374]

总的来说，在土耳其以亚洲为中心的战略中，中国被看作独立可行的经济体和安全方面的盟友，尽管也有人担心中土之间存在有利于中国的严重贸易不平衡问题。

伊朗：伊朗学者认为，伊朗与中国的关系源远流长，可以追溯到伊朗沙阿（国王）时代，当时的国王与毛泽东主席一起建立了紧密的中伊文明纽带。[375]该历史关系中最重要的因素是反帝国主义，以及一项谴责西方势力使两国遭受屈辱的宣言。随后的伊朗伊斯兰革命使两国关系持续发展，当时伊朗与西方之间的矛盾不断升级。中国和伊朗有着历史悠久的外交和经济关系，在伊朗正式加入“一带一路”倡议后，两国关系得到了巩固和进一步加强。[376]在与西方大国的紧张关系和西方持续经济制裁的影响下，伊朗接受“一带一路”倡议作为促进区域联系和发展的方式。伊朗外交部前副部长易卜拉欣·拉希姆普尔等评论家表示，“共建‘一带一路’不仅能实现双赢发展，还能促进地区稳定”，这样的评论再次增强了倡议的可信度。[377]由此看来，伊朗的知识分子和决策者都非常看好中国的发展。

尽管中国对伊朗的投资在很大程度上被视为解决德黑兰投资不足的积极举措，但政策界也有人将“一带一路”倡议和中国的角色视为对伊朗势力范围的战略威胁。伊朗历来在中亚内陆地区事务中发挥着重要作用，在南亚事务中也有着重大的影响。随着中国在中亚地区的影响变大，伊朗的影响范围可能会随之缩小。更重要的是，巴基斯坦深海港口瓜达尔港的发展对临近的伊朗恰巴哈尔港构成了另一个战略威胁。[378]尽管双方都不刻意强调这种竞争关系，但相关的战略担忧仍然存在。沙里亚提尼亚（Shariatinia）和阿齐兹（Azizi）分别将这两种有关中国的相反意见称为“机会中心论”和“威胁中心论”，认为伊朗的政策精英对中国日益增强的角色产生了意见分歧。不过，西方的制裁和不断增加的压力，使“机会中心论”的观点在大多数政策界占上风。大多数人认同中国在该地区的作用，认为这是促进经济发展的积极和必要的步骤。[379]

埃及：埃及是第一个与中国建交的非洲国家，这为此后两国在电力、新能源、民航等领域的经济合作铺平了道路。[380]一般认为，中国在很大程度上能够帮助政治危机后的埃及从经济衰退中复苏，尤其是在塞西总统领导下的新苏伊士运河投资方面。[381]埃及政策界越来越意识到，埃及独特的战略位置是“一带一路”倡议进入中东、非洲和地中海市场的潜在门户。这一独特地位为埃及与中国建立良好关系提供了必要动力，埃及政府正在“一带一路”框架下与中国加强合作。中埃关系的另一个重点是中国在保护新苏伊士运河及对该地区投资方面的利害关系，这都使加强中埃关系变得更为重要。习近平主席 2016 年对埃及、伊朗和沙特阿拉伯进行的历史性访问，进一步巩固了中国与主要中东国家的战略伙伴关系，为整个地区开辟了广受欢迎的投资新途径。[382]但是，由于中东国家之间的区域竞争，一些评论员对这些战略伙伴关系的成效提出了质疑。

6.2　南亚地区的相关研究分析

巴基斯坦：中国与巴基斯坦的关系植根于极其特殊和独特的中巴伙伴关系。中国已经与世界上 90 多个国家建立了 12 种类型的伙伴关系，但中巴的国与国关系是其中最重要和最密切的伙伴关系，称为“全天候战略合作伙伴关系”。而中巴经济走廊可以成为一个典型，使巴基斯坦能够发挥“支点”作用，并在“一带一路”在更大范围内建成后，成为其中的一部分并发挥深远的示范作用。

当巴基斯坦正在为塑造世界范围内的国家形象而付出巨大努力时，中巴经济走廊项目应运而生。邻国阿富汗的“反恐战争”、美国的军事存在以及由此产生的武装力量，造成了巴基斯坦境内严重的人员伤亡和经济损失。中国对巴基斯坦的各种援助使得巴基斯坦政府能够缓解诸多压力，也令其他国家对巴基斯坦的未来保持相对乐观的态度，不至于对巴基斯坦经济社会发展失去信心。

研究还关注了两国的贸易平衡问题，以使两国达到更平等的状态，体现了两国之间的友谊。中巴经济走廊项目在巴基斯坦推进的速度令人钦佩。2017 年，中巴经济走廊项目正在迅速进行中，两个燃煤发电项目已投入运营，极大满足了巴基斯坦能源领域的需求。[383]

2019 年，在报纸评论员和当地政策专家的引导下，人们越来越担心内部效率低下的问题，同时也需要成立能够有效满足这一大型项目需求的机构。[384]智库指出了一些局限性，例如缺乏计划和有效治理、政治动荡、缺乏透明度以及其他可能影响中巴经济走廊收益的因素。面对经济压力，巴基斯坦不得不向国际货币基金组织寻求另一项紧急财政援助，也正是这个原因，人们对巴基斯坦支撑中巴经济走廊等大型项目能力的讨论日益增多。随着中巴经济走廊开始进行下一阶段的运作，人们对巴基斯坦政府将重点放在人类发展而非大型基础设施建设方面的举措进行了严格的分析，促使政府重新调整重心，更多地关注人类发展和技术转移。[385]

阿富汗：阿富汗研究的重点是“一带一路”倡议为21世纪大部分时间都陷入冲突的地区带来长期稳定的可能性。[386]中国提供的快速发展机遇，为阿富汗带来了希望。大部分基于中阿关系的研究在探讨中国通过区域互联互通，推动大国积极对话，为阿富汗地区向和平稳定发展做出努力。

6.3 中亚地区的相关研究分析

中亚国家由于与中国西部省份相邻的区位因素和文化联系，而直接受到中国的影响。它们作为独立国家与中国的首次互动是在上海合作组织的主导下进行的，这使它们彼此之间有机会在俄罗斯和中国的观察下建立更好的经济和安全关系。该地区一直受安全问题的困扰，因此重点就是优先解决分裂主义和恐怖主义问题，这也正是上海合作组织框架下的核心问题。[387]此外，中国与中亚的关系对“一带一路”倡议本身至关重要。2013年习近平主席在哈萨克斯坦首都阿斯塔纳，以及印度尼西亚的演讲中提到了这一点。[388]

中亚国家学术界对“一带一路”倡议大多持积极态度。[389]中亚国家共同的战略特性是想要扩大对中国及其他地区的出口，并在阿富汗与南亚之间建立潜在的联系。不过，值得警惕的是，这些国家之间也存在内部竞争，这对中国与这些国家的双边关系提出了一些要求，中国须采取一种更加平衡的态度。

哈萨克斯坦：中国通过霍尔果斯口岸这一战略要地通向哈萨克斯坦。一位观察家认为，“……霍尔果斯与哈萨克斯坦其他地方紧密相连，可以提供比深圳最初几十年更加完善的运输、物流和金融服务”。[390]由于拥有世界上最大的陆港，连接着欧亚地区，哈萨克斯坦成为中亚主要的游戏规则改变者。该地区的学者和智库越来越意识到这一点。此外，俄罗斯和美国在该地区历史上发挥的作用，使它们成为有关中亚战略问题的重要观察者和参与者。因此，该地区一些观察家乐于看到中国在这里扩展角色。一位观察家说，“一带一路”倡议不仅完全符合哈萨克斯坦对自己在现代丝绸之路上重要角色的自我认识，而且与哈萨克斯坦政府为提升国内运输基础设施，并将其有效地与国际运输系统接轨所做的持续努力非常吻合。[391]

6.4 东南亚地区的相关研究分析

东盟地区一直处于中国的自然影响范围之内，尤其是考虑到战略和经济联系。马来西亚等国的政策和研究中心侧重于贸易和发展，以及南海争端下潜在的问题。

马来西亚：考虑到马来西亚对马六甲海峡的控制权，马来西亚的政策界将“一带一路”倡议下中国的海洋政策视为重要的影响力节点。此外，评论员还分析了广东省和福建省的经济利益，以及中国快速崛起对整个东盟地区特别是马来西亚的影响。[392]尽管中马两国在南海地区存在争议，但双边贸易和投资关系仍在蓬勃发展，马来西亚公众对中国也有着非常积极的看法。[393]这在很大程度上是因为马来西亚华人及他们在中国的商业利益的影响。另一个重要的影响力节点是1992年在马来西亚成立的马来西亚中国友好协会，其宗旨是鼓励和加强马来西亚和中国人民之间的兄弟情谊、相互了解。[394]上台的马哈蒂尔·穆罕默德总理及2018年总统大选提出了一些对中国在马来西亚投资透明度的担忧。这引起了对两国双边关系效力的辩论，但是由于两国继续在“一带一路”倡议下进行多方面合作，大多数评论员认为马哈蒂尔所谓的反华立场只是其国内选举的策略。[395]

印度尼西亚：印尼对中国的看法也是建立在经济和战略角度之上的。在中国－东盟自由贸易区协定下，中国的崛起及其与东盟包括印尼的经济往来被视为积极因素，且大多数利益相关者都认为中国的经济参与对印尼有利。[396]但是从战略角度讲，军事观察员持更为谨慎的立场，并指出了中国崛起对印尼在中国南海和其他关系方面的影响，同时还提到了澳大利亚在该地区的竞争角色。

6.5 文化层面，中国与伊斯兰世界的兼容性

达雅·苏索（Daya Suchso）等学者认为，文化传播是“一带一路”倡议的重要环节，但其在有关讨论中却没有得到应有的重视。[397]世界上大部分地区包括伊斯兰世界不断涌现的研究都是如此。遗憾的是，有关中国和“一带一路”倡议的研究仍停留在地缘战略或经济潮流的表面上，而缺乏文化这一主要组成部分。

在“一带一路”倡议下，伊斯兰国家和中国文化交流的潜力巨大。这是对古代丝绸之路纽带的延续，这种联系使这些地区之间的文化得到了空前的交流。此外还未涉及的领域是中国的穆斯林对这一倡议的影响和作用。过去 10 年，中国的穆斯林一直是推动中国向西交流的主要动力，在中国与伊斯兰国家间发挥着至关重要的桥梁作用。[398]想要复兴历史悠久的丝绸之路并建立长期联系，就必须更加重视和关注中国穆斯林的参与。

附录二　伊斯兰国家与新闻媒体

1　超越媒体框架，认识伊斯兰世界*

在“9·11”恐怖袭击之后，西方关于伊斯兰教和穆斯林的媒体报道有了相当数量，而且这一主题不仅吸引了学术目光，各国的政策制定者也加入讨论的行列中，进而强调伊斯兰教的框架是有“问题”的。有人试图通过在国际媒体上诋毁穆斯林的形象，从而让民众对穆斯林产生负面的刻板印象，甚至仇恨和歧视。[1]在“9·11”事件发生后不久，有学者对美国《新闻周刊》的内容进行了分析，发现该杂志上将“穆斯林”标签化为“恐怖分子”的比例高得令人惊讶。[2]也有学者在分析与伊斯兰教和穆斯林有关的媒体报道时指出：“报道恐怖主义的记者除了会在行文中选择那些直观描述，还选择了有所暗指的词语。”[3]

美国媒体通常有五个负面的会话框架，这些框架在“9·11”事件后被用来描绘穆斯林和阿拉伯人。[4]第一个是伊斯兰教是一个单一的宗教；第二个是伊斯兰教是一种存在性别歧视的宗教；第三个是穆斯林的思想不具备科学性，缺乏理性；第四个是西方促进民主，而伊斯兰教教授的是恐怖主义；第五个是伊斯兰教本身是有暴力倾向的。

西方媒体经常将伊斯兰极端主义与恐怖活动之间的关系戏剧化，并利用媒体来渲染其政治议程。它们关于“9·11”事件的多种研究都有一个主题框架，显示了穆斯林采取恐怖主义行动的比例要高于非穆斯林。这种定论是通过制造

---

* 《超越媒体框架，认识伊斯兰世界》作者是西德拉·塔里克·贾米勒，译者洪雁。

对“他者”的恐惧而直接将恐怖主义与伊斯兰教联系起来，并帮助恐怖分子实现创造恐惧环境的目标。[5]美国政府也利用这一战略来达到其地缘政治目的，强化其军事力量（正如 1990—1991 年海湾战争、2001 年阿富汗战争和 2003 年伊拉克战争中所见）。[6]

西方媒体利用“恐怖奇观”一词来攻击其对手，并使其在全球范围内获得关注和进一步宣传。[7]西方媒体总是“负责任地”对待穆斯林，并把他们描绘成所有恐怖主义行动的替罪羊。[8]它们还利用伊斯兰教和恐怖主义之间的所谓“联系”，使得穆斯林被污名化，并建立将穆斯林视为“他者”的分类。在当今这个时代，对国际恐怖主义的恐惧变得更加普遍，特别是当穆斯林和阿拉伯人在一个有组织的“恐怖主义组织”中共同反抗“基督教美国”的时期。[9]特别是美国前总统小布什使用二元对立的话语将穆斯林群体建构为“邪恶恐怖主义分子”的负面形象，同时又将美国树立为反抗极端主义和恐怖主义的正面形象。[10]媒体主要是向公众传达信息的，是一把双刃剑，[11]在社会建设中发挥着至关重要的作用，但是，也存在对社会的潜在威胁。有影响力的西方媒体使得穆斯林的负面形象进一步得到强化，这给穆斯林的身份认知带来了可怕的后果。[12]显然，西方倾向于对被标记为“激进分子”、“极端主义者”或“伊斯兰极端主义者”的特定群体展开调查。[13]美国政府通过西方媒体就五角大楼和世界贸易中心的悲剧对伊斯兰教提出指控，严重影响了全世界的所有穆斯林群体。[14]

那么，西方媒体是如何构建伊斯兰教和穆斯林群体的媒介形象，以及它们的报道与伊斯兰国家媒体的报道的差异体现在哪些地方？西方主流媒体的报道会让人认为穆斯林就是恐怖分子，会对生活在美国和欧洲的穆斯林产生影响，因为非穆斯林可能将报道恐怖主义的新闻所引起的威胁和恐惧归咎于所有穆斯林。[15]因此，大众媒体在发布与分享有关伊斯兰极端主义和穆斯林的信息方面发挥着重要作用。[16]根据“群际威胁论”，人们对威胁的看法可能会影响他们如何看待群体外成员。[17]该理论涉及两种类型的威胁：象征性和现实性威胁。[18]象征性威胁可能包括一个群体的信仰、世界观、价值观，以及个人威胁，如恶化个人的自尊和自我认同。而现实性威胁是对群体福利和资源的直接威胁，以及“实际物质伤害、痛苦、死亡、酷刑等对个人健康和安全的威胁与经济损失”等。[19]

1.1 追随先知：重新认识伊斯兰教

伊斯兰教是世界三大宗教之一，也是发展较快的宗教。伊斯兰文明是历史上最伟大的文明之一，伊斯兰教在全世界拥有约18亿追随者——“穆斯林”。伊斯兰教只有一个真主，而穆罕默德是真主的使者。伊斯兰教教导其追随者：真主是全能的、仁慈的，并通过经文、先知、启示和自然标志来引导人类。[20]

伊斯兰教最重要的经书是《古兰经》，穆斯林要严格遵守。他们认为《古兰经》不会改变，它是真主的最终启示。其中的一些经文强调，伊斯兰教的核心是一种内在的精神状态：“真主欲使谁遵循正道，就使谁的心胸为伊斯兰而敞开。”[21]早已成名的伊斯兰教苏菲派如伊本·鲁米、伊本·阿拉比等这样的灵性主义者，向非穆斯林提供了灵感和有价值的见解。[22]他们更关心宗教宽容、精神发展和神圣之爱。[23]然而，伊斯兰教成为被误解最多的宗教。尤其是在今天，一种奇怪的想法已经严重阻碍了人们的思想，即伊斯兰教与西方文明之间存在冲突。[24]

对有些人来说，伊斯兰教是一种教导兄弟情谊、象征和平与和谐的宗教，而有些人则将其视为一种暴力宗教。我们的现代世界产生了许多关于伊斯兰教和穆斯林的争议性问题。有些人认为，所有穆斯林都是不宽容的人和恐怖分子，但对其他人来说，穆斯林在任何情况下都不可能成为恐怖分子。这些争论突显了对伊斯兰教义进行学术研究的紧迫性。

根据其神学方面的解释，伊斯兰教的基础是“万物非主，唯有真主”。穆斯林的座右铭在《古兰经》中被阐述为“世界上最好的”以及“后世最好的”。在实践基础上，穆斯林建立了不同的方法，范围从哲学、神学和苏菲派到当代世界的传统主义、现代主义、后现代主义和原教旨主义。[25]

那么，如何定义伊斯兰教呢？《牛津英语词典》将伊斯兰教定义为：“穆斯林的宗教信仰，是穆罕默德作为安拉的使者所揭示的一神论信仰。公元7世纪，伊斯兰教在阿拉伯半岛创立，现在成为世界上超过10亿人信仰的宗教，其信徒主要分布在北非、中东和亚洲部分地区。据说伊斯兰的礼节和道德守则是由穆罕默德启示而来，这些启示已在《古兰经》中加以编纂。信徒们认为，伊斯兰教是最后的启示性宗教，而穆罕默德则被视为最后的先知，他们建立并完善了亚伯拉罕、摩西和耶稣的精神和教义。伊斯兰教有逊尼派和什叶派两个主要分支。”[26]

《牛津英语词典》中的“穆斯林”是指“伊斯兰教的追随者”。阿拉伯人是“闪米特族人的一员，最初来自阿拉伯半岛和邻近地区，居住在中东和北非的大部分地区”[27]，事实上，不是所有的穆斯林都是阿拉伯人，也不是所有的阿拉伯人都是穆斯林。[28]我们需要意识到，当一些词语被翻译成其他语言而不考虑其字面和原本含义时，就会产生问题——这些词语开始失去其实际意义。这在大众媒体和流行文化中非常普遍，例如“穆斯林”、“伊斯兰教”和“阿拉伯人”，它们之间不可互换。媒体操纵文字的含义并以不同的方式使用它们，容易让人产生刻板印象。因此，讨论语言文字对穆斯林和伊斯兰教的影响具有重要意义。

（1）伊斯兰教的传统分支。一般来说，人们都知道两种主要的伊斯兰教教派，即逊尼派和什叶派，占全世界近90%的穆斯林人口。[29]每个教派包括很多思想流派。当代伊斯兰教的主要分支有：逊尼派、什叶派、伊巴迪派和艾哈迈迪耶派，以及苏菲派。[30]

逊尼派：“逊尼派”这个词来自圣训，意思是神圣先知穆罕默德的行动和教义。因此，逊尼派遵循穆罕默德的圣行。逊尼派是迄今为止最大的伊斯兰教教派，遍及整个中东地区，其中大部分在埃及和沙特阿拉伯，占全球80%～90%的穆斯林人口。[31]该教派的追随者认为，真主的最后一位先知穆罕默德没有任命一位特定的继任者，在其去世多年之后，信徒选择了艾布·伯克尔。这个人是穆罕默德的密友和岳父之一。逊尼派还相信，《古兰经》是成功生活的完整行为守则，他们将在审判之日见到真主。[32]

什叶派：什叶派约占穆斯林总人口的13%，是伊斯兰教的第二大教派。尽管这个教派在伊斯兰世界中是少数派，但在伊拉克、伊朗、巴林、阿塞拜疆和黎巴嫩等不同的国家中人口占绝大多数。[33]什叶派的信徒们相信穆罕默德选择了他的女婿阿里·本·阿比·塔利卜（Ali ibn Abi Talib）作为继任者。什叶派追随者中也有伊玛目，他们是社区领袖和更具统治力的人物，因为他们是真主的真实表现。[34]这个分支更关注神职人员对《古兰经》的解释，而不是人与神的关系。他们不相信人类在审判的那一天会看到真主。

伊巴迪派：伊巴迪派是一个鲜为人知的伊斯兰教教派。这个派别早于逊尼派和什叶派，并被视为伊斯兰教极端正统的教派。他们也有与什叶派一样的信仰，即真主不会在审判的那一天出现。他们认为，穆斯林社区有能力在没有任何领导者的情况下统治自己。[35]他们不认为穆斯林统治者必须是神圣先知穆罕默德古莱什部落的后裔。

艾哈迈迪耶派：这个派别比其他教派更新一些。其追随者不接受穆罕默德作为真主的最后一位先知。[36]其深深植根于米尔扎·古拉姆·艾哈迈德（该教派的先知）的指示和教导。艾哈迈德被他的追随者视为伊斯兰教的接班人。像逊尼派一样，他们也将《古兰经》视为圣书。[37]

苏菲派：苏菲派不是伊斯兰教的一个派别，而是一种伊斯兰教义，其主要关注内在自我的净化。[38]他们相信人类可以通过训练，与真主直接沟通。正如什叶派所认为的那样，大多数苏菲派都遵循先知穆罕默德的继任者阿里所指引的道路。土耳其和伊朗被认为是苏菲派的中心，同时其也在阿尔巴尼亚、马其顿和希腊等地传播。

伊斯兰教不是“铁板一块”。上面提到的伊斯兰教分支分别从不同角度解释着伊斯兰教，但大多数穆斯林和非穆斯林坚持将伊斯兰教和伊斯兰教义当成他们的“结合体”。无论如何，伊斯兰教的跨国传播表明，该宗教尽可能多地融合了当地的文化和传统。例如，印度的穆斯林所接受的伊斯兰教与阿拉伯地区或中国的大不相同。[39]

就习俗而言，印度穆斯林的某些习俗被正统的伊斯兰教视为“非伊斯兰”的。而参观圣地、放风筝、摇铃和唱歌等一些正统伊斯兰习俗，在印度伊斯兰教里都是被严格禁止的。[40]

（2）最早的印度穆斯林。在历史上，阿拉伯地区与印度一直保持着紧密的联系。公元600多年，阿拉伯人常常定期航行至西海岸进行非洲商品如香料和黄金的贸易。[41]很明显，当阿拉伯人开始皈依伊斯兰教时，他们也将宗教信仰传播到了印度海岸。[42]通过移民以及阿拉伯地区穆斯林与印度之间的持续贸易，伊斯兰教在印度城镇中蓬勃发展。[43]印度伊斯兰教的第一次典型扩张发生在大马士革的“哈里发王朝时期”。倭马亚王朝任命了一位来自阿拉伯塔伊夫（Taif）名为穆罕默德·本·卡西姆（Muhammad bin Qasim）的年仅 17 岁的将军，以增加倭马亚王朝在南亚地区（今巴基斯坦信德省）的控制权。穆罕默德·本·卡西姆是一个勇敢的人，他带着由 6000 名士兵组成的军队前往波斯远东地区的乌克兰。在前往印度的途中，他遭遇了阻拦，[44]但是他到达印度河河岸海得拉巴地区时，受到了佛教徒僧侣的欢迎。[45]印度河沿岸的大多数城市都已被穆斯林占领。当时，一些信奉佛教的受压迫的少数派与穆斯林军队合作，以免受印度教徒的控制。尽管穆斯林获得了大多数人的支持，但信德省的拉加·达希尔（Raja Dahir）明确要抵制穆斯林的扩张。拉加·达希尔动员他的军队对抗穆斯林的入侵，他的军队做好了击败穆罕默德·本·卡西姆的准备。[46]最终两支军队在公元 712 年交战，穆罕默德·本·卡西姆获得了胜利，战后信德人都归穆斯林统治。值得一提的是，信德人并没有被迫接受伊斯兰教。事实上，因为穆罕默德·本·卡西姆向所有佛教徒和印度教徒承诺提供宗教自由和安全，所以当地人的日常生活并没有受到很大影响。[47]真实案例表明，佛教徒僧侣无须抵抗便可以继续保留他们的修道院，印度婆罗门种姓（Hindu Brahman Caste）也可以从事税收工作。由于穆罕默德·本·卡西姆对人民的公正对待和对宗教的包容，大多数民众常常用音乐和舞蹈来问候他。

（3）转变的模式。穆斯林军队的继任者遵循着同样的模式。一些伟大的领导人，如加兹尼的马哈茂德和穆罕默德·图格鲁克，也没有改变印度的社会和宗教模式，而是通过传播伊斯兰教来扩张穆斯林的政治领域。由于前伊斯兰时期的印度实行种姓制度，所以向伊斯兰教转变并不是一蹴而就的，而是循序渐进的。

在印度，人们过去常常因为种姓制度而受到歧视。人们大多情况下无权选择工作，工作是根据种姓从人一出生就分配好的，所以很多人没有机会获得比祖先更好的生活。但在皈依伊斯兰教之后，人们有机会自由地生活，而且不再屈服于婆罗门种姓。在穆斯林统治下，南亚次大陆上曾流行的佛教逐渐消亡。[48]过去，人们想要摆脱种姓制度时，常常选择迁移到主要城市，并转为信奉佛教。[49]伊斯兰教出现后，人们开始接受伊斯兰教。[50]游历的学者在将伊斯兰教引入群众中发挥了重要作用。穆斯林教师曾经在印度各地旅行，他们的主要目标是让人们了解伊斯兰教。

伊斯兰教是印度文化中不可分割的一部分，在印度历史上发挥着重要作用。今天，南亚次大陆是一个多宗教和多民族的地方，这就是为什么我们有必要了解伊斯兰在这个地区的重要地位。印度的很多宗教人士都鼓吹并传播苏菲思想，这是伊斯兰教的一种更神秘和更精神化的方法，也吸引了南亚次大陆的大多数人。这些学者在向城镇居民和各行业从业人员普及伊斯兰教的过程中发挥了至关重要的作用。

1.2　什么是伊斯兰极端主义或伊斯兰激进派

在关于伊斯兰极端主义以及伊斯兰激进派的研究中，这两个术语是可以互换的。在本研究中，将使用“伊斯兰极端主义”一词，但一些消息来源与“伊斯兰激进派”有关，它们有相同的含义。[51]伊斯兰极端主义的主要使命是废除所有的神并用安拉取而代之。对于这一使命，伊斯兰极端分子认为，通过暴力和胁迫的手段来消灭所有组织和政权是他们的宗教义务。[52]2006 年 1 月，美国总统小布什在国情咨文中使用“伊斯兰激进派”这个词来描述敌人。“虽然没有人能够否认自由的成功，但是一些人恼羞成怒地负隅顽抗。反动和抵抗势力的主要来源之一就是伊斯兰激进派，即一小撮人对一种崇高信仰的歪曲，使之沦为一种恐怖的意识形态。”

（1）伊斯兰极端主义基本组织结构。“基地”组织于 1988 年苏联入侵阿富汗后期创立，创立者是沙特阿拉伯富商本·拉登，并于 1998 年将“基地”组织重组为四个相互关联的实体。[53]第一个实体是一个巨大的结构，以促进战术和战略发展；第二个是基于全球恐怖主义系统或网络；第三个与阿富汗境内的一支游击战基地部队有关；第四个实体与游击团体和跨国恐怖分子的自由联盟有关。[54]自“9·11”事件发生以来，美国做出的一系列反击（尤其是对阿富汗）促使伊斯兰极端分子退而成为一个“秘密组织”。

（2）伊斯兰极端分子的战略目标。伊斯兰极端主义的目的是通过参与全球性战争来摧毁其认为背叛的政权。伊斯兰极端主义的战略目标是削弱西方的影响力，拥护泛伊斯兰主义的哈里发，重新定义权力的平衡。伊斯兰极端主义者有自己的愿景，他们认为世界分为两大部分：第一部分是征服之境，字面意义是伊斯兰家园，指这部分世界由穆斯林根据伊斯兰教法进行统治；第二部分是未征服之境，字面意义是战争之境，指的是这部分世界由异教徒统治。[55]伊斯兰极端分子有自己的信仰体系，他们认为"圣战"将逐渐迫使世界采纳穆斯林的信仰、统治或"决一死战"。

（3）伊斯兰单词的拼写。伊斯兰文本被通过语音学方法翻译成英文的时候，同一单词可能出现各种拼写。我们在很多伊斯兰文本的翻译中可以看到这样的例子，虽然是相同单词且含义相同，但不同的作者会使用不同的拼写来表达，例如"sharia"（伊斯兰教法）被写成"sha'ria"，"al Qaeda"（"基地"组织）被拼写为"Al Qa'ida"。这些词虽然拼写可能不同，但却具有相同的读音和含义。同样，"圣战"似乎被看作恐怖主义的专有词汇，实际上"圣战"来自阿拉伯词源"jahada"，英文也有"jihad"的译法，中文音译为"吉哈德"，其本义为"奋斗""努力"等，字面意思并非"神圣的战争"。但目前，"圣战"被用作一个有争议并带有消极性的词，甚至被用于定义和解释伊斯兰极端主义。[56]

自伊斯兰教产生到现在，"吉哈德"（被误解为"圣战"）的哲学以及实施它的技巧一直是伊斯兰教法和文献的关键，因为穆斯林社区被认为是通过"吉哈德"来扩展的。[57]根据穆斯林学者的说法，"吉哈德"是一种宗教义务，有时由于某些情况需要穆斯林社区团结起来，在面对非伊斯兰国家或对付敌对势力的时候，可以采用军事或和平手段（例如传播或讲述）。而那些反对伊斯兰教传播，镇压伊斯兰国家或穆斯林社区，以及对伊斯兰原则构成任何威胁的人将被视为敌人。"基地"组织是一个伊斯兰教团体，它唯一的任务是做极端的"吉哈德"，被解读为所谓的"圣战"。此外，"基地"组织还尽可能履行其他伊斯兰义务，但"圣战"始终位于最高优先级，其目标是真主伟大宗教的胜利、伊斯兰政权的建立和伊斯兰哈里发的恢复。[58]

1.3 "伊斯兰恐惧症"：被流行的术语

恐惧症是多种因素引起的，从对特定对象的恐惧到对特定情况或活动的恐惧。在这方面，精神卫生专业人士已经确定了数百种恐惧症。[59]

通常，恐惧症可分为三类。第一类恐惧症是特定恐惧症，例如被困在电梯里，或由诸如蜘蛛之类的动物或诸如跳伞之类的活动所引起；第二类被称为社交恐惧症，其焦点在于害怕在公共场所遇到尴尬的情况，其范围可以从公共场所的交流到用餐；[60]第三类是广场恐惧症，它是对开放空间或诸如足球场或购物中心等公共场所的恐惧。尽管没有人知道导致恐惧症的原因，但心理健康专家认为，恐惧症是因他或她在一段时期内遇到的一系列情景而产生恐惧和焦虑心理的条件反射。实际上，恐惧症是可控的。某些恐惧症可以自己克服，而在某些情况下（更严重时），可能需要专业心理治疗。

那么，什么是“伊斯兰恐惧症”呢？由于伊斯兰极端组织声称其掌控着“圣战”组织的恐怖主义活动，西方国家对穆斯林的恐惧呈现持续性增加态势。[61]许多学者将他们理论中的“伊斯兰恐惧症”称为“对伊斯兰教的恐惧”、“差异种族主义的一种形式”、“对穆斯林的社交焦虑文化”以及“对穆斯林和伊斯兰教信仰的恐惧”。他们将仇视伊斯兰教描述为“基于偏见和刻板印象而拒绝伊斯兰教、穆斯林团体和穆斯林个体”。“伊斯兰恐惧症”可能具有情感、认知、评估和行动的要素，以及“广泛的思维方式和充满恐惧的话语，人们在其中简单粗暴地判定伊斯兰教徒是敌人，是危险分子，是不变的单一集团——这是西方人当之无愧的敌对行为的自然主题”。

联合国和欧盟等国际组织多次采用流行术语“伊斯兰恐惧症”，并发表了涉及该主题的多份报告。时任联合国秘书长安南在 2004 年举办的一场关于“直面伊斯兰恐惧症”的联合国会议时说：“当世界被迫增加一个新名词时，要考虑到日益普及的偏见，这是令人悲伤和令人不安的事态发展。伊斯兰恐惧症就是这种情况。”2011 年，埃里克·布莱希在《美国行为科学家》杂志上发表题为《什么是伊斯兰恐惧症？症状有多严重?》的文章，对“伊斯兰恐惧症”这个新兴的概念进行了理论评估和全面评估。在埃里克·布莱希之后，“伊斯兰恐惧症”被定义为“针对伊斯兰教或穆斯林的不加区别的消极态度或情绪”。从这种概念化的定义中，我们可以捕捉到仇视伊斯兰教心理的多维度层次——这种心理是不分青红皂白的，因为它意味着对所有或大多数穆斯林以及对伊斯兰教的负面评价。这种广泛的评价和影响，消极的态度和情绪，包含了厌恶、嫉妒、怀疑、蔑视、焦虑、拒绝、恐惧、愤怒和敌意。[62]

尽管在过去的几十年中，生活在一个社会中的不同宗教团体之间存在意识形态和规范上的紧张关系并不是什么新鲜事，但欧洲、北美与伊斯兰教和穆斯林之间的关系却越来越具有争议性。移民的增加、穆斯林融入西方自由社会的问题，以及“9·11”恐怖袭击的遗留问题，都加剧了基督教和伊斯兰文化之间现有的紧张关系，导致仇视伊斯兰教情绪的产生，滋生了西方社会对穆斯林的不合逻辑的恐惧和歧视。[63]目前的“伊斯兰恐惧症”现象可被视为对伊斯兰教的宗教歧视，这与西方自由民主国家所倡导的基本规范和价值观是矛盾的。

在20世纪90年代，人们首次接触到了“伊斯兰恐惧症”这个流行术语，因此可以说这是一个“旧概念的新词”。长期以来，人们对伊斯兰教、伊斯兰文化和阿拉伯人等都贴有负面的标签，尤其是近几十年来，这种歧视性观念已经变得更加普遍，且这种观念越来越多地从阿拉伯半岛向西方国家蔓延，特别是“9·11”恐怖袭击使西方社会对伊斯兰教和穆斯林的包容度越来越低。[64]

针对“伊斯兰恐惧症”一词有不同的描述，其中一些涉及穆斯林，一些涉及宗教文化，甚至还有的是不合逻辑的仇恨和对穆斯林的恐惧。[65]尽管有各种解释，但有一些共同的特征表达了歧视性态度，包括“将伊斯兰教视为与西方文化相比较落后的一种劣等文化，视为一种不能融入西方世俗文化的暴力、侵略、激进和独裁的信仰”的观点，患有“伊斯兰恐惧症”的人相信伊斯兰教无法与其他文化和观念彼此和平、舒适和轻松地共存。

埃里克·布莱希将仇视伊斯兰教定义为“针对伊斯兰教或穆斯林的不加区别的消极态度或情绪”。“恐惧症”的使用，表明了人们所采取的不合逻辑的做法——将所有穆斯林标记为伊斯兰极端主义者或可能的恐怖分子，对西方自由主义体系的延续及其思想和特定生活方式构成了潜在的危胁。[66]事实上，这些疑虑被夸大了，因为在美国，穆斯林犯下了极少数的暴力犯罪行为，其中大多数暴力行为是由西方道德者所判定的。[67]尽管如此，部分原因是“9·11”恐怖袭击所造成的巨大创伤，以及治理体系和媒体对穆斯林相关犯罪和冲突的关注，西方社会在过去10年中表达了仇视和恐惧伊斯兰教的态度。这些问题引发了一个问题，即“伊斯兰恐惧症可以被视为宗教歧视，还是自由社会对陌生的伊斯兰世界观、文化和宗教威胁的正义反应?”

为了解释恐怖主义或极端主义如何在全球蔓延，世界各地的一些智库和研究中心进行了研究并提供定期报告。然而，这些报告大部分是针对具体国家的。其中，经济与和平研究所发布的《全球恐怖主义指数报告》，因采用了特有的方法论，被认为是最全面、最真实和最严谨的报告。该报告表明，从 2011 年至 2018 年，全球恐怖主义事件有所增加。这些恐怖袭击大多发生在穆斯林占多数的国家，并且是有组织地实施。

但是，正如所谓的伊斯兰恐怖主义力量在伊拉克、叙利亚和阿富汗等国家出现增长，西方的“非伊斯兰主义者”或极端的“白人至上主义者”的恐怖主义力量也出现了同样的增长。有趣的是，西方的这种增长趋势要么不被西方媒体注意到，要么被低调处理。一些学术研究人员对此的初步观察表明：一方面，伊斯兰极端组织的攻击得到了西方更多的关注，并被视为对西方民主国家、美国国土安全或西方价值体系的威胁；另一方面，极右翼恐怖主义要么被完全忽视，要么被描述为恐怖主义。

1.4　心理武器：传播中的恐怖主义框架

恐怖主义不是一种现代现象。尽管如此，在可怕的“9・11”恐怖袭击之前，没有一次袭击造成超过 500 人丧生。我们已经就这个问题的各个方面进行了研究，包括其主要概念、根源、群体形成与激励、招募、激进化、预防及反应。许多研究人员已经研究过大众媒体与恐怖主义之间的复杂关系，也就是媒体在传播“恐怖主义”一词中的作用。正如一位学者总结的那样：“当人们在民主社会中提到‘恐怖主义’时，人们也会提到‘媒体’……恐怖主义本质上是一种心理武器，它依赖于向更广泛的社会传播一种威胁。”英国前首相玛格丽特・撒切尔称媒体宣传是“恐怖主义的氧气”，她举这个例子来阐述“吸引媒体”是恐怖主义事件达到预期效果的第一个重要组成部分。

美国新闻媒体“往往只限于最戏剧性的海外活动”。有学者将恐怖主义定义为“有组织地对平民使用强迫和恐吓手段以实现政治目标”，框架是“选择使某些事实、图像或发展优先于其他事实、图像或发展，从而无意识地促进对事件的一种特定解释”。麦奎尔指出，新闻报道的差异是可以想见的，因为没有新闻采访和报道从根本上来说是非意识形态的、非政治的或无党派的。作为一种内在依赖于沟通和传递信息的概念，恐怖主义被用来描述一种本质上违背人性的暴力行为。

过去，对媒体报道恐怖主义的研究涉及几个方面，例如媒体对恐怖主义事件或恐怖分子的描述，媒体如何标记恐怖主义行动和行动者，以及报道格式和故事类型，其他一些则专注于特定恐怖主义袭击事件和恐怖主义团体。学者们观察到一个关于恐怖主义的评价体系已经建立，那就是几乎所有地方的政治精英都谴责袭击事件。

在报道冲突时，新闻媒体不仅倾向于传递事件信息，而且还代表其所产生的文化核心价值，这将最终导致不同的报道风格和关注点。有关外国恐怖主义的新闻报道，被认为取决于恐怖分子所在国政策以及对恐怖活动进行报道的媒体所在国的国家政策。伊莎贝尔·多夫施泰因在《新恐怖主义如何新?》中指出，新恐怖主义的概念受到挑战。恐怖主义经常被描述为一个小团体的活动，在“9·11”事件之前，“典型”恐怖分子被视为单身男性，年龄在22—25岁，在大学接受过培训，并在大中型城市环境中长大且拥有无政府主义或马克思主义意识形态。

在政治不稳定时期，新闻框架在“新闻叙事方面”展现了重要作用。此外，专注于恐怖主义的比较框架，“使我们能够遵循新闻实践中的文化差异与社会中恐怖主义事件国际化之间的认知线索”。这也表明“新闻主要是冲突，冲突总是新闻”。关于美国有线电视新闻网在“9·11”袭击事件后对恐怖主义的报道，有学者认为它“始终如一地重现了美国制定的议程，并帮助塑造了支持战争的民意”。另外，“电视如果涉及爱国战争，现场冲突可能特别有利可图”。

2 西方媒体是如何报道伊斯兰世界的*

——2016 年《纽约时报》的“伊斯兰”和“穆斯林”报道研究

自“9·11”事件到2015年欧洲难民危机爆发以来，报纸、电视、互联网上的涉穆斯林报道往往引发激烈论战，甚至民意分裂，其中值得注意的现象之一是正在全球蔓延的“伊斯兰恐惧症”。它本身是一种文化和技术霸权的表征。当伊斯兰作为一种宗教，一个地区，一个文明，穆斯林作为信仰这一宗教的群体，被不断地书写为“他者”，这种表述便无法以是否符合“真实”（truth）或“事实”（fact）来看待，因为其本身便是一种支配关系下的创造。“他们无法表述自己，他们必须被别人表述。”[68]更为吊诡的是，“他者”的被动性意味着不仅那些与其没有接触经验者的认知、与其交往乃至处理方式依赖于这种表述，而且“他者”的自我认知与对作为“他者之他者”的世界的认知和处理方式同样受其影响。因此，当代世界的交往必然是交互性的。

在中东、中亚、北非等地，穆斯林占当地人口的主要部分，这些地区系我国正在推行的“一带一路”倡议要地所在。在我国，尽管仅有约10%的人口有宗教信仰，且其中以佛教、基督教信徒较多，但由于我国人口地理的巨大差异，在部分地区，伊斯兰教是值得重视的主要宗教之一。[69]涉穆斯林报道既关系到国内的公共治理、民族认同和民族关系，也关系到我国的对外交往、文化传播和国际关系。因此，本文试图通过对《纽约时报》这一西方代表性媒体的涉穆斯林报道进行分析，总结其框架特点及框架背后的动机，为我们识破西方的“伊斯兰恐惧症”提供参考。

萨义德对东方主义的探索为本文提供了理论资源和启发，是当代任何涉伊

---

* 《西方媒体是如何报道伊斯兰世界的》作者是骆怡男。

斯兰或穆斯林研究都必须重视乃至回应的论述。由于本文并非东方主义之专题研究，因此此处只做一简要回顾。萨义德在对东方学兴起和发展的整个历史进行反思的过程中，揭示出东方主义基于“东方－西方”二元论的划分来表述、驯服和创造“东方”的理论和实践导向。他指出，任何一种表述都无可避免地受其所用语言及表述者所属政治、文化和机构制约。表述不是真理，而是一个“公共游戏场”，决定表述的并非“某种具有内在一致性的共同对象，而是某种共同的历史、传统和话语体系”[70]。所谓共同对象的内在一致性正是后者那种共同传统创造的产物，即一个步入这片“游戏场”的后来者，如作家、学者、记者等，无论对此是否有自觉意识，其表述都将深深受到后者之影响，其作品亦将进入该传统后来者所面对的资料库。

对“伊斯兰”和“穆斯林”的东方主义表述，即将其他者化（otherize）并永远置于“他者”而非主体之位置。在这种表述中，“他者”不在场，并且永远不可能在场。对待“他者”，只能从西方对其经验，即“公共游戏场”的传统出发，对其表述而非再现，想象而非还原，为之所用而非为之附庸。因此，表述与谎言距离真理之远近只是程度差异。随之而来的是，即使《古兰经》中的一首诗，也会被视为穆斯林纵欲倾向根深蒂固之证明。[71]

自新航路开辟以来，东方主义总与殖民主义之理论及行动相联系。在萨义德那里，1798 年拿破仑入侵埃及是一个重大节点，东方学由是从一种表述逐渐嬗变为一种增强了现实性的语言。而到当代，他指出，尽管亚洲、非洲和其他第三世界区域的知识界已逐渐独立并获得发展，走出了东方主义的话语控制，但伊斯兰世界的这种变化还较为微弱。关于这点，只需要看“文明冲突论”“伊斯兰威胁论”等理论在国际政治和知识界的久盛不衰便可略晓一二。后殖民时代，为何东方主义笼罩在伊斯兰世界的阴影不散？萨义德认为，总体上“只有阿拉伯和伊斯兰的东方才在政治、学术和经济（有时）层面上向欧洲提出了无法解决的挑战”[72]。这种挑战在历史上可以追溯到伊斯兰政权和基督教政权的多次冲突，如奥斯曼帝国对东罗马帝国的胜利，而现代则由石油成为经济及国家安全命脉这一事实来奠定——“伊斯兰世界早年的征服大业似乎又将卷土重来”[73]。若说此前东方主义的幽灵还只是在东方学家的游记、字典和长篇大论中游荡，那么自 20 世纪以来，视听媒介风驰电掣般的发展则足以助其影响力急剧扩大。因此，不难理解，尽管存在“9·11”事件这样的节点，对“伊斯兰”和“穆斯林”的他者化甚或妖魔化并不是晚近的事。

这一背景有助于我们理解“伊斯兰恐惧症”这一近年来愈发引人注目的社会心理现象——但它也不是近期才出现的。提及此内容的原因在于，“伊斯兰恐惧症”的蔓延与媒体（尤其是社交媒体）有千丝万缕之联系，其深刻影响不能忽视。独立政策研究机构兰尼米德信托（Runnymede Trust）在 1996 年就成立了英国穆斯林和“伊斯兰恐惧症”委员会，呼吁“‘伊斯兰恐惧症’是我们共同面临的挑战”。其随后发布的报告用四个词描述了“伊斯兰恐惧症”：排斥（exclusion）、歧视（discrimination）、偏见（prejudice）和暴力（violence）。[74]《牛津英语词典》于 1997 年收录“伊斯兰恐惧症”一词，意为“对穆斯林的强烈的厌恶或恐惧，特别是表现为对穆斯林的政治压迫、敌意或偏见”。[75]谢里登强调，“伊斯兰恐惧症”不仅是一种成见（stereotype），更是一种偏见（prejudice）。[76] 2006 年，欧洲种族主义与排外主义监测中心曾发表《穆斯林在欧盟：歧视与“伊斯兰恐惧症”》报告，根据国际通用的种族主义标准以及欧洲委员会和联合国工作标准来定义“伊斯兰恐惧症”。[77]

“9·11”事件令世纪之交的西方世界遽然为之震动。法国思想家让·鲍德里亚指出，“9·11”事件内化了现代性和全球化的全部。[78]这并非单纯指其利用了现代科技和现代媒体，而是指现代科技和现代媒体正是其一部分，即“9·11”事件并未随着爆炸的结束而终结，而是在铺天盖地的报道中，在整个西方世界掀起的恐惧和仇恨中，实现了其象征性暴力（symbolic violence）的本质。这一论断显然看到了“9·11”事件后美国媒体乃至西方媒体和知识界的趋势。但“9·11”事件在整个对伊斯兰的东方学历史中，只是一种爆破点或者催化剂。波因廷和梅森对英国和澳大利亚自 1989 年至“9·11”事件前的反穆斯林情绪进行了对比，认为看似“9·11”后兴起的“伊斯兰恐惧症”实乃此前业已存在的种族主义的进一步发展。[79]瓦里斯科则指出，当今的“伊斯兰恐惧症”不过是“上千年来，西方对于穆罕默德作为真理、虔诚、道德和自由的对立面的表述的最新版本”。[80]迈赫迪总结道，“伊斯兰恐惧症”已被塑造为一种将中东地区的历史、政治、社会和文化混为一谈的单一、消极的伊斯兰原教旨主义意识形态。[81]何健宇指出，“伊斯兰恐惧症”乃是一种思维定式，将凡涉及穆斯林的社会问题和危机皆归结于此，东方主义传统中的偏见是“伊斯兰恐惧症”的根源。[82]陈新丽、罗国祥则指出当下欧洲“伊斯兰恐惧症”的两个维度：一者，对穆斯林族群的忧虑，具体言之，即对少数极端组织、恐怖分子之忧虑，及对其移民群体人口膨胀之忧虑；二者，对其宗教、文化和价值观扩散之忧虑。[83]上述中外学者对“伊斯兰恐惧症”的阐述揭示了其蕴含的地缘政治、社会文化等多个形态，也揭示了“伊斯兰恐惧症”话语背后的更多维度。下面对美国媒体乃至西方媒体涉“穆斯林”或“伊斯兰”报道的研究进行综述。

特维诺、坎苏等总结，当代西方学界和媒体正在恐怖主义、伊斯兰圣战主义、狂热伊斯兰教、原教旨主义、法西斯主义和伊斯兰独裁等意义上塑造穆斯林形象，[84]他们主要采用了文献综述法。此外，法勒对《纽约时报》《芝加哥论坛报》《洛杉矶时报》《华盛顿邮报》四家美国全国性报纸及四家美国地方性报纸在 1995 年俄克拉何马城爆炸案后两周的报道进行分析，发现与全国性报纸对穆斯林的报道相比后者更为积极。[85]艾哈迈德则从“9·11”事件前后各 30 天《纽约时报》的报道中抽取语料进行分析：前“9·11”时段，“伊斯兰”和“穆斯林”议题主要被放在以色列、巴勒斯坦的宗教冲突框架之下；后“9·11”时段的“伊斯兰”主要被放在冲突框架之下，而“穆斯林”则多与“美国”等词连用，强调爱国主义和理解。[86]本·赫达运用框架理论和叙事理论，分析“中东论坛”这家美国新自由主义智库和电子媒体，总结出其评论“伊斯兰”和“穆斯林”议题的主要框架为“问题解决框架”，并指出其两大功能是迫害与孤立，即将穆斯林塑造为反派，将伊斯兰塑造为反西方、反闪米特及与现代不相容的。[87]

国内相关研究则更多选择主流媒体为对象。赵灵敏统计《纽约时报》、《时代》周刊（亚洲版）、《新闻周刊》于“9·11”事件前后的涉伊斯兰世界报道发现，美国媒体对其报道以负面为主，并从新闻自由传统、行业自律两个角度解释，认为美国媒体的报道总体上具有客观性。[88]丁克家通过考察影视产品，发现美国影视媒体生产与再生产穆斯林形象过程中存在程式化问题，继而固化人们对伊斯兰及其文明的认知。[89]周逵则对比《纽约时报》《华盛顿邮报》两家最负盛名的美国媒体在“9·11”事件前后的报道后，指出西方话语中存在对“阿拉伯”的固化印象，导致框架“进化”的直接因素是“9·11”事件。[90]田径则将目光投向欧洲，发现欧洲媒体主流话语中，相关报道以负面新闻为主，穆斯林作为社会多元性的一支却较少被涉及。[91]王敏梓指出，当下媒体就自杀式恐怖袭击的报道中，存在“泛伊斯兰化”倾向，即通过对象选择、方法处理、修辞和符号选择，对事实采取特定解读，生产和强化对伊斯兰的刻板印象。[92]她的讨论没有重点指向某一特定国家或地区的媒体，但使用的材料则来自《时代》周刊、CNN等美国媒体。姚雪婧的研究时段是1987年后的25年，分阶段研究《时代》周刊以“伊斯兰”和“穆斯林”为关键词的封面报道，认为其中两个阶段（长达22年）中，报道的整体态度是消极的，继而指出《时代》周刊涉伊斯兰报道存在宗教倾向，公正性有所缺失。[93]马琼晖将《纽约时报》和《泰晤士报》分别作为美、英媒体代表，对比两者自2006年至2012年间涉伊斯兰国家报道，总结出西方媒体涉穆斯林报道五大主题——反恐、冲突、穆斯林女性、《古兰经》、“阿拉伯之春”，而其文化、科技等成果则长期受到漠视。[94]

此外，不少研究也关注中国媒体的涉穆斯林报道。叶海亚曾在沙特阿拉伯、也门和埃及三国及北京、上海和广州三地进行调查，总结影响中国人对阿拉伯人印象的因素，其中“影视剧中的阿拉伯人”和“卫星电视中的阿拉伯人”皆列前位。[95]这一结论显示，以电影、电视为代表的大众媒介，对“穆斯林”或“伊斯兰”的形象建构可能产生影响。向黎明在武汉发起的调查显示，那些未曾与穆斯林有直接接触的居民，其态度很大程度受大众媒介导向及身边人影响，易产生“标签化”负面印象。[96]金强梳理了自“9·11”事件以来中国媒体对伊斯兰合作组织成员国的报道，指出较之西方，中国媒体报道呈现更多中立性，但在部分热点问题报道如伊拉克战争，受前者影响，体现了弱势媒体相较于强势媒体的“羊群效应”。[97]

综上所述，现有相关研究大多结合知名报纸进行实证研究，关注点主要为标题、报道类型、篇幅、主题、信源等易量化内容。“9·11”事件被赋予了极为关键的意义，很多研究都选择“9·11”事件前后时段做对比。此外，其样本多为选定几个阿拉伯国家并搜集相关报道而来。而本研究主要在三方面进行拓展：首先，选择2016年这个离“9·11”事件较近也较新的时段；其次，以“穆斯林”和“伊斯兰”为关键词搜集样本，样本覆盖较广，可反映处理涉穆斯林议题的整体情况和可能存在的策略差异；最后，方法论上尝试将宏观和微观、量化与质化进行结合。本研究立足两个基本性问题：涉穆斯林报道的整体构建和该构建何以得到实现。这意味着，我们不仅关注“文本”本身，更关注这些文本是如何被创造或生产的，即“文本之文本”。因此，我们在宏观上进行框架分析，微观上结合具体文本进行分析。

一般认为，“框架分析”这一方法最早由欧文·戈夫曼引入社会科学研究，他使用“框架”这一概念“指在某个特定事件中用来理解社会境遇的一套特定的模式”[98]。日常生活有许多框架转变的情况，主体由此调整参与社会互动的方式，构建自身境遇，从而获得关于社会生活的一种连续性经验。此方法随后在传播学、政治学、社会学等领域广为应用。框架是“一套认知、解释、表达和选择、强调、排除的连续模式，符号处理者借此常规地组织文字或图像的话语”[99]。框架建构是一个对感知的现实加以选择和突出的过程，具有四种功能：定义问题、诊断原因、道德评价和提出对策。[100]值得注意的是，在传播活动中，框架不仅应用于新闻生产方，即编码一方，也应用于受众，即解码一方。但现有研究中，框架理论更多地被运用于前者。孙彩芹指出，目前我国相关研究对框架理论的应用以量化方法为主，[101]质化的内容分析应当成为前景。

实证研究中，有两种开展框架研究的方法：归纳和推理。前者以一种开放的视角在新闻报道中“发掘”其使用的框架；后者则先行定义某些特定框架，随后通过变量分析确定哪些框架被使用了。长期以来，学者根据研究题目和对象从多重角度定义了多种框架类型。塞梅特科和瓦尔肯堡总结了5种报道的常用框架：责任框架、人情味框架、冲突框架、道德框架和经济后果框架，[102]并设置了20个问题用以量化报道中特定框架的使用。借鉴其成果，本研究主要考察责任框架、冲突框架和人情味框架三种。这主要有两点原因：第一，其提出的道德框架衡量标准之一是报道是否提及、参考道德、神或其他宗教信条，而涉穆斯林报道中，宗教问题往往比较复杂；第二，下文议题分析显示，样本对经济问题关注较少。其中，责任框架在报道中主要强调原因，对个人或机构，尤其政府，进行归因。冲突框架主要强调冲突，可能是在个人、机构或群体间。人情味框架则在表达中引入人物事迹或强调感性角度。

本文选取 2016 年《纽约时报》全年以“穆斯林”或“伊斯兰”为关键词的 294 篇报道为样本，从议题、上述三种特定框架使用、出现的高频关键词等方面，结合具体报道文本进行分析。《纽约时报》诞生于 1851 年，在大众报业甫兴起的时代，力求区别于煽情的《纽约太阳报》等同行，以报道正派、准确和具有公信力而卓尔不群，“在笔调上……内容上都一贯保持公正”[103]。《纽约时报》既是当代国际著名报纸，又以其巨大能量对美国和国际社会产生影响。如 20 世纪 60 年代《纽约时报》诉沙利文一案中，最高法院对美国联邦宪法第一修正案的解释，在普通法体系下实则成为“活”的宪法的一部分。因此，选择《纽约时报》为分析对象，具有一定代表性。而选择 2016 年整年这一时段，是为了在使用较新样本的基础上，排除偶然因素的影响，对其报道有一种较为日常化的认识。

2.1　美国《纽约时报》涉穆斯林报道

（1）2016 年《纽约时报》涉穆斯林报道整体情况

以“穆斯林”和“伊斯兰”为关键词，在 Gale（盖尔）数据库检索《纽约时报》自 2016 年 1 月 1 日到 12 月 31 日的各类报道中共有 520 篇，其体裁可归纳为：文章（article）、简讯（brief article）、专栏（column）、日历（calendar）、更正启事（correction notice）、社论（editorial）、散文（essay）、专访（interview）、读者来信（letter to editor）、讣告（obituary）、评论（review）、游记（travel narrative）和客座评论（guest commentary）。

如图 2－1 所示，选取占总量 61.35% 的严格意义上的报道作为研究对象。剔除虽出现关键词“伊斯兰”或“穆斯林”，但内容无关的篇目，如关键词“Islam”仅作为人名的构成部分而被提及的篇目，及 2 篇非英文报道篇目，最终得到 294 篇报道作为分析对象。

图 2－2 和图 2－3 显示了样本的频率和国别情况。从时间尺度看，《纽约时

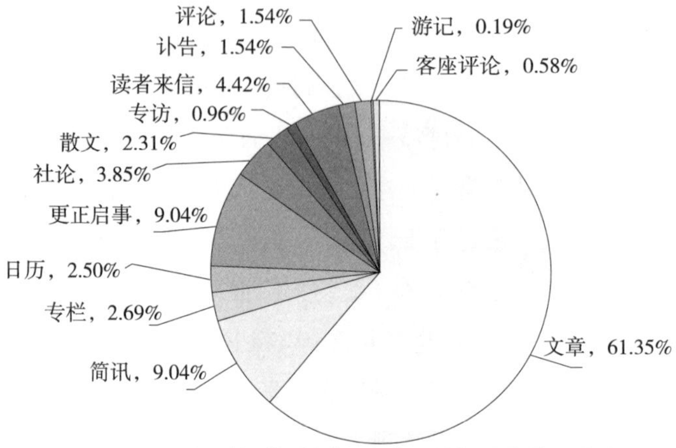

图 2-1　2016 年《纽约时报》涉穆斯林报道体裁及其占比

报》2016 年涉穆斯林报道分布较为均匀，6 月到 9 月间报道数相对较多。从空间尺度看，294 篇报道中，主要关于美国的报道达到 112 篇，超过 1/3。这反映了《纽约时报》对本国议题的重视。除美国外，报道不仅涉及中东国家——人们传统印象中的“伊斯兰世界”，还涉及不少其他非伊斯兰国家。但是，这一广泛性的另一面是，报道比例相较穆斯林的聚集程度或者穆斯林人口的分布而言也是不均匀的，下文将有进一步分析。

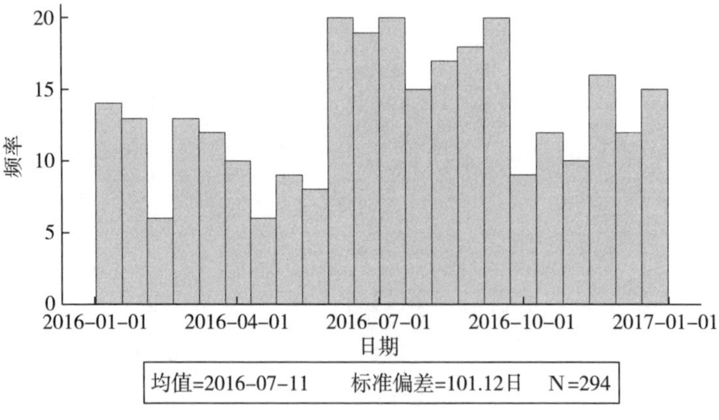

图 2-2　样本时间分布

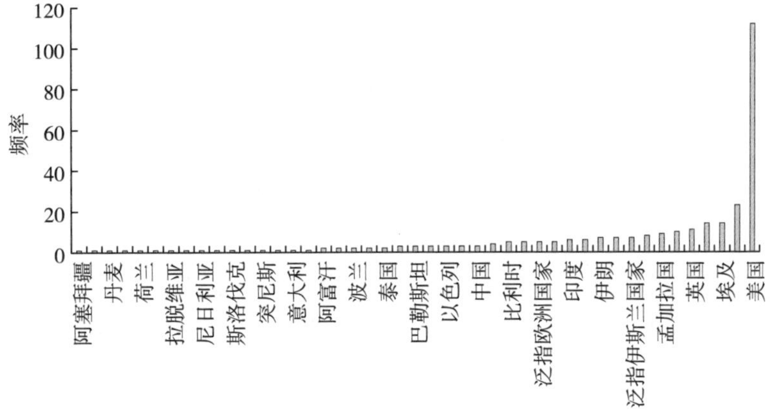

图2－3　样本报道国家分布

（2）2016年《纽约时报》涉穆斯林报道议题选择

为方便研究，我们将报道所涉国家粗略划分为三类：美国、伊斯兰国家和其他非伊斯兰国家。这里“伊斯兰国家”采用通用标准，即指穆斯林人口占人口总数半数以上的国家，将“泛指伊斯兰国家”的报道归入第二类，将“泛指欧洲国家”的报道归入第三类。其中，对没有明确涉及国家的5篇报道没有进行分类和统计。本文分别从政治（政治制度、政治人物、选举、政策等）、经济、军事、社会（阶级、种族、宗教、犯罪等）、文化（语言、历史、文化产品等）、恐怖主义六个角度考察其议题选择。

如表2－1所示，整体来看，在所有涉穆斯林的报道中，政治议题是被赋予笔墨最多的“重头戏”。但对比来看，存在引人注目的地区差异：在涉及美国的穆斯林报道中，社会议题的分量（43.8%）甚至略大于政治议题（42.9%）；在其他非伊斯兰国家的涉穆斯林报道中，关于社会议题的报道则以54.0%的比例超过政治议题。结合报道来看，2016年美国大选和2015年以降的欧洲难民问题是两个与这种议题选择对应的热点。但在伊斯兰国家那部分样本中，社会议题的占比仅为16.7%，反映出伊斯兰国家对社会文化议题的关注较少，而对政治议题（51.1%）、恐怖主义议题（21.1%）关注较多，后者甚至超过1/5。

表2－1　报道议题分布

美国	频率	占比（%）	其他非伊斯兰国家	频率	占比（%）	伊斯兰国家	频率	占比（%）
			军事	1	1.1	军事	2	2.2
恐怖主义	7	6.3	恐怖主义	9	10.3	恐怖主义	19	21.1
社会	49	43.8	社会	47	54.0	社会	15	16.7
文化	8	7.1	文化	6	6.9	文化	7	7.8
政治	48	42.9	政治	23	26.4	政治	46	51.1
			其他	1	1.1	经济	1	1.1
合计	112	100.0	合计	87	100.0	合计	90	100.0

为了对议题选择获得更明晰的认识，表2－2列举了三种分类下涉穆斯林的高频率报道主题。结合表2－1不难发现：在涉穆斯林报道中，《纽约时报》一方面在对本国及其他非伊斯兰国家的报道中，密切关注国际国内动态，善抓热点；另一方面对伊斯兰国家则仍沿用以往思路——有必要指出，媒体机构的议题选择并非随意的，受到行业、自身、社会多重压力制约。议题的选择正是媒体机构作为“守门人”的重要功能，这一功能也因此得以实现。换言之，此功能也是其权力的写照。媒体机构在总体上呈现为大量负面议题的选择：恐怖组织活动、军事冲突、高压政治、政变……这些议题勾勒出一个流血的、动荡不安的世界。国际政治可以瞬息万变，但这些报道中的伊斯兰国家似乎被视为一种时间和空间之内的静止体。事实上，有研究指出，基督教徒或犹太教徒主导的暴力事件也时有发生，但在媒体报道中，这些事件与其宗教的关系并没有被如此强调。[104]但是，在涉穆斯林报道中，它们却成为主要关切之一。例如，在样本中，对阿富汗的报道几乎全部在讨论塔利班，对伊拉克的报道几乎全部在叙述“伊斯兰国”，在主观印象中可能会误导读者对特定国家和特定组织产生非理性联系。

表2－2　高频率报道主题举例

分类	高频率报道主题	篇幅（篇）
美国	特朗普之限制穆斯林移民言论	13
	穆斯林卡齐尔·汗抨击特朗普事件	9
	拳击名将阿里去世	4
	特朗普伙伴弗林的“伊斯兰恐惧症”言论	4
其他非伊斯兰国家	法国部分城市禁止穆斯林妇女在沙滩穿布基尼	9
	缅甸罗新亚人问题	8
	伦敦首位穆斯林市长	5
伊斯兰国家	土耳其未遂军事政变	7
	埃及政府加强社会控制	6
	“伊斯兰国”在伊拉克的活动	3
	“伊斯兰国”在叙利亚的活动	3

上述做了宏观层面的审视。在同一宏观议题下，穆斯林这一群体被放置的位置、呈现的方式可能迥然不同。需要指出，在美国国内的涉穆斯林政治议题报道中，《纽约时报》不厌其烦地报道总统大选中的涉伊斯兰言论，即政治议题报道几乎全部被放置在大选框架之内，更确切地说是两位总统候选人竞争的框架之内。截至2015年，美国约有330万穆斯林人口，约占美国人口总数的1%。[105]但他们的政治活动在全部48篇政治议题报道中仅被提及一次，即《一名共和党穆斯林扩大队伍》[106]，其内容是一名共和党穆斯林女性争取选票的活动。

下面以卡齐尔·汗（Khizr Khan）抨击特朗普事件为例，进行重点分析。

卡齐尔·汗是一名在伊拉克战争中死去的穆斯林士兵的父亲。他应邀在2016年7月28日的民主党全国大会上发表演讲，其间抨击了特朗普。特朗普的回应暗讽士兵母亲未能发言是由于其是女性。《纽约时报》以一篇使用人情味框架的文章《致逝去的儿子——一堂公民课》[107]对此进行报道，开篇强调这位士兵是“一位受派到一个伊斯兰国家作战的美国穆斯林”（an American Muslim soldier sent to war in a Muslim country），随后通过“租200美元每月的房子”等细节刻画这个巴基斯坦移民家庭如何在美国生存下来，并以士兵申请文书中的

“自由需要警惕和牺牲”（liberty requires vigilance and sacrifice）和“保卫自由”（keep it safe from attacks）结尾。随后的几天内，《纽约时报》就此事另发表了8篇报道，除一篇介绍军队人士反应的报道同时引用了对特朗普的积极、消极评价外，其他报道均以大量隐语对特朗普进行抨击，而事件本身则被冠以“穆斯林”标签一笔带过，如“特朗普排斥穆斯林父母激发众怨”[108]这样的标题。

这里“穆斯林”被作为符号以多重意义使用：首先在民主党用于抨击共和党的话语中，然后在特朗普回击的话语中，最后则在《纽约时报》的议程设置之中。这个符号频繁地出现在标题中，在成为党派攻讦的焦点之余，还成为自由派媒体取之即用的工具。事实上，当时对卡齐尔·汗的身份有许多质疑的声音，指出其曾撰写的书中的言论与其发言中引用的美国宪法相悖，更质疑其乃专门为民主党背书。有批评指出，希拉里不久前也曾有类似言论，称一位英雄的母亲为“骗子”，这些没能出现在《纽约时报》的报道中，“也许他们了解了，但并不关心”（or maybe they did and just don't care）[109]。本文无意对美国大选进行臧否，而是从均衡报道角度来考量。此处的叙事倾向是这个穆斯林家庭的丰富故事先被扁平化为“美国梦”的可能性和自由价值，随后则单一化为一个特朗普的受害者形象。这一事件中，穆斯林的故事和可能拥有的丰富维度无法得到展开，不是作为主体而是作为被动的客体获得了版面。前者是真正人性化报道所倡导的，后者是选票政治的附庸。而在其他大量政治议题报道中，穆斯林甚至无须出现，只是作为言论中的客体存在。

（3）2016年《纽约时报》涉穆斯林报道特定框架使用情况考察

上文已经指出，《纽约时报》在对阿富汗、叙利亚、伊拉克、马里等国的涉穆斯林报道几乎只涉及巴基斯坦塔利班、“伊斯兰国”等组织的活动，只选取恐怖主义议题。为减少这种议题选择对样本特定框架使用情况考察的影响，在上文分类后的289篇样本中去除35篇主要为恐怖主义议题的报道，对余下254篇报道进行特定框架使用分析。由于一篇报道可能使用非单一框架，如以冲突框架为主的报道可能插入一段人物经历渲染某种效果，也可能未使用本研究重点关注的三种，而使用了其他框架，因此这种考察是开放性的。

根据图2-4显示，我们可以发现：首先，在责任框架、人情味框架、冲突框架三种分类下，冲突框架被使用的最多；其次，美国国内涉穆斯林报道中，责任框架、人情味框架和冲突框架的使用相对而言较为均匀，而在伊斯兰国家和其他非伊斯兰国家的涉穆斯林报道中的使用则相对没有那么均匀。特别是在伊斯兰国家这部分样本中，冲突框架的使用超过2/3，其对冲突的主要定义包括巴以冲突、什叶与逊尼两派的冲突、政府与反对派的冲突等。

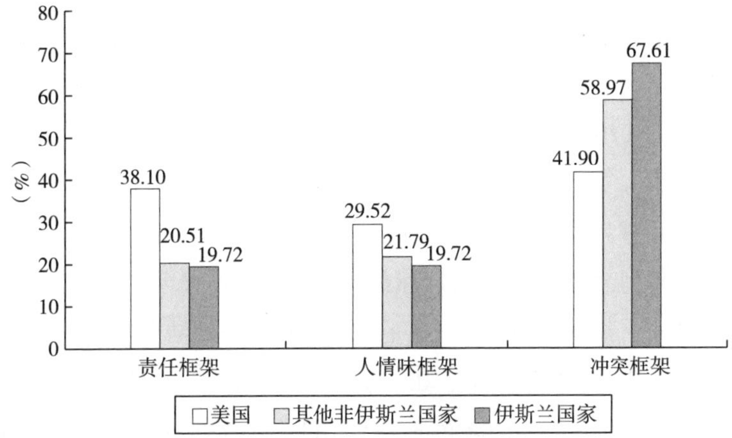

图2－4　样本特定框架使用情况

媒体机构之商业属性在一定意义上解释了其生产中对冲突性事件的偏好。“在新闻文本中，冲突被认为具有新闻价值，而和平，不管你如何定义，并非如此。”[110]但应当区分事件本身的冲突性和冲突框架，即何为值得报道之判断与如何报道之建构。前者是对客观现实的反映，后者是对感官现实的加工。冲突框架的处理，意味着事件和信息以一种对立的方式被呈现于读者眼前，在读者做出选择前，先有一种选择已被做出。“与结果（之价值）相反，冲突的新闻价值困扰着一些新闻观察者。”[111]这种困扰的来源之一是，在吸引眼球之外，使用冲突框架的意义有多大。如新闻中政治精英的讨论常常将复杂的触及实质性问题的政治斗争简化为简单的冲突。因此，问题在于这种框架使用可能在何种程度上限制读者的批判、思考乃至判断，有必要结合具体报道一探究竟。

在《埃及人拒绝和以色列人握手》[112]这则报道中，《纽约时报》在标题中省略了“拒绝握手”的具体内容——一位埃及柔道选手拒绝和一位以色列柔道选手握手，而以这一标题直接将报道置于埃及和以色列的冲突框架之下。在报道中，《纽约时报》引用一位美国柔道教练的话做出“不光荣”和“缺乏体育精神”的批评。该选手或埃及方面的信息在报道中没有被更多提及，却通过对社交媒体的引用，暗示该选手赛前受到来自穆斯林群体的压力，如果输掉比赛就是不尊重伊斯兰教及以色列人，是“杀手（killer）”云云。随后，《纽约时报》以发生在以色列和中东国家间的三个案例作为历史信息进行补充，将事件进一步上升到中东国家和以色列“长期仇恨”的更大冲突框架之下。这一升级之所以成为可能，至少得益于两个策略：去语境化和带有暗示的信息源使用。

冲突框架的使用不可避免地会带来一定程度的简单化，采用二元对立还是多元对立，对事实复杂性的消解程度更加不同。2016 年 5 月，法国戛纳发布了一条禁令，禁止穆斯林妇女在公共沙滩穿布基尼（Burkini），即一种只露出头部、手部和脚部的泳装。对此事，《纽约时报》表现出极大关注，从多方面持续跟进报道。针对《纽约时报》对此事的 9 篇报道，我们结合停用词（stopwords）进行词频统计，去除事实性信息，如“法国”“布基尼”“沙滩”“禁令”等词汇，发现如下隐含价值判断的高频词引人注目：女性（women）出现 73 次，女性（woman）出现 40 次，自由（freedom）出现 13 次，穆斯林（Muslim）出现 58 次，穆斯林（Muslims）出现 20 次，政治的（political）出现 11 次，公共、公众（public）出现 48 次，安全（security）出现 10 次，宗教的（religious）出现 30 次，宗教（religion）出现 14 次，恐怖分子（terrorist）出现 10 次，权利（rights）出现 22 次，世俗主义（secularism）出现 10 次，人的（human）出现 16 次。

这些关键词在文本中还被组合为“人权”（human rights）、“宗教自由”（religious freedom）等。事实上，在关于布基尼的报道中，对冲突框架的定义相对是比较丰富的。保守（conservative）与世俗（secularism），女性权利与教法，穆斯林与非穆斯林，国家安全与宗教自由，不同党派之间，“伊斯兰恐惧症”和对“伊斯兰恐惧症”的抵抗之间的冲突，乃至欧盟国家与欧洲人权法院这一超国家（supranational）司法机关之间时而冲突、时而互为倚靠的关系，在不同报道中，尤其是通过多方信息源的获取，被呈现出来。

尽管如此，《纽约时报》对该禁令的整体态度仍然是否定的，其基本立场是宗教自由，其中一则报道甚至援引了中国山东妇女为防晒而遮住整张脸的“脸基尼”为佐证[113]，尽管布基尼与“脸基尼”的初衷迥异。但“穆斯林”这一关键词在报道中反复出场并非偶然。在2016年8月13日一则相关报道中，《纽约时报》先是将一项法律与宗教相联系，随后发布启事进行更正，并修改了报道，指出该法律并未提及宗教因素，只是实践中广泛用于穆斯林妇女着装的案件。

但是，当同样的题材出现在伊斯兰国家，情况则发生了变化。尽管亦采取冲突框架，但“hijab（名为希贾布的伊斯兰头巾）”等意象又回归为单一的压迫象征，框架随之变得单一，为神权、教权、父权社会与妇女之冲突。前者往往被描绘得宏大而抽象，后者则往往是单个人。如《一位女性在麦加的矛盾心理》[114]一文开篇便是一个极富象征意义的特写：其他朝圣者问这位女子为何不遮住脚部。她无法辨别出这询问的来源，因为眼前有四名沙特女性——这里强调了国别，裹在黑色长袍和黑手套里，脸上罩了“两层而不是一层”面纱。于是，她再次感到了从小信仰的宗教和自身性别之间的冲突感。随后，全文倒叙和插叙了她成长历程中这一冲突的种种瞬间。在另一则报道中，穆斯林女性遮住头发和男性蓄胡子被作为沙特在非洲和东南亚部分地区“将宗教文化引向更加保守的方向”的证明，而沙特被谴责为以“沙特意识形态的强力”，“扰乱了众多国家的伊斯兰传统”。[115]宗教服饰这一意象在不同国家的报道中，被赋予了不同内涵。与这些不同内涵并行的则是对框架的处理：对于主体的选择，即报道或不报道的问题，甚至比赋予了多少细节还要重要，因为前者揭示了媒体对问题的构建。在二元论主导的报道中，大量的细节也只是服务于特定的框架。

这一差别化所隐含的前提，在《法国警察布基尼禁令激起反弹》这则报道中得到直截了当的展示：“公共的羞辱和排斥，仿佛伊朗和沙特这种神权国家的道德警察的回声，而非一个视其价值为西方自由模范的国家。”[116]法国穆斯林女性遮住全身被视为宗教自由，而伊朗、沙特的穆斯林女性遮住全身，在没有更多背景信息提供的情况下，则直接被定义为神权的压迫。后者的报道或多或少地提示人们警惕“沙特意识形态”，而对布基尼事件可能包含的意识形态问题似乎毫不介怀。其隐含的前提是：前者是自主的，具有自由意志的；后者是蒙昧的，“被侮辱与被损害的”，待解救的。“西方”天然地与“自由”相连，而伊斯兰的“道德”天然地与神权政治，即西方式民主的对立面相连。可以说，无论是前者的自由形象，还是后者的被动形象，都是一种缺乏依据的揣测，甚至是创造。

另一个发现则是，学者们通常从经济动因来观察人情味框架的使用，认为该框架是一种攫取和保持观众兴趣的生产方式。但是，对特定人物的选择，对该人物遭际的选择和展示这些遭际的排列都应作为一种叙事来考察。在将新闻事件个人化（personalize）的过程中，必然有着制作之外的诉求：激发特定情感，传达特定价值。换言之，新闻报道要求避免情感的流露，但报道可以通过人情味框架这种相对隐蔽的方式唤起读者情感共鸣。在样本中，此类“春秋笔法”频频出现。

《斯塔滕岛的清真寺：祷告与爱国主义的融合》[117]一文，描绘斯塔滕岛的穆斯林社区里，清真寺领导人如何尝试用美国宪法而非《圣经》或《古兰经》等凝聚人心，推动政治参与。这里强调“社区的力量”和“你是美国人”。特维诺、坎苏等指出，一种典型的关于“伊斯兰恐惧症”的说法是，伊斯兰极端主义者的最终目的是以《古兰经》取代美国宪法，将美国变成一个伊斯兰国家。由此观之，该处细节可称得上一种反向的“伊斯兰恐惧症”：将宪法置于《古兰经》之上，将美国公民的认同置于种族认同之上，将美国价值置于信仰价值之上。简单地打量这篇报道，它似乎描绘了一个一团和气的族群关系范例，但严肃读之则会发现，尽管隐蔽，这种取代的尝试隐含着一个假定：《古兰经》与美国宪法可能是相冲突的，以《古兰经》作为表征的伊斯兰教的价值观与美国的价值观可能是相冲突的。一个事实被忽略：在长期的历史演进和空间离散之中，“伊斯兰教”这一存在必然早已获得惊人的多样性。对于美国读者而言，宪法是熟悉的、接近其日常经验的文本，而《古兰经》则是陌生的、遥远的，甚至缥缈的。在这个漫不经心的置换之中，伊斯兰教丰富的事实和实践被简约化了。

对特定价值的传达甚至可以先行于报道，这时就会出现滥用人情味框架的情况。《穆斯林父母竭力解释纷乱的选举》[118]一则报道以一个七岁小女孩关于特朗普的惊梦开场，在女孩的讲述里，特朗普是一个“僵尸（zombie）”。人人皆有的对儿童的疼爱使这则报道更加扣人心弦，更易激发对特朗普的消极情感。无疑，这里框架的建构是成功的。但是，这个精彩的故事对“儿童”的滥用却丧失了媒体应有的报道伦理。

在伊斯兰国家的报道中，人情味框架的映射作用所隐含的情感态度和价值倾向与美国国内报道有着显著差别。上文提及的《一位女性在麦加的矛盾心理》即是一例，又如一则关于巴林的报道，以诗意的细节描绘了巴林犹太人和穆斯林一同起舞庆祝犹太人光明节的场景。犹太人的黑袍、骷髅帽子和阿拉伯人的长袍、方格头巾被捕捉到，并作为意味深长的细节给予特写。报道中，一位犹太人操着“带有美国口音”的英语，称赞这个象征性的夜晚的正能量应该被扩散出去，“为世界带去永久的光明”。[119]这则报道中，人情味框架的使用体现了对《纽约时报》而言何为持久性的价值：多元文化，包容性，和解。这是《纽约时报》的品位，是其认知中读者所期待或其期待读者所期待之内容。但是，在整则报道里，作为主体之一的穆斯林没有发声，唯一算是为其发声的是哈马斯——其在推特上抨击这次聚会的文字被放在结尾，粗暴地打破了全文温馨的氛围，这一安排之褒贬不言自明。萨义德多次批评美国媒体在巴以事务报道中对以色列的偏向，这与其外交政策密不可分。即使不考虑这一偏向，报道没有告诉读者的是，这一温馨场景的普遍性。在社交新闻网站 Reddit 上，一位生活在德国的犹太教徒对该报道评论道，“一个由百万富翁和他的有钱朋友们开的派对怎么可能鼓舞人心？”[120]对这一场景的捕捉是刻意的，它津津乐道的是一个阶级的可能性，而损失了更广泛的可能性。它似乎将中东地区的矛盾视为一种完全存在于理念层面之物，仿佛只要握手言欢，矛盾即可解决，而忽视了那些真实存在的人们所面临的现实困境：土地、水源、资源……重重因素织就了中东地区棘手的现状，宗教只是其中一部分。那些拥有持久生命力的新闻报道正是因为对“人”的真实境遇的关注而带给同样作为“人”的读者感动的力量，但这里我们观察到的只是人情味框架的躯壳，这一框架灵魂性的东西湮灭了。

上述结合具体报道对两种使用较多的框架进行了分析，并观察到其隐含的倾向和寓意。这些例子中十分明显的一点是，细节对叙事的打断。对作品而言，细节犹如画龙点睛，有助于生动还原现场，打破时空阻隔，令读者“在场”，这正是媒介技术革新之持久趋势。细节的存在也服务于诉诸情感的主张。但另一方面，在上述例子中，对叙事的打断则意味着特定事实的语境无法得到彰显，经过剪裁的故事成为部分突出与部分凹陷的结合。这种细节的突出使报道仿佛是一幅能让人会心一笑的漫画。漫画式的信息呈现更加扣人心弦，其表现力当然远胜纯以逻辑推进的文字。但值得思考的是漫画的寓意，甚至政治寓意。细节的引入和叙事的进程并不存在固有冲突，值得思考的是叙事进程为何被打断。或者说，是报道选择了框架，还是框架和特定价值选择了报道？

（4）基于关键词的内容分析

在上述分类基础上，对112篇美国国内涉穆斯林报道和90篇对伊斯兰国家的涉穆斯林报道，利用Monoconc软件进行内容分析。Monoconc是一个可对文本进行多种探索的软件，其功能十分多元。本研究主要使用词频统计和KWIC（关键词上下文）两种功能。首先对全文（含标题）进行词频统计，去除冠词（如“the”“a”“an”）、介词（如“from”）、代词（如“he”“his”）、常用动词（如“have”“say”）和构成“《纽约时报》”的三个词等可能干扰统计结果的词，对有实际意义的高频词汇排序如表2－3和表2－4。百分比的基数分别为114 371词和90 820词。

表2－3来自112篇美国涉穆斯林报道，表2－4来自90篇对伊斯兰国家的涉穆斯林报道。对比可发现：首先，特朗普、共和党、运动（“campaign”一词有“竞选活动”的含义）等词印证了美国涉穆斯林报道中突出的政治框架。一个细节是“states”和“state”的不同用法，结合文本，前者多被用在“合众国”表述中，后者多被用在“伊斯兰国家”表述中。同时，“恐怖主义—伊斯兰国家”这一武断联系的倾向浮现出来。其次，“美国人（的）”“美国”等词高频出现，结合上节中《斯塔滕岛的清真寺：祷告与爱国主义的融合》一文，可能印证着报道构建认同的努力，但该假设需要更深入考察。最后，表2－4中“宗教”和“女性”两词的高频出现值得注意，反映出涉伊斯兰国家报道中的宗教意识和对女性问题的偏爱。

表 2-3 美国涉穆斯林报道全文高频词对比

词汇	特朗普（的）Trump/Trump's	穆斯林 Muslim/Muslims	美国人（的）American	人们 people	伊斯兰（的）Islam/Islamic	美国 United/States	共和党（人）republican	运动 campaign	警察 police	宗教的 religious
频率	495/213	386/196	248	222	32/197	208/137	155	109	108	107
百分比	0.43%/0.19%	0.34%/0.17%	0.22%	0.19%	0.03%/0.17%	0.18%/0.12%	0.14%	0.10%	0.09%	0.09%

表 2-4 伊斯兰国家涉穆斯林报道全文高频词对比

词汇	伊斯兰（的）Islam/Islamic	沙特 Saudi	穆斯林 Muslim/Muslims	政府 government	国家 state	人们 people	宗教的 religious	女性 women	警察 police	政治的 political
频率	89/291	259	205/76	185	176	171	123	123	116	114
百分比	0.10%/0.32%	0.29%	0.23%/0.08%	0.20%	0.19%	0.19%	0.14%	0.14%	0.13%	0.13%

随后，我们分别对两部分样本中关键词“穆斯林”进行 KWIC 分析，即利用 Monoconc 抓取“穆斯林”一词所出现的语境，从而在前后文意贯通的基础上考量关键词所处的语义和情感环境。

我们分别在美国报道部分中抓取到 621 处上下文，在伊斯兰国家报道部分中抓取到 276 处上下文。为了解关键词“穆斯林”是在何种语境，具体指代为何，对关键词之前第一个词（以“-Muslim”标明）和之后第一个词（以“Muslim-”标明）进行排序统计，发现如下：

表 2－5 和表 2－6 统计的对象分别为上述分类的美国部分和伊斯兰国家部分。其中美国涉穆斯林报道中，主要有“美国穆斯林”或“穆斯林美国人”、“穆斯林移民”、“穆斯林禁令”和“穆斯林社区”四种语境，既凸显了政治动向，又从微观上印证了宏观上隐约可察的报道倾向——爱国主义、理解和认同。而伊斯兰国家这部分，穆斯林则主要被联系到“穆斯林兄弟会”“穆斯林牧师”“穆斯林女性”“穆斯林领袖”“伊斯兰国家”，特别是“穆斯林兄弟会”占据近 1/5。此外，对比两表，美国样本部分中对“社区”的强调在伊斯兰国家这部分样本中并不明显，后者中对“女性”的特别关注在前者那里也不明显。后者中出现的“保守的穆斯林”在前者中只出现了两次，“非法的穆斯林（文本中主要指兄弟会）”“什叶派穆斯林”等修饰在前者中更未提及。这些上下文暗示及其本身的使用，隐含着一种对伊斯兰国家的固有认识：宗教对国家生活的控制、教派之争、女性的脆弱……

2.2　《纽约时报》涉埃及的报道

上述从不同维度对样本的框架建构做了一种概括性的观察，下面对样本中主要涉及国家为埃及的 14 篇报道，利用 TF-IDF（Term Frequency-Inverse Document Frequency，词频－逆向文档频率）算法进行词频和重要性分析，并作为一种典型案例分析。

在词频统计中，出现频率最高的 20 个词依次是：“埃及（的/人）”（Egypt/Egyptian/Egypt's）、“人民/人”（people）、“开罗”（Cairo）、“穆斯林”（Muslim）、“政府”（government）、“塞西”（Sisi）（埃及总统）、“安全”（security）、

表 2－5　美国涉穆斯林报道关键词上下文对比

词汇	－ban/ban (on) －禁止	－Americans/American (－born) －美国人	－commu-nity/com-munities 社区	－coun-tries/country 国家	－ente-ring－ 进入	－immigrants/immigration/migration 移民	－vote/voters 投票（者）	－ popula-tion 人口	－advocate/activists 活动家	－women 女性	－world 世界	Conser-vative－ 保守的
频率	13/26 共 6.28%	23/52 共 12.08%	31 5%	11 1.77%	10 1.61%	46 7.41%	10 1.61%	4 0.64%	4 0.64%	7 1.13%	5 0.8%	2 0.3%

表 2－6　伊斯兰国家涉穆斯林报道关键词上下文对比

词汇	－brothe rhood 兄弟会	－cleric 牧师	－community/communities 社区	－countries/country 国家	－fashion 时尚	－holy 神圣的	－leader 领袖	－population 人口	－scholar (ship) 学者	－women 女性	－world 世界	Conser-vative－ 保守的	Out-lawed－ 违法的	Shiite－ 什叶的
频率	53 19.2%	14 5%	3 1.09%	7 2.54%	5 1.81%	4 1.45%	7 2.54%	5 1.81%	5 1.81%	13 4.71%	6 2.17%	4 1.45%	5 1.81%	5 1.81%

“兄弟会”（brotherhood）、“总统”（president）、“权利”（rights）、“警察”（police）、“公众”（public）、“军队”（military）、“革命”（revolution）、“人”（human）、“政治的”（political）、“部”（ministry）、“官员”（officials）、“伊斯兰（的）”（Islam/Islamic）和“2011”（当年发生了埃及“革命”）。这些高频词几乎就是埃及政治的关键词，可见政治议题占据了核心地位。“2011”和“革命”这两个词的高频使用，说明了其在叙事中的位置：报道中广泛使用2011年埃及“革命”，也即“阿拉伯之春”的组成部分。此外，透过“政府”“公众”“兄弟会”“军队”“警察”这些高频词便不难感受到报道整体那种剑拔弩张的气氛。而“穆斯林”和“伊斯兰”主题就与这些主题安排在一起。14个样本中共有10篇是关于政治议题，2篇关于社会议题，另外2篇分别关于军事和恐怖主义议题。

逆向文档频率用于筛选那些对特定单元重要而非在集合中所有单元都出现的文本，如上文提及的大部分高频词汇，即具有区别性的文本，对单个文本主题的预测度较高。换言之，逆向文档频率帮助我们较精确地了解每篇文章具体在讲什么。其计算方法是，由总文件数目除以包含该词的文件数目，将得到的商取对数。将词频分数（某词在单个文件中出现的比例）乘逆向文档频率，即得到TF-IDF分数。对单个文件而言，某词的TF-IDF分数越高，意味着其在该文件中越重要。因此，在上文词频分析的基础上，将14篇报道各自得分最高的10个词语，去除孤立的人名、地名和时间，整理如下：

对表中较为负面的词汇进行标注，可发现14篇报道虽然都涉及穆斯林，但具体主题差异极大，且这些主题词汇整体构建的埃及印象更加倾向于负面，表2-7中“更坏”和“最坏”两词或许正是这一倾向的体现。此外，其他一些词语，如“激烈的”和“紧急”等，既自身具有冲突性含义，也易引发冲突性联想。结合文本，在14篇报道中，冲突框架定义的主体主要为政府和反对派，后者在这些报道中不仅包括穆斯林兄弟会，也包括“公民社会活动家”（civil society activist）、“世俗的活动家”（secular activist）等。事实上，观察后者所使用的修辞，不难发现其隐含的对埃及政府的评价：非公民社会，非世俗。

表 2－7　样本中涉埃及报道的关键词

报道 1	tourists（游客）	unrest（动荡）	window（窗户）	travel（旅行）	woes（灾难）	trip（旅行）	tour（旅途）	terrorist（恐怖分子）	(ho)tel（旅馆）	targeted（被针对的）
报道 2	sectarian（宗派的）	radicalization（激进化）	worst（最坏）	water（水）	warns（警告）	war（战争）	usual（通常）	unacceptable（不可接受的）	tide（浪潮）	tended（蓄意）
报道 3	opponent（对手）	lebanese（黎巴嫩人）	hands（手）	weight（重量）	shake（握手）	firstround（第一轮）	game（比赛）	match（比赛）	unsportsmanlike（非体育精神）	traditional（传统的）
报道 4	woman（女性）	tent（帐篷）	stripped（剥光）	punished（惩罚）	pope（教皇）	village（村庄）	worse（更坏）	prosecutions（起诉）	youths（年轻人）	writing（写作）
报道 5	workout（健身）	workouts（健身）	trouble（困难）	sculls（划艇）	rowing（赛艇）	realize（意识到）	runners（跑步者）	trend（趋势）	times（次数）	wrestling（摔跤）
报道 6	sermon（布道）	TV（电视）	suez（苏伊士）	statefunded（国家资助的）	science（科学）	youtube（优兔）	wrought（发生）	wrote（写）	wrestles（斗争）	worry（担忧）
报道 7	soccer（足球）	session（会议）	takeover（接管）	subject（受到……）	role（角色）	rivals（对手）	wording（措辞）	watched（观看）	voted（投票）	vocal（有声的）
报道 8	studio（工作室）	visits（拜访）	videos（视频）	set（布景）	response（反应）	raids（搜捕）	warrant（搜查）令	protester（抗议者）	word（话）	voltmeter（伏特）

续 表

报道 9	yalla（走吧）	wrenching（猛扭）	winter（冬天）	weather（天气）	weary（疲倦）	walked（走路）	unnecessary（不必要的）	unclear（不明的）	tyrant（专制统治者）	traveled（移动）
报道 10	vanish（消失）	secretive（秘密的）	relatives（亲戚）	wooden（木制的）	wiping（擦拭）	widens（加宽）	vanished（消失的）	urgent（紧急）	unwittingly（不知情的）	unprecedented（史无前例的）
报道 11	online（在线）	satirical（讽刺的）	offices（办公室）	silence（沉默）	running（跑）	posted（发贴）	wellknown（著名）	voices（声音）	vehement（激烈的）	ultimately（终极的）
报道 12	mistaken（错误的）	meant（有意）	identity（身份）	judges（法官）	judiciary（司法的）	wishes（愿望）	verdicts（判决）	verdict（判决）	unknow（不知名的）	uncle（叔叔）
报道 13	suspicions（怀疑）	province（省）	presenter（主持人）	morals（道德）	system（体制）	poet（诗人）	writer（作家）	verses（诗）	uncles（叔叔）	toddler（学步孩童）
报道 14	warships（军舰）	surrounding（周围）	rome（罗马）	resolution（决议）	repression（压制）	west（西方）	worry（担忧）	workers（工作者）	waters（水域）	vehemently（激烈地）

作为一个“总统日益转向宗教”[121]的国家，埃及是不安的，是动荡的，是于冲突之中煎熬的，是正在变得“更坏”的……此种单一印象的建构，既以直接的方式呈现，也以隐喻的方式实现。如《埃及人再次走上街头，这次是在健身》[122]一则报道，即表2－7中的报道5，其主题词看似只同健身相关，实则不然。这则报道中，健身不是一种文化，而是另一种“运动”，健身的流行被置于“威权政府”的框架之下，被视为公众不满情绪的释放点。“威权政府总是对促进体育和体育文化感兴趣”的报道引自开罗美国大学一位教授的话。

2.3　讨论与展望

如前文所述，本研究力图在归纳与推理之间实现一种平衡，因此以“讨论”而非“结论”来进行总结，更多的是开放性的而非收敛性的。到目前为止，我们从议题选择、特定框架使用、高频词语统计和关键词语境等方面，辅以对单个国家涉穆斯林报道的个案分析，对2016年《纽约时报》涉穆斯林报道共294份样本的框架建构和使用进行了探索，有以下三点值得深入讨论。

第一，新议题，旧框架。仅就伊斯兰世界而言，在“9·11”事件后的两年里，《纽约时报》报道最多者依次为伊拉克、阿富汗、“基地”组织、巴勒斯坦及哈马斯、沙特；2006年到2012年间，报道最多者变成了伊拉克、伊朗、巴基斯坦；而在2016年这一时段里，埃及、沙特、孟加拉国等国都获得了较高的报道频率。而德、法等欧洲国家的涉穆斯林报道也占了较大比重。这与埃及“革命”后政权几度更迭，欧洲难民危机的几番升级等国际形势密切相关。但是，乱花渐欲迷人眼的新议题背后，是与以往大同小异的框架。正如涉穆斯林报道中的穆斯林女性始终被过度词汇化，有时是作为个人，有时是作为群像，其表述语境始终与穆斯林男性相关。

以一种历史性的目光去看，在充满断裂性——不确定的、跳跃的，但绝非割裂的历史进程中，个人及其共同体的实践不仅有“质料”，还有其形式、动力和目的。“大脑需要秩序，而秩序是通过区分并观察每一事物，将大脑意识到的每样东西置于一个能被重新找到的安全的地方，并且为了使构成环境的物体容易辨认，以为其分配特定的角色这些方式来实现的。”萨义德因而警示，人们对事物做出的区分是具有任意性的。这样一种对知识论的反思在文化人类学上引发一个问题，即我们在多大程度上能够认识另一种文化？但在涉穆斯林的报道面前，我们远远没有达到不得不问出这个问题的时刻，因为正如《东方学》批判的矛头之一是学者成为东方知识的代理人，当代媒体在个人进入这种可能具有任意性的认知过程之前，率先提供了秩序。

第二，涉穆斯林国际国内报道的差别化处理。这样一种差别化处理可谓显而易见。事实上，任何一家媒体机构在处理国际国内素材时都必然存在差异，此种差异有其文化基础：受众对地理或文化距离较近的事物更有兴趣、亲近感，更易领悟和接受。但此处要探究的是，这种差别化处理背后的政治动机。

政治议题在涉穆斯林国际国内报道中被赋予首要地位，但对其处理却不尽相同。涉穆斯林国内报道似乎呈现一种“去伊斯兰化”的努力，如已分析过的《斯塔滕岛的清真寺：祷告与爱国主义的融合》这则报道，在将穆斯林由“穆斯林”这一表述中解放和纳入“美国”这一框架中时，大众媒介实则在发挥构建“想象的共同体”之作用。与全文词频分析结合之，《纽约时报》在涉穆斯林国内报道中，最核心的有两点：一是对特朗普狂轰滥炸般的抨击，二是“美国”对宗教议题的超越。正如穆斯林卡齐尔·汗抨击特朗普事件报道中所言，“一些价值值得为之奋斗”[123]。

当报道对象转变为伊斯兰国家时，政治与宗教则被混为一谈，即伊斯兰教等同于专制独裁，等同于绵延不绝的战争和暴力冲突，并从《古兰经》中寻章摘句以论证这种历史命运是植根于伊斯兰教之中的。隐含的判断是，伊斯兰国家现在如此，将来也必然如此。事实上，目前伊斯兰国家的政治制度千差万别，如印度尼西亚是世界上人口最多的伊斯兰国家，却不是一个教权国家。甚至仅对宗教的态度而言，伊斯兰国家也趣舍万殊，远非“保守”与“世俗”之二元论所能概括。因此，若说框架分析提供了一种总揽性视角，那么不可忽视的是，框架是对事实运行选择的结果。例如，有研究显示，丧生于“伊斯兰国”相关袭击的欧洲人所获得的美国媒体报道乃相同境况中东人的 19 倍。[124]在这一骇人差异面前，谈论对欧洲恐怖袭击的人情味框架报道之考虑是苍白无力的。人情味框架的决定因素在这里不是人之为人的共同命运，而是政治亲疏。

第三，“伊斯兰恐惧症”的双重话语。事实上，如果说右翼媒体提供了“伊斯兰恐惧症”的单一话语，那么《纽约时报》则为我们的观察提供了这一话语的更深刻表现，即“伊斯兰恐惧症”时而服务于恐惧的政治而被建构，如“9·11”事件后美国的一系列对外政策，时而服务于认同的政治而被改头换面。后者广泛地隐藏在当代流行的种种政治话语之中，如当“穆斯林”和“妇女”两个符号被结合在一起，作为特定的所指时。换言之，并非只有赤裸裸地将“穆斯林”与“恐怖分子”连用才是恐惧和制造恐惧，种种试图将“穆斯林”简约化的，试图通过驯服这一概念而驯服其主体的努力，也隐含着相似的寓意。

上述两者的实质都是，当某个主体——个人、集体或国家被贴上“穆斯林”这一标签时，该主体便被这一标签支配了。主体所蕴含的丰富属性和能够获得的丰富可能性被封存在这一标签之下。“有待去是”的生成和流转被“是其所是”的形而上学遮蔽了。这个“涵盖了10亿人口以及数十个国家、社会、传统、语言，当然也涵盖了无数各式各样的经验”[125]的世界被抽象之，同质化为一巨大整体。因此，穆斯林主体被异化为一种遥远的“他者”。这个“他者”是如此的巨大，如此远离“我们”的日常经验，充满侵略性和威胁感，但透过那些因为重复而已经为人熟悉的框架，又变得熟悉而可以高效地处理。因此，在存在论意义上，穆斯林被视为并非“真正存在”着的存在者，而非存在本身。“伊斯兰恐惧症”不是一种病症，而是一种创造，一种策略，一种话语。虽然形式变幻，但这种话语背后的权力关系才是一以贯之的。

这里不吝再举一例。在《巴基斯坦总理表彰受迫害少数民族的诺贝尔奖》[126]这则消息中，处于背景信息倒数第二段的由两句话构成：“巴基斯坦在保护少数宗教群体和少数族群方面有着惨淡记录，他们常常受到武装极端分子的暴力攻击。在2010年，塔利班军事武装袭击了拉合尔的两座清真寺，导致93人死亡。”[127]单就该段观之，“塔利班”被与巴基斯坦——作为整个国家，匪夷所思地联系起来；就全文观之，事件被作为巴基斯坦迫害宗教和种族意义上少数人群的历史中的一环。通过互文性（intertextuality）的修辞，这个事件的意义被改变了，文本获得了格外的能力，“重建现存的习俗，以便创造出新的习俗”[128]。这是一个政治目的主宰下涉穆斯林报道的代表，这样的报道使特定伊斯兰国家始终被透过古老的框架而被解释。

上述话语包含并可能煽动更深刻的恐惧："他者"与"异端"，在一些情况下，只有一步之遥。它们威胁到可能进行的对话，打破可能的沟通语境，而对话和沟通语境的建立，正是人类传播活动的重要目的之一。

我们讨论的目的并不在于对《纽约时报》进行新闻业务甚至新闻活动的批判，事实上，《纽约时报》在自我审查和纠错方面已经形成制度，被认为是美国新闻媒体行业自律的典范。相反，上述讨论希望揭示的是媒体机构所处的更大机制。尽管在西方社会，新闻媒体被尊为立法、司法、行政之外的"第四权力"，但事实上，这种权力并不独立，而是与政府、企业乃至知识界有着盘根错节的关系。萨义德指出，知识分子、大众媒体和对其具有影响的"石油公司、大型公司与跨国企业、国防与情治部门、政府行政部门"的集团体制构成了"一整个体系的资讯与决策机制"。[129]这并不是说，媒体机构毫无独立性可言，事实上，新闻报道对公权力的监督和其"社会瞭望者"功能的发挥无疑都有赖于新闻独立。真正的问题在于，不仅是新闻工作者，所有数字化生存时代的民众也应当对媒介的本质以及媒体机构、市场和政府等权力之间的关系有清醒的把握。

在《理想国》中，柏拉图提出了著名的洞穴隐喻。设想人们生活在地下洞穴，被缚而向壁而居，无法转头。背后有火源、矮墙。矮墙之后，"一批人正在搬运各种各样的道具，它们都高出这墙"[130]。有学者指出，当代美国正借助其发达的媒介力量在全球推广其意识形态，而其机制正与这一认知隐喻无二。[131]在这个意义上，推广媒介素养教育尤为重要。

因此，无论对象是恐惧的政治，还是认同的政治，认识和辨别隐藏在报道之后的政治立场、政治倾向和政治驱动，对于我国新闻界而言都是更有意义的：涉穆斯林报道框架的差别看似是一种文化偏见，实则远超出这一范畴。一则涉穆斯林报道，对于任意一位读者而言，或许只提供了一个文化奇观，但经年累月的报道所协助构建的集体记忆，却必然由文化出发，走向公共生活。而这种集体经验亦将成为当代史的一隅，所谓今日新闻乃明日历史耳。例如，在欧洲，右翼与左翼间就穆斯林问题的话语争夺硝烟弥漫，前者指责后者“政治正确”，后者讽刺前者为民粹主义。这还是极粗略的划分，其实在涉穆斯林的公共话语空间内，各种派系异常活跃，但最终无不指向政治诉求，并且将各种话语根本性地落实到对内对外政策上去。

由此，可对我国新闻传播进行反思。其一，如果说历史上伊斯兰世界对西方构成的挑战是“伊斯兰威胁论”产生的深层原因，那么便会发现，近年来甚嚣尘上的“中国威胁论”，其生成机制与此大为相似。例如，样本中一则关于中国伊斯兰教发展的报道，虽然题为《政府的宽松政策促进伊斯兰教繁荣》，但在引用一位阿訇的介绍时这样写道：“‘来自中国其他地方的穆斯林，特别是来自新疆的，不敢相信我们如此自由，他们不想离开，’他说，指的是西部边疆，那是饱受困扰的维吾尔族的家乡，‘回族的生活很好。’”[132]此段对直接引语的使用十分微妙。引语本身是一个完整文本，但通过逗号和解释性文字的插入，由“新疆”扩展至居于那里的维吾尔族。进而，一则关于宁夏回族繁荣的报道实则在不同少数民族之间的对比中得以发散。不难想见，在我国持续发展的征程中，各种换汤不换药的妖魔化话语还将出现，厘清这类话语之本质，有助于我们从容应对，坚守舆论阵地。

其二，尽管我国主流媒体的涉穆斯林报道总体较为客观中立，能够坚持正确舆论导向，但部分议题报道不乏受到西方媒体影响，微博、微信等社交媒体上关于“伊斯兰恐惧症”的报道和言论也不时传播，可能损害我国民族关系。因此，我国媒体既要保持独立性，培养涉外报道的独立采编队伍，充实独立信息源网络，避免在新闻源头依赖外媒，或被西方媒体的特定框架误导，也应增强对国情的认识，在涉穆斯林报道中坚持实事求是的原则。此即所谓国之重器，不可假人。

在共建“一带一路”国家中，有33个伊斯兰国家。[133]在推进“一带一路”倡议的过程中，我国媒体应负起责任，以公平、正义、人性化的报道，讲好中国故事，讲好“一带一路”的梦想：和平、繁荣、开放、创新、文明，构建良好的沟通语境，为民心相通贡献力量。

3 巴基斯坦媒体对中巴经济走廊的诉求与态度*

了解合作双方的诉求和态度，是进一步推进中巴经济走廊建设的前提。那么，巴基斯坦国内是如何看待中巴经济走廊的呢？对中巴经济走廊的基本态度是什么？媒体既是社会舆情的晴雨表，又直接影响着舆情。同时，媒体通过对现实的选择性报道，为读者创造了“拟态环境”，影响着巴基斯坦人对中巴经济走廊的认知。这里将以巴基斯坦的两份主流英文报刊《黎明报》和《国民报》在2014年全年对中巴经济走廊的报道为研究样本，分析巴基斯坦媒体对中巴经济走廊的看法。

《黎明报》和《国民报》都是巴基斯坦的主流英文报刊。英语为巴基斯坦的官方语言，但在巴基斯坦使用最广泛的是巴基斯坦的国语乌尔都语，英文报刊相对于乌尔都语报刊来说，发行量与影响范围要小得多。由于语言障碍，本文选取英语报刊作为研究对象。《黎明报》于20世纪40年代由穆罕默德·阿里·真纳为反击“反穆斯林宣传”和推动巴基斯坦独立而创办。巴基斯坦独立之后，《黎明报》迁至卡拉奇，成为一家独立、持自由派立场，并且对政府具有批判意识的报纸。[134]《黎明报》为新闻日报，在巴基斯坦公信力很高，是巴基斯坦最受欢迎的英文报刊，日发行量约为109 000份。近年来，《黎明报》开设了新闻门户网站，开发了手机App，以扩大其读者群。《国民报》创办于1986年，为新闻日报，以拉合尔为大本营，在拉合尔、伊斯兰堡、卡拉奇有不同的发行版本，这三个版本的报纸基本内容相同，分别添加了发行地的特色报道。2004年，《国民报》开设了新闻门户网站，以吸引更多读者。《国民报》网站52%的巴国内读者是巴基斯坦男性研究生（网站访问IP的统计结果）。

---

* 《巴基斯坦媒体对中巴经济走廊的诉求与态度》作者是吴艳梅。

在政治倾向方面，《国民报》是巴基斯坦著名的右翼保守派报纸，是巴基斯坦政府以及军方的喉舌，报道多以促进政府政策推行为目的，是政府操控公众舆论以实行其相关政策，尤其是外交政策的有力工具。[135]

巴基斯坦的媒体行业高度私有化，并且享有相当程度的新闻自由。截至2012 年，巴基斯坦有超过 90 家私有电视台，115 家私有广播电台，300 家私有日报。[136]巴基斯坦有 11 种语言的报刊，总日发行量在 400 万左右。因此，巴基斯坦不同媒体的政治倾向和观点相差较大，我们选取政治倾向迥异的《黎明报》和《国民报》为研究对象，可以减小政治倾向对研究结果的影响。通过对两家日报的研究，我们得出以下结论。

3.1 巴基斯坦媒体肯定中巴经济走廊的正面作用

在分析样本中，《黎明报》提到中巴经济走廊对巴基斯坦的正面作用的样本占样本总量的 39.6%，《国民报》中提到中巴经济走廊对巴基斯坦的正面作用的样本占样本总量的 49.5%，而样本中《黎明报》《国民报》提到中巴经济走廊对巴基斯坦的负面作用的样本分别占样本总量的 4.5% 和 1.9%。可见，巴基斯坦英文媒体对于中巴经济走廊对巴基斯坦的正面作用是十分认可的，而且相较于《黎明报》,《国民报》对中巴经济走廊的态度更为友好。

报道中提及的中巴经济走廊对巴基斯坦的正面作用有这样几类：缓解能源危机；提供资金（通过优惠贷款、投资等方式为巴基斯坦国内工农业发展提供资金）；创造就业机会；完善工农业基础（帮助巴基斯坦建设基础设施、完善物流网络等）；保障巴基斯坦国家安全；提高人民生活水平（提高医疗水平，增加人民收入，消除贫困，等等）；提供先进技术与发展经验；提供优质商品与服务；提供出口市场（如农产品、宝玉石等市场）。其中，有一些报道指出，中巴经济走廊可以促进巴基斯坦整体经济的繁荣与发展。这些正面作用在研究样本中被提到的次数如图 3－1 所示，并将其中几类正面作用在下文中加以详细阐述。

（1）缓解能源危机

缓解能源危机是巴基斯坦社会和经济发展的燃眉之急。电力不足让巴基斯

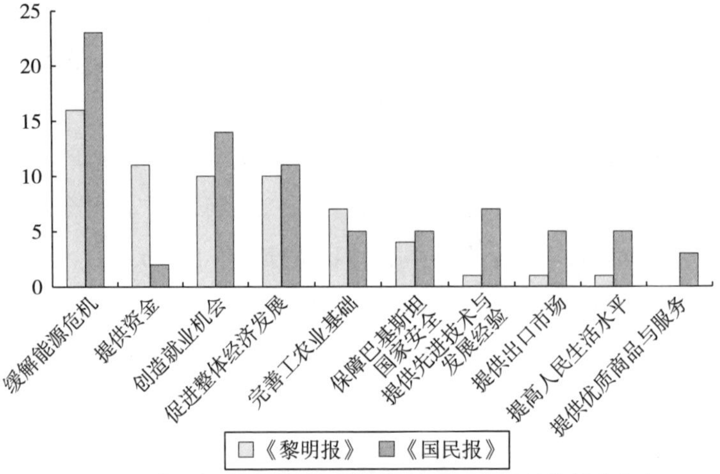

图3－1　中巴经济走廊对巴基斯坦的正面作用报道频次分布

坦人民，尤其是农村地区的人民在大多数时候处于黑暗之中，严重制约了巴基斯坦工业的发展。

在关于中巴经济走廊的报道中，涉及能源领域的报道是最多的（见图3－1），两家日报涉及能源领域的报道均占有关中巴经济走廊报道总量的40%以上。在研究样本中，load-shedding（用电限制）、energy crisis（能源危机）这两个词在《国民报》中出现了58次，在《黎明报》中出现了23次。

在中巴经济走廊项目中，包括风电、水电、火电、太阳能、核电站、煤炭开采在内的能源项目也占了很大比例。在巴基斯坦媒体的报道中，中国企业和中国政府的援助是解决能源问题的历史机遇。在报道《关于配电系统升级问题的讨论》中，旁遮普省首席部长表示，中巴经济走廊是解决巴基斯坦能源问题的黄金机遇，对于解决能源问题来说“It’s now or never”（机不可失）。

在巴基斯坦媒体看来，缓解能源危机是中巴经济走廊最重要的作用之一，也是巴基斯坦国内支持中巴经济走廊的重要原因。

（2）提供资金

与《国民报》相比，《黎明报》更强调中国在巴基斯坦投资以及向巴基斯坦提供优惠贷款的作用。在对亚投行的报道《亚洲孕育一家银行》（Asia Spawns a Bank）中，《黎明报》分析道，中国对巴基斯坦的贷款和投资，打破了西方的金融垄断，为巴基斯坦提供了除世界银行和国际货币基金组织之外新的资金渠道。

（3）创造就业机会

就业问题是巴基斯坦政府的另一大难题，巴基斯坦的就业率仅为52%，男性劳动参与率也仅为83%。[137]在关于中巴经济走廊的报道中，创造就业机会也作为中巴经济走廊对巴基斯坦的重要作用被多次提及。

（4）完善工农业基础

除了能源项目，中巴经济走廊的主要项目还包括交通、水利、通信等基础设施建设项目。这些项目对于工农业基础不完善的巴基斯坦来说，在完善经济发展基础方面发挥着至关重要的作用。

（5）保障巴基斯坦国家安全

中国建设中巴经济走廊有地缘政治和国家安全的考虑，巴基斯坦同样如此。中巴经济走廊为巴基斯坦国家安全带来的作用体现在两个方面：一是巴基斯坦需要依托与中国的国防合作，如向中国购买军备、举办联合演习等方式来提高自身的国防实力；二是通过和中国形成战略合作伙伴关系来对印度等周边大国形成威慑，以及通过中国的调解来解决巴基斯坦的边境问题，保障区域稳定。

（6）提高人民生活水平

提高中巴经济走廊沿线人民的生活水平，应当是中巴经济走廊建设的应有之义，但两家日报对中巴经济走廊提高人民生活水平的功能提得并不多。一方面，中巴合作集中在经济、军事、政治等领域，在教育、医疗、人道主义援助方面，中国在巴的投入并不多，也鲜少见诸报端；另一方面，以精英阶层为主要受众的巴基斯坦英文日报对普通人民缺乏关注。

（7）提供出口市场

自2005年起，巴基斯坦和中国就开始商定自由贸易协定，因为中巴两国的经济具有互补性。巴基斯坦是一个农业国家，矿产资源丰富，农产品和宝玉石依赖海外市场，而中国生产的服装、手机等生活用品价廉质优，恰好可以满足巴基斯坦人民的日常生活需要。中巴经济走廊建设促进了中巴之间交通和经贸的联通，两国可以发挥各自的比较优势，在进出口贸易中获利。

3.2 巴基斯坦媒体最关心的领域是能源和基础设施建设

我们按报道领域对样本进行划分，关于中巴经济走廊的报道主要涉及以下领域：能源、通信、交通物流、纺织、军事、文化教育等。其中，涉及各领域的报道篇数统计如图 3 –2 所示。

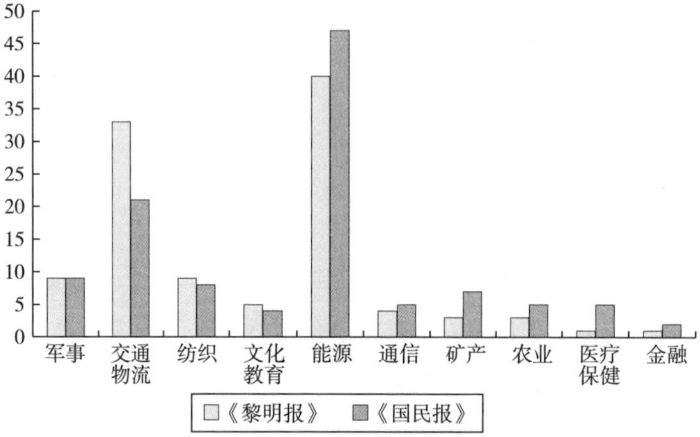

图 3 –2　关于中巴经济走廊报道涉及的领域分布

可以看出，涉及能源领域的报道数量是最多的，体现了巴基斯坦国内对缓解能源危机的渴求，供电不足严重影响了巴基斯坦的工业生产和人民生活，也是巴基斯坦政府亟待解决的问题。事实上，缓解能源危机是巴基斯坦国内对中巴经济走廊的最大期望。在关于中巴经济走廊报道涉及的领域中，交通物流、能源、通信、矿产都属于基础设施建设领域，基础设施建设也是“一带一路”的建设重点。

关于文化教育、医疗保健等领域的报道则较少，但作为教育资源和医疗资源匮乏的国家，巴基斯坦需要中国的教育援助和医疗援助。在 2014 年 2 月 18 日《黎明报》的报道《呼吁中国建立技术大学》中，巴基斯坦奇特拉尔地区的人民要求中国政府在当地开设技校，以提高当地年轻人的就业能力。相比于经济方面的合作，中国对巴基斯坦在文化交流、教育医疗援助方面的投入相对较少。

按事件类型划分（见图 3 –3 和图 3 –4），可将报道分为外交活动（包括中巴政府领导人互访、政府层面的其他外交活动等）、投资动态（包括中方表达投资意愿、签署在巴投资的谅解备忘录、签署在巴投资合同等)、项目实施情况(项目实施进展、问题等)、会议报道(关于中巴经济走廊的研讨会、巴基斯坦政府工作会议)、双边贸易、中方人员在巴安全等几类。

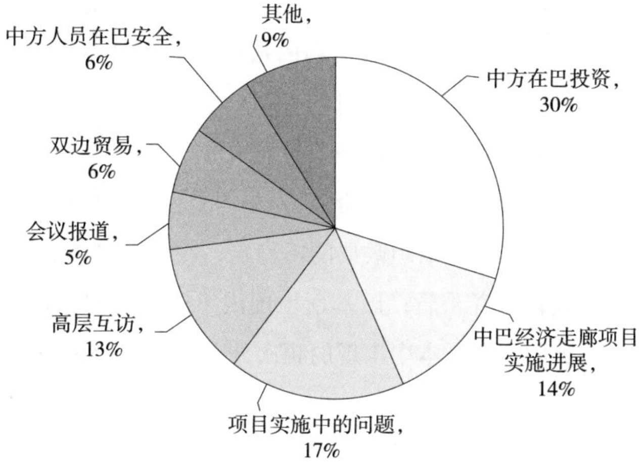

图3－3　《黎明报》关于中巴经济走廊的报道中事件类型的分布

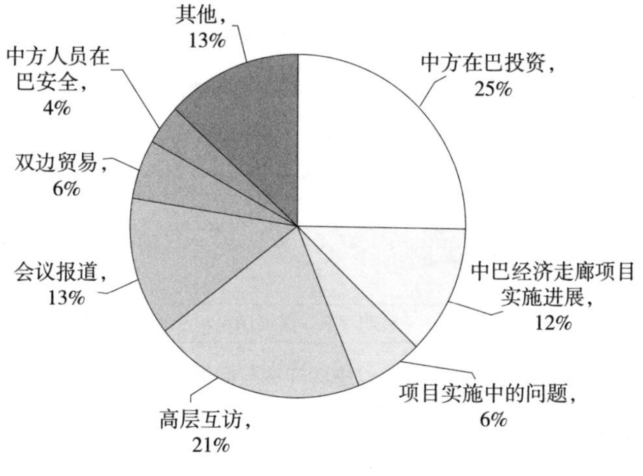

图3－4　《国民报》关于中巴经济走廊的报道中事件类型的分布

《黎明报》和《国民报》对中巴经济走廊的报道都着重于中国对巴基斯坦的投资意愿：一方面，中巴经济走廊建设的主要形式是中国企业在巴基斯坦进行基础设施建设方面的投资；另一方面，中国的投资和贷款也是巴基斯坦十分期待和需要的。

3.3 中巴经济走廊建设中存在的问题和冲突

巴基斯坦媒体的报道，也涉及了一些中巴经济走廊建设中存在的问题和冲突。《黎明报》的样本中涉及冲突与问题的报道占样本总量的33.3%，《国民报》涉及冲突与问题的报道占样本总量的13.1%。

中巴经济走廊报道中的冲突或问题有这样几类：合同纠纷（招标程序不透明引发的纠纷、合同执行过程中的纠纷等）；中国企业的资质问题；巴基斯坦政府低效腐败；安全问题；巴基斯坦政局的不稳定；在中巴经济走廊的规划方面，中巴利益不完全一致；劳资矛盾；巴基斯坦国内不同地区对中巴经济走廊项目的争夺；等等。各类问题在样本中出现的频次分布如图3-5所示。

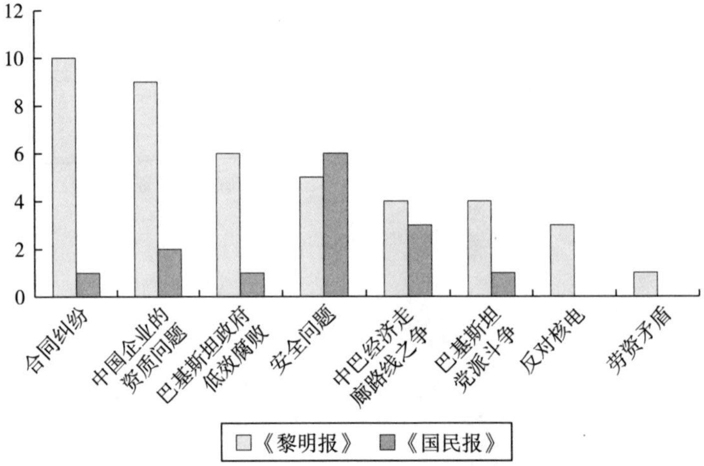

图3-5 中巴经济走廊建设中的冲突与问题报道频次分布情况

（1）合同纠纷

合同纠纷问题在报道中出现多次，分为以下两类：一是项目招标阶段，招标程序不透明或招标流程不规范等，引起未中标企业和巴基斯坦民间的质疑；二是在项目实施过程中，中巴合作双方对于合同履行产生了纠纷。

在报道《输电线路合同授予中的违规行为》（Violation of Rules Alleged

in Award of Transmission Line Contract）中，《黎明报》称巴基斯坦政府取消了主动给中国企业提供250亿卢比的尼勒姆－杰勒姆（Neelum-Jhelum）水电站合同，给中国企业提供合同的巴基斯坦水利和能源部并没有提供此合同的权限，该文章质疑此合同中存在权钱交易。在《黎明报》的报道《向中国企业授予太阳能园区合同遭遇挑战》（Award of Solar Park Contract to Chinese Firm Challenged）中，一名人民党党员指责中国企业在旁遮普省获得的太阳能合同没有经过公开招标，该人民党党员要求旁遮普省首席部长对此合同做出解释。

这类事件的频发有其现实原因：首先，巴基斯坦民选政府可能存在一定的腐败问题，难以避免在项目招标中以权谋私。其次，巴基斯坦政府对在巴投资的中国企业承诺了政策优惠，但兑现优惠承诺又与巴基斯坦目前的法律法规相冲突，会引来国际社会的不满，也给项目官员提供了寻租空间。对于此类事件，《黎明报》从批评政府腐败、无视规则的角度进行了报道，而《国民报》唯一一篇关于合同纠纷的报道则站在希望改变招标规则、促使对中国企业的政策优惠合法化的立场上。《国民报》的报道《为促进中国投资而绕开规则》（Rules Being Bypassed to Facilitate China Investment）认为，巴基斯坦现有的招商规则阻碍了中巴经济走廊的进展，中国投资不存在问题，而是巴基斯坦的招标政策有待修改。

项目实施过程中的中巴企业之间也存在一定的合同纠纷，如《黎明报》在《拉合尔运输公司遭受百万美元纠纷》（Lahore Transport Company Hit by Million Dollar Dispute）中报道了中巴两家企业的公交车进口合同纠纷，巴方认为中国公司没有按合同提供维修服务，拒绝继续购买合同规定数量的公交车，双方因此事对簿公堂。

（2）巴基斯坦政府低效腐败

巴基斯坦政府的低效和腐败，导致中巴经济走廊部分项目进展缓慢。《黎明报》报道的加达尼（Gadani）能源项目，因当地政府意见不一致，执行力差，进展十分缓慢。对于此类问题仍然是《黎明报》关注度较高，《国民报》关注度较低。《黎明报》在报道中经常对政府当局进行批评，而《国民报》则大多采取为政府辩护的立场。

（3）安全问题

中巴经济走廊沿线的安全问题，尤其是中国公民在巴基斯坦的安全问题是中巴经济走廊建设需要面对的一大课题。《黎明报》和《国民报》报道涉及的安全问题包括新疆分裂势力、俾路支分离主义势力等对中国在巴公民人身安全的威胁，以及中国公民遭遇的盗窃、抢劫、绑架等巴基斯坦国内治安问题。

《国民报》对中巴经济走廊的安全问题比较关注，在报道《坎坷的计划与丝绸之路》中，《国民报》援引巴基斯坦时任总理谢里夫的话，表示如果不能控制巴基斯坦国内的恐怖主义势力，中巴经济走廊将不会成功。《黎明报》在报道《中国的保证》中也表达了相同观点。

（4）中巴经济走廊路线之争

在中巴经济走廊的路线和项目选择上，中巴两国之间以及巴基斯坦国内曾出现过分歧。《国民报》的报道主要关注中巴之间的利益分歧，认为中国建设中巴经济走廊是为了发展西部地区，对于巴基斯坦来说，中巴经济走廊的基建项目耗资太大，会加重政府的债务负担，巴基斯坦应以自身利益为重。

《黎明报》的报道则关注巴基斯坦各地区对中巴经济走廊项目资源的争夺。对于把开伯尔－普什图赫瓦省和俾路支省排除出中巴经济走廊的想法，《黎明报》发表了多篇报道进行反驳。《黎明报》在一篇评论中表示，政府对俾路支缺乏关注会助长俾路支分离主义势力。在报道“参议员对改变中巴经济走廊路线感到不满”议题时，《国民报》和《黎明报》都以巴基斯坦国家利益为切入点，不同之处在于《国民报》更关注巴基斯坦政府在中巴经济走廊建设中的得失，《黎明报》则是站在批评政府的角度，关注巴基斯坦各地区的均衡发展。

（5）反对核电

《黎明报》对巴基斯坦的“反核电运动”进行了系列报道。巴基斯坦“反核电运动”的主力是巴基斯坦的一些科学家，他们认为在巴基斯坦这样一个地震多发的国家建设核电站存在很大的安全和环境隐患，而在巴基斯坦建设核电站的中国企业并未在中国国内建设过如此大规模的核电站，他们指责中国将巴基斯坦作为核电的试验场。而《国民报》对此事并未进行报道。

（6）巴基斯坦党派斗争

中巴经济走廊建设虽然是巴基斯坦各党派的共同利益，但不同政治势力的利益诉求并不完全一样。在走廊建设中，各党派相互掣肘，同时政局不稳定也会影响走廊建设。

在关于此问题的报道中，《国民报》站在执政党的角度，指责反对党阻碍中巴经济走廊建设，如报道了《伦敦计划反对中国领导人之行》。《黎明报》则认为，巴基斯坦各党派均只为自身利益考虑，党派之间的互相倾轧和利益争夺，导致中巴经济走廊建设进展缓慢，如报道了《分析：巴基斯坦与中国世纪》。

（7）劳资矛盾

样本中关于中巴经济走廊建设中出现劳资矛盾，仅有的一篇来自《黎明报》的报道——《要求保护大坝工人的权利》：塔贝拉大坝举行工人集会，要求中国公司提高薪水和加班工资，给工人提供健身场所和干净的饮用水，以及住宿和交通服务。此外，工人要求中国公司保障他们的工作安全，并且不得随意辞退工人。该报道肯定了中巴经济走廊创造就业机会的作用，但同时呼吁中国企业保障巴基斯坦工人的基本权利。

这些冲突报道并不是对中巴经济走廊的否定，而是提出中巴经济走廊建设中存在的各种问题，总体来说，是建设性的而非批判性的。在《国民报》的报道中，冲突报道的内容主要是反对党、恐怖主义、巴基斯坦塔利班等势力对中巴经济走廊建设造成的阻碍。《黎明报》的报道则着重报道各种问题本身，并且常常批评政府，批评部分中国企业。

3.4　巴基斯坦媒体对中巴经济走廊存在两种报道框架

通过研究我们发现，《国民报》对中巴经济走廊的报道相对正面，样本中有49.5%提到了中巴经济走廊对巴基斯坦的正面作用，只有13.1%提到了中巴经济走廊建设中的冲突与问题，基本未出现批评中国政府、中国企业的报道。而《黎明报》的报道则比较中立，样本中有39.6%提到中巴经济走廊对巴基斯坦的正面作用，也有33.3%提到了中巴经济走廊建设中的冲突和问题。

在对报道的研读和对比中我们发现，关于中巴经济走廊的报道可以分为两类框架：一是强调中国援助的中巴友谊框架，二是强调中巴合作的成本收益分析框架。《国民报》多采用中巴友谊框架，而《黎明报》多采用成本收益分析框架。

中巴友谊框架是指，将中巴经济走廊理解为中国对巴基斯坦的友情援助。此类报道强调中巴友谊，强调中国援助的重要价值，认为中国为巴基斯坦雪中送炭，中巴经济走廊是巴基斯坦发展的重要甚至唯一机会。此类报道多使用“under the help of China”（在中国的帮助之下）、“transform Pak China friendship into a partnership”（将中巴关系转变为伙伴关系）等短语或句式。典型报道如《国民报》中的《夏巴兹称：中国的帮助对于克服能源危机至关重要》，文章翻译节选如下：

> 旁遮普省首席部长夏巴兹·谢里夫说，巴基斯坦人民对于中巴友谊十分自豪，并且将中巴友谊视为一份资产。在巴基斯坦面临严重的能源危机的时候，中国历史性的320亿美元的一次性投资证明了中巴之间真挚的友谊。
>
> 他说，中国在支持巴基斯坦发展中发挥了重大的作用，巴基斯坦领导人将尽职尽责，使得中国的投资取得最好的结果。……在友好国家的帮助下，巴基斯坦当局将不遗余力解决能源供给问题。

成本收益分析框架是指，认为中巴经济走廊是中巴之间的平等合作，以巴基斯坦自身利益为衡量标准，分析中巴经济走廊及其具体项目的正面作用、负面影响、存在的问题和利益冲突。此类报道认为，中国对巴基斯坦的投资是出于自身利益的考虑，巴基斯坦应该从自身利益出发，进行中巴经济走廊的规划与建设。此类报道常常着眼于项目本身，报道侧重的不是“中国投资”，而是项目的具体情况。

典型报道如《黎明报》中的《总理在中国》，文章翻译节选如下：

> 在总理纳瓦兹·谢里夫访华期间，中巴领导人签订了20多项合同，涉

及能源、通信、工业基础等领域。

中巴之间的深厚友谊是天然的还是战略性的？中巴友谊不断加深的目标是什么？

中国国家主席习近平在访问印度期间，签署了200亿卢比的订单。在非洲，中国的商贸和投资都在增加，同样集中在能源、矿产领域。在拉丁美洲，中国的投资从2004年的1.2亿美元增长到了2012年的114亿美元，增长幅度惊人。

中国的海外投资与贸易在全球各地以极快的速度增长，这个趋势是由中国国内大量的资本积累和资本增值需求驱动的。

在巴基斯坦，我们倾向于在中国的话语体系中加入不必要的情感。然而，中国并不是由于情感因素而对巴基斯坦进行特别的扶持，巴基斯坦只是由中国国家支持的中国资本在海外进行投资布局的地方。

在巴基斯坦描述中国时，广泛使用的过于浮夸的空话需要转变为更加成熟、务实的语言。以前，在中国外交政策中巴基斯坦是用来牵制印度的军事力量，作为交换，中国给巴基斯坦提供一些基础设施项目。如今，巴基斯坦又成了牵制阿富汗和巴基斯坦本土军事力量的要素，中国给巴基斯坦提供更多的基础设施项目，但这些项目不是援助性的，而是商业性的。

中巴之间不断加深的合作关系也许会给巴基斯坦带来巨大的收益，但我们应当集中精力保护我们的经济利益，而不是用经济独立性来换取其他方面的独立性。

我们根据以上内容对报道框架进行了划分，对《国民报》和《黎明报》的报道进行了分类。在《国民报》的报道样本中，81.3%使用的是中巴友谊框架。在样本的107篇报道中，有38篇正面提到了中巴友谊，中国援助（assistance）、帮助（help）、支持（support）巴基斯坦建设的表达出现了71次。与之相对比，在《黎明报》样本的111篇报道中，中国援助（assistance）、帮助（help）、支持（support）巴基斯坦建设的表达出现了39次，正面提及中巴友谊的只有22篇。在《黎明报》的报道中，23.4%使用的是中巴友谊框架，76.6%使用的是成本收益分析框架。

《国民报》和《黎明报》为何会出现报道框架上的差别？这与两家日报的固有立场有关。《国民报》是右翼保守派日报，其看待中巴经济走廊的态度与巴基斯坦政府，也就是执政党穆斯林联盟领袖派的观点基本一致。而《黎明报》则是自由派日报，长于批评政府，对中巴经济走廊也采用了更为批判性的态度。

两家日报对中巴经济走廊的报道框架的分野也体现了巴基斯坦国内对中巴经济走廊两种不同的理解框架。巴基斯坦政府，尤其是旁遮普政府，在提及中巴经济走廊时，使用的往往是中巴友谊框架。在《国民报》关于中巴经济走廊的报道中，旁遮普省首席部长作为信源出现的报道占总报道数的22.4%。他在公开演讲、接受专访、高层会晤等多个场合盛赞中巴友谊，认为中巴友谊是巴基斯坦的重要资产，希望中巴经济走廊能把中巴友谊转化为实实在在的经济利益。而在《黎明报》上发表评论文章的巴基斯坦学者则表示，中巴经济走廊是中巴双方平等合作、互取所需的产物，巴基斯坦的决策应以自身利益为重。

事实上，由于中巴经济走廊对巴基斯坦的正面作用巨大，是巴基斯坦经济发展的极好机会，所以即使采用成本收益分析框架的报道也是以正面报道为主。在巴基斯坦英文主流报刊中，中巴经济走廊得到了广泛认可。

3.5 巴英文媒体对中巴经济走廊的报道采用精英视角

以上研究成果代表了巴基斯坦不同群体对中巴经济走廊的看法，由此，我们需要考察《黎明报》和《国民报》是站在哪些群体的立场上进行报道的，它们关注中巴经济走廊中哪些群体的利益。媒体的报道视角与媒体的立场关系密切，我们可以通过媒体对信源的选取、报道主角的分布来分析媒体的报道视角。

（1）信源分析

如图3-6和图3-7所示，《黎明报》和《国民报》关于中巴经济走廊的报道信源都以巴基斯坦政府官员为主，其次是中巴两国企业与中国政府，还有少量的中巴两国相关领域的专家学者。

在《黎明报》的报道中，仅有一篇对中巴经济走廊项目中的巴基斯坦工人进行了采访，《国民报》的报道中没有出现巴基斯坦普通民众的声音。中巴经济

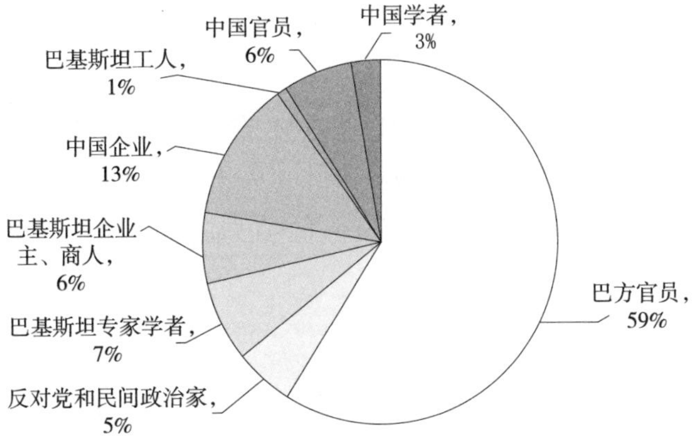

图3－6　《黎明报》关于中巴经济走廊的报道信源分布

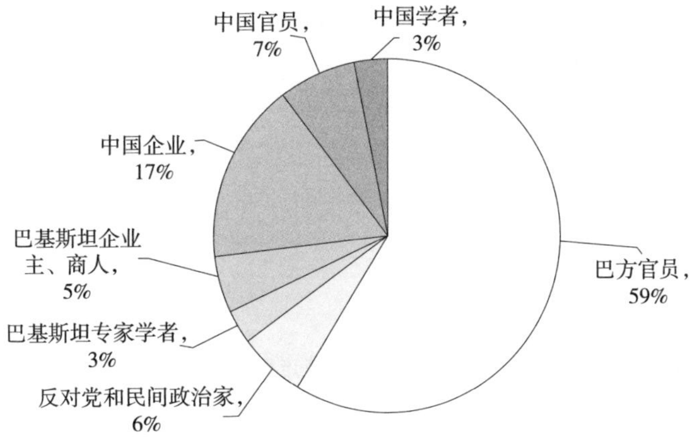

图3－7　《国民报》关于中巴经济走廊的报道信源分布

走廊项目的实际建设者，如中国工程师、中巴两国的施工人员，在巴基斯坦英文报刊的报道中没有受到关注，两家报纸均侧重于对两国政府和企业高层的采访报道，而对项目的具体实施者几乎没有进行采访。中巴经济走廊沿线的居民也没有受到英文媒体的关注。

值得一提的是，旁遮普省首席部长夏巴兹·谢里夫在《国民报》的报道中作为信源出现了24次，占总报道数的22.4%。在《国民报》的报道中，关于旁遮普省的报道也是最多的，而《黎明报》并没有着重关注某一地区。当时巴基斯坦的执政党穆斯林联盟谢里夫派依托的是旁遮普省的大家族，《国民报》作为巴基斯坦当局政府的喉舌，在报道中对旁遮普省的倾斜并不是偶然的。

（2）报道主角分析

报道主角是指报道中居于主要地位的人物或机构，对报道主角的分析意在分析报刊更关注中巴经济走廊中的哪些群体。从分析结果来看，两家报纸重点关注的对象均是在巴基斯坦投资的中国企业与巴基斯坦政府（见图3－8和图3－9）。

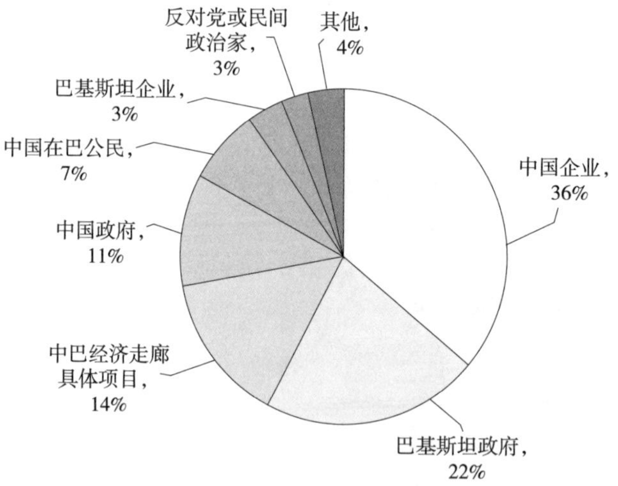

图3－8　《黎明报》关于中巴经济走廊的报道主角分布情况

在巴投资的中国企业在中巴经济走廊的建设中占有重要地位，巴基斯坦媒体对中国企业在巴投资十分关注。中国企业家代表团访巴、表达投资意向、签订谅解备忘录或投资合同等，都得到了巴基斯坦媒体的密切关注。而以巴基斯坦政府为主角的报道大多是关于政府首脑的出访或公开讲话，以及巴基斯坦的招商引资政策。

《国民报》在报道中将巴基斯坦政府作为报道主角的比重要大于中国企业，这与《黎明报》的报道情况恰好相反。相较于中国企业的投资，《国民报》更关注政府首脑的讲话与政策的传达，而报道中对中国投资重要性的肯定，则往往是通过政府首脑的表态传达出来，在这方面，《国民报》再次体现了其作为政府喉舌的立场。在报道主角中，《国民报》同样没有提及中巴经济走廊项目的具

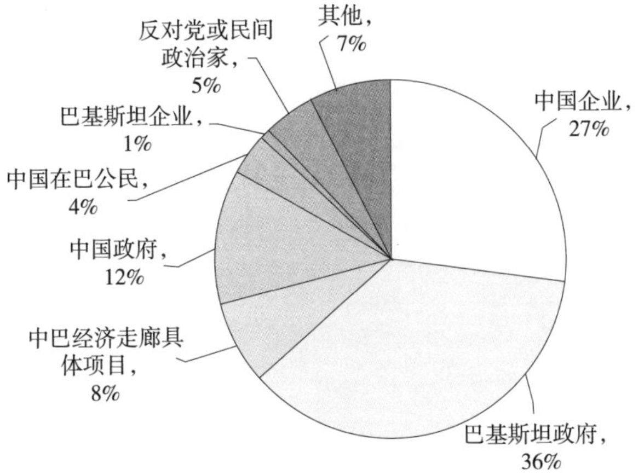

图3－9　《国民报》关于中巴经济走廊的报道主角分布情况

体实施者，包括工程师、工人，以及中巴经济走廊项目的直接受影响者（沿线居民），报道对他们鲜有提及。

根据信源和报道主角的分布可以发现，巴基斯坦英文报纸对中巴经济走廊的报道主要关注中国企业在巴基斯坦的投资行为，以及巴基斯坦政府的态度和政策，对中国政府的政策、态度也有一定的关注度，而对与中巴经济走廊密切相关的居民、工人、工程师则几乎没有进行过采访或报道。

总体而言，巴基斯坦英文报纸对中巴经济走廊的报道采取的是精英视角，是站在政府或企业家的立场上进行报道和解释问题，关注的是中巴政府及企业的高层活动。

也许，这样的结果与样本的选取有关系，因为巴基斯坦是一个多语言国家，乌尔都语是巴基斯坦的国语，英语和乌尔都语同为巴基斯坦官方语言，不同语言的报纸的受众分化折射出巴基斯坦的阶层分化。阅读英文报刊的往往是城市的精英阶层，因此，英文报刊较为自由化和专业化。巴基斯坦仅有11%的人口阅读英文报纸，但这些大多数是社会的上流阶层，如政治家、意见领袖、商界精英等。[138]相比之下，乌尔都语报刊的受众则广泛得多，普通群众尤其是农村地区的老百姓接触的通常是乌尔都语媒体。

本文所讨论的巴基斯坦国内对中巴经济走廊的看法，更多的是来自巴基斯坦上层阶级的看法，而不是普通群众对中巴经济走廊的看法。巴基斯坦上层阶级是中巴经济走廊的决策者和政策的执行者，他们的态度对中巴经济走廊的推进至关重要。而普通群众则是中巴经济走廊中各个项目的直接建设者，他们的看法关系到中巴经济走廊中各个项目的成败，也极为重要。

4 新华社关于伊斯兰国家的新闻报道研究*

4.1 新华社涉巴基斯坦的新闻报道研究

4.1.1 新华社关于巴基斯坦新闻报道的基本态势

为全面掌握新华社关于巴基斯坦新闻报道的基本态势，我们从新华社多媒体数据库中进行样本搜集。新华社涉巴基斯坦的对内报道主要使用中文，对外报道使用英文和乌尔都语。鉴于英文是全球传播的通用语言，且是中国对外传播的主要语言，故本文以中文“巴基斯坦”和英文“Pakistan”（巴基斯坦）为关键词，时间设定为2014年1月1日至2019年1月1日，对新华社关于巴基斯坦的新闻报道进行检索和搜集。在删除重复项及相关性较低的报道后，统计发现，2014—2019年5年间新华社关于巴基斯坦共计发布了17 622篇中文报道和1459篇英文对外报道（见图4-1）。

从报道量来看，中文报道量基本保持在每年3000—4000篇，报道量整体上呈下降趋势；英文对外报道量则波动较大，尤其是2015年由于发生了多项重要的涉中巴的国际事件，如2015年4月习近平主席首次访问巴基斯坦、中巴经济走廊正式启动、2015年被定为“中巴友好交流年”、瓜达尔港2015年起移交中国方面运营管理等，在样本区间2015年的报道量最多。

为了进一步就报道内容进行综合深入分析，本文按照随机抽样方法，选取了200篇中文报道和100篇英文报道作为样本集并进行编码，分为“体裁”“类型”“主题”“议题”“态度”“信源”等六个维度。“体裁”细分为消息、评论、特稿及其他；“类型”细分为文字、图片、图文、视频及综合；“主题”细分为经济、

* 《新华社关于伊斯兰国家的新闻报道研究》作者是毛伟。

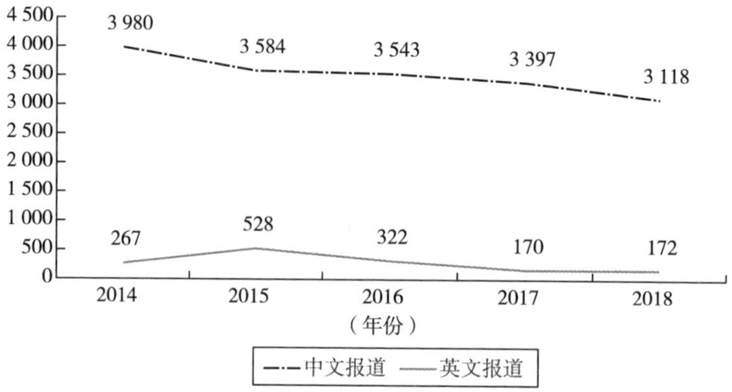

图4－1 新华社关于巴基斯坦的新闻报道量走势图

政治、军事、文化、教育、科技及其他；“态度”细分为积极、中立、消极；“信源”细分为中国政府、中国学者、中国媒体、中国机构、巴基斯坦政府、巴基斯坦学者、巴基斯坦媒体、巴基斯坦机构、西方政府、西方学者、西方媒体、西方机构及其他；“议题”根据报道具体内容进行提炼并在样本集中进行详细备注，不进行编码。编码工作由分别来自新华社、清华大学和中国传媒大学的三位研究人员同时进行，通过一致性检验发现，除“议题”维度外，其余五项的Kappa（一致性检验）值均大于0.75，说明分类具有较高的重复性，证明研究可信。

统计发现，从报道体裁看（见图4－2），新华社的中英文报道中：消息类最多，占比超过六成；其次为评论，占比为17%；特稿和其他体裁占比分别为11%和10%。从报道类型看（见图4－3），文字类报道最多，占比近五成；其次为图文类报道，占比近三成；综合类、视频类、图片类报道分别占比11%、7%和6%。从报道主题看（见图4－4），经济类、政治类报道占比最高，两类报道占比超过六成；由于将涉及反恐及恐怖主义活动等新闻都归为军事类报道，故军事类报道量也较多，占比为22%。从报道倾向性看，新华社关于巴基斯坦的报道几乎全部为积极正面和客观中立的，样本集中未发现负面倾向性的报道。信源的统计根据每篇样本中出现的引用源的次数进行累加，同一篇报道出现的同一个信源不计入统计，从分布情况看（见图4－5）：中国政府及巴基斯坦政府成为新华社报道的主要信源；此外，中国学者、中国媒体、中国机构也更多成为新华社关于巴基斯坦报道的主要引用源，较多展示中国视角。

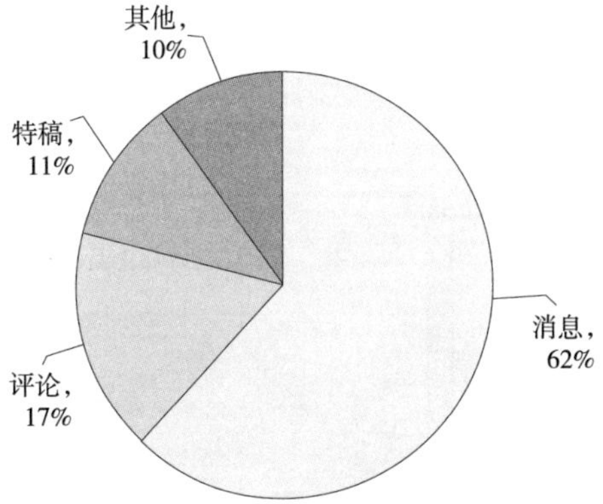

图4－2　新华社关于巴基斯坦的新闻报道体裁分布图

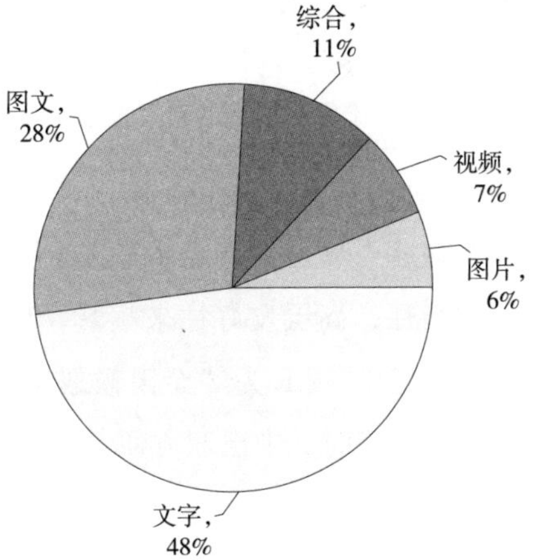

图4－3　新华社关于巴基斯坦的新闻报道类型分布图

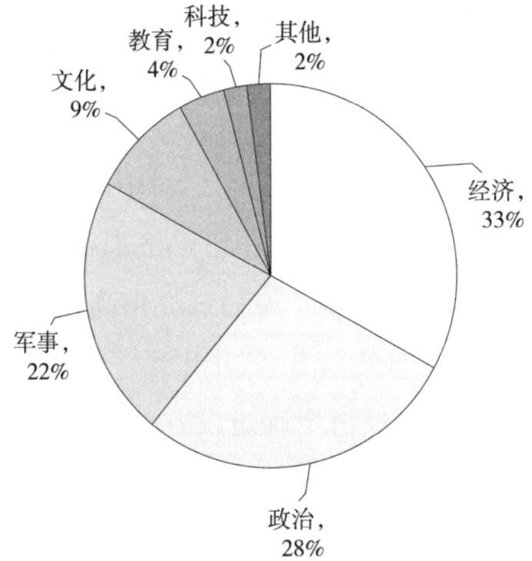

图4－4　新华社关于巴基斯坦的新闻报道主题分布图

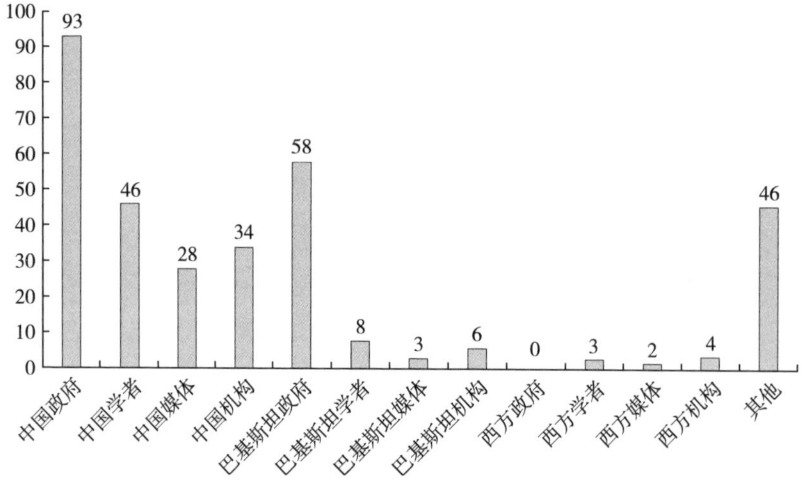

图4－5　新华社关于巴基斯坦的新闻报道信源分布图

4.1.2　新华社关于巴基斯坦新闻报道的突出特点

（1）经济政治类报道量较多，中巴经济走廊等成为热点话题

中巴两国政府长期密切交往，高层友好往来频繁。2015年，中巴两国关系更是由“全面战略合作伙伴关系”提升为“全天候战略合作伙伴关系”。2015年，习近平主席首次出访巴基斯坦时，中巴双方便签署了51项合作协议和备忘录，其中超过30项涉及中巴经济走廊。新华社发布的对内对外报道及时全面地宣介了双方高层的访问交流，如2015年的报道《习近平会见巴基斯坦总统侯赛因》《李克强会见巴基斯坦总理谢里夫》，2016年的报道《巴基斯坦首份介绍习近平主席专刊发行仪式在伊斯兰堡举行》，2017年的报道《中共十九大精神对外宣介团访问巴基斯坦》等都及时传达了双方政府高层交流的情况。同时，新华社的报道也及时传达了巴基斯坦政府和高层对中国的支持和友好，如：2016年1月16日的报道《巴基斯坦决定成立中巴经济走廊建设指导委员会》，指出巴基斯坦对中巴经济走廊建设的重视，专门成立由高级官员组成的政府机构予以管理协作；2017年12月18日的报道《〈中巴经济走廊远景规划〉在巴基斯坦发布》，表明了中巴双方在中巴经济走廊建设方面达成的重要共识；2017年12月21日的报道《巴基斯坦总统表示巴各界一致支持深化巴中关系》，直接援引巴基斯坦总统对中巴关系重视的表态。

经济类报道更多围绕中巴经济走廊建设展开，新华社通过对内对外报道及时向世界宣介了诸多重要的具体项目建设和经济往来情况等，如 2016 年 1 月 7 日的报道《三峡集团获得巴基斯坦 110 万千瓦水电项目开发权》、2017 年 9 月 2 日的报道《巴基斯坦海鲜“飞”到新疆》（Pakistan Seafood “Flying” to Xinjiang）、2017 年 12 月 19 日的报道《三峡集团巴基斯坦卡洛特项目购电协议签署》、2017 年 12 月 27 日的报道《中企承建的巴基斯坦重要交通干道通车》等。作为中巴经济走廊的旗舰项目，瓜达尔港口建设工程也成为新华社报道的重要话题，如：2018 年 2 月 1 日发布了长篇通讯文章《瓜达尔港焕发新生 经济走廊龙头舞动》，全面展示了瓜达尔港作为“一带一路”倡议的重要项目之一，中国方面承接运营管理三年来对巴基斯坦当地经济发展做出的系列重要贡献；2019 年 7 月 3 日发布的对外报道《巴基斯坦总理：瓜达尔港口提高了巴基斯坦的战略地位，吸引了投资者》（Gwadar Port Improves Pakistan's Strategic Position, Attracts Investors: Pakistani PM），表明了巴基斯坦总理对瓜达尔港口建设的支持和肯定。另外，新华社在对外报道中也常借助巴基斯坦官员等意见领袖的表述，展示中巴经济走廊建设的积极形象，如 2019 年 5 月 31 日的对外报道《巴基斯坦特使敦促非洲国家通过 CPEC 进入更广阔的亚洲市场》（Pakistan Envoy Urges African Countries to Apply CPEC to Access Wider Asian Markets），借巴基斯坦特使的表述，向非洲国家展示了中巴经济走廊建设的诸多成就。

在政治类报道中，关于中国、巴基斯坦、印度及其周边复杂的地缘政治关系也成为报道重点，如 2015 年 12 月 25 日，印度总理莫迪在访问阿富汗的回国途中突访巴基斯坦，并与巴总理谢里夫短暂会谈，这是莫迪首次访问巴基斯坦，也是印度总理近 12 年来首次访巴。新华社及时发布了多条通讯、评论、特稿对此国际重要事件进行解读，如《突访巴基斯坦，莫迪打什么算盘?》《印度总理莫迪“即兴”访问巴基斯坦》等评论，指出尽管莫迪此次突访巴基斯坦是两国关系发展的一个积极信号，具有象征意义，但回顾历史，印巴高层积极互动并不必然促进两国和解，克什米尔问题等诸多问题还有待更有智慧的解决方案。2018 年 12 月 15 日的报道《中国 - 阿富汗 - 巴基斯坦三方外长举行第二次对话》、2018 年 12 月 28 日通过 AI 合成主播播发的新闻《巴基斯坦外长结束四国访问》、2019 年 8 月 7 日的对外报道《中国呼吁印度和巴基斯坦避免克什米尔紧张局势升级》（China Calls on India, Pakistan to Avoid Escalating Tensions in Kashmir）等也都及时报道了地区复杂的国家关系和地缘政治关系。此外，关于巴基斯坦国内的政治腐败问题，新华社也及时进行了报道，如 2014 年 1 月 31 日的报道《巴基斯坦法庭下令逮捕穆沙拉夫》、2018 年 12 月 24 日通过 AI 合成主播播发的新闻《巴基斯坦前总理谢里夫因腐败案再获刑 7 年》等。

（2）充分反映巴基斯坦独特的社会文化，话题前沿具有全球视野

巴基斯坦虽是中国近邻，但其国情民情与中国完全不同，具有独特的社会文化。巴基斯坦是在伊斯兰教基础上建立的国家，居民中约 97% 为穆斯林，巴基斯坦宪法规定伊斯兰教为国教。新华社关于巴基斯坦的报道充分尊重巴方的宗教文化，较为客观地呈现出巴基斯坦的社会变迁和文化特点。

其典型如女性在巴基斯坦的地位问题，新华社 2016 年 2 月 23 日和 29 日的报道《巴基斯坦总理誓言抵制“荣誉处决”》《巴基斯坦女影视制作人第二次获得奥斯卡奖》等聚焦该话题。其中，巴基斯坦女影视制作人沙明·奥贝德·奇诺伊凭借《河中女孩：宽恕的代价》获得奥斯卡奖，而该片讲述的是一个 18 岁的巴基斯坦女孩，由于要嫁给一个遭到她家庭反对的男子而被其父亲和叔叔实行“名誉谋杀”，虽然她幸运地活了下来并到警察局报案，但随后却又迫于家庭压力而不得不原谅加害者的故事。新华社及时发布了相关新闻，并捕捉到巴基斯坦总理谢里夫同政府其他高级官员也观看了该部影片，并表示将推动修改“名誉谋杀”的相关法律。

此外，在 2016 年 3 月 6 日的微特稿《巴基斯坦解救 9 岁“新娘”逮捕 4 名村长老》中，援引了巴警方权威信源，客观讲述了一个发生在拉希姆亚尔汗的故事，由于女童嫂嫂数周前病故，其家人要求女童一家赔偿，而村委会决定，女童一家需要把女童嫁给死者 14 岁的表弟。巴基斯坦童婚现象严重，女童被逼结婚多为建立或巩固家族关系、解决争端和偿还债务。据联合国数据，巴基斯坦 3% 的女性 15 岁前成婚，21% 的女性 18 岁前成婚。新华社关于巴基斯坦的报道并没有因为两国的友好关系而刻意回避问题，而是较为客观中立地报道，展现了新华社的国际公信力。同时，结合中巴经济走廊建设有助推动解决巴方妇

女工作等问题，新华社也及时对外宣介，如 2019 年 4 月 25 日的对外报道《中巴项目证明当地妇女真正改变游戏规则》（China-Pakistan Project Proves Real Game Changer for Local Women），指出巴基斯坦妇女的地位因为中巴项目的开展而逐渐得到改善。

巴基斯坦作为伊斯兰国家，其宗教文化具有一定的特殊性。如 2016 年 2 月 14 日的微特稿《情人节，巴基斯坦总统呼吁克制》报道称，在巴基斯坦，近年来情人节日渐盛行，鲜花糖果销售火爆。不过，这一节日也遭到相当多的反对，不时被地方政府禁止。时任巴基斯坦总统马姆努恩·侯赛因劝诫，情人节是舶来品，巴基斯坦青年应专注学业，而非大肆庆祝。报道使用巴总统的直接引语称“情人节与我们的文化毫无关联，应当回避”。虽然巴基斯坦年轻人受到西方潮流的影响，但伊斯兰传统文化与西方文化有很多地方相抵触，新华社的报道在一定程度上也反映了这种文化差异并展示了巴基斯坦文化的独特性。其他报道如 2019 年 6 月 3 日的报道《巴基斯坦的传统皮革凉鞋在开斋节之前备受关注》（Pakistan's Traditional Leather Sandals Garner Spotlight Ahead of Eid Al-Fitr），在伊斯兰传统节日前介绍了巴基斯坦的传统皮革凉鞋，2017 年 10 月 16 日《巴基斯坦拉合尔的新娘时装周》（Bridal Fashion Week in Pakistan's Lahore）、2018 年 12 月 10 日的图片新闻《巴基斯坦婚礼时装周》等都对巴基斯坦独特的婚礼服饰进行了介绍。此外，体育类报道也占了较大比重，如 2016 年 1 月 8 日、1 月 27 日、2 月 18 日的报道《巴基斯坦将首次派女拳击手参加国际性赛事》《巴基斯坦将主办两场亚洲级别网球赛事》《巴基斯坦将派队参加乒乓球世锦赛团体赛》等都介绍了巴基斯坦官方积极投身体育事业的情况。同时，新华社 2019 年 1 月 1 日通过 AI 合成主播发布的视频新闻《跑进 2019！伊斯兰堡跑步爱好者“打卡”年度最后 10 公里》介绍了巴基斯坦民间体育运动爱好者的故事。

此外，一些新闻报道聚焦巴基斯坦社会发展现状及一些突发事件，如 2016 年 1 月 26 日的微特稿《太冷，巴基斯坦旁遮普省停课》、2016 年 2 月 3 日的报道《巴基斯坦航空因员工罢工无限期暂停所有航班》、2019 年 1 月 2 日的报道《年关难过 巴基斯坦国营航空企业开除 50 名员工》等。同时，借助新媒体的方式，新华社的报道也反映出中巴两国友好互助，以及巴基斯坦与其他国家友好交往的故事，如：2016 年 1 月 25 日的报道《中国第二批地震救灾物资移交巴基斯坦》、2018 年 12 月 22 日《中企向巴基斯坦首都孤儿院提供“爱心捐助”》等正面宣介中国各方对巴基斯坦的支持援助；2019 年 6 月 21 日的报道《阿富汗难民视巴基斯坦为家》（Afghan Refugees Regard Pakistan as Home），指出巴基斯坦在接受他国援助的同时也在尽全力帮助他国。关于巴基斯坦社会生活变化的报道也很出彩出新，如 2018 年 12 月 17 日的视频报道《谢谢你 中国兄弟——点亮·巴基斯坦》，通过讲述巴基斯坦当地村民得益于中巴合资的大沃风电项目，过上了不停电的生活，正面宣介了中巴合作给巴基斯坦普通人民生活带来的诸多变化。

（3）反映反恐态势及军事类报道呈增长态势，形成特定框架议程

近年来，巴基斯坦国内的安全局势出现一定好转，巴方政府采取多种措施加大对恐怖主义的打击力度，如 2014 年的“利剑行动”、2015 年新组建了反恐部队并成立了特别军事法庭等。然而，巴基斯坦本土恐怖组织和国际恐怖组织正在经历内部混乱和转型，各种矛盾交织，巴国内反恐态势依然错综复杂。作为世界性通讯社，新华社对巴基斯坦发生的恐怖主义突发事件均进行了较为及时全面的报道及评论，如 2014 年 1 月的报道《巴基斯坦首都 3 日发生两起枪击事件致 3 人死亡》《巴基斯坦卡拉奇发生多起袭击事件》、2015 年的报道《巴基斯坦西北部自杀式爆炸袭击致至少 18 人死亡》等均具有较强的时效性。此外，相关报道也聚焦于巴基斯坦的反恐态势，如：2014 年 2 月 5 日的报道《巴基斯坦政府宣布取消与塔利班的会谈》，传达了巴基斯坦政府与塔利班会谈的最新动态；2016 年 1 月 21 日的评论报道《大学遇袭显示巴基斯坦反恐形势依旧严峻》认为，巴基斯坦的恐怖主义活动依然猖獗，需要多方努力；2017 年 9 月 8 日在推特平台播发的新闻《中巴同意加强安全合作》（China, Pakistan Agree to Strengthen Security Cooperation）称，中巴将就反恐斗争进行深入合作；2018 年 12 月 21 日的报道《巴基斯坦军方批准判处 14 名恐怖分子死刑》，反映了巴基斯坦官方反恐的决心和震慑效果；2018 年 12 月 28 日通过 AI 合成主播发布的视频报道《巴基斯坦将进一步加强反恐》，对外传达了巴基斯坦政府反恐的决心和力度。除涉及反恐类、恐怖主义活动类的报道外，其他军事类报道如 2015 年 12 月 28 日的报道《巴基斯坦海军舰艇编队访问上海》、2017 年 9 月 21 日的推特报道

《中国称与巴基斯坦进行常规空军演习》（China Says Air Force Drills with Pakistan "Routine"）、2017 年 12 月 20 日的报道《巴基斯坦为何要研制五代机》、2019 年 1 月 1 日的报道《巴基斯坦军舰抵达卡塔尔参加联合演习》等都正面宣介了中巴两国的军事合作及巴方的军事发展情况。

另外，从样本的统计分析看（见图 4－6），新华社关于巴基斯坦的军事类报道呈增长态势，且倾向性较为积极。这与中巴两国关系的不断深化、"一带一路"倡议及中巴经济走廊建设的需要等密切相关。巴基斯坦国内的安全局势对中巴合作项目的开展有着直接影响，也与区域经济社会发展有着紧密联系。中巴两国多年来一直保持着深入的军事合作关系，从新华社关于巴基斯坦的军事类新闻报道看，不仅两国相关军事交往更加密切，而且国内外的舆论关注度也不断增加。

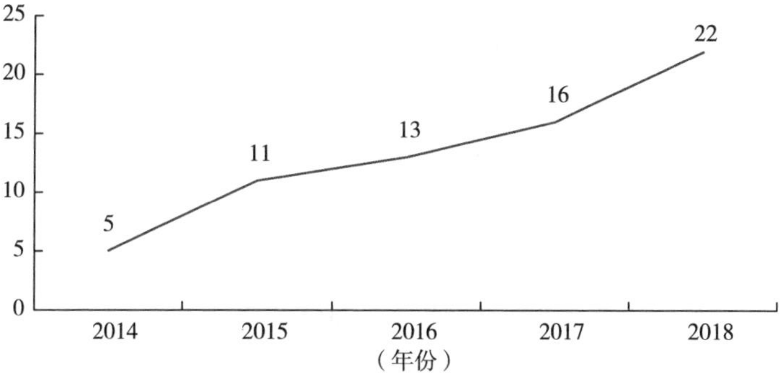

图 4－6　新华社关于巴基斯坦的军事类新闻报道量走势图

4.1.3　关于新华社涉巴基斯坦新闻报道的思考与建议

中国与巴基斯坦是关系密切的友好邻邦，作为中国国家通讯社，新华社的相关报道实际上代表着中国官方态度。对新华社发布的涉巴基斯坦报道研究发现，其中，有 4661 篇以"一带一路"倡议为主题、2721 篇以中巴经济走廊为话题，充分体现了"以我为主"的对内对外报道态势。中国与巴基斯坦除了政治、经济、军事等方面的"硬"合作，在文明交往、文化传播方面也有许多值得深入挖掘的选题和故事。比如从国名"巴基斯坦"中其实就能讲述一段耐人寻味的故事，"巴基斯坦"一词源自波斯语，指的是"圣洁的土地"或"清真之国"。巴基斯坦拥有悠久的历史文化，其境内的印度河是南亚文明的发源地。巴基斯坦北部属地曾有过繁荣的佛教文化，目前也是佛教犍陀罗艺术的主要考古挖掘和研究集中地。巴基斯坦是伊斯兰国家，其国内社会传统遵循伊斯兰文化。中国是一个有5000多年文明的古国，虽然当前的经济社会发展、教育文化传统等与巴基斯坦差异较大，但正是这种文化的差异可以产生文明的碰撞，从而发生很多文化交流、文明交往的故事。2014年，皮尤研究中心做出的一项调查显示：78%的巴基斯坦人对中国持友好态度，仅有14%对美国示好。[139]中国的一些城市与巴基斯坦的城市结为姊妹城市，如中国四川省省会成都市与巴基斯坦旁遮普省首府拉合尔、广东省珠海市与俾路支省瓜达尔市。[140]类似的友好往来是未来新华社涉巴基斯坦对内对外报道创新的根据，重点包括：一是重视内外有别，对内报道做好巴基斯坦对华友好、经济发展、文化特色等方面的正面宣介，对外报道多宣介中巴合作项目成果、民间往来故事等；二是重视联系驻巴中资企业，发挥新华社驻巴基斯坦分社的力量，开展与具体实施项目有关的各领域的田野调查；三是重视中巴经济走廊、瓜达尔港等重点项目工程，定期开展当地舆情分析与预警；四是重视与巴方媒体的合作联系，共同策划选题、共同开展报道。

4.2 新华社涉印度尼西亚的新闻报道研究

4.2.1 新华社关于印度尼西亚新闻报道的基本态势

为全面掌握新华社关于印度尼西亚新闻报道的基本态势，本文从新华社多媒体数据库中进行样本搜集。新华社涉印度尼西亚的对内报道主要使用中文，对外报道使用英文和印尼语。鉴于英文是全球传播的通用语言，且是中国对外传播的主要语言，故本文以中文“印度尼西亚”和英文“Indonesia”为关键词，时间设定为2014年1月1日至2019年1月1日，对新华社关于印度尼西亚的新闻报道进行检索和搜集。在删除重复项及相关性较低的报道后，统计发现，2014年至2019年5年间新华社关于印度尼西亚共计发布了7376篇中文报道和1279篇英文对外报道（见图4-7）。

从报道量来看，中文报道量和英文对外报道量都出现了一定的波动，中文报道量基本保持在每年1000—2000篇，英文报道量除2014年较少外，年均在300篇左右。一些重要国际事件如2015年习近平主席出席万隆会议60周年纪念活动，2016 年习近平主席同印尼总统佐科在二十国集团杭州峰会期间举行会见，2017 年习近平主席同印尼总统佐科来华出席“一带一路”国际合作高峰论坛期间举行会见等都成为报道量的增长点。此外，除中国－印尼关系、“一带一路”倡议等相关常态化报道外，印尼的地震海啸等自然灾害、飞机轮船事故等突发事件也成为报道量的主要增长点。

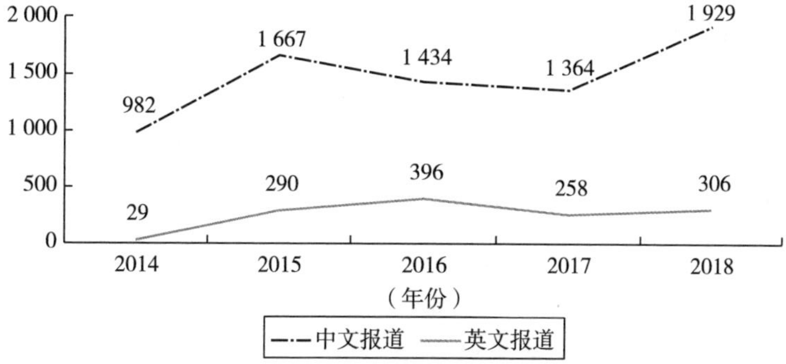

图 4－7　新华社关于印度尼西亚的新闻报道量走势图

为了进一步就报道内容进行综合深入分析，本文按照随机抽样的方法，选取了 200 篇中文报道和 100 篇英文报道作为样本集并进行编码，分为“体裁”“类型”“主题”“议题”“态度”“信源”等六个维度。“体裁”细分为消息、评论、特稿及其他；“类型”细分为文字、图片、图文、视频及综合；“主题”细分为经济、政治、军事、文化、教育、科技及其他；“态度”细分为积极、中立、消极；“信源”细分为中国政府、中国学者、中国媒体、中国机构、印尼政府、印尼学者、印尼媒体、印尼机构、西方政府、西方学者、西方媒体、西方机构及其他；“议题”根据报道具体内容进行提炼并在样本集中进行详细备注，不进行编码。编码工作由分别来自新华社、清华大学和中国传媒大学的三位研究人员同时进行，通过一致性检验发现，除“议题”维度外，其余五项的 Kappa 值均大于 0.75，说明分类具有较高的重复性，证明研究可信。

统计发现，从报道体裁看（见图 4－8），新华社的中英文报道中，“消息”和“评论”类的报道量最多，占比超过八成，特稿和其他体裁占比均为 7%。从报道类型看（见图 4－9），图文类报道最多，占比近四成；其次为文字类报道，占比为33%；图片类、视频类报道量占比分别为14%、11%；综合类报道量最少，只占3%。从报道主题看（见图4－10），经济类、政治类报道占比最高，分别占37%和29%；教育类、文化类的报道占比分别为9%与7%；其他类型占比为11%；军事类、科技类的报道占比最少，分别为4%与3%。从报道倾向性看，新华社关于印尼的报道较为客观中立，积极正面的报道也占有一定比例，样本集中负面倾向性的报道占比不超过1%。信源的统计根据每篇样本中出现的引用源的次数进行累加，同一篇报道出现的同一个信源不计入统计，从分布情况看（见图4－11）：中国政府、中国机构成为新华社报道的主要信源；此外，印尼政府、中国学者等也更多成为新华社关于印尼报道的主要引用源，较多展示我方视角，基本未使用西方信源。

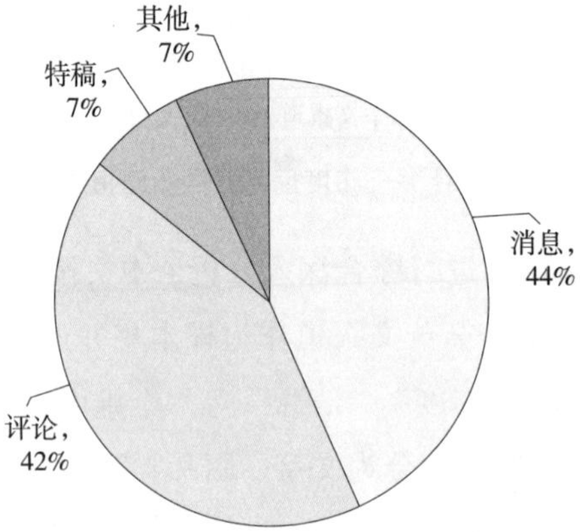

图4－8　新华社关于印尼的新闻报道体裁分布图

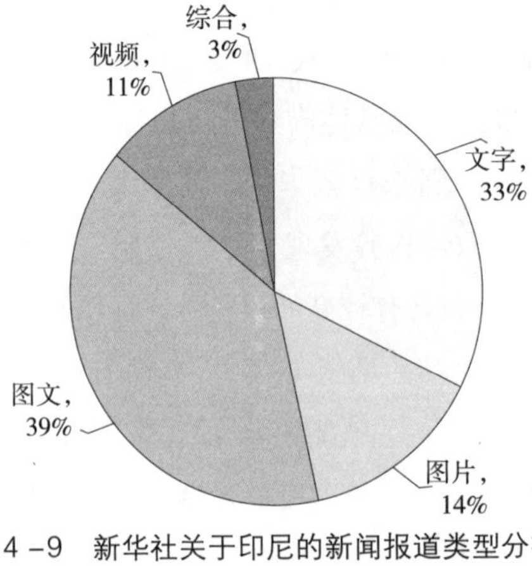

图4－9　新华社关于印尼的新闻报道类型分布图

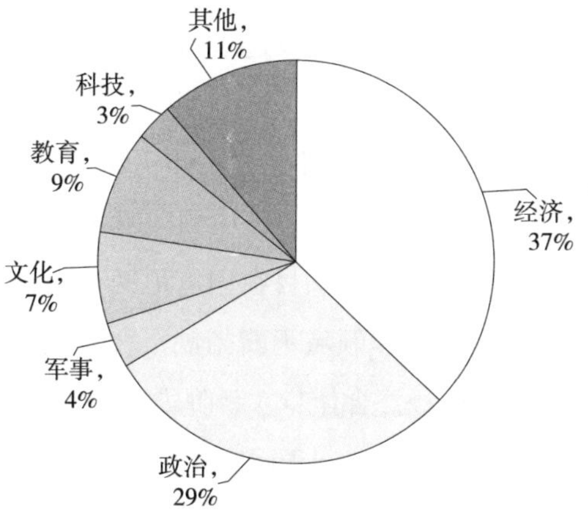

图 4－10　新华社关于印尼的新闻报道主题分布图

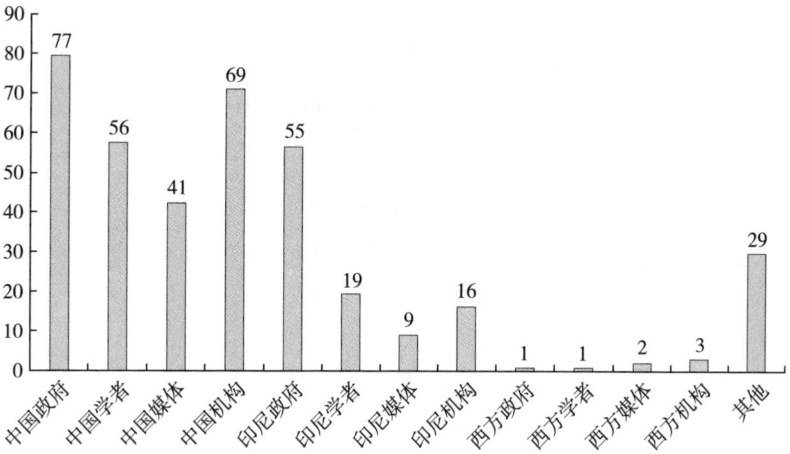

图 4－11　新华社关于印尼的新闻报道信源分布图

4.2.2　新华社关于印尼新闻报道的突出特点

（1）重点关注中国－印尼两国关系，充分展示双方的政治互信

新华社的报道及时反映了中国－印尼两国高层的互动和交往，如：2017 年 5 月 14 日的报道《习近平会见印度尼西亚总统佐科》，向外界传达了在首届“一带一路”国际合作高峰论坛上，中国－印尼两国领导人的合作共识与愿景；2015 年 4 月 20 日的综述《“一带一路”给中印尼关系腾飞带来新机遇》指出，“21 世纪海上丝绸之路”构想与印尼的“海上高速公路”计划高度契合，实现

两国发展战略对接必将推动双边关系发展进入新阶段；2018 年 11 月 18 日的对外报道《中印尼同意促进双边合作》（China, Indonesia Agree to Promote Bilateral Cooperation）指出，两国将推出一系列举措进一步深化双边合作。2018 年 5 月 8 日的报道《隔海相望的更广泛利益伙伴——中国印度尼西亚经济合作步入新阶段》称，伴随“一带一路”倡议下的项目在印度尼西亚落地开花，中国和印尼双边经贸关系发展换挡提速，合作领域不断拓展，合作层次不断提高，合作成果不断呈现，有力推动了两国经济合作步入新阶段。

同时，新华社通过诸多专访报道，正面宣介了中国和印尼两国的友好交往，如：2017 年 5 月 30 日的报道《印尼应抓住“一带一路”机遇实现发展——访印尼投资协调委员会主席托马斯·伦邦》称，印尼政府正在构思和筹划如何利用“一带一路”倡议创建一到两个类似于“中国和巴斯斯坦经济走廊”的全方位综合经济区，通过在经济区内修建码头、机场、高速公路、铁路、电力和光纤传输等基础设施来吸引外来投资，刺激经济发展；2018 年 5 月 4 日的报道《中国驻印度尼西亚大使撰文高度评价中印尼关系》称，落实好两国领导人达成的重要共识，深化政治互信，推进雅万高铁等重大项目建设，探讨“区域综合经济走廊”合作，共同打造共建“一带一路”、推动区域一体化进程、构建新型国际关系三大支柱，推动中印尼全面战略伙伴关系迈入新时代。此外，2017 年 11 月 10 日亚太经济合作组织（APEC）岘港会议的专访报道《“一带一路”建设推动 APEC 成员实现可持续发展——访印尼大学国际问题专家梅尔达》、2018 年 10 月 24 日发布的中国进博会专访报道《中国进博会将进一步提升印尼与中国经贸合作水平——访印尼海洋统筹部长卢胡特》、2018 年 10 月 2 日的专访报道《“一带一路”倡议同印尼国家发展战略紧密契合——访印尼国会议长班邦·苏萨蒂约》等通过印尼意见领袖的话语传达了印尼对中国的友好态度及对“一带一路”倡议的支持和期待。

（2）聚焦“一带一路”倡议，体现中国－印尼合作成就及诉求

2013 年 10 月 3 日，中国国家主席习近平应邀在印尼国会发表演讲，详细阐述了对中国与印尼等东盟国家关系发展的构想，提出共同建设“21 世纪海上丝绸之路”的倡议；作为“一带一路”倡议的重要组成部分，“21 世纪海上丝绸

之路”在印尼提出具有重要的战略考量。新华社发布的有关印尼的新闻报道充分聚焦“一带一路”倡议，从多种角度进行了报道和解读。2016 年 12 月 11 日的报道《印尼中国商会总会举办会员大会暨中国企业走出去风险管理论坛》介绍了中国企业和印尼企业为了在“一带一路”倡议框架下深化合作，举办了解决实际具体问题的讨论会议；2018 年 10 月 13 日的报道《“一带一路”高级别研讨会在印尼巴厘岛举行》体现了中国学界和印尼学界对“一带一路”倡议的重视和期待等。

此外，一些报道聚焦具体项目工程，如 2018 年 5 月 5 日的长篇通讯《雅万高铁助力印尼发展更上一层楼》指出，印度尼西亚雅万高铁项目建设取得突破性进展，瓦利尼隧道、1 号隧道、桥梁工程及大型临时设施等主要工程陆续开工。中国技术人员与印尼工人并肩工作，全速推进施工，在烈日下、群山间，展现了一幅炽热的劳动画卷。随着雅万高铁项目的持续推进，印尼瓦利尼地区将呈现出全新的面貌。以雅万高铁瓦利尼车站为中心，这里将发展成为西爪哇省的健康、养老、医疗以及休闲娱乐中心。雅万高铁是“一带一路”建设下中印尼两国共同推动建设的标志性工程，是中国高铁方案“走出去”的第一单。雅万高铁是战略性项目，是中印尼两国友谊的标志，同时也是亚洲地区高铁合作的示范，相信项目将进一步推动印尼社会经济的发展。

再如，2018 年 10 月 2 日的报道《致富“金疙瘩”——中国印尼聚龙农业产业合作区造福当地》讲述了民间合作共同发展的典范。由于中印尼两国在农业领域有很强的互补性，在“一带一路”倡议的支持下，中国的很多农业企业获得了“走出去”的机遇，同时也有利于企业和当地社区实现由利益共同体转变为命运共同体。2013 年，在“一带一路”倡议提出之际，中国企业聚龙集团和玛拉姆河村就已经有了合作建设种植园的基础，此后便开始大力推进“中国印度尼西亚聚龙农业产业合作区”项目建设，拟建成以农业开发、精深加工、收购、仓储物流为主导的农业产业型园区。2016 年 8 月，该合作区正式获批为国家级境外经贸合作区。此外，2015 年 2 月 26 日的报道《海上丝绸之路从这里延伸——走访印度尼西亚加蒂格迪大坝》、2016 年 10 月 19 日的报道《渔村改旧貌镍业炼新颜——中印尼合作青山工业园区纪行》、2018 年 8 月 16 日的报道《中国人寿正式进入印尼市场》、2018 年 12 月 1 日通过 AI 合成主播发布的视频新闻《中国蒙牛集团印尼工厂正式投产》等，通过讲述一些具体的合作项目的故事，展现出在“一带一路”倡议框架下中印尼两国的合作成就。

（3）区域对接合作成为热点话题，相关报道视角新颖

随着共建“一带一路”倡议的不断推进，作为节点区域的香港、澳门等，将具备更便利的地理区位优势，迎来与印尼合作发展的更好机遇。新华社的相关报道聚焦该话题，尤其香港在雅加达设有经济贸易办事处，香港与印尼的经济往来联系更为便利。其中有一些国家层面的表态，如 2017 年 12 月 1 日的报道《外交部驻港公署特派员：“内地 + 香港 + 印尼”可成“一带一路”三方合作示范》指出，外交部驻港公署正着力推进“内地 + 香港 + ‘一带一路’有关国家”三方合作模式。这一模式有助于将中国内地的资金、技术、产能优势、发展经验与香港的区位、金融、国际化、专业服务等优势，以及沿线和有关国家的资源禀赋、发展需求有机结合，实现三方优势互补、协同发展、合作共赢，产生“1 +1 +1 >3”的效果。当前，这一模式正从理念到行动、从设想到项目、从平台搭建到做深做实。印尼是中国共建“一带一路”的重要合作伙伴，香港在“一带一路”建设中占据独特优势，“内地 + 香港 + 印尼”模式完全可以成为三方合作的先行者、示范者和早期收获者，香港印尼商会在这方面大有可为。

一些报道也直接反映了中国香港和澳门以及印尼方面的视角，如 2016 年 5 月 18 日的报道《香港与印尼签署谅解备忘录 紧握“一带一路”机遇》称，该谅解备忘录制定了香港与印尼在加强两地双向投资方面的合作框架，两地会就双方的投资环境及投资机遇交换信息，双方也会合作举办商务活动，并鼓励本地有意拓展海外业务的公司在对方所属地开设或拓展业务。2018 年 4 月 25 日的报道《林郑月娥：香港与印尼可就“一带一路”进一步合作》指出：香港会积极把握“一国”和“两制”的双重优势，进一步加强与印尼等“一带一路”主要贸易伙伴的经贸关系；共建“一带一路”的经济体能够实现共赢，粤港澳大湾区的发展规划对于区域合作和共同发展是非常重要的，进一步为“一带一路”建设提供了坚实基础。再如，2018 年 8 月 22 日的报道《架起中国与印尼之间的

经贸桥梁——访澳门归侨总会副会长司徒荻林》称：作为“海上丝绸之路”上重要国家的印尼，现有人口 2.6 亿，是仅次于中国、印度、美国之后的第四人口大国，而且年轻人口的比重高，市场潜力很大；司徒荻林非常看好“一带一路”倡议，他认为“一带一路”给共建国家和地区带来了巨大的活力，可以推动生产要素的有序流动、资源的高效配置和市场的深度融合。另外，2016 年 7 月 15 日的报道《印尼有个港人“丝路投资服务中心”》讲述了印度尼西亚著名侨领陈灼瑞先生的后裔陈柏林开创“丝路投资服务中心”，承担中间人角色、发挥香港在“一带一路”中的“超级联系人”作用，为所有赴印尼投资的企业提供帮助的故事。

（4）关注人文话题和民间往来，相关报道体现中印尼两国的友好交往

中印尼两国的历史交往并不只有经贸领域，在人文交往方面也有诸多丰富的案例，新华社的相关新闻报道也重点关照了该领域。如 2018 年 5 月 5 日的报道《印尼和中国人文交流方兴未艾——访印尼新任驻华大使乔哈里》称，印度尼西亚和中国近年来的人文交流与合作蓬勃发展、方兴未艾，取得巨大成就，是双边关系的一大亮点。还有一些报道较为深入地挖掘了相关有意义的故事，如 2017 年 5 月 16 日的报道《“一带一路”故事：一个南洋华裔家族的“南渡”与“北归”》讲述了印尼华裔徐均棠家族的故事。报道称，从祖辈漂洋过海“下南洋”，到如今后辈们为了交流合作、文化“回归”而各自努力，这是一个华裔家族的百年记忆，也是共建“一带一路”各国人民百年往来与变迁的缩影。另外，《印尼看好“一带一路”框架下对华旅游合作》《中国与印尼举行海上合作技术委员会第十次会议》《中印尼首部合拍影片〈大海啸〉在雅加达启动》《印尼吉普拉艺术中心加入“丝绸之路国际剧院联盟”》《印尼驻华大使：借“一带一路”东风欢迎更多游客来尝试旅游新线路》等从旅游、艺术等角度进行了报道。还有一些报道关注印尼企业和中国企业如何适应当地文化，如 2016 年 12 月 11 日的报道《中国驻印尼大使：中资企业应提高软实力》称：中资企业一是要立足长远，深化质量意识、品牌意识；二是积极有效开展公关，以事实为依据，主动发声、及时发声；三是遵纪守法，增强维权意识。

此外，新华社也及时对印尼自然灾害进行了报道，如《印尼海啸灾民渴望

回家 火山仍在轰鸣》《印尼海啸已致429人遇难 搜救工作仍在进行》都及时播发了印尼海啸的情况等；同时，相关报道也关注中国方面进行援助的情况，如2017年6月16日的报道《东阿阿胶向印尼登革热患者捐赠复方阿胶浆》、2018年10月10日的报道《印尼灾区的“中国力量”》等。

4.2.3 关于新华社涉印尼新闻报道的思考与建议

相关研究表明，印尼人大多只阅读印尼语媒体，而这些当地媒体普遍对华存在误解和偏见。虽然新华社在印尼设有分社且已经展开了印尼语的对外报道，但实际影响力有限。历史上的印尼一直拥有一定数量的华人，但1966—1998年苏哈托政府时期禁止中文教育，导致目前在印尼生活的年轻华人已经不会中文，一般只阅读印尼本地媒体或者西方媒体的报道，对中国的印象依然保持着苏哈托时期的负面认知。虽然印尼官方与中国近年来的友好交往不断，但民间在思想层面对中国的正面认同还并未统一。

新华社涉印尼的新闻报道充分展示了中国方面对印尼积极友好的态度。从地理方位看，印度尼西亚是中国走出南海的重要周边国家，更是“一带一路”倡议的重要支点之一。2013年，习近平主席在访问印尼时提出了建设“21世纪海上丝绸之路”倡议，充分说明了中国高层对印尼战略地位的重视和肯定。同时，2014年10月佐科·维多多当选总统后对华态度友好，印尼政府提出了“海上高速公路”计划，希望将印尼打造成全球海上支点，而这个计划与中国提出的“一带一路”倡议高度契合，也为中印尼两国在多领域的战略对接与合作提供了可靠的政治保障。

但同时应该看到，印尼对华态度及政策较多受到执政者和领导者的影响，印尼国家发展战略与“一带一路”倡议并不完全匹配，而且印尼国内保护主义势力较大，这些都给未来中国和印尼的关系以及“一带一路”倡议的持续开展带来一定的潜在风险。2019年，佐科·维多多成功连任，有助于中国、印尼双方巩固双边关系。新华社在发布涉印尼的新闻报道时，可以从以下几个方面着力创新舆论工作：

一是加强与印尼媒体的合作。新华社驻印尼分社可以进一步加强与当地媒体的合作联系，探索与亲华媒体形成报道联动机制，在舆论场共同驳斥反华不实言论，推动印尼媒体客观报道中国、消减印尼社会对华的误解与偏见。

二是加强印尼语对外报道。当前，印尼民众获取信息的主要方式为印尼语的媒体和网站，个别印尼语媒体平台在播发涉华新闻时，为了迎合政党舆论宣传需要，通过传播涉华负面报道，甚至假新闻来吸引流量和民众关注，借此扩大舆论影响。未来，做好涉印尼对外报道，必须强化印尼语报道的数量和质量，有针对性地回应印尼民众的关切，澄清不实报道。

三是挖掘符合印尼民众偏好的选题。相关研究表明，大多数印尼民众对中医保持较高的兴趣，但目前从中医产品到舆论宣介等都有较大的发展空间。未来涉印尼的对内对外报道应当在类似选题上有所加强，满足印尼民众信息诉求的同时也有助于推动中医“走出去”。

4.3　新华社涉马来西亚的新闻报道研究

4.3.1　新华社关于马来西亚新闻报道的基本态势

为全面掌握新华社关于马来西亚新闻报道的基本态势，本文从新华社多媒体数据库中进行样本搜集。新华社涉马来西亚的对内报道主要使用中文，对外报道使用英文和马来语。鉴于英文是全球传播的通用语言且是中国对外传播的主要语言，故本文以中文“马来西亚”和英文“Malaysia”为关键词，时间设定为2014年1月1日至2019年1月1日，对新华社关于马来西亚的新闻报道进行检索和搜集。在删除重复项及相关性较低的报道后，统计发现，2014年至2019年5年间新华社关于马来西亚共计发布了24 854篇中文报道和1472篇英文对外报道（见图4－12）。

从报道量来看，中文报道量和英文对外报道量波动较大。其中，中文报道量最多是在2018年，达7596篇，最少是在2016年，为3745篇；英文报道量则呈现较为明显的上升趋势，从2014年的60篇增长为2018年的554篇。除中国－马来西亚关系、“一带一路”建设等常态化报道外，2014年马航MH370与马航MH17空难、2015年时任马来西亚总理纳吉布腐败案、2017年金正男遇刺事件等也都成为报道量的主要增长点。

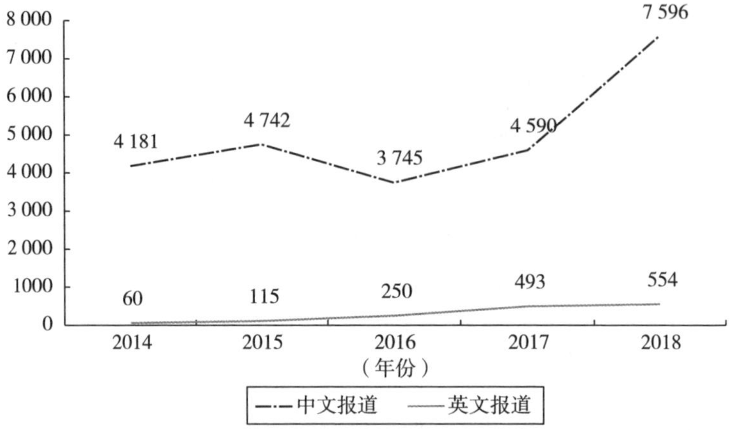

图 4 –12　新华社关于马来西亚的新闻报道量走势图

为了进一步就报道内容进行综合深入分析，本文按照随机抽样方法，选取了 200 篇中文报道和 100 篇英文报道作为样本集并进行编码，分为“体裁”“类型”“主题”“议题”“态度”“信源”等六个维度。“体裁”细分为消息、评论、特稿及其他；“类型”细分为文字、图片、图文、视频及综合；“主题”细分为经济、政治、军事、文化、教育、科技及其他；“态度”细分为积极、中立、消极；“信源”细分为中国政府、中国学者、中国媒体、中国机构、马来西亚政府、马来西亚学者、马来西亚媒体、马来西亚机构、西方政府、西方学者、西方媒体、西方机构及其他；“议题”根据报道具体内容进行提炼并在样本集中进行详细备注，不进行编码。编码工作由分别来自新华社、清华大学和中国传媒大学的三位研究人员同时进行，通过一致性检验发现，除“议题”维度外，其余五项的 Kappa 值均大于 0. 75，说明分类具有较高的重复性，证明研究可信。

统计发现，从报道体裁看（见图 4 – 13），新华社的中英文报道中，消息与特稿成为主要的报道类型，占比分别为 40% 和 34%；评论相对较少，占比为 18%。从报道类型看（见图 4 – 14），文字类和图文类报道最多，占比分别为 44% 和 34%；其次为图片类报道，占比为 11%；视频类和综合类报道较少，占比分别为 7% 和 4%。从报道主题看（见图 4 – 15），经济类、政治类、文化类报道占比均较高，分别为 29%、24% 和 22%；教育类、科技类、军事类的较少，占比分别为7%、6%和4%。从报道倾向性看，新华社关于马来西亚的报道较为客观中立。信源的统计根据每篇样本中出现的引用源的次数进行累加，同一篇报道出现的同一个信源不计入统计，从分布情况看（见图4-16），马来西亚政府成为新华社报道的主要信源，中国政府、中国机构、马来西亚学者、中国学者等也更多成为新华社关于马来西亚报道的主要引用源。

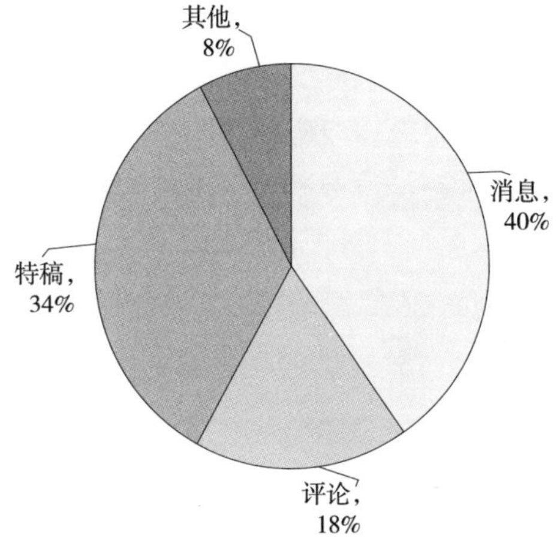

图4-13　新华社关于马来西亚的新闻报道体裁分布图

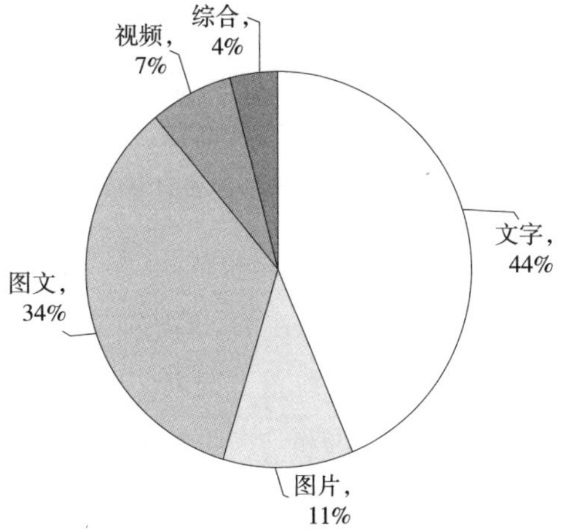

图4-14　新华社关于马来西亚的新闻报道类型分布图

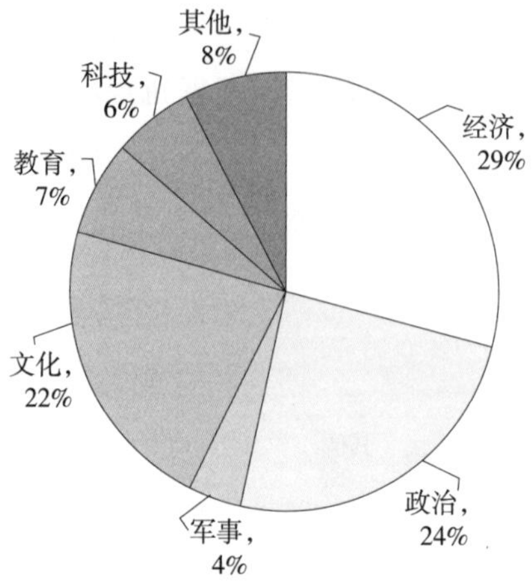

图 4－15　新华社关于马来西亚的新闻报道主题分布图

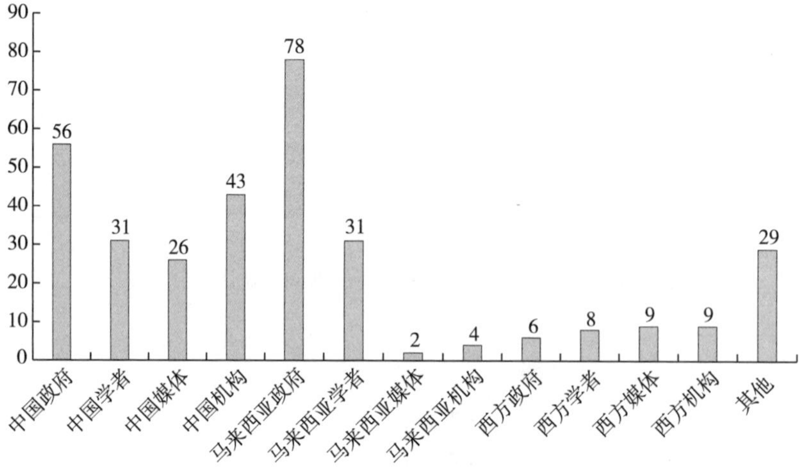

图 4－16　新华社关于马来西亚的新闻报道信源分布图

4.3.2　新华社关于马来西亚新闻报道的突出特点

（1）关注两国高层互动，展现友好往来的政治基础

马来西亚是古代海上丝绸之路沿线重要国家，也是最早响应“一带一路”倡议的共建国家之一。2013 年，中国和马来西亚建立全面战略伙伴关系，中马两国关系不断友好向前发展。新华社的相关报道及时反映了相关动态，如 2018 年 8 月 20 日的报道《习近平会见马来西亚总理马哈蒂尔》《中华人民共和国政

府和马来西亚政府联合声明（全文）》都积极传递了两国友好关系在不断深化。围绕2018年初马来西亚总理马哈蒂尔对“一带一路”倡议的正面积极评价，新华社也播发了多篇报道如《马来西亚总理说与中国的合作带来了双赢》《马来西亚总理表示必须抓住“一带一路”机遇》《马来西亚最高元首：“一带一路”为马中合作带来新机遇》《外交部回应马来西亚总理对“一带一路”建设高度评价》等。

此外，2018年5月24日的报道《马来西亚总理马哈蒂尔表示将继续推动马中合作》、2018年9月28日的报道《马来西亚贸工部长说马新政府致力于发展对华关系》、2018年3月4日的专访报道《期待中国推出更多带动周边互利发展的政策措施——访马来西亚总理署部长魏家祥》、2017年10月17日的报道《马来西亚交通部长期待中国扮演更重要角色》、2017年10月17日的专访报道《期待中国在国际舞台上扮演更重要角色——访马来西亚交通部长、马华公会总会长廖中莱》、2017年10月7日的报道《中国驻马来西亚大使：中马两国正驶入成熟稳定、全面发展的快车道》等都播发了中马两国政府重要官员关于中马两国关系的重要表述，向外界传递了两国关系积极发展的态势。

（2）经济类报道较多，聚焦中马经贸合作

近年来，中马两国的经贸合作不断增长，新华社的相关报道也及时反映了这一动态。如2018年10月11日的报道《马来西亚高官呼吁马中企业加强合作》称，马来西亚经济事务部长阿兹敏表示，马来西亚企业应加强与中国企业合作，寻找新的机遇，马来西亚政府也继续欢迎中国投资。阿兹敏认为，中国自身的发展以及融入全球经济让马来西亚获益巨大，中国已成为马来西亚最大贸易伙伴。许多马来西亚企业在中国有多年的成功经验，现在应继续寻找与中国企业合资或达成战略联盟的机会，马来西亚也将寻求把更多产品出口到中国。马来西亚欢迎来自中国的投资，其为马来西亚创造就业并带来技术转移。马来西亚期待中国在经济等领域发挥领导作用，也希望通过“向东看”政策向中国学习。再如，2018年12月19日的报道《马来西亚财长看好中马经贸合作前景》指出，马来西亚财政部长林冠英认为，马来西亚与中国双边贸易额以及中企对马来西亚投资持续增长，马方对两国经贸领域合作前景感到乐观。马来西亚在制造业领域批准的外国直接投资出现大幅增长，中国是主要外资来源地。此外，据马方统计，马来西亚对华进出口均呈现增长。马中关系基础深厚，马来西亚政府致力于继续发展与中国的关系，将继续支持并积极参与“一带一路”建设，推动双边经贸合作。

此外，一些报道聚焦具体领域和国际经贸活动，如2017年11月11日的报道《“榴莲为媒”中国、马来西亚推动农业投资与贸易合作》关注农业领域的经贸合作，2017年11月7日的报道《马来西亚与中国加强电子商务领域合作》关注电子商务领域的经贸合作；2018年3月26日的报道《中国国际进口博览会推介会在马来西亚举行》、2018年11月2日的报道《马来西亚希望借进博会推动出口》等对中国国际进口博览会促进马来西亚经贸发展的情况做了报道。

（3）聚焦“一带一路”倡议，展现互惠互利的发展愿景

马来西亚是“一带一路”倡议的重要支点国家，马来西亚政府及高层也较早响应和支持“一带一路”倡议。新华社的对外报道《马来西亚支持“一带一路”倡议》（Malaysia Supports Belt and Road Initiative）及时传达了马来西亚各界对“一带一路”倡议的支持。新华社的相关报道也反映了马来西亚各界对“一带一路”倡议的高度重视。如2017年10月27日的报道《马来西亚年度经济报告关注“一带一路”红利》称，“一带一路”建设将在开辟新市场、扩大本地产品和服务销路及吸引外资等方面为马来西亚经济带来巨大商机。这份报告在“全球经济表现和前景”章节专门关注了“一带一路”倡议。报告说，“一带一路”带来的红利还包括改善物流服务、提高融资效率、在多个行业创造大量工作机会及促进文化交流，总体上有助于集成经济资源、协同经济政策，从而促进共同发展。2016年，马来西亚与共建“一带一路”国家和地区的贸易额超过8500亿林吉特（1美元约合4.24林吉特），在“一带一路”助力下，预计这个数字还将进一步上升。“一带一路”建设将造福所有参与者，而马来西亚政府将扮演助推者的角色，尤其是帮助中小企业抓住“一带一路”所带来的商机。

另外，新华社的相关报道从多种角度展示了马来西亚各界对“一带一路”倡议的支持和期待，如2017年5月25日的报道《马来西亚官员学者认为“一带一路”倡议下中马合作潜力巨大》、2017年9月17日的报道《马中总商会冀

更多“一带一路”倡议下的马中经贸合作》、2018 年 2 月 15 日的专访报道《围绕“一带一路”倡议实现互利共赢——访马来西亚马中关丹产业园合资公司董事马正国》、2018 年 11 月 27 日的报道《马来西亚欢迎中企赴马投资》、2018 年 1 月 6 日的报道《马来西亚“一带一路”大讲堂拓展新机遇》等。

（4）关注人文交往话题，充分展示中马两国的深厚友谊

中马两国的人文交往有悠久的历史，新华社的相关报道对此进行了充分展示，如 2018 年 11 月 9 日的报道《马来西亚举办“国际郑和大会”弘扬郑和精神》指出，马来西亚总理马哈蒂尔出席大会开幕式，并观看了郑和塑像和水墨长卷《郑和下西洋》。报道援引马来西亚郑和多元文化信托基金主席、知名华人企业家李金友所说，“郑和是中华民族的外交名片，值得现代人好好铭记。通过举办郑和大会，可以发掘郑和精神的现实意义，以期促进‘一带一路’倡议落实”。报道同时也援引了中国郑和研究会副会长孙治国的话，指出“郑和下西洋对于中国与亚非国家经济文化交流具有重要的历史价值，希望借助本次会议探讨建设 21 世纪海上丝绸之路”。

此外，新华社对中马两国的友好人文交往报道也从科技、教育、体育等多个领域和角度展开，如 2017 年 10 月 11 日的报道《丁申阳“一带一路”书法艺术展在马来西亚举行》、2017 年 11 月 12 日的报道《心相通带动路相连——中马合作培养马来西亚铁路人才》、2017 年 12 月 10 日的报道《“路”字当选 2017 马来西亚年度汉字》、2018 年 1 月 24 日的报道《马来西亚引进中关村“藤蔓计划”》、2018 年 2 月 16 日的报道《“一带一路”上的马来西亚舞狮人》、2018 年 2 月 22 日的报道《海外迎春一瞥：马来西亚一起来“捞生”》、2018 年 3 月 18 日的报道《“一带一路”马中友好钢琴交响音乐会在吉隆坡举行》、2018 年 8 月 4 日的报道《中国捐赠的航天器模型在马来西亚展出》、2018 年 11 月 25 日的报道《马来西亚沙巴州举行长跑活动纪念马中建交》等。

4.3.3　关于新华社涉马来西亚对外及对内报道的思考与建议

参照《中国经济年鉴 · 一带一路卷》（2015）的“五通指数”，马来西亚被归类为排名和评分最高的“畅顺型”（smooth cooperation nation），仅次于俄罗斯和新加坡，位列第三。马来西亚生活着一定数量的华人，而近年来中马两国政

府的友好往来也促进了马来西亚各界对华态度趋于积极友好。相关研究显示，“一带一路”倡议提出以来，作为东南亚战略要冲以及“21 世纪海上丝绸之路”的重要门户与节点国家，马来西亚各界对“一带一路”倡议的态度整体上持肯定和积极态度。但同时，一些研究也表明马来西亚国家内部对华态度、对“一带一路”倡议的认知存在差异性，这种差异性已经在一些中马合作的重大项目中显现，如 2018 年马来西亚政府单方面“暂停”或“取消”东海岸铁路（ECRL）项目，而 2019 年马来西亚总理马哈蒂尔又签署了有关东海岸铁路的新协议，该项目将正式复工，等等。中马两国在“一带一路”倡议合作框架下取得较大成果的同时，也出现了一些中资收购突然失败的事件，给当地及整个东盟地区的正面推广造成了一定的影响。

新华社关于马来西亚的报道能够及时反映相关动态，在国内及国际舆论场充分展示了中马两国的友好交往。随着“一带一路”倡议的不断深化，马来西亚也将在中国与东盟国家的深化合作、中国在东南亚正面形象的构建等方面具备更为重要的战略意义。未来，新华社也应当通过创新新闻报道等方式在马来西亚不断增强舆论影响力和公信力，具体应当关照以下几个方面：

一是在涉马来西亚的重大国际事件中强化独家权威评论。近年来，涉马来西亚的国际突发事件频发，包括 2014 年马航 MH370 与马航 MH17 空难、2015 年时任马来西亚总理纳吉布腐败案、2017 年金正男遇刺事件等。在这些重大国际事件中，西方主流媒体掌控着话语权，新华社应当不断强化关于重大国际事件的独家权威评论，在国际舆论场中不仅不能失语，还应当借此扩大自身影响力。

二是深入挖掘马来西亚的多元文化选题。马来西亚等东南亚国家是多民族国家，与中国国情类似，呈现一种以主体民族文化为主、少数民族（部族）文化为辅的多元文化态势。新华社在对内对外新闻报道中，应当注重挖掘中马之间的文化交往、文化传播类的选题。此外，马来西亚华人众多，应当从中挖掘对中马两国都具有积极意义的故事。

三是重视与当地媒体及网络平台建立合作机制。为适应马来西亚多民族文化需要，马来西亚主要有马来文、英文、中文、印地文等 8 种文字出版的 50 多类报纸，新华社应当积极探索与当地多种媒体进行合作，构建互信基础，及时互通中资企业等有关动态，避免在出现突发事件时形成单打独斗、自说自话的情况。

4.4　新华社涉伊朗的新闻报道研究

4.4.1　新华社关于伊朗新闻报道的基本态势

为全面掌握新华社关于伊朗新闻报道的基本态势，本文从新华社多媒体数据库中进行样本搜集。新华社涉伊朗的对内报道主要使用中文，对外报道使用英文和波斯语。鉴于英文是全球传播的通用语言且是中国对外传播的主要语言，故本文以中文“伊朗”和英文“Iran”为关键词，时间设定为2014年1月1日至2019年1月1日，对新华社关于伊朗的新闻报道进行检索和搜集。在删除重复项及相关性较低的报道后，统计发现，2014年至2019年5年间新华社关于伊朗共计发布了26 563篇中文报道和3077篇英文对外报道（见图4－17）。

从报道量来看，中文报道量和英文对外报道量都出现了一定的波动。中文报道量每年在5000篇左右，2016年最少为4553篇，2018年最多为6403篇；英文报道除2014年较少外，报道量年均在600—800篇。一些重要国际事件如2016年中国国家主席习近平对伊朗进行国事访问，此访是中国国家主席时隔14年再次访伊，2018年美国宣布重启对伊朗金融和能源领域制裁等都会引起报道量的增长。此外，除中国－伊朗关系、“一带一路”建设等常态化报道外，波斯湾地区的军事动态、突发事件等也成为报道量的主要增长点。

为了进一步就报道内容进行综合深入分析，本文按照随机抽样方法，选取了200篇中文报道和100篇英文报道作为样本集并进行编码，分为“体裁”“类型”“主题”“议题”“态度”“信源”等六个维度。“体裁”细分为消息、评论、特稿及其他；“类型”细分为文字、图片、图文、视频及综合；“主题”细分为经济、政治、军事、文化、教育、科技及其他；“态度”细分为积极、中立、消极；“信源”细分为中国政府、中国学者、中国媒体、中国机构、伊朗政府、伊朗学者、伊朗媒体、伊朗机构、西方政府、西方学者、西方媒体、西方机构及其他；“议题”根据报道具体内容进行提炼并在样本集中进行详细备注，不进行编码。编码工作由分别来自新华社、清华大学和中国传媒大学的三位研

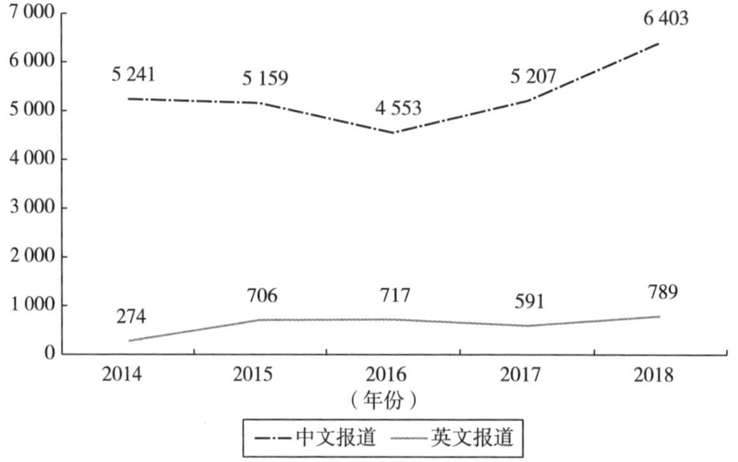

图 4－17　新华社关于伊朗的新闻报道量走势图

究人员同时进行，通过一致性检验发现，除“议题”维度外，其余五项的 Kappa 值均大于 0.75，说明分类具有较高的重复性，证明研究可信。

统计发现，从报道体裁看（见图 4－18），新华社的中英文报道中，消息、评论、特稿均为主要的报道体裁，占比分别为 34%、28% 和 27%。从报道类型看（见图 4－19），文字类和图文类报道最多，占比分别为 50% 和 42%；图片类和视频类报道较少，占比分别为 4% 和 3%；综合类报道只占 1%。从报道主题看（见图 4－20），经济类、政治类、军事类报道占比均较高，分别为 30%、

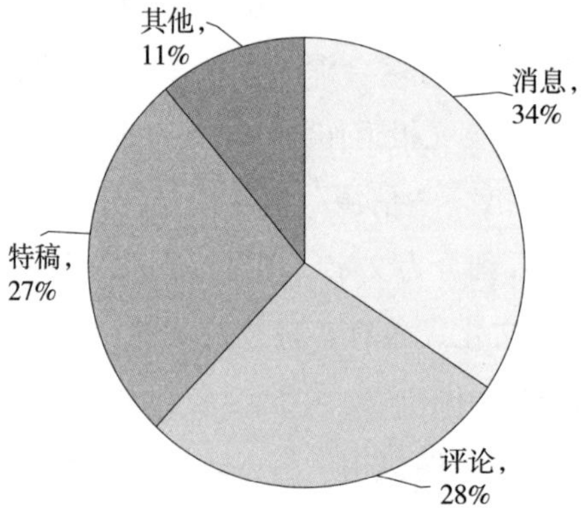

图 4－18　新华社关于伊朗的新闻报道体裁分布图

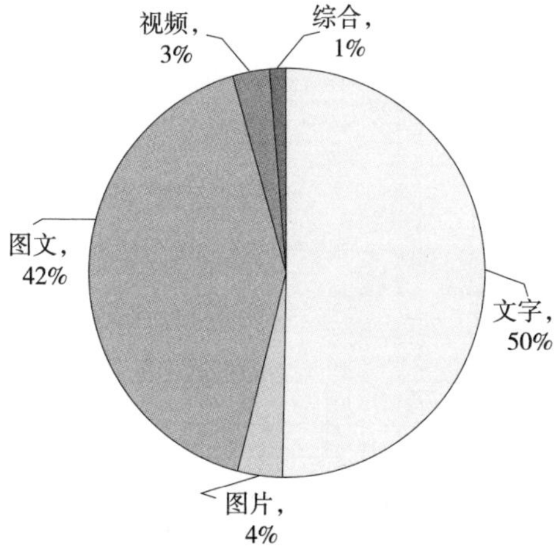

图4－19　新华社关于伊朗的新闻报道类型分布图

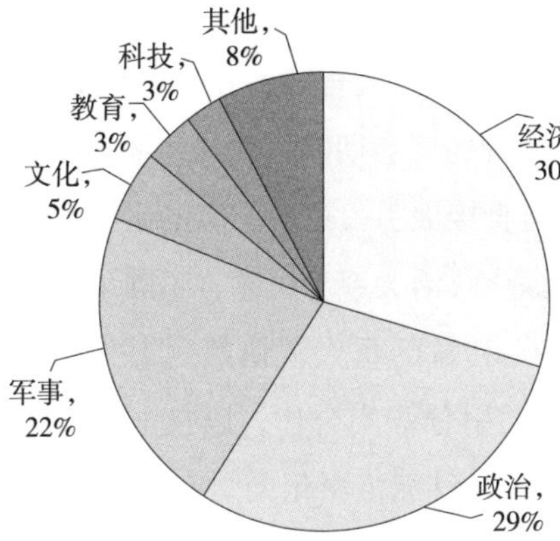

图4－20　新华社关于伊朗的新闻报道主题分布图

29%和22%；文化、教育、科技类较少，占比分别为5%、3%和3%。从报道倾向性看，新华社关于伊朗的报道几乎全部为客观中立的报道，样本集中未发现负面倾向性的报道。信源的统计根据每篇样本中出现的引用源的次数进行累加，同一篇报道出现的同一个信源不计入统计。从分布情况看（见图4－21），伊朗政府成为新华社报道的主要信源，其次为中国政府，中国机构、伊朗机构、中国学者等也更多成为新华社关于伊朗报道的主要引用源。

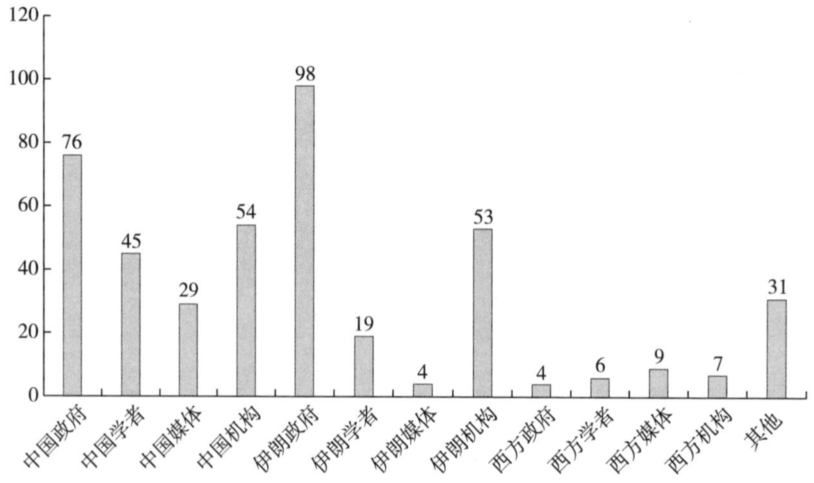

图 4－21　新华社关于伊朗的新闻报道信源分布图

4.4.2　新华社关于伊朗新闻报道的突出特点

（1）关注两国高层友好交往，展现政治互信的坚实基础

2018 年 6 月 10 日上合青岛峰会期间，新华社播发了新闻《习近平同伊朗总统鲁哈尼举行会谈》，报道直接援引习近平主席的讲话原文，用权威表述展现中国立场，“中伊双方要以深化政治关系为统领，不断增进战略互信，加强各层级交往，继续在涉及彼此核心利益的重大关切问题上相互理解、相互支持。要以共建‘一带一路’为主线，引领务实合作，以打击恐怖主义为重点，推进执法安全合作，以增进中伊友好为目标，深化人文交流合作”。“伊朗核问题全面协议是多边主义重要成果，有助于维护中东地区和平稳定及国际核不扩散体系，应该继续得到切实执行。中方一贯主张和平解决国际争端和热点问题，愿同伊方加强在多边框架内合作，推动构建新型国际关系。”同时，也直接援引了伊朗总统鲁哈尼的讲话原文，用权威声音诠释了伊朗方面对中国的友好和支持态度。习近平主席对伊朗的访问极大提升了两国关系，伊方对伊中全面战略伙伴关系顺利发展感到高兴，愿深化两国各领域务实合作，落实好两国共建“一带一路”合作协议。当前，伊核问题全面协议存续面临挑战，伊朗期待着包括中国在内的国际社会为妥善应对有关问题发挥积极作用。

另外，一些报道从多种角度展示了中国、伊朗两国高层的友好交往和政治互信，如2017年8月7日的报道《习近平主席特使何立峰出席伊朗总统就职仪式》指出，习近平主席特使、国家发展改革委主任何立峰在伊朗总统府会见伊总统鲁哈尼。会见中，何立峰转达了习近平主席对鲁哈尼连任总统的祝贺，表示中方愿与伊方保持高层交往，深化"一带一路"框架下的务实合作，加强在涉及彼此核心利益问题上的相互支持，以及在国际和地区事务上的沟通与配合，不断丰富中伊全面战略伙伴关系内涵。2017年12月22日的报道《中共十九大精神对外宣介团访问伊朗》指出，中联部副部长李军率中共十九大精神对外宣介团在伊朗举行专题宣介会，会见伊政党政要，接受媒体采访，重点阐释习近平新时代中国特色社会主义思想，介绍"五位一体"总体布局、五大发展理念等。伊朗各界热烈祝贺中共十九大取得的丰硕成果，认为世界将从中国特色社会主义发展中获益，表示伊方愿在共建"一带一路"框架下进一步深化伊中各领域务实合作。

（2）聚焦"一带一路"倡议，展示中国、伊朗两国的合作成就与愿景

伊朗地处亚欧大陆之间，是连接东西方的重要枢纽，具有重要的战略意义和地缘政治意义。2000多年前，古丝绸之路已将中国、伊朗两国人民紧紧联系起来，而"一带一路"倡议再一次将中国与伊朗两个古文明联结起来，中国是伊朗最大的贸易合作伙伴国和海外出口目的地，"一带一路"倡议创造了新的合作发展机遇。新华社的相关报道也聚焦于此，充分反映了"一带一路"倡议给伊朗发展带来的诸多益处，也及时反映了伊朗各界对"一带一路"倡议的积极响应，如2017年5月25日的报道《伊朗副外长：期待在"一带一路"框架下开展务实合作》充分反映了伊朗政府对"一带一路"倡议的美好期待。同时，有一些特稿进行了详细的解读，典型如2017年5月29日的特稿《"一带一路"为中国伊朗经贸合作注入新动力》指出，随着西方国家逐步解除对伊朗的制裁，近年来伊朗在发展经济和增加就业等方面需求迫切。中国提出的"一带一路"建设，正不断推进中国企业与伊朗业界多方位合作，成为造福当地人民、促进中伊经贸合作的新动力。伊朗中资企业协会提供的数据显示，目前在协会正式注册的中企数量已达百家以上，其中制造业企业占比近一半，涵盖基础设施建

设、装备制造、汽车及通信等领域。中国商品不仅在市场占有率上开疆扩土，整体形象也有了根本改变，“高科技、高品质、有保障”已成为越来越多伊朗人对“中国制造”的新印象。经过多年努力，“走出去”的中企如今在伊朗实现了从“劳务输出”向“技术输出、管理输出、资本输出”的转变，很多中伊合作项目建立了人性化管理模式，融入了当地文化。这些项目越来越受到当地媒体的关注，其带来的收益以及在促进就业等方面的积极作用广获赞誉。

此外，一些重磅专访也传达了“一带一路”倡议的积极内涵，如 2017 年 5 月 13 日的报道《“一带一路”倡议惠及中东地区和全球——访伊朗常驻联合国代表霍什鲁》称，霍什鲁毫不掩饰对“一带一路”倡议的赞许，他尤其对互联互通对伊朗的经济繁荣、中东局势的缓和以及联合国 2030 年可持续发展目标的重要推动作用给予高度评价。再如 2017 年 10 月 13 日的报道《借力“一带一路”扩大与伊朗油气合作——访中石油海外勘探开发公司总经理吕功训》称，中石油在伊朗南部胡齐斯坦省投资的北阿扎德甘项目经营状况良好，已进入成本回收阶段，预期盈利水平较高。这一项目为伊朗解决了资金和技术难题，为当地创造了大量就业机会，并在当地雇员中培养了一批专业技术人员。“一带一路”建设引发了伊朗浓厚的兴趣，不少中国企业也对中伊在各领域合作期待很高。但吕功训指出，“一带一路”共建国家税收、法律、社情民意等国情迥异，风险与机遇并存。

（3）关注伊朗与美国国际关系，对内对外报道及时反映地区局势

伊朗与美国的关系一直是影响中东地区安全及社会稳定发展的重要因素。20 世纪中期，由于伊朗巴列维王朝亲美，伊朗与美国关系较为亲密，但 1979 年伊朗伊斯兰革命爆发后，伊朗与美国关系决裂。直到近年来，伊朗核问题仍然是伊朗、美国争论的焦点，也是美国制裁的缘由。自 2015 年 7 月伊核协议签署后，伊朗信守诺言，充分履约，并接受国际原子能机构的核查，但美国政府于 2018 年 5 月单方面宣布退出伊核协议，逐步恢复对伊制裁。新华社的相关报道及时反映了这一国际动态，如 2018 年 8 月 6 日的报道《美国重拾制裁“大棒”伊朗如何应对时艰》指出，美国恢复单边制裁，破坏伊核协议，阻碍国际社会为解决伊核问题所做的努力，使得解决伊核问题的目标越来越远。尽管如此，

在欧盟各国、俄罗斯、中国等各方的支持下，伊核协议为解决伊核问题绘制的路线图依然有效，和平解决伊核问题的希望犹存。国务委员兼外交部长王毅表示，中方愿同包括伊方在内的各方加强沟通协作，尽一切努力使伊核协议继续生效，共同维护好地区及世界的和平稳定。2018 年 11 月 6 日的报道《美国宣布重启对伊朗金融和能源等领域制裁》指出，美国总统特朗普宣布美国退出伊核协议，并重启对伊朗金融、金属、矿产、汽车等一系列非能源领域的制裁，表示将重启剩余部分的制裁。伊朗方面对美方的制裁决定表示强烈谴责。

此外，对外报道如《伊朗指责美国在海湾地区造成不安全局势》（Iran Accuses U. S. of Causing Insecurity in Gulf Region）、《伊朗敦促穆斯林团结起来反对“敌对派”美国与以色列》（Iran Urges Muslim Unity Against “Hostile” U. S. , Israel）、《伊朗将油价上涨归咎于美国制裁》（Iran Blames U. S. Sanctions for Rising Oil Price）、《伊朗敦促所有“非法”部队离开叙利亚》（Iran Urges All “Illegal” Forces to Leave Syria）、《伊朗驳斥内塔尼亚胡关于核间谍活动的指控，称其为“妄想”》（Iran Dismisses Netanyahu’s Claim of Nuke Spying as “Delusional”）、《伊朗誓言保护油轮免受美国在国际航道中的威胁》（Iran Vows to Protect Oil Tankers Against U. S. Threats in Int’l Waterways）、《伊朗否认与美国举行会谈》（Iran Denies Holding Talks with U. S. ）、《伊朗重申沙特无法取代伊朗在全球市场上的石油份额》（Iran Reaffirms Saudis Unable to Replace Iranian Oil Share in Global Market）、《伊朗表示欧佩克会议讨论沙特阿拉伯石油供过于求》（Iran Says OPEC Meeting to Discuss Saudi Arabia’s Oil Oversupply）等都反映了在一些重要的国际问题上伊朗与美国针锋相对的动态。而面对美国在军事方面的施压，伊朗也频繁采取行动，新华社的相关报道也及时反映了相关动态，如《伊朗称下周将试航新的驱逐舰》（Iran Says to Unveil New Destroyer, Submarine Next Week）、《伊朗展开防空军事演习》（Iran Launches Air Defense Military Exercise）等。

（4）关注中国与伊朗的文化交往，反映伊朗独特的文化景观

伊朗和中国的文化交流源远流长，传承交流互鉴的历史传统有助于深化两国友好关系，新华社的相关报道关注两国的文化交往，较为全面地反映了伊朗独特的文化景观。如 2017 年 4 月 27 日的报道《巡礼伊朗 情迷波斯》，通过系列

图片展示了伊朗独特的文化景观，并指出这个拥有波斯、阿塞拜疆、库尔德、阿拉伯及土库曼等多民族的国家以波斯语为官方语言，伊斯兰教为国教。伊朗是具有数千年历史的文明古国，创造了辉煌灿烂的文化。2017 年 10 月 30 日的报道《 国际儒学论坛在德黑兰举行，百余海内外学者对话中伊文明》反映了学界的视角，指出来自中国、伊朗、日本、法国等国家的 100 多名专家学者，围绕儒家思想与伊朗古代伦理学的比较研究、古代丝绸之路与中伊文明交流的历史及启示、“一带一路”倡议的背景和意义、波斯语与伊朗文学在中国的现状、今昔中伊文化科技交往机制探析等多项议题开展学术交流。历史上，中华文明和伊朗文明相互交流借鉴。新时期，中伊文明交融将进一步促进双方发展进程。设立“国际儒学论坛”是国际儒学联合会为讲好“两个故事”（讲好弘扬中华优秀传统文化的故事，讲好世界不同文明交流互鉴的故事）而采取的切实措施。该论坛先后在新加坡、德国、俄罗斯、澳大利亚等国成功举办多届，取得了丰富的学术成果，已成为国际儒学联合会的知名学术品牌。

此外，如 2017 年 9 月 25 日的报道《驻伊朗使馆成功举办中国文化节》、2017 年 9 月 19 日的报道《中国文化节开幕式在德黑兰当代艺术博物馆举行》等都展示了中国文化在伊朗当地交流的情况。

4.4.3 关于新华社涉伊朗新闻报道的思考与建议

近年来，美国采取“极限施压”手段，不仅全面禁止伊朗石油出口，而且集结大量武力到波斯湾水域，向伊朗施加经济和军事双重高压，伊核问题、波斯湾紧张局势等成为国际媒体关注的焦点。新华社的涉伊朗报道及时反映了相关动态并充分展示了我国的官方立场。未来，围绕涉伊朗的新闻报道，新华社可以从以下几个方面进行创新探索：

一是坚持报道正义，用西方权威观点驳斥西方偏见。美国刻意给伊朗贴上了“恐怖主义”的标签，妄图左右国际舆论。新华社的相关报道客观中立且充分阐述了我国官方坚持正义的立场，但使用中国或者伊朗方面的信源实际上产生的国际舆论影响力有限。未来，我们可以通过采访亲伊、亲华的西方意见领袖，“借嘴说话”，驳斥美国等西方国家的偏见。

二是探索与伊朗媒体的合作机制。当前，新华社需要不断扩大在伊朗的影响力，而伊朗媒体也有扩大国际影响力的需求。新华社驻中东分社、驻伊朗分社应当主动对接伊朗当地媒体，探索联动选题报道机制，实现双赢。

三是加强对内对外选题的针对性。在对内报道方面，需要展示伊朗对华友好态度、悠久的历史文化等；在对外报道方面，需要挖掘伊朗民众的真正兴趣点，切忌大而泛的话题，真正做到精准化、精细化传播。

4.5　新华社涉沙特阿拉伯的新闻报道研究

4.5.1　新华社关于沙特阿拉伯新闻报道的基本态势

为全面掌握新华社关于沙特阿拉伯新闻报道的基本态势，本文从新华社多媒体数据库中进行样本搜集。新华社涉沙特阿拉伯的对内报道主要使用中文，对外报道使用英文和阿拉伯语。鉴于英文是全球传播的通用语言且是中国对外传播的主要语言，故本文以中文“沙特阿拉伯”和英文“Saudi Arabia”为关键词，时间设定为2014年1月1日至2019年1月1日，对新华社关于沙特阿拉伯的新闻报道进行检索和搜集。在删除重复项及相关性较低的报道后，统计发现，2014年至2019年5年间新华社关于沙特阿拉伯共计发布了26 483篇中文报道和3201篇英文对外报道（见图4－22）。

从报道量来看，中文报道量和英文对外报道量都出现了一定的波动：中文报道2014年最少，为982篇，2018年最多，为1929篇；英文报道除2014年较少外，报道量年均在250—400篇。除中国－沙特阿拉伯关系、“一带一路”建设等常态化报道外，有关沙特阿拉伯的国际性突发事件等也成为报道量的主要增长点。

为了进一步就报道内容进行综合深入分析，本文按照随机抽样方法，选取了200篇中文报道和100篇英文报道作为样本集并进行编码，分为“体裁”“类型”“主题”“议题”“态度”“信源”等六个维度。“体裁”细分为消息、评论、特稿及其他；“类型”细分为文字、图片、图文、视频及综合；“主题”细分为经济、政治、军事、文化、教育、科技及其他；“态度”细分为积极、中立、消极；“信源”细分为中国政府、中国学者、中国媒体、中国机构、沙特阿拉伯政府、沙特阿拉伯学者、沙特阿拉伯媒体、沙特阿拉伯机构、西方政府、西方学者、西方媒体、西方机构及其他；“议题”根据报道具体内

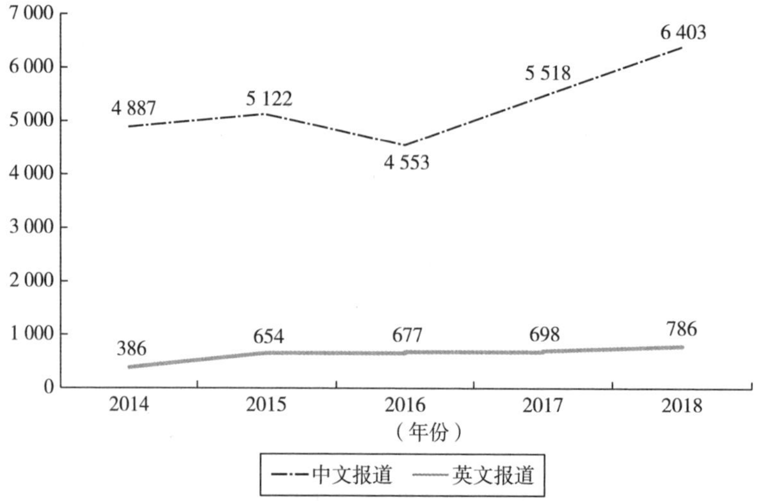

图 4 -22　新华社关于沙特阿拉伯的新闻报道量走势图

容进行提炼并在样本集中进行详细备注，不进行编码。编码工作由分别来自新华社、清华大学和中国传媒大学的三位研究人员同时进行，通过一致性检验发现，除“议题”维度外，其余五项的 Kappa 值均大于 0.75，说明分类具有较高的重复性，证明研究可信。

统计发现，从报道体裁看（见图 4 -23），新华社的中英文报道中，消息为主要的报道体裁，占比为 63%；评论和特稿的报道量远不如消息类，占比分别为 18% 和 14%。从报道类型看（见图 4 -24），文字类报道量最多，占比近六成；其次为图文类报道，占比为 22%；图片类、视频类及综合类报道较少，占比分别为 11%、5% 和 4%。从报道主题看（见图 4 -25），经济类报道占比最高，近六成；其次为政治类报道，占比为 22%；文化类、教育类、科技类、军事类等报道量均较少，前三类占比均为 4%，军事类占比为 3%。从报道倾向性看，新华社关于沙特阿拉伯的报道几乎全部为客观中立的报道，样本集中未发现负面倾向性的报道。信源的统计根据每篇样本中出现的引用源的次数进行累加，同一篇报道出现的同一个信源不计入统计。从分布情况看（见图 4 -26），中国政府成为新华社报道的主要信源，沙特阿拉伯政府、中国机构等也更多成为新华社关于沙特阿拉伯报道的主要引用源。

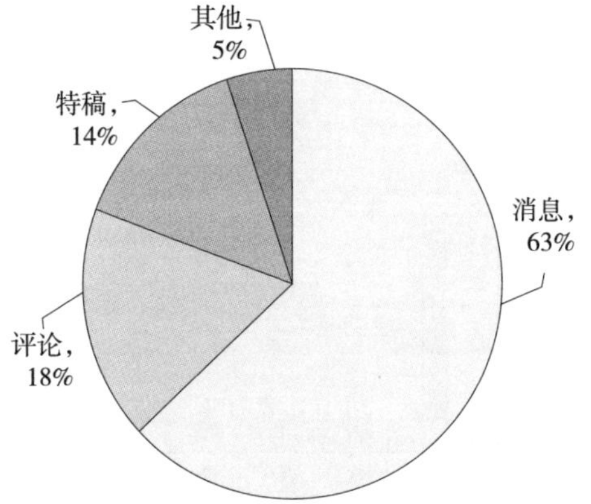

图 4－23　新华社关于沙特阿拉伯的新闻报道体裁分布图

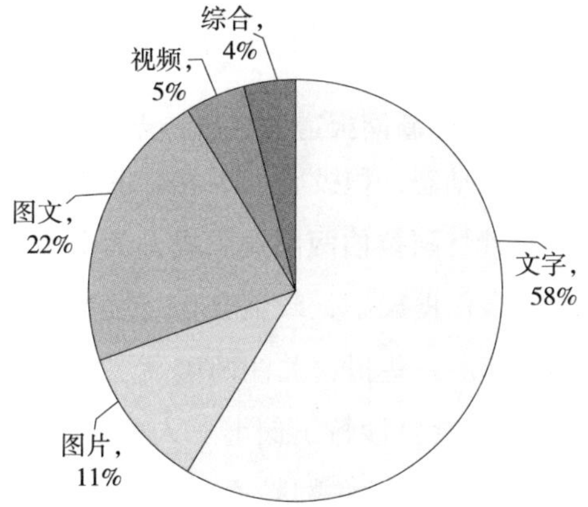

图 4－24　新华社关于沙特阿拉伯的新闻报道类型分布图

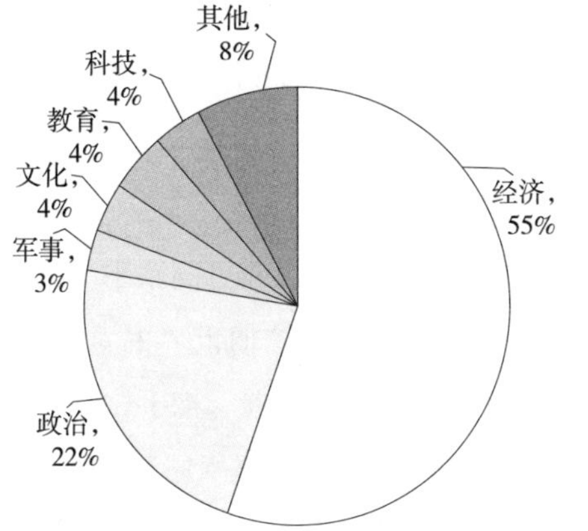

图 4－25　新华社关于沙特阿拉伯的新闻报道主题分布图

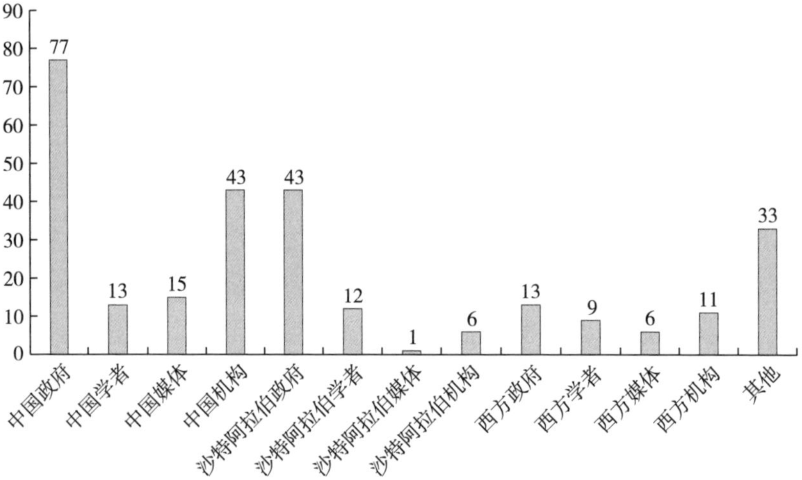

图 4－26　新华社关于沙特阿拉伯的新闻报道信源分布图

4.5.2　新华社关于沙特阿拉伯新闻报道的突出特点

（1）密切关注中阿合作动态，积极展示两国友好交往

2016 年 1 月，中国与沙特阿拉伯两国关系提升为全面战略伙伴关系，中国和沙特在中阿合作论坛等合作框架下，政治互信持续增强，新华社的相关报道也及时反映了这一国际动态。一些报道关注两国高层之间的交往互动，如 2016 年 8 月 31 日的报道《习近平会见沙特王储继承人穆罕默德》、2017 年 11 月 16 日的报道《习近平应约同沙特国王萨勒曼通电话》、2018 年 12 月 1 日的报道《习近平会见沙特阿拉伯王储穆罕默德》等都直接报道了中国、沙特两国领导人的政治往来。2016 年 1 月 20 日的报道《中华人民共和国和沙特阿拉伯王国关于建立全面战略伙伴关系的联合声明（全文）》向外界宣介了中国与沙特的友好往来，指出双边关系取得的长足发展，强调应进一步增进友好的两国和两国人民之间的传统友谊，加强在政治、经贸、能源、人文、军事、安全等领域及地区和国际层面的密切合作，推动中沙关系迈向更高水平。

同时，新华社也高度关注中国与阿拉伯世界的重要合作框架——中阿合作论坛，如 2018 年 7 月 11 日的长篇评论报道《携手“一带一路”，开创中阿关系新时代——论习近平主席在中阿合作论坛第八届部长级会议开幕式重要讲话》、特稿《中阿合作论坛为双边关系发展带来“中国智慧”》等，文章指出，高屋建瓴的顶层设计引领中阿关系迈向新的高度。2014 年至 2018 年间，习近平主席两度对发展中阿关系做出重要政策宣示，从密切高层交往到加强战略对接，再到创新合作方式，领导人的战略引领已经构成中阿关系发展的鲜明特色。此次习近平主席提出增进战略互信、实现复兴梦想、实现互利共赢、促进包容互鉴四点主张：既有登高望远的方向目标，也有脚踏实地的行动方案；不仅立足油气合作、低碳能源等传统项目，也涉及金融、高新技术等合作领域；不仅旨在创造更多经济利好和发展机遇，也注重推动双方人民的情感交流和心灵沟通。此外，如 2016 年 9 月 2 日的报道《沙特亲王期待中国在 G20 峰会上贡献智慧分享经验》、2017 年 3 月 15 日的报道《沙特国王访华将推动中沙关系发展全面提升》、2017 年 3 月 16 日的报道《沙特经济界人士对沙中加强合作充满期待》、2018 年 7 月 12 日的报道《阿拉伯国家记者团到宁夏访问》、2017 年 5 月 12 日的专访报道《中国和沙特“一带一路”合作向全方位迈进——访中国驻沙特大使李华新》等从不同角度对中国与沙特的高层交往与政治互信做了报道。

（2）经济类报道最多，能源、经贸等成为主要议题

沙特具有独特的石油资源优势，连续几十年成为中国最大原油供应国和中国在西亚地区第一大贸易伙伴。新华社在相关报道中，也较为关注经济类话题，尤其及时发布了一些重磅的国际新闻，如 2016 年 1 月 21 日的报道《习近平同沙特阿拉伯国王萨勒曼共同出席中沙延布炼厂投产启动仪式》、2018 年 7 月 9 日的对外报道《延布合资炼油厂成为中沙能源合作的典范》（Yanbu's Joint Venture Refinery Shines as Example for Beneficial China-Saudi Energy Cooperation）等指出，延布炼厂项目是我国在沙特的最大投资项目，而中沙在能源领域的互利合作给两国人民带来了实实在在的利益。中沙延布炼厂项目既符合沙特经济优化升级、能源产业升级的国家发展战略，也契合中国同丝绸之路沿线国家在“一带一路”框架内开展互利合作的发展思路。双方还有更多更好的合作项目，必将为提高两国经贸和能源合作水平、推动中沙战略关系全面深入发展做出更大贡献。

同时，新华社的相关报道也关注沙特的重要经济改革战略，如 2016 年 8 月 29 日的报道《中国与沙特将搭建贸易投资促进平台 释放经贸合作新潜能》指出，中沙在经贸领域的产业结构互补性强，利益交汇点多，两国能源、贸易、

投资、基础设施建设等领域合作也取得深入发展。2015 年，中国跃居沙特第一大贸易伙伴，沙特也连续多年保持中国最大的原油供应国和在西亚非洲地区最大贸易伙伴地位。另外，2018 年 3 月 15 日的报道《沙特经济多元化举措初见成效》也指出，沙特于 2016 年 4 月出台旨在摆脱对石油的依赖、发展多元化经济的“2030 愿景”。这一被称为“戒除油瘾”的计划已经实施，一些改革措施陆续出台并取得初步成效。在实施“2030 愿景”过程中，沙特积极与包括中国在内的主要经济体展开合作。2016 年，中沙成立两国政府间高级别联合委员会，有力推动沙特“2030 愿景”和中国“一带一路”倡议对接。此外，2016 年 8 月 9 日的视频报道《沙特中国问题专家：希望 G20 为沙中合作提供新契机》、2017 年 3 月 18 日的报道《专访沙特基础工业公司董事长：愿同中国企业共同投资建设第三国项目》、2018 年 6 月 28 日的报道《中阿期待借助“一带一路”推动能源合作转型升级》等从不同角度对中国和沙特的经贸合作进行了报道和解读。

（3）聚焦“一带一路”倡议，展示中国、沙特两国的合作愿景

沙特是中国在中东地区推进“ 一带一路”建设的重要合作伙伴，新华社的相关报道也聚焦该选题。如 2017 年 3 月 14 日的专访报道《“一带一路”倡议推动实现“沙特 2030 愿景”——访沙特驻华大使图尔基》指出，沙特阿拉伯高度重视中国“一带一路”倡议，无论在基础设施建设领域，还是在金融创新方面，两国合作都拥有巨大潜力，能够为推动“一带一路”建设、促进“沙特 2030 愿景”的实现做出创造性贡献。2017 年 5 月 12 日的专访报道《中国和沙特“一带一路”合作向全方位迈进——访中国驻沙特大使李华新》指出，古丝绸之路历史曾将中国和沙特阿拉伯两国人民连在一起，今天，“一带一路”倡议和沙特的“2030 愿景”再次将双方紧密联系起来。“一带一路”倡议提出以来，中沙合作不断开花结果。沙特是共建“一带一路”重要国家，中国和沙特是共建“一带一路”的天然和理想合作伙伴。

同时，新华社的相关报道既关注沙特，也关注整个阿拉伯世界，如 2017 年 9 月 7 日的报道《共建“一带一路”推动中阿经贸合作不断发展》指出，经贸合作是中阿关系最久远、最活跃的因素，也是推动中阿关系发展的不竭动力。近年来，中阿经贸合作保持着良好势头。2018 年，中阿双边贸易额达 2443 亿美

元，同比增长28%；中国企业在阿拉伯国家新签订承包工程合同额356亿美元，同比增长9%；中国企业对阿直接投资流量12亿美元，涉及能源、基础设施、制造业、电子商务、金融等广泛领域。中方将与阿拉伯国家进一步加强发展战略对接，携手共建“一带一路”，不断推动中阿经贸合作迈上新台阶。再如，2018年7月8日的报道《“一带一路”助中阿构建命运共同体》称，历史上，中阿因丝绸之路相知相交。在经济全球化深入发展的今天，中阿成为“一带一路”建设的重要合作伙伴。双方积极对接发展战略，深化各领域务实合作。2016年，沙特阿拉伯提出了旨在摆脱对石油的依赖、发展多元化经济的“2030愿景”。在实施过程中，沙特积极与中国展开合作。两国成立了中沙高级别联合委员会，有力推动沙特“2030愿景”和中国“一带一路”倡议对接。

（4）充分报道中国与沙特多领域合作，展示两国的合作成就

除经济、政治领域外，新华社的相关报道也从文化、科技等领域展开。文化类的报道如2017年12月12日的报道《“中国文化周”活动在沙特开幕》指出，此次活动是沙特“2030愿景”与中国“一带一路”倡议对接大背景下的一次重要文化交流活动。近年来，两国元首成功实现互访，两国元首对人文交流给予极大关注。两国将在人文交流领域继续合作。2018年4月6日的报道《中沙考古队在沙特古港口遗址发现中国瓷片》指出，正在沙特阿拉伯塞林港遗址进行考古发掘的中沙联合考古队在遗址多个地点发现中国宋元时期的白瓷片与明清时期的青花瓷片，为海上丝绸之路的研究提供了十分珍贵的考古实物资料。2018年8月21日的报道《中国文物将首次大规模赴沙特展出》指出，以264件展品展示中华文明风貌的“华夏瑰宝”展览将在沙特举办，这是中国文物首次大规模赴沙特展出。2018年11月12日的报道《沙特阿拉伯计划修复130座历史悠久的清真寺以保护文化遗产》（Saudi Arabia Plans to Rehabilitate 130 Historical Mosques to Preserve Cultural Heritage）指出，沙特将投入一定资金用以保护文化遗产。

科技类的报道如2017年4月20日的报道《中国北斗导航系统走进沙特阿拉伯市场》指出，沙特与中国开展卫星导航领域合作，对沙特实现经济转型和“2030愿景”，促进沙特科研、工业、贸易、交通、农业、能源、民航和地理空

间等社会各行业领域发展具有重要作用。另外，2018 年 7 月 8 日的报道《中阿技术转移推动“一带一路”科技合作与交流》、2018 年 12 月 7 日的报道《沙特阿拉伯从中国酒泉卫星发射中心发射了两颗卫星》（Saudi Arabia Launches 2 Satellites from China’s Jiuquan Satellite Launch Center）等从不同角度对中国与沙特及阿拉伯国家的科技合作进行了报道。

4.5.3 关于新华社涉沙特阿拉伯新闻报道的思考与建议

沙特阿拉伯是“一带一路”倡议在中东推进的重要合作伙伴，也是中国与伊斯兰世界交往的重要战略支点国家。沙特阿拉伯具有得天独厚的资源优势，是伊斯兰世界的核心国家和 G20 成员中唯一的阿拉伯国家。近年来，沙特内政与外交政策经历多次重大调整，“2030 愿景”的改革举措以及一些重大突发事件，如沙特阿拉伯记者贾迈勒·卡舒吉（Jamal Khashoggi）离奇失踪，也使得沙特高层成为国际舆论的关注焦点。新华社在关于沙特阿拉伯的新闻报道中及时在国内国际舆论场传播了相关动态，随着“一带一路”倡议的不断深化，新华社在相关报道中应当重点关照以下几个方面：

一是深入挖掘好故事与好选题。沙特具有独特的文化和民俗，而中国国内相关的信息和介绍普遍较少，有关沙特社会发展、对华关系、文化旅游等方面应当进一步加大报道力度，挖掘典型人物和故事，避免国内各界对沙特形成刻板印象。

二是及时播发涉重大国际事件的权威评论。由于沙特对国际原油价格具有一定的影响力，继而影响国际经济动态，故沙特涉原油政策等方面一直成为国际舆论关注焦点。同时，近年来沙特国内经济改革、内政调整以及一些突发事件等也使得原本较少从政治化层面公开的沙特王室成为国际舆论焦点。新华社应当做好权威信源的采集，及时发布权威分析和评论。

三是强化当地田野调查及社会风险研判。当前，沙特本土恐怖主义和胡塞武装等对沙特国内社会稳定造成较大的安全压力，加之沙特国内宗教极端主义的泛滥等，对诸多中资项目造成了一定的运行风险。新华社的相关报道应当加大相关动态的反映力度，供有关部门和机构决策参考。

四是加强与沙特当地媒体的联系与合作。沙特当地民众普遍使用阿拉伯语，新华社的相关报道很难满足当地民众诉求，而沙特的媒体发展态势良好，如沙特国家电视台、罗塔纳（Rotana）电视台、《利雅得报》、《生活报》、《中东报》、《商务先锋》杂志、《亚玛麦》杂志等都有庞大的受众群体，新媒体“赛百格”电子报、斯威夫特新闻（Swift Newz）等也拥有庞大的年轻受众群体。新华社在扩大涉沙特的报道规模、增强报道质量的同时，应当积极探索与沙特各类媒体的合作机制，及时传递中国的声音。

5 伊斯兰国家主流媒体“一带一路”报道样本分析 *

5.1 共建“一带一路”伊斯兰国家

一般来讲，“伊斯兰国家”指以伊斯兰教为国教和多数居民信奉伊斯兰教的国家和地区，全球共有57个国家和2个地区（西撒哈拉和科索沃），其主要特征表现为国家元首为穆斯林，国家立法将沙里亚作为主要依据之一，重视伊斯兰文化传统，等等。伊斯兰会议组织的成员国也被称为“伊斯兰国家”。按照目前对“一带一路”最广泛的定义，共建“一带一路”国家中有众多“伊斯兰国家”，还有很多其他国家的民众信奉伊斯兰教。本文所指的伊斯兰主流媒体，即伊斯兰国家的主流媒体。伊斯兰主流媒体如何报道“一带一路”，影响该国公众对“一带一路”的认知，媒体报道是实现“一带一路”民心相通的重要渠道，也是“一带一路”全球传播所必须掌握的重点内容之一。

5.2 共建“一带一路”伊斯兰国家的“一带一路”报道数量统计

本次调研共检索到193篇来自伊斯兰国家主流媒体的“一带一路”新闻报道，涵盖巴基斯坦、伊朗、土耳其、阿富汗等14个共建“一带一路”伊斯兰国家，各国报道量如图5-1所示：其中巴基斯坦主流媒体的报道量最多，共101篇，约占伊斯兰国家主流媒体“一带一路”新闻报道量的52%；其次是印度尼西亚的主流媒体，共有33篇报道；约旦、伊朗、阿联酋、沙特等国也有一定的报道量。同时，统计分析发现，分布在上述14个伊斯兰国家中的38家主流媒体机构共同组成了伊斯兰国家“一带一路”新闻报道网络，如图5-2（a）、

---

* 《伊斯兰国家主流媒体“一带一路”报道样本分析》作者是毛伟。

（b）所示：其中，巴基斯坦的新闻机构最多，有15家；其次是约旦，有6家；其他参与“一带一路”新闻报道的伊斯兰国家的新闻机构数量都在3个或3个以下。从单个机构的报道量来看，巴基斯坦《黎明报》全年报道量最高，有74篇；其次是印度尼西亚《雅加达邮报》和《雅加达环球报》，分别有19篇和14篇；伊朗《德黑兰时报》排在第四位，共有9篇。

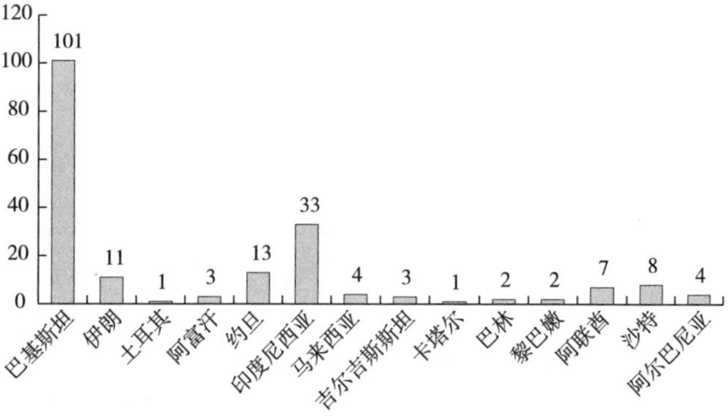

图5－1　伊斯兰国家主流媒体“一带一路”新闻报道量分布图（2016年1—12月）

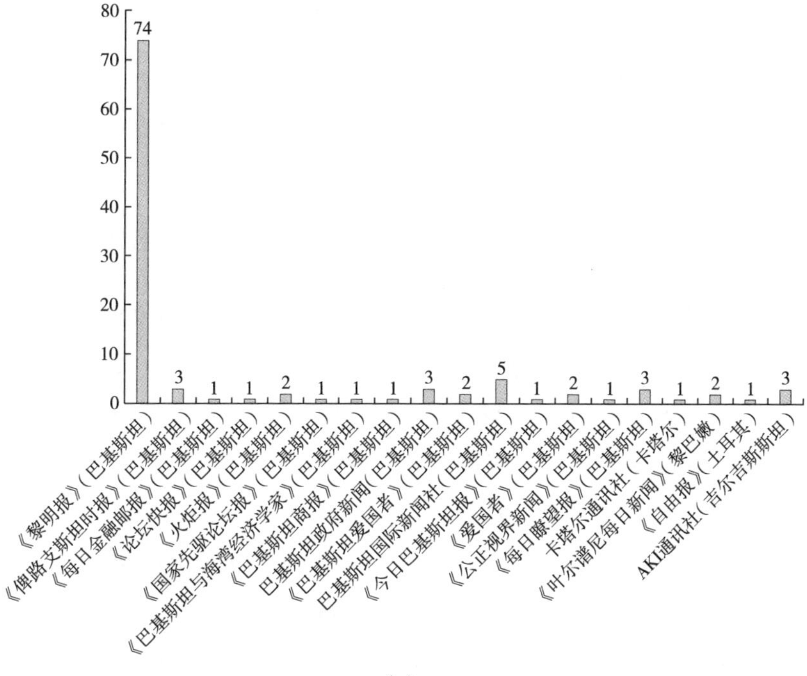

（a）

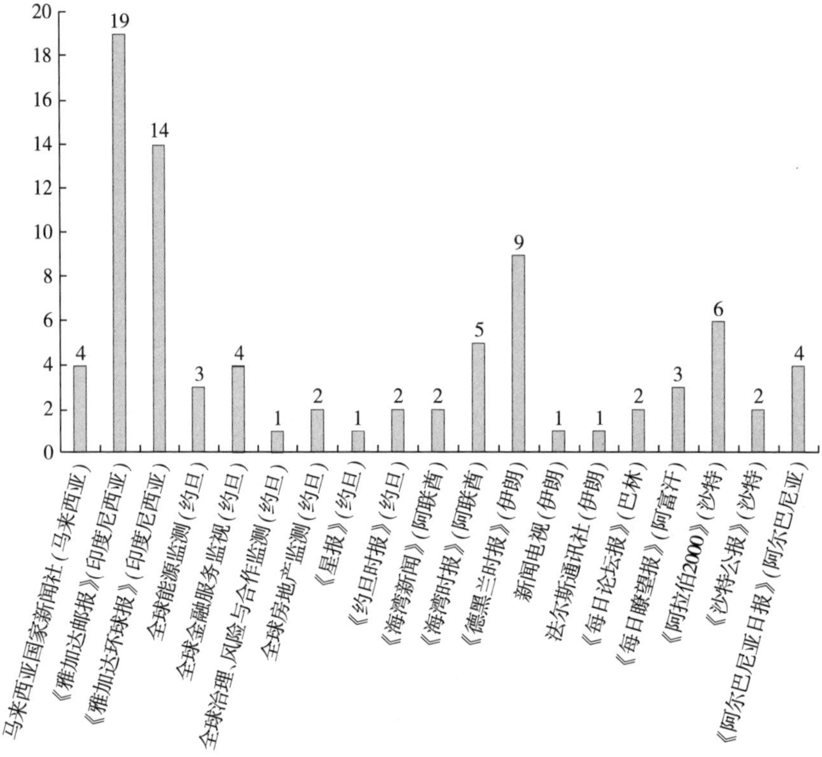

(b)

图5－2　伊斯兰国家各主流媒体“一带一路”新闻报道量分布图
(2016 年 1—12 月)

5.3　共建“一带一路”伊斯兰国家的“一带一路”报道内容分析

从报道体裁来看，伊斯兰国家主流媒体的“一带一路”报道可以分为消息、评论和特稿三类，消息、特稿和评论分别有 65 篇、62 篇和 66 篇，在数量上分布较为均匀，如图 5－3 所示。与西方主流媒体的“一带一路”新闻报道不同，伊斯兰国家主流媒体不仅在报道数量上较多，在报道体裁上分布也偏向特稿、评论等内容较为丰富的体裁。从新闻字数方面统计，也在一定程度上反映出“一带一路”新闻在舆论场的体量，如图 5－4 所示，伊斯兰国家主流媒体中新闻报道最短的消息新闻为 77 个单词，最长特稿为 3697 个单词。巴基斯坦《黎明报》、印度尼西亚《雅加达邮报》等都发布了一些长篇特稿。从整体上看，单词量为1000个左右的新闻报道居多。从报道量级和字数统计方面看，伊斯兰国家主流媒体对“一带一路”的关注度远高于西方主流媒体。

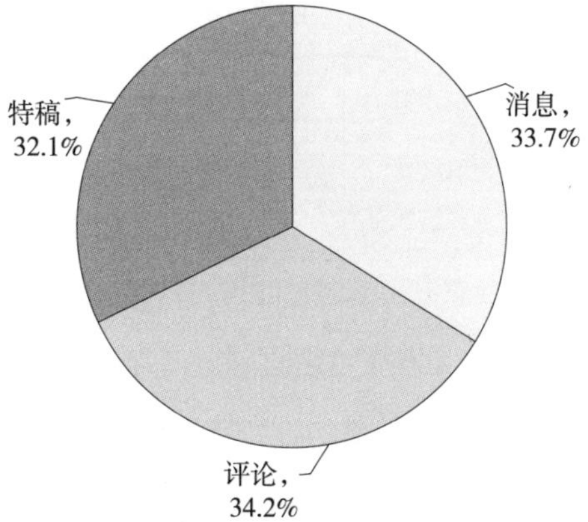

图5－3　伊斯兰国家主流媒体“一带一路”新闻报道体裁分布图（2016年1—12月）

统计

		单词数
数量	有效项	193
	丢失项	0
平均值		899.56
中值		785.60[a]
偏度		1.686
偏度标准误差		0.175
峰度		3.795
峰度标准误差		0.348
范围		3 620
最小值		77
最大值		3 697

基于数据组的计算。

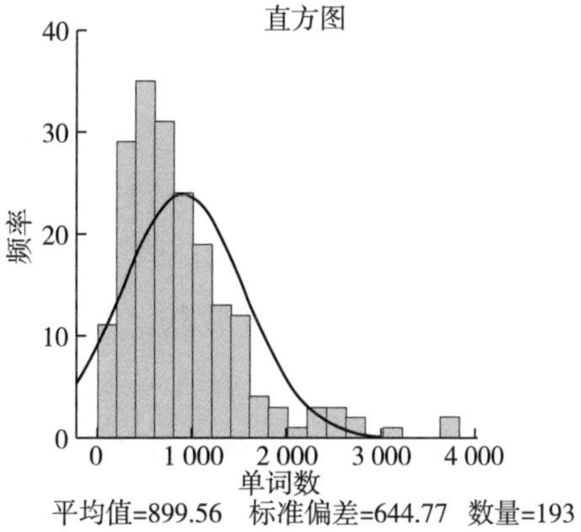

图5－4　伊斯兰国家主流媒体“一带一路”新闻报道字数统计图（2016年1—12月）

从报道主题方面看，伊斯兰国家主流媒体与西方主流媒体的关注点类似，也可以分为政治类、经济类及综合类。但伊斯兰国家主流媒体对“一带一路”的新闻报道的主题更多集中在经济领域，在检索到的193篇来自巴基斯坦、阿富汗、印度尼西亚、沙特等14个共建“一带一路”伊斯兰国家的“一带一路”新闻报道中，有155篇都是有关经济、金融方面的报道，约占总报道量的80%；

综合类的报道有26篇，约占总报道量的14%；政治类的报道只有12篇，约占总报道量的6%（见图5-5）。

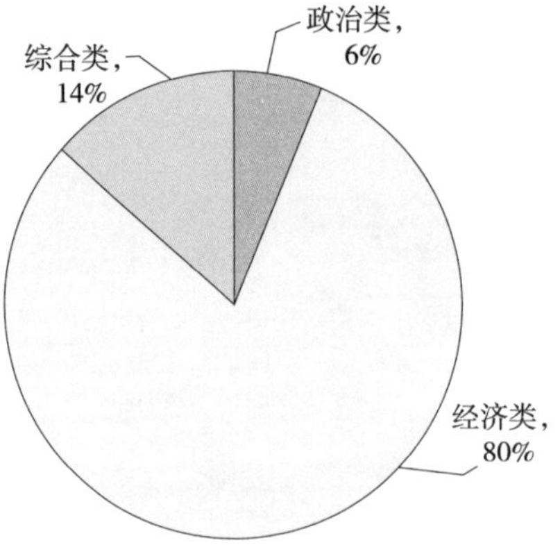

图5-5　伊斯兰国家主流媒体“一带一路”新闻报道主题分布图
（2016年1—12月）

从议程设置理论的角度看，伊斯兰国家主流媒体的“一带一路”新闻报道使受众将“一带一路”的实施与推动经济发展尤其是本国经济发展联系在一起。如《俾路支斯坦时报》2016年6月3日的特稿《巴基斯坦是中国“一带一路”倡议的主要受益者》指出，中国与巴基斯坦已经建立了非常灵活的政策框架，巴基斯坦人民将受益于“一带一路”，该文此后还被《火炬报》《爱国者》《巴基斯坦爱国者》等主流媒体转载；再如马来西亚国家新闻社4月19日的报道《中国的“一带一路”基建投资将帮助促进包括马来西亚在内的区域资本市场》，充分肯定了“一带一路”倡议对马来西亚经济发展的作用。政治类的报道如土耳其《自由报》的报道《政治局势和“一带一路”》，从土耳其的角度出发，分析了当前周边政治局势及“一带一路”倡议带来的变化；阿富汗《每日瞭望报》5月18日的新闻《阿富汗与中国签订了六项合作协议》报道了阿富汗与中国就“一带一路”倡议签订了一系列合作协议。综合类的报道如巴基斯坦《黎明报》10月6日的特稿《新的大角逐》综合经济、政治、国际关系等分析指出，围绕中国“一带一路”倡议，从陆地到海洋，从亚洲到欧洲，都将形成一个新的国际秩序。其他综合性的报道如巴基斯坦《国家先驱论坛报》3月13日的报道《中国发起的“一带一路”倡议有利于全世界》、巴基斯坦国际新闻社9月21日的报道《"一带一路"将被证明是一个新的区域合作范式》等。

研究发现，伊斯兰国家主流媒体对"一带一路"的报道，不管是从经济角度，还是政治角度或者综合性的分析，更多的报道视域集中于本国如何参与"一带一路"及"一带一路"对本国的影响等方面。如巴基斯坦《每日金融邮报》的报道《巴基斯坦是首要五个在"一带一路"倡议中与中国合作的国家》(Pakistan Among Top 5 Countries Cooperating with China in Belt and Road Initiative)指出，巴基斯坦是在"一带一路"倡议中与中国合作最为紧密的五个国家之一；伊朗《德黑兰时报》1月23日的报道《中国的"一带一路"倡议在伊朗受到很多关注》(China's "Belt and Road" Initiative Has Received Much Attention in Iran)指出，伊朗非常关注"一带一路"倡议对伊朗未来发展的影响；吉尔吉斯斯坦AKI通讯社5月22日、7月12日和10月15日分别发布了《中国确定吉尔吉斯斯坦是共建"一带一路"的主要伙伴之一》(China Convinced Kyrgyzstan to Become One of Major Partners in Building One Belt, One Road)、《吉尔吉斯斯坦与中国探讨"一带一路"的实施》(Kazakhstan, China Discuss Implementation of One Belt, One Road Strategy)、《中国准备与吉尔吉斯斯坦在"一带一路"框架下加深合作》(China Ready to Deepen Cooperation with Kyrgyzstan Under Belt and Road Initiative)等，强调了吉尔吉斯斯坦在"一带一路"倡议中的重要影响。按照报道视域的区别进行的分类统计如图5-6所示：从本国角度出发，报道"一带一路"对本国影响的新闻有117篇，其中巴基斯坦89篇，伊朗6篇，沙特5篇；以国际视野考虑，报道"一带一路"对周边区域、其他国家或者世界格局影响的新闻有43篇，如巴基斯坦《国家先驱论坛报》3月13日的报道《中国发起的"一带一路"倡议有利于全世界》、约旦全球房地产监测12月24日的报道《新加坡和中国在"一带一路"倡议下加强合作》(Singapore, China Enhance Cooperation Under Belt and Road Initiative)、黎巴嫩《叶尔谱尼每日新闻》6月23日的报道《欧亚经济联盟与中国应该为在丝绸之路上的合作移除障碍》(EEU, China Should Remove Barriers for Cooperation on Silk Road Belt)等。

威廉·加姆森(William Gamson)等认为新闻可以通过"新闻框架"限定报道范围，构建报道形式。从上述统计分析可以看出，伊斯兰国家主流媒体关

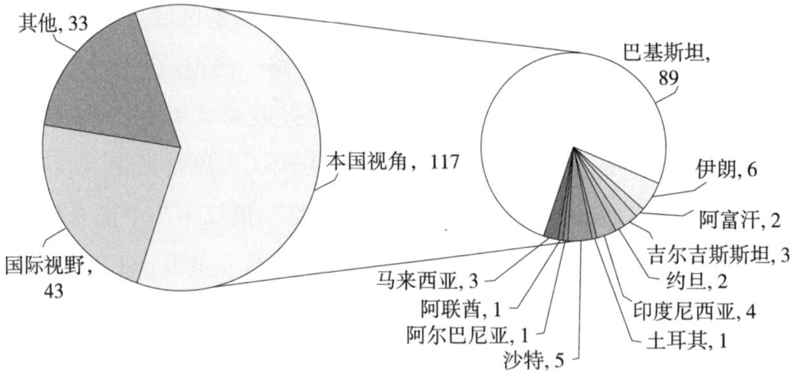

图5－6　伊斯兰国家主流媒体“一带一路”新闻报道视域分布图
（2016 年 1—12 月）

于“一带一路”新闻报道的主题大部分集中于经济金融领域，该类报道的议程设置和框架构建在一定程度上奠定了“一带一路”在伊斯兰国家舆论场的主要话题范围，而媒体的具体议题将为公众构建出“一带一路”的基本形象。统计发现，伊斯兰国家主流媒体关于“一带一路”的新闻报道涉及的话题非常集中，主要有两个，即亚洲基础设施投资银行和中巴经济走廊，分布如图 5－7 所示，关于亚投行话题的新闻报道有 61 篇，关于中巴经济走廊话题的新闻报道有 66 篇。可以看出，关于中巴经济走廊的报道全部由巴基斯坦的主流媒体发布，典型报道如《黎明报》6 月 19 日的新闻《最大限度地开发中巴经济走廊》（Making the Most of CPEC）、《论坛快报》9 月 26 日的报道《中国将中巴经济走廊作为“一带一路”倡议的模板》（China Touts CPEC As Model for“One-Belt，One-Road”Plan）等。有关亚投行的新闻则分布在较为广泛的伊斯兰国家的主流媒体报道中，如：印度尼西亚《雅加达邮报》10 月 17 日的报道《中国为崛起铺平道路》（China Paves Road to Growth）指出，亚投行将为新的基础设施建设提供资本支持和保障；阿富汗《每日瞭望报》5 月 10 日的报道《中国重申将对阿富汗予以支持》（China Has Reiterated its Support for Afghanistan）称，由中国主导的亚投行将从多个方面为阿富汗提供支持；亚投行与中巴经济走廊都涉及的报道全部来自巴基斯坦主流媒体，如《黎明报》8 月 24 日的报道《“一带一路”与中巴经济走廊》（OBOR and CPEC）、巴基斯坦国际新闻社 9 月 21 日的报道

《“一带一路”将被证明是一个新的区域合作范式》等都将亚投行和中巴经济走廊作为主要的话题进行讨论。

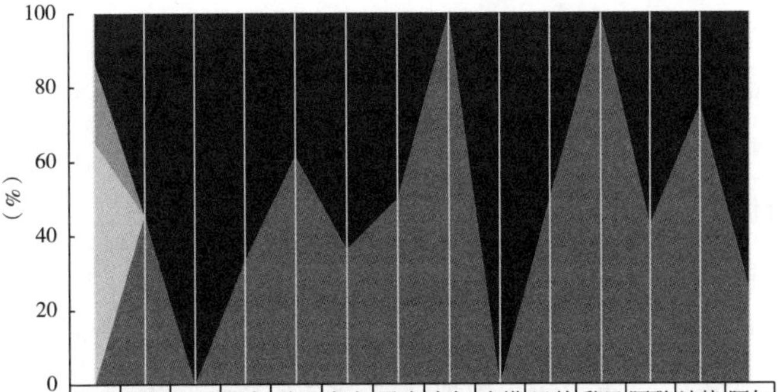

	巴基斯坦	伊朗	土耳其	阿富汗	约旦	印度尼西亚	马来西亚	吉尔吉斯斯坦	卡塔尔	巴林	黎巴嫩	阿联酋	沙特阿拉伯	阿尔巴尼亚
■ 亚投行	13	6	1	2	5	21	2	0	1	1	0	4	2	3
■ 亚投行与中巴经济走廊	22	0	0	0	0	0	0	0	0	0	0	0	0	0
■ 中巴经济走廊	66	0	0	0	0	0	0	0	0	0	0	0	0	0
■ 其他	0	5	0	1	8	12	2	3	0	1	2	3	6	1

图 5－7　伊斯兰国家主流媒体“一带一路”新闻报道话题分布图（2016 年 1—12 月）

以上统计显示，涉及中巴经济走廊话题的新闻报道量虽然较多，但全部来自巴基斯坦的主流媒体，而有关亚投行话题的新闻报道量不仅多且分布广泛，具有更高的媒体关注度和更广的报道覆盖面。新闻主题的限定、话题的选择可以反映出媒体对“一带一路”设置的议程和想要构建的形象，通过集中于经济金融领域及亚投行、中巴经济走廊等话题的呈现，“一带一路”在伊斯兰国家主流媒体中更多地被报道成一个投资计划，或者是本国与中国双边合作计划，而中国强调的“五通三同”并未提及。除了新闻主题和话题的选择，从新闻报道中对信源的引用，也可以看出伊斯兰国家主流媒体在进行“一带一路”新闻报道时的价值观和潜在议程。

在信源方面，从研究意义和检索实际情况出发，课题组对伊斯兰国家主流媒体在进行“一带一路”新闻报道时的直接引语对象进行了二级划分并统计：一级分为“中国信源”“本国信源”“其他伊斯兰国家信源”“西方国家信源”；

二级分为“官方机构”“媒体机构”“学者”“官员”“企业界”“其他”。在伊斯兰国家主流媒体的193篇“一带一路”新闻报道中，统计信源或者直接引语出处共计95个，其中来自中国和本国的信源最多，分别为47个和39个，来自其他伊斯兰国家和西方国家的信源占比只有6%和3%，如图5-8所示。伊斯兰国家主流媒体在进行“一带一路”新闻报道时更多关注来自倡议发起国中国的信息和解释，也从本国的各种渠道获取相关信息。虽然从信源方面看，中国方面占有优势，伊斯兰国家主流媒体可能会从中国的角度出发，呈现出一个较为全面的“一带一路”；但同时，从上文的新闻主题和话题分析看，伊斯兰国家主流媒体并没有对“一带一路”的核心理念进行诠释，新闻报道更多关注的是经济金融领域，“一带一路”被描述成一个中国主导的投资计划或者是本国与中国双边合作计划。

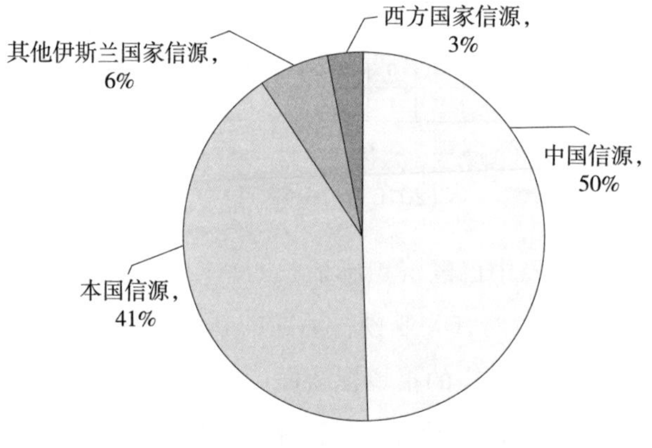

图5-8 伊斯兰国家主流媒体“一带一路”新闻报道信源按一级统计指标的分布图（2016年1—12月）

在信源的二级统计指标中，出现频次最高的是来自中国学者的直接引语，共有27个，其次是本国学者，共出现19个，来自中国企业、本国企业及中国官方机构、本国官方机构的信源也有一定数量，统计结果如图5-9所示。可以发现，伊斯兰国家主流媒体在进行“一带一路”新闻报道时，更多参考来自中国及本国学界的相关信息，来自企业界的信源也占有一定比例，这与伊斯兰国家主流媒体的“一带一路”新闻报道较多关注经济金融领域相对应。尽管中国学者是新闻报道的主要信源，但实际上伊斯兰国家主流媒体的舆论场并未真实反映出中国学界对“一带一路”的认识和分析状况，关注点仍停留在“一带一路”倡议初期所关注的经济金融层面，忽略了具有深远持久影响力的文化元素。这一方面反映出伊斯兰国家主流媒体在选择来自中国的权威信源及引述时可能存在断层，我国学术界与伊斯兰各国舆论界脱节；另一方面也反映出我国的新闻媒体对伊斯兰国家主流媒体的影响力较弱，整体上看，作为“一带一路”倡议发起国的中国，未能影响共建“一带一路”伊斯兰国家的主流媒体对“一带一路”的报道议程，这也是为了共建“一带一路”所要研究思考的问题之一。

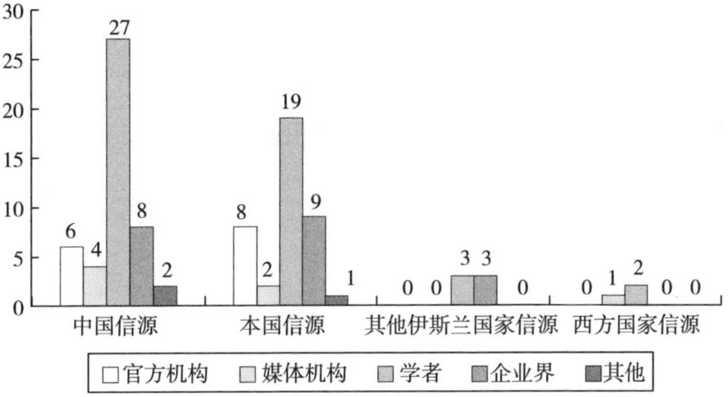

图 5－9　伊斯兰国家主流媒体“一带一路”新闻报道信源
按二级统计指标的分布图（2016 年 1—12 月）

此外，伊斯兰国家主流媒体的 193 篇“一带一路”新闻报道中，绝大多数报道的态度都为正面或中立，从经济角度对“一带一路”的发展前景持积极态度。态度较为消极的报道只有两篇：一篇是沙特阿拉伯《沙特公报》6 月 7 日的报道《中国的丝绸之路热情遇到障碍》（China’s Silk Road Ambitions Face Obstacles），该文从地缘政治角度考量，指出“一带一路”倡议的实施将面临诸多共建国家的政治和管理问题，中国可能准备好了，但是东南亚并没有；另一篇出发点相对具体，为印度尼西亚《雅加达邮报》10 月 22 日的报道《中国的倡议还没有被理解》（Chinese Projects Not Yet Translating），该文指出东盟国家需要了解中国方面的真实想法，“一带一路”和亚投行倡议都需要全面的传播策略，中国拥有悠久的历史和丰富的文化，中国应当做更多的工作以被更好地理解。整体上看，伊斯兰国家主流媒体对“一带一路”的报道呈积极态势，正面宣传了“一带一路”可能会给本国乃至世界带来经济方面的发展变化，有的国家如巴基斯坦、伊朗等的主流媒体更多关注本国如何参与“一带一路”建设以及中国如何在“一带一路”框架下看待本国的作用等。这些主流媒体为当地民众了解“一带一路”提供了一个非常积极的窗口，一系列报道为“一带一路”倡议的具体实施起到了正面宣传的作用。但同时，报道主题过多集中于经济金融领域，可能会使受众形成“固化印象”，片面认识“一带一路”倡议。两篇负面报道其实也反映出了一些实际问题，如将要面临的复杂地缘政治和传播环境等，而且由经济利益驱动形成的交往更多是一种暂时性的、协议式的，只有形成一种高于经济层面，上升到文化层面的共识和认同，才能使“一带一路”倡议不仅在共建伊斯兰国家的主流媒体中形成乐观积极的舆论场，而且在当地百姓心中形成凝聚力，使“一带一路”倡议真正持久下去，这也是“一带一路”倡议的核心目标。

6　巴基斯坦媒体对“一带一路”的报道研究*

中国国家主席习近平提出“一带一路”倡议以来，国际社会普遍予以了高度关注。“一带一路”倡议顺应了全球治理体系变革的内在要求，对人类的可持续发展具有深远意义。同时，“一带一路”倡议覆盖区域广泛，贯通目前全球最为严重的争端地带，核心区域不仅能源密集、大国博弈激烈，更是宗教重叠、民族冲突不断；“一带一路”倡议处于一个复杂多变的国际舆论拟态环境，一些“黑天鹅”突发事件经过西方主流媒体的舆论发酵迅速形成一套负面话语体系，包括如“地缘扩张论”“经济掠夺论”“环境破坏论”“规则破坏论”“债权帝国主义论”等。巴基斯坦是“一带一路”倡议的关键节点，中巴经济走廊更是“一带一路”倡议的旗舰品牌，也是最早开始实施并初见成效的项目。中巴双方有着深厚的历史友谊，在中巴“全天候战略合作伙伴关系”背景下，两国学界、商界、普通大众间的交往也日益频繁。“一带一路”倡议提出后，巴基斯坦各界纷纷积极响应。因此，充分掌握巴基斯坦舆论场的“一带一路”报道态势，不仅能够评估当前“一带一路”对外传播的实际效果，更是事关“五通三同”建设，乃至“一带一路”倡议的深化推进。目前，我国学界对巴基斯坦舆论场的相关研究相对较少，本文力争通过综合量化分析与内容分析等，研判态势，并以此为基础提出针对性的对策建议。

6.1　巴基斯坦主流媒体对“一带一路”报道的基本态势

巴基斯坦官方语言为乌尔都语和英语，但是英语是巴基斯坦各界在公开领域实际使用最广泛的语言，而且英语的使用者多为高学历、高收入的阶层，社

---

* 《巴基斯坦媒体对“一带一路”的报道研究》作者是毛伟。

会影响力较强，故本文主要针对巴基斯坦主流媒体的“一带一路”英文报道进行研究分析。笔者调查发现，在以英语为主要使用语言之一的国家主流新闻媒体中，习惯上将“一带一路”译为“One Belt One Road”，也有“China's Silk Road”（中国丝绸之路）、“the New Silk Road”（新丝绸之路）的译法；我国官方曾对“一带一路”英文译法进行了规范和调整，包括从“战略”到“倡议”的转变、简称“B&R”到“BRI”的调整等。目前，海外主流媒体普遍没有形成一个统一的规范，为确保检索新闻样本的精确性和准确性，笔者将关键词设定为“One Belt One Road”、“the Belt and Road”（“带与路”）、“China's Silk Road”、“the New Silk Road”、“Silk Road Economic Belt”（“丝绸之路经济带”）、“the 21st-Century Maritime Silk Road”（“21 世纪海上丝绸之路”）、“B&R”、“BRI”等 8 个，包含其中任一关键词的新闻报道皆被列为研究对象。笔者以 Access World News（世界各国报纸全文库）为基础数据库，对 2018 年 1 月至 10 月巴基斯坦主流媒体的“一带一路”报道进行了量化统计，报道量排名前 20 的主流媒体如图 6－1 所示，其中《黎明报》《新闻报》《国民报》的报道量最高，分别为 236 篇、206 篇和 131 篇。

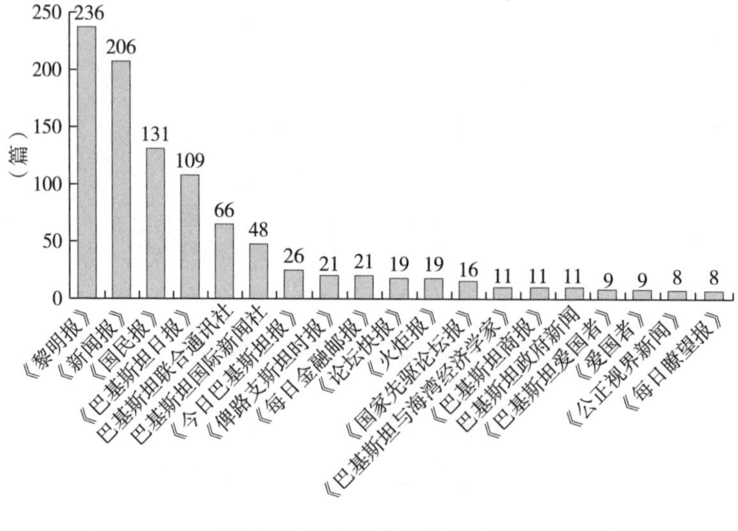

图 6－1　巴基斯坦主流媒体“一带一路”报道量分布图
（2018 年 1—10 月）

从报道量上看，巴基斯坦主流媒体对“一带一路”的报道体量远高于同期美联社、路透社、法新社西方三大通讯社。笔者通过随机抽样，从“一带一路”报道量前20的巴基斯坦主流媒体中选取了100篇报道作为样本进行了编码，分为类型、主题、议题、态度、信源等5个维度。统计分析发现，报道主题方面（见图6-2），经济类报道占比最高，约为51%，政治类报道其次，约为28%。报道倾向性方面（见图6-3），客观中立和积极性报道占比最高，消极性报道占比只约为5%。整体上看，巴基斯坦主流媒体对“一带一路”高度关注，对华态度较为友好，少数消极性报道主要集中于个别突发事件、工程事故等方面。

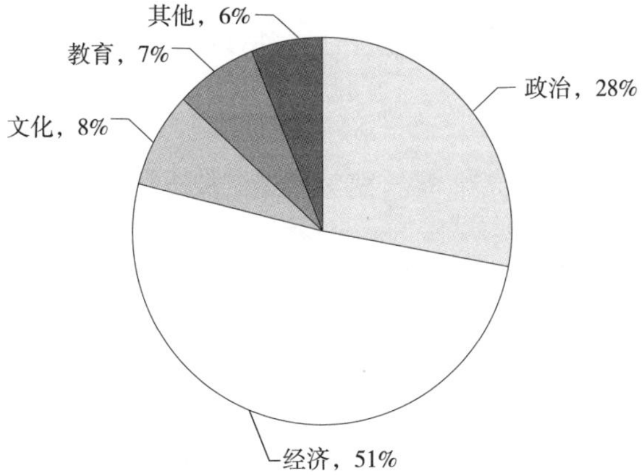

图6-2　巴基斯坦主流媒体“一带一路”报道主题分布

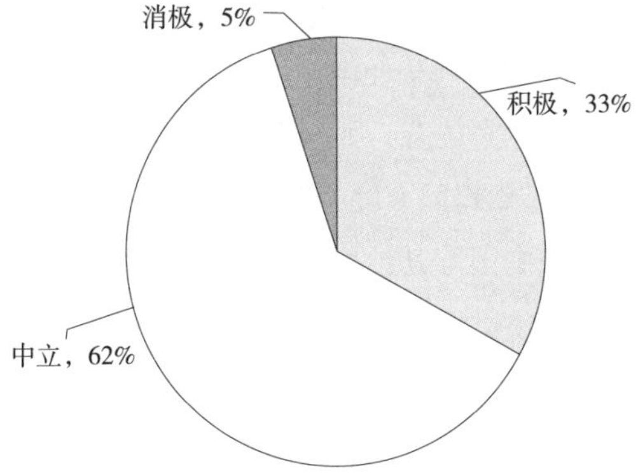

图6-3　巴基斯坦主流媒体“一带一路”报道倾向性分布

为更加深入地掌握巴基斯坦舆论场中关于“一带一路”倡议的报道动态，笔者选取了《黎明报》《新闻报》《国民报》《巴基斯坦日报》及巴基斯坦联合通讯社为重点研究对象，这五家主流媒体不仅在“一带一路”的报道量方面占据较大比例，而且是巴基斯坦影响力较强的重点主流媒体。《黎明报》则是巴基斯坦最古老和最广泛阅读的报纸，由巴基斯坦国父穆罕默德·阿里·真纳在20世纪40年代创建，目前是巴基斯坦最重要的英文日报之一；《新闻报》《国民报》《巴基斯坦日报》则是巴基斯坦国内流通量最高的几大报刊，一般设有英文和乌尔都文版面，有的还设有汉文版面；巴基斯坦联合通讯社是国营通讯社，是巴基斯坦信息输出输入的重要端口。[141] 在重点研究对象中，一家为国家通讯社，四家为重要报刊，基本能够反映出巴基斯坦舆论场对“一带一路”倡议的主流关切和态度倾向。

6.2 巴基斯坦主流媒体对“一带一路”报道的突出特点

(1) 主题集中在经济、政治领域，中巴经济走廊成为重点议题

从样本的报道主题统计数据看，经济类和政治类报道占比最高，而从《黎明报》《新闻报》《国民报》《巴基斯坦日报》及巴基斯坦联合通讯社等影响力较强的主流媒体自身的报道统计数据看，聚焦经济主题的情况更为明显，经济类报道量分别占其各自报道量的77%、69%、83%、69%及54%，远超过其他主题的报道量。而且，从报道类型看，经济主题的特稿占比最高，政治主题的报道更多是消息类型，这在一定程度上也能反映出巴基斯坦主流媒体对“一带一路”的报道框架，即更加强调从经济领域进行解读。同时，这种解读也更多从巴基斯坦自身的视角出发来展开，如《黎明报》的报道《巴基斯坦急需120亿美元的贷款》，则从巴基斯坦国家发展遇到瓶颈，民众有巨大的基础建设需求等展开分析，突出了寻求中国等其他国家投资的紧迫性等。此外，作为与巴基斯坦密切相关的议题——中巴经济走廊，在报道中出现的频率较高，在《黎明报》《新闻报》《国民报》《巴基斯坦日报》及巴基斯坦联合通讯社中分别占33%、41%、51%、55%及22%；亚投行在报道中出现的频率也较高，分别占比19%、11%、17%、17%及14%。

（2）报道引用信源分布广泛，西方媒体影响力较强

从样本中报道倾向性的统计数据看，巴基斯坦主流媒体普遍持积极和中立态度，一些还曾整版转载中国主流媒体的报道，如巴基斯坦联合通讯社的报道《巴基斯坦很可能成为连接中国与欧洲的枢纽》转自《环球时报》，《中巴关系可以追溯千年》转自《人民日报》等；但从报道引用信源的统计数据看，中国媒体并不是巴基斯坦主流媒体“一带一路”报道中最重要的信源，其反而更多以西方主流媒体为信源。样本中对信源的统计数据显示（见图6－4），巴基斯坦主流媒体更多以本地政府为信源，占比最高，约为18%；其次是西方媒体，占比约为15%；而中国媒体占比只约为4%，甚至不如印度媒体的8%。此外，在一些涉华报道中，巴基斯坦主流媒体存在“间接引用”中国媒体报道的情况，如《黎明报》的报道《中国谴责达赖喇嘛对“伊斯兰国”的“同情”》信源来自路透社，而实际上路透社引用了《环球时报》的报道。诸如此类的情况还有很多，这也反映出巴基斯坦主流媒体更多受西方媒体的影响，而对中国媒体的信任和联系还不够；同时，也说明巴基斯坦主流媒体对“一带一路”的积极态度更多来自其自身的判断，而中国媒体对巴基斯坦主流媒体的“一带一路”报道框架和报道基调并未产生明显的影响。

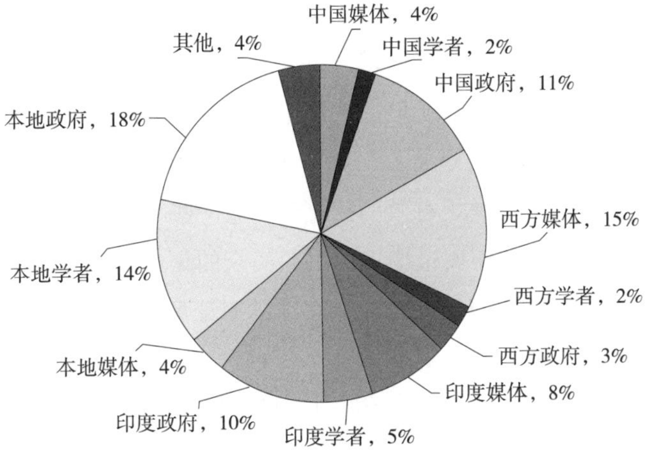

图6－4　巴基斯坦主流媒体“一带一路”报道引用信源分布

(3)失实报道引发国际舆情，西方媒体借机放大负面情绪

尽管从整体上看，巴基斯坦主流媒体的“一带一路”报道相对客观中立，但也发生过多起由失实报道引发的负面舆情事件，尤其是中巴关系紧密，一旦巴基斯坦媒体发布了消极信息或者敏感信息，西方媒体便会借机放大负面舆情来诋毁“一带一路”建设。如2018年5月《黎明报》刊登了一则报道，指出中巴经济走廊协议实际上将有损巴方利益，该报道通过解读一份未经核实的非正式文件，继而引起了巴基斯坦部分受众对华的负面情绪。而西方媒体（如路透社、美联社）则借机发文，恶意中伤中巴关系、诋毁“一带一路”，直到巴基斯坦总理首席秘书、规划部长等政府高层出面公开辟谣才缓解了舆情。随着“一带一路”倡议的推进，巴基斯坦等共建“一带一路”国家将对“一带一路”产生越来越多的信息诉求，再加上媒体竞争激烈，一些涉华、涉“一带一路”的敏感问题可能未经核实就播发了，继而发酵成国际负面舆情。可以看出，“一带一路”所处的海外舆论场是较为复杂多变的，需要深化相关领域的研究。

6.3 面向巴基斯坦“一带一路”对外传播的思考与建议

“一带一路”倡议提出以来，巴基斯坦主流媒体予以了高度关注，《黎明报》《巴基斯坦日报》等还开设了中巴经济走廊的专版专栏，“一带一路”在巴基斯坦舆论场的整体传播态势良好。巴基斯坦主流媒体在报道“一带一路”时，基本形成了以我为主、从经济视角切入、重视西方媒体信源等的话语建构模式与报道框架，这也反映出巴基斯坦主流媒体对“一带一路”的认知框架和知识结构是不全面的。从具体报道看，巴基斯坦主流媒体受西方媒体的影响较大，在一些重大敏感问题方面缺乏有效的信息源，而一些“黑天鹅”突发事件、一些失实报道就能在巴基斯坦舆论场迅速引起民众的焦虑和消极情绪，这也反映出“一带一路”对外传播处于一个复杂多变的舆论场，面临较大的挑战。针对面向巴基斯坦的“一带一路”对外传播，本文提出以下几个方面的思考与建议：

一是深化中巴媒体合作，建立信息互通渠道。当前，巴基斯坦有超过300家媒体机构，大部分媒体都使用乌尔都语和英语进行报道，巴基斯坦主流媒体从建立到发展都受到了西方，尤其是美国强势主流媒体的影响。[142]近年来，以美

国政府为背景的国际记者中心（ICFJ）在巴基斯坦开展了诸多“数据新闻项目”“独立媒体项目”等，资助、培养新媒体领域的巴基斯坦本地编辑、记者等。由于多种原因，可能在对新闻传播理念的理解、具体“一带一路”报道的角度等方面，中巴媒体之间存在一定的差异，所以中巴媒体间的合作必须深化、具体，不能停留在战略协议层面。中巴间的媒体沟通事关两国的“五通三同”，而中巴媒体的合作机制应该是长期的、多层次的、开放的，不仅是中巴某几家媒体的对接，而且需要围绕“一带一路”、中巴经济走廊建立一个新闻共享、信息互通的国家级媒体平台。

二是加强巴基斯坦受众研究，完善精细化和精准化传播。巴基斯坦各界普遍对“一带一路”持积极的态度，但其国内不同政治派别在一些项目的具体实施路线、投资回报的利益分配等方面存在着不同看法，舆论上也表现出一定的复杂性。巴基斯坦以伊斯兰教为国教，但也有信仰印度教、佛教、基督教等不同宗教的民众与团体，在价值判断与信息诉求等方面有着较大的差异，尽管同为伊斯兰教徒，逊尼派受众和什叶派受众又有区别；此外，巴基斯坦国内由于历史原因而遗留的民族问题往往也是当地民众最敏感和在意的，这同时也是新闻传播中应当统筹考虑的要素，如巴基斯坦普什图人和俾路支人的矛盾等。面向巴基斯坦的“一带一路”对外传播，必须以广泛的受众调研为基础，准确掌握当地民众的民族文化、思维方式和接受习惯等，开展精细化和精准化传播。

三是强化对外报道内容建设，及时回应巴基斯坦民众关切。当前，我国针对巴基斯坦的对外报道一般使用其官方语言乌尔都语或者英语，巴基斯坦的精英群体一般使用英语，只有约8%的人口使用乌尔都语，而应用最广泛的语言是旁遮普语，近48%的人口在使用，虽然不是官方语言，但也应该引起我国外宣部门的重视。此外，“一带一路”的对外传播应当充分关注巴基斯坦民众的愿望、意图和心理认同。当前，巴基斯坦民众对中巴经济走廊的建设还有不同程度的担忧和质疑，这些敏感问题亟须中国方面解答，需要挖掘出巴基斯坦民众关心的内容，讲好中巴经济走廊故事，用客观事实和数据说话，创新短视频等报道方式，真正将故事“入脑、入耳、入心”。

总之，在“一带一路”对外传播方面，应当深化中巴媒体合作，广泛开展中巴两国编辑、记者的交流并增进互信，逐步引导巴基斯坦主流媒体在涉华、涉“一带一路”的海外舆论场发挥更为重要的作用；同时，积极探索将巴基斯坦亲华精英群体，如政坛领袖、智库学者、媒体人士等发展为“一带一路”故事的主动传播者，共建“一带一路”朋友圈。

7 阿拉伯媒体对“一带一路”的报道研究*

在本文中，“阿拉伯媒体”是指阿拉伯国家联盟22个正式成员国的正式媒体。其他国家的阿拉伯文媒体和阿拉伯国家的个人博客、脸书、推特和政党组织的宣传品及智库网站等不列入研究范围。

7.1 阿拉伯媒体对“一带一路”报道的基本倾向

（1）引用中国官方媒体较多

长期以来，中国在与包括阿拉伯国家在内的非西方国家交往时，相互认知主要通过西方的透镜，即通过西方人的报道、论述看对方，这样不可避免地出现歪曲失实的情况。“一带一路”倡议提出后，这一现象已经有所好转。目前，阿拉伯媒体在涉及“一带一路”主题时，频繁引用了中国官方权威媒体如新华社、《人民日报》的报道和中国外交机构及官员的有关表述。

2017年3月，中国外交部长王毅接受了沙特阿拉伯《中东报》的书面采访。王毅表示，中国将以共建“一带一路”为契机，积极推进与相关国家在能源、基础设施、科技创新等领域的务实合作，助推中东工业化进程，帮助中东更好更快地融入世界发展大潮，以发展促和平的理念推动实现地区的长治久安。

2017年1月6日、1月7日，黎巴嫩《每日星报》连续发文，介绍中国外交部副部长张明访问贝鲁特时对“一带一路”的推介。2017年3月10日，黎巴嫩《每日星报》题为《新疆分裂主义者是中国“最急迫”的挑战》的文章中，引用了新华社和《中国日报》的报道，阐述了新疆分裂势力对“一带一路”的威胁。[143]黎巴嫩《白天报》还曾刊登中国驻黎巴嫩大使姜江题为《共建“一带一

---

* 《阿拉伯媒体对“一带一路”的报道研究》作者是孙力舟。

路”助力中黎合作》的文章。

这些做法提高了对“一带一路”报道的客观性和准确性。这与以往阿拉伯媒体在报道中国新闻时，不时出现的照搬西方媒体言论的情况有所不同。

（2）正面报道较多

2013 年 9 月 1 日至 2015 年 12 月 31 日，阿拉伯媒体关于“一带一路”的报道总计 1108 篇。其中，正面报道占所有报道的比例高达 83%，中立报道约占 12%，负面报道约占 5%。[144]

阿拉伯国家对“一带一路”的报道和评论多以正面为主，这与该国的主导教派、世俗化程度、经济发展水平、与西方国家的关系等因素关系不大。在逊尼派主导的埃及、阿拉维派主导的叙利亚、瓦哈比派主导的沙特阿拉伯、伊巴迪派主导的阿曼等国，媒体都正面评价“一带一路”；在政教合一的沙特阿拉伯和社会生活世俗化程度很高的黎巴嫩，媒体都正面评价“一带一路”；在阿拉伯国家中最富裕的卡塔尔和较为贫穷的阿尔及利亚，媒体都正面评价“一带一路”；在亲西方的摩洛哥等国和反西方的叙利亚等国，媒体都正面评价“一带一路”。

（3）配合高层出访和大型外交经贸活动的报道较多

一般来说，每当中国国家元首、政府首脑、高官访问阿拉伯国家，或者阿拉伯国家的国家元首、政府首脑、高官访问中国时，阿拉伯媒体对“一带一路”的报道就会显著增多。例如，2014 年 12 月，阿拉伯媒体对“一带一路”的报道数量显著增多。当月，阿拉伯媒体提及“一带一路”的报道多与埃及总统塞西访华相关。访华期间，塞西表达了对共建“一带一路”倡议的支持，中埃双方共同签署了《中埃关于建立全面战略伙伴关系的联合声明》。以《金字塔报》为代表的埃及媒体对塞西访华进行了深入报道。阿拉伯媒体敏锐地把握到“一带一路”对中埃关系发展的影响力，在相关报道中对“一带一路”进行了分析和解读。

2016 年 1 月，习近平主席访问了沙特阿拉伯。沙特阿拉伯通讯社中文网称，“访问期间，沙特阿拉伯王国与中华人民共和国两国政府签署了 14 项协议与谅解备忘录，包括《关于共同推进丝绸之路经济带和 21 世纪海上丝绸之路以及开展产能合作的谅解备忘录》，沙方由沙特副王储、第二副首相、国防大臣兼经济与发展事务委员会主席穆罕默德·本·萨勒曼·本·阿卜杜·阿齐兹亲王阁下代签”。[145]

2017年3月，沙特阿拉伯国王访问中国。沙特阿拉伯的《阿拉伯报》于2017年3月16日在题为《利雅得的重大突破》中写道：“沙特与中国的石油、经济、军事和安全合作都很好。‘一带一路’的路线可能穿越沙特领土，也可能把沙特作为路线之一。今天，中国仅次于美国，是世界第二大经济体。和其他大国一样，它需要原料和能源的来源，也需要保护贸易路线，并保护它的投资和利益。”[146]《阿拉伯报》在2017年3月16日题为《沙特与中国签署21项合作备忘录，授予两家公司贸易营业执照》的文章称，中国的努力和沙特王国的参与，推动了东西方之间的丝绸之路经济带和21世纪海上丝绸之路的发展，也增加了文明之间的互动。[147]

在中国与阿拉伯国家举办双边和多边经贸活动期间，阿拉伯媒体对“一带一路”的报道明显增多。2014年4月，迪拜举行了阿联酋－中国论坛、第八届中国企业跨国投资研讨会、“丝绸之路经济带”国际论坛。关于这些活动的报道大多将“一带一路”的相关信息纳入其中。2014年6月，中阿合作论坛第六届部长级会议在北京召开。中国国家主席习近平出席开幕式，并发表了题为《弘扬丝路精神 深化中阿合作》的重要讲话，提出弘扬丝绸之路精神，为发展增动力，为合作添活力，不断深化全面合作、共同发展的中阿战略合作关系。当月，福建省泉州市举行了首届中国与阿拉伯城市论坛，发出建立“21世纪海上丝绸之路城市联盟”的倡议。2015年9月，中国－阿拉伯国家博览会在宁夏银川召开，当月，阿拉伯国家对“一带一路”的报道数量是2013年9月至2015年12月的28个月中的最高值。

（4）与中国经贸往来越多的国家对“一带一路”的报道越多

与中国经贸关系密切的沙特阿拉伯、埃及、阿联酋等国，对“一带一路”的报道较多。与中国经贸往来相对较少的突尼斯、毛里塔尼亚、科摩罗等国，对“一带一路”的报道较少。

（5）战火中的国家无暇关注“一带一路”

沙特阿拉伯《中东报》副总编辑艾德鲁斯·阿卜杜·阿齐兹指出，尽管“一带一路”倡议非常重要，但阿拉伯媒体对该倡议的关注度仍稍显不足。但这也是可以理解的，因为阿拉伯人受困于内部问题，所以阿拉伯媒体也侧重于报道地区事务和危机。[148]

最大的内部问题无疑是内战。在内战中的也门、利比亚、索马里、苏丹等国，没有媒体对“一带一路”进行报道。在内战中的伊拉克、叙利亚，其媒体对“一带一路”的报道也较少。尽管中国驻巴勒斯坦办事处对“一带一路”做了努力宣传，但调研中没有发现巴勒斯坦媒体对“一带一路”进行报道。

（6）对“一带一路”的报道占涉华报道总数的比例较少

“一带一路”最初提出是在2013年9月和10月。2013年9月至2015年12月，22个阿拉伯国家约500个主要媒体关于“一带一路”的报道共计1108篇。在道琼斯公司数据库中设定2013年1月至2015年12月这一时间段，选择上述媒体，借助数据库的检索条件设定功能，得出这些阿拉伯媒体3年间有关中国报道的总量为54 757篇。[149]可见，关于“一带一路”的报道只占涉及中国报道的2%。有的媒体涉及“一带一路”的报道比例更低，例如，利比亚《的黎波里邮报》的660篇涉华报道中，没有一篇谈到“一带一路”。[150]这与“一带一路”在中国外交、对外经贸中的地位和中国对“一带一路”推介的力度是不相称的。

总体来看，阿拉伯国家的媒体在涉华报道中更关注的是本国和中国的双边关系，而不是宏大的“一带一路”倡议。例如，2015年12月伊拉克总理阿巴迪访问北京时，伊拉克英文媒体的10多篇相关报道中，只有一篇提到“一带一路”。

7.2 肥沃新月地带国家对“一带一路”的报道

古代，从两河流域的美索不达米亚平原到地中海东岸，有一条“肥沃新月地带”，是人类城市文明的摇篮。当代，这里包括伊拉克、叙利亚、黎巴嫩、约旦和巴勒斯坦，其中黎巴嫩的媒体最为发达。

2015年12月和2017年3月，伊拉克总理和伊拉克驻华大使先后接受了新华社采访，他们都高度评价了“一带一路”对中东和平进程的促进作用。2015年12月22日，伊拉克国家通讯社（NINA）报道，伊拉克总理阿巴迪访问中国，他称中国愿意扩大与伊拉克的军事和防卫合作，帮助训练伊拉克军事力量，交流信息，建设军事工业。双方还将在复兴丝绸之路，重建伊拉克的建筑、石油、能源、通信、金融领域展开合作，并且培养伊拉克年轻的学术人才。伊拉克总理新闻办公室声明称，伊拉克方面希望中国公司在伊拉克扩大存在，希望中国增加对伊拉克的石油、能源、服务、基础设施等领域的投资。[151]

2016 年 9 月 8 日，叙利亚阿拉伯通讯社报道了叙利亚总理伊马德·哈米斯与中国驻叙利亚大使齐前进的会谈。叙利亚总理强调了中国参与叙利亚战后重建的重要意义。齐大使称，商务部正在鼓励企业参与“一带一路”倡议，中国对发展与叙利亚的经贸关系感兴趣。[152]

2014 年 9 月，第三届阿拉伯艺术节在北京召开，黎巴嫩国家通讯社对“一带一路”的意义做出如下评价：“‘一带一路’具备历史基础和现实条件，中国与阿拉伯国家之间的文化交流和稳定对话将积极推动双方相互理解，加深双方友谊，在变化的国际形势中促进中国与阿拉伯国家之间建立新型战略合作关系。”2016 年 1 月 23 日，黎巴嫩国家通讯社在题为《习主席访问期间，中伊表示将密切关系》的文章中称，中东地区对习近平主席的倡议——旨在复兴古代丝绸之路贸易的“一带一路”非常重视。[153] 2017 年 3 月 9 日，黎巴嫩《每日星报》在题为《沙特国王亚洲之行的商业前沿与中心》的文章称，“一带一路”给沙特带来了广阔的经济合作前景。[154] 2017 年 3 月 27 日，黎巴嫩《每日星报》报道了国务院总理李克强对新西兰的访问，称中国、新西兰双方增加了两国间的航班数量，制定了共同的气候行动方案，并且加强“一带一路”项目的合作。[155]

2014 年 6 月，在中阿合作论坛第六届部长级会议期间，约旦新闻社报道了阿盟秘书长阿拉比对“一带一路”的评价。阿拉比肯定了“一带一路”对促进双方发展、加强双方交流合作的作用，认为复兴丝绸之路将会加深双方的历史关系，惠及所有阿拉伯国家。《约旦时报》对“一带一路”的报道较多，如《“一带一路”倡议将促进与约旦的贸易》《同一张网络，同一个未来》《全球经济遭遇四大地缘政治挑战》《当特朗普强调美国第一，中国玩转世界》《首列“丝绸之路”列车从中国抵达德黑兰》等。[156]

7.3 阿拉伯半岛国家对“一带一路”的报道

阿拉伯半岛包括沙特阿拉伯、阿曼、阿联酋、科威特、卡塔尔、巴林、也门等国家，它们都有丰富的石油储量。这里是阿拉伯人的起源地和伊斯兰教的诞生地。

2016年12月5日，沙特阿拉伯通讯社题为《两圣寺仆人代表主持内阁会议》的报道称，沙特内阁会议决定同意共同签订沙特阿拉伯王国政府与中华人民共和国政府就共同推进两国之间的丝绸之路经济带与21世纪海上丝绸之路以及开展产能合作的谅解备忘录。[157]沙特媒体《中东报》在2014年3月萨勒曼·本·阿卜杜·阿齐兹访华的相关报道中提到了沙特对中国提出共建“一带一路”构想的赞赏，以及与中方一道加强中沙双边关系的愿望；认为沙特处于海陆丝绸之路的交会点，这一地理位置将给两国的共同发展和繁荣创造新的契机，双方应共同努力，弘扬古代丝绸之路的价值，造福中沙、中阿人民。2016年8月31日，沙特阿拉伯通讯社报道了于北京召开的中沙经贸论坛，“一带一路”与沙特“2030年愿景”对接，中国国务院发展研究中心副部长发表讲话，指出沙特是在世界经济中具有重要地位的国家，也是对“一带一路”倡议具有重要意义的国家。[158]

阿曼媒体《阿曼每日观察》2016年12月6日题为《苏哈尔港与中国深圳港签署姐妹港口协议》的文章称，苏哈尔港CEO（首席执行官）马克·盖伦基兴（Mark Geilenkirchen）从苏哈尔港的角度总结了协议的意义：“中东在中国的‘一带一路’倡议中发挥了重要作用。发展现代的陆路和海上丝绸之路，需要从上海延伸到汉堡。由于苏哈尔港处在霍尔木兹海峡之外的关键位置，所以它是海上丝绸之路港口的理想选择。在这里，集装箱可以根据船只的大小和最终目的地来决定是穿越苏伊士运河，还是绕过好望角。”文章还称，2016年10月马克·盖伦基兴被邀请参加中国国际物流发展大会，并做了主旨发言。在参加会议期间，他向中国官员谈到了“一带一路”的发展和阿曼在其中可能起到的作用。[159]《马斯喀特日报》2017年3月9日题为《中国建筑公司在阿曼推出筑路机械》的文章称，中国第一、世界第四的建筑机械公司，在马斯喀特皇冠广场推出了型号为ZL50GN的筑路机械。[160]

2014年8月，阿联酋新闻通讯社题为《中国提出解决巴以冲突倡议，向巴勒斯坦提供150万美元援助》的报道称，对中方提出解决巴勒斯坦问题的建议表示赞同，同时提到了阿方准备积极配合中国的"一带一路"倡议，并与中方保持沟通。2017年3月5日，阿联酋《海湾新闻》题为《"一带一路"：历史的道路，现代的进步》的文章称，"一带一路"为中国、中东和非洲带来了基于历史的海陆丝绸之路上的机遇。文章还认为，中国在"硬"和"软"两方面推进"一带一路"，硬的方面主要是指交通基础设施投资，软的方面包括贸易和金融一体化及文化交流。[161]2017年3月23日，阿联酋海湾新闻网将中巴经济走廊称为新丝绸之路，报道引用巴基斯坦计划、发展与改革部部长的话，称中巴经济走廊将改变巴基斯坦的命运。报道称，分析家们认为，中国的投资将让巴基斯坦成为"亚洲之虎"。[162]

2015年7月，科威特《祖国报》刊登的《中国致力于复兴"丝绸之路"》一文指出："在漫长的历史岁月中，'丝绸之路'曾对众多古代文明的繁荣产生过深刻影响，例如中华文明、埃及文明、印度文明和罗马文明。'丝绸之路'包括了多条路线，商队船只穿梭而过，带来了商业繁荣。历经几个世纪的萧条，复兴古代丝绸之路、构建大型自由贸易区域的构想重生。这一构想将促进全球地缘政治秩序的持续发展。"

2014年5月的亚洲相互协作与信任措施会议期间，卡塔尔《祖国报》的相关报道指出："复兴古丝绸之路，将给亚洲国家提供一次前所未有的历史机遇，实现经济、社会的全面崛起，促进亚洲经济合作和一体化。"卡塔尔的《海湾时报》网站对"一带一路"报道较多，如2015年6月13日的《中国的新国际秩序成形》，2015年8月8日的《"一带一路"，中国回到未来》，2015年9月7日的《"一带一路"为中国走向海外制定宏伟目标》，2016年4月的《卡塔尔和中国就"一带一路"倡议开展合作》，等等。[163]

2015年12月15日，巴林《海湾日报》（GDN）报道了在阿布扎比酋长国王储访华期间，中国与阿联酋合资成立了总价值100亿美元的战略投资基金，以推动中国重建丝绸之路贸易路线的计划。[164]2016年7月19日，《海湾日报》报道阿布扎比酋长国支持中国的“一带一路”倡议。

7.4 非洲阿拉伯国家对“一带一路”的报道

北非、西北非、东北非的埃及、利比亚、突尼斯、阿尔及利亚、摩洛哥、苏丹、毛里塔尼亚、索马里、吉布提、科摩罗等10个阿拉伯国家，在地理上距离中国比较远，但是它们对“一带一路”的热情不减。

2015年2月，埃及《金字塔报》的评论文章《互利共赢是中阿合作的基石》中提道，“习近平主席提出的‘一带一路’倡议是一条现代丝绸之路，将把中国梦和阿拉伯梦联结在一起，为现有的战略合作提供了新的理念，为完成双方共同的目标提供了更广阔的可能”，“中国与阿拉伯国家共同建设‘一带一路’并非空洞的理想，而是经中方慎重研究后提出的具有可行性的方案，阿拉伯国家应当做出清晰的回应”。据埃及《金字塔报》网站2016年1月报道，在习近平为期两天的访问中，埃及和中国将签署民航、电力和交通方面的多项经济协议以及一项关于建设埃及新行政首都的协议，习近平还将在位于开罗的阿拉伯国家联盟总部发表有关中国中东政策的讲话。

2017年，突尼斯媒体报道了丝绸之路国际文化经贸合作交流组织（SICO）在突尼斯设立办事处，中铁集团在突尼斯设立分公司，鼓励突尼斯企业扩大对华出口，突尼斯参与中国游客出境游市场等与“一带一路”主题相关的新闻，但没有直接提到“一带一路”。[165]

2016年9月20日，阿尔及利亚媒体报道了阿尔及利亚领土整治、旅游和手工业部部长努里出席在甘肃敦煌举行的首届丝绸之路（敦煌）国际文化博览会，努里部长希望阿尔及利亚成为中国游客在非洲的首选旅游目的地。[166]

2015年12月6日，摩洛哥世界新闻社报道了摩洛哥国王穆罕默德六世在出席南非约翰内斯堡举行的第二届中非合作论坛时的讲话。国王说，习近平主席提出的“丝绸之路经济带”和“21世纪海上丝绸之路”是历史性的倡议，反映了对双边和多边关系的真正战略性的眼光，希望在亚洲、欧洲、非洲各国之间建立更紧密的联系。得益于所处的地理位置，摩洛哥可以在海上丝绸之路的延伸中发挥建设性作用，它不仅通向大西洋沿岸的欧洲，而且通向西非国家。摩洛哥和西非国家有多方面的联系。[167]2016 年 6 月 14 日，在报道摩洛哥国王访华时，摩洛哥世界新闻社援引摩洛哥工业贸易投资与数字部部长埃拉拉米的话："最近，摩洛哥成为非洲第二大投资国，这证明了我们希望密切参与建设非洲的渴望。要确保'一带一路'成功，中国必须依赖强大的非洲伙伴。"[168]

索马里媒体对中国海军将在吉布提建立后勤基地比较感兴趣，[169]也有关于中索双边关系的报道，[170]但是没有关于"一带一路"的报道。笔者没有找到毛里塔尼亚、吉布提和科摩罗媒体对"一带一路"的报道。

7.5　阿拉伯媒体对"一带一路"报道的发展趋势及影响因素

（1）阿拉伯媒体对"一带一路"的报道总体增多

2013 年，中国提出"一带一路"倡议之后，阿拉伯媒体对"一带一路"的报道量总体呈显著增长之势。例如，黎巴嫩《每日星报》有 26 篇涉及"一带一路"的报道，全部是在 2016 年和 2017 年发表的。这是以下几个因素共同作用的结果：

第一，中国国际地位的上升和在中东地区国际影响力的扩大。改革开放以来，特别是 2001 年中国加入世界贸易组织以来，中国在世界经济中的地位显著上升，现已成为世界第二大经济体，中国的国际地位也随之上升。中国与阿拉伯国家的经贸往来，呈迅猛增长之势。2015 年，中国是阿尔及利亚、埃及、利比亚、科威特、黎巴嫩、卡塔尔、沙特阿拉伯、阿联酋等 8 个阿拉伯国家的第一大进口来源国。2015 年，中国也是伊拉克、阿曼、沙特、也门等 4 个阿拉伯国家的第一大出口对象国。因此，一些阿拉伯国家的媒体开始关注中国的"一带一路"倡议能给本国和整个中东地区带来什么利益，增加了对"一带一路"的报道。

第二，中阿媒体交流的扩大。近年来，中国与阿拉伯国家的媒体交流日益增多，阿拉伯国家媒体及新闻主管机构已经参与了中国主持的多个媒体交流平台，如 2015 年博鳌亚洲论坛年会媒体领袖圆桌会议、人民日报社主办的 2016 年"一带一路"媒体合作论坛、2016 年中国 - 亚欧博览会媒体论坛等。阿拉伯媒体人在这些活动中对"一带一路"倡议增长了兴趣，加深了认识。例如，阿曼

《观点报》总编辑哈提姆·塔伊说，阿曼媒体对“一带一路”倡议的报道面不够宽，媒体合作论坛为媒体创造了机会，向当地人民介绍“一带一路”构想，未来阿曼及阿拉伯媒体将会越来越关注这一话题。阿拉伯媒体人也开始对“一带一路”媒体的合作提出建议。例如，约旦环球电台台长希望建立“一带一路”媒体合作组织。

（2）从关注本国、中东地区发展到关注“一带一路”的总体发展

在“一带一路”刚刚提出时，阿拉伯媒体的报道一般是把“一带一路”与本国的经济社会发展规划或中东地区的发展加以联系和评介。例如，2014 年 6 月《中东报》的专题报道《闻名遐迩的丝绸之路重获新生》，评价了中国在中东地区迅速增长的经济影响力，分析了中国与中东国家关系增进的三方面原因：中国对中东地区石油的需求；中方拉动出口、增进与中东国家贸易关系的愿望；发展更密切的金融关系的诉求，即推动人民币成为新丝绸之路沿线的贸易结算货币。文章回顾了丝绸之路的历史，提出了希望新丝绸之路推动中东国家实现长期的繁荣与富强的愿景。[171]

随着共建“一带一路”的进展和宣传造势的扩大，阿拉伯媒体开始关注“一带一路”的总体构想和在世界其他地区的具体进展。例如，卡塔尔半岛电视台网站 2014 年 9 月 14 日《中国丝绸之路复兴的障碍》、2015 年 11 月 16 日的《中巴经济走廊——命运的改变者?》，卡塔尔《海湾时报》网站 2015 年的《部长称：亚洲基础设施投资银行将坚持标准》、2017 年的《中国和尼泊尔宣布促进贸易》和《中国邀请英国参加“一带一路”国际合作高峰论坛》等类似文章。[172]2017 年 3 月，巴林海湾数字新闻社报道了李克强总理访问澳大利亚、新西兰时推进“一带一路”的情况。[173]

8 埃及媒体对“一带一路”的报道研究*

8.1 埃及媒体概况

埃及媒体在中东地区占有重要地位。埃及是中东地区印刷类媒体最多的国家。埃及的《金字塔报》是阿拉伯世界创立最早的媒体。早在1938年，埃及就有约200种阿拉伯文报纸和65种其他文字（如土耳其文）的报纸。1951年，埃及阿拉伯文报纸约有400种，其他文字的报纸约有150种。2007年，埃及拥有超过500种报纸和杂志。[174]在“阿拉伯之春”爆发的2011年，埃及每天的报纸发行量约为430万份。2014年，埃及有日报17家，各种期刊70多种。

目前，埃及有阿拉伯文、英文、法文和亚美尼亚文媒体。埃及的主要英文报纸包括《埃及每日新闻》（*Daily News Egypt*）、《埃及独立报》（*Egypt Independent*）、《今日埃及报》（*Egypt Today*）和《中东时报》（*Middle East Times*）。埃及全国现有202家广播电台。国家广播电台创建于1928年，使用阿拉伯语及30多种外语向国内外广播；中东广播电台建于1964年，主要为商业服务；亚历山大广播电台建于1960年，使用阿拉伯语播音。[175]

电视是埃及最受欢迎的媒体类别。埃及有2个全国性的国有电视台和6个地区性电视台。这8个电视台由与埃及信息部合作的埃及广播电视联盟管理。[176]穆巴拉克下台后，埃及涌现出不少私立电视台。埃及也是第一个拥有自己卫星的阿拉伯国家，阿拉伯著名的卫星电视台大多在开罗媒体城设立办公室。2016年，埃及的网民人数为3010万，其中使用移动终端上网的人数最多。[177]

总体来看，埃及政府对媒体掌控比较严格。目前，国有媒体大都忠于塞西

---

* 《埃及媒体对“一带一路”的报道研究》作者是孙力舟。

总统，亲穆斯林兄弟会的媒体要么被关闭，要么转移到境外活动。2017 年 5 月，埃及政府屏蔽了卡塔尔的半岛电视台。

8.2 埃及主要媒体对“一带一路”的报道概况

（1）中国宣传“一带一路”对埃及媒体开展的工作

中国为宣传“一带一路”，对埃及媒体开展了卓有成效的工作。例如，中国驻埃及使馆在当地时间 2015 年 5 月 10 日举办了“‘一带一路’愿景与行动”媒体沙龙，《金字塔报》、《消息报》、《共和国报》、中东通讯社等 10 余家埃及主流媒体的编辑、记者参加。[178]2016 年 1 月 19 日，习近平主席在对埃及进行国事访问之际，在埃及媒体《金字塔报》上发表题为《让中阿友谊如尼罗河水奔涌向前》的署名文章，文章中说：“‘一带一路’追求的是百花齐放的大利，不是一枝独秀的小利。”[179]在首届“一带一路”国际合作高峰论坛开幕前夕，曾在中国工作过的埃及《金字塔报》外事部副主任萨米·阿勒卡姆哈维在接受人民网记者采访时表示，“一带一路”倡议比以往任何一种国际合作形式都得到了更广泛的认可。自中国国家主席习近平 2013 年提出“一带一路”倡议以来，表达支持和合作意愿的国家越来越多，至今在该倡议的框架下已完成数百个合作项目的签署。[180]

（2）《金字塔周报》和金字塔在线网站对“一带一路”的报道

《金字塔周报》是埃及最著名的报纸《金字塔报》的英文版。该报有 4 篇关于新丝绸之路的专题报道。2015 年 5 月 27 日，阿什拉夫·阿布－耶齐德（Ashraf Aboul-Yazid）发表的《埃及与新丝绸之路》[181]一文指出，自担任中国国家主席以来，习近平一直领导中国人民为实现“中国梦”而努力奋斗。2014 年秋，习近平主席在访问哈萨克斯坦和印度尼西亚时相继提出了“丝绸之路经济带”和“21 世纪海上丝绸之路”的主张，这就是实现“中国梦”的重要组成部分。

文章称，“一带一路”倡议并非建议组建一个实体，而是在中国与共建国家之间创建一系列双边与多边机制。“一带一路”建设有五个方面的主要内容：政策沟通、设施联通、贸易畅通、资金融通和民心相通。自党的十八大以来，中国向非洲提供了超过200亿美元的贷款，为非洲提供了西方之外的另一个选择。文章认为，埃及能否加入新丝绸之路，是一个关键问题。2014年12月，埃及总统塞西访问中国，他特别提到埃及是阿拉伯国家和非洲国家中第一个与新中国建交的国家。双方强调相互理解、尊重和支持。

“一带一路”的愿景，致力于复兴曾经给亚非欧三大洲带来文明辉煌的古代丝绸之路。历史上，人们在丝绸之路上交换商品，发明家、哲学家、诗人与商人、手艺人、艺术家一起跨越边境。今天，新丝路上的很多城市将会因为中国的“一带一路”倡议而获益。这一倡议致力于把中亚、南亚和东亚通过物流和工业的链条联结在一起，这一链条将涵盖亚洲与欧洲大陆，穿过阿拉伯半岛与东非，包括通往欧洲道路上的埃及。

2015年8月18日的评论文章《加入丝绸之路》(Joining the Silk Road)[182]称，中国成立了投资400亿美元的丝路基金，还建立了资本为500亿美元的亚洲基础设施投资银行。习近平主席为了推广“一带一路”倡议，穿梭访问亚欧各国。2015年4月，习近平主席访问巴基斯坦时，双方签署了近30个推进“一带一路”的协议。印度尼西亚也成为这一倡议的热情拥护者。东欧迫切需要基础设施，开始与中国认真商谈。匈牙利与中国签署了谅解备忘录，它可能成为中欧合作的蓝图。迄今为止，阿拉伯世界仍然谨慎，但埃及是个例外。埃及把对苏伊士运河进行大修看作是新丝绸之路的一部分。埃及总统塞西会见了中国国家主席习近平的特使，讨论进一步的合作。塞西总统在不远的将来可能访问北京，签署多项合作协议。

弗洛伦斯·艾德－奥克登（Florence Eid-Oakden）于2016年2月9日发表的《重塑丝绸之路》(Reconfiguring the Silk Road)[183]一文认为，中国在外交和商务方面越来越深入中东、北非地区，这使得一些国家和地区“向东看”，寻找新伙伴。文章称，最近几十年在持续的经济增长的推动下，中国的国际地位上升。中国的出口总额从2006年的9700亿美元上升到2015年的1.9万亿美元。在中东、北非地区，中国加强了外交和商务活动，海湾阿拉伯国家合作委员会成员国成为中国的主要贸易伙伴。中国在伊朗的能源领域扩大了投资，中国的商品和服务更大规模地进入从摩洛哥经过海合会国家到伊拉克的中东、北非市场。

该文章还分析称，在中国的外交词汇中，有一些不同的术语用来形容与其他国家的关系，例如“友好”“合作”“战略”“全面战略”。这些术语表达了中国对外国伙伴的战略、经济和政治定位。“友好”反映了良好的政治关系，“合作”指相互协调与帮助。至于“战略”，意味着合作关系超越了经济领域，涉及重大国际事务中的共同利益。“全面”则意味着各个领域最高层次的合作，包括安全、政治和环境等。2014 年 4 月，中国与阿尔及利亚建立了全面战略伙伴关系。阿尔及利亚是在 20 世纪 50 年代后期最先承认中华人民共和国的国家之一。双边关系定位的升级是中阿关系未来发展的信号。2014 年 11 月，卡塔尔和中国宣布建立战略伙伴关系。在金融领域，中国决定在多哈建立人民币清算中心，以支持两国间日益扩大的贸易。卡塔尔政局相对稳定，目前是中国天然气的最大供应国，满足了中国大约 20% 的能源需求。中埃关系则在 2014 年 12 月塞西总统首次访华时从战略合作伙伴关系提升为全面战略伙伴关系。2016 年 1 月 20 日，习近平主席访问埃及时签署了 21 项协议，中国对埃及投资将会大幅增长。

2017 年 5 月 8 日，赛义德·穆阿瓦德（Sayed Moawad）发表的题为《“一带一路”》（The Belt and the Road）[184]的文章称，中国正在复兴古老的连接东亚与地中海的丝绸之路，这一雄心勃勃的计划叫作“一带一路”。文章介绍说，5 月 14—15 日，中国将举办“一带一路”国际合作高峰论坛，讨论经济与金融合作，消除贸易壁垒，基础设施互联互通，以及政策协调等问题，这些都会影响全球经济。中国力图在古代丝绸之路和平与合作、开放与包容、互学与互利的基础上，建设现代的丝绸之路。

“一带一路”是通过国际合作与全球治理的新模式，为全球和平与发展注入新能量的正面举措。外国观察者倾向于把这一倡议看作中国试图把经济表现转化为政治杠杆的尝试，而中国官员则将其看作经济开放与合作的愿景。“一带一路”并非一项对外援助计划，而是一系列投资贸易商业项目，需要所涉及的国家全力投入，以实现长远目标。如果“一带一路”倡议能够得到有效实施，将改善国际贸易，增加商品需求，在这一不确定的时代促进全球经济增长。最重要的是，“一带一路”将把中国从第一大货物出口国变为主要的资本输出国之一。

金字塔集团主办的金字塔在线网站也有“一带一路”的相关报道。2016年6月22日，穆罕默德·法耶兹·法拉哈特（Mohamed Fayez Farahat）发表的《“一带一路”：建设埃中伙伴关系的新框架》[185]一文认为，习近平主席2013年提出的“一带一路”倡议，毫无疑问是人类历史上最大、最重要的项目之一。笔者认为，该倡议的重要性在于，它在政治、经济和文化方面包含了不同于之前几十年西方提出的倡议和项目的特性。

（3）《今日埃及》对“一带一路”的报道

《今日埃及》从2013年9月13日到2017年9月16日，共有17篇涉及“一带一路”的报道。主要文章包括：《中国签订7亿美元合同为埃及电力系统提供资金》（2017年5月10日），《肯尼亚：从印度洋到高地》（2017年6月25日），《中国联想集团收购卢森堡一银行》（2017年9月1日），《在中国－阿拉伯国家博览会上埃及力推旅游业》（2017年9月3日），《北京与开罗之间的航班将增多》（2017年9月4日），《埃及与中国签订第二阶段电网协议》（2017年9月4日），《习主席称阿拉伯国家是“一带一路”项目的重要伙伴》（2017年9月6日），《中国向伊朗提供100亿美元贷款》（2017年9月16日）。这些报道全部为经贸领域的新闻，包括中埃之间的经贸往来和中国与其他中东、非洲国家的交往。

（4）埃及媒体对习近平主席2016年访问埃及的报道

2016年1月20日，《金字塔报》推出了20页的专版报道，以“命运共同体：习主席的访问将联结中国梦和阿拉伯梦”为主题，全面回顾中埃关系以及两国高层交往。主流媒体《共和国报》开辟专版：“习近平访埃 两国关系新开端”。《消息报》：中埃建交60周年，两国关系达史无前例的高度。《金字塔报》1月21日：中埃举行领导人会晤，预计将签署数以亿美元计协议，两国合作迎来历史性机遇。《共和国报》1月21日：习近平抵开罗，两国关系迎“黄金时代”。《东方报》1月22日：习近平和塞西开创中埃全面战略伙伴关系的新时代。《共和国报》1月22日：签署21项协议，两国合作达到前所未有的水平。

《金字塔报》报业集团董事长纳贾尔称：中国国家主席的来访正值中埃两国高层交往热络之际，表明双方都希望增进战略关系。中国所倡导的“一带一路”不是对古丝绸之路的简单复制，而是一条不同国情、不同文化的国家之间开展和平、平等合作的现代之路。中东社社长海德尔称：习主席的访问具有历史意义，这体现在多个方面，尤其是经济方面。中埃将相互合作、相互借鉴，这才是真正的好朋友。在世界强国中，中国是世界经济最合适的领导者，它曾像埃及一样遭受过侵略，强大后从未谋求过霸权。[186]

（5）埃及政府信息发布网站对“一带一路”的报道

2017 年 5 月 12 日，埃及国家信息服务中心网站发表了题为《部长：埃及努力从“一带一路”倡议中获取最大利益》的文章。埃及对外贸易与工业部长塔里克·卡比勒（Tarek Kabil）说，埃及努力通过与中国共同推进更多的投资项目并鼓励中国游客来到埃及，从“一带一路”倡议中获取最大利益。在即将赴中国参与“一带一路”国际合作高峰论坛时，卡比勒希望从“一带一路”倡议的金融机构，如亚洲基础设施投资银行获得融资，为埃及的项目提供更多的支持。“一带一路”国际合作高峰论坛将有 28 国参加，卡比勒将与中国商务部部长和建材、制衣等领域的大公司老总会晤。卡比勒将与投资与国际合作部长萨哈尔·纳斯尔（Sahar Nasr）和财政部长阿姆鲁·贾尔希（Amr Garhy）会晤。卡比勒称，“一带一路”倡议与埃及发展苏伊士运河轴心区的计划在地区和国际层面都是协调一致的。[187]

2017 年 5 月 16 日，埃及国家信息服务中心网站发表的题为《“一带一路”国际合作高峰论坛》的文章称，中国的“一带一路”致力于将东亚经济圈与欧洲经济圈相连，将中国与亚洲、欧洲和非洲的伙伴国家从陆上和海上联结在一起。文章指出，埃及和中国都认为“一带一路”倡议对埃及的可持续发展计划很重要，特别是倡议中陆海交通线建设的部分，将有助于埃及的基础设施建设。埃及投资与国际合作部长萨哈尔·纳斯尔出席了论坛。她强调，埃及的参与是为了加强与中国及参会各国的投资和发展合作。纳斯尔重申了与中国关系的重要性，称埃中关系在 2014 年塞西总统访华并会见习近平主席之后进入了全面战略伙伴关系的新时代。埃及正在全力重建基础设施，这将为“一带一路”倡议做出贡献。文章认为，苏伊士运河项目是埃及为中国的倡议贡献力量的一个好例子。埃及已经提升了苏伊士运河的船只通过效率，并在运河区建设了其他项目，建立了物流区域、港口和其他工业园区。[188]

2017年5月16日，该网站发表题为《埃及在论坛致辞》的文章称，30个国家的国家元首和政府首脑来到北京参与了论坛。埃及投资与国际合作部长萨哈尔·纳斯尔说，埃及参与“一带一路”国际合作高峰论坛，表明了埃及与中国紧密的关系，以及埃及对参与论坛的所有国际伙伴合作的诚意。纳斯尔说，埃及做出不懈努力，创造对本地和国外投资友好的环境。她还谈到在重大项目上鼓励私人资本的参与，例如埃及新首都建设、苏伊士运河项目、黄金三角和150万费丹土地开垦计划，主要工业部门的新倡议等。纳斯尔接着说，新的《投资法》的颁布标志着埃及在改善投资环境方面迈出了一大步。埃及是亚洲基础设施投资银行的创始成员国，埃及渴望从未来5年该银行将分配给各国的150亿美元中获益。她还说，“一带一路”倡议需要良好的治理和政策，让参与倡议的所有国家获益。[189]她在论坛的高级别会议上说，由于埃及独特的地理位置，埃及在“一带一路”倡议中起到关键作用。她还盛赞“一带一路”倡议将是世界经济增长和发展的里程碑。

（6）埃及其他媒体对“一带一路”的报道和分析

2017年6月4日，《埃及每日新闻》网站发表题为《在“一带一路”沿线上》（On the Sidelines of “Belt and Road”）的文章称，作为阿拉伯世界的领袖，埃及应该在“一带一路”倡议中发挥更大作用。2017年夏季，开罗美国大学全球事务与公共政策学院主办的《开罗全球事务观察》网站发表题为《丝绸之路在推进》（Speed Bumps on the Silk Road）的分析文章。该文称，中国提出了双赢原则，以指导其中东政策。中国“一带一路”基础设施投资计划总额高达1万亿美元，将一直延伸到北非。该文质疑：“然而，贸易能为中国在本地区赢得影响力吗?”该文称，2016年中国第一次发布对阿拉伯国家的政策文件，称“中国与阿拉伯国家的友谊可以追溯到古代”，提到了将古代中国与西面的国度相连的陆上和海上丝绸之路。文件很快从遥远的古代跳转到现代，提出“互学、互利、双赢”的理念。“双赢”是中国处理与外国关系的官方指导框架，这个术语的含义是把中国对外政策与带有殖民主义残余的西方国家对外政策相区别。文章称，这一理念强调互利，同时尊重每个国家的主权和自决权。它避免炫耀武力，强调经贸往来。文章认为，对于中国而言，在这个能源丰富、政治不稳定的中东地区扩展影响力是远远不够的，中国不愿意在本地区挑战美国和俄罗斯的权力。中国缺乏在中东进行长期战斗的军事实力，中国在海湾或印度洋地区没有军事存在，使其无法投送硬实力。文章还称，尽管在中东未能建立外交可信度不利于实现中国寻求大国地位的目标，但中国也不愿意使用其国际地位影响中东地区的政治发展。文章还提及“阿拉伯之春”带来的动荡，给中国带来了挑战和机遇，让中国重新审视其中立政策，采取更加积极的立场。中国人民解放军参与转移在利比亚工作的 3 万多名中国公民。在伊拉克和叙利亚仍在交战的情况下，中国内部出现了要求建立“预防体系”和推行“建设性干预”的声音，旨在保护中国在海外的公民与利益。[190]值得注意的是，这篇文章出自美国人在埃及建设的大学，更多反映美国的立场和利益。

8.3 埃及媒体对“一带一路”的态度及成因分析

总体来看，埃及媒体对“一带一路”的态度非常友好，各类媒体都保持一定的关注度，特别是对 2016 年习近平主席访问埃及和 2017 年举办“一带一路”国际合作高峰论坛进行了充分的报道。在报道中，埃及媒体传递了中国推进“一带一路”的友好、合作、交流的真实意图，基本没有错误解读。此外，埃及媒体注意挖掘埃及苏伊士运河项目、新首都建设、工业园区建设等基础设施项目与“一带一路”的关联性，向埃及人民乃至世界人民展现了“一带一路”能够带来实实在在的利益。这种高度关注并真实传递中方意图的报道风格，是由以下几个因素决定的：

埃及与中国关系长期友好。埃及作为陆上丝路和海上丝路的交会点，与中国的友好交往源远流长。1956 年埃及与中国建交，是第一个与新中国建交的阿拉伯国家，也是第一个与新中国建交的非洲国家。在纳赛尔、萨达特、穆巴拉克三任总统执政期间，中埃关系平稳发展，经受了国际风云变幻和两国对外政策几次大幅度调整的考验，没有经历过大的波折。1966 年，中国开始“文化大革命”，撤回驻外大使之时，只有中国驻埃及大使没有被撤回，可见中国对中埃关系的重视。1999 年，埃及又成为首个与中国建立战略合作关系的阿拉伯和非洲国家。自 2011 年以来，埃及历经两轮政权更迭，经济遇到困难。然而，埃及与中国的经贸关系受到的影响较小，几乎每个埃及人家里都有中国产品。中国已经成为埃及的第一大贸易伙伴，2014 年，中埃双边贸易额达 116 亿美元。塞西总统上台后先后两次访问中国，与中方在诸多重要问题和重大项目上达成共识，这体现了埃及对两国关系的重视。[191]

埃及媒体受政府的影响相对较大。从纳赛尔时期到穆巴拉克时期，埃及长期处于威权政府的治理之下，政府对媒体的管控有长期的传统。直到现在，全国最著名的媒体——金字塔集团仍是国有媒体。因此，埃及政府有能力将对华政治层面的友好关系延伸到媒体层面。

埃及将从“一带一路”倡议中获益较多。埃及地处非洲和亚洲的接合部，与欧洲隔地中海相望，战略位置无可取代，也是“一带一路”无法绕过的重要节点。埃及媒体从业人员判断，埃及将从“一带一路”中获益，他们也力图通过报道，向埃及人民宣传“一带一路”，向中国表达善意，以更多地从“一带一路”倡议的推进中获益。

9 伊朗媒体对“一带一路”的报道研究*

本文以伊朗六大主流英文媒体伊朗英语新闻电视台（Press TV）、伊朗国家通讯社英文版、法尔斯通讯社（Fars News Agency）英文版、《德黑兰时报》（*Tehran Times*）、《伊朗新闻报》（*Iran News*）和《伊朗日报》（*Iran Daily*）国际版对“一带一路”的英文报道和分析为研究对象，归纳伊朗主流媒体对“一带一路”报道的概况和基本特点。由于伊朗英语新闻电视台、伊朗国家通讯社英文版和法尔斯通讯社英文版都不提供2015年及以前报道的浏览和检索服务，本文的研究范围限定于2016年1月至2017年。

9.1 伊朗媒体简介

伊朗文化源远流长，为世界文明的发展做出了卓越贡献。19世纪到20世纪中期，伊朗和中国一样，也经历了山河破碎、民族屈辱的历史。1979年，伊朗爆发伊斯兰革命后，建立了伊斯兰共和国政体，保持了中东地区的区域性大国地位。伊朗在国际舞台上特立独行，不断发出自己的声音。

伊朗有报刊1700余种，大部分在德黑兰出版。主要报纸有：《世界报》《消息报》《伊斯兰共和国报》《虔诚者报》《使命报》《和平报》，以及英文版的《德黑兰时报》、《伊朗新闻报》和《伊朗日报》国际版。

伊朗国家通讯社是伊朗唯一的官方通讯社，1979年伊斯兰革命前称为波斯通讯社。该通讯社网站现有波斯文版、阿拉伯文版、英文版、法文版、西班牙文版、俄文版、德文版和土耳其文版。伊朗国家广播电视台成立于1966年，1979年改名为伊朗伊斯兰共和国广播电视台。电台用波斯语、阿拉伯语、英语、

* 《伊朗媒体对“一带一路”的报道研究》作者是孙力舟。

法语、德语及汉语等25种语言对外广播。电视有7个台播放节目，并有3个卫星台向海外播出。2007年7月，伊朗开通首家英语新闻电视台Press TV。伊朗的媒体在世界媒体之林中以鲜明的反美国、反以色列、反沙特立场占有一席之地。

伊朗政府对“一带一路”总体上持积极态度，希望“一带一路”能与本国通往印度和东亚的油气管道建设计划对接，也期盼中国帮助开发位于伊朗东南部阿拉伯海沿岸的恰巴哈尔港。伊朗也在积极申请加入上海合作组织，成为该组织正式成员国，并得到中国的支持。本文主要梳理伊朗的英文网络媒体或纸媒的网络版对“一带一路”倡议的报道和评论。

9.2　伊朗各主要媒体对“一带一路”的报道

（1）伊朗英语新闻电视台

2017年5月6日，伊朗英语新闻电视台发表题为《中国考虑为“一带一路”投资5000亿美元》的文章。文章称，媒体上出现了对中国“一带一路”投资规模的估计，其中彭博社的报告认为“一带一路”倡议将在未来5年内为62个共建国家带来3130亿美元到5020亿美元的投资。该报告称，中国可能为13个非洲国家额外提供790亿美元的投资。同时指出，中国认为确保“一带一路”倡议成功的一个重要机制是采用本地货币，而非美元。时任中国人民银行行长周小川认为，这样能够保障所在国的金融稳定，减少汇率波动。彭博社还推测，中国可能给予一些国家特惠待遇，以利于本国利益（包括获取能源等）。伊朗英语新闻电视台称，中国媒体早些时候报道说，自2013年“一带一路”倡议提出以来，中国已经在共建国家投资了超过500亿美元。中国商界已经在这些国家建立了56个经济和贸易区，产生了近11亿美元的税收。该报道配图采用的是古代丝绸之路地图和2017年1月18日行驶7500英里抵达伦敦的中国首辆货运列车。[192]

2017年5月14日，在“一带一路”国际合作高峰论坛举办期间，伊朗英语新闻电视台网站发表了《中国承诺为“一带一路”倡议提供1240亿美元》的文章。文章称，为了复兴古老的跨越大洲的丝绸之路，中国做出了出资1240亿美元的承诺。文章认为，“一带一路”倡议可能是世界上最昂贵的互联互通项目。

文章估计，未来5年“一带一路”会将5020亿美元的投资带到62个国家中。分析人士认为，大部分资金会涌入印度、俄罗斯、印度尼西亚、伊朗、埃及、菲律宾和巴基斯坦。“一带一路”的贸易之网将覆盖占全球GDP 40%的国家，这些国家有44亿人口，超过世界人口的一半。因此，“一带一路”拥有改变全球贸易模式的潜力。中国欢迎每个国家加入“一带一路”，这将是通向世界和平与繁荣之路。在“一带一路”国际合作高峰论坛开幕式上，中国表示将打造开放型合作平台，维护和发展开放型世界经济，共同创造有利于开放发展的环境，推动构建公平、合理和透明的国际经贸投资规则体系。中国将向“一带一路”提供的资金中大部分来自中国国家开发银行和进出口银行，总计3800亿元（约合600亿美元）。中国政府将鼓励金融机构拓展人民币海外基金业务，为“一带一路”提供3000亿元（约合450亿美元）的资金，其余的资金将通过其他机制提供，包括南南合作基金、丝路基金和对“一带一路”国家的金融援助等。29个国家的领导人出席了峰会，包括西班牙、意大利、希腊和匈牙利等欧洲国家的总理。[193]

2017年5月14日，伊朗英语新闻电视台网站发表的《中国要求与土耳其扩大反恐合作》一文称，习近平主席在“一带一路”国际合作高峰论坛召开期间会见了土耳其总统埃尔多安，并使用了两人在这次会见中的合影。

2017年5月26日，伊朗英语新闻电视台网站发表的题为《中国国防部称不会利用丝绸之路扩展影响》的文章值得关注。该文章称，一些国家提出中国政府正在利用“一带一路”倡议增进中国的全球影响力。该文转述了中国国防部新闻局副局长、国防部新闻发言人任国强在国防部例行记者会上对印度总理莫迪关于“中国试图利用‘一带一路’削弱别国主权”言论的反驳。这位发言人称，该指责“没有根据”，“‘一带一路’合作倡议没有军事和地缘战略意图”，“一带一路”完全是关于贸易与合作的倡议。任国强表示：“‘一带一路’合作倡议没有军事和地缘战略意图。中国不谋求地区事务主导权，不谋求势力范围，不会干涉别国内政。”这篇报道把“一带一路”倡议称为新丝绸之路，将其解释为习近平主席将亚洲、非洲和欧洲联系起来的倡议，这一价值1000亿美元的倡议将帮助中国从陆路和海路更好地进入这些地区。这篇报道称，中国官媒新华社宣称新丝绸之路将为被西方忽视的发展中国家带来经济增长的机会。分析人士说，中国可能会从“一带一路”倡议中获得一些地缘政治优势，但这将是该项目经济效益的自然产物。[194]

2017年6月4日，伊朗英语新闻电视台网站发表了题为《伊朗、中国合作复兴丝绸之路》的文章。[195]该文称，2017年5月工矿贸易部长礼萨·内马特扎德（Reza Nematzadeh）称伊朗将在未来6年投资80亿美元改建和扩建铁路网。伊朗的铁路通过土库曼斯坦与哈萨克斯坦相连，通过土耳其与欧洲相连。2100多年前，丝绸之路将汉朝都城长安与波斯连接起来。伊朗与15个国家（包括7个内陆国）相邻，处于现代丝绸之路上的独特位置，因此邻国无法忽略伊朗的过境通道作用。该文认为，新丝路也将带来显著的地缘政治变化。它可以导致建立在美元支配地位上的美国经济霸权的崩溃，迎来本地货币交易的浪潮。2015年4月，伊朗成为亚洲基础设施投资银行的意向创始成员国，这个银行对美国影响下的世界银行和亚洲开发银行构成潜在的竞争。海上丝绸之路将终结欧洲对国际航运的垄断。

2016年1月29日，伊朗英语新闻电视台网站报道了义乌—德黑兰班列首发。文章称，中国发出一班列车，穿越哈萨克斯坦和土库曼斯坦，然后进入伊朗，总行程10 399公里，需要14天完成。这是中国到中东地区的第一个班列，也是中国新丝绸之路互联互通计划的开始。[196]

（2）伊朗国家通讯社

2017年5月25日，伊朗国家通讯社网站发表了题为《外交部副部长：伊朗将加强与中国的战略合作关系》的文章。伊朗外交部副部长易卜拉欣·拉希姆普尔提到这个由中国国家主席发起并被命名为“一带一路”的倡议时，他点明了伊朗伊斯兰共和国在这个重要的倡议中的突出作用，并力促中国加快实施经济合作项目。伊朗和中国应该扩大在经济、政治、文化和安全领域的合作。易卜拉欣·拉希姆普尔对习近平主席对鲁哈尼总统赢得大选连任的祝贺表示感谢，还说伊朗在遭受制裁时与中国保持了非常好的关系，希望与中国进一步拓展合作，特别是实施《联合全面行动计划》（JCPOA）。[197]

2017年5月22日，伊朗国家通讯社网站发表了题为《沙里夫大学与上海大学签署合作备忘录》的文章。文章称“一带一路”是由中国国家主席习近平在2013年提出的，是一个海陆并进版的以16—18世纪丝绸之路贸易路线为基础的倡议。这个提议尚处于早期阶段，中国称该项目向所有国家开放，但是已经确定了65个共建“一带一路”国家。[198]

2017年5月16日，伊朗国家通讯社网站发表了题为《伊朗财政部长：伊朗将在现代丝绸之路中发挥积极作用》的文章。文章称，伊朗经济事务与财政部长阿里·塔布尼亚（Ali Tayyebnia）为伊朗被称为在“一带一路”的现代丝绸之路中占有重要地位而欣喜不已。他说，伊朗将积极参与这一重大项目。阿里·塔布尼亚在北京参加了为期两天的“一带一路”国际合作高峰论坛，他对伊朗国家通讯社说，对于习近平提出的倡议，伊朗具有得天独厚的优势，将在项目中发挥关键作用。伊朗处于古老的丝绸之路沿线，伊朗在这一项目中将有效地发挥作用，并正在考虑更紧密地合作。阿里·塔布尼亚把伊朗在内130多个国家参加的在中国首都北京举行的这次国际会议形容为“重要而有益的”。阿里·塔布尼亚部长还指出，在访华期间，与中国的高级经济官员讨论了金融和银行方面的合作。他说，伊朗正与中国就银行和金融合作进行严肃会谈，这样伊朗的大量项目就可以获得来自中国的资金。伊朗希望尽可能早地消除融资障碍。

2017年5月11日，伊朗国家通讯社网站发表了题为《经济贸易部长欢迎复兴丝绸之路的提议》的文章。文章称，根据习近平主席在2013年提出的倡议，亚洲和中东地区将与欧洲有更紧密的联系。伊朗经济事务与财政部长阿里·塔布尼亚说：这个被称作“一带一路”的思想是非常重要的，并且会增进国与国之间的团结合作。他称伊朗和中国两国是战略伙伴，双边关系的发展以及复兴丝绸之路的想法，可以为双边合作谱写新的篇章。塔布尼亚将代表伊朗伊斯兰共和国出席于5月14日至15日在中国首都北京举行的“一带一路”国际合作高峰论坛。会议约1500名代表，包括来自130多个国家和70多个国际组织的850名代表出席会议。出席会议的代表们将讨论广泛领域的议题，例如基础设施、投资、经济和贸易合作、能源与资源、金融合作、文化交流、环境与海洋合作等。[199]

2017年3月7日，伊朗国家通讯社伊斯兰堡电，《中国大使：恰巴哈尔的发展将促进瓜达尔港的繁荣》一文称，中国驻巴基斯坦大使孙卫东表示，开发伊朗恰巴哈尔港可以促进巴基斯坦瓜达尔港的发展。大使在伊斯兰堡传媒集团举办的关于中巴经济走廊项目的研讨会上发表了讲话。他补充说，中巴经济走廊项目是开放包容的，包括伊朗在内的其他国家也可以从中获益。在大使致辞之前，巴基斯坦港口和航运部长哈西尔·比曾乔（Hasil Bizenjo）表示，巴基斯坦提出修建一条长达85公里的公路，在恰巴哈尔和瓜达尔港口之间。他说："恰巴哈尔和瓜达尔港口可以相辅相成。"[200]

2017年1月27日，伊朗国家通讯社伊斯兰堡电，《伊朗驻巴基斯坦大使表示：伊朗渴望加入中巴经济走廊》一文称，伊朗伊斯兰共和国驻巴基斯坦大使梅哈迪·霍纳多斯多表示，伊朗重申，伊朗愿意加入中巴经济走廊，并表示将致力于"全面发展"大型区域连通性项目。

2017年1月6日，伊朗国家通讯社题为《伊朗驻中国使节呼吁阻止极端主义意识形态的扩散》的文章称，伊朗驻中国大使提到了中国国家主席习近平倡议的"一带一路"，称中国领导人的主动性可以拉近地区之间和中国与伊斯兰国家间的距离。[201]

2016年11月14日，伊朗国家通讯社题为《伊朗与中国在促进交通运输方面的合作》的文章称，伊朗道路与城市发展部长阿巴斯·阿洪迪和中国交通运输部部长李小鹏在会议上强调促进相互合作。伊朗道路与城市发展部长提到中国与伊朗之间的合作，涉及德黑兰—马什哈德铁路、德黑兰—库姆—伊斯法罕高铁的建设，并呼吁恢复古代丝绸之路。会议期间，李小鹏部长通过丝绸之路提到了伊朗和中国的历史关系，呼吁两国发展双边关系。

2016年10月9日，伊朗国家通讯社题为《在马什哈德市举办丝绸之路国际会议》的文章称，马什哈德菲尔多西大学将于2016年10月15日至16日举办丝绸之路国际会议和国际中亚研究所区域会议。[202]

2016年9月20日，伊朗国家通讯社题为《文化部长呼吁全球解决极端主义问题》的文章称，伊朗文化与伊斯兰指导部长阿里·贾纳提（Ali Jannati）在中国敦煌说，国际社会应该处理极端主义和激进主义问题，以恢复和平与安宁。贾纳提在丝绸之路沿途几个国家的文化部长和高级官员的陪同下，参观了中国首届丝绸之路（敦煌）国际文化博览会。在博览会上接触了促进世界各地发展的最新科学技术成果后，部长说，到目前为止，由于极权主义和极端主义煽动起了全球冲突的火焰，所以国际和平尚未实现。而关于中国国家主席习近平发起的“一带一路”倡议，阿里·贾纳提表示，该倡议将对促进丝绸之路沿线的经济和文化交流发挥关键作用。[203]

2016年8月22日，伊朗国家通讯社题为《中国大使抨击西方国家对伊朗的丑化宣传行为》的文章称，中国驻伊朗大使庞森批评西方国家试图向其他国家展示伊朗的负面形象。庞森在德黑兰北部的纳瓦兰文化馆举行的文化仪式上发表讲话，介绍了中国西部新疆的文化环境。庞森说，文化交流活动将有助于向外界展示伊朗的真实面貌，使西方反对国家的负面宣传无效。他回顾了伊朗、中国签订的一系列协议，以及中国国家主席习近平提出的倡议，这一倡议旨在恢复古丝绸之路，被称为“一带一路”。他说，丝绸之路不仅仅是一条贸易之路，也是促进文化和文明发展之路。他将丝绸之路描述为“和平之路，繁荣与进步之路”。他说，伊朗是丝绸之路上的一个大十字路口，而新疆也是中国文化的一颗珍珠。[204]

2016年8月17日，伊朗国家通讯社题为《伊朗与中国强调互相推动合作》的文章称，伊朗经济事务与财政部长在委员会会议上强调，伊朗准备全面加强与中国的合作关系，特别是在经济领域。他补充说，融资项目、能源，铁路、电力行业的合作以及“一带一路”倡议等都是会议中被提及的议题。[205]

2016年7月27日，伊朗国家通讯社题为《中国官员称“一带一路”倡议是文化交流的象征》的文章称，中国高级官员说，文化交流互动是“一带一路”倡议的主要目标。“丝绸之路经济带”和“21世纪海上丝绸之路”是习近平主席在2013年秋季在访问哈萨克斯坦和印度尼西亚期间首次提出，旨在恢复联结东方的亚太地区经济圈和西方的欧洲经济圈的古丝绸之路。中国的一个高层政要说，文化交流是“一带一路”倡议的主要目标之一。在2016“一带一路”媒体合作论坛上，刘云山谈到当今世界的混乱局面时说：人们不想要战争，他们希望得到和平与发展。强调和平与发展是全球国家的“共同愿望”，这位中国政要还说，中国通过“一带一路”倡议“促进世界和平与发展”。他强烈反对

“中国政府是通过这一项目扩充自己的全球势力”这一说法。所谓“中国的主导地位”是一个误解。这位中国政要还强调，这个倡议将会使所有人受益。他补充道，“一带一路”倡议与全球化步调统一，而不是背道而驰。“世界是一个地球村，而我们能够彼此联系，我们需要促进全球化。”另外，他对塞缪尔·亨廷顿的“文明冲突”理论提出了质疑，并说当今的世界是“一个多样化的世界”，今日的问题并非纯粹的文化问题。刘云山说，“一带一路”倡议是一个“文化交流的象征”。[206]

（3）法尔斯通讯社

2017 年 5 月 13 日，法尔斯通讯社刊发的题为《大使：中国的“一带一路”倡议有利于联合国目标的实现》的文章称，伊朗常驻联合国代表吴拉姆－阿里·霍什鲁强调，中国的“一带一路”倡议将非常有利于联合国可持续发展目标的实现。他说：“我们生活在一个相互联系的世界中，所以我们需要‘一带一路’倡议带来的连通性。”霍什鲁重申，伊朗是古老丝绸之路上的重要国家，也是“一带一路”倡议中的重要国家。伊朗位于东西方的要道上，连接亚洲与欧洲。[207]

2017 年 5 月 13 日，法尔斯通讯社刊发的题为《伊朗经济事务与财政部长在北京参加双边会谈，参与“一带一路”国际合作高峰论坛》的文章称，伊朗经济事务与财政部长阿里·塔布尼亚抵达北京，与中国高级官员举行双边会谈，将参加“一带一路”国际合作高峰论坛。塔布尼亚抵达中国首都时说，我们欢迎现代丝绸之路的复兴，“一带一路”方案可以促进走在这条路上的国家之间的关系发展。伊朗经济事务与财政部长强调，中国政府多次声明，非常重视伊朗在现代丝绸之路中的作用。经济事务与财政部长在这次国际论坛中代表伊朗出席。[208]

2017 年 5 月 16 日，伊朗法尔斯通讯社刊发的题为《经济事务与财政部长称：伊朗将更加积极地复兴丝绸之路》的文章称，经济事务与财政部长阿里·塔布尼亚强调，伊朗将在复兴现代丝绸之路方面发挥更积极的作用。塔布尼亚对记者说：“人人都意识到伊朗将在恢复现代丝绸之路的重大项目中占有重要地位，德黑兰将积极参与这一重大项目。”他指出，中国在首都北京举办的“一带一路”国际合作高峰论坛会议，有伊朗和其他130多个国家参与，并表示：“这一事件是重大而有益的。”[209]

2017年5月26日，伊朗法尔斯通讯社一篇题为《中伊选择促进战略关系发展》的文章称，伊朗副外长易卜拉欣·拉希姆普尔在北京的一次会议上强调，需要推动两国之间的相互合作（特别是在战略领域）。他提到由中国国家主席发起的被命名为“一带一路”的倡议，点明了伊朗伊斯兰共和国在这个重要的倡议中的突出地位，称中国将在经济领域合作项目上加快步伐。“伊朗和中国应该扩大合作，在经济、政治、文化和安全等方面。”他说。伊朗和中国的财政与经济部长在北京峰会的新丝绸之路会场上见面，并讨论经济合作以及消除彼此之间存在的障碍。[210]

（4）《德黑兰时报》

2017年3月15日，《德黑兰时报》发表了《德黑兰、上海的遗产博物馆决定加强联系》一文。文章称，伊朗国家博物馆馆长和上海博物馆馆长决定在多个领域加强联系，因为伊朗与中国之间的文化互动古已有之。2017年3月12日，上海博物馆馆长杨志刚在访问德黑兰期间与伊朗国家博物馆馆长杰布拉尔·诺坎德（Jebrael Nokandeh）签署了合作备忘录（两位馆长签署备忘录时的照片是该报道的配图）。两位馆长还就举办联合展览交换了意见，该展览将围绕“丝绸之路”这一主题。诺坎德说：“这样的文化关系的持续发展，将有利于两种古老文化的相互接近和相互理解。”[211]

2017年2月20日，《德黑兰时报》登载了对芬兰驻伊朗大使的专访，重点谈到了修建连接印度、伊朗、中亚、俄罗斯和欧洲的铁路的问题。该铁路计划走里海西岸，从北到南穿过伊朗，即将竣工。芬兰大使对另一条铁路线也表现出兴趣：沿着历史上丝绸之路的路线从中国经过伊朗到欧洲。哈萨克斯坦、土库曼斯坦与伊朗之间已经有了铁路。[212]

2017年5月13日，《德黑兰时报》发表了题为《伊朗欢迎中国“一带一路”倡议》的文章。文章使用了“习近平与‘一带一路’”标语和“一带一路”地图作为图片。[213]

此外，《德黑兰时报》还刊发了《二月份中国从伊朗进口石油量增加

18%》[214]，《中国企业帮助德黑兰改造地铁》[215]，《伊中经济合作研讨会将于下周举行》[216]，《中国与伊朗石油交易额创历史新高》[217]，《中国企业在开发伊朗油田方面面临竞争》[218]，《伊朗支持在“一带一路”倡议下修建通向中国的管道工程》[219]，《中伊在贸易往来方面的合作升级》[220]等关于“一带一路”的文章。

（5）《伊朗新闻报》

《伊朗新闻报》援引美联社的报道称，伊朗的一架无人机在俾路支省被巴基斯坦空军装备的JF-17战斗机击落，巴方称伊朗的无人机是在执行“间谍任务”时被击落。《伊朗新闻报》引用了中国前驻伊朗大使华黎明对《环球时报》（英文版）的讲话：“无人机被击落，并不是巴基斯坦与伊朗关系冷却的标志。尽管巴基斯坦与沙特阿拉伯关系密切，而沙特阿拉伯是伊朗在中东地区的长期对手，但是伊斯兰堡奉行独立的外交政策，在很多问题上并不追随利雅得。”[221]

2017年5月14日，《伊朗新闻报》发表题为《中国承诺为新丝绸之路提供1240亿美元，使之成为全球化的冠军》的报道，介绍称，习近平主席于2013年提出了“一带一路”倡议，希望通过大规模的基础设施投资建设，增强亚洲、非洲、欧洲等地的互联互通。全世界必须创造条件，促进共同发展，并且推动构建一套“公平、合理和透明的国际经贸投资规则体系”，“贸易是经济增长的重要引擎”。世界必须维护多边贸易体制，推动自由贸易区建设，促进贸易和投资自由化便利化。《伊朗新闻报》称，习主席承诺为新丝绸之路注入大笔资金，包括将1000亿元（约合145亿美元）注入丝路基金，由两个政策银行发放3800亿元的贷款，以援助共建“一带一路”发展中国家和国际组织。29个国家的领导人以及联合国、国际货币基金组织和世界银行的负责人等出席了论坛。中国亲密的盟友巴基斯坦的前总理纳瓦兹·谢里夫称赞中国的“眼光和独创性”，认为世界正处于地缘经济巨变的门槛上。英国财政部长称英国是新丝绸之路“自然的伙伴”。巴基斯坦传统的对手印度拒绝向中国派出官方代表团，表现出对中国开发通过巴基斯坦的投资额达570亿美元的贸易通道的不满。

（6）《伊朗日报》

《伊朗日报》对“一带一路”的报道相对较多，还有时任中国驻伊朗大使庞森写的《丝绸之路：辉煌的过去，更加灿烂的未来》《英国在中国的“一带一路”倡议中如何发挥重要作用》《中国在“一带一路”倡议中强调伊朗的角色》《中国在“一带一路”国际合作高峰论坛上反对保护主义》《中国举办丝路峰会，发起世纪工程》《伊朗表示完全支持中国的“一带一路”倡议》《阿富汗努力加入中国的“一带一路”》《伊朗商会主席称丝绸之路复兴有利于国家经济》《伊朗和中国达成“一带一路”协议》等。

9.3 伊朗媒体对“一带一路”报道较少的原因和报道特点

总体来看，伊朗“一带一路”的报道虽然不多，但都对“一带一路”抱有积极态度，有不少文章主张伊朗参与“一带一路”倡议并发挥重要作用。

伊朗自1979年伊斯兰革命以来，一直处于较为严峻的安全形势之中。国内面临库尔德、阿塞拜疆族和俾路支三大分离主义的威胁，国际上遭受美国、以色列、沙特阿拉伯等国的孤立和敌对。伊朗支持的叙利亚阿萨德政权和黎巴嫩真主党，仍在与叙利亚反对派和极端势力鏖战，胜负未卜。因此，比起“一带一路”的经贸议题，伊朗媒体在对国际新闻报道时更看重安全议题。就伊朗的安全来说，邻近的伊拉克、叙利亚、土耳其、沙特阿拉伯、以色列，以及在中东有军事存在的大国美国、俄罗斯显然比中国更为重要，因此伊朗主流媒体的国际新闻报道主要集中于上述国家的行动。

在伊朗主流媒体的涉华报道中，军事与安全议题占了较大比重。伊朗法尔斯通讯社多次报道了2017年6月中国海军访问伊朗班达阿巴斯港，并与伊朗海军举行联合军事演习的消息，详细报道了参演中国舰艇的种类和指挥军官。其中2017年6月18日的报道称，军事演习的区域位于霍尔木兹海峡以东，印度洋北部。伊朗海军上将阿扎德（Azad）称伊朗和中国海军在打击海盗、保卫贸易路线和执行救援任务方面开展了合作，并交换了有用的信息。中国海军的沈少将称，两军的成功联合演习能够在伊朗和中国海军之间促进友谊，增进交流，增强互信。他将伊朗和中国称为两大历史悠久的文明古国，两国间的友谊源远流长，随着近年来的高层互访，两国海军的合作进入了新的时代。[222]

2017 年 6 月 6 日，伊朗法尔斯通讯社在题为《大使：中国下决心深化与伊朗的合作》的报道中称，中国驻科威特大使表示，中国与伊朗关系的发展对区域和平稳定意义重大，中国支持伊朗与其在波斯湾以南的阿拉伯邻国开展对话。该文还提及 2015 年 11 月伊朗总统鲁哈尼在会见中国国防部长时称，需要加强两国的防务和反恐合作。[223]

伊朗法尔斯通讯社还报道了伊朗外长与中国外长王毅于 2017 年 6 月在哈萨克斯坦的会晤。但是这篇题为《伊朗、中国强调发展经济合作》的报道只涉及中国对伊朗成为上海合作组织正式成员国的支持，以及探讨了银行业合作、伊朗油气产品出口中国、穿梭访问、一些地区的国际危机、伊朗与世界大国间核协议的执行等，报道中没有一句话谈到“一带一路”。[224]

2017 年 6 月 5 日，法尔斯通讯社还以《官员称，中国支持伊朗获得上海合作组织成员国地位》为题介绍了上合组织阿斯塔纳峰会，这篇报道也没有提到“一带一路”。[225]在国际经济合作报道中，伊朗主流媒体对俄罗斯、韩国、卡塔尔的报道较多。

伊朗主流媒体对“一带一路”的报道，有四个明显特征：第一，全部报道都为正面报道。第二，涉及经济、政治、外交、文化等多个领域。第三，报道中往往直接引用伊朗官员和中国官员的话，还有不少是直接采访所得。这与阿拉伯国家媒体经常引用西方媒体不同，体现了伊朗媒体的独立性和对国际新闻的采编能力。其中，伊朗官员包括伊朗经济事务与财政部长阿里・塔布尼亚、伊朗文化与伊斯兰指导部长阿里・贾纳提、伊朗副外长易卜拉欣・拉希姆普尔等。中国官员包括时任中共中央政治局常委刘云山、中国国防部发言人任国强、中国驻伊朗大使庞森等。第四，伊朗媒体对“一带一路”的报道，主要论述伊朗在“一带一路”和中巴经济走廊中的作用，也涉及“一带一路”的总体布局，但对“一带一路”在其他国家和地区的进展着墨甚少。

10 土耳其媒体对“一带一路”的报道研究*

2013年，“一带一路”倡议提出以后，在世界上引发了巨大反响，“一带一路”已成为中国对外的一张鲜明名片。党的十九大高度重视“一带一路”发展，并将其写入党章，凸显了在中国共产党领导下，中国高度重视“一带一路”建设、坚定推进“一带一路”国际合作的决心和信心。

2017年5月，在北京召开的“一带一路”国际合作高峰论坛，标志着“一带一路”建设进入一个新阶段。对于“一带一路”建设来说，土耳其是十分重要的国家，土耳其对“一带一路”倡议表现出积极友好的态度。在论坛开幕式上，土耳其总统埃尔多安发表演讲，指出“新丝绸之路将根除恐怖主义”，“并将以联通亚洲、欧洲、非洲，甚至南美洲的勃勃雄心而名垂史册”，“土耳其将为‘一带一路’的建设提供一切帮助”。[226]

与此同时，土耳其国内新闻媒体和智库对“一带一路”也进行了广泛而深入的报道和研究，力图使土耳其在“一带一路”合作框架下为其自身争取最大利益并持续推进中土合作。

10.1 土耳其媒体和智库的样本选取

本文通过对土耳其新闻媒体的报道和智库的研究报告进行汇总、分析，探讨土耳其新闻媒体和智库等舆论组织对中国和“一带一路”倡议的理解与描述，以期揭示土耳其密切关注并踊跃参与“一带一路”建设背后的原因，分析土耳其在“一带一路”建设中的作用。研究发现，土耳其对中国的国际领导力认可度较高，普遍接受中国是世界第二大经济体的事实，期待中国能够更加深入地

---

* 《土耳其媒体对“一带一路”的报道研究》作者是张帅。

推进“一带一路”，希望能够借助“一带一路”促进其国内经济的均衡持续发展，同时在政治上减少对西方国家的过度依赖，以及减轻来自俄罗斯的压力。基于土耳其所处关键战略位置的自信，土耳其媒体和智库普遍认为，若在“一带一路”的大框架下对外交战略进行积极调整，则能够充分发挥土耳其的桥梁作用，为“一带一路”做出贡献。土耳其媒体也在“一带一路”的视角下对中国与周边国家的关系进行观察和解读，对能够推进“一带一路”的区域一体化项目巴库—第比利斯—卡尔斯铁路（BTK 铁路）进行了广泛报道。

就土耳其的处境来看，土耳其需要来自中国在政治和经济上的支持，而中国也需要土耳其这个陆海丝绸之路的交会点保持繁荣稳定、发挥积极作用，因此，“一带一路”建设要保持土耳其人对“一带一路”和中国经济发展的信心，扩大中土双边在经济、政治、安全、反恐等各个领域的合作，激发土耳其人民和政府对中国和“一带一路”的热情，从而为“一带一路”的深入推进增加一个可靠、有价值的伙伴。加强中土合作，充分调动土耳其人参与“一带一路”建设的积极性，能够显著降低“一带一路”基础设施投资的开支，加快“一带一路”建设的实现。

本文在新闻媒体方面选择了在土耳其国内发行量大、影响力广的英文媒体以及土耳其文媒体（英文版）进行分析。这些媒体包括《自由每日新闻报》[227]、阿纳多卢通讯社[228]和新土耳其网[229]。《自由每日新闻报》是土耳其最畅销的英文报纸，也是在欧洲访问量位居前三名的土耳其在线报刊，该报持自由主义的世俗立场。[230]阿纳多卢通讯社成立于1920 年4 月，是土耳其官方老牌国际媒体机构之一，活跃于世界舞台上。新土耳其网是一家新兴的独立非营利性数字媒体平台，其重点关注对象是有关土耳其的国际国内政治问题，对“一带一路”和中国有着广泛报道。[231]

本文在智库方面选择了聚焦亚洲问题、对中国和“一带一路”建设有深度解读的非营利性土耳其独立智库，包括土耳其欧亚研究中心和土耳其亚洲战略研究中心。土耳其欧亚研究中心成立于 2009 年，是一家独立非营利性研究机构，主要宗旨是研究欧洲、中亚、巴尔干、高加索、黑海等对土耳其有着特别意义的地区的政治事务，并为土耳其提出建议和对策，对中国“一带一路”建设有着广泛而深入的报道分析。[232]土耳其亚洲战略研究中心成立于2003年，主要聚焦于外交政策领域，旗下有众多的科研机构并出版了多种出版物，在全球范围内开展合作，亦有关于“一带一路”的一系列研究报告。[233]

目前，土耳其新闻媒体和智库对“一带一路”的报道和分析较多，本文以“一带一路”的两个关键词“One Belt One Road”和“the Belt The Road”在上述媒体和智库网站进行了检索，汇总报道和研究报告合计56篇、中文研究论文若干，进行分析并得出结论。

10.2 中国和“一带一路”在土耳其媒体和智库中的形象

中国和土耳其在古代有着长期的交往历史，作为现代国家，两国正式建交于1971年。两国关系曾一度因为土耳其对新疆分裂势力的支持等问题陷入僵局，直到2003年两国关系方开始回暖，在政治和经济上取得迅速发展。到2009年，中土两国关系达到了一种较为满意的状态。2010年，由于两国总理签署了一系列战略合作协定，两国关系进入一个新的高度。[234]

近年来，由于经济持续快速发展，中国的GDP跃居世界第二，土耳其对中国的兴趣越来越大，也越来越关切能够从中国崛起中获得哪些利益。较之于英美国家对中国常见的负面报道，最近土耳其对中国的正面报道与评论较多，但亦有负面的新闻和报道。

就所获得的材料而论，土耳其目前普遍将中国视作全球经济的领头羊和新兴的领导者，特别是在涉及“一带一路”项目时。土耳其欧亚研究中心在2017年2月直接以《中国：新兴的全球领导者》为题报道了习近平主席在世界经济论坛2017年年会开幕式的演讲，并指出“中国尽管在国内仍然面临许多问题，但已经决心在全球范围内扮演起更加重要的角色”。在世界经济论坛2017年年会上，西方国家领导人的集体缺席与中国高规格庞大的代表团与会形成的鲜明对比，给土耳其留下了深刻的印象。[235]中国作为新兴大国的形象不仅被媒体承认，也被土耳其总统埃尔多安重视，其在2017年5月18日土耳其最大的协会——土耳其工商业协会上表示，“土耳其在‘一带一路’的一个非常重要的位置上，土耳其要积极参与新的权力平衡之中”，并指出“如果土耳其不在餐桌上，那么说不定就在菜单上”。[236]

土耳其媒体和智库的看法较为统一，认为“一带一路”是中国资助的通过一系列基础设施建设来联通欧洲、亚洲、非洲及拉丁美洲的项目，也有媒体将“一带一路”等同于一条将中国商品输送到欧洲市场的商路。总体上来看，土耳其媒体对“一带一路”给予了高度肯定。《自由每日新闻报》认为“‘一带一路’是全球化的新模式”[237]，新土耳其网认为，“一带一路”项目至关重要，它显示着中国已经进入主导全球化进程的新阶段，该项目表明了中国沿着亚欧大陆轴线建设金融、贸易、物流、通信、基础设施、文化网络的意愿。[238]更有文章直截了当地称：“新丝绸之路项目旨在通过中国主导的全球化来振兴商贸。”[239]

相较于媒体，土耳其智库对“一带一路”的看法更有深度，土耳其欧亚研究中心在2017年7月8日的一篇深度分析文章中，类比16世纪欧洲开辟新航路的历史，指出中国进行“一带一路”建设在相当大程度上是基于美国海洋霸权的一种迂回选择，而中国内部经济发展不平衡的客观事实是推动中国进行“一带一路”建设的内部原因。但是这份报告同时指出：“从历史的角度来看，基于海上贸易霸权所形成的沿海大城市的垄断地位和沿海地带的繁荣是一种偶然。而‘一带一路’是一个能够改变游戏规则的项目。”该报告相信：“‘一带一路’于亚欧大陆各国来说是一种双赢，许多国家都能够从‘一带一路’项目中获益，包括土耳其。”[240]土耳其亚洲战略研究中心也认为“‘一带一路’项目一直在提供历史机遇”，并建议土耳其积极制定政策来呼应“一带一路”。[241]

土耳其媒体对中国和“一带一路”亦有负面报道和分析，这主要体现在三个方面：一是肆意歪曲涉疆问题和涉及维吾尔族问题；二是担忧中国产品大量涌入欧洲和土耳其，进而对土耳其商品构成冲击；三是在解读中国与周边国家矛盾时，常常同“一带一路”联系在一起。

在涉疆问题上，土耳其无视深圳、北京等中国东部城市援疆计划所取得的成绩，将新疆的前途描绘成一团黑暗。土耳其媒体将援疆项目称作毫无成效的努力，将喀什等新疆主要城市的现状称作“鬼城”，并认为新疆由于维稳措施的出台而增加了商业成本，并导致了人员的流散和商业的萧条。[242]在维吾尔族问题上，土耳其学者虽承认“涉及维吾尔族问题在中国人看来是一个国家安全问题”，但是却极力为这一问题的国际化辩护，认为“中国经济的增长和中国与国际机构的融合，不可避免地使涉及维吾尔族问题国际化”，并进一步声称“涉及维吾尔族问题是双方结构性的问题之一”。[243]

除了涉疆问题之外，受到中国商品冲击的土耳其商业部门也发出了抱怨，《自由每日新闻报》忧心忡忡地发出警告：“当中国借助‘一带一路’接近欧洲时，土耳其在做什么?”[244]土耳其人并不将土耳其商品销量的下降和中国产品的流行视作单纯的经济问题，而是将责任甩给中国，认为劣质而廉价的中国产品之所以能够打开土耳其市场，是因为中国作为第三方蔑视知识产权，而土耳其作为欧盟候选国却必须遵守欧盟的高标准规定。[245]

在对 2017 年中印洞朗对峙事件进行报道时，土耳其媒体也没有站在客观中立的立场上，而是沿用了西方媒体的观点，将中国领土洞朗视作“有争议的领土”，并无视印度侵犯中国领土而导致中国做出强烈反应的事实。在看待中国对孟加拉国、尼泊尔等国家进行投资时，土耳其媒体也常常强调，这些投资都是在“一带一路”的框架下进行的，可能会加剧中国和印度之间的紧张关系。[246]

总之，土耳其对中国的崛起和“一带一路”总体上持一种欢迎的态度，但是在涉疆问题、涉及维吾尔族问题以及与直接利害相关的经济冲突问题上，土耳其对中国持一种负面的批评态度，而在涉及中国同第三国的交往时，土耳其媒体和智库常常沿用西方同行的观点，而这些观点常常是对中国不利的。

10.3 土耳其密切关注并踊跃参与“一带一路”的原因

土耳其媒体和智库对“一带一路”的报道和相关研究数量众多且相当深入，尤其关注土耳其在该倡议中的利害得失。[247]这种密切关注与土耳其的自我认知相关，也与土耳其的国内国际环境密切相关，更重要的是，土耳其认为“一带一路”能够为土耳其的发展提供历史机遇。

与传统上将土耳其视作西方阵营的坚实一员的观点相反，土耳其认为自己只是西方体制下的一个外围角色，在西方体制下土耳其既收其利又蒙其害。土耳其欧亚研究中心认为：以西方为中心的体制，实际上正在加剧土耳其国内的发展不平衡现象，使国内出现西部发达、东部落后的格局，在外贸上对欧洲市场也出现了过分依赖的状况。[248]

由于受到一系列国内政治变动——2016 年 7 月军事政变以及 2017 年 4 月修改宪法的影响，土耳其与其西方盟国的关系热度大大下降。例如，土耳其总统埃尔多安在 2017 年 5 月 14 日“一带一路”国际合作高峰论坛之外会见了希腊总理齐普拉斯，强烈要求后者引渡逃亡希腊的土耳其政变军人并要求协商解决塞浦路斯问题，但是并没有得到对方积极回应。事实上，希腊的一个上诉法庭在 5 月 4 日刚刚做出判决，拒绝了土耳其政府对这些军人的引渡要求。[249]对于此事件，埃尔多安 5 月 18 日在对土耳其工商业协会发表的演讲中表示：“那些在土耳其之后申请却成功加入欧盟的国家并没有变得更好。在同欧盟官员进行谈判时，如果对方不是在一个善意且公正的基础上进行协商的话，土耳其将另寻他途，不会让任何人玷污土耳其的荣耀。”[250]

土耳其媒体对西方国家的作为亦感到不满，认为在中东局势复杂化的当下，西方国家以反对恐怖主义为借口支持库尔德武装的做法严重侵犯了土耳其的国家利益，新土耳其网对此直言不讳地指出：“西方盟国正在该地区公然破坏土耳其的国家安全。”[251]

除此之外，由于西方国家国内极右势力的兴起，土耳其加入欧盟的谈判已经停滞。除了对西方世界失望之外，土耳其对俄罗斯也不信任，总统埃尔多安在“一带一路”国际合作高峰论坛之外会见普京时表示，俄罗斯虽然没有为库尔德工人党和叙利亚库尔德民主联盟党提供武器，但是却依旧同这些集团保持着紧密的联系，在土耳其看来，这两个组织都是威胁自己国家安全的恐怖组织。正是对西方的不信任和对俄罗斯的戒惧，土耳其希望加强同中国的关系，以便能够在各种力量之间形成一种平衡。这种在战略上对中国的现实需要是土耳其积极响应“一带一路”倡议并对中国释放善意的重要原因。

当然，土耳其对中国释放善意的重要也较为直接的原因是“一带一路”项目有可能为土耳其带去实实在在的经济利益。通过扩大同中国的交流，土耳其将有可能直接从中国庞大的出境旅游市场中分一杯羹。由于中国政府已经决定将 2018 年作为中国的土耳其旅游年，所以土耳其政府十分重视发展同中国的旅游联系，其文化旅游部长宣布在 2017 年接待了 20 万名中国游客，[252]而在 2018 年将努力接待100万名中国游客，并将为此制订详细而周密的计划，在中国的媒体中对土耳其进行广泛宣传。[253]土耳其也将“一带一路”项目视作土耳其吸引中国资本的好机会，土耳其广泛报道了中国传媒巨头四达时代在土耳其的投资意向，[254]以及来自中国的银行业和建筑业巨头与土耳其建筑大亨在土耳其共同打造新的旅游城市的合作。[255]

此外，运营运输企业的土耳其商人也在“一带一路”推进的过程中发现新的商机，土耳其运输企业巨头——土耳其物流业的旗舰企业EKOL已经启动了从中国到匈牙利的铁路运输业务，并将其在匈牙利的一家子公司投入运营，该公司总裁表示未来将会进一步扩大运营规模。[256]更重要的是，通过推进“一带一路”建设，土耳其东部地区将会成为一个新的物流中转基地，而土耳其本身作为陆上丝绸之路和海上丝绸之路的交会点，将能够大大从中转贸易中获利，“一带一路”预期将为土耳其国内生产总值每年贡献0.18%~0.22%。[257]

总之，土耳其政府、媒体、智库是基于土耳其国家利益的角度来看待中国“一带一路”倡议的。而它们所分析的结果是，“一带一路”倡议能够在经济、政治和战略上增加土耳其的利益，并能够使土耳其减少对西方的依赖，增强独立性。这些利好是土耳其政府、媒体、公众热切关注“一带一路”的根本原因。

10.4 土耳其在“一带一路”中能够发挥的作用

土耳其需要中国和“一带一路”，土耳其也能够在“一带一路”建设中发挥积极作用，这一作用表现在以下几个方面。

第一，土耳其关键的地理位置使其能够承担亚欧大陆桥梁的作用，是“一带一路”不可或缺的一环。作为一个处于亚洲、欧洲交界地带的咽喉国家，土耳其的地理位置十分重要，素来有“亚欧大陆桥梁”之称，古代丝绸之路的货物需途经君士坦丁堡转运至罗马、西欧，今日陆上丝绸之路和海上丝绸之路亦在土耳其交会，陆上丝绸之路无论是南线还是中线，中国的货物要想顺利到达欧洲，都需要途经土耳其。因此，中国的货物要从陆路顺利输入欧洲市场，确有必要同土耳其加强合作，赢得土耳其的支持和配合。更重要的是，作为北约的一员和欧盟的潜在成员国，土耳其积极推进“一带一路”建设能够减少西方国家对“一带一路”的疑虑，为中国的商品输出和亚欧大陆陆地运输体系的建设发挥积极作用。

第二，土耳其在中亚地区有较强的区域影响力，与“一带一路”途经的中亚国家有着紧密的历史和文化联系，尤其是苏联解体后分离出来的目前与中国有着紧密联系的其他讲突厥语的国家。突厥语国家包括土耳其、哈萨克斯坦、吉尔吉斯斯坦、乌兹别克斯坦、土库曼斯坦和阿塞拜疆六国。除土耳其外，其他五国均是苏联解体的产物，受到历史影响，这些地区民众生活水平相对较低，族群成分复杂，目前已经成为恐怖主义的温床。而且，由于这些地区靠近中国新疆，因此也成为新疆分裂势力在域外活动的一个基地。尽管这些国家对在边境活跃的恐怖分子进行打击，但是由于国力微弱，其山高谷深的地形成为新疆分裂势力等托身的理想场所。中国在这些地区进行投资时，多次强调要在安全领域同这些国家开展合作，但是效果不甚理想。

由于苏联解体，冷战结束，民族、文化、历史等因素开始代替意识形态成为联结国与国之间关系的重要纽带，土耳其对此非常感兴趣，并积极发展与其他突厥语国家的关系。近年来，土耳其在推进突厥语国家整合方面不遗余力，并取得了明显的成效。2012 年，阿塞拜疆总统阿利耶夫与土耳其总理埃尔多安在突厥语国家合作理事会峰会上共同提出编写一部《突厥通史》的倡议，到 2015 年突厥语国家合作委员会首脑峰会内的教育部长会议宣布将推出四国通用的中小学历史教材《突厥通史》，并将进一步推出《突厥地理》和《突厥文学》，建设统一的突厥语电台，打造统一的突厥语国家形象。

土耳其与其他突厥语国家之间的政治经济合作也在紧锣密鼓地进行，在土耳其的推动下，突厥语国家之间建立了突厥语国家实业委员会，并朝着突厥语国家互免签证、关税统一等方向努力。土耳其与其他突厥语国家的贸易额和相互投资也在迅速增长，元首之间的互动也在增多。因此，土耳其与其他突厥语国家的密切联系能够使土耳其成为推进中国“一带一路”建设、联通突厥语国家共同打击跨境犯罪的一支积极力量。

第三，土耳其自身所推动的一些区域一体化项目也能够整合进“一带一路”的基础设施网络建设之中，以减少中国的投资开支，如巴库—第比利斯—卡尔斯跨国铁路项目，全长约850公里，以巴库为起点，途经格鲁吉亚首都第比利斯，终点为土耳其东北部城市卡尔斯。这一工程于2007年开工建设，但由于受到南高加索地区局势动荡的影响，进展十分缓慢。2017年10月30日，该铁路最终正式开通，阿塞拜疆总统阿利耶夫、土耳其总统埃尔多安、格鲁吉亚总理克维里卡什维利、哈萨克斯坦总理萨金塔耶夫和乌兹别克斯坦总理阿里波夫出席了当天的通车仪式。[258]

尽管兴建缓慢，但BTK项目具有重要的战略价值。据报道，通过对既有线路的现代化改造和铺设105公里的新线路，这条铁路在初期每年能够承载100万人次的旅客和650万吨的货物，同时也将连通“一带一路”的铁路网。土耳其官方和媒体高度重视这一项目，土耳其交通运输部长指出：“BTK铁路将连接整个突厥人世界、中国与全球其他地区。这条新的走廊将使土耳其最终多运送2400万吨的货物。”[259]埃尔多安总统在10月30日的通车仪式上强调：“铁路除了给地区带来经济收入外，从政治而言，对和平、安全、稳定与社会繁荣方面也做出了贡献。线路运输和人员流动，以及信息传播也将为我们国家的发展做出贡献。”[260]正如土耳其媒体所认识的那样，“一带一路”所承担的重要使命是将中国的商品输送到欧洲市场、中亚市场等其他地区，要使“一带一路”项目真正在经济上具备同海运竞争的可行性，必须广泛修建以铁路为核心的交通网络，但是跨国修建铁路等基础设施耗资巨大，要降低中国在“一带一路”上的支出，就需要提高其他国家投资基础设施的热情。

总之，土耳其在“一带一路”中的重要地理位置，以及其同中亚国家之间密切的历史文化联系都能够使其成为“一带一路”的“借力”。中国要顺利推进“一带一路”，就必须用好这一“借力”，并将不同的“借力”以巧妙的方式结合在一起，形成强有力的“合力”。

土耳其媒体和智库一致认为，中国所推行的“一带一路”本质上是一条将中国商品输送到欧洲市场的商路，在这一过程中所实施的基础设施建设以及由此所建立起来的亚欧大陆陆地运输体系能够激活亚欧大陆的经济活力，并给共建国家带来繁荣和安定。[261]土耳其也将“一带一路”建设看作是中国作为一个新兴大国所举起的一面全球化大旗，土耳其也能够在这面大旗下获得显著的经济、政治利益，因此，土耳其对“一带一路”给予了高度的关注和期待，而且能够为促进“一带一路”建设贡献积极力量。

对土耳其来说，中国是一个庞大的市场和投资巨人，也是政治上平衡西方影响的另一种选择，故而也是一个必须进行合作的对象。对中国来说，“一带一路”要顺利推进，少不了同土耳其的广泛合作。从这种意义上说，中土双方于彼此来说都是有价值的伙伴，双方在各个方面的深入合作将能够促进双方国内的经济发展，也能够为世界和平做出有力贡献。由于西方国家近些年来对土耳其的冷待以及土耳其自身所面对的来自俄罗斯和叙利亚方面的压力，土耳其对中国的需要或许更加迫切，尤其是在“一带一路”建设和叙利亚方面。因此，中国实现“一带一路”倡议有着历史所给予的有利时机，推进“一带一路”时，应在保证中国国家利益的前提下，尽可能多地结交朋友，建立最广泛的国际统一战线，为实现中国经济发展和世界繁荣稳定做出有力贡献。

11　马来西亚媒体对“一带一路”的报道研究*

马来西亚地处东南亚，是最早加入“一带一路”倡议的国家之一。历史上，中国与马来西亚保持着长久的友好交往，明朝航海家郑和七下西洋，五次驻节马六甲，与当地人民友好相处、开展平等贸易，成为中马友好关系史上的一段佳话，也推动了两国的经贸往来。[262]从地缘政治的角度看，马六甲海峡是东西方之间的重要航运通道，马来西亚位于东西方之间，历史上长期扮演着货物流通中转的角色，无论是古代海上丝绸之路，还是“21 世纪海上丝绸之路”，马来西亚都是沿线的关键节点和核心组成部分，是中国与其他东盟国家开展贸易的天然枢纽，具有重要的战略意义。自 1974 年中马建交以来，两国关系发展迅速，政治互信不断增强。2013 年，习近平主席对马来西亚进行国事访问，两国领导人一致决定将双边关系提升为全面战略伙伴关系。2018 年，马哈蒂尔总理执政伊始，即正式访华，同中国领导人一起向世界展示了继续推进中马友好合作的决心。

当前，在“一带一路”倡议契机下，中马两国的战略对接更加紧密，马来西亚“东海岸衔接铁道”虽然由于多种原因经历了停工波折，但在中马两国政府的努力下，这个横跨整个马来西亚，串联起马来西亚关丹港口和巴生港口两个重要港口的项目最终复工开建。这不仅是中国在马来西亚投资最大的基建项目，而且是“一带一路”倡议的标志性项目，对整个东盟乃至世界都具有重要影响。同时，我们也要从“东海岸衔接铁道”等项目的波折中看到，马来西亚国内对“一带一路”倡议以及对华态度存在多种声音。但当前关于马来西亚涉“一带一路”倡议的舆论研究较少，已有的研究也不够全面，本文通过对马来西

* 《马来西亚媒体对“一带一路”的报道研究》作者是孙力舟和毛伟。

亚主流媒体的“一带一路”倡议相关报道进行梳理，从而进一步了解到马来西亚国内对“一带一路”倡议的真实态度，这也是未来进一步推进相关工作的基础。本文以世界各国报纸全文库（Access World News）为基础数据库，结合对各报刊的官方数据库的检索，运用框架分析、内容分析等研究方法对2014年至2019年马来西亚主流媒体的“一带一路”英文报道和中文报道进行了量化和质化综合分析。

11.1　马来西亚主流媒体关于“一带一路”报道的基本态势

马来西亚民族众多、文化多元、语言复杂，主要由马来人、华人和印度人构成。马来西亚的官方语言是马来语，同时，大多数民众还会使用英语。此外，马来西亚有超过130种语言，除了马来语和英语之外，最常见的报刊语言是华语和泰米尔语。马来西亚各类主流媒体如报纸、电视、广播等大多使用上述四种语言，以满足多元文化的需求。本文主要针对马来西亚主流媒体关于“一带一路”的英文报道和中文报道进行研究分析。调查发现，在马来西亚的中文媒体中，一般直接使用“一带一路”的表述，也有因为相关性更强而使用“21世纪海上丝绸之路”的表述，故中文关键词设为“一带一路”与“21世纪海上丝绸之路”。而在以英语为主要使用语言之一的国家的主流新闻媒体中，习惯上将“一带一路”译为“One Belt One Road”，也有“China's Silk Road”“the New Silk Road”的称法；我国官方曾对“一带一路”英文译法做出过规范和调整，包括从“战略”到“倡议”的转变、简称从“B&R”到“BRI”的调整等。目前，海外主流媒体普遍没有形成一个统一的规范，为确保检索新闻样本的精确性和准确性，将关键词设定为“One Belt One Road”“the Belt and Road”“China's Silk Road”“the New Silk Road”“Silk Road Economic Belt”“the 21st-Century Maritime Silk Road”“B&R”“BRI”共8个，包含其中任一关键词的新闻报道皆被列为研究对象。

在数据库中，发现共有7家马来西亚主流媒体报道了“一带一路”倡议。从报道量来看，马来西亚的主流媒体对“一带一路”倡议的关注度并不是非常高。2014年1月至2019年1月，如图11－1所示：英文报刊中，《星报》（*The*

Star）发布了 231 篇，《新海峡时报》（*New Straits Times*）发布了 98 篇；华文报刊中，《南洋商报》（*Nanyang Siang Pau*）发布的最多，有 341 篇，其他如《星洲日报》（*Sin Chew Daily*）发布了 243 篇，《光华日报》（*Kwong Wah Yit Poh*）发布了 73 篇，《中国报》（*China Press*）发布了 32 篇，最少的为《光明日报》（*Guang Ming Daily*），只发布了 3 篇。

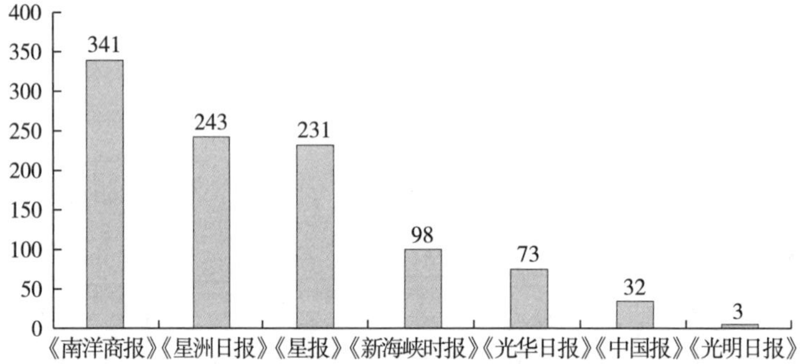

图 11 -1　马来西亚各主流媒体关于“一带一路”的报道量
(2014 年 1 月—2019 年 1 月)

可以看出，马来西亚不同的主流媒体对“一带一路”倡议的关注度差别较大。调研涉及的这 7 家主流报刊有其独特性。英文报刊方面，《星报》1971 年创刊，发行量 28 万余份，是马来西亚发行量最大的英文日报，目前该报由国民阵线成员党马华公会拥有，在一定程度上反映了该党的声音。《新海峡时报》是马来西亚历史最悠久的英文报纸，成立于 1845 年，也是马来西亚最大的英文报纸之一，被普遍认为是政府喉舌。中文报刊方面，《南洋商报》是马来西亚历史最悠久的中文报章之一，由陈嘉庚先生于 1923 年 9 月 6 日创办于新加坡，目前属于丰隆集团，发行量近 20 万份，发行范围遍布全国。《星洲日报》是由著名的虎标万金油老板胡文虎和胡文豹兄弟于 1929 年 1 月 15 日在新加坡创刊，目前由朝日报业私人有限公司拥有，发行量为 29 万余份，是马来西亚发行量最大的日报，发行范围遍布全国，与《人民日报》建立了业务合作关系，著名作家郁达夫先生曾于 1938 年任该报文艺副刊主编。《光华日报》于 1910 年由孙中山创刊，是东南亚历史最悠久的华文报纸，主要发行范围为槟城州和北马地区，每天发行超过10万份，目前是马来西亚北部最畅销的华文报。《中国报》系马来西亚发行量仅次于《星洲日报》的第二大华文日报，1946年创刊，目前该报发行量约22万份，主要读者群体是中下层华裔人士，主要发行范围是吉隆坡及雪兰莪地区，2001年5月被马华公会下属公司收购。

11.2　马来西亚主流媒体对“一带一路”报道的突出特点

为了深入研究报道内容，笔者选取报道量较多的英文报刊《星报》和华文报刊《星洲日报》作为重点分析对象，通过随机抽样，从数据库中选取了两家报社的100篇报道作为样本进行了编码，分为“体裁”“类型”“主题”“议题”“态度”“信源”等六个维度。“体裁”细分为消息、评论、特稿及其他；“类型”细分为文字、图片、图文、视频及其他；“主题”细分为经济、政治、军事、文化、教育、科技及其他；“态度”细分为积极、中立、消极；“信源”细分为马来西亚政府、马来西亚学者、马来西亚媒体、中国政府、中国学者、中国媒体、西方政府、西方学者、西方媒体及其他；“议题”根据报道具体内容进行提炼，在样本集中进行详细备注。编码工作由分别来自新华社、清华大学和中国传媒大学的三位研究人员同时进行，本文由科恩（Cohen）等提出的使用Kappa值对判断一致性程度进行检验，[263]通过SPSS（“统计产品与服务解决方案”软件）对研究员的分类表进行计算，除“议题”未进行校验外，其他五个分类维度的Kappa值均大于0.8，表明分类具有较高的一致性。

（1）正面积极声音较多，政府、学界看好“一带一路”倡议

统计分析发现，马来西亚媒体在关于“一带一路”倡议的报道倾向性方面，如图11－2所示：正面积极的报道量最高，占比为65%；其次是客观中立的报道，占比为31%；态度较为消极负面的报道较少，只有4%。

近年来，马来西亚政府高层和不同的执政党都非常重视与中国领导人的友好交往，多次在国际公开场合表达了对“一带一路”倡议的支持和肯定。典型报道如2017年5月17日《星洲日报》的报道《马中关系史上最佳，共建“一带一路”双赢》，详细介绍了总理纳吉布访华期间与习近平的会面实况，认为中马之间是“相互信赖、相互尊重、合作共赢的好朋友、好伙伴”，赞赏中马关系

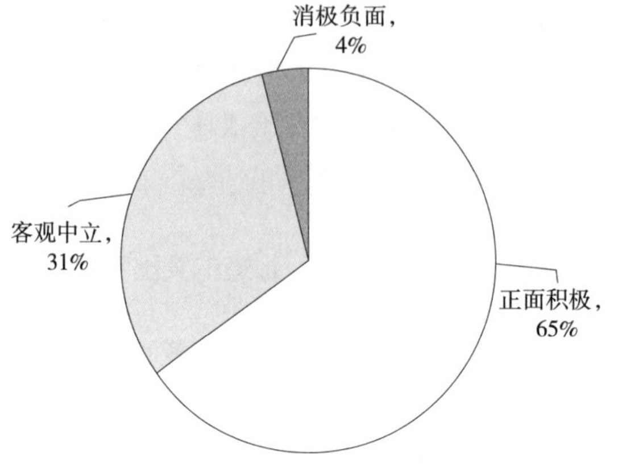

图 11－2　马来西亚各主流媒体关于“一带一路”报道样本倾向性分布

处于历史最好时期。报道的五个小标题分别为“合作共赢好伙伴”“东海岸衔接铁道及多元石化产品输送管道（MPP）获利最佳例子”“数新合作项目商机无限”“马中投资列车开进东马”“马成首个‘一带一路’受惠国”，报道框架积极正面。文中称，中马两国领导人近年来密切沟通，牢牢把握两国关系发展的战略方向，积极对接“21 世纪海上丝绸之路”和马来西亚经济转型计划；作为最早响应“一带一路”倡议的共建国家之一，马来西亚更是共建“一带一路”早期收获最丰硕的国家之一，习近平对大马政府的多番溢美赞誉之词，让大马政府与民间企业商家在“一带一路”建设上比任何国家都更快抢占先机，尝到了甜头。文中还详细宣介了“一带一路”倡议的标志性工程“东海岸衔接铁道”以及重大项目“多元石化产品输送管道”，这些都是马来西亚从“一带一路”中获得实际利益的最佳例子。该报道最后总结，自“一带一路”2013 年首度提出以来，中国通过这个新理念倡议与其他国家合作，如今大马开始验收成果，成为首个从“一带一路”中受惠的国家，东海岸衔接铁道计划将提供 4.5 万个工作机会，这是民间开始实际感受到的好处。纳吉布也已向中国投资方提出三大主要要求，即一切中资投资发展建设项目都应优先聘用当地承包商，采用当地原料产品，以及培训和雇用当地各阶层专业人士或普通工人，惠及当地企业与民众。未来仍将产生更大效益，马中关系既达到了历史高点，也配合了“天时地利人和”的优势，一如纳吉布所说，“一带一路”这一历史性的重要倡议，将对本地区乃至全世界带来巨大改变，未来还有很多中资甚至来自全球的投资，将随着“一带一路”来到大马。

另外，《星洲日报》2016 年 4 月 10 日的报道《廖中莱：马重视支持“一带一路”不会成空谈》直接援引了大量马来西亚高官、学者等意见领袖的观点，对“一带一路”倡议表示了支持和肯定。如马华总会长兼交通部长廖中莱指出，东盟与中国成为命运共同体，马华将通过政党、商会打造“一带一路”合作平台；马来西亚会通过双方的各项发展项目进行合作，给予中国“一带一路”实际的支持，绝不让它沦为空谈；大马重视“一带一路”主要有 3 个原因——中国未来 10 年将成为世界最大的经济体之一，中国经济的成功与大马息息相关，以及大马在推动转型过程中需要获得中国商家的大力支持。马来西亚策略分析与政策研究所研究员叶汉伦表示：美国有《跨太平洋伙伴关系协定》（TPP），但这不是美国的；同样，中国提出“一带一路”，这也不是中国的。二者都是全球性的，各国应规划各自国家的发展，才能为自己的国家带来最大的利益；各国不论加入 TPP 或“一带一路”，都是能为国家带来好处的，彼此并不相冲。马来亚大学中国研究所副所长饶兆斌指出：若要让“一带一路”所倡议的海上丝路畅通无阻，各国就必须正视南海问题，否则将对“一带一路”的发展形成阻碍；“一带一路”是一个经济与安全相结合的倡议，一旦各相关国家获得更密切的经济联系，自然就会带来政治上的安全。马来西亚国民大学的郭清水教授指出，中国提倡“一带一路”的目的主要有两点：一是作为超级大国的中国为了避免美国势力的介入和围堵，倡议了“一带一路”以确保区域势力的平衡；二是为了巩固中共的统治地位及确保国内经济持续发展。

马来西亚新纪元学院院长莫顺宗指出，东盟国家需要“一带一路”，只是因为做生意必须民心相通，才能取得成功。拉曼大学校长蔡贤德表示：在“一带一路”的引领下，区域各国应该思考成立自身的特定组织来认证专业学位，而不是把“命运”交给欧美国家组织定夺；在人力资源训练方面，世界的专业组织一直被欧美控制，例如《华盛顿公约》是由成员国间互相认证工程师学位；如今，“一带一路”有很多国家参与，这些国家应由自己的组织认证自己的学位；所幸 2010 年已经成立了亚太区工程师文凭认证，但目前还有很多学位没有自身的组织去认证。该报道还将中国学者作为重要信源，如援引了上海社会科学院世界经济研究所副所长、研究员权衡的观点：有一部分人至今仍对“一带一路”不甚了解，甚至有些误解，认为这只惠及中国，并会挑战现有的经济制度；“一带一路”能够提供全球第二次产业转移的机会，而且中国是要与周边国家共同谋求良好稳定与和平的发展。上海社会科学院世界经济研究所区域合作研究室主任尤安山表示，中国企业“走出去”已成趋势，近年来，中国商家到外国投资与吸引外资来中国投资的数量是差不多的。中国上海社会科学院国际合作处副处长刘阿明指出，“一带一路”实际是加强中国和东盟互信的一个新平台，这项区域性的发展倡议是具备开放性、包容性和非排他性特点的，它谋求合作，创造共赢，有助于中国与东盟国家进一步增信释疑，同时也缩小彼此发展的差距。

（2）经济类、政治类主题较多，普遍关注对马来西亚社会发展的影响

统计分析发现，在马来西亚媒体报道的主题方面，样本中经济类报道占比最高，约为49%，政治类报道其次，约为22%，如图11－3所示。

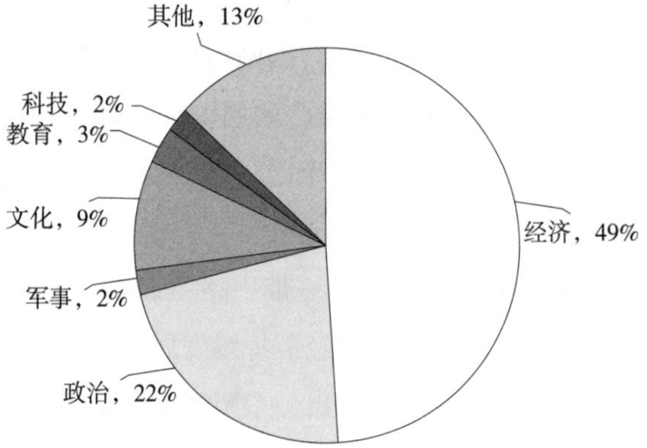

图11－3　马来西亚各主流媒体关于“一带一路”报道样本的主题分布

中马两国关系、“一带一路”倡议对马来西亚经济发展的促进等话题常见于马来西亚的主流媒体报道中，典型如：《星报》2016年7月3日的报道《双赢的关系》指出，中国的“一带一路”倡议将为马来西亚的港口、铁路和机场提供大量贸易机会和发展机会；《星报》2016年6月26日的报道《习近平表示新

丝绸之路去年投资了150亿美元》指出，习近平主席在乌兹别克斯坦表示，2015年中国公司在参与“一带一路”倡议的国家投资了近150亿美元，比2014年增长了1/5。中国已经向丝路基金投入了400亿美元（约合290亿英镑），这是建立500亿美元的亚洲基础设施投资银行的推动力；中国与新丝绸之路成员国的贸易额在2015年超过1万亿美元，占其对外贸易总额的1/4。习近平说，2015年经济走廊沿线的49个国家在中国投资了82亿美元，增长了25%，并补充说，有70多个国家和国际组织参与了“一带一路”倡议。

再如，《星报》2016年7月3日的特稿报道《丝路基金的2500亿美元项目》详细介绍了丝路基金的相关投资情况，文中称，中国政府正在为“一带一路”区域经济增长做出巨大努力。报道援引的普华永道发布的研究报告指出，与“一带一路”倡议相关的项目已签约，建设规模约为2500亿美元（1万亿林吉特）。普华永道预测，“一带一路”倡议将在未来10年内从中国政府筹集高达1万亿美元（4万亿林吉特）的国家资金。“一带一路”倡议是中国国家主席习近平于2013年首次提出的，它旨在恢复古老的陆上贸易路线和海上贸易路线，并增强亚洲、欧洲和非洲大陆之间的联系。这一倡议将促进亚洲、非洲和中东的许多地区修建道路、铁路线、港口和基础设施，它还将促进相关行业的企业在这些国家进行投资，反之亦然。

（3）信源引用范围广泛，西方媒体影响力较强

统计分析发现，样本中马来西亚主流媒体的报道在讨论关于“一带一路”倡议的话题时，使用的信源较为广泛，既有来自中国、马来西亚的，也有很多来自西方领域。首先，马来西亚政府、马来西亚学者成为主要信源；其次，中国政府、中国媒体及西方媒体的信息也较多被引用；最后，马来西亚媒体、中国学者、西方学者、西方政府等也都成为样本中报道的信源，如图11－4所示。

马来西亚主流媒体在报道“一带一路”倡议时，会使用多种信源，如《星报》2015年3月30日的特稿报道《企业为促进“一带一路”项目向海外发行债券》，既使用了中国方面的信源，也使用了美国方面的信源。文章指出：“根据新华社发布的官方框架协议，中国将鼓励本地公司在海外发行债券，为建设“一带一路”项目提供资金，该倡议已建立了一个400亿美元的基金，以促进整

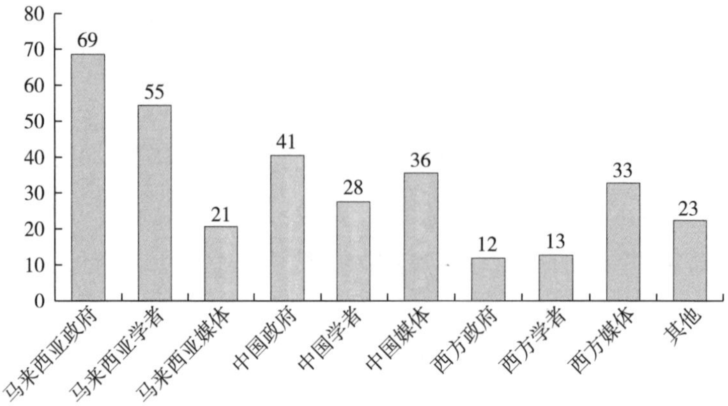

图 11－4　马来西亚各主流媒体关于“一带一路”报道样本的信源分布

个亚洲的互联互通。”同时，文章也使用了路透社的报道作为信源：“根据该框架，中国将支持对重点项目的私人投资。”该报道直接引用了中国政府官员的发言，中国国务委员杨洁篪在博鳌亚洲论坛期间说，该倡议对中国、亚洲以及更远地区的邻国来说是双赢，并呼吁更多国家加入。

可以看出，马来西亚的主流媒体对西方信源有一定的信任度，即使西方媒体报道中使用的是中国官方信息，但马来西亚主流媒体宁可选择转引西方媒体的报道，也不去直接使用中国官方信源，如《星报》2015 年 4 月 17 日的报道《中国成立“一带一路”协调小组》中使用了路透社的相关报道作为主体，实际上路透社的报道大量援引了中国共产党新闻网的公开信息。

11.3　面向马来西亚“一带一路”对外传播的思考与建议

自“一带一路”倡议提出以来，中马陆续开展了能源、经贸等诸多方面的合作，马来西亚主流媒体对“一带一路”倡议的报道大多积极正面，在舆论场中进行了正面宣介。但同时，从“一带一路”倡议的标志性工程，也是中国在马来西亚投资最大的项目——“东海岸衔接铁道”的停工波折中应当看到，马来西亚各界对“一带一路”倡议其实存在多种声音，而且西方媒体对马来西亚的影响力依然较强。

在全球化浪潮下，新闻媒介已成为不同国家地区的人们跨文化传播和交流的主要渠道。由于马来西亚具有多语种多民族的特点，中国对其报道很难进行全覆盖和精准传播，如中马人民的交往以及涉马来西亚的对外报道较多使用英语，有待进一步加强马来语报道及其他语种的报道，尤其应当从文化领域切入，挖掘更多有意义且具有可读性的中马友谊故事。马来西亚文化是一种融合马来族、华族、印度族和其他原住民族文化特色的“多元种族文化”，基于马来族占马来西亚人口的多数，所以马来民族文化是马来西亚文化的主干，次之为其他的民族文化。马来西亚文化也融合了一些波斯、阿拉伯和欧洲的文化色彩。马来西亚早已成为最受中国游客欢迎的旅游目的国之一，中国已经连续 7 年成为马来西亚最大的外国游客来源国。2018 年，马来西亚的中国游客接近 300 万人次。两国往来留学人员人数不断上升，厦门大学马来西亚分校成为中马高等教育合作新的里程碑。

马来西亚文化的独特性与中国多民族文化融合的情况类似，在开展对外报道时，不仅需要关照经济、政治等领域，而且应当从软话题入手，增进中马两国人民的文化交往，促进民心相通。中国的主流媒体应当与马来西亚各大主流媒体展开各个层次的交往互动，避免在“一带一路”倡议报道中产生泛政治化和泛经济化的趋向，增强中国主流媒体在马来西亚的公信力，建立中国主流媒体在马来西亚“一带一路”倡议报道中的话语权优势。

12　印度尼西亚媒体对“一带一路”的报道研究*

2013年10月初，习近平主席在访问印度尼西亚时，提出共同建设“21世纪海上丝绸之路”的构想。

印度尼西亚人口高达2.71亿（2020年12月数据），仅次于中国、印度和美国，是世界第四人口大国，也是人口最多的伊斯兰国家和人口最多的东南亚国家。目前，中国是印尼非油气产品第一大贸易伙伴。印度尼西亚的积极参与对“一带一路”的顺利推进具有重要意义。

12.1　印度尼西亚媒体对“一带一路”报道情况

据曾在中国留学的印尼华人朋友介绍，印度尼西亚国内媒体对“一带一路”的报道和评论总体上较少。

2017年初，中宣部委托道琼斯旗下全球新闻和公司数据库（Factiva），对共建“一带一路”十几个国家的新闻进行关键词抓取，所抓取和筛选的印尼语新闻约56条。这可能反映出两个问题：一是印尼对“一带一路”倡议的关注较少；二是由于使用“一带一路”、“丝绸之路经济带”、“21世纪海上丝绸之路”和“丝路经济”等关键词进行抓取，可能并非印尼媒体对“一带一路”倡议关注不足，而是它们不能相对准确、规范、完整地使用“一带一路”倡议相关术语。不仅新闻数量少，报道内容上也反映出印尼媒体对“一带一路”倡议的认识不足。以印尼主流媒体《罗盘报》为例，截至2017年5月，以印尼语、英语和汉语拼音的“一带一路”作为关键词进行检索，仅分别得到7条、10条和2

---

* 《印度尼西亚媒体对“一带一路”的报道研究》作者是孙力舟。印度尼西亚华人学者、中国人民大学国际关系学院博士梁孙逸为本文提供了部分资料。

条新闻。在这些新闻中，“一带一路”“丝绸之路经济带”“21世纪海上丝绸之路”“陆上和海上丝绸之路”“亚洲基础设施投资银行”等关键词多次出现，内容涉及印尼、东盟及欧洲的基础设施建设和经济合作等，也提到“一带一路”与印尼总统佐科提出的将印尼建设成“全球海洋支点”的概念相契合。但是，这些报道中常常没有对相关概念进行必要的解释，也没有分析“一带一路”倡议为何与“全球海洋支点”概念相契合。此外，部分报道将“一带一路”这一经济领域的倡议与“南海问题”和中国的“软实力输出”联系在一起，把“一带一路”误读为中国解决南海问题的战略和扩大势力范围的图谋。这样，读者容易误解“一带一路”的含义。[264]

12.2 印度尼西亚英文媒体对“一带一路”的报道

（1）印度尼西亚官方的安塔拉通讯社

安塔拉通讯社是印度尼西亚的官方通讯社，用“一带一路”英文关键词在该通讯社英文网搜索，其结果均为对在中国举行的“一带一路”相关活动的报道。

2016年10月26日，安塔拉通讯社报道了前一天在中国云南省省会昆明举行的中国－东盟新闻工作者会晤活动。15名来自东盟各国的新闻工作者和20名当代新闻工作者参加了活动。该报道还引用了一位缅甸记者哈姆彭·苏翁哈衣（Khamphone Syvongxay）的话：“我们必须加强对对方的新闻报道。我相信双方媒体机构的合作能在促进‘一带一路’中发挥重要作用，有利于东盟和中国。”这篇报道也提到东盟新闻工作者提出中国封锁脸书和推特等社交媒体和网站的问题，与中国新闻工作者进行了讨论交流。[265]

2017年5月13日，安塔拉通讯社报道印度尼西亚总统佐科在飞赴中国参加于5月14—15日举行的首届“一带一路”国际合作高峰论坛之前，在印尼首都雅加达的国际机场发表讲话称，“我们将看看‘一带一路’概念是怎么回事，只有这样我们才能知道从哪里加入”，“东盟所有国家的元首或政府首脑都将与会，包括马来西亚总理纳吉布”。他还表示，“我们既然被邀请了，那就去吧，看看‘一带一路’会把我们带向何方”。[266]

用“丝绸之路”（Silk Road）作为关键词进行搜索，时间选取自2014年11月到2017年7月，安塔拉通讯社英文网的新闻报道有13篇，分别是《印度尼西亚海上轴心增强岛屿之间的联通》（2014年11月15日）[267]、《苏丹称印度尼西亚必须拒绝中国提议的海上丝绸之路》（2015年5月11日）[268]、《第一届海上丝绸之路（福州）国际旅游节开幕式》（2015年11月9日）[269]、《全球代表汇聚一堂讨论丝绸之路文化交流》（2016年9月20日）[270]、《第三届丝绸之路电影节在西安开幕》（2016年9月22日）[271]、《首届丝绸之路国际文化博览会闭幕，通过〈敦煌宣言〉》（2016年9月22日）[272]、《丝绸之路摄影展增强了印度尼西亚与中国的合作》（2016年9月28日）[273]、《东盟新闻工作者结束丝绸之路媒体行》（2016年10月28日）[274]、《广东21世纪海上丝绸之路国际博览会吸引了2.5万名国际购买者》（2016年10月28日）[275]、《广东21世纪海上丝绸之路国际博览会闭幕，广东与共建“一带一路”国家的合作创造新纪录》（2016年10月31日）[276]、《印度尼西亚总统称东盟是实现海上丝绸之路倡议的关键所在》（2017年5月16日）[277]、《经济学家称印度尼西亚将从北京峰会获益》（2017年5月16日）[278]、《重访杭州——2016年G20峰会的举办城市：全球互联网贸易平台促使杭州成为网上丝绸之路的战略港口》（2017年7月7日）[279]。

其中，特别需要注意的是《苏丹称印度尼西亚必须拒绝中国提议的海上丝绸之路》这篇文章。印度尼西亚虽然是共和国，但是在爪哇岛中南部的日惹特区有一位世袭的苏丹。这位苏丹在2015年参加印尼海军举办的一次研讨会时称，如果印度尼西亚接受中国提出的加入海上丝绸之路的邀请，将使得印尼成为中国产品的消费国。他还说，“海洋与海洋资源和国防两者相关，这两者必须结合起来考虑”。

（2）《雅加达环球报》

印度尼西亚著名的英文报纸《雅加达环球报》对“一带一路”报道相对较多。从2015年3月到2017年7月，用“One Belt One Road”作为关键词可以搜索到88篇相关新闻报道，其中2017年的报道占绝对多数。

2015年的报道包括《中国工商银行通过基于人民币的金融业务帮助印度尼西亚的经济发展》（2015年3月31日）[280]、《硬货币、软标准？中国新银行的难题》（2015 年 4 月 1 日）[281]、《中国沿着丝绸之路寻找增长迅速的土地》（2015 年 4 月 15 日）[282]、《评论：中国的新丝绸之路对美国的意义》（2015 年 5 月 29 日）等 18 篇。2016 年的报道有 13 篇。其中，《风投融资公司在中国风险投资峰会上介绍了印尼投资组合》（2016 年 11 月 25 日）一文称，2016 年中国风险投资峰会由北美国际交流中心组织，为那些涉足中国市场的外国企业提供咨询服务，在印度尼西亚的影响力很大。参会者表示，通过“一带一路”倡议，中国投资者将会有强劲的动力在东南亚寻求投资机会。中国的投资者和企业是重要的合作伙伴，不仅可以为印度尼西亚企业带来资金，还可以带来宝贵的经验，中印两国的悠久历史和关系，将会成为一座桥梁。

2016 年 11 月 17 日，《厕所、贸易和城镇——亚洲塑料制造业的繁荣时期》一文称，化工市场研究专家卢娜・金说：中国的“一带一路”项目要在中国、中亚、非洲和欧洲建设大规模的铁路、公路、船舶和工厂，需要数百万吨的塑料材料，亚洲每年都会有数千万人步入都市化，这意味着未来 20 年这个地区将会增加 6.5 亿的化工产品新用户。

2016 年 10 月 18 日，《联昌国际银行与中国银河股票公司确立合资股票经纪业务》一文称，马来西亚第二大金融服务供应商联昌集团和中国最大的证券业务集团之一的中国银河证券宣布，双方已经签署了一项合资建立股票经纪业务的协议。联昌集团还将从中国的兼并收购中受益，包括交叉销售活动、增强协同效应，以及中国的基础设施开发项目，如支持该地区增长、消费和资本流通的“一带一路”项目。《中国促进欧洲“铁路快运”业务的发展》（2016 年 10 月 12 日）一文称，10 月 10 日，中国制定了发展中国“铁路快运”业务到欧洲、改善通关和基础设施的五年计划，并表示这个铁路网络对于“一带一路”建设而言至关重要。《印度尼西亚要求日本在雅加达—苏腊巴亚铁路项目上开展工作》（2016 年 10 月 9 日）一文称，日本历来是印度尼西亚铁路的最大投资者之一，这次印尼交通部长苏马迪也表示，这个项目优先考虑日本。专家认为，中国愿意放弃印度尼西亚政府对项目的主权担保，而日本为了降低自身所承担的风险，一直坚持这一要求，这将会是中国的一个优势。

《中国驻吉尔吉斯斯坦大使馆遭到疑似自杀式汽车炸弹的袭击》（2016 年 8

月30日）一文称，对中国驻外使团的袭击很少见，但在2015年伊斯兰激进武装对非洲马里一家酒店的袭击造成了三名中国公民死亡。在巴基斯坦，预计投资数百亿美元修建一条通往阿拉伯海的新路线（这是“一带一路”的一部分），为此工作的中国公民偶尔会遭到该国民族主义者反对。《中国与老挝表示铁路项目继续推进，正在等待环境调查结果》（2016年7月29日）一文称，中国与老挝方面的负责人均表示，铁路建设将暂时放缓，有待认真细致地对该地区生态环境进行调查研究，同时也需要研究如何解决征地困难问题。《得益于中伊新丝绸之路，香港展望航运发展》（2016年7月11日）一文称，近年来，全球海运业持续低迷，而香港借助海上丝绸之路，其海运贸易额有了较大提高，特别是中国与伊朗方面的贸易，主要是走香港海运。《力宝集团欢迎深圳企业代表团共同开发芝卡朗的工业地产》（2016年5月25日）一文称，芝卡朗是印度尼西亚首都雅加达附近的一个港口，而力宝集团是印尼最大的金融控股财团，控有各国上市企业20多家，由华裔富商创立。

2017年的报道包括《香港吸引印度尼西亚商界参与“一带一路”》（2017年7月18日）、《泰国批准与中国合作的55亿美元的铁路项目》（2017年7月11日）、《汇丰银行称印度尼西亚需要采用迅捷而协调的战略赢得中国的巨额投资》（2017年6月15日）、《部长称印尼希望从中国的“一带一路”倡议中吸引280亿美元的投资》（2017年5月24日）、《佐科出席“一带一路”峰会，推进东盟互联互通》（2017年5月14日）等57篇。

如果将关键词改为“一带一路”的另一种英文翻译“Belt and Road”，可以在《雅加达环球报》上搜到27篇相关文章（其中有的用“One Belt One Road”也能搜到），多处于2017年6月至2017年8月这个时间段，其原因可能是“Belt and Road”这种译法出现得比较晚。报道主要包括《欧盟与中国在气候问题上合作，但在贸易问题上仍有分歧》（2017年6月2日）、《公民在老挝被杀后，中国对老挝发出安全警告》（2017年6月20日）、《巴基斯坦称印度男子承认从事间谍行为，但是印度斥其为闹剧》（2017年6月23日）、《巴基斯坦警方称几起爆炸事件共造成30人死亡》（2017年6月23日）、《中国敦促巴基斯坦与阿富汗建立危机解决机制》（2017年6月25日）、《中国指责印度边防部队侵入中国领土》(2017年6月27日)、《中国出于战略考虑，投资非洲的液化天然气项目》（2017年6月28日)、《中国庆祝与菲律宾关系的“黄金时期”》(2017年6月29日)、《在中缅关系升温的背景下，中缅双方就中方向缅甸输电进行谈判》(2017年8月5日）等。

《罗盘报》是印度尼西亚最大的全国性日报，始创于1965年，其办报理念为“传达人民的苦难”，以为人民代言为己任。该报的平日发行量为50万份，周末发行量达60万份。2017年5月8日，中国驻印度尼西亚大使谢锋在印尼发行量最大的报纸《罗盘报》上发表署名文章《共建“一带一路”，中印尼奏响“昂格隆”》。[283]

印度尼西亚媒体比较关注中国与东南亚的合作，以及中国与伊斯兰国家的合作。这与印度尼西亚既是东南亚国家又是伊斯兰国家的自我定位有关。

13　乌兹别克斯坦媒体对“一带一路”的报道研究*

乌兹别克斯坦地处中亚地缘中心，是古丝绸之路的重要枢纽，有着悠久历史文化的乌兹别克斯坦与中国交相辉映。随着乌兹别克斯坦于 1991 年宣布独立，中乌双方陆续展开了不同领域的合作。2013 年国家主席习近平提出“一带一路”倡议，更是将中乌合作推向了一个新的高度，乌兹别克斯坦报道中的中国身影也逐渐增多。

截至 2017 年 1 月 1 日，乌兹别克斯坦注册媒体机构的数量达到 1514 家，其中有 691 家报纸、309 家杂志、15 家通报、4 家通讯社、65 家电视台、35 家广播台和 395 家网站。2016 年一整年该国审查和批准了 134 个新的媒体的登记申请，其中 42 份纸制申请和 92 份电子申请。但是，2018 年有 41 家媒体（25 家报纸、10 家杂志、1 家通报、4 家网站和 1 个电视频道）的证书终止。近些年，乌媒体的数量显著上升：1991 年有 395 家注册媒体，2001 年有 719 家，2017 年达到了 1514 家。此外，乌还出现了越来越多的非国营媒体。出版印刷行业也呈现出同样的趋势。

13.1　乌兹别克斯坦媒体概况

乌兹别克斯坦主流报纸有《人民言论报》、《塔什干晚报》、《新闻周报》、《乌兹别克斯坦之声》、《俄语教育报》、《体育报》、《突厥斯坦报》、《生意人报》、《公正报》、《共和国报》和《东方商业信息报》，但这些报纸均使用俄文或乌兹别克文，尚未发行英文版，为搜集带来了很大的困难。

截至 2016 年 10 月，乌兹别克斯坦共有 12 个非国营的私人电视频道。其中

* 《乌兹别克斯坦媒体对“一带一路”的报道研究》作者是洪雁。

Uzreport TV 和 MY5 在全国播放，其他 10 个是地方电视台。此前，在不同年份，乌兹别克斯坦曾有 5 个私营电视频道在全国范围内播出。为了提升非国营广播电台、电视台的地位，全国电子传媒协会联合非国营的广播台和电视台，积极协助创造高品质的电子媒体内容。在乌兹别克斯坦一些在线观看的电视频道网站中，人气最高的是 mediabay. uz。同样，在 NTRC Uzbekistan-mtrk. uz 的官方网站上，可以收看乌兹别克斯坦 NTRC（乌兹别克斯坦国家电视台和广播公司）的所有国营电视频道。

伴随网络的普及和技术发展，2016 年乌兹别克斯坦的网络用户数量已经上升至 1500 万人。移动通信网络覆盖了全国居民点的 92%，用户数量约为 2080 万人。以互联网为基础的新闻业在乌兹别克斯坦有着良好的发展势头。最受欢迎的域名为 uz 的新闻网站有：News. uz，Report. uz，Uza. uz，UzReport. uz，Jahonnews. uz，等等。如今，互联网新闻涉及政治、经济、文化以及日常生活等方方面面，门户网站数量逐年增长，至 2013 年 3 月 1 日，媒体已注册了超过 220 个网站。通过互联网平台，政府借助新媒体力量增强与民间的交流，例如，2016 年乌兹别克斯坦总统的线上“会客厅”网站 pm. gov. uz 正式开放。网络媒体平台上的新闻报道已成为中乌两国信息交流的重要组成部分。乌全国领先的出版物时时更新网站内容，例如，乌兹别克斯坦民族新闻社、《人民言论报》（乌兹别克斯坦文和俄文两版）、《东方真理报》等的官方网站采用新的形式，为国内外读者提供各领域的最新信息，这也是乌兹别克斯坦增强国际联系的方式之一。

乌兹别克斯坦的电视业曾是中亚和苏联加盟共和国中最发达的之一。2015 年，乌兹别克斯坦已全面使用数字电视。

13.2 分析样本选择及概述

由于乌兹别克斯坦本土媒体官方语言的局限性，本文选取乌兹别克斯坦民族新闻社的英文报道作为研究对象，对乌兹别克斯坦主流媒体对“一带一路”的报道进行分析。

乌兹别克斯坦民族新闻社，也可以翻译成乌兹别克斯坦国家通讯社，它是官方的信息来源和主要的国家新闻机构。该机构始建于 1918 年，前身为苏联“塔斯社”驻乌兹别克斯坦分社，后来被改造成共和国电报信息社。1992 年2 月5 日乌总统下令，将其改组为乌兹别克斯坦民族新闻社。在该机构网站上，当选择语言为汉语之后，它的名称显示为乌兹别克斯坦民族新闻社，因此本文使用这一译法。目前，该社以乌兹别克语、俄语、英语、法语、德语、西班牙语、阿拉伯语和汉语对外发布消息。

不仅报纸、杂志、电视与广播电台采用乌兹别克斯坦民族新闻社的信息，大使馆、各部门和各个公司也采用该社发布的信息。乌兹别克斯坦民族新闻社是乌官方信息的来源和共和国领先的新闻机构。近年来，乌兹别克斯坦民族新闻社在全球信息网络中对乌兹别克斯坦进行了更广泛、更全面的介绍。应当指出的是，乌兹别克斯坦民族新闻社不仅在网站上主要提供乌兹别克斯坦最完整和准确的新闻，而且提供与乌兹别克斯坦合作的世界其他国家的信息。

此外，乌兹别克斯坦民族新闻社已经开发了支持安卓设备的应用程序，用户可以在应用市场下载官方手机应用程序，乌兹别克斯坦民众可以从手机端口更加便捷地接收到乌兹别克斯坦民族新闻社的信息。[284]

13.3 乌兹别克斯坦媒体对“一带一路”报道的情况

13.3.1 “一带一路”报道数量和主题分析

本文抓取“一带一路”倡议提出后 2013 年 9 月起至 2019 年 10 月 5 日乌兹别克斯坦民族新闻社的涉华报道，关键词为“一带一路”的中文报道有 9 篇（见表 13－1），英文报道有 100 篇。

表 13－1 “一带一路”中文报道统计表

时间	题目	涉华内容	分类
2019 年9 月 12 日	在中国举行欧亚经济论坛	乌兹别克斯坦代表团在论坛会议期间组织关于旅游业的对话，讨论关于采矿业联合项目实施的问题	经济

续　表

时间	题目	涉华内容	分类
2019 年 9 月 12 日	丝绸之路取得新进展	作为在西安举办的欧亚经济论坛的一部分，北京大学教授、国际旅游研究协会主席接受关于乌兹别克斯坦“一带一路”项目地区旅游业发展重要性的采访	经济
2019 年 5 月 3 日	参议院主席：“对乌兹别克斯坦的投资增加了 30%”	人们已经认识到，我们最先进的举措体现在与中国主办的“一带一路”国际合作高峰论坛框架内的各国领导人和权威国际组织的对话中	政治、经济
2019 年 4 月 27 日	乌兹别克斯坦总统对中国的访问已经结束	4 月 24 日至 27 日，乌兹别克斯坦共和国总统沙夫卡特·米尔济约耶夫对中华人民共和国进行国事访问，并参加国际论坛	政治
2019 年 4 月 26 日	参加第二届“一带一路”国际合作高峰论坛——激动和快乐	高水平的国际活动给所有参与者留下了深刻的印象。国家元首和政府首脑代表明确表示，所有国家都愿意在各个领域开展合作。它激发了对明天的信心，为进一步的活动提供了力量	政治
2018 年 10 月 13 日	中华人民共和国主席习近平给乌兹别克斯坦总统沙夫卡特·米尔济约耶夫写的一封信	自年初以来，中乌多边战略伙伴关系持续发展，互信不断增强。联合实施“一带一路”倡议取得新成果，各国人民之间的相互了解和友谊不断加深	政治
2017 年 8 月 24 日	孙立杰：“乌兹别克斯坦是一个有很大机会的国家”	乌兹别克斯坦共和国独立 26 周年前夕，乌兹别克斯坦民族新闻社记者采访了中华人民共和国特命全权大使孙立杰	政治
2017 年 5 月 15 日	“一带一路”国际合作高峰论坛已经结束	如今，乌兹别克斯坦政府特别重视与其他各国建立互利合作关系，因此，“一带一路”建设非常重要	政治、经济、文化
2017 年 5 月 11 日	乌兹别克斯坦总统沙夫卡特·米尔济约耶夫前往中国	乌兹别克斯坦共和国总统沙夫卡特·米尔济约耶夫将出席于 5 月 14 日至 15 日在北京举行的首届“一带一路”国际合作高峰论坛	政治

在这9篇文章中，2019年有5篇，2018年有1篇，2017年有3篇。可以看出，中国举办的“一带一路”国际合作高峰论坛成为乌民族新闻社中文报道的焦点，且中乌两国基于“一带一路”倡议的合作不断深化。

几篇报道主要为政治内容的消息体裁，还有一篇记叙文体裁的参会记录，篇幅一般在500字以内。在对中文报道的研读中，我们可以发现，乌民族新闻社的中文报道语言较为浅显，词法和语法错误较为常见，可见乌民族新闻社的中文官方网站仍在完善中。

乌民族新闻社的英文网站功能开通较早，系统较为成熟。网站设计和文章质量与中文网站相比较高，共统计英文报道28篇（见表13－2）。

表13－2　“一带一路”英文报道统计表

时间	题目	涉华内容	分类
2019年9月25日	中国对乌兹别克斯坦医学和教育发展的投资	这次访问是应中国江苏省人民政府邀请，在“一带一路”倡议框架内，由乌兹别克斯坦－中国贸易协会组织	政治、经济
2019年8月19日	乌外长会见中国外长	乌兹别克斯坦共和国外交部长阿卜杜勒阿齐兹·卡米洛夫在北京会见了中华人民共和国外交部长王毅	政治
2019年5月13日	合作的重要一步	第四届中国－中亚合作对话会在华举行。来自独联体国家（包括乌兹别克斯坦）的媒体代表，在“中国－亚欧大陆”新闻中心的项目框架内参加了此次活动	政治
2019年5月3日	参议院主席：“对乌兹别克斯坦的投资增加了30%”	在第二届“一带一路”国际合作高峰论坛框架内，乌兹别克斯坦总统与其他各国领导人和国际组织的谈判具有重大的历史意义	政治、经济
2019年4月27日	乌总统：各国人民实际上必须感受到我们共同努力所带来的影响	第二届“一带一路”国际合作高峰论坛上，乌兹别克斯坦共和国总统沙夫卡特·米尔济约耶夫在活动上致辞。总统提出了一些举措，包括挖掘中亚的运输和物流潜力，通过绿色经济保障粮食安全，发展旅游业，共同解决环境问题和其他紧迫问题	政治、经济、文化

续 表

时间	题目	涉华内容	分类
2019 年 4 月 27 日	乌总统结束对华访问	应中华人民共和国主席习近平的邀请，乌兹别克斯坦共和国总统沙夫卡特·米尔济约耶夫访问中国，参加第二届“一带一路”国际合作高峰论坛	政治
2019 年 4 月 26 日	第二届“一带一路”国际合作高峰论坛在北京举行	第二届“一带一路”国际合作高峰论坛开幕式在北京举行。乌兹别克斯坦共和国总统参加活动	政治
2019 年 4 月 26 日	乌总统会见中国全国人大常委会委员长	乌兹别克斯坦总统强调，在北京举行的第二届“一带一路”国际合作高峰论坛以及落实中国国家主席习近平在其框架内提出的倡议，将促进国际和地区合作，增进睦邻友好	政治、经济、文化
2019 年 4 月 25 日	乌总统参观华为北京研究所	乌总统于 4 月 25 日参观了华为北京研究所，这是他参加第二届“一带一路”国际合作高峰论坛的一部分	政治、经济
2019 年 4 月 25 日	乌总统会见中国国家主席	中国领导人热烈欢迎乌总统访华并参加第二届“一带一路”国际合作高峰论坛	政治
2019 年 4 月 24 日	乌总统前往北京	应中华人民共和国主席习近平的邀请，乌兹别克斯坦共和国总统沙夫卡特·米尔济约耶夫对中国进行国事访问，并参加第二届“一带一路”国际合作高峰论坛	政治
2019 年 4 月 24 日	乌总统到达北京	将有近 40 个国家的国家元首和政府首脑，以及国际和地区组织参加此届论坛	政治
2019 年 4 月 17 日	新合作视野	塔什干在乌兹别克斯坦内阁所属民族关系与对外友好合作委员会的组织下，主持了一次关于“乌兹别克斯坦与中国：在‘一带一路’倡议框架内发展合作”的圆桌讨论。由中华人民共和国大使馆及其合作伙伴组织	政治

续 表

时间	题目	涉华内容	分类
2019 年 2 月 4 日	代表访问“丝绸之路”国际旅游和文化遗产大学	由联合国城市地理委员会秘书长率领的联合国海陆丝绸之路城市联盟智慧城市与新兴产业委员会中国城市代表访问了“丝绸之路”国际旅游和文化遗产大学	政治、经济、文化
2019 年 1 月 6 日	与中国驻乌兹别克斯坦大使会面	在会议上，双方就“乌兹别克斯坦 - 中国 2019 年议程”的问题交换了意见。大使转达了中方对乌兹别克斯坦总统参加第二届“一带一路”国际合作高峰论坛的正式邀请	政治
2018 年 11 月 7 日	伟大的新丝绸之路	在《人民日报》编辑部的倡议下，2018 年 10 月 22 日至 11 月 2 日，国际记者论坛在中国举行。乌兹别克斯坦民族新闻社的创意人员也出席了会议	政治、文化
2018 年 6 月 10 日	提出了上海合作组织发展贸易关系的实用建议	6 月 10 日，总统米尔济约耶夫参加了上海合作组织峰会的会议。一些观察员国和国际组织的代表团团长出席了会议	政治、经济
2018 年 6 月 6 日	与中国代表团召开会议	这次会议的目的是在“一带一路”倡议的框架内，扩大中国与乌兹别克斯坦城市与地区之间的贸易和经济合作，交流关于建立工业区、食品生产的经验等	经济
2018 年 5 月 29 日	与全球战略智库代表会面	2018 年 5 月 29 日，中国代表团在发展战略中心参加了会议，介绍了执行“行动战略”第一阶段的成果，以及在国家方案框架内为支持积极的企业家精神、创新思想和技术而设想的活动	政治
2018 年 5 月 17 日	乌银行与中资银行签署框架协议	乌兹别克斯坦农村建设银行的领导层与中国工商银行的代表进行谈判，随后签署金融合作框架协议	经济
2018 年 5 月 15 日	中乌教育领域合作进一步扩大	教育领域合作进一步扩大。5 月 15 日，中华人民共和国代表团在塔什干国立东方研究所举行“乌兹别克斯坦与中国：共同实施‘一带一路’倡议的前景”国际会议	政治、文化

续　表

时间	题目	涉华内容	分类
2018 年 5 月 14 日	“一带一路”：共同行动愿景	乌兹别克斯坦支持“一带一路”项目。在合作框架内，乌兹别克斯坦积极参与制订开放运输和物流路线的计划。该计划是通过中国和俄罗斯将中亚、南亚、西南亚与欧洲国家联结起来	政治、经济
2018 年 5 月 14 日	发展战略中心与上海社会科学院签署合作备忘录	中华人民共和国代表团参加“乌兹别克斯坦与中国：共同实施‘一带一路’倡议的前景”国际会议，参观发展战略中心	政治
2018 年 5 月 10 日	塔什干举行以“乌兹别克斯坦与中国：共同实施‘一带一路’倡议的前景”为主题的国际会议	此次活动的组织者是乌兹别克斯坦共和国总统领导下的战略与区域研究所和上海社会科学院，以及乌兹别克斯坦共和国总统领导下的公共行政学院	政治
2018 年 4 月 27 日	乌鲁木齐举办经贸合作工作坊	乌鲁木齐举办经贸合作工作坊，乌兹别克斯坦代表团参加“2018 年丝绸之路经济带国家经贸合作讲习班”	政治、经济
2018 年 4 月 19 日	乌兹别克斯坦工商会代表团参加由联合国工业发展组织主持的会议	4 月 18 日，乌兹别克斯坦工商会代表团参加由联合国工业发展组织主持的会议，会议的主题是“新丝绸之路经济带的可持续工业发展”	政治、经济
2017 年 6 月 10 日	上合组织阿斯塔纳峰会	乌兹别克斯坦总统表示，乌兹别克斯坦赞成进一步加强上海合作组织成员国之间的贸易和经济联系，以及“一带一路”项目中运输和供应线领域的迅速发展	政治、经济
2017 年 5 月 14 日	首届“一带一路”国际合作高峰论坛在北京举行	首届“一带一路”国际合作高峰论坛在北京拉开帷幕。乌兹别克斯坦共和国总统沙夫卡特·米尔济约耶夫参加论坛开幕仪式	政治

以上报道中，2019 年有 15 篇，2018 年有 11 篇，2017 年有 2 篇。与 9 篇中文报道中所呈现的对新闻事件的较高报道依赖度不同，英文报道的“一带一路”

关键词数量呈现逐年增长的趋势。

在报道主题方面（可交叉），其中有26篇涉及政治，13篇涉及经济，只有5篇的主题涉及文化。但是经济类和文化类报道集中于2018年与2019年，且中英文报道的总量呈现增长趋势。可以看出，乌民族新闻社视域下的中乌“一带一路”合作正向着更丰富的维度发展。

此外，在乌民族新闻社的官方英文网站与中文网站中，并未搜到2017年4月之前关键词为“一带一路”的报道，可见2017年5月首届“一带一路”国际合作高峰论坛的举办成为中乌两国之间合作的良好契机与跳板。

13.3.2 乌兹别克斯坦媒体对“一带一路”的态度及成因分析

（1）态度分析

在新闻样本中，中立报道占总报道量的26.3%，正面报道占总报道量的73.7%，并未发现直接的负面报道。[285]值得注意的是，一些新闻报道主要展现的是政治方面的中国形象（如乌兹别克斯坦领导人与中国领导人的国事访问），同时包含经济、文化与社会方面的新闻内容。因此，这种报道形式综合展现了中乌的友好合作。2014年这种形式的报道量为3篇，2015年为2篇，2016年为6篇。从以上信息我们可以看出：乌兹别克斯坦民族新闻社网站中涉及“一带一路”的报道出镜率最高的仍是政治类报道，政治类报道关注的方面包括两届“一带一路”国际合作高峰论坛、两国领导人会面、乌兹别克斯坦与中国外交关系等，报道量占95%以上；经济类和文化类报道很少，经济类报道主要围绕上合组织会议、银行合作、铁路交通建设、中乌公司合作及双方合作项目；最后，最少的是涉及中国文化及社会的报道，主要是在政治类和经济类报道中粗略地提到人文交流。

（2）成因分析

乌兹别克斯坦自独立以来，与中国的交往就在稳进的步伐中行进，这一点清晰地反映在乌民族新闻社较为正面的对“一带一路”的报道中。在这些报道中，有很多两国合作的新闻事件，其中包括但不限于：

上海合作组织：2001年6月，乌兹别克斯坦加入上海合作组织。上海合作组织反恐机构总部就设在乌兹别克斯坦首都——塔什干。近年来，上海合作组织地区反恐机构在防控恐怖主义和极端主义犯罪，以及打击制毒贩毒等方面都取得了显著成效。

近年来，中乌经贸联系日益密切。中国是乌第一大贸易伙伴和第一大投资来源国。此外，两国在打击“三股势力”、禁毒、网络安全、大型活动和合作项目安保、打击跨国有组织犯罪等领域密切配合、务实合作，共同维护着两国及地区的安全稳定。

“一带一路”中亚走廊：中国与乌兹别克斯坦的经贸合作稳步发展，中国－中亚天然气管道 4 条管线全部过境乌兹别克斯坦。2015 年，中乌双边贸易额达 35 亿美元，是建交初期的 70 多倍，中国连续 3 年成为乌兹别克斯坦第一大投资来源国和第二大贸易伙伴。

双方建成了中亚第一长隧道安格连—帕普铁路隧道，其成为连接中国和中亚交通走廊的新枢纽。双方都支持修建中吉乌铁路，愿同有关国家共同推动商谈工作。双方共同实施了轮胎厂、聚氯乙烯厂、碱厂项目，开展了棉花加工合作，落户中乌工业园的瓷砖、智能手机、制革制鞋项目已经初具规模。可以说，双方共建‘一带一路’合作已经取得重要早期成果。[286]

无论如何，在积极发展中乌关系的同时，乌俄的历史性问题、乌国内的极端组织隐患等，都是影响中乌“一带一路”合作的必要参考因素。中乌两国要进一步加强合作，增强民心交流，信息互通，利用同源文化和地缘相近的优势，使中乌两国合作成为中亚地区的合作模范。

14　哈萨克斯坦媒体对“一带一路”的报道研究*

14.1　哈萨克斯坦媒体概况

哈萨克斯坦媒体是中亚地区的重要声音。苏联解体前的1990年初，哈萨克斯坦共和国境内只开设21个广播电台和电视频道以及10家全国性报刊。1991年12月独立后，哈萨克斯坦大众传媒业在逐渐开放的媒体市场中获得较为快速的发展，尤其是千禧年之后，传媒行业发展迅猛。据统计，媒体数量已近3000家，发展速度和水平明显高于中亚其他国家。[287]

在互联网用户规模发展方面，2000年，哈萨克斯坦网民仅有7万左右。2007年，网民数量增加到约200万。数据显示，截至2018年，网民数量为1467万左右，占全国人口的比例上升到了78.9%。[288]网络媒体成为影响哈萨克斯坦人民的重要平台。

哈萨克斯坦全国私营媒体占主体，传统媒体特别是平面媒体占主导地位。纸媒方面，哈萨克斯坦的主要官方报纸是政府主办的俄文报纸《哈萨克斯坦真理报》和哈萨克文报纸《主权哈萨克斯坦报》。在哈萨克斯坦媒体中，俄语为主要语言——俄罗斯媒体对哈萨克斯坦保持着强大的影响力，俄语仍是哈萨克斯坦使用率最高的语言。目前，哈萨克斯坦的三大通讯社是哈萨克斯坦国际通讯社、今日哈萨克斯坦通讯社和哈巴尔通讯社。哈萨克斯坦国际通讯社（简称“哈通社”）是国家全资媒体，网站使用哈萨克文、俄文、英文、中文等多种文字发布各类消息。

哈萨克斯坦目前有17家电视台。最具影响力的国有电视台是1958年开播

* 《哈萨克斯坦媒体对“一带一路”的报道研究》作者是洪雁。

的哈萨克斯坦国家电视台，该电视台是哈国家广播电视集团下属媒体，从 2011 年开始，该电视台全部使用哈萨克语播出；最具影响力的私营电视台是哈巴尔电视台，该台成立于 1995 年，拥有 4 个电视频道，使用哈萨克语、俄语、英语共 3 种语言播出，是哈巴尔通讯社旗下媒体。

哈萨克斯坦有 24 家全国和地区性广播电台。哈萨克斯坦广播电台于 1921 年开播，是哈最大的广播电台，使用哈萨克语、俄语、德语、韩语、维吾尔语、阿塞拜疆语、土耳其语、塔塔尔语等语言播出。此外，为了促进国内各民族语言和文化的发展，在国家财政支持下，相关电台使用 11 种语言对内传播，这些语言包括乌克兰语、波兰语、德语、朝鲜语、维吾尔语、土耳其语等。

14. 2　“一带一路”报道情况概述

哈萨克斯坦国际通讯社是哈萨克斯坦唯一的国家通讯社，也是哈萨克斯坦最大的官方通讯社，其涉华的“一带一路”报道在哈萨克斯坦全国极具代表性，故本文将以哈通社为例，对哈萨克斯坦主流媒体对“一带一路”的报道情况进行介绍，重点翻译分析其涉华内容中政治、经济、文化等相关主题的分布状况及其总体倾向，研究哈萨克斯坦媒体“如何看中国”“为什么这样看中国”“该怎样看中国”等。

哈通社总部设在阿斯塔纳市，并在阿拉木图设有分社，其中哈通社北京分社于 1993 年建立，目前主要使用哈萨克文、俄文、英文、中文发布新闻信息，同时用阿拉伯文字向国外哈萨克族同胞传播哈萨克斯坦新闻。哈通社在全球 8 个国家设有记者站，驻站记者有 100 多位。有着 80 多年历史的哈萨克斯坦国际通讯社于 2014 年 3 月 14 日开通中文版网站，成为中亚国家中第一个开设中文网的媒体。[289]该网站由政治、经济、环球、区域等板块组成，希望能为中哈两国媒体合作交往提供更多契机，为中国网民了解哈萨克斯坦提供更多机会。

14. 2. 1　“一带一路”报道数量和类型分析

自 2013 年到 2019 年，哈通社官方网站上有“一带一路”相关主题的 120 篇中文文章[290]和 28 篇英文文章[291]。

伴随中哈“一带一路”合作全面展开，哈通社关注中国信息更为全面，涉

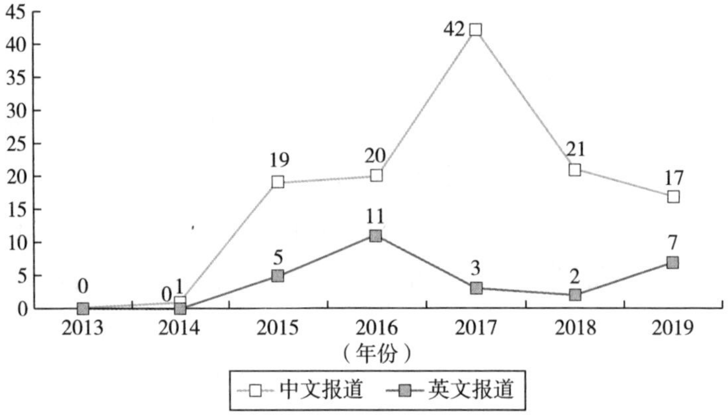

图 14－1　2013—2019 年哈通社中英文报道数量对比图

注：数据来源于哈通社官方网站。其中，2019 年的数据统计截至 9 月 20 日。

及经济、政治、文化等 8 个领域，哈通社官方网站持续发布“一带一路”主题的涉华报道（见图 14－1）：2015 年有 24 篇，2016 年有 31 篇，2017 年有 45 篇，2018 年有 23 篇，2019 年截至 9 月 20 日共 24 篇。可以看出，哈通社涉“一带一路”的中文报道量在 2017 年达到了一个“小高潮”，可见首届“一带一路”国际合作高峰论坛上中哈两国的积极互动，促进了哈萨克斯坦对中国关注的领域不断全面化。

在哈通社“一带一路”报道中，有消息、通讯、社论（评论）、特写（专访）四种基本新闻报道形式，其中短消息和通讯占比较大，社论和特写数量很少。

14.2.2　“一带一路”报道主题分析

哈通社涉“一带一路”报道的主题包括政治、经济、文化三大方面（其中也涉及交叉分类，如社会、科技、体育等），如图 14－2 和图 14－3 所示。

2014 年，仅有 1 篇经济报道；2015 年，有政治报道 16 篇，经济报道 6 篇和文化报道 2 篇；2016 年，有政治报道 21 篇，经济报道 7 篇和文化报道 3 篇；2017 年，有政治报道 26 篇，经济报道 12 篇和文化报道 7 篇；2018 年，有政治报道 12 篇，经济报道 8 篇和文化报道 3 篇。

2013—2019 年，政治报道数量较多，有 89 篇报道为政治类，且报道对政治性事件的依存度较高，如“一带一路”国际合作高峰论坛、中哈两国领导人互

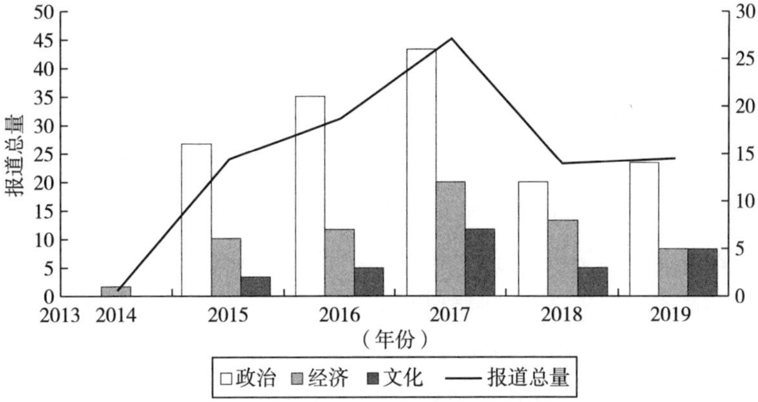

图 14－2　2013—2019 年哈通社报道主题分布情况

注：数据来源于哈通社官方网站。其中，2019 年的数据统计截至 9 月 20 日。

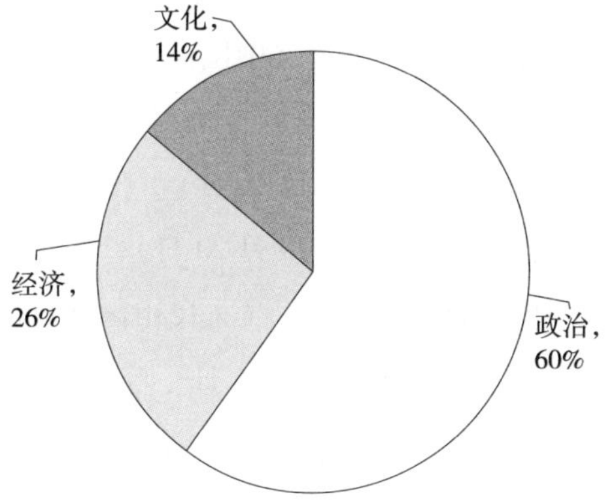

图 14－3　2013—2019 年哈通社各报道主题占比

访等，尤其是 2017 年和 2019 年，中国分别举办首届和第二届“一带一路”国际合作高峰论坛。这些均可以体现在报道的主题和数量上，如《纳扎尔巴耶夫出席第二届“一带一路”国际合作高峰论坛开幕式》（2019 年 4 月 26 日）、《哈萨克斯坦代表团出席第二届“一带一路”国际合作高峰论坛》（2019 年 4 月 25 日）、《中国已与 14 个共建“一带一路”国家实现 AEO（经认证的经营者）互认》（2019 年 4 月 24 日）、《中国驻哈大使：“一带一路”是中哈互惠发展和共同繁荣之路》（2018 年 9 月 7 日）、《中国外交部长谈推进“一带一路”的黄金法则》（2018 年 5 月 10 日）、《“一带一路”国际合作高峰论坛开幕 纳扎尔巴耶夫总统出席论坛》（2017 年 5 月 14 日）、《中国：“一带一路”时间即将开启 高级别峰会怎么开？》（2017 年 5 月 11 日）、《中国前驻哈大使：哈萨克斯坦是“一带一路”的重要地区》（2016 年 11 月 19 日）、《中国专家：中哈合作成为落实“一带一路”倡议的典范》（2016 年 9 月 2 日）、《中国驻哈大使：“一带一路”纲领文件出台为中哈合作带来新机遇》（2015 年 4 月 16 日）等。

2013—2019 年，经济报道有 39 篇，主要为涉及两国贸易、物流、基础设施建设等方面的新闻报道，如《1 月中国对共建“一带一路”国家进出口增长 11.5%》（2019 年 2 月 16 日）、《中国计划于 2019 年启动“一带一路”绿色发展国际联盟》（2019 年 1 月 22 日）、《哈萨克斯坦驻华大使馆举办“一带一路”投资研讨会》（2018 年 10 月 23 日）、《2018 年前 7 月中国对共建“一带一路”国家直接投资 90.5 亿美元》（2018 年 8 月 28 日）、《财政部部长：哈萨克斯坦是“一带一路”倡议的坚定支持者》（2018 年 5 月 14 日）、《中国商务部：“一带一路”经贸合作 2017 年取得明显成效》（2017 年 11 月 5 日）、《媒体：搭“一带一路”顺风车 商家可与哈萨克斯坦伙伴合作》（2017 年 7 月 26 日）、《2016 年中国对“一带一路”相关国家投资额达 78.7 亿美元》（2016 年 9 月 20 日）、《汇丰：“一带一路”中的基础设施建设商机》（2016 年 10 月 12 日）、《人民币国际化便利“一带一路”贸易 可规避美元汇率波动风险》（2015 年 3 月 16 日）等。

2013—2019 年，文化报道数量较少，仅有 20 篇，但科技、传媒、教育和娱乐等方面均有涉及，内容丰富，如《迪玛希献声“一带一路”国际时尚周》（2019 年 1 月 14 日）、《“一带一路”拳击精英赛：哈萨克斯坦代表团获得 7 枚奖牌》（2019 年 6 月 10 日）、《哈萨克斯坦驻华大使馆参加第三届“炫彩世界”——“一带一路”沿线国家特色文化展示活动》（2018 年 11 月 3 日）、《“我与‘一带一路’的故事”全哈征文赛颁奖仪式在阿斯塔纳举行》（2018 年 8 月 15 日）、《习近平表示“一带一路”将成为拉近国家间关系的纽带》（2017 年 5 月 15 日）、《“一带一路”伊斯兰风情文化国际摄影优秀作品展开展》（2016 年 12 月 21 日）、《“一带一路”国际新媒体联盟启动 发表共同宣言》（2016 年 7 月 27 日）、《哈萨克斯坦留学生玛丽卡：“一带一路”是 2015 年最火的词》（2015 年 7 月 10 日）等。

以 2019 年为例，哈通社较为集中地对“一带一路”进行了报道，截至 2019

年9月20日，哈通社相关主题的中英文报道共有24篇，涉及政治的有14篇，涉及经济和文化的各有5篇，报道题目及内容具体如下。

表14－1　2019年哈通社对“一带一路”的中英文报道统计表（截至2019年9月20日）

分类	题目	内容
政治	哈萨克斯坦中国研究中心召开第二届“一带一路”国际合作高峰论坛成果会议	5月30日，第二届“一带一路”国际合作高峰论坛成果会议28日在哈萨克斯坦中国研究中心召开
	哈萨克斯坦驻华大使：“一带一路”让各国发展计划对接	5月2日，哈萨克斯坦驻华大使沙赫拉特·努雷舍夫在接受《北京日报》记者专访时表示，“一带一路”倡议推动各参与国不同的发展计划和倡议实现对接合作，哈萨克斯坦新经济政策“光明之路”正与“一带一路”积极对接。所有参与国都将从“一带一路”倡议中受益
	哈萨克斯坦共和国首任总统——民族领袖纳扎尔巴耶夫在第二届“一带一路”国际合作高峰论坛开幕式上的讲话	据外交部消息，哈萨克斯坦共和国首任总统——民族领袖纳扎尔巴耶夫26日出席在北京举行的第二届“一带一路”国际合作高峰论坛开幕式并发表讲话
	纳扎尔巴耶夫：“一带一路”与“G-global对话－大欧亚”不谋而合	哈萨克斯坦首任总统——民族领袖努尔苏丹·纳扎尔巴耶夫26日出席于北京举行的第二届“一带一路”国际合作高峰论坛并发表讲话时表示，“一带一路”倡议符合哈萨克斯坦“G-global对话－大欧亚”构想
	纳扎尔巴耶夫出席第二届“一带一路”国际合作高峰论坛开幕式	4月26日，哈萨克斯坦首任总统——民族领袖努尔苏丹·纳扎尔巴耶夫26日出席在中国首都北京召开的第二届“一带一路”国际合作高峰论坛开幕式
	哈萨克斯坦代表团出席第二届“一带一路”国际合作高峰论坛	4月25日，工业和基础设施发展部罗曼·斯卡利亚尔25日出席在北京举行的第二届“一带一路”国际合作高峰论坛分论坛并发表讲话
	中国已与14个共建“一带一路”国家实现AEO互认	4月24日，据中新网消息，中国海关总署4月22日称，截至4月底中国已经与14个共建“一带一路”国家实现AEO互认
	哈通社副社长出席“一带一路”新闻合作联盟首届理事会	4月24日，“一带一路”新闻合作联盟首届理事会23日在人民日报社举行
	中国将于4月25日举办第二届“一带一路”国际合作高峰论坛	4月19日，中国外交部长王毅表示，中国将于4月底举办第二届“一带一路”国际合作高峰论坛
	中国已签署171份“一带一路”合作文件	3月11日，中国国家发改委副主任宁吉喆表示，“一带一路”倡议提出5年来中国已经签署了171份“一带一路”合作文件

续 表

分类	题目	内容
政治	哈萨克斯坦驻英大使出席沃里克中亚论坛谈“一带一路”	2月19日，据哈萨克斯坦驻英国大使馆消息，驻英大使叶尔兰·伊德里索夫上周出席了在英国举行的沃里克中亚论坛框架下的“‘一带一路’倡议与中亚未来”圆桌会议
	中国计划于2019年启动“一带一路”绿色发展国际联盟	1月22日，据中国一带一路网消息，近期于北京召开的“2019年全国生态环境保护工作会议”期间，中国明确了2019年需要着力做好积极推动经济高质量发展、提高支撑保障能力等12个方面的重点工作
	（英文报道）纳扎尔巴耶夫参加“一带一路”国际合作高峰论坛开幕式	哈萨克斯坦政府部门发言人表示，哈萨克斯坦国家领导人努尔苏丹·纳扎尔巴耶夫正在参加“一带一路”国际合作高峰论坛开幕式
	（英文报道）中国国家主席习近平下周将在“一带一路”国际合作高峰论坛发表讲话	据新华社报道，国务委员兼外交部长王毅25日宣布，中国国家主席习近平将在4月25日至27日在北京举行的第二届“一带一路”国际合作高峰论坛上发表主旨演讲
经济	1—2月中企对“一带一路”48个共建国家新增投资23亿美元	3月21日，中国商务部新闻发言人高峰在新闻发布会上介绍了2019年1—2月中国对外投资合作情况
	1月中国对“一带一路”共建国家进出口增长11.5%	2月16日，中国海关总署14日公布的数据显示，1月中国进出口总额达2.73万亿元，同比增长8.7%，不仅扭转了2018年12月外贸负增长态势，而且好于市场预期
	（英文报道）国际博览会开幕，促进“一带一路”投资厦门	2019第二十一届中国国际投资贸易洽谈会（CIFIT）暨“一带一路”投资大会于星期日在中国福建省厦门市举行
	（英文报道）“一带一路”区域税务中心将在哈萨克斯坦建成	“一带一路”俄语国家区域税务中心将在哈萨克斯坦财政部国税委员会培训中心设立
	（英文报道）阿联酋联邦税务局局长被选举为“一带一路”税收征管合作机制理事会副主席	阿联酋通讯社称，阿联酋联邦税务局局长被选举为“一带一路”税收征管合作机制理事会副主席

续　表

分类	题目	内容
文化	“一带一路”拳击精英赛：哈萨克斯坦代表团获得7枚奖牌	6月10日，文章指出在中国上海举行的“一带一路”拳击精英赛8日落下帷幕，哈萨克斯坦代表团获得7枚奖牌
	哈通社副社长出席“一带一路”新闻合作联盟首届理事会	4月24日，“一带一路”新闻合作联盟首届理事会23日在人民日报社举行
	（英文报道）北京主办“一带一路”新闻合作联盟首届理事会	4月24日，哈萨克斯坦国际通讯社参加在北京举行的“一带一路”新闻合作联盟首届理事会
	迪玛希献声“一带一路”国际时尚周	1月14日，哈萨克斯坦歌手迪玛希·库达伊别尔良12日出席在中国举行的“一带一路”国际时尚周开幕式，并现场演唱了自己的代表作《呐喊》和《荆棘王冠》
	（英文报道）阿联酋通讯社成为“一带一路”新闻合作联盟理事	阿联酋通讯社已经加入了“一带一路”新闻合作联盟理事会，成为该组织来自阿拉伯地区的第一家新闻机构

在哈通社的报道中，除少数持中立态度的文章，“一带一路”倡议已经成为地区及全球发展的新范例，是开展互利合作的新模式。哈萨克斯坦坚定支持“一带一路”倡议，积极实现“一带一路”倡议同哈“光明之路”发展战略的对接，愿继续在此框架下深化两国经贸、农业、矿业、铁路、科技等领域的务实合作。

14.3　哈萨克斯坦媒体对“一带一路”的态度及成因分析

中哈两国之于“一带一路”倡议有着紧密的联系——2013年9月7日，习近平主席在哈萨克斯坦纳扎尔巴耶夫大学演讲时提出共建“丝绸之路经济带”构想，该年10月继续提出“21世纪海上丝绸之路”的重大倡议。如今，“一带一路”的合作发展理念得到了国际社会的高度关注和认可。中哈作为友好邻邦，国家领导高层互访日益频繁，政治互信逐渐加深，经贸合作也不断深入各个领域。

哈萨克斯坦媒体对“一带一路”的态度值得我们深入探析。近几年的报道中，从中哈经贸合作、政治互信，到中国的科技进步和人民积极健康的生活方式以及医疗卫生的进步等方面，哈通社对“一带一路”倡议的报道大部分呈现积极态度，原因有以下几点：

（1）哈萨克斯坦与中国的关系势头逐渐向好

哈萨克斯坦总统纳扎尔巴耶夫 2011 年接受中国媒体采访时明确表示，在中苏发生矛盾冲突时，哈萨克斯坦曾是反华前哨。[292]苏联解体前，涉华报道的消极内容所产生的负面影响直到今天仍有部分残留。然而，伴随“一带一路”倡议在两国落地，中哈两国交流和合作逐渐增多，增进了对彼此的了解，两国关系向好发展趋势明显。

哈萨克斯坦国际通讯社社长达吾然·迪亚洛夫在 2015 年北京举办的“2015‘一带一路’媒体合作论坛”发表的演讲中说：“在哈中两国的共同努力下，双方解决了许多历史上悬而未决的问题，其中包括两国边境划分的问题。目前，总长 1700 余公里的哈中边境线，已经成为一条友谊的纽带。同时在国际舞台上，两国始终保持着密切的合作关系，比如，在上合组织、亚洲相互协作与信任措施会议等国际组织框架下，双方开展了一系列富有成效的合作，为亚洲和地区稳定和平发展做出了卓越贡献。目前，通过两国高层的积极推动，哈中双方正力争为亚洲及地区提供新的发展机会和空间。在‘丝绸之路经济带’以及‘21 世纪海上丝绸之路’框架下，亚欧大陆和全球将拥有众多新的合作空间和发展机遇。通过落实‘一带一路’，哈中双方正在构建命运共同体，这也是两国在自身发展进程当中所做出的一项重要战略抉择。”[293]

（2）哈萨克斯坦政府对媒体有较大影响力

哈萨克斯坦媒体对政府依赖较深，影响力最大的媒体仍为国营媒体。相比其他中亚四国，哈萨克斯坦虽然仍有着较多的私营媒体数量，但还是有部分商业媒体在政府的监管之下，故而国内新闻媒体的整体舆论趋势会向本国国内外政策和国际关系现状靠拢。

正因为如此，哈萨克斯坦政府有能力将对华政治层面的友好关系延伸到媒体层面，以保证对“一带一路”的正面报道，尤其是哈萨克斯坦在中亚地区率先设立中文媒体，拉近与中国媒体的关系。

（3）哈萨克斯坦是“一带一路”倡议的受益者

哈萨克斯坦地处亚洲腹心，是有着“亚欧大陆交通岛”之称的中亚领土大国，其对中国的地缘政治价值不言而喻。伴随中国经济和国际地位的迅速崛起，以及“一带一路”建设的不断顺利推进，中哈之间的交流已经不仅仅局限于油气交易。哈萨克斯坦可以借助“丝绸之路经济带”，加大其国内的基础设施建设，加强其作为中亚地缘纽带的重要地位，提升自身的国力和地缘影响力，故而哈萨克斯坦境内媒体对中国“一带一路”倡议呈现积极态度是对中哈两国利好的态势。

15 尼日利亚媒体对“一带一路”的报道研究*

尼日利亚是非洲第一人口大国和第一大经济体，中国提出的“一带一路”倡议与尼日利亚经济发展振兴战略高度契合，获得了尼朝野及民众广泛响应和高度评价。尼日利亚也因此成为中非共建“一带一路”的重要伙伴。

加强中尼交流方面，媒体成为重要的民心相通平台。值得注意的是，在尼日利亚，印刷媒体部门较为自由开放，由私营部门运营商主导，但电子媒体在国家和州两级都由政府主导。同样值得注意的是，非洲第一个电视台成立于尼日利亚，即尼日利亚西部电视台。了解尼日利亚媒体的构成状况，便于我们理解尼日利亚的社会传播习惯和方式，有助于我们对其涉华报道进行进一步的分析。

15.1 尼日利亚媒体概况

（1）报纸

尼日利亚除了成立于1926年的《每日时报》之外，最早的媒体组织（例如《非洲早报》《西非飞行报》）都是由最重要的反殖民主义者和后来的尼日利亚独立之父纳姆迪·阿齐克韦建立的。后来，领导人奥巴费米·阿沃洛沃在20世纪40年代后期创立了《尼日利亚论坛报》——尼日利亚现存最古老的私人报纸。

（2）电视台

20世纪70年代后期，非洲第一个传输彩色电视信号的电视台是尼日利亚的阿南布拉州电视台。在20世纪90年代中期，尼日利亚拥有400多个广播电台，其中约75%由个人投资者拥有。同样的趋势也出现在电视行业，大多数电视台

---

* 《尼日利亚媒体对“一带一路”的报道研究》作者是洪雁。

由私人拥有。非常例外的是，尼日利亚几乎没有任何功能性印刷媒体组织归政府所有，它们都是归私人所有。

（3）互联网

尼日利亚的网络普及率在非洲名列前茅，其是非洲唯一一个网民数量世界前十的国家（2011 年），为互联网媒体提供了良好的传播基础。

据尼日利亚《太阳报》2019 年 7 月 27 日报道，尼日利亚通信委员会发布数据称，截至 2017 年 6 月，尼日利亚网民数量已经达到 9160 万人，[294] 相比 5 月份增长了 3.4 万人，超过人口总量的 50%，进入世界前十。2000 年，当全球移动通信系统在尼日利亚实现普及时，手机在尼日利亚普通民众的心目中已经成为一件普通用品——上亿部手机正在投入使用。传统媒体是尼日利亚高年龄段人的首选，而年轻一代则可以通过听收音机、看电视、上网等方式获取新闻媒体信息，手机客户端也逐渐得到普及。

尽管尼日利亚互联网行业的发展受到该国不发达和不可靠的固网基础设施的阻碍，但是随着竞争的加剧和新技术的出现，这种情况正在得到改善。VoIP（互联网电话）已经承载了尼日利亚大部分的国际语音流量。目前，该国第一个下一代网络（NGN）的部署将推动语音、数据、视频和电视的进一步融合，从而提供三重播放服务，最终也将推广到该国已经竞争激烈的广播部门。[295]

像很多正在蓬勃发展的非洲其他国家的媒体一样，尼日利亚的媒体正处于转型阶段。尼日利亚的新闻行业逐渐利用新媒体在传播速度、数据、文件、照片、音频整合方面的优势，从而使传统媒体受到冲击。但目前为止，传统媒体仍然是尼日利亚民众生活中的必需品。

15.2　“一带一路”的报道样本分析

尼日利亚《今日报》是尼日利亚的主流媒体，也是尼日利亚发行量最大的报纸之一，总部位于首都阿布贾，提供政治、经济、体育、生活等方面的新闻，其内容丰富、全面，影响力广泛而重大，其涉“一带一路”报道在全国媒体报道中具有一定的代表性。

15.2.1 “一带一路”报道情况概述

（1）涉“一带一路”报道数量、体裁和主题分析

2013 年 9 月起至 2019 年 10 月 5 日《今日报》的全部涉华报道中，有关键词为“一带一路”的英文报道 36 篇发布在其官方网站上，以下是基于实际搜索数据统计的涉“一带一路”报道数量、体裁和主题分析。

首先，《今日报》涉“一带一路”报道数量统计如图 15－1 所示：

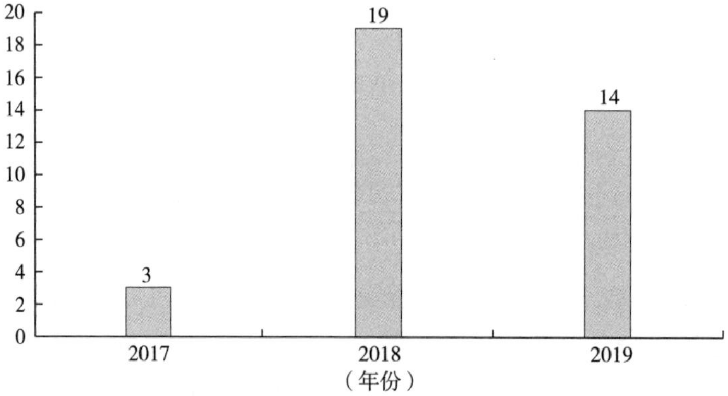

图 15－1　《今日报》涉“一带一路”报道数量统计

从 2017 年开始，《今日报》的涉“一带一路”报道数量经历质的变化，从 2018 年 3 月开始，报道量大幅度增加，且报道相对密集。究其原因，在 2018 年中非合作论坛北京峰会期间，中国与尼日利亚签署了共建“一带一路”合作谅解备忘录，中尼两国合作从此进入新平台，两国合作进一步深化，尼日利亚媒体积极参与中尼两国新闻事件的报道。

《今日报》涉“一带一路”报道体裁统计如图 15－2 所示：

研究范围内的 36 篇尼日利亚《今日报》涉“一带一路”报道的体裁主要分为评论、消息和通讯。《今日报》的这些报道中，共有 11 篇评论、9 篇消息和 16 篇通讯。评论作者或为政府高官，或为报社评论员，数量占比较大。

《今日报》涉“一带一路”报道主题分析如图 15－3 所示：

《今日报》的英文网站系统较为成熟。从报道主题（按主要内容）来看，其中 13 篇涉及政治，19 篇涉及经济，只有 4 篇涉及文化。从统计数据可以看

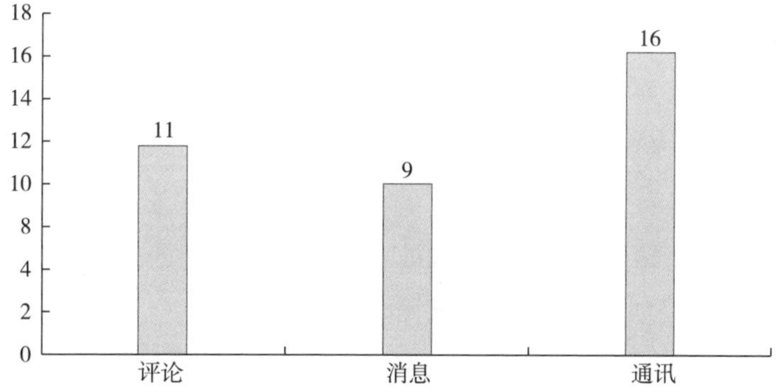

图 15－2　《今日报》涉“一带一路”报道体裁统计

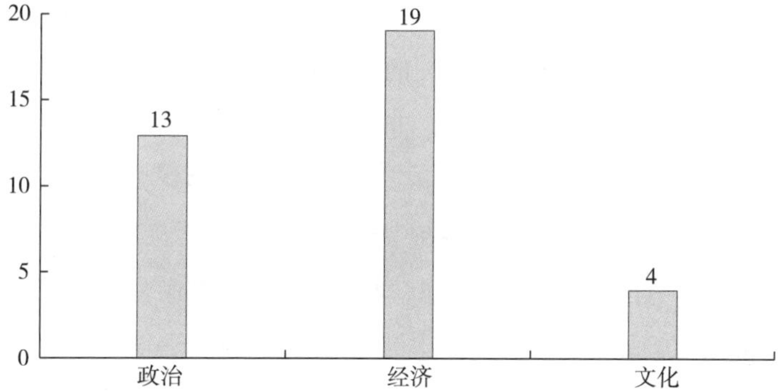

图 15－3　《今日报》涉“一带一路”报道主题分析

出：尼日利亚《今日报》关注中国经济发展，报道主题丰富，从“一带一路”倡议构想下的基础设施建设合作，到建立于中非合作论坛基础之上的两国间战略投资等问题均有涉及，且报道篇幅较长，数量较多；此外，尼日利亚媒体关心国债问题，但是多篇文章均为积极表态，认为中尼两国债务问题并未影响两国关系，并未给尼日利亚增添负担；尼日利亚学习中国的经济发展模式，在多篇报道中，尼日利亚高层均表示“中尼合作将为尼日利亚带来机遇，但是中国模式并不能直接照搬到尼日利亚”，体现了尼日利亚在中尼两国友好发展势头下的独立自主的发展模式。

政治问题也是尼日利亚媒体涉华报道的关注对象，多篇文章提及中尼两国的高层访问，而且屡次谈到历史问题，这与中尼两国被殖民的历史共性有关，一定程度上影响了两国的合作发展方向和友情的建立。此外，尼日利亚同样关心中国的外交关系和国际事务，多篇文章提及中美贸易战，且中国与巴基斯坦的关系也被尼日利亚《今日报》提上过议程，可见中国在尼日利亚具有一定的影响力。

文化报道数量较少，且大多与政治和经济新闻直接绑定，多依托于大型经济论坛或“一带一路”经济合作相关的系列媒体文化活动，且类型局限性较大。

15. 2. 2 尼日利亚创办非洲中国新闻网概况

除《今日报》外，非洲中国新闻网同样是在尼日利亚境内创办的，是该国几家专业媒体机构之一。该网站虽然成立时间不长，却相对其他非洲国家媒体而言具有一定专业性。

作为官方渠道，非洲中国新闻网致力于推动非洲地区媒体传播活动，特殊之处在于该网站塑造、强化对中国与非洲的认识——旨在让非洲人了解中国各行业的先进领域和发展现状，并从中学习。非洲中国新闻网聚焦于非洲、中国和世界经济报道，合作伙伴都是重要的经济体与尼日利亚的大型媒体以及一群专业记者。官网资料显示，该网站所属记者大多在中国进行过培训，且现如今非洲中国新闻网与中国数个媒体机构保持亲密的关系，非洲中国新闻网成为西非 16 个国家中同新华社签订合作谅解备忘录的首个媒体机构，极大地展现了非洲中国新闻网的可信度。该网站也正在为中非两国人民搭建相互了解的桥梁。

15. 3 尼日利亚媒体对“一带一路”的态度及成因分析

（1）态度分析

在 36 篇新闻样本中：中立报道为 14 篇，占总报道量的 38. 9%，多为客观描述会议举办、中国的外交关系等；正面报道为 22 篇，占总报道量的 61. 1%，多为积极描述中尼签订相关经贸合作协议，肯定中国的经济发展，以及中国为中尼两国合作所付出的努力，等等；并未发现直接的负面报道。

（2）成因分析

政治因素：媒体报道中，尼日利亚对华态度呈积极态势，这得益于尼日利亚对中国的友好期待。曾有民调显示，尼日利亚有 83% 的民众认为中国影响力扩大会带来正面影响。由此可以看出，尼日利亚对中国的态度友好。

尼日利亚政府对中国也是非常友好的，做出了许多维护中国利益、支持中国提升国际影响力的举措。比如，台湾曾为了提升其在国际舆论上的优势，会向其他国家派驻机构，以影响该国对台态度，但尼日利亚政府严令台湾驻尼机构更名，并令其迁出首都，削减人员，禁止政府和机构同台湾发生任何官方往来。在新时期，中国更应该进一步深化与尼日利亚的关系，在非洲取得模范合作效应。

经济因素：当前中国与尼日利亚关系进入快速发展新阶段，双方各领域合作硕果累累。基础设施是尼日利亚的一个短板，也是其经济复苏与增长计划的关键领域。近年来，在铁路建设等基建领域开展的“一带一路”合作已成为中尼合作的亮点之一。其中，中尼在铁路方面的合作成果显著，如：2016 年 7 月，连接尼日利亚首都阿布贾和卡杜纳的铁路（阿卡铁路）正式通车，这是非洲首条全部采用中国技术、中国标准的现代化铁路；2017 年 3 月，连接尼日利亚西南部大通道的拉各斯—伊巴丹铁路项目破土动工；2018 年 7 月，西非地区第一条城铁阿布贾城铁通车。尼日利亚已成为中国在非洲的第一大工程承包市场。因此，尼日利亚媒体中经济报道数量多，篇幅较长。

除了基础设施建设方面，中尼贸易水平也在不断提升。据中国海关统计，2017 年中尼双边贸易额为 137.8 亿美元，同比增长 29.7%。截至 2017 年 12 月，尼日利亚继续保持中国在非第三大贸易伙伴地位，在尼日利亚媒体报道中涉及“中国经济发展”的内容多次得到体现。

文化因素：中尼两国文化交流不断加深。

历史因素：中尼两国都有被殖民统治的历史（英国对尼日利亚的殖民统治前后延续百余年），故而两国人民在民族独立中有相通的深切体验，这在多篇报道中有所体现。

民间交流因素：目前，尼日利亚是唯一与中国在对方首都互设文化中心的非洲国家。尼日利亚中国文化中心成立多年来，在传播中国文化、促进两国人民的沟通和了解方面发挥了积极作用。尼日利亚现有两所孔子学院，大约有 30 名汉语教师，且在华尼日利亚留学生也呈现逐年增长趋势，两国青年交流不断加深。

16　中东国家媒体发展现状及中国对外传播研究*

本文重点研究了共建“一带一路”中东国家媒体发展总体概况，同时选取阿联酋《海湾时报》从2018年7月19日中国国家领导人时隔29年后对阿联酋的首次访问，直至2019年10月8日，中阿即将建交35周年、新中国成立70周年之际为止的636条涉华报道，通过文本分析的方法，详细阐述阿联酋媒体涉华报道的议程设置、报道倾向、报道框架、报道策略等，以期探索我国在共建“一带一路”中东国家的对外传播策略。

16.1　共建“一带一路”中东国家主流媒体发展现状

“一带一路”途经伊朗、伊拉克、以色列、土耳其、约旦、黎巴嫩、沙特阿拉伯、科威特、阿曼、阿联酋、卡塔尔、叙利亚、巴林、巴勒斯坦和埃及。中东地区自古以来就通过丝绸之路与中国保持着密切的经贸往来。近年来，随着“一带一路”倡议的深入推进，中国与中东国家在经济、文化、社会、文化、科技、基础设施建设等领域签订了多项协议，双边经贸合作步伐也不断加快。[296]

中东各国多信奉伊斯兰教，这种宗教信仰在媒体传播过程中起到非常重要的作用，比如沙特阿拉伯奉行的新闻政策以遵守伊斯兰法规为原则。《阿拉伯新闻报》是沙特发行的一份英文报纸。沙特阿拉伯广播电台共有22个，分别使用短波、中波和调频播出。其中，利雅得广播电台、吉达广播电台和古兰经广播电台是沙特阿拉伯最大的三家广播电台。[297]

伊朗主流媒体有《伊朗报》，由伊朗国家通讯社出版。除此之外，伊朗具有较大影响力的报纸还有《阿拉伯语报纸》、《体育日报》和《盲人报》等。伊朗

---

* 《中东国家媒体发展现状及中国对外传播研究》作者是郑姣。

对外广播电台的主要功能在于对外传播伊朗历史、文化和宗教。伊朗国家广播电视台为伊朗影响最大的电视台，全天24小时用波斯语、英语、阿拉伯语、德语、法语及汉语等25种语言对外传播。伊朗伊斯兰共和国对外广播电视台是伊朗目前唯一一家信号覆盖全国的广播电视媒体。[298]

伊拉克主流媒体有《阿扎曼》，是阿拉伯文日报，其观点中立且独立，该报是伊拉克地区最受欢迎的报纸。

以色列最大的英文日报是《耶路撒冷邮报》，创刊于1932年，是反映政府观点的半官方日报。以色列国有电视台有以色列一台，另有近10个商业电视频道。

土耳其最古老的英文报纸是《每日新闻》，成立于1961年，总部设在伊斯坦布尔，该报发布来自土耳其及周边国家的新闻报道。土耳其全国共有电视台258家，各类广播电台1087家，通讯社24家。

约旦著名的英文日报是《约旦时报》，创刊于1975年。最大的电视台是使用阿拉伯语播报的开播于1968年的约旦国家电视台。目前该电视台节目已覆盖巴勒斯坦、叙利亚、以色列、黎巴嫩南部、沙特阿拉伯北部和塞浦路斯等地区。

黎巴嫩以“中东新闻中心”著称，全国各类报刊有600余家。黎巴嫩的主要日报有《白天报》《旗帜报》《家园报》《安瓦尔报》，主要刊物有《事件周刊》《阿拉伯周刊》《黎巴嫩评论》等。黎巴嫩国家通讯社是黎唯一官方通讯社，成立于1962年。此外，黎巴嫩全国有140多家广播电台，大部分是私营娱乐性电台。黎巴嫩国家电视台属黎巴嫩电视公司所有，政府只占一半资本，公司董事长和董事会成员均由政府任命。

科威特的新闻制度相对开放自由，报刊多为私营。全国影响力最大的报纸为英文报《科威特时报》，该报为36页大报，[299]它不仅提供针对本地事件的深度报道和商业新闻报道，还提供相关国际新闻报道，包括国际时事评论等。

阿曼苏丹国现有报刊30余种，有七大主流媒体，分别是《阿曼日报》《观察家报》《祖国报》《阿曼论坛报》，以及1986年成立的官方新闻机构——阿曼通讯社、1970年成立的阿曼苏丹国广播电台和成立于1974年规模最大的国营电视台——阿曼电视台。

阿联酋是中东地区的传媒业中心。自2001年迪拜政府建立了迪拜媒体城，迪拜已成为CNN、BBC等100多家国际媒体公司在中东地区的总部所在地，包括电视台、杂志社、广告制作公司、电子商务公司等各类媒体。阿联酋政府在新闻管制上比较宽松，在阿联酋的书报期刊市场上还可看到近3500种外报外刊，其中阿拉伯文报107种、杂志459种，英文报30种、杂志1698种，印度报102种、杂志526种，法文报7种、杂志143种，巴基斯坦报26种、杂志83种，以及意大利报刊101种、俄罗斯报刊48种、菲律宾报刊114种。阿联酋影响力最大的电台、电视台为阿布扎比电台和阿布扎比电视台。

卡塔尔的主要阿拉伯文报刊有《多哈月刊》《阿拉伯人日报》《旗帜报》《海湾市场》《今日海湾》《每周消息》等，此外还有《东方报》《祖国报》等，英文报刊有《海湾时报》。建于1975年的卡塔尔通讯社是阿拉伯国家主要通讯社之一。

叙利亚最大的电视台是叙利亚国家电视台，叙利亚全国性的阿拉伯文日报为《复兴报》，该报由叙利亚阿拉伯社会主义复兴党于1948年创建。

巴林共有13种全国性报纸，其中《巴林日报》是巴林著名的自由日报。巴林的广播电台用阿拉伯语和英语广播。巴林电视台共有3个电视频道，两个阿拉伯语频道，一个英语频道。

巴勒斯坦主流媒体包括《新生活报》，“巴勒斯坦之声”是巴勒斯坦影响力最大的广播电台，官方电视台是巴勒斯坦电视台。

埃及发行量最大的日报是使用阿拉伯文的《金字塔报》，日发行量约为110万份，是阿拉伯国家创刊最早的报纸，创刊于1875年。《金字塔报》是中东地区最大的报纸。埃及全国现有269家广播电台，平均每天播报478个小时，目前每天用38种语言向国内外广播。ART电视台是埃及最大的电视台之一，语言为阿拉伯语。埃及《十月》期刊是中东地区两大期刊之一。

16.2 阿联酋《海湾时报》选取依据及发展现状

（1）选取依据

2013年，中国国家主席习近平提出“一带一路”倡议，得到国际社会高度关注，国家和企业积极在国外建设重大项目，取得了显著的成果。中国提出的“政策沟通、设施联通、贸易畅通、资金融通、民心相通”取得了重要进展，中国和中东国家在“一带一路”倡议下签署了战略合作协议，给各方都带来了重大利好。而真正知晓并了解中东国家对“一带一路”倡议的反应和态度尚需观察，尤其是对主要国家的主流媒体的研究刻不容缓。

阿联酋作为“一带一路”倡议中东地区重要国家进入了研究视野，根据“一带一路”倡议，阿联酋将成为中国向欧洲和非洲出口的门户。[300]同时，2018年7月19日，中国国家主席习近平抵达阿布扎比，对阿联酋进行国事访问。这是29年来中国国家元首对阿联酋的首次访问，也是党的十九大以来中国的党和国家领导人首次访问中东，对提升两国关系水平、推动海湾地区“一带一路”建设、促进中东和平稳定具有重要意义。[301]阿联酋《海湾时报》2018年7月21日发布的《中国和阿联酋拥有共同目标》（China and the UAE Share Common Goals）指出：

> 中国国家主席习近平对阿联酋的访问确实是一次历史性的访问，因为这是29年来中国国家元首的首次访问。阿联酋和中国都渴望发展并建立更牢固的关系。随着两国领导人就加强双边合作、对话、安全、政治问题，以及和平、增长与繁荣进行会谈，两国之间的良好关系将更加突出。习近平的访问将为建立新的贸易、金融、制造和教育合作伙伴关系以及稳固文化和社会联系铺平道路。这将是富有成果的关系的新阶段。[302]

双方都认为此次中国国家主席习近平的访问是29年来的历史性访问，而中国国家主席将阿联酋作为共建“一带一路”中东国家首访之选，足以见其在“一带一路”倡议中的关键作用。

同时，2019年是中阿建交35周年，也是新中国成立70周年，故而选择了中国国家主席习近平首访阿联酋直至新中国成立70周年国庆期间的报道进行内容分析。

（2）发展现状

伴随着阿联酋经济实力的高速增长，其传媒业也迅速崛起，使得阿联酋成为中东地区的传媒业中心。2001 年，迪拜政府建立了迪拜媒体城，这个媒体城现已成为 CNN、BBC、AFP（法国新闻社）等 100 多家国际媒体公司在中东地区的总部所在地。而阿联酋最大的英文报纸——《海湾时报》，日发行量约为 8 万份，是中东地区日发行量最大的英文报纸，也是海湾地区最流行的英文报纸之一，这份报纸提供包括国内外相关的政治、经济、体育、科技、文娱等方面全方位的内容报道。因此，选择这份报纸进行个案研究，以期透过这份报纸的内容，分析透视整个中东地区媒体的发展现状，为“一带一路”倡议的对外传播提供可持续的发展策略。

《海湾时报》是阿联酋发行量最大的英文报纸，该报创刊于 1978 年，由私人出版，主要面向阿联酋迪拜地区发行，是海湾地区最流行的英文报纸之一，日发行量约为 8 万份。

16.3 阿联酋《海湾时报》涉华报道框架分析

（1）报道主题

从 2018 年 7 月 19 日中国国家元首自 1989 年以来首次访问阿联酋，到 2019 年新中国成立 70 周年国庆节为止，我们在分析框架中共摘取阿联酋《海湾时报》涉华报道 636 篇，经过对报道的内容分析，研究发现《海湾时报》涉华报道的主题共有 10 个，分别为政治、经济、文化、社会、科技、教育、体育、外交、军事、商业。为了分析的完整性，本文在前述主题划分的基础上，特将“一带一路”专题类报道从“政治”主题中单列出来进行对比研究，即共 11 大类。636 篇涉华报道中有政治类报道 222 篇，经济类报道 192 篇，文化类报道 26 篇，社会类报道 47 篇，科技类报道 24 篇，教育类报道 3 篇，体育类报道 41 篇，涉及中国与周边国家外交类报道 5 篇，涉及“一带一路”专题的报道只有 8 篇，涉及中国军事方面的报道有 8 篇，涉及中国商业的报道有 60 篇，如图 16 - 1 所示。

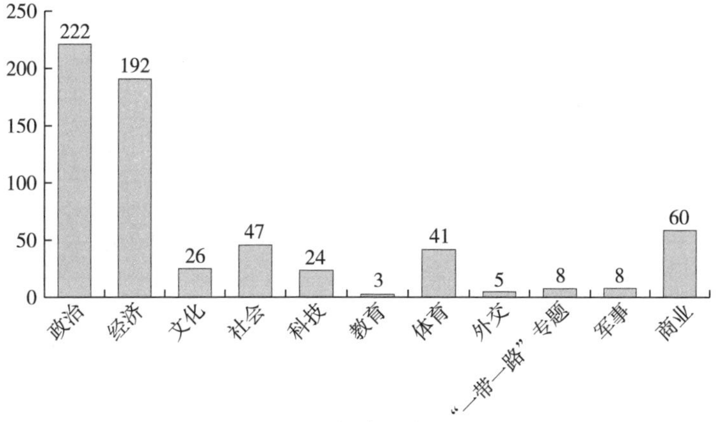

图 16－1　阿联酋《海湾时报》涉华报道主题分布图

注：数据来源于《海湾时报》官方网站，数据选取时间为自 2018 年 7 月 19 日至 2019 年 10 月 8 日。

（2）报道倾向

经过对 636 篇报道的对比分析发现，阿联酋非常关注中国的政治、经济发展现状，高度关注中国内政，对涉港问题、涉疆问题等格外关注，并进行了连篇累牍的报道，同时发表关键社论，且存在不实和虚假报道。例如，其中涉港报道共计 50 篇，占政治类报道的近 1/4。

这一年多来，涉港报道占到了报道总量的 22.5%，其中针对涉港问题的社论占到了涉港报道的 12%，且相关社论作者均来自欧美发达国家，其中有来自法新社、《华盛顿邮报》、CNN 等西方自由主义阵营媒体的观察家。其社论的自由主义倾向太过明显，甚至存在不实报道且有误导公众的倾向。典型的如 2019 年 10 月 2 日题为《香港抗议活动将进一步恶化》的报道，该文的报道有颠倒黑白的倾向，对不了解中国内政的共建“一带一路”中东国家有误导之嫌，不利于双边关系的和谐稳定发展。

再比如，2019 年 9 月 4 日《海湾时报》对涉港问题发表了社论《〈海湾时报〉编辑：香港的民主精神已经恢复》。该文认为，此次暴力示威活动是香港“民主精神”的复活和回归，并用了“achieve”一词，期待这种“民主精神”

能进一步取得“成就”。这样的社论会对中东各国了解中国带来误导，不利于双方进一步交流。

涉疆报道方面：阿联酋对中国涉疆问题也颇为关注，尤其在涉及中国民族宗教政策等方面，都以评论报道的形式刊出。典型的如2018年9月17日题为《中国维吾尔族穆斯林的正义何去何从》的报道[303]，该报道用具有强烈倾向性的不实词汇来阐述涉民族宗教问题。此类易引起民族国家纷争的不实报道不利于双方真正走向民心相通。

涉华报道其他倾向：阿联酋对中国的商业发展现状关注度很高，尤其是对华为、阿里巴巴两家企业。在636篇报道中，商业报道共计60篇，几乎都是关乎华为的报道。

阿联酋对中国国内的社会现状也非常关注，但受西方媒体影响，偏向于负面报道，热衷于报道灾难（台风、地震等）、事故等社会新闻。47篇社会新闻报道，几乎都是关于中国国内此类负面事件的报道，正面报道不足1/10。

此外，阿联酋对中国的体育明星非常关注，尤其是网球、足球、游泳等领域，同时也关注阿体育明星在中国的体育竞技赛事成绩。

值得关注的是，阿联酋对中国的科技发展一直持续关注，但仍然存在负面报道，例如对第一例基因编辑婴儿的报道，虽然也有对中国探索太空领域如探月卫星的发射等的报道，但寥寥无几，鲜有对中国的大国工程如港珠澳大桥等世界奇迹的报道。

阿联酋对中国文化、教育的相关报道偏少，对中国教育的报道有3篇，文化类报道有26篇，一定程度上表明中国对共建“一带一路”国家的文化传播在很多领域存在短板和疏漏。阿联酋对中国的文化类报道集中于2018年7月19日中国国家主席习近平访阿期间，且特色不够明显。

值得高度关注的是，作为“一带一路”倡议上的重要战略合作伙伴，阿联酋对“一带一路”双边互利合作共赢的相关报道偏少，636篇报道中只有8篇报道涉及“一带一路”倡议，且时间大多集中在2018年7月19日中国国家主席习近平访问阿联酋的前后几天，往后的报道中鲜有涉及。同时，这8篇报道中含有对“一带一路”倡议的负面或歪曲报道，典型的如2018年9月8日题为

《非洲国家必须对中国的大国博弈行动做好准备》的报道。[304]该文指出："显然，中国对'一带一路'倡议的投资并不是无私的，目的在于在以前殖民大国的榜样下产生军事优势。"这篇报道刊发于中国国家主席习近平访阿后不到两个月。诚然，这是对"一带一路"倡议双边互信的挫伤。这也提醒我们，在对外宣传中，对阿联酋这样重要的战略合作伙伴，要主动介绍中国的宗旨、政策、中阿合作的作用和中国的合作意愿。

（3）涉华报道来源

经过对636篇涉华报道的新闻源检视，我们发现阿联酋《海湾时报》涉华报道的新闻源来自世界各地，尤其是西方国家，来自中国的新闻源较少，涉华报道的新闻源大多来自CNN、AFP、BBC等西方国际主流媒体的报道，或者西方学者的评论。636篇涉华报道中，没有一篇报道的新闻源来自中国的主流媒体。在中国国家主席访问前两天，只有一篇来自中国的新闻源报道，即《中国日报》2018年7月17日题为《中国一步一步地写下自己的命运》的报道。

这个现象值得引起关注，既然是涉华报道，新闻来源理应来自中国相关媒体或《海湾时报》驻京办事机构，尤其是涉及中国内政外交等敏感事件的报道，这样才能保证新闻的真实性和客观性。

同样值得关注的是，中国驻中东各国的大使馆关于双边的报道均为正面报道。以阿联酋为例，刊登在大使馆网站的阿主流媒体对中国的相关报道均为正面积极报道。但事实上却有典型如《海湾时报》这种发行量大、影响力广泛的英文大报对中国存在不实性报道等问题，这值得引起深思。我们要在"一带一路"共建国家与西方争夺话语权，尤其是我们的主流媒体要通过与驻各国外交机构的合作，加大对"一带一路"倡议的传播。这是非常重要的，不能让西方媒体的负面宣传成为传播主要来源。

16.4　中国对共建"一带一路"中东国家的传播策略

16.4.1　中国在共建"一带一路"中东国家的传播现状

通过对中东传媒业中心阿联酋发行量最大的英文报纸《海湾时报》636篇涉华报道的分析，本文研究发现，中国对共建"一带一路"中东国家的对外传播有一定成效，例如2019年6月10日题为《中国男子在68天之内完成了第二次环球旅行》[305]、2018年8月6日题为《您现在可以在中国长城过夜》[306]、2018年7月19日题为《你好！中国送餐机器人为您服务》[307]等报道。但还存在明显不足，主要表现在以下几点：

第一，共建“一带一路”中东国家大多为伊斯兰国家，中国在对外传播中较少研究中国和伊斯兰国家文化的相通性和共通性，由此导致对方国家对中国涉及伊斯兰问题的相关报道均采用了对抗性和攻击性处理方式。

第二，共建“一带一路”中东国家对真实的中国缺乏足够的了解，中国主流媒体“走出去”传播中国文化的作用尚不明显，中东国家采用的涉华报道的新闻源大多来自AFP、CNN等自由主义意识形态下的美西方主流媒体报道。典型的如2018年12月18日题为《习主席警告说，没有人能“决定”中国的道路》的报道[308]，标题中“warns”一词带有明显的对抗性，非习近平主席原意，而是故意歪曲的不友好表达。更有甚者，2018年9月14日题为《仅凭中国自身的影响力还不足以赢得新的冷战》的报道，该文指出：“帝国主义过度扩张的一个例子是，中国对从柬埔寨到委内瑞拉，再到俄罗斯等国家的几乎不求回报的援助。”此类报道频出，缘于双方对彼此的文明尚无充分了解，才会出现“帝国扩张”和“殖民主义”的误解。

第三，中国与共建“一带一路”中东国家在教育、科技、文化领域的交流严重不足，表现在涉华报道中只有3篇涉及中国教育领域的报道，且都是关于阿联酋阿布扎比王储穆罕默德·本·扎耶德·阿勒纳哈扬访华期间对中国清华大学的访问报道。鲜见体现中华优秀传统文化特色的涉华报道，报道的均是老生常谈的中国春节和唐人街等内容。

第四，中国学者、民众在共建“一带一路”中东国家的主流媒体上发表文章较少，这个思想文化的阵地长期被西方自由主义意识形态学者把控，而主流媒体是最接近中东大多数民众的前沿战线，应引起足够重视。

16.4.2 中国在共建“一带一路”中东国家的传播策略

针对以上问题，本文提出以下对外传播策略：

第一，应加强中国同伊斯兰国家的文明共通性研究，增进双方有志于研究文明交流的研究者的互访和交流，争取在中东地区伊斯兰国家主流媒体发表中国研究者的文章，主动在共建“一带一路”中东地区主流媒体上发声，占据思想文化舆论的前沿阵地。毛泽东同志说过，文化思想阵地我们不去占领，敌人就会占领。[309]中国的研究者应传承中华优秀传统文化和红色革命文化基因，在共建“一带一路”国家进行文化“软着陆”。

第二，应增进双边民心相通，互信互利。“没有永远的友谊，只有永远的利益。”在“一带一路”倡议下，中国要尝试打破这句话，用“真情、真心、真诚”打动对方，中国驻共建“一带一路”中东国家大使馆要充分发挥能动性，增进双边民间文化交流。建议专门组织一支强有力的新闻传播队伍，主动定时定量、保质保量向对方主流媒体推送中国政治、经济、科技、教育等方面的前沿突破和发现，主动联合在外的华人华侨，充分发挥华人华侨团结进步力量，在对方主流媒体上讲好华人华侨的中国故事、中国文化和中国精神，增进彼此文化互信和民心相通。

第三，应大力增进中国与共建“一带一路”中东国家的教育交流互访，将目光从欧美国家拉回第三世界国家，应大力支持双方互派访问研究者和留学生，增进双方的文化交流，增进文明间的真正对话，促进文化融合。同时，应发挥访问研究者和留学生的能动性和创造性，使其主动在对方主流媒体上发声，展现可信、可爱、可敬的中国形象。

17　中国与伊斯兰国家民心相通*

斯瓦特王子阿德南和我的情谊很深。三年来，我一直在想方设法把他请出兴都库什大雪山，在中国给他办个生日晚宴。

三年前的那天，凌晨五点，阿德南王子冒雨带我出了伊斯兰堡，开车消失在西北边境省的雨夜中。车在雨中行驶了两百多公里，翻过马拉坎德山口，进入兴都库什山腹地。上午十一点，拐入一条乡间小道，穿过一片农田，远远看到一座宏伟高大的佛塔屹立于山脚下的村子里。这是我在斯瓦特谷地见到的第一处佛塔遗址——上军王所建的大佛塔。上军王是乌仗那国王。我下车，冒雨瞻仰，围着佛塔走了一圈。紧挨佛塔的东头是一座圆屋顶、四个尖塔的清真寺。阿訇通过尖塔里的广播喇叭呼唤人们去祷告。佛塔上镶嵌的红砖大部分没有脱落，两千年前的砖头砌得严丝合缝。住在佛塔周围的很多人是穆斯林，他们能保护好佛塔吗？

"这是我们祖先留下的遗产，我们为什么要破坏呢？"王子说。

下午，离开佛塔，我们沿着公路朝赛杜沙里夫的方向走了不到两公里，在一处悬崖下停下。悬崖下面有一座两人多高的佛的坐像。佛陀结跏趺坐，呈吉祥坐。我顺着岩壁上的石阶，小心地攀上悬崖顶部。上边有个山洞，洞口有一尊已经风化了的佛像。

日落后，离开宋云当年参拜的"大塔"，走进了热闹嘈杂的明戈拉市，这里是玄奘在《大唐西域记》中记述的乌仗那国的都城"瞢揭厘"。多年来，在斯瓦特，宗教界人士视本·拉登为英雄。在巴扎里，还能买到本·拉登骑白色战马的画像及印有本·拉登图像的糖盒和糖。媒体说，本·拉登曾在斯瓦特的一

* 《中国与伊斯兰国家民心相通》一文作者为孙力舟、李希光。

个偏僻山村里住了一年。

夜里，王子请我在王宫里吃从斯瓦特河里打上来的鲑鱼。餐后，坐在客厅的炉火前听他讲述他的父亲、岳父、外公等家族成员和他本人与毛主席和周总理的往来。他还讲了他太爷爷跟英国侵略军打仗的故事，并把他太爷爷的那杆老枪送给了我。

午夜十二点，王子摸黑儿开车送我回镇上的客栈。在客栈门口的白色灯光下，王子伸出手跟我道晚安，看上去有点伤感，然后说了句“今天是我五十六岁生日”。还没等我祝他生日快乐，他转身开车走了。

整整三年过去了，我终于在今天晚上为他补上了这个生日晚宴。今天下午我们在细雨蒙蒙的扬子江畔的小道和东湖公园里漫步。晚上，朋友们围着阿德南举行了他六十大寿（西历五十九岁）晚宴。阿克拉姆教授不仅远道来参加这个生日晚宴，还带着他在中国读书的美丽女儿一起给阿德南祝寿。我表弟买了一条大红围巾送阿德南，我送了阿德南一盒礼品，祝他好运。

李希光日记

2019 年 1 月 11 日

从中东的荒漠，到中亚的草原，再到东南亚岛屿的雨林，都有伊斯兰教占主导地位的地区。为顺利推进“一带一路”建设，中国与伊斯兰国家之间的民心相通极为重要。

中国与伊斯兰国家间的民心相通不仅具有深厚的历史基础，而且具有强大的现实动力。“一带一路”建设为双方的民心相通带来了新的机遇，赋予了新的内涵，提出了新的要求。中国与伊斯兰国家间民心相通的现状还存在不少问题，与“一带一路”建设的实际需要还有较大差距。进一步促进中国与伊斯兰国家间的民心相通，深化中华文明与伊斯兰文明的对话、交流与互鉴，是一项宏大而系统的文明交往工程，需要深入研究，总结经验，继承传统，开拓创新，确立长期可持续发展的人文交往方略。[310]由于中国文化和伊斯兰国家文化之间存在较大差异，这种人文交往方略，就是跨文化交流战略。本文列出以下与伊斯兰国家跨文化交流战略，供参考。

中国需要在多个层次和多个议题上与伊斯兰国家对话，营造有利于“一带一路”倡议的公共议题和话语体系。中国与伊斯兰国家需要在六个层次设置有利于“一带一路”倡议的议题并开展对话：中国与各伊斯兰国家间的对话议题、中国与伊斯兰地区各区域间的对话议题、中国与伊斯兰各族群间的对话议题、中国与伊斯兰国家个人间的对话议题、中国大学与伊斯兰国家大学人文社科领域开展对话交流的议题、中国与伊斯兰国家智库间的对话议题。

为此，需要组织、平台、渠道和人才去领导和参与构建“一带一路”与伊斯兰国家文化沟通话语体系。参与人士应该是“一带一路”的开路者和建设者，包括政府官员、科学家、经济学家、文化艺术界人士、青年领袖。参与的国内组织机构应该有政府、智库、大学和社会组织。参与的国际组织应该有上合组织、伊斯兰合作组织、伊斯兰国家首脑会议等。参与的金融机构应该有亚投行、丝路基金、国开行和中信银行等。

文化传播需要文化产品的输出和输入。文化产品包括专著、论文、专栏文章、新闻报道、小说、儿童文学作品、电影、纪录片、网络视听作品、绘画、雕塑、展览等。

在语言学习方面，中国与各伊斯兰国家在语言和文化上互相学习，中国在伊斯兰国家开设孔子学院，伊斯兰国家在名校设立中国语言文化系。在中国的知名综合性大学，如清华、北大、南大、复旦等，要开设与伊斯兰国家相关的语言文化专业。中国有实力的大学广泛接收伊斯兰国家的留学生，同时派中国的教师和学生去伊斯兰国家的名校教书或求学。

可以把中国大学生每年寒暑假的国际文化游学课安排到伊斯兰国家。沿着古丝绸之路和今天的“一带一路”，设置专门课程，组织在校大学生开展跨文化学习和研究。关注共建“一带一路”伊斯兰国家的大学和智库的涉华研究，听伊斯兰国家的声音，关注他们的思想文字和对华态度。简而言之，了解真实的伊斯兰世界，多听伊斯兰国家和人民的声音，关注伊斯兰国家智库和学者的著作，不要只盯着欧美智库的著作。

“一带一路”文化传播实施方案的关键是中国与伊斯兰国家间的对话。在伊斯兰国家和地区问题上，中国要基于国家利益和“一带一路”的共赢目标，积极参与，引导“一带一路”某些重点国家的议程设置。例如，中国过去一直在积极引导阿富汗政府与塔利班和谈，牵头与阿富汗、巴基斯坦召开有关阿富汗问题的三方会谈。

此外，中国对待国内穆斯林的态度、政策也天然地构成中国的共建“一带一路”伊斯兰国家文化传播策略的一部分。与国内穆斯林的对话，某种意义上有助于中国与伊斯兰世界的对话。中国国内各族群众与国内穆斯林同胞只要团结起来了，中国与伊斯兰世界的文化交流就会事半功倍。

17.1 与“一带一路”上的伊斯兰国家共建智库

建议与“一带一路”上的伊斯兰国家共建智库，提高中国在“一带一路”上的思想影响力。中国与伊斯兰国家合作共建至少一两个智库，并与“一带一路”上的伊斯兰国家的智库建立一个长期交流的机制，确保中国与伊斯兰国家的知识界和思想界深入交流，建立密切的友好关系，并通过伊斯兰世界的思想界和知识界影响伊斯兰国家的社会、媒体和政策议题。随着“一带一路”倡议的进展，伊斯兰世界对中国与日俱增的重要性及双方日益密切的联系，为人们带来许多思考空间。虽然历史上中国曾与伊斯兰世界联系密切，但是通观 20 世纪与 21 世纪初，双方的联系则相对较少，而且中国主要借助西方视角了解伊斯兰世界。从我国媒体、公众和某些政策部门在讨论共建“一带一路”伊斯兰国家发生的事件及伊斯兰世界的重要性方面，往往可见当代中国对伊斯兰世界的认识存在严重的知识空白。中国如果希望与共建“一带一路”国家建立持久而有意义的合作关系，可以通过中国学者、官员、记者、商人与伊斯兰国家进行面对面的有效沟通，从伊斯兰国家内部了解伊斯兰国家，而不是通过西方学界和媒体，这一点尤为重要。影响中国了解伊斯兰国家的是，双方思想界和学界的深度合作渠道有限，可以说几乎不存在。

研究伊斯兰世界智库在 21 世纪显得前所未有地重要。在超级大国美国处于不断衰退，以及多极化世界秩序早已显现的地缘政治背景下，伊斯兰世界依然位于地缘政治的舞台中心。中国思想界可与伊斯兰国家的思想界直接沟通，深入理解伊斯兰世界及其内部理念纷争，这对中国有很重要的意义。中国近年来积极参与全球治理，逐渐在国际舞台扮演重要角色，通过推动构建人类命运共同体，与世界包括伊斯兰世界建立密切联系，同时，中国的智库或者学者与伊斯兰国家智库建立联系，更为清晰地了解到伊斯兰世界的理念的产生，从而可以对共建“一带一路”伊斯兰国家发生的事件做出准确理解和政策研判。

中国亟须制定与共建“一带一路”伊斯兰国家的本地智库开展区域合作，并与其成为持久伙伴关系的可行性方案。当下伊斯兰国家智库的发展状况也许大大落后于处于相近发展水平的其他国家，而且伊斯兰国家现有的很多智库的背后金主是西方国家。中国可借助“一带一路”倡议，通过在共建国家建立民间智库，从而对在政治、经济及社会等层面有积极影响的“一带一路”议题设置产生重大影响。中国通过增强与伊斯兰国家智库的民间合作，可遏制西方国家通过智库影响和干涉“一带一路”的议题和政策实施。

17.2 “一国一策”的跨文化交流策略

我在喀山机场候机，准备飞往阿斯特拉罕的时候，遇到一位衣着考究的中年人。用俄语寒暄之后，他用英语询问我对喀山的印象。我说，印象最深的有两点：一是喀山的清真寺和东正教堂几乎比肩而立，可见宗教关系和谐；二是喀山轨道交通有中文标识，这在我游历的多个俄罗斯城市中是独一无二的。中国游客云集的莫斯科和圣彼得堡的地铁里也没有中文。这位男士用流利的英语告诉我，鞑靼斯坦共和国是俄罗斯联邦内部自治权最高的地区之一，甚至发行过自己的护照。我说：“我记得15世纪的喀山是丝绸之路上的名城。今天，喀山也应该成为‘一带一路’的重要节点。”接下来，我们从历史谈到现实，从俄罗斯国内民族关系谈到伊斯兰教的发展趋势，一直聊到开始登机的时候。我学到了不少知识，向他道谢。他笑着说：“你好奇心这么强，不会是克格勃吧。”我开怀一笑：“你见过俄语这么烂的克格勃吗?”

俄罗斯不同区域差异不小，这让我想到伊斯兰世界内部在语言文字、教派、政治经济体制、历史文化传统等方面也存在着不小的差异。仅仅在中东的伊斯兰国家，就有阿拉伯人、波斯人、土耳其人、库尔德人，有逊尼派、什叶派两大教派，以及阿拉维派、德鲁兹派等小教派，埃及、黎巴嫩、伊拉克等国还有一些基督徒，伊朗有琐罗亚斯德教徒和犹太教徒。

因此，针对伊斯兰国家的跨文化交流策略，不能“一刀切”，至少做到“一国一策”。例如，针对文明古国伊朗，我在德黑兰大学开展讲座时强调，中国和波斯之间在古代盛世时期从未发生过战争，一直和平交往，19 世纪和 20 世纪又都受到俄罗斯、英国、美国的侵略和干涉，因此肩负着民族复兴的艰巨任务。中国和伊朗目前又都实行着与西方主流的自由民主制不同的政治制度——社会主义民主和伊斯兰民主，遭受着西方媒体的歪曲和有意的妖魔化。

对于伊拉克那样内部不同文化区域差异较大的国家（分为什叶派、逊尼派和库尔德人三大文化区域），还需要做到“一国多策”。只有向“一国一策”的方向努力，才能更好地提升中国在伊斯兰国家的形象。

17.3　伊斯兰国家的教育、人才交流

17.3.1　扩大中国与伊斯兰国家的教育交流

2018 年 11 月 23 日，中国驻巴基斯坦最大城市卡拉奇的领事馆遭到俾路支分离主义运动分子的袭击。当时，我想起三年半以前，一位巴基斯坦朋友告诉我，中国人在瓜达尔港所在的巴基斯坦俾路支省修路架桥，正在赢得俾路支族的认可。但是，关键的是俾路支族高级人才对中国是否友好。他说，中国可以支持巴基斯坦教育部门联系俾路支省的每个高中，让其校长每年推荐两三名优秀毕业生赴中国上大学。这个建议，让我想起 2015 年 9 月我们在巴基斯坦北部山区吉尔吉特－巴尔蒂斯坦地区罕萨的一个中学，看到美国国务卿赖斯的照片。赖斯到访巴基斯坦靠近中国的这个角落，并宣布每年给当地孩子发放去美国留学的奖学金。

为加强与伊斯兰国家间的院校教育交流、培养高级人才，中国可以扩大招收共建“一带一路”伊斯兰国家的留学生，增加发放奖学金的名额。对于关系到“一带一路”建设大局的重点地区，如巴基斯坦的俾路支省，可设独立的名额。目前，来自伊斯兰国家的学生主要集中在中国的二、三流院校，医学生最多。中国应尽可能多地招收来自伊斯兰国家最优秀的学生，到中国的顶尖大学

学习各种专业。

中国应扩大赴共建“一带一路”伊斯兰国家优秀高校留学人数，包括扩大公费留学名额，鼓励交换生项目和自费留学。留学目的地包括埃及的爱资哈尔大学，伊朗的德黑兰大学和霍梅尼国际大学，巴基斯坦国立科技大学，马来西亚的马来亚大学，印度尼西亚的印度尼西亚大学、万隆理工学院、卡渣玛达大学（位于日惹），等等。这样，可以培养出大批熟悉伊斯兰国家情况的人才，来从事外交、经贸、学术研究等工作。

中国应学习美国经验，在共建“一带一路”伊斯兰国家建立高校或开设高校分校。美国等西方国家早已把在伊斯兰国家建立高校，作为扩大在伊斯兰国家文化影响的手段。例如，美国在埃及开办开罗美国大学。该大学始建于1919年，目前其学生和资助人来自超过60个国家，在阿拉伯世界享有盛名。[311]该校培养出了包括现约旦王后拉尼娅[312]在内的遍布阿拉伯世界的精英。美国还在黎巴嫩开办了贝鲁特美国大学（the American University of Beirut，简称AUB）。贝鲁特美国大学由美国教会始建于1866年，位于贝鲁特岬角北坡，从校园可俯瞰蔚蓝的地中海。[313]该校是整个中东地区师资、科研最强和影响力最大的综合性大学，享有“中东的哈佛”之称。

中国也有在国外开设大学的先例。老挝苏州大学成立于2011年7月，是获得老、中两国政府批准、支持的中国在国外创建的第一所高等学府，位于老挝首都万象。老挝苏州大学作为一所综合性高等学府，承担着教学、科研和社会服务三大职能。[314] 2015年，厦门大学在马来西亚开设了分校，这是中国高校在海外也是在伊斯兰国家开设的第一所分校。2016年，该校招收了440名来自中国大陆的学生。[315]此前已经有多所西方高校在马来西亚设立分校。应该鼓励中国的高校在共建“一带一路”伊斯兰国家开设分校或者新建院校。

17.3.2 积极培养掌握伊斯兰国家语言的人才

语言不通是中国民众与伊斯兰国家民众交流的主要障碍。中国应在国内大力培养掌握伊斯兰国家语言的人才（通过设立专业、双学位、辅修等方式），培养阿拉伯语、土耳其语、波斯语、乌尔都语、普什图语、孟加拉语、马来-印尼语等，特别是伊斯兰大国语言文字方面的人才。

在众多伊斯兰国家中，以印尼、沙特、土耳其、伊朗、埃及、哈萨克斯坦与巴基斯坦等为代表的伊斯兰大国，具有代表性和较强的综合国力，是中国推进“一带一路”建设的战略支点国家。上述7个伊斯兰大国的人口总数超过7.3亿，2014年经济总规模超过3.6万亿美元，是所在地区的主要经济体。[316]另外，印度尼西亚是伊斯兰国家中人口最多的，沙特阿拉伯则是伊斯兰教两大圣城麦地那与麦加的守护者，土耳其在突厥语国家中影响力很大，伊朗是敢于和美国对抗多年的地区强国，埃及是世界文明的发祥地之一，哈萨克斯坦是世界最大的内陆国家，巴基斯坦目前是唯一拥有核武器的伊斯兰国家。因此，中国培养伊斯兰国家语言文化人才时，建议以印尼语、阿拉伯语、土耳其语、波斯语、埃及语、哈萨克语、乌尔都语为主。这些人才，可以在中国与伊斯兰国家政治、经济、文化、社会等各个领域交往的舞台上发挥作用。例如，中国的商业银行有了熟悉伊斯兰国家语言文字的人才，就可以在伊斯兰国家的分支机构更好地开展金融业务。伊斯兰金融机构超越了商业银行的基本职能，发挥了融资租赁、股权投资、信托投资、合资经营等功能。其中，伊斯兰银行业务为客户提供符合伊斯兰教义，以无息、无投机、实物对应、风险共担为主要特征的产品及金融服务。[317]

17.4　发挥中国穆斯林的纽带作用

中国对国内少数民族的政策会大大影响对外政策，因为大部分少数民族居住在边疆。[318]中国信仰伊斯兰教的10个少数民族，可以在中国与伊斯兰世界交流中发挥桥梁作用。

伊斯兰教在中国唐代中期沿海上丝绸之路传入内地，唐代末期沿陆上丝绸之路传入新疆。[319]中国的穆斯林绝大多数是世代居住在中国的少数民族。这一点与中东的基督徒类似。中东的基督徒绝大多数是世代居住的宗教少数群体，如埃及的科普特人。中国的非穆斯林和穆斯林已经基本上和平相处了一千多年，这与西方的穆斯林多数是移民和移民后代很不相同。

西方国家的穆斯林多数是移民，少数是改信伊斯兰教的黑人等少数族裔。19世纪末20世纪初，美国黑人面临严重的种族歧视，对身份认同的渴求十分强烈，黑人民族主义思潮随之涌现。在这股思潮的推动下，一部分美国黑人选择用伊斯兰教作为斗争武器，兴起了美国黑人伊斯兰运动。[320]对美国穆斯林的一项研究发现，居住在一个宗教占优势的地区，并不是自然而然地带来对这个宗教的深入了解，而主要取决于对这个宗教的主观态度和经验。[321]如加拿大有来自60多个国家的穆斯林。[322]除了穆斯林占多数的巴尔干国家——阿尔巴尼亚、波斯尼亚和黑塞哥维那外，只有波兰等少数国家有世代居住的塔塔尔穆斯林。[323]日本大部分穆斯林出身于佛教徒或其他宗教家庭。[324]

中国信仰伊斯兰教的10个少数民族是回族、维吾尔族、哈萨克族、柯尔克孜族、东乡族、撒拉族、塔吉克族、乌孜别克族、保安族和塔塔尔族。据2000年第五次人口普查数据，这10个民族人口共计2032.06万，占全国少数民族人口的19.3%。中国信仰伊斯兰教的人口主要分布在西北五省区，这五省区的穆斯林人口占全国穆斯林人口的75%。五省区中穆斯林又以新疆最多，新疆穆斯林人口占全国穆斯林人口的52.4%，而且这10个民族中有7个主要分布在新疆。[325]

1759年，清朝统一新疆后，为加强对这个多民族地区的统辖，针对新疆特有的民族、宗教与文化制定了单行法规——《钦定回疆则例》。作为清代针对少数民族立法的重要成果，《钦定回疆则例》在维护国家统一，促进新疆地区经济和文化发展中起了积极作用。[326]这可看作是民族区域自治制度在法律上的先声。

据2016年6月2日发布的《新疆的宗教信仰自由状况》白皮书，新疆有1000余万穆斯林民众，现有清真寺2.44万座，教职人员2.9万名。此外，有新疆伊斯兰教经学院、新疆伊斯兰教经文学校等宗教院校8所，宗教团体112个。[327]在这10个少数民族中，回族、撒拉族、东乡族是长期使用汉语，同时受儒家文化和伊斯兰文化深入影响的民族。随着回族的民族文化自觉，回族在汉文译著和回儒对话过程中，借用了儒家传统伦理文化中的规范伦理，与伊斯兰伦理文化中的规范伦理相融合，形成本民族特有的规范伦理。[328]在中国，伊斯兰教义与中国文化和文明和谐融合，至明清，以回民为主的中国穆斯林已初步形成。

现在，中国不少穆斯林的亲友生活在伊斯兰国家。哈萨克族、柯尔克孜族、乌孜别克族、塔塔尔族和维吾尔族都是跨境民族。1962 年伊塔事件时，这些民族中的一些人外逃至苏联。据 1964 年第二次全国人口普查的人口数量，这几个民族的人口数量低于 1953 年第一次人口普查的数据。1991 年苏联解体、中亚五国独立后，又有一些哈萨克族、乌孜别克族等民族群众外迁，导致 2000 年第五次人口普查时乌孜别克族的人口数据低于 1990 年第四次人口普查的数据。维吾尔族在中亚国家、巴基斯坦和土耳其等国都有分布。

这 10 个少数民族中，跨境民族哈萨克族、柯尔克孜族（境外称吉尔吉斯族）、塔吉克族在中亚地区都有以其为主体民族的国家。这主要是近代沙俄扩张，侵占中国西北边疆地区的结果。乌孜别克族、塔塔尔族分别是从中亚地区和俄罗斯伏尔加河流域迁入中国新疆的。塔塔尔族遍布中亚地区和俄罗斯。在中亚各国生活的东干族是 19 世纪后期迁徙到中亚的中国回族的后代。维吾尔族除了在新疆占了近半人口之外，在中亚国家、巴基斯坦、土耳其都有较多的分布。中亚的乌兹别克族与维吾尔族在语言和风俗上极为接近。撒拉族和土库曼斯坦主体民族的语言、风俗相近。据考证，生活在青海循化撒拉族自治县的撒拉族，其祖先来自土库曼斯坦的一个部落。[329]从中国新疆移民哈萨克斯坦的哈萨克族成立了哈萨克斯坦新疆商会，致力于发展两国经贸关系。

云南的穆斯林与泰国、缅甸等东南亚地区的穆斯林有大量的社会、经济、文化方面的来往，加上在东南亚的许多回族侨民，我国穆斯林形成了加强海上丝绸之路经济活动的社会基础。[330]例如，民国年间，泰国北部清迈就形成了滇南回民社区。[331]

目前，新疆维吾尔自治区、宁夏回族自治区、甘肃临夏回族自治州等少数民族自治地方，对向伊斯兰国家开放起排头兵的作用。例如，2017 年 9 月，在宁夏举办中国－阿拉伯博览会，作为“一带一路”中阿合作的重要平台。中国的维吾尔族领导干部铁木尔·达瓦买提在卸任全国人大常委会副委员长之后，担任中国阿拉伯友好协会会长。[332]

中国的穆斯林民族，与国外穆斯林民族在语言上有相似性，在中国与伊斯兰国家的交流中起到重要作用。公元 11 世纪前后，随着与中亚各国联系的加深，特别是同波斯、阿拉伯人频繁交往以及皈依伊斯兰教之后，维吾尔族受到了伊斯兰文化的强烈影响，因而维吾尔语中吸收了大量的阿拉伯语、波斯语借词。[333]借词是语言文化交流的产物。历史上，中国边疆地区曾使用阿拉伯文。1986 年，莫妮卡·格朗克（Monika Gronke）在前人研究的基础上刊布了 5 件新疆莎车出土的阿拉伯语文书。这些文书不仅有语言学、历史学和法学方面的价值，而且为维吾尔族智慧的结晶《福乐智慧》长诗集的研究提供了一些有价值的信息。[334]史诗《玛纳斯》则成为中国柯尔克孜族和国外吉尔吉斯族共有的精神财富。

21 世纪初，在中国政府的鼓励和支持下，中国的穆斯林继续为中国与伊斯兰国家的文化交流做出贡献。例如，新疆哈萨克族作家夏木斯·胡玛尔 2000 年以来陆续在国外出版《博坎传奇》《英雄贾尼别克》《眼泪是流不尽的》等长篇小说。2011 年，新疆维吾尔自治区党委、区政府启动了“新疆民族文学原创和民汉互译作品工程”。自治区每年拨款 1000 万元，用于资助少数民族作家母语创作、优秀作品出版发行，资助各族翻译工作者把国内外文学精品翻译成少数民族语言文字。[335]

其实，只要充分挖掘历史文化遗产的现实意义，中国一些民族也能发挥与伊斯兰国家交流的桥梁纽带作用，例如藏族。在巴基斯坦东北部的巴尔蒂斯坦地区，居民使用的语言接近藏语，在那里流传着英雄盖瑟尔的故事。那里的语言是巴尔蒂语，系藏语的一种方言，由于过去五六个世纪以来基本中断了和西藏的联系，并受到突厥语、波斯语、布鲁沙斯基语的影响，同西藏所使用的藏语已经略有区别，正如云南、四川、青海、甘肃等省的藏语吸收了汉语词汇一样。[336]从内容来讲，《盖瑟尔》实际是我国藏族地区英雄史诗《格萨尔》流传到巴尔蒂斯坦地区以后的一种变异。[337]巴尔蒂斯坦的居民，大多信仰伊斯兰教，但那里还流传着带有佛教色彩的格萨尔故事。在我随李希光教授考察过的位于巴尔蒂斯坦西北的罕萨地区，我们发现那里的城堡带有明显的藏式建筑风格，听说当地有藏族后裔，也流传盖瑟尔故事。

中国西北地区，尤其是新疆维吾尔自治区，是中华文化与伊斯兰文化的交汇区。在国外，新加坡、马来西亚、印度尼西亚三国，也是中华文化与伊斯兰文化的交汇区。在西北与西南地区，居住着大量的蒙古族、藏族、维吾尔族、哈萨克族与锡伯族等各族同胞，这些兄弟民族历史上就频繁地在丝绸之路上与外国进行商业往来，对丝绸之路上邻近国家的语言及风俗文化相当熟悉。以新疆地区的维吾尔族与哈萨克族为例，他们与哈萨克斯坦、乌兹别克斯坦和吉尔吉斯斯坦等国人民交流，几乎没有语言文化障碍。如果能在“一带一路”建设方案中，培养并重用擅长实务的民族人才，不仅能强化国家认同，更能取得极大的经济效益。[338]

在与伊斯兰国家交往中发挥国内穆斯林的作用方面，中国可以借鉴印度经验。印度总理莫迪和具有中亚背景的印度穆斯林领袖不定期交流，起到了加强与中亚联系、扩大在中亚影响力的作用。[339]需要注意的是，在发挥中国穆斯林在与伊斯兰国家公共外交、开拓丝绸之路经济带方面的积极作用的同时，要提防分裂主义、极端主义的渗透。

17.5　寻找伊斯兰文化与中国文化的契合点

17.5.1　中国与伊斯兰国家共有的历史文化财富

新疆到中亚一带历史上是中华文明与伊斯兰文明的交汇区，曾诞生多位兼有两大文明属性的文化名人，留下光辉作品。而中国东南沿海的福建和西南的云南等地，历史上则是穆斯林商人长期居住的地区，两种文明在那里碰撞出不少思想火花。此外，元代穆斯林技术人员进入宫廷编修历法并测绘地图，推动了中国天文学和地理学的发展。

据考，“诗仙”李白的父亲曾在中亚地区经商，有观点认为李白出生在唐代安西四镇之一的碎叶（今吉尔吉斯斯坦境内）。2002 年，吉尔吉斯斯坦总统阿卡耶夫先生在北京大学演讲时，深情地用俄语朗诵李白的诗句，并赞李白为中吉两国共同的历史文化名人。

北宋初期，伊斯兰教从中亚传入新疆西南部，到元朝时期进一步向新疆全境传播。伊斯兰教能适应新疆当时社会关系的变化，适合从事贸易和手工业的百姓，也适合游牧民族。[340]

《福乐智慧》，公元 11 世纪由维吾尔族诗人、思想家、政治活动家玉素甫·哈斯·哈吉甫用韵文写成，表现了中原汉文化与回鹘传统文化的有机融合。作者将其献给喀喇汗王朝的国君阿布·阿里·哈桑·本·苏莱曼·布格拉汗。喀喇汗王朝是维吾尔族等民族的先民，在今新疆西部和中亚部分地区中国传统疆域之内建立的政权，其汗王自称“桃花石汗”（中国汗）或者冠以“东方与中国之王”。喀喇汗王朝的疆域包括今哈萨克斯坦、吉尔吉斯斯坦、乌兹别克斯坦的部分地区，其国都巴拉萨衮（又译八剌沙衮），即今吉尔吉斯斯坦的托克马克。《福乐智慧》的作者早年在巴拉萨衮生活，后来到新疆的喀什噶尔生活。因此，《福乐智慧》可以看作中国和中亚国家共同的文化财富。

《突厥语词典》是出生于新疆喀什地区的维吾尔族学者马合木德·喀什噶里，在公元11世纪用阿拉伯语注释的突厥语词典。这部著作在当时阿拉伯帝国的首都巴格达完成。作者将其献给阿拔斯王朝的第27任哈里发穆克台迪。这部著作可以看作中国、突厥语国家和阿拉伯国家共同的文化财富。

研究古希腊哲学家柏拉图和亚里士多德的第一位中国人，是维吾尔族学者（另一说是波斯学者）。他名叫法拉比，出生于喀喇汗王朝管辖的中亚地区，接近今哈萨克斯坦境内的突厥斯坦城。他长期生活在阿拉伯帝国的都城巴格达，死于大马士革。他当时被誉为继亚里士多德之后最伟大的哲学家。他的著作也是中国、突厥语国家和阿拉伯国家的共同文化财富。

15世纪维吾尔族诗人纳瓦依出生于阿富汗赫拉特，曾任帖木儿帝国的宰相。中国、乌兹别克斯坦、哈萨克斯坦都纪念这位诗人。他用察合台文写了30多部著作，其著作可以看作中国、乌兹别克斯坦、哈萨克斯坦、阿富汗等国的共同文化财富。

《拉失德史》成书于16世纪中期，作者是米尔扎·穆罕默德·海达尔。全书包括200年间新疆及中亚地区政治、经济、宗教、文化、地理、风俗等方面的情况，以及维吾尔族、哈萨克族、柯尔克孜族、瓦剌族及中亚民族的历史活动，重点记述蒙兀儿诸汗和杜格拉特部族在新疆的统治历史。书中对宗教着墨较多，从西域的蒙古统治者秃黑鲁帖木儿汗信仰伊斯兰教开始，概述了蒙兀儿统治者推行伊斯兰教的历史。这部史书是中国与中亚各伊斯兰国家共同的历史文化财富。

18世纪中叶，叶尔羌道堂在今新疆莎车县建立，此后发展成国内外重要的伊斯兰教苏非派中心。[341]

柯尔克孜族英雄史诗《玛纳斯》与藏族英雄史诗《格萨尔》、蒙古族英雄史诗《江格尔》被称为中国古代少数民族三大史诗。《玛纳斯》主要讲述了柯尔克孜族人民不畏艰险，反抗压迫，奋勇拼搏，创造美好生活，歌颂伟大爱情的故事，一共有八部。《玛纳斯》是中国与吉尔吉斯斯坦共同的历史文化财富。

纳斯尔丁·阿凡提的故事在中国新疆、乌兹别克斯坦、阿富汗、伊朗、土耳其、阿塞拜疆等地区流传，阿凡提成为各地穆斯林眼中智慧和幽默的象征。中国新疆吐鲁番和土耳其都有传说中的阿凡提的故居。阿凡提深入人心的形象是，头戴一顶民族花帽，背朝前脸朝后地骑着一头小毛驴。阿凡提的故事在中国还被改编为家喻户晓的动画片。有关阿凡提的故事传说，也是中国与多个伊斯兰国家共有的历史文化财富。

据考，元世祖忽必烈执政时期，中亚、西亚的穆斯林科学家把当时在伊斯兰世界流行的地圆学说带到中国。回族科学家扎马鲁丁主持了元帝国和蒙古四大汗国的地图绘制工作，极大开阔了中国人的世界视野。1330 年的《元经世大典图》包括了今中国西北、中亚五国、俄罗斯、高加索诸国、巴基斯坦、印度、阿富汗、伊拉克、伊朗、波斯湾诸国、埃及等地区地理资料，表明了中国人地理知识的飞速扩展。[342]

明代进步思想家李贽，是福建泉州晋江人。泉州早在宋代就设立了市舶司，元代时成为世界第一大港，一直是海上丝绸之路的重要港口。李贽的祖宗几代都从事航海活动。[343]李贽是回族尚存争议[344]，但是他的家族在航海中受到伊斯兰文化影响是毋庸置疑的。

郑和率领的大明船队七下西洋，书写了世界航海史和文明交流史上的辉煌篇章。早在明代，民间传说就有把郑和神化的倾向。南洋的榴梿同郑和挂上了钩[345]，今印度尼西亚爪哇岛有个城市叫三宝垄。郑和作为穆斯林的后代，作为明朝使臣，出海访问了东南亚、南亚、中东、东非的很多伊斯兰国家和地区，在中国与伊斯兰文明交流史上具有独特的地位，留下了值得长期挖掘的精神财富。

明清时期穆斯林精英在中国社会文化环境下，用汉文阐释伊斯兰教义和教法以及伊斯兰哲学思想和苏菲思想，旨在构建中国伊斯兰思想体系，促进伊斯兰教与儒学在哲学层面上更好地相互理解。[346]

此外，中国的三大发明经阿拉伯地区传到欧洲，成为科学复兴的必要前提和精神文明发展的强大杠杆。中阿发展友好关系的历史继承正是它们为整个人类进步做出伟大贡献的光辉历程。[347]

17.5.2　将伊斯兰文化与中国传统文化的契合点发扬光大

公元7世纪伊斯兰教作为一种外来文化开始传入中国时，它所面对的是以儒家文化为主的、已经发展得比较成熟的中国文化。伊斯兰文化和儒家文化就开始在碰撞中融合。元朝时，统治者奉行兼容并包的宗教政策，马可·波罗曾记载忽必烈的如下谈话——“全世界崇奉的预言人有四个：基督徒说的是耶稣基督，穆斯林说的是穆罕默德，犹太教徒说的是摩西，佛教徒说其第一神是释迦牟尼。我对这四人，都致敬礼”。在大的寺庙、道观、教堂、清真寺门口，朝廷大多竖立石碑，表示宗教人士的职责都在于为皇帝告天祝寿，各种宗教都受到保护。[348]这种政策，推动了伊斯兰文化与中国文化的融合。

保护伊斯兰建筑、著作等中国伊斯兰文化遗产，不仅有文物保护的考古学意义，也向伊斯兰国家展示了中国多元一体文化和谐发展的历史和现实。中国很多清真寺的建筑样式，是中国传统建筑风格与中东风格的结合，如北京牛街清真寺、昆明南城清真寺等。太原清真古寺、广州怀圣寺、杭州凤凰寺、扬州仙鹤寺和泉州麒麟寺（清净寺）都以精美的中国传统建筑形制与阿拉伯建筑形制相结合而闻名世界，是世界宗教建筑史上的宝贵遗产。[349]具有中国特色的伊斯兰宗教建筑道堂、拱北与麻扎，也是中华文明与伊斯兰文明融合的产物。

在政治层面，中国穆斯林创造性地诠释《古兰经》和圣训，认同中国主流价值观，主动会通伊斯兰教与中国文化，强调伊斯兰教与中国文化在精神上的一致性，把对真主的崇拜与对国家的忠诚联系起来，倡导敬主、尊君、孝亲具有内在一致性，坚持爱国爱教，较好地解决了宗教认同与政治认同之间的张力。[350]

明末清初，江南与云南等地有一批伊斯兰学者，他们以阿拉伯文、波斯文的伊斯兰教经籍为蓝本，吸取中国宋明理学的思想，运用儒家学说的概念、范畴、语词与表述方式，著书立说，解释经籍，宣扬伊斯兰教义。这被称为“以儒诠经”或“以儒释教”。

19世纪中后期，云南著名伊斯兰学者马联元精通波斯文、阿拉伯文，曾游历中东、南亚。马联元指出，凡遵循圣教的人，无论男女老少，都是长幼有序，贵贱有分，亲疏有别，做臣子的为君国尽忠，做父母的对子女仁慈，做子女的对父母尽孝，当兄长的宽厚待人，当兄弟的尊重兄长，夫妇和顺，师严道尊。这与儒家所讲的五大人伦“父子有亲，君臣有义，夫妇有别，长幼有序，朋友有信”相通。[351]

清代穆斯林出现的“门宦”现象，被认为是儒家传统和伊斯兰教结合的产物。“门宦”源于汉字中的门派、门阀、官宦、宦门，引申为教团、帮派、体系。门宦是明末清初苏菲派各种思想在中国有了比较广泛的传播后，在西北地区首先产生并发展起来的一种具有一定中国特色的伊斯兰教组织。[352]门宦长期存在于回族、东乡族、撒拉族和保安族之中。门宦制度是伊斯兰教在中国传播和发展中形成的，既有国外苏菲思想在中国传入的外因，也有中国社会传统文化和宗法制度影响的内因。[353]

民国时期，以王静斋、哈德成、达浦生、马松亭等人为代表的一批伊斯兰经学家，结合当时形势，对伊斯兰教义学说进行了新的挖掘和阐释。在《谨守回教与爱护国家》一文中，王静斋阿訇阐发“爱国属于信德的经训”，后来定为“爱国是信仰的一部分”。“爱国爱教”这个由伊斯兰教界在80多年前率先提出的理念，如今已成为我国各大宗教共享的价值观。[354]

在中国推进“一带一路”的新时期，中华文明与伊斯兰文明交相辉映的契合点，不仅应该在中国国内发扬光大，还应该推广到伊斯兰国家。孔子学院教授中国语言文字，传播中华文化，已经在发挥这种作用。更长远地看，中国需要沿着1300多年来的伊斯兰教中国化之路，培养中国自己的高水平的与中国强大国力和迅猛发展势头相匹配的伊斯兰经学家、法学家等，以“中国流派”促进世界伊斯兰教的发展。

17.5.3　寻找伊斯兰文化与社会主义的共同点

努力寻找并充分表述伊斯兰文化与社会主义的共同点，有利于中国在伊斯兰世界扩大影响力，获得更多国家的支持。

早在旧民主主义革命时期，中国穆斯林就踊跃参与革命斗争。辛亥革命以三民主义思想为指导，其中的民生主义带有社会主义色彩。回族人参加辛亥革命具有普遍性，仅西安就有一两千名回族群众参与。[355]在中国共产党领导人民进行武装斗争时期，就有很多穆斯林参与，如回民支队的马本斋等。

从本质上说，伊斯兰教和社会主义，都跨越了国家和民族的界限。中国著名阿訇陈克礼在《从穆罕默德看伊斯兰教》中写道："朝觐大会上，世界各地的穆士林，齐集一堂，普天同庆，无肤色之分，无种族之别，互相了解，互相勉励，团结一致，平等一律，天下一家，世界大同：这超国家民族的国际主义的伟大教训，便是人类孜孜而追求的最高理想，最高要求，最高远景。"[356]

对社会平等的追求，是伊斯兰文化与社会主义的共同点。当代伊斯兰"中间主义"吁请穆斯林"构建互助、清廉的社会，即建立于社会各成员之间情同手足、互助友爱基础上的社会，富人照顾穷人，强者帮助弱者，同舟共济，并肩团结"。[357]伊斯兰教提倡"两世吉庆"，认为一个人要得到来世永恒的幸福，就必须在现世中积极努力，要在现实中真正体现人的价值，这与中国特色社会主义核心价值观要求个人努力追求国家的富强民主也是一致的。[358]基于上述共同点，我们可以寻求伊斯兰各国政府和公众对中国政治体制的理解和认同。

伊斯兰教中对财产的看法，与社会主义思想也有一定的相通之处。伊斯兰教认为，个人对财产的占有和使用是暂时的、相对的，一切财富最终的占有者和分配者都是真主安拉。穆罕默德说："一切财富，都是真主分定的。"《古兰经》称"你们应当信仰真主和使者，你们应当分舍他所委你们代管的财产，你们中信道而且施舍者，将受重大的报酬"。[359]这与社会主义思想主张限制私有制，把私有制看作人类发展阶段中暂时的产物的主张存在相通性。《古兰经》也反对贫富分化，禁止利息，规定了强制性慈善的天课制度。

社会主义在伊斯兰国家的历史和现实中都有一定的影响力。哈萨克斯坦、乌兹别克斯坦、吉尔吉斯斯坦、土库曼斯坦、塔吉克斯坦中亚五国，曾经是苏联的加盟共和国。阿尔巴尼亚曾是社会主义国家，曾被中国称为"欧洲的一盏社会主义明灯"。伊斯兰世界中也有不少国家曾进行社会主义实践。第二次世界大战后，直到20世纪80年代，世界上以“社会主义”命名，实质上是民族主义倾向的政党有100多个，党员超过2000万人。[360]

埃及、叙利亚、伊拉克、阿尔及利亚、突尼斯、利比亚、苏丹7个中东阿拉伯国家曾经自称社会主义国家。其中有叙利亚和伊拉克的阿拉伯复兴社会党的社会主义（伊拉克复兴社会党已经在2003年5月被占领伊拉克的美军取缔[361]，但伊拉克仍有不少民众怀念萨达姆时代带有社会主义色彩的政策）、埃及纳赛尔的“阿拉伯社会主义”、阿尔及利亚前总统本·贝拉的“自管社会主义”、突尼斯前总统布尔吉巴的“宪政社会主义”、利比亚前领导人卡扎菲的“伊斯兰社会主义”等。阿拉伯复兴社会党至今仍是叙利亚的执政党。苏加诺时期的印度尼西亚、布托时期的巴基斯坦[362]、孟加拉国、阿富汗等多个非阿拉伯的伊斯兰国家，也曾经自称社会主义国家。

尽管上述国家中大多数自称进行社会主义实践，在西方新自由主义浪潮的打压下，甚至在美国军队的直接进攻（如2003年的伊拉克）之下纷纷失败，但社会主义的理想、价值观念在民众中仍有相当的影响力。突尼斯在“茉莉花革命”之后涌现出的若干左翼政党、库尔德工人党，“叙利亚民主军”等武装力量，至今仍高举社会主义旗帜。

早在20世纪50年代，中国就和不少伊斯兰国家执政或在野的政治力量，在反对帝国主义和殖民主义的旗帜下站在了一起。1958年，毛主席做出炮击金门决策的重要原因，就是支援黎巴嫩人民的抗美斗争。中国特色社会主义伟大实践的成就，从长远来看，会吸引越来越多的伊斯兰国家精英和民众支持社会主义道路。我的一位乌兹别克斯坦外交官朋友说，时任乌兹别克斯坦总统卡里莫夫在参观上海后感慨万千，他向下属感叹，他们的城市什么时候才能变得这样高楼林立、车水马龙！他下令要认真研究中国经验。宣传中国特色社会主义建设的成果，彰显社会主义与伊斯兰相通的方面，有利于中国在伊斯兰国家进行公共外交。

17.5.4　挖掘中国与伊斯兰国家友好交往的历史遗产

“一带一路”倡议本身就是对古丝绸之路的继承。使者张骞、甘英，高僧法显、玄奘，摩洛哥学者伊本·白图泰，明朝下西洋的舰队司令郑和，都是丝绸之路上的英雄。张骞等中国使者，出境后所到之处大多位于今伊斯兰国家境内。在非穆斯林旅行家的丝绸之路见闻中，也有很多中国与伊斯兰国家友好交往的故事。例如，伊朗的基什岛以盛产珍珠闻名，据说，马可·波罗访问中国的时候，被皇宫中佳丽嫔妃们所佩戴的精美首饰倾倒，他被告知这些珍珠都是来自基什岛。[363]

中国历史上的四大发明，都是先传播到伊斯兰国家，再由伊斯兰国家传到欧洲的。蒙古西征给中亚、西亚造成重大破坏，但也给中国与伊斯兰世界的文化交流带来了机遇。例如，13 世纪后期 14 世纪早期，伊朗绘画和装饰艺术中出现了中国元素。伊斯兰世界与中国的艺术交流是近年来西方美术史的一大热点。[364]近几年，也有不少印度尼西亚学者认为，伊斯兰教在印尼的传播与郑和航行有关。[365]

中国与伊斯兰国家的关系表现出相互理解和相互尊重的特征，这是因为这种关系具有深厚的历史人文底蕴：古代，丝绸之路奠定了双方友好往来的基础，以四大发明为代表的中国文明由西亚、北非的穆斯林传到了欧洲，而伊斯兰文明于公元 7 世纪中叶进入中国后，经过逐步融合，已成为中国文明的一个重要组成部分；近代，双方都遭到殖民主义和帝国主义的侵略、掠夺和占领，有着相似的遭遇，经历了沧桑巨变；当代，双方又都肩负着同样的发展任务，都走上了民族复兴的道路。[366]

新中国成立后，中国与伊斯兰诸国的传统友谊得到发扬。1953 年，中国穆斯林成立了中国伊斯兰教协会，以研究教义、主办中国伊斯兰经学院、发展爱国主义教育、进行国际友好往来、保卫世界和平为主要工作。中国伊斯兰教协会经常组织代表团到伊斯兰国家访问。[367]

丝绸之路在当代已经成为鲜明的文化符号。原本与古代丝绸之路毫无关联的美国，也提出了“新丝绸之路”计划。2011 年 7 月，美国国务卿希拉里·克林顿第一次较为系统而明确地提出“新丝绸之路”计划，希望在中亚和南亚地区建立一个穿越阿富汗的天然气管道、铁路、电网以及现代高速公路的经济网络。[368]

因此，中国需要高扬丝绸之路的旗帜，挖掘中国与伊斯兰国家友好合作的历史文化遗产，古为今用。

17.6 推进与伊斯兰国家文化交流

17.6.1 推进当代优秀文化产品的翻译工作

除了历史文化财富的共享能拉近民族之间的心理距离外，当代娱乐文化也是软实力中的要素。美国唯一超级大国的世界地位，在软实力方面很大程度上是好莱坞电影塑造和维持的。中国可以将《挑战不可能》《舌尖上的中国》《欢乐中国人》《开门大吉》《星光大道》《春节联欢晚会》等优秀而又相对通俗易懂的娱乐类电视节目，翻译为伊斯兰世界的主要语言文字（一般不用配音，加上字幕即可），如阿拉伯文、土耳其文、波斯文、乌尔都文、印尼－马来文等，并推动它们在优兔等国际知名视频网站上传播。《中国诗词大会》《中国成语大会》这样包含历史文化知识较多的节目，在伊斯兰世界只能面向文化水平较高、喜爱中国文化的小众。可将这些节目翻译为伊斯兰世界的文字，作为礼物赠送给伊斯兰世界的政要、学者、企业领袖等。还有著名的科幻小说《三体》等当代优秀文学作品，也可以翻译成伊斯兰世界的各种文字。反过来，伊斯兰世界的优秀文学、影视作品，也可翻译为中文。例如，苏丹当代著名作家塔伊布·萨利赫的小说《移居北方的时期》，创作手法新颖，打破了时间、空间的界限，过去、现在和未来随着人物心理活动的变换而交替出现，对中国文学有借鉴价值。[369]2016 年 1 月 21 日，习主席在埃及开罗阿拉伯国家联盟总部演讲时就提到实现“丝路书香”设想，开展 100 部中阿典籍互译。[370]

17.6.2 结对子，交笔友

习主席说“国之交在民相亲”。能用伊斯兰国家当地语言与所在国民众交流的中国民众，以及长期在义乌这样的城市生活的伊斯兰国家侨民都是极少数。大多数中国人对伊斯兰国家的了解，是通过中国媒体。然而，中国媒体对伊斯兰国家的大多数报道，是对西方媒体报道的翻译；同样，大多数伊斯兰国家民众对中国的了解，也是来自西方媒体的报道或对西方媒体报道的翻译。

可以借助现代通信技术，使用电脑和互联网，让远隔万水千山从未谋面的中国人与伊斯兰国家的人，通过电子邮件、微博、微信等方式直接沟通。微信通信极为方便，微信也有强大的英汉互译功能，已经成为熟悉中国的外国人必备“神器”。考虑到中国和伊斯兰国家相互懂得对方语言的人极少，双方有必要以英语为沟通手段。中国英文较好的1%人口（约1300万人），一般也是国内话语权较大的一部分人，让他们与伊斯兰国家人士直接交流，他们可以把所闻所感发布出来，逐步改善中国人对伊斯兰国家的印象。共建“一带一路”国家英文较好的人，一般也是本国话语权较大的人。例如，巴基斯坦英文水平较高的5%人口，约1000万人，是政府、政党、军队、企业以及医学、法律等领域的精英。中国政府可以和伊斯兰国家政府商定，鼓励中国公民与对方国家公民结对子，交笔友，建立一对一的联系，平时多写英文信，或用聊天软件交流学习、生活情况，也展示所在国的美景美食，等等。如果中国与伊斯兰国家民众之间能越过西方主导的媒体直接交流，将会产生深远的影响。

17.6.3 传播中国传统文化中的武术、书法、中医药等精华

在世界所有文字中，汉字和阿拉伯文都在具有书法艺术的几种文字之列。我曾在巴基斯坦朋友家中见到大量的阿拉伯文书法作品。阿拉伯字母除了阿拉伯文之外，也在波斯文、乌尔都文、普什图文等文字中使用，其他国家很多穆斯林因学习《古兰经》的需要，也把阿拉伯语作为第二语言。一位在土耳其智库工作的朋友，就自豪地说可以用阿拉伯语背诵《古兰经》。在伊斯兰国家举行的国际会议上，例如我参加过的伊斯兰合作组织国家智库论坛，在开头常常由阿訇用阿拉伯语吟诵一段《古兰经》经文。巴基斯坦等伊斯兰国家，有着历史悠久的传统医学，传统医学中也大量使用草药，具备中医药推广的基础。中国推广武术、书法和中医药，可以借鉴印度的经验，因为印度通过推广瑜伽，在中亚五国高级官员中有不小影响力[371]。

17.6.4 与伊斯兰国家交流中国节日

春节是一种印记，承载着源远流长的华夏文明；春节是一条纽带，连起了全球华人的血脉情怀；春节也是一座桥梁，向全世界传递着中国的文化自信。

迪拜每年举行的赛龙舟，就是很好的样板。阿联酋有专门的龙舟管理委员会，每年定期举办4到6场专业比赛，民间组织的龙舟比赛不下10场。2017年除夕和初一，迪拜举办了新春龙舟赛，来自不同国家的70支队伍，分为专业组

和非专业组，在两个月前才开通的新迪拜河上展开激烈角逐。河岸两侧加油助阵的观众和选手一起感受这个非常别致的欢乐春节气氛。[372]中国春节、元宵节、端午节、中秋节、重阳节、火把节等，都可以向伊斯兰国家推广。不少伊斯兰国家的民众也把圣诞节、情人节作为文化节日和商业消费节日来过，由此可见，节日的国际推广并不一定受不同宗教信仰的影响。耍龙灯、踩高跷、跑旱船、舞狮等与节日相关的传统艺术活动也可推广。

新节日，如双十一购物节，可以随着中国跨境电商向伊斯兰国家的发展，逐步推向伊斯兰国家。同时，要尊重伊斯兰各国人民的重要节日，增强包容心。

17.6.5　开展双向旅游

到马来西亚、印尼（特别是巴厘岛）、阿联酋（特别是迪拜）、马尔代夫、土耳其等伊斯兰国家的中国游客已经比较多了。去过伊斯兰国家的中国人，往往就此改变了对伊斯兰国家和伊斯兰文化的刻板印象。例如，西方媒体和好莱坞电影《逃离德黑兰》曾让有些中国人认为，在伊朗这块古老土地上，人人都是宗教狂兼恐怖分子。但是，到过伊朗的人说，“那样的人，我在伊朗没有遇见半个”，遇到的伊朗人都热情而亲切。[373]在鼓励扩大赴伊斯兰国家旅游的同时，中国应在确保国家安全的前提下，对一些伊斯兰国家简化签证手续，如对巴基斯坦人适当放宽签证条件。让中国和伊斯兰国家的游客，亲眼看到、亲身感受未经媒体粉饰和歪曲的对方，逐步对对方形成正确的印象。

17.6.6　发挥非政府组织的作用

非政府组织在公共外交中扮演着重要角色。中国发展与伊斯兰国家关系的非政府组织之中，目前最重要的是中国伊斯兰教协会。例如，中国伊协副秘书长巴拉提·拉吉甫出席了第28届国际伊斯兰团结国际大会，大会于2015年1月在伊朗首都德黑兰召开，主题为“伊斯兰民族的团结和挑战与机制”。来自其他伊斯兰国家的伊斯兰学者、思想家、宗教组织的领导人，俄罗斯、英国、中国等71个国家的学者、宗教领袖、科学精英以及伊朗国内代表550多人出席。[374]中国伊协常委、广东省伊协会长王文杰阿訇一行二人，应邀出席了2015年2月28日至3月1日在埃及首都开罗举行的第二十四届伊斯兰事务最高理事会，来自40多个国家的代表与会。[375]

中国近年来到伊斯兰国家经商、务工的以汉族为主的华侨华人也为数不少，在伊斯兰国家境内的华人华侨组建的非政府组织，可以发挥跨文化交流作用。在伊斯兰国家，华人在马来西亚占总人口近四分之一，在印度尼西亚也有数百万人。2015 年，我就在德黑兰机场遇到过前往伊拉克库尔德人自治区首府埃尔比勒务工的三位中国女性。据说，在巴基斯坦和迪拜都有约 10 万中国人生活，迪拜等地的华人商会有较大影响力。这些海外华人华侨，也发挥着促进中国与所在伊斯兰国家关系的作用。这些侨民每天都在进行跨文化的交流，积累了丰富的经验。中国在对伊斯兰国家的公共外交中值得充分发挥马来西亚和印度尼西亚的华人华侨团体、中国在伊斯兰国家新侨民组建的商会等组织的作用。

在发挥非政府组织的跨文化传播作用时，应重点吸取五个东南亚国家的华人社团与穆斯林的跨宗教、跨文化交流的经验教训：新加坡是华人多数，穆斯林少数；马来西亚、印度尼西亚是穆斯林多数，华人少数；泰国和菲律宾是华人和穆斯林都为少数。

17.7 建设面向伊斯兰国家的宣传机构

17.7.1 建设面向伊斯兰国家精英的英文媒体

全世界穆斯林中能看懂中文的，几乎全在中国。在世界穆斯林中普及汉语，是很漫长艰巨的过程。伊斯兰国家中英语的普及率远远高于汉语，能够熟练使用英文的大多属于精英阶层。目前他们的观念在很大程度上受英美主流媒体，如英国广播公司、美国有线电视新闻网、《纽约时报》等的塑造。在阿联酋迪拜、土耳其伊斯坦布尔等地机场的大屏幕上，滚动播出的是 CNN 的电视节目。在巴基斯坦的五星级宾馆中，播出的除了本国电视频道，还有西方主要电视频道。中国的电视频道，一般在华人开的宾馆、餐厅中才有。影响较大的伊斯兰本土电视台，如卡塔尔的半岛电视台，其理念仍接近西方。加拿大《国民邮报》总编辑在其代表作《大规模杀伤性武器：软实力与美国帝国》里认为，“（一国软实力）将使他国国民越来越感到，想与以领土国家为基础的权威进行分离”。意思是一国国民越青睐强国的软实力，就越有可能产生亲近感，也越想站在本国政府的对立面。[376]这样，很多伊斯兰国家出现了政府和精英比较亲美，而民众比较反美的情况。

17.7.2　建设面向伊斯兰国家民众的当地语言的大众媒体

尽管西方媒体在伊斯兰国家有着巨大的影响力，但由于以美国为首的西方国家频频对伊斯兰国家发动侵略战争，或武力干预伊斯兰国家的内部事务，加上美国长期支持以色列，一些伊斯兰国家民众中的反美情绪很高。2001 年 11 月，沙特阿拉伯内政部对 25—40 岁的受过教育的公民做了一个调查，发现 90% 的被调查者在某种程度上支持本·拉登。[377]2016 年 6 月，在巴勒斯坦解放组织中地位仅次于法塔赫的解放巴勒斯坦人民阵线（PFLP）的女领导人里拉·卡里德（Leila Khaled）在接受采访时说，“伊斯兰国”是由美国创造、被美国利用的犯罪集团。[378]伊斯兰国家民众对西方的厌恶，是中国可以用来扩展影响力的机会。

中国和伊斯兰国家的民众，目前主要是通过西方主流媒体设置的议程来相互了解的。目前，中国央视已经有了英语、法语、西班牙语、俄语、阿拉伯语等外语频道，为何影响力并不大。我认为，主要原因是播出内容与央视中文频道相差不多，脱离了国外大众的兴趣点。在国际新闻领域，《人民日报》在海外有 39 家分社，央视的海外分台和记者站有 60 余家，新华社在海外的总分社和分社共有 180 家。然而，这些机构主要任务是迅速向国内提供正确的信息，很少努力去影响所在国的国内舆论。这与 BBC 中文网、《金融时报》中文网、《纽约时报》中文网等比较贴近中国人的生活，参与中国国内热点话题讨论不同。

17.8　借鉴苏联和俄罗斯联邦的经验

在中国与伊斯兰国家及全世界穆斯林的交流中，两个根本性的问题是伊斯兰教与中国文化相适应问题，以及伊斯兰教与中国现行的社会主义制度相适应问题。

苏联解体后其处理民族、宗教问题的历史，往往被当作经验教训来研究。苏联虽然已解体，然而，在让伊斯兰教与社会主义相适应方面，其经验仍值得借鉴。

在非穆斯林主导的政权与穆斯林的关系方面，俄罗斯学者经常避免做出比较，并且把俄罗斯的政权与穆斯林的关系当作一个独特的研究领域。[379]苏联国土面积约占世界陆地面积的1/6，每5个人中就有1个是穆斯林，在20世纪80年代初有4000万—5000万穆斯林，是世界上穆斯林人口第五多的国家，仅次于印度尼西亚、巴基斯坦、印度和孟加拉国。美国方面估计，1980年苏联有4400万穆斯林，其中约80%（约3520万人）是虔诚信徒。[380]

苏联继承了沙俄武力征服的中亚五国，外高加索的阿塞拜疆，北高加索的车臣、印古什、达吉斯坦，伏尔加河流域的鞑靼斯坦、巴什科尔托斯坦等以穆斯林为主要人口的地区。这些地区在20世纪20年代后期到80年代后期保持了60年的稳定，除了北高加索地区20世纪二三十年代曾有反苏运动[381]以外，没有出现大规模的分离运动，也未发生大规模的宗教冲突。主张无神论的苏联政府与占人口约1/5的各个穆斯林民族，保持了长期的协调共处。1989年，在苏联社会开始动荡时，莫斯科大清真寺教长仍然说，“我们和全体苏联人一样，同人民共命运，同人民有着共同的需求和事业。”[382]苏联在伊斯兰国家中，也曾有强大的影响力，派驻过大批经济和军事顾问。曾是世界第一大坝的埃及阿斯旺大坝，就是苏联工程技术人员设计的。

苏联的伊斯兰教事务根据宪法第124条管理。穆斯林少数民族按地区划分，由四个宗教理事会管理：苏联欧洲部分及西伯利亚的逊尼派穆斯林理事会；中亚及哈萨克斯坦的逊尼派穆斯林理事会；北高加索及达吉斯坦的逊尼派穆斯林理事会；南高加索的逊尼派和什叶派穆斯林理事会。其他穆斯林共同体在苏联没有得到官方承认。[383]

苏联的穆斯林少数民族干部，曾经忠心耿耿地在国外为推进苏联的国家利益而工作。例如，20世纪40年代伊朗阿塞拜疆独立运动的背后，就有苏联阿塞拜疆社会主义共和国的领导层支持。“文化大革命”时期从中国逃到苏联、在中亚地区长期生活的雷光汉，在属于哈萨克苏维埃社会主义共和国的南西伯利亚流放地柯吉达夫，发现从克格勃、警察局、区政府到流放地农场的管理机关，再到最高层的农场公安特派员、管理区主任和生产队长，几乎全是哈萨克人，他当时的感觉是“好像是到了另一个国家”。[384]

1991年3月17日，苏联就关于是否保留联盟的问题进行了全民公决，这是苏联历史上第一次全民公决。当时全国登记的选民共1.84亿人，其中参加投票的为1.47亿人，赞成保留联盟的占76%。在苏联的大部分穆斯林地区，投票支持保留联盟的选民比例，高于全苏平均水平，且高于俄罗斯族地区的水平。

哈萨克共和国参加投票人数占有投票权总人数的89%，其中投赞成票占94%，即其约有投票权总人数的84%赞成保留联盟。乌兹别克共和国参加投票人数占有投票权总人数的95%，其中投赞成票者占93.7%，即其约有投票权总人数的89%赞成保留联盟。吉尔吉斯共和国参加投票人数占有投票权总人数的92.9%，其中投赞成票者占94.5%，即其约有投票权总人数的88%赞成保留联盟。土库曼共和国参加投票人数占有投票权总人数的97.7%，其中投赞成票者占98%，即其约有投票权总人数的96%赞成保留联盟。塔吉克共和国参加投票人数占有投票权总人数的94%，其中投赞成票者占96%，即其约有投票权总人数的90%赞成保留联盟。

俄罗斯联邦参加投票人数占有投票权总人数的75.4%，其中投赞成票者占71%，即其约有投票权总人数的53.5%赞成保留联盟。

这一结果至少证明，在苏联中央政权已经风雨飘摇的1991年，苏联各穆斯林民族并不希望独立，而是希望留在统一的联盟之中。至于这一结果是否意味着苏联穆斯林民族比俄罗斯族更加认同联盟中央，认同苏维埃，则存在争议。[385]

法国社会科学高等研究院院长、历史学家亚历山大·贝尼格桑曾在1980年提出这样的问题——在此中东局势动荡，苏联似乎又是主要受益者之际，人们不禁要问：（苏联境内）这个数量庞大的穆斯林群体，到底是苏联向外扩张的一张王牌呢，还是对它的一种牵制呢？或者用英国人的方式提问：他们究竟是苏联对外扩张的一笔资产呢，还是一笔负债呢？[386]

在“一带一路”倡议中，中国其实也面临着这样的问题：有2000多万人口的10个穆斯林少数民族在对外交流中起到什么作用？这个问题的答案，在很大程度上取决于中国政府的政策，也在很大程度上影响“一带一路”倡议的进展。

苏联解体后，俄罗斯联邦仍然是一个多民族国家。俄罗斯族约占俄罗斯联邦总人口的77%。在俄罗斯人口排名前六的民族（俄罗斯族、鞑靼族、乌克兰族、巴什基尔族、楚瓦什族、车臣族）中，穆斯林为主的民族有两个（鞑靼族、车臣族）。俄罗斯穆斯林人口增长的速度高于整个国家人口增长的速度。根据我

2015年在鞑靼族聚居区——喀山、阿斯特拉罕和辛菲罗波尔（俄罗斯控制的克里米亚首府）考察的切身感受，俄罗斯穆斯林与东正教徒等非穆斯林之间的关系融洽，在饮食习惯上相互尊重。

目前，穆斯林官兵在俄罗斯军队中占有较高的比例。早在沙俄时期，穆斯林就在军中占有约10%的比例。俄军正式名称不是“俄罗斯军队”而是“俄罗斯联邦武装力量”。俄军中的主体信仰是东正教，根据2007年的统计，东正教信徒大概占总人数的74%；根据2010年的统计，东正教信徒大概占总人数的78%。东正教信徒在俄罗斯总人口中的比例，也呈上升趋势。如今俄罗斯大肆兴建教堂。而伊斯兰教是俄军里的第二大宗教，穆斯林在军队中的人数大概占9%（2007年统计）。其他的信徒有佛教徒、天主教徒等。相应地，无神论者比例下降。

苏联解体时，有些学者提议恢复沙俄时期的传统：在军队中配置随军神父，举行宗教仪式，进行士兵心理辅导和有神论道德教育。1997年，东正教与军方签订协议，向俄军中派出神职人员，并为军校中的军官提供宗教教育。2003年，俄罗斯穆夫提协会（IDF）也与军方签订协议，参与军队教育，为穆斯林士兵军官提供宗教服务。2009年，俄罗斯总统梅德韦杰夫提议在俄军中配备随军神父。2010年1月，俄军设置了宗教与军事合作部，1月24日，国防部长批准了《俄罗斯联邦武装部队军人与宗教信徒组织工作条例》。该条例规定：军事神职人员的主要活动旨在与军人一起举行宗教仪式，同时尊重他们的精神自由和宗教自由权利；与军队开展道德和教育工作；协助指挥官开展预防犯罪和自杀事件的活动；倡导忠于军队和认真服役的道德基础，改善军队和军人家属的精神生活面貌；为接受心理治疗的军人提供精神支持。但是，这些规定只针对其工作，与其他领域无关。[387]

曾经发生两次镇压分离主义战争的以穆斯林为主要居民的车臣共和国，近几年也实现了社会稳定和经济发展。

在分离主义势力盘踞时期，车臣的经济日趋衰败。从1991到2000年，车臣共和国成为俄罗斯联邦内经济最落后的地区之一，经济潜力几乎完全被摧毁，工业企业、社会基础设施、住房和公共服务、交通基础设施和工程网络一片破败。在国外市场上，车臣唯一具有竞争力的是石油生产，占工业总产量的98.6%。而在苏联时代，车臣以石油深加工（炼油、分油、焦化等）为支柱产业，这一整套工业体系在分离主义势力控制时期被破坏殆尽。

车臣共和国被分离主义势力控制时期经济破败表明：如果没有有针对性的国家援助，仅靠某个地区的人口和经济实体的投资，所获得的资源极其有限，难以实现可持续的社会经济发展。

车臣共和国迫切需要发展社会经济。俄罗斯在宏观经济层面给予其支持，在重大项目上予以特别优待。车臣共和国从俄罗斯获得最高补贴的预算。

在2007年，俄罗斯联邦与车臣共和国共同协作的宏观计划有6个，资金总额为44 621万卢布，到2010年底，增长到了45个。这些方案的资金总额为56.56亿卢布（由俄罗斯联邦中央财政与车臣共和国地方财政共同承担）。2007—2010年，车臣共和国经济活动中获得的投资额超过200亿卢布，投资的主要领域是住房、贸易、饮食、农业、服务业和酒店业。[388]

车臣共和国实施的这些国家宏观项目，保证了该地区的稳定发展，提高了居民生活水平和增强了社会群体（不同阶层、种族和信仰）之间的合作，改善了关系。据到车臣旅游的中国人描述，车臣全境治安良好。

现任车臣共和国总统小卡德罗夫的父亲被分离主义势力的恐怖袭击杀害。小卡德罗夫目前在车臣共和国有很高的声望，也得到普京总统的信任。

总之，中国与伊斯兰国家的交流障碍是客观存在的。我们只有以历史和世界的眼光审视这种障碍，以平等、积极、阳光的心态进行交流，才能在求同存异的基础上尽力减少和克服各类交流障碍。

这几年国内社交媒体上多次出现担忧中巴铁路等中国与伊斯兰国家互联互通设施建设，会导致大批国外穆斯林涌入中国的杂音。总体来看，中巴铁路将引发大量国外穆斯林移民中国的观点，夸大了交通便利对国际移民的促进作用。而国外穆斯林移民将威胁中国西部安全的这种观点，是对国内外穆斯林社会不够了解的产物。

1992年，正是中国决定走社会主义市场经济道路的那一年，第二座亚欧大陆桥建成，面向哈萨克斯坦的阿拉山口铁路口岸正式运行，这成为中国对外开放的里程碑。今天，“一带一路”倡议在全世界引起越来越大的反响，我们更应该冷静理性地观察周边国家，抓住机遇，谨慎有序地推进中巴铁路、中吉乌铁路、中巴油气管道等重大项目。如果中国对邻国的经济困难漠不关心，对重大的跨国交通基础设施建设犹豫不决，那么邻国出现动荡时，反而有出现威胁中国的国际难民问题的可能性。

中国面向伊斯兰国家开展公共外交和跨文化交流的过程，也是中国重塑自身的过程。中国目前正处于从传统意义上的“民族国家”向“文化国家”过渡的阶段。因此，中国与伊斯兰国家的跨文化交流，有利于双方，也有利于世界和平与发展。

18 当代世界主要伊斯兰运动名词解释*

伊斯兰与世界政治的互动对中国来说是一个重要的议题。单单以伊斯兰为纽带的伊斯兰合作组织来讲，该组织的57个成员国具有重大国际政治影响。在习近平主席提出的以文明交流超越文明隔阂、文明互鉴超越文明冲突、文明共存超越文明优越的原则下，中国未来与伊斯兰世界的合作不可能仅仅停留在经济交流合作的层面上。深入理解伊斯兰文明，做到中国文明与伊斯兰文明的互鉴对中国来说是艰巨的任务和挑战。

20世纪70年代末，伊朗伊斯兰革命对当时的冷战格局造成巨大冲击。从这个时期开始，伊斯兰政治运动开始被关注。“9·11”恐怖袭击事件后，美国发动了大规模的“反恐战争”。2010年以来，随着“阿拉伯之春”爆发带来的中东乱局以及欧洲面临的难民问题，全球国际政治、经济、社会格局发生了巨大的变化。恐怖主义产生的影响随之波及中国，对中国内政、外交造成障碍。在这个历史发展过程中，西方学者一方面宣扬“文明冲突论”，渲染伊斯兰文明对世界安全的威胁；另一方面，西方在政治实践中却经常以“分而治之”的方式处理伊斯兰教派与相关政治问题，使伊斯兰国家的国内状况更加恶化。在这样的国际环境中，国际上以伊斯兰为名义和口号的政治运动也给中国带来复杂的影响。

本篇简述当前世界上以穆斯林兄弟会、吉玛特伊斯兰促进会运动、瓦哈比及萨拉菲运动、达瓦宣教团为代表的伊斯兰运动。

---

* 《当代世界主要伊斯兰运动名词解释》编译者为张立飞，李希光审校。

18.1 伊斯兰运动的定义问题

20 世纪 80 年代以后，中国学者逐渐对以“不要西方，不要东方，只要伊斯兰”为代表口号的政治运动加以关注。国际上先后出现“原教旨主义”“复兴主义”“伊斯兰主义”“政治伊斯兰”等词汇来描述伊斯兰运动。[389]

中国学界以“复兴”一词描述伊斯兰运动，并以此代替国际上常用的具有深刻西方文化背景且容易引起歧义的“原教旨主义”一词。[390]中国学者对“伊斯兰复兴运动”的定义相当宽泛，即指代“面对伊斯兰世界的衰落，伊斯兰社会的个人信仰、社会生活、国家政治以及国际关系等层面日益强调和重视伊斯兰传统，而出现的伊斯兰在精神信仰、社会生活、政治生活、对外政策等领域的全面复兴。或者说是要求严格遵循伊斯兰教基本教义，并用这些教义规范穆斯林社会与生活的思潮和运动”。[391]

中国研究当代伊斯兰运动的学者指出，“所谓的伊斯兰复兴运动（或者伊斯兰运动）在不同的国家和地区的表现形式和特点各异，很难一概而论”。[392]本篇希望通过具体的案例去反思伊斯兰在政治联系上的复杂性与可变性。

在当今世界，不同伊斯兰组织对“伊斯兰复兴”历史目标的理解存在差异，这是当今世界伊斯兰运动林立的原因之一。例如，伊朗伊斯兰革命成功取得政权以后，在国家体制问题上，宗教领袖们进行了激烈的政治斗争，才最后确立了一个并不完全符合伊朗什叶派传统的具有西方特征的伊斯兰共和国政权。[393]此外，沙特阿拉伯的瓦哈比教派在很长时间里攻击领导伊朗伊斯兰革命的什叶派不具有“认主独一”性质，所以其不能被称为“伊斯兰”。因此，想要深入了解世界伊斯兰运动的崛起，不可能不考虑伊斯兰文明中复杂的与经济社会问题相关的教派斗争。

另一方面，区分世俗化与宗教化对中国理解伊斯兰文明的历史发展很重要。然而，宏观的历史趋势到底如何与短期的世界政治现实联系在一起，则需要深入探讨。例如，巴基斯坦历史早期，巴基斯坦伊斯兰共和国的穆斯林联盟运动，为了融合整个巴基斯坦社会，推行了很多世俗性政策。然而，无论是在名义上还是在最高宗旨上，巴基斯坦穆斯林联盟都很难不被称为一个伊斯兰运动组织。[394]20 世纪 70 年代以后，巴基斯坦国内出现了改变巴基斯坦政治体制、社会文化的“伊斯兰化”政治运动，而这种运动与巴基斯坦国内不同伊斯兰教派间在经济、文化基础上的政治斗争有联系。[395]在今天的巴基斯坦国内，伊斯兰名义下的共和国政体在实质上到底有多少是伊斯兰主义，有多少是世俗主义，依然是无法轻易解答的敏感话题。如果中国人不能灵活、深刻、务实地去理解这样的问题，就很难正确地处理与巴基斯坦这样重要伙伴的关系。

中国学者在 20 世纪末表示，“伊斯兰原教旨主义”“现代伊斯兰主义运动”“伊斯兰运动”等术语，均不能涵盖世界上以伊斯兰为口号和旗帜的政治运动。[396]然而“伊斯兰教……不是一个目标一致、意识形态统一的铁板一块的‘伊斯兰国际’”。[397]如果中国人形成一种错觉——认为这个世界上存在的伊斯兰运动，都自然而然地反西方、反世俗、反非穆斯林文明，那么就陷入了我国学者力图反驳的“文明冲突论”的陷阱。因此，具体问题具体分析则是本篇整理介绍穆斯林兄弟会、吉玛特伊斯兰促进会、达瓦宣教团、瓦哈比主义、萨拉菲主义等几个重要伊斯兰运动的主要指导思想。

18.2　穆斯林兄弟会[398]

穆斯林兄弟协会，简称穆斯林兄弟会，是哈桑·班纳于 1928 年成立的一个国际伊斯兰运动。由于与政治暴力的关联，它被很多国家看作是恐怖组织。据学者整理的信息来看，它是世界上第一个在全球范围宣扬伊斯兰与改良主义的组织，并希望在各国全面推动宗教、政治、教育、社会变革。

穆斯林兄弟会成立于埃及苏伊士运河边的伊斯梅利亚市。传说，英国苏伊士运河公司的 6 名劳工，找到经常在乡间与公共场所讲经的哈桑·班纳，在感谢班纳的教导的同时，劳工们希望班纳可以成立一个小的组织以在服务祖国、宗教、乌玛的义务上给他们以指引。[399]由此，在 1928 年，班纳依靠来自包括苏伊士运河公司在内的捐赠以及商业贷款的帮助成立了穆斯林兄弟会，以及两所男子与女子学校。[400]依据学者的看法，穆斯林兄弟会早期的发展得益于埃及君主政权与埃及民族主义政党华夫脱党之间的斗争。[401]20 世纪 30 年代，穆斯林兄弟会从伊斯梅利亚发展到开罗，开始组织公众讨论，传播班纳言论，印刷杂志，成立分支机构，发展“童子军”组织和青年团体组织。

此后，穆斯林兄弟会在伊斯兰世界中的学校尤其埃及的爱资哈尔大学中有较强势力，还依靠伊斯兰普世与团结的思想不断扩张。在历史上，穆斯林兄弟会除了我们较为熟悉的在埃及的活动以外，还在20世纪30年代的伊拉克、叙利亚、黎巴嫩、巴勒斯坦、苏丹、也门，50年代的约旦与伊拉克，60年代的利比亚与科威特，开展包括武装斗争在内的政治活动。埃及自由与正义党，巴勒斯坦的“伊斯兰圣战组织”（杰哈德）和“伊斯兰抵抗运动”（哈马斯），都曾经是穆斯林兄弟会的分支。

由于穆斯林兄弟会的隐秘状态，其具体政治诉求长期不公开。穆斯林兄弟会形成于20世纪早期的埃及社会底层，早期受到19世纪末期以穆罕默德·拉希德·里达为代表的“改革派萨拉菲主义”的影响，希望让伊斯兰社会重现旧日的虔诚。班纳认为，在埃及受殖民统治的背景下，穆斯林可以发起一种运动，来“建议”政府以伊斯兰的方式行使治理。依据国外学者的说法，穆斯林兄弟会在很长时间里并不谋求政权。[402]在20世纪埃及议会政治暴力频发的背景下，穆斯林兄弟会也经常诉诸暴力。因此，穆斯林兄弟会在不少国家都曾多次经历被镇压与复兴。穆斯林兄弟会领导者赛义德·库特卜1966年被埃及政权处死。

学者普遍认为，赛义德·库特卜影响了20世纪中后期很多“伊斯兰极端主义运动”。库特卜认为，当代世界，包括伊斯兰与非伊斯兰，都处于一种未启蒙、无知且黑暗的“贾希利叶”（Jahiliyya）状态中，而虔诚的穆斯林需要通过宣教和奋斗的方式彻底改变“贾希利叶”社会，建立结束所有罪恶、挣扎和压迫的“哈基米亚”（al-Hakimiyya）的真主的治理。赛义德·库特卜的思想被学者普遍认为是伊斯兰极端主义或恐怖主义在20世纪下半期以后的重要精神支柱与行动指南。我国也有学者认为，库特卜的思想反映了伊斯兰世界在西方主宰下面对现代化过程的一种不满与憎恨的激进心理。[403]

20世纪80年代，穆斯林兄弟会在埃及开始投身西方现代式政党政治。按照穆斯林兄弟会前领导人穆罕默德·哈比卜的说法，穆斯林兄弟会协商理事会在1989年决议建立政党。其后，在2005年，穆斯林兄弟会在埃及议会选举中取得了大约20%的席位，并于2007年10月公开了政治计划草案。2011年以后，埃及穆斯林兄弟会成立了包括女性成员的自由与正义党。

穆斯林兄弟会在接受西方式政党模式以后是否改变了其“伊斯兰主义”的性质，一直有争议。毋庸置疑，穆斯林兄弟会一直是伊斯兰世界中强劲的政治力量，而其在当前国际政治中结合伊斯兰与“民主政治”的政治解决方案还有待我们继续观察。

18.3　吉玛特伊斯兰促进会[404]

吉玛特伊斯兰促进会在中国通常被称为伊斯兰促进会，简称伊促会。该组织前身印度伊斯兰促进会于 1941 年 8 月集会成立，诞生于今天巴基斯坦境内的拉合尔。当时组织的主要领导人为赛义德·阿布·阿拉·毛杜迪。伊促会的成立主要是毛杜迪早年思想的一种实践。在 20 世纪所谓伊斯兰主义的发展中，毛杜迪是非常重要的人物。他的思想与 19 世纪伊斯兰思想家哲马鲁丁·阿富汗尼有一定联系，毛杜迪被认为是当代历史上第一个创造了独立的“伊斯兰国家”思想的思想家。

毛杜迪 1903 年出生于印度德干地区奥兰加巴德，早年接受了宗教与世俗机构的双重教育，随后从事编辑工作。毛杜迪从事编辑工作期间，见证了印度穆斯林以保卫奥斯曼哈里发为由开展的反对英国干涉的基拉法特运动（Khilafat）。该运动最终以失败告终，而哈里发制最终在凯末尔改革中被废除。在这种背景下，毛杜迪在 1927 年发表了《伊斯兰圣战》一书，主张西方的世俗主义、民族主义以及民主主义等概念都与伊斯兰不吻合。毛杜迪梳理了一套关于现代伊斯兰国家以及伊斯兰作为一种全面的生活系统的理论。

作为埃及穆斯林兄弟会的库特卜思想的来源，毛杜迪认为伊斯兰历史的发展规律在一种伊斯兰与无知混沌的“贾希利叶”状态的交替。“贾希利叶”的状态不仅仅存在于伊斯兰诞生之前，也存在于不完善的伊斯兰中。毛杜迪同时认为，传统的伊斯兰基于文字释经的乌莱玛学术传统本身破坏了他理解的伊斯兰，造成了伊斯兰的衰落。

基于对《古兰经》有选择性地阅读，毛杜迪认为，伊斯兰是一个不言自明的“建立在一定的原则之上已经安排好了的完善系统。从伊斯兰的基石到每一个细节，所有事物都与伊斯兰根本原则有着逻辑关系”。[405]这个系统建立在几个不言自明的概念之上，即神具有“独一性”，而至高无上的神向人发布遵循的法则，即沙利亚，在这种关系上阴性的神接受人的服从。在此基础上，毛杜迪提出了人与神的主权关系，即神具有无限主权，而人作为神在世间的受托人具有有限主权。人具有在有限的基于《古兰经》与圣训等经典的理解之上的主权。这种关系构成了毛杜迪对“伊斯兰国家”的理解。从毛杜迪的角度来看，为了构建这样一个“伊斯兰国家”，所有“信仰、正行”伊斯兰的人们都需要组成一个咨询理事会，构成一种“神权民主”的政治体制。

毛杜迪因此指出“伊斯兰”也是一种运动，即在“认主独一”的原则下争取建设人类存在的运动。在这样的运动中，要有一个小的穆斯林群体，即乌玛，保证整个政治运动朝着毛杜迪理想状态下的“伊斯兰国家”发展。而伊促会存在的目的即是如此——在世间促进人类朝向“伊斯兰国家”发展。

毛杜迪的思想在现代伊斯兰世界得到广泛的认可。例如，沙特阿拉伯宗教界和政权尤其推崇毛杜迪，以至于任命毛杜迪为麦地那国际伊斯兰大学托管委员会成员，以及伊斯兰世界联盟制宪议会的一员，伊斯兰促进会也因此广布于南亚。20 世纪六七十年代，毛杜迪的思想对全球的伊斯兰运动产生了影响。

20 世纪 40 年代以后，毛杜迪在南亚领导吉玛特伊斯兰促进会运动时不断遇到各种问题。例如，伊斯兰促进会旨在推进人类朝向“伊斯兰国家”的理想发展，其本身也就应该是“伊斯兰国家”在人间的一种试验，那么依据毛杜迪的“神权民主”的理论，愿意参与伊斯兰促进会并愿意为其目标奋斗的穆斯林，显然应该被赋予组织上咨询理事的权利。然而，毛杜迪在维护其自身在组织中的权威的过程中，不得不把组织的核心成员限制在一个很小的群体里，而广泛发展外层成员。从印巴分治，一直到 20 世纪 70 年代，东西巴基斯坦在分裂的过程中，明确反对民族主义的伊斯兰促进会也随着南亚现代国家的诞生而分裂。

直到今天，吉玛特伊斯兰促进会在不同南亚国家中有着不同的政治表现，或与政府对立，或转向议会式政治，或二者兼具。就巴基斯坦而言，印巴分治以后，伊斯兰促进会的巴基斯坦分支，除了推行伊斯兰化的穆罕默德 · 齐亚 · 哈克时代，一直都与号称伊斯兰化的巴基斯坦政权处于一种对立状态。很多研究认为，这种对立的原因不仅仅在于伊斯兰促进会认为巴基斯坦政权非真正的伊斯兰，具有世俗性质，更有以逊尼派为主的伊斯兰促进会与时常占据巴基斯坦上层的什叶派以及艾哈迈迪耶派信徒不和的因素。[406]近年来，伊斯兰促进会不时卷入与政府的政治对抗乃至政治暴力当中，但该组织整体的政治趋势则越发趋近西方式议会政党。伊斯兰促进会因在第三次印巴战争中反对孟加拉国独立而被孟加拉国驱逐。然而，20 世纪 90 年代以后，孟加拉国政府重新接纳了伊斯兰促进会，且该组织最终成了孟加拉国境内最大的伊斯兰组织。印度伊斯兰促进会逐渐转变成一个拥护世俗主义、号召保护少数族裔的政治力量。

克什米尔地区也有伊斯兰促进会活动。1954 年，克什米尔地区的巴基斯坦伊斯兰促进会与印度伊斯兰促进会合并成立了查谟 - 克什米尔伊斯兰促进会，这个组织主要扮演了从印度争取克什米尔独立的政党角色。1989 年以后，查谟 - 克什米尔伊斯兰促进会由于武装抵抗，被印度议会禁止，但该组织在克什米尔对印度的武装抵抗延续至今。

18.4 达瓦宣教团[407]

达瓦宣教团是一个逊尼派穆斯林全球宣教运动，也是世界上最大的民间伊斯兰运动。它的追随者有 800 万至 1200 万。达瓦宣教团于 1927 年起源于南亚，其创始人为穆罕默德・伊利亚斯・坎德拉维。达瓦宣教团全球总部位于印度的德里，它是世界上重要的正统派伊斯兰力量。通过南亚移民，其对包括欧洲在内的世界上很多国家的穆斯林都有影响。了解它对认识伊斯兰教在全球民间的传播有很大的意义。

达瓦宣教团的目标在于加强名义上的伊斯兰信徒对伊斯兰的信仰。它前往不同城市或乡间，邀请穆斯林加入宣教游行。其宣教团通常是一个领导带领五六个人，四处拜访清真寺，并带领清真寺的邻里进行礼拜或进行宣讲活动，也会组织定期的礼拜活动。其年度礼拜可以吸引上百万人，是世界上除了麦加朝觐之外最大的伊斯兰群体活动。它在全球各地组织每周四的夜间集会。

达瓦宣教团宣教的信息主要有六条：信仰的再巩固；正确的礼拜；宗教知识以及对神仪式性的纪念；尊重穆斯林同仁；净化意图；作为神的仆人花时间

宣教。虽然批评者认为，以上六条是对伊斯兰教的过分简化，但达瓦宣教团则认为以上六条是作为穆斯林的根本要素。除此之外，它对新成员有更加简化的信条，即四个多做、四个少做、四个不做、四个回避。四个多做是，多宣教、多崇拜、多教育、多服务；四个少做是，少吃、少睡、少离开清真寺、少无所事事；四个不做是，不疑问、不渴望、不消耗、不在不得同意的情况下索取物品；四个回避是，回避拒绝他人、回避批评、回避竞争、回避骄傲。

宗教教育也是达瓦宣教团的一个重要活动。其成员被要求阅读穆罕默德·伊利亚斯·坎德拉维的侄子、圣训派学者穆罕默德·扎卡利亚所写的被称为宣教教程或善行美德的论文集。论文集包含了先知伴侣的生平事迹，祈祷的精神美德，以及对神仪式性的纪念、慈善、朝觐，对先知的仪式召唤，等等。

达瓦宣教团至今在全球，尤其在南亚与东南亚有广泛的发展。然而，它经常被伊斯兰宗教精英诟病。如前所述，它所支持的教派是南亚成立的清化改革派——德奥班迪。南亚的德奥班迪以其对伊斯兰严谨的见解著称，并且批评流行于苏菲主义中的圣墓崇拜以及神秘主义仪式。两者不同的是，旨在联系广大底层穆斯林的达瓦宣教团寻求了中间道路，即教授学生包括仪式在内的一些活动，同时排斥过多的苏菲主义影响。萨拉菲主义者普遍认为达瓦宣教团浅显粗糙，但是承认其强大的动员组织能力。

18.5　瓦哈比、沙特阿拉伯与萨拉菲运动[408]

瓦哈比主义运动是源自 18 世纪阿拉伯半岛内志（Najd）地区的宗教运动。该运动的发起者为穆罕默德·伊本·阿卜杜勒·瓦哈比。其反对者将“瓦哈比主义”称为“瓦哈比”，意指“瓦哈比主义者”尊崇的不是神或神的先知，而是该运动的创立者瓦哈比。因此，信仰瓦哈比主义的人很少自称“瓦哈比”，而喜欢自称“穆瓦希德”（Muwahhidun），大意指“信仰神圣合一者”，或“陶希德”，大意指“认主独一运动”。

瓦哈比主义的主要思想大体可以被理解为萨拉菲主义。准确地理解伊斯兰中的“萨拉菲”可以有两种方式。一种可以把“萨拉菲”看作一种方法论，指以特定阿拉伯传统律法思想进行文本释经来理解神的态度的方法。[409]另一种方式是把它理解成《古兰经》中提到的“虔诚的祖先”。[410]大体可以在两个层面上通过萨拉菲主义认识瓦哈比主义：在第一个层面上，瓦哈比主义反对以时间空间上的逻辑思考理解伊斯兰教义的方法，而强调严格的特别是以罕百里法学的方法和文本释经的方式解释伊斯兰；在第二个层面上，瓦哈比主义认为人们需要通过对《古兰经》与圣行的严格理解来净化伊斯兰，追寻虔诚祖先时代的穆斯林的生活方式，包括每日五次集体礼拜，禁止音乐、烟草、丝绸服装，禁止女性的公共生活，等等。

纯粹意义上的瓦哈比主义具有很强的排他性。瓦哈比主义者将不信仰他们信条的穆斯林称为“塔克费尔”（takfir），即“不信者”，并在传统上对这些人采取“绝罚”的措施。历史上，瓦哈比主义为沙特王室针对其周边穆斯林的斗争提供了很好的理论基础，即认为内志的瓦哈比主义者应当时刻准备针对“不信者”进行“圣战”。在1744—1902年间，沙特王室三次立国两次覆灭，直到1902年以后，沙特王室才逐渐建立起一个中央集权国家。

瓦哈比主义为沙特王室的军事斗争提供了极大的合法性。同时，内志地区瓦哈比主义的学者集团“乌莱玛”则得到沙特王室的保护，这利于其弘扬信仰。直至今日，沙特宗教系统的高级人员仍主要来自内志地区。[411]

20世纪，沙特王室与瓦哈比学者的同盟是沙特统治的基石。同时，西方在中东的巨大影响意味着沙特必须在一定程度上向外国势力开放。沙特一直需要平衡这两方面的因素。在沙特国内，沙特王室与瓦哈比嫡传的谢赫家族分管国家和宗教两方面的机构与事务。谢赫家族传统上控制三个部门，即伊斯兰事务部、司法部以及朝圣管理部。其中伊斯兰事务部权力最大，掌管除朝圣以外的几乎所有与伊斯兰宗教有关的事务。

除此之外，谢赫家族在政府之外控制两个中心宗教政策机构——高级学者理事会以及法塔瓦圣令理事会。成立于1971年的高级学者理事会由内志地区的瓦哈比主义学者组成，在危机问题上帮助政府决策，如1990年美国驻军沙特的问题。成立于1953年的法塔瓦圣令理事会主要协助沙特政权在宗教法务领域做出解释，其领袖被称为大穆夫提，通常兼任高级学者理事会的领袖，理论上是沙特国内最高的法律顾问。1950年，沙特政府为了控制乌莱玛宗教学者，以支持瓦哈比国外宣教的努力来换取瓦哈比减少其在沙特国内的影响，这也促进了瓦哈比主义在当今国际上的发展。

20 世纪中后期，沙特以宾巴兹（Bin Baz）及伊本·欧赛悯为代表的一些学者在国际上影响力上升。同时，来自埃及、叙利亚的萨拉菲主义逐渐改变了沙特国内的瓦哈比主义。学者认为国际萨拉菲主义出现了三种趋势。

第一种，可以称为“净化”的萨拉菲运动。这一派萨拉菲信仰者关注个人与社会的改造。较有影响力的学者包括阿尔巴尼亚出生并曾经在沙特教学的纳萨尔·丁·阿巴尼，以及曾经担任沙特大穆夫提的宾巴兹。这一派萨拉菲主义者在沙特国内强调圣训于伊斯兰教法的意义，并因此与沙特强调圣行的瓦哈比主义乌莱玛有一定冲突。1990 年，宾巴兹作为沙特大穆夫提协助沙特政权支持美国驻军沙特，因此被很多穆斯林视为对伊斯兰的背叛，该派别在 20 世纪 90 年代以后也就逐渐失去了影响力。

第二种，所谓的政治萨拉菲主义或萨拉菲主流，在沙特国内也被称为“伊斯兰觉醒”。在 20 世纪五六十年代，流亡沙特的穆斯林兄弟会对这一派萨拉菲主义的发展起到重要作用。在海湾战争中，这一派萨拉菲主义者反对美国驻军沙特，并指责沙特王室腐败且忽略伊斯兰法则与价值观，因此，在 20 世纪 90 年代遭到了沙特的镇压。直到 21 世纪，该派一些得到释放的学者在沙特国内宣传改革，并反对国际上萨拉菲“圣战主义分子”针对沙特进行的恐怖活动，因此受到一定程度的欢迎。

第三种，萨拉菲主义运动趋势，即“圣战”萨拉菲主义。这一派诞生的标志是 1979 年的麦加大清真寺事件。几百名该派武装分子控制了麦加大清真寺，并要求沙特政权恢复本源的伊斯兰社会。20 世纪 80 年代以后，这一派别以本·拉登为代表的人员加入阿富汗战争，使“圣战”萨拉菲主义逐渐发展成国际伊斯兰主义运动。进入 21 世纪，随着美国发动“全球反恐战争”，该运动一直延续到今天。

参考文献

第一部分

1. 42%的巴基斯坦人支持民主，22%的对此无偏好，只有17%的认为不民主的体制可能是好的。见 http：//www. pewglobal. org/2012/07/10/chapter-2-views-of-democracy/。

2. Maya X. Guo (Ed.). The Chinese Path and the Chinese School: Interviews with Leading Chinese Academics [M]. Beijing: Foreign Languages Press, 2017: 22.

3. 毛泽东. 论人民民主专政 [M] //毛泽东选集：第四卷. 北京：人民出版社，2008：1470－1471.

4. 同上。

5. 有关南亚次大陆深层殖民的历史和思想渊源，见阿希斯·南迪的《亲密的敌人》。

6. The Quran, Translation and Commentary by Maulana Wahiduddin Khan, Parallel Arabic Text, Goodword Books, India, 2014.

7. 本文的基本观点和思想源自2017年11月10日李希光与阿克拉姆在韩国沿海一座古庙里的长谈。此对话在2019年国庆期间定稿，引用的数据和事实部分是2017年11月谈话之后更新的。

8. 沧桑巨变七十载 民族复兴铸辉煌——新中国成立70周年经济社会发展成就系列报告之一 [EB/OL]. 中国政府网，(2019－07－01). https：//www. gov. cn/xinwen/2019－07/01/content_5404949. htm.

9. Martin Jacques. When China Rules the World [M]. London: Penguin, 2012: 633.

10. 同8。

11. 同8。

12. Gallup Ignores All-Time High Food Stamp Usage for 7-Year Low Percentage Americans Struggling to Afford Food [EB/OL]. http：//www. breitbart. com/big-government/2015/06/07/gallup-ignores-all-time-high-food-stamp-usage-as-reason-for-7-year-low-percentage-americans-struggling-to-afford-food/.

13. 33 Million Americans Still Don't Have Health Insurance [EB/OL]. http：//fivethirtyeight. com/features/33-million-americans-still-dont-have-health-insurance/.

14. This is What It Looks Like to Live without Running Water in America [EB/OL]. http：//www. huffingtonpost. com/george-mcgraw/live-without-running-water-in-america_b_8011310. html.

15. Brian Patrick Byrne. A Shocking Number of Americans Don't Have a Toilet [EB/OL]. http：//theweek. com/articles/590312/shocking-number-americans-dont-have-toilet.

16. 有关这种经济联系的深层讨论，见 Paul Craig Roberts. How America Was Lost: From 9/11 to the Police/Warfare State [M]. Atlanta: Clarity Press Inc., 2014。

17. John Mearsheimer. Why China Cannot Rise Peacefully [EB/OL]. http：//www. cips-cepi. ca/event/why-china-cannot-rise-peacefully/.

18. Stephen Walt. Why is America's Foreign Policy Still Punching Above It's Weight? [EB/OL]. http://foreignpolicy.com/2016/06/09/why-is-americas-foreign-policy-still-punching-above-its-weight/.

19. Dr. Gideon Polya. The US Has Invaded 70 Nations Since 1776—Make 4 July Independence from America Day [EB/OL]. https://www.countercurrents.org/polya050713.htm.

20. https://theintercept.com/2014/11/06/many-countries-islamic-world-u-s-bombed-occupied-since-1980/.

21. Zhang Weiwei. The China Wave: Rise of a Civilizational State [M]. Oxfordshire: WCPC and Horizon Media, 2011: Back Cover.

22. 中国共产党第十九次全国代表大会在京开幕 [EB/OL]. http://www.xinhuanet.com/politics/19cpcnc/2017-10/18/c_1121822526.htm.

23. Immanuel Wallerstein. The Decline of American Power [M]. NY: The New Press, 2003: 27.

24. 同上，第13-14页。

25. 同18。

26. Ross Pittman, Guest. Former Presidents Warn about the "Invisible Government" Running the United States [EB/OL]. https://www.wakingtimes.com/2013/09/13/former-presidents-warn-about-the-invisible-government-running-united-states/.

27. Paul Craig Roberts. Putin and the Russian Crushing the US as the West Destroys Itself [EB/OL]. https://www.youtube.com/watch?v=qw_5sPlp_c8.

28. James Liley. Former Head of the CIA in Asia, Former Ambassador (Taiwan, Korea, China) Pentagon and White House Advisor, Washington, D. C. China vs USA: Empires at War [EB/OL]. https://www.youtube.com/watch?v=kGzymvvL1EI.

29. Paul Craig Roberts. Interview [EB/OL]. https://www.youtube.com/watch? v=edYLfNfCGAw.

30. Wang Xiangsui. Colonel and Military Strategist, Chinese War College, People's Liberation Army, Beijing China vs USA: Empires at War [EB/OL]. (2013-09-13). https://www.youtube.com/watch?v=kGzymvvL1EI.

31. 美媒高度关注国庆阅兵：这些武器装备太先进了 [EB/OL]. http://world.chinadaily.com.cn/a/201910/01/WS5d930034a31099ab995e36d2.html.

32. 美航母进出南海被中国军舰“围观”？国防部回应 [EB/OL]. 环球网，(2019-09-28). https://mil.ifeng.com/c/7qKfBoxx6Ce.

33. An Unlikely Saviour: China Invests in America's High-Speed Rail 23 [EB/OL]. http://www.economist.com/blogs/gulliver/2015/09/unlikely-saviour.

34. 同上。

35. Elizabeth Brotherton-Bunch. If America Won't Invest in America's Infrastructure, China Will [EB/OL]. http://www.americanmanufacturing.org/blog/entry/if-america-wont-invest-in-americas-infrastructure-china-will.

36. American Infrastructure is Being Built by the Chinese [EB/OL]. https://azizonomics.com/2011/09/13/american-infrastructure-is-being-built-by-the-chinese/.

37. http://www.nationmaster.com/country-info/stats/Crime/Total-crimes.

38. Paul Craig Roberts. The Failure of Laissez Fair Capitalism [M]. Atlanta: Clarity Press Inc.,

2013：171.

39. The Last Days of a White World [EB/OL]. https：//www. theguardian. com/uk/2000/sep/03/race. world.

40. 同上。

41. 同上。

42. 习近平：人民有信仰民族有希望国家有力量[EB/OL]. 新华网，(2015－02－28). http：//www. xinhuanet. com/politics/2015-02/28/c_1114474084. htm.

43. https：//en. wikipedia. org/wiki/Islamophobia#Proposed_alternatives.

44. Jay Rubenstein. Cannibals and Crusaders [EB/OL]. https：//read. dukeupress. edu/french-historical-studies/article-abstract/31/4/525/9597/Cannibals-and-Crusaders.

45. Irshad 2003, 86.

46. 季羡林. 东方文化要重现辉煌[J]. 南亚研究，1996（Z 2).

第二部分

1.《“一带一路”上的伊斯兰国家》作者是李希光。

2. 已同中国签订共建“一带一路”合作文件的国家一览[EB/OL]. 一带一路网，(2019－04－12). https：//www. yidaiyilu. gov. cn/gbjg/gbgk/77073. htm.

3. Michael Lipka. Muslims and Islam：Key Findings in the U. S. and Around the World [EB/OL]. (2017－08－09). https：//www. pewresearch. org/fact-tank/2017/08/09/muslims-and-islam-key-findings-in-the-u-s-and-around-the-world/.

4. Miles Young. Muslim Futurism and Islamic Branding [EB/OL]. the Inaugural Oxford Global Islamic Branding and Marketing Forum，July 26th，2010. http：//thinkethnic. com/wpcontent/uploads/2012/02/Miles%20Young%20-%20Muslim%20Futurism%20and%20Islamic%20Branding. pdf.

5. “夫物之不齐，物之情也”出自《孟子・滕文公上》，意思是说，天下万物没有同样的，都有属于自己的独特个性，这是客观情形。

6. 高文远. 清末西北回民之反清运动[M]. 台北：学海出版社，1988.

7. 郑自海. 端庄・学术[EB/OL]. http：//www. 360doc. com/content/17/1203/19/15549792_709572340. shtml.

8. 卢新宁. 郑和：一种文化象征[EB/OL]. 人民日报海外版，(2005－07－14). http：//www. china. com. cn/chinese/zhuanti/zhxxy/915071. htm.

9. 郑和：伊斯兰文化的传播者[EB/OL]. 中国网，(2005－07－05). http：//www. china. com. cn/chinese/zhuanti/zhxxy/907571. htm.

10. 同 7。

11. 梁启超. 祖国大航海家郑和传[M]//梁启超. 饮冰室合集：第三册. 上海：中华书局，1989.

12. 陈炎. 郑和下西洋对伊斯兰世界文化的影响和贡献[M]//郑和下西洋 600 周年纪念活动筹备

领导小组．郑和下西洋研究文选（1905—2005）．北京：海洋出版社，2005.

13. 宫慧如．郑和的宗教信仰与出使条件考析［M］//郑和下西洋600周年纪念活动筹备领导小组．郑和下西洋研究文选（1905—2005）．北京：海洋出版社，2005.

14. 马丽蓉．中阿民间交往模式的形成、特征及其影响［J］．回族研究，2013（1）：40.

15. 同上。

16. The Han-Kitab：A Confucian-Islamic Synthesis［EB/OL］．［2017－08－05］．https：//www. usmeyouthnetwork. org/2015/05/the-han-kitab-a-confucian-islamic-synthesis/.

17. 全巴商会主席：穆斯林国家发展远落后于世界水平［EB/OL］．（2016－09－22）．http：//finance. sina. com. cn/roll/2016-09-22/doc-ifxwevww 1306370. shtml.

18. 原教旨主义最早出现在美国的基督教新教，当代媒体更多指伊斯兰主义运动。基督教和伊斯兰教的原教旨主义的共同点都是反对现代主义和世俗主义。泛伊斯兰主义的定义有很多争议，但多数认为伊斯兰主义主张伊斯兰不仅仅是宗教信仰，还是一套意识形态和政治体制。伊斯兰主义学者强调伊斯兰教法对穆斯林的重要性。20世纪50年代，泛阿拉伯主义的领袖纳赛尔把阿拉伯民族主义比喻为阿拉伯人之间团结和友爱的纽带，是争取阿拉伯国家团结、自由、完整和尊严的斗争。从纳赛尔到卡扎菲的实践，阿拉伯社会主义以消灭“剥削”和“贫困”，实现“平等”、“正义”和“富裕”的社会主义为最终奋斗目标，主张建立公有制和私有制并存的经济基础，并在这个经济基础上实现国民经济计划化，但是反对共产主义和无产阶级专政。

19. Nato Urges Muslim Countries to Help Afghanistan［EB/OL］. Gulf News，（2010－07－03）．http：//gulfnews. com/news/asia/afghanistan/nato-urges-muslim-countries-to-help-afghanistan-1. 649559.

20. Chartsbin. Countries Currently Contributing Troops to ISAF［EB/OL］．［2018－03－05］．http：//chartsbin. com/view/nnu.

21. 《准确认识伊斯兰传统和伊斯兰世界》作者是埃贾兹·阿克拉姆，孙力舟、张立飞、洪雁翻译。

22. Lord Northbourne. Religion in the Modern World［M］. 2001：11.

23. Seyyed Hossein Nasr. The Heart of Islam：Enduring Values for Humanity［M］. San Francisco：Harper Collins，2002：4.

24. 同上，第5页。

25. 《古兰经》第95章无花果（梯尼）第4—6节。中文译文参见：古兰经［M］．马坚，译．北京：中国社会科学出版社，2013：318。

26. 洪武皇帝指的是朱元璋。

27. 同23，第36页。

28. 同23，第25－26页。

29. 中文译文参见：古兰经［M］．马坚，译．北京：中国社会科学出版社，2013：50。

30. 我们所说的“西方的”或“西方”，指的是欧洲、北美洲和大洋洲国家。它们并非单一均质的实体，但是与二战之后的第二世界和第三世界相比，它们在上层政治领域问题中的相互协作是值得仿效的。

31. 同23，第66页。

32. 世界上穆斯林宽容的情况居多，少数穆斯林中不宽容的思潮，在很大程度上是对西方历史上对非西方特别是伊斯兰世界的不宽容和不公正的反应。

33. 在贾法尔·萨迪克之后是穆萨·卡兹姆、阿里·里达、穆罕默德·贾瓦德、阿里·哈迪、哈桑·阿斯卡里，最后是第十二代伊玛目穆罕默德·马赫迪。

34. 同23，第73页。

35. 同23，第74页。

36. 同23，第75页。

37. 详情参见 http：//dictionary. reference. com/browse/religion。

38. 同上。

39. Whitall N. Perry. A Treasury of Traditional Wisdom [M]. UK：Quinta Essentia，1971：23.

40. 详情参见 http：//dictionary. reference. com/browse/culture。

41. 同上。

42. 这是因为在前现代时期的其他语言中，这一概念确实存在，但其意义不是我们现在所用的词语“culture”和“cultural studies”领域的含义。有一些特殊的词语描述人类的媒介及其重要性，但其含义与“culture”概念的一般用法不同。

43. Ted Honderich. The Oxford Companion to Philosophy [M]. NY：Oxford University Press，1995：172.

44. Nicholas Abercrombie，Stephen Hill，Bryan S. Turner. The Penguin Dictionary of Sociology [M]. New Edition. Middlesex：Penguin，1988：59.

45. 同上，第58页。

46. 同44。

47. Seyyed Hossein Nasr. Islamic Life and Thought [M]. NY：State University of New York Press，1981：39.

48. 同上。

49. 同47。

50. 同44，第58－59页。

51. 同47。

52. 在位于伊斯兰世界中央的各国，对没有成文的习惯法的一般称谓，与成文的伊斯兰法典或法律标准形成对比。阿达特（adat）是 urf 在伊斯兰世界的其他部分，特别是在印度尼西亚的同义词。urf 一般指称三个类型的法律类别：一般人维持秩序的方式，从事社会互动，或在本地从事商业活动。例如在市场或在婚礼中，统治者及其代表做出的法律决定，地方法院的实践。根据马立克教法学派和哈乃斐教法学派的一些教法学家，例如伊本·阿比丁（Ibn Abidin），urf 被看作是法律的一种来源。参见 http：//www. oxfordislamicstudies. com/article/opr/t125/e2438。

53. 详情参见 http：//www. translatorscafe. com/cafe/MegaBBS/thread-view. asp? threadid＝5069&messageid＝63174。

54. Seyyed Hossein Nasr. Islam and the Plight of Modern Man [M]. Chicago：Kazi Publications，Inc.，2001：124.

55. 来自阿克拉姆教授与两位华盛顿的伊斯兰研究杰出学者的私下对话。出于安全考虑不写出他们的名字。

56. Fredrick Matthews Denny. The Encyclopedia of Islam [M]. New Edition. Leiden: Brill, 2000: 862.

57. 同上。

58. 麦地那时期是伊斯兰教发展和阿拉伯国家初创的重要时期。

59. 同56。

60. 同56。

61. Marmaduke Pickthall. The Meaning of Glorious Qur'an Explanatory Translation [M]. Beltsville: Amana Publications, 1996: 302.

62. "Ummah Wasatah"这个词有多个含义。它意味着穆斯林是"中道社团",或者是必须在生活的各个领域避免极端道路的人,反映出精神上的平衡。它还意味着穆斯林乌玛位于世界中部地带。参见 Marmaduke Pickthall. The Meaning of Glorious Qur'an Explanatory Translation [M]. Beltsville: Amana Publications, 1996: 22。

63. 同56,第863页。

64. 同上。

65. John L. Esposito. Muhammad Iqbal and the Islamic State [M] //John L. Esposito. Voices of Resurgent Islam. NY: Oxford University Press, 1983: 175.

66. Muhammad Iqbal. The Reconstruction of Religious Thought in Islam [M]. Lahore: Sh. Muhammad Ashraf, 1977: Lecture 5.

67. Abdullah al-Ahsan. The Organization of Islamic Conference: An Introduction to Islamic Political Institution [M]. Herdon: International Institute of Islamic Thought, 1988: 2.

68. 同上。

69. Ismā'il Rāji al-Fārūqi. Al Tawhid: Its Implications for Thought and Life [M]. Herdon: International Institute of Islamic Thought, 1998: 105.

70. Abdul Rashid Moten. Political Science: An Islamic Perspective [M]. NY: St. Martin's Press, 1996: 63.

71. Nicholas Abercrombie, Stephen Hill, Bryan S. Turner. The Penguin Dictionary of Sociology [M]. 2nd Edition [M]. London: Penguin Books, 1984: 44.

72. 同上,第45页。

73. 同71,第103页。

74. 同69,第103页。

75. 同23,第160-161页。

76. 同23,第161页。

77. 同23,第163页。

78. 穆斯林的家园,即穆斯林可以自由实践伊斯兰教义而不受阻挠的地方。

79. 有一条圣训说,如果一个人有能力和手段去反抗压迫,他就应该反抗压迫。如果一个人没有铲除压迫的手段,他必须口头上反对压迫。如果一个人表示口头反对会威胁到生命的话,他应该在自己的心里认为它是邪恶的。

80. 同23，第163页。

81. 同23，第164页。

82. 同23，第163页。

83. 同23，第164－165页。

84. Ann K. S. Lambton. State and Government in Medieval Islam ［M］. NY：Oxford University Press, 1981：1.

85. 同67，第10页。

86. 同67，第11页。

87. 同67，第7页。

88. Seyyed Hossein Nasr. Ideals and Realities of Islam ［M］. NY：Praeger, 1967：29－30.

89. 同上，第122页。

90. Surat-al-Tin.

91. 水平（地球）与垂直（天堂）的结合，也制造了难懂的标志，例如十字架和大卫盾（描绘天堂与地球的两个相互交织的三角形），现在分别被认为是基督教和犹太教的象征，但事实上比亚伯拉罕传统都要早，属于人类的原始传统。在伊斯兰教中，这两个标志在 Din al-Ibrahim 或者 Javedan Kherad 的语境中被理解，建立了一个人的灵魂必须居住的中心。伊斯兰传统和其他世界智慧传统一样，强调如果一个人生命中的垂直部分缺失了，生命也就在此时此地失去了意义，死后也会受到折磨。

92. 这也证明，如果穆斯林及其信仰体系能够利用西方先进的基础设施取得足够的经济进步，那么他们就可以在其他地方复制同样的东西。现在的问题是他们为什么不能为自己建设这样的基础设施。这一问题的回答是，在殖民时代和当代历史中，很多证据显示新殖民主义列强试图阻止这样的基础设施的发展，他们因此支持非民主的服从西方的仆从。列强通过这样的仆从来统治，阻止基础设施的发展，因此人民保持在屈服的状态，他们的资源被从身边偷走。列强向当地腐败的统治者施舍一些残羹冷炙，以便他们维持统治。

93. 例如雷内·格农、弗里肖夫·舒昂、赛义德·侯赛因·纳斯尔、马丁·林斯（Martin Lings）、阿南达·库玛拉斯瓦米和休斯顿·史密斯。

94. 《古兰经》向人类提问："有知识的人和无知的人，是平等的吗?"

95. William Ophuls. Plato's Revenge：Politics in the Age of Ecology ［M］. MA：The MIT Press, 2011：6－8.

96. Sheikh Imran Hosein. Economic Progress in Islam ［EB/OL］. Lecture in Singapore,（2013－02－24）. http：//www. youtube. com/watch? v = dGWte1pL-K4.

97. Lord Northbourne. Looking Back at Progress ［M］. London：Perennial Books, 1970：18.

98. Jaroslav Pelikan. Commandment of Curse? The Paradox of Work in the Judeo-Christian Tradition in Comparative Work Ethics ［J］. Washington, D. C.：Occasional Paper Series of the Council of Scholars No. 4, 1985：7.

99. Seyyed Hossein Nasr. Islamic Work Ethic in Comparative Work Ethics ［J］. Washington, D. C.：Occasional Paper Series of the Council of Scholars No. 4, 1985：51.

100. 同上，第54页。

101. 同99，第55页。

102. 同上。

103. 同99，第58页。

104. 同99，第60页。

105. 对于这个题目较长的讨论，参见张维为．中国震撼——一个“文明型国家”的崛起［M］.上海：上海人民出版社，2011；马丁·雅克．当中国统治世界：中国的崛起和西方世界的衰落［M］.张莉，刘曲，译．北京：中信出版社，2010。

106. Ejaz Akram. Ideals & Realities of Regional Integration in the Muslim World：The Case of the ECO ［M］. UK：Oxford University Press，2008.

107. 宋朝任命了一位知识丰富、出身显赫的穆斯林担任“贸易部长”。皇帝邀请了北京以北的5500名穆斯林与北方的非汉人交涉，因为北方对于汉人来说总是个麻烦的来源。皇帝把穆斯林看作高贵的武士，他们能够与辽帝国更好地交涉。阿米尔王子（So Fei Er）在北方赢得了很高的威望。他在中国皇帝的邀请下在中国定居下来。在中国，最初伊斯兰教被称为“大食法”（阿拉伯人的法），逐步演变为“回回教”，现在被称为伊斯兰教，这个称呼更精确描述了穆斯林的信仰。如果对比西方对穆斯林的贬损描述，如“萨拉森人”、“摩尔人”或“穆罕默德教徒”，我们可以发现穆斯林在中国受到更多的尊重和理解。尽管西方传统上在科技领域从伊斯兰传统世界获益，但西方对伊斯兰信仰存在敌意。历史上中国不存在这种情况，今天也不存在。大多数穆斯林在当代中国比在当代蔓延着“伊斯兰恐惧症”的西方生活得更安全。然而，西方媒体对中国思想界和学界近年来影响加大，这值得注意。

108. 同16。

109. 世界观是一个人观察和解释世界的整体视角。这种整体的方式是一个人或一个群体对生活和宇宙的信念的集合。英语中的世界观一词是19世纪中期从德语词汇“weltanschauung”演变而来。在现代性出现在欧洲以前，所有的社会都持有传统世界观，认为神在人类的自我认知中发挥核心作用。但是在西欧，古老的世界观逐步被抛弃，取而代之的是对自然的物质主义认知，物质及其过程被看作仅有的存在。在完成这一转折之后，欧洲文明能够区分、比较和对照这两种世界观的操作理念。在现代，进化论和相对论被树立为权威，其影响力像中世纪欧洲的基督教会一样大。从传统方式考察世界转变为采纳一个新的起源“故事”和人生目标，这导致西方社会看待宇宙及人类在宇宙中的位置有了急剧变化。同时，世界其他地方的人们仍然持传统的世界观，认为创造的唯一目的是了解其造物主（神）。社会学家彼得·伯格把这两种世界观的对立叫作现代与传统意识的碰撞。

110. 西方传统学派认同赛义德·侯赛因·纳斯尔、马丁·林斯、弗里肖夫·舒昂和雷内·格农的著作，也支持很多伊斯兰学者无与伦比的著作。他们对现代主义做了毁灭性的批评，这些批评从世界上所有的主要启示宗教传统所共有的精神原则出发，考察了现代世界的矛盾。

111. 我们所说的现代性，是从宗教改革开始的变化，持续到启蒙运动，它塑造了欧洲对宗教的看法，将其视为人类意识的一种落后形式。理性对天启的胜利，17世纪的科学至上主义、进化论、理性主义、世俗主义和对宗教的贬低，是现代性的一些特性。现代性是现代主义所引发的状态。现代主义是适应现代化历史进程的一系列意识形态。参见Ejaz Akram. Muslim World and Globalization［M］//Joseph Lumbard. Islam，Fundamentalism and the Betrayal of Tradition. Bloomington：World Wisdom Press，2004：footnote 4，273。

112. 我们所说的世俗主义是指一种“此岸”的态度，有多种形式，例如“政教分离”、“所有宗教共存”和贬低宗教。第一种仅仅是欧洲基督教的经验，第二种是伊斯兰文明的特征，第三种是现代世界知识霸权的认识论倾向。

113. 同43。

114. 同44。

115. Ejaz Akram. Muslim World and Globalization ［M］//Joseph Lumbard. Islam，Fundamentalism and the Betrayal of Tradition. Bloomington：World Wisdom Press，2004：246.

116. 详情参见 http：//dictionary. reference. com/browse/peace，http：//thesaurus. reference. com/browse/peace。

117. 同上。

118. 美国的消费文化应对世界生态的恶化负责，因为它留下了巨量的碳足迹，还凌驾于传统文化之上，有夺取其他资源的政治习惯。

119. 同47，第54页。

120. 《中国与伊斯兰世界的沟通渠道与理解障碍：穆斯林对世俗、性别和性的看法》作者是埃贾兹·阿克拉姆，孙力舟翻译。

121. 详情参见 http：//supchina. com/2017/06/16/where-does-chinese-islamophobia-come-from/。

122. 同上。

123. 世俗主义有三种形式。第一种，政教分离，其相关性只限于西欧的经验。第二种，所有宗教的共存，很多宗教都与其他宗教共存。在伊斯兰文明中，这类共存有很多例子。第三种，也是当今争议最大的一种世俗主义，是以言论自由的名义贬低宗教或亵渎神圣。我们对世俗主义及其对世界和平的伤害的批判与第三种有关。

124. 详情参见 http：//www. islam101. com/terror/christianViolence. htm。

125. 现代世界的起源从宗教改革和启蒙运动开始，导致人们认为宗教是人类意识的一种落后形式。人类应该向前进，实现“进步”。现代主义的自然产物是“理性”的胜利。理性尽管是社会建构出来的概念，但理性高于天启，最终导向科学至上主义。科学至上主义与进化论、知识相对主义、文化虚无主义和世俗主义相互结合、相互强化。

126. 我们的经济、政治和社会的观念是由相应的意识形态所决定的。在经济领域中，有关现代世界的观点是由现代经济的意识形态所塑造的（资本主义和社会主义的形式）。在政治领域，它们被分裂性的民族主义力量塑造，民族主义有滑向法西斯主义的风险。在社会领域，世俗性将人际关系祛魅化、去神圣化，直接导致家庭的损失。在三种形式的世俗主义中，即政教分离、所有宗教的共存、以言论自由为名贬低宗教，最后一种形式的声音最大。第二种形式，即所有宗教的共存，在每个传统中都曾或多或少实践过，而政教分离仅限于欧洲基督教，并没有被其他宗教传统分享。实际上，在现代主义开始之前的每一种宗教传统都支持相反的观点，宣称精神权威与世俗政权之间的联结是保持良好政治秩序所必需的。

127. 据说美国最高法院法官菲利克斯·法兰克福特曾经说过这样的话，“华盛顿政治的统治者是无形无影的，他们在幕后操控权力”。美国总统西奥多·罗斯福曾指出：“在有形的政府背后有个无形的政府，并不对人民效忠，也不为人民所知。”美国很多前总统哀叹这种“无形的政府”控制了民主在美国和世界其他地区的表达方式。

128. 同43，第375页。

129. 正确的说法是文艺复兴时期的人文主义者离无神论还很远，但是他们发展了一种更“科学”的见解。这种见解在理解宇宙的时候，对圣典的依赖越来越少，对人类自身经验的依赖越来越多。同43，第374页。

130. Theodore Roszak. Where the Wasteland Ends：Politics and Transcendence in Postindustrial Society [M]. Garden City，NY：Doubleday & Company，1972：xvii.

131. 深层生态学是当代环境研究中的一个学派。它认为，从社会科学而来的大量跨学科文献无法挽救环境退化，因为它们不能理解和领会自然秩序中固有的复杂相互关系。大部分现代知识过于专业化，自然支离破碎，因此妨碍了人们对自然的深入理解。一些著名的深层生态学家包括温德尔·贝里、托马斯·贝里、西奥多·罗斯扎克（Theodore Roszak）、赛义德·侯赛因·纳斯尔和舒马赫。

132. 一位挪威哲学家阿恩·内斯，受到蕾切尔·卡森和圣雄甘地著作的启发，指出大多数环保主义者都把环境不稳定的症状与其原因搞混了。这是因为他们肤浅的世界观使他们一直被束缚在一个系统中，而这个系统本身要对当前的环境问题负责。内斯认为生态智慧（自然的智慧）应该与旧的智慧传统相联系来理解，并且它必须成为社会科学研究和关于环境退化的政策建议的指路灯。

133. 同95，第ix页。

134. 同95，第2页。

135. 同95，第6，16页。

136. 同95，第20页。

137. 同130。

138. E. F. Schumacher. Small is Beautiful：A Study of Economics as if People Mattered [M]. London：Blond & Briggs，1973：19.

139. 如果我们要设想和谐世界，我们不会想住在大城市中，花费至少10%～20%的时间去通勤。我们应该生活在小城镇中，那里有着和大城市一样的机构和发展（质量很高），又很贴近自然。我们不会每年因交通而向新鲜的空气中排放数千加仑的废弃物，我们将有电和现代通信，以及非化石燃料的交通工具。但是在这些社会中居住的大部分人都将在本地找到工作。发展的限制将以可持续的生态需求来界定。服务、商业、安全和知识部门将有一个功能性和良性的层次结构。平均工作日会从上午9点到晚上9点，减少到上午9点到下午2点，人们将在有质量的环境中度过有质量的时光。富有的社区将帮助有需要的社区。世界将由分散的或半集中的区域集群组成，“零和安全”、想要互相消灭的世界观将不复存在。

140. 同95，第xiii页。

141. 同95，第xiv页。

142. Guénon，René. East and West [M]. NY：Sophia Perennis，2004.

143. 详情参见 https：//www. forbes. com/sites/niallmccarthy/2017/11/08/the-best-and-worst-countries-for-women-worldwide-infographic/#1fed13a3273b。

144. Norberg-Hodge，42.

145. 同上。

146. Shaykh Abdal-Hakim Murad. Boys Will be Boys：Gender Identity Issues [EB/OL]. http：//

www. masud. co. uk.

147. 同上。

148. 同上。

149. Ivan Illich. Gender [M]. NY: Pantheon Books, 1982: 3.

150. 同上，第3－4页。

151. 同149，第9页。

152. 同149，第11页。

153. 同149，第11，13页。

154. 同149，第16页。

155. Norber-Hodge, 46.

156. Sachiko Murata. The Tao of Islam: A Sourcebook on Gender Relationships in Islamic Thought [M]. Albany: SUNY Press, 1992: 4.

157. 同上，第6页。

158. 同156，第6－7页。

159. Julius Evola. Eros and the Mysteries of Love: The Metaphysics of Sex [M]. NY: Inner Traditions, 1983: 2.

160. 同上，第14页。

161. 同159，第15页。

162. 同上。

163. 同159，第13页。

164. 同23，第188页。

165. Binyamin Abrahamov. Divine Love in Islamic Mysticism: The Teachings of Al-Ghâzalî and Al-Dabbâgh [M]. London, NY: Routledge, 2003: 1.

166. 同164。

167. Ali Lakhani, Sacred Web, http: //www. religioperennis. org/Document/Ali/SacredSex. html.

168. 同164。

169. 至少有7句诗句直接与神秘的性和配对造人有关。

170. Al-Quran, 92: 1－92: 3. Abdullah Yusuf Ali. The Meaning of the Holy Qur'an [M]. Beltsville: Amana Publications, 2001: 1658. 中文译文见：古兰经 [M]. 马坚，译. 北京：中国社会科学出版社，2013: 316。

171. Al-Quran, 36: 36. Abdullah Yusuf Ali. The Meaning of the Holy Qur'an [M]. Beltsville: Amana Publications, 2001. 中文译文见：古兰经 [M]. 马坚，译. 北京：中国社会科学出版社，2013: 224。

172. Al-Quran, 42: 11. Abdullah Yusuf Ali. The Meaning of the Holy Qur'an [M]. Beltsville: Amana Publications, 2001. 中文译文见：古兰经 [M]. 马坚，译. 北京：中国社会科学出版社，2013: 246。

173. Ali, Note 4539. Abdullah Yusuf Ali. The Meaning of the Holy Qur'an [M]. Beltsville: Amana Publications, 2001: 1248。

174. Al-Quran, 51: 49. Abdullah Yusuf Ali. The Meaning of the Holy Qur'an [M]. Beltsville: Amana

Publications, 2001. 中文译文见：古兰经［M］. 马坚，译. 北京：中国社会科学出版社，2013：266。

175. Al-Quran, 53：45. Abdullah Yusuf Ali. The Meaning of the Holy Qur'an［M］. Beltsville：Amana Publications, 2001. 中文译文见：古兰经［M］. 马坚，译. 北京：中国社会科学出版社，2013：270。

176. Al-Quran, 2：187. Abdullah Yusuf Ali. The Meaning of the Holy Qur'an［M］. Beltsville：Amana Publications, 2001. 中文译文见：古兰经［M］. 马坚，译. 北京：中国社会科学出版社，2013：14。

177. Ali, Note 5116. Abdullah Yusuf Ali. The Meaning of the Holy Qur'an［M］. Beltsville：Amana Publications, 2001：1358.

178. Al-Quran, 30：21. Abdullah Yusuf Ali. The Meaning of the Holy Qur'an［M］. Amana Publications, ：Beltsville, 2001. 中文译文见：古兰经［M］. 马坚，译. 北京：中国社会科学出版社，2013：205。

179. 同 167。

180. Whitall N. Perry. A Treasury of Traditional Wisdom［M］. London, NY：Paul & Co Pub Consortium, 1971：622.

181. 同上，第 623 页。

182. 同上，第 625 页。

183. 同上，第 629 页。

184. 同上。

185. 同上。

186. 同上。Plato（in Symposium, 206 – C）, 630.

187. 同上，第 629 页。

188. 同上。Le Morte d'Arthur, XVIII, XXV, 625.

189. 同 23，第 184 页。

190. Ali, Note 3526. Abdullah Yusuf Ali. The Meaning of the Holy Qur'an［M］. Beltsville：Amana Publications, 2001：1012.

191. Titus Burckhardt. Fez：City of Islam［M］. Cambridge：Islamic Texts Scoiety, 1992：102 – 103.

192. 同 23，第 187 页。

193.《深入伊斯兰内部世界：走进"塔利班大学"和阿富汗塔利班》作者是李希光。

194. 王毅国务委员兼外长来阿富汗出席中阿巴三方外长对话并会见阿领导人［EB/OL］. 中国驻阿富汗大使馆官方网站，（2018 – 12 – 17）. http：//af. china-embassy. org/chn/zagx /t162 2405. htm.

195. 赵衍龙. 美国要撤军，塔利班欢呼：我们打败了世界唯一超级大国［EB/OL］. 环球网，（2018 – 12 – 22）. httpss：//world. huanqiu. com/article/9CaKrnKgcNK.

196. 2018 年 12 月 26 日，李希光采访从阿富汗刚回到北京的商人余先生。美国入侵阿富汗后，余先生进出阿富汗 40 多趟。他懂阿富汗当地语言达里语，在阿富汗建有钢厂，把废弃坦克炼成钢丝卖掉，然后购买青金石运到国内加工销售。

197. 喀布尔的灾难场景：103 人在袭击中丧生［EB/OL］. 半岛电视台，（2018 – 01 – 29）. http：//mp. weixin. qq. com/s/CjLnuCmg6LE9qDahHdI1HQ.

198. 塔利班与西方军队和阿富汗政府军作战双方伤亡最多，其次是塔利班与"伊斯兰国"武装人员作战双方伤亡。

199. 2017 年阿富汗境内约 25 000 人因安全事件伤亡［EB/OL］. 中国驻阿富汗大使馆经商参处，(2018－01－24). https：//af. mofcom. gov. cn/article/tbbd /201801/20180102703236. shtml.

200. 基兰·斯泰西. 美国首次发布“节本”阿富汗重建报告［EB/OL］. 金融时报，(2018－01－30). http：//www. ftchinese. com/story/001076146？full = y&from = groupmessage.

201. 根据 2017 年 12 月巴基斯坦国防大学埃贾兹·阿克拉姆教授多次访谈记录。

202. 2018 年 1 月 17 日，巴基斯坦国立科技大学与李希光率领的中国大学智库代表团座谈记录。

203. 同上。

204. Pakistan Asks US to Ensure Return of Afghan Refugees：US Fail to Provide Actionable Information［EB/OL］. Asif，(2017－12－26). https：//pakobserver. net/pakistan-asks-us-ensure-return-afghan-refugees-us-fail-provide-actionable-information-asif/.

205. Aiza Azam. Post-Conference Book, Islamabad Trilateral Dialogu-Afghanistan-Pakistan［Z］. Pakistan-China Institute, 2014.

206. Evolving Regonal Geo-Strategic Trends, NUST Blobal Think Tank Network［Z］. Islamabad：NationaL University of Sciences and Technology, 2015.

207. 数据转引自 http：//www. indexmundi. com/g/r. aspx？v = 2223。

208. 2018 年 1 月 13 日，李希光在阿富汗和巴基斯坦最重要的关口——开伯尔山口亲历了当地军警严格检查他这样的外国人，而不检查过往关口的那些来自两国边境的长相衣着相似的居民。

209. 2018 年 1 月 15 日，巴基斯坦外交部阿富汗、伊朗和土耳其司司长曼苏尔与李希光率领的中国大学智库代表团座谈记录。

210. 同 201。

211. 2018 年 1 月 17 日李希光和巴基斯坦国立科技大学中国研究中心副主任泽米尔·阿万教授的座谈记录。

212. 同 209。

213. 这是 2018 年 12 月 25 日岛津阳一在接受李希光访谈时做出的研判。

214. 同 209。

215. 2018 年 1 月李希光与巴基斯坦国防大学教授和中资机构座谈记录。

216. Samiul Haq. Afghan Taliban：War of Ideology, Struggle for Peace［M］. Pakistan：Emel Publications, 2015.

217. 2018 年 1 月 17 日巴基斯坦三军公共关系局局长阿西夫·加富尔在接受李希光率领的中国大学智库代表团访谈时说的这番话。

218. Christopher Bodeen, Sam McNeil. China Says Foreign Concerns over Muslim Rights Unwarranted［Z］. AP，(2018－11－15).

219. 2018 年 11 月 30 日巴基斯坦国防大学会议，阿克拉姆教授接受李希光的访谈记录。

220. 这位记者来自阿富汗媒体，听过李希光的课。为了这位记者的安全，这里隐去他的名字。

221. 美国中情局驻阿富汗人员留下了一系列肆虐和愤怒的足迹，战士们在战争最艰难的地方坚守阵地，但官员们说，他们的野蛮战术正在恐吓公众，破坏美国的使命。见 https：//www. nytimes. com/2018/12/31/world/asia/cia-afghanistan-strike-force. html。

222. 2018 年 11 月 1 日阿克拉姆教授接受李希光访谈记录。

223. 同 209。

224. 同 201。

225. 2018 年 1 月 17 日，巴基斯坦国立科技大学中国研究中心的该华人接受李希光访谈笔录。

226. 2018 年 1 月 10 日巴基斯坦驻华公使穆塔兹·布洛奇与李希光的谈话记录。

227. 王亨．浅议“一带一路”倡议下的对阿富汗传播［N］．阿富汗研究，2017－11－17.

228. 席猛．美国对阿富汗传播现状观察［J］．国际传播，2017（3）.

229. 安国章．巴基斯坦关闭美国资助的网络电台［EB/OL］．人民网，（2018－01－22）．http：//world. people. com. cn/n1/2018/0122/c1002-29778449. html.

230. 同 216。

231. 鸦片战争前后英国走私中国的鸦片就是东印度公司出钱让阿富汗农民种的。

232. 同 216，第 9 页。

233. 2017 年 12 月巴基斯坦国防大学埃贾兹·阿克拉姆接受李希光系列访谈记录。

234. 同上。

235. 同 209。

236. Ahmad Shah Erfanyar. 2017 Causalities：Nearly 25 000 People Killed，Wounded in Afghanistan［EB/OL］. https：//www. pajhwok. com/en/2018/01/14/2017-causalities-nearly-25000-people-killed-wounded-afghanistan.

237. 同 233。

238. 2017 年 11 月 26 日伊斯兰堡中巴媒体论坛演讲。

239. 2018 年 1 月 7 日，伊斯兰堡某官员接受李希光访谈时说，中巴经济走廊延伸到阿富汗最早是阿总统加尼几年前提出来的。但是，加尼总统访问印度后，他的态度来了个 180 度大转弯。中方做阿富汗工作，希望阿富汗考虑这样几个项目：白沙瓦到喀布尔的公路升级到六车道、奎达经查曼到坎大哈的铁路和公路、阿巴边境上的喀布尔河的水资源开发。在首次中阿巴三方外长对话上，阿方表示考虑，但没有说同意。

240. 王毅谈首次中阿巴三方外长对话达成的八大共识［EB/OL］．（2017－12－26）．https：//www. fmprc. gov. cn/ce/cgbar/chn/zgyw/t1522178. htm.

241. 2017 年 12 月 26 日，中国国际广播电台乌尔都语录音报道。

242. 驻阿富汗大使刘劲松接受阿富汗媒体采访：中国大有大的样子［EB/OL］．中国外交部网站，（2018－01－15）．http：//www. fmprc. gov. cn/web/zwbd_673032/gzhd_673042/t1525900. shtml.

243. 刘劲松大使撰文介绍十九大精神与中国道路［EB/OL］．中国驻阿富汗大使馆微信公众号，（2018－02－23）．httpss：//mp. weixin. qq. com/s/9wjXRIrd3ig2XHC25B0IFw？.

244. 同 216，第 34 页。

245. 同 216，第 34 页。

246. 驻阿富汗大使刘劲松会见巴米扬省省长塔希尔·佐希尔［EB/OL］．中国外交部，（2018－01－13）．http：//www. fmprc. gov. cn/web/zwbd_673032/wshd_673034/t1525516. shtml.

247. 摘自 2015 年 4 月中旬李希光对岛津阳一的访谈记录。

248.《“一带一路”的宏大叙事与精细写作》作者是李希光。

附录

1. http：//www. xinhuanet. com/world/2013-10/03/c_125482056. htm.

2. http：//www. gov. cn/xinwen/2014-06/05/content_2694830. htm.

3. http：//www. xinhuanet. com/politics/leaders/2019-06/01/c_1124570211. htm.

附录一

4. Martin Jacques. When China Rules the World：The End of the Western World and the Birth of a New Global Order [M]. NY：Penguin Books，2012.

5. Joshua Kurlantzick. Charm Offensive：How China's Soft Power Is Transforming the World [M]. New Haven：Yale University Press，2007.

6. 习近平主席在博鳌亚洲论坛2015年年会上的主旨演讲中强调，中国经济发展进入新常态，将继续给包括亚洲国家在内的世界各国提供更多市场、增长、投资、合作机遇。为此，亚投行的创建就是一大举措。详情参见 http：//www. xinhuanet. com/politics/2015-03/29/c_127632707. htm。

7. The National Development and Reform Commission，Ministry of Foreign Affairs，and Ministry of Commerce of the People's Republic of China，with State Council authorization. Vision and Actions on Jointly Building Silk Road Economic Belt and 21st-Century Maritime Silk Road [EB/OL].（2015 – 03 – 28）. http：//www. fmprc. gov. cn/mfa_eng/zxxx_662805/t1249618. shtml.

8. 同6。

9. Jamal Malik. Orientalism and Occidentalism：The Case of Earl of Gleichen [J]. Islamic Studies，2012，51（2）：119 – 137.

10. Michael Beckley. China's Century? Why America's Edge Will Endure [J]. International Security，2011，36（3）：41 – 78.

11. The Belt & Road Initiative [J/OL]. Institute for Security and Development Policy，http：//isdp. eu/content/uploads/2016/10/2016-The-Belt-and-Road-Initiative. pdf.

12. Michal Biran. Unearthing the Liao Dynasty's Relations with the Muslim World：Migrations，Diplomacy，Commerce，and Mutual Perceptions [J]. Journal of Song-Yuan Studies，2013，43：221 – 251.

13. Khaled Abou El Fadl. Islam and the Challenge of Democracy [M]. Princeton，Oxford：Princeton University Press，2004.

14. Peter Frankopan. The Silk Roads：Past and Future [EB/OL]. The Diplomat，（2017 – 05 – 01）. http：//thediplomat. com/tag/maritime-silk-road/.

15. Jozef Pacholczyk. Music and Astronomy in the Muslim World [J]. Leonardo，1996，29（2）：145 – 150.

16. I. B. Syed. Islamic Medicine：1000 Years ahead of its Times [EB/OL]. S. Athar，eds. Islamic Medicine，（2006 – 01 – 12）. http：//www. islam-usa. com/im4. html.

17. M. A. Muqtedar Khan. Nice but Tough：A Framework for U. S. Foreign Policy in the Muslim World [J]. The Brown Journal of World Affairs，2002，9（1）：355 – 362.

18. Akbar Ganji. U. S. —Jihadist Relations (Part 1): Creating the Mujahedin in Afghanistan [EB/OL]. http://www. huffingtonpost. com/akbar-ganji/us-jihadist-relations_b_5542757. html.

19. Christopher Bail. The Fringe Effect: Civil Society Organizations and the Evolution of Media Discourse about Islam since the September 11th Attacks [EB/OL]. http://journals. sagepub. com/doi/abs/10. 1177/0003122412465743.

20. James G. McGann. 2016 Global Go to Think Tank Index Report [R/OL]. TTCSP Global Go To Think Tank Index Reports, 2017. https://repository. upenn. edu/think_tanks/12.

21. 塞缪尔·亨廷顿. 文明的冲突与世界秩序的重建 [M]. 周琪，刘绯，张立平，王圆，译. 北京：新华出版社，2002.

22. 人们可以找到一些有关美国新保守主义政策圈政策的研究资料，特别是在布什政府执政时期，旨在妖魔化伊斯兰世界。伯纳德·刘易斯等知识分子的影响力佐证了“反穆斯林”其他项目，在这些项目中，穆斯林和伊斯兰国家被成功打上了对西方全球秩序构成威胁的烙印。更多信息，请参见：Robert O'neill. Think Tanks and Their Impact [J/OL]. Asia-Pacific Review, 2008, 15 (2): 9 - 12. https://doi. org/10. 1080/13439000802511091; Joel Beinin. The New American McCarthyism: Policing Thought about the Middle East [J/OL]. Race & Class, 2004, 46 (1): 101 - 115. https://doi. org/10. 1177/0306396804
045517。

23. Bart Schuurman. Topics in Terrorism Research: Reviewing Trends and Gaps, 2007 - 2016 [J/OL]. Critical Studies on Terrorism, 2019, 12 (3): 463 - 480. https://doi. org/10. 1080/17539153. 2019. 1579777.

24. 同上。

25. Fred Block. Think Tanks, Free Market Academics, and the Triumph of the Right [J]. Theory and Society, 2013, 42 (6): 647 - 651.

26. Diane Stone. Introduction: Think Tanks, Policy Advice and Governance [M] //Think Tank Traditions: Policy Analysis Across Nations. NY: Manchester University Press, 2004.

27. Dennis Johnson. Routledge Handbook of Political Management [M]. Washington D. C.: Routledge, 2010.

28. Edward S. Herman, Noam Chomsky. Manufacturing Consent: The Political Economy of the Mass Media [M]. NY: Pantheon Books, 1988.

29. Think Tank and Civil Societies Program. 2016 Global Go to Think Tank Report [R]. University of Pennsylvania, 2016.

30. D. E. Abelson. It Seemed Like a Good Idea at the Time: Reflections on the Evolution of American Think Tanks [J]. Canadian Review of American Studies, 2016, 46 (1): 139 - 157.

31. Richard H. Shultz. The Low-Intensity Conflict Environment of the 1990s [J]. Annals of the American Academy of Political and Social Science, 1991.

32. Charles Krauthammer. The Unipolar Moment [J]. Foreign Affairs, 1990 - 1991, 70 (1).

33. William W. Kaufmann, John D. Steinbruner. Decisions for Defense [M]. Washington D. C.: Brookings Institution, 1991: 45.

34. Gail Minault. The Khilafat Movement: Religious Symbolism and Political Mobilization in India [M]. NY: Columbia University Press, 1982.

35. Judith Walsh. A Brief History of India [M]. NY: Facts on File, 2005.

36. Paul Helmreich. From Paris to Sèvres: The Partition of the Ottoman Empire at the Peace Conference of 1919 – 1920 [M]. Columbus: Ohio State University, 1974: 45.

37. William Cleveland. Islam Against the West: Shakib Arslan and the Campaign for Islamic Nationalism [M]. Texas: University of Texas Press, 2011.

38. Syed Vali Reza Nasr. Mawdudi and the Making of Islamic Revivalism [M]. NY: Oxford University Press, 1996.

39. Ishtiaq Ahmed. Specter of Islamic Fundamentalism (1947 – 2007) [M] //Rajshree Jetly. Pakistan in Regional and Global Politics. New Delhi Routledge India, 2009: 150 – 175.

40. History [EB/OL]. World Muslim Congress, http://www. motamaralalamalislami. org/history. html.

41. 同上。

42. Ebrahim Ahmed Bawany. Revolutionary Strategy for National Development [J]. Muslim-news International, 1970.

43. M. Hakan Yavuz. Islamic Political Identity in Turkey [M]. NY: Oxford University Press, 2003.

44. The Islamic Council of Europe [EB/OL]. Oxford Islamic Studies Online, http://www. oxfordislamicstudies. com/article/opr/t125/e1098.

45. A. R. Moten. Political Science: An Islamic Perspective [M]. London: Palgrave Macmillan, 1995.

46. http://www. ips. org. pk/.

47. https://www. isesco. org. ma/.

48. https://berkleycenter. georgetown. edu/organizations/international-institute-of-islamic-thought-and-civilization.

49. Islamic Studies [EB/OL]. Oxford Islamic Studies Online, http://www. oxfordislamicstudies. com/article/opr/t236/e0395.

50. R. A. Falk. Theory, Realism, and World Security [M] //M. T. Klare, D. C. Thomas. World Security: Trends and Challenges at Century's End [M]. NY: St Martin's Press, 1991.

51. 同20。

52. Salman Shaikh, Shadi Hamid. Between Interference and Assistance: The Politics of International Support in Egypt, Tunisia, and Libya, the Project on US Relations with the Islamic World and the Brookings Doha Center [EB/OL]. https://www. brookings. edu/wp-content/uploads/2016/06/BDCweb. pdf.

53. 同29。

54. Ezzat Ibrahim. Arab and American Think Tanks: New Policy for Cooperation? New Engines for Reform? The Brooking Project on U. S. Policy Towards the Islamic World [EB/OL]. https://www. brookings. edu/wp-content/uploads/2016/06/ibrahim20041001. pdf.

55. Mohammed Alsaif. The Need for More Saudi Think Tanks [N]. Arab News, 2013 – 06 – 06.

56. Joseph Stiglitz. Scan Globally, Reinvent Locally: Knowledge Infrastructure and the Localization of

Knowledge [J]. 1999.

57. 6th Think Tanks Forum of the Islamic Countries Islamabad Declaration [N/OL]. TASAM, 2015 - 03 - 10. http://www.tasam.org/en/Icerik/15473/6th_think_tanks_forum_of_the_islamic_countries_islamabad_declaration.

58. 爱德华. S. [M]. 新加坡南洋理工大学拉贾拉特南国际研究学院.

59. 伊朗战略研究（UDB-CMESS），参见 https://www.eastview.com/resources/journals/iranian-strategic-studies/。

60. Abdul Nafey. Talmiz Ahmad, Reform in the Arab World: External Influences and Regional Debates [J/OL]. India Quarterly: A Journal of International Affairs, 2006, 62 (1): 197 - 218. https://doi.org/10.1177/097492840606200109.

61. 同上，第 205 页。

62. 阿拉伯改革倡议（Arab Reform Initiative），https://www.arab-reform.net。

63. Muna Ali. Muslim American/American Muslim Identity: Authoring Self in Post-9/11 America [J/OL]. Journal of Muslim Minority Affairs, 2011, 31 (1): 355 - 381. https://doi.org/10.1080/13602004.2011.599543.

64. 伊斯兰思想研究所，www.iiit.org/en/home/。

65. 萨利姆·克尔布亚. 从东方主义到新东方主义：伊斯兰教和伊斯兰世界的早期和当代建构 [J]. 理智思想，2016，24 (1)：681 - 681.

66. 巴基斯坦战略研究所，www.ISsi.Or.PK。

67. 伊本·努巴泰. 呼图白集 [M]. 丁秉全，译. 北京：中国伊斯兰教协会，1946：1.

68. PEW Research Center. The Future of World Religious Population Growth Projection 2010 - 2050 [EB/OL]. http://www.pewforum.org/2015/04/02/religious-projections-2010-2050/.

69. http://www.oxfordreference.com/view/10.1093/acref/9780190622718.001.0001/acref-9780190622718-e-268.

70. 2011 年 6 月 28 日，伊斯兰会议组织第三十八届外长会议通过决议，宣布伊斯兰会议组织正式更名为"伊斯兰合作组织"。

71. 波黑、中非、泰国、俄罗斯、"北塞浦路斯土耳其共和国"为伊斯兰合作组织观察员。2012 年 8 月 16 日，在沙特阿拉伯麦加召开的伊斯兰国家首脑会议发表声明，宣布停止叙利亚的成员国资格。

72. 马良俊. 三典汇要：伊斯兰教义问答荟萃 [M]. 萨利赫，刘学强，优奴斯，马金成，编译. 香港：香港基石文化出版有限公司，2009：208.

73. 鲁格曼，马联元. 清真玉柱 [M]. 李秀荣，刘宏宽，译.

74. 穆罕默德·谢里夫丁·蒲绥里，毛拉威·台巴迪喀尼·图希. 穆罕麦斯 [M]. 林松，译. 香港：朝华出版社，2012：44 - 45.

75. 孟加拉国发展研究所，http://www.bids.org.bd/page/about-us/。

76. Dr. Kubilay Arin. Turkish Think Tanks, the AKP's Policy Network from Neo-Gramscian and Neo-Ottoman Angles [J/OL]. Occasional Paper Series, 2015, 4 (1). https://www.academia.edu/13111339/Turkish_Think_Tanks_the_AKP_s_Policy_Network_from_Neo-Gramscian_and_Neo-Ottoman_Angles.

77. Kristian Coates Ulrichsen. An Opportune Time for New Think Tanks in Saudi Arabia [EB/OL]. [2017 - 04 - 05]. http://english. alarabiya. net/en/views/news/middle-east/2015/03/26/An-opportune-time-for-new-think-tanks-in-Saudi-Arabia. html.

78. 内陆发展中国家国际智库（ITT-LLDCs），http://land-locked. org/about-itt/。

79. 习近平．共担时代责任，共促全球发展——在世界经济论坛2017年年会开幕式上的主旨演讲[EB/OL].（2017 - 01 - 18）. https://ex. cssn. cn/dzyx/dzyx_llsj/201701/t20170118_3388104. shtml?COLLCC = 1889657654&.

80. 2017年3月27日，习近平在与来访的马达加斯加总统埃里会谈时表示，中方欢迎马方积极参与"一带一路"建设，愿支持马达加斯加发挥"一带一路"连接非洲的桥梁和纽带作用，同马达加斯加建立全面合作伙伴关系，并在中非"十大合作计划"和"一带一路"倡议框架内，同马方加强对接。参见习近平同马达加斯加总统埃里举行会谈[EB/OL].中国政府网，（2017 - 03 - 27）. http://www. gov. cn/xinwen/2017-03/27/content_5181248. htm。

81. 伊斯兰合作组织成员国有1.6亿人粮食短缺营养不良[EB/OL].人民网，（2016 - 06 - 23）. http://world. people. com. cn/n1/2016/0623/c1002-28473157. html.

82. 中国向阿拉伯国家展示最新航天技术 推动北斗合作[EB/OL].新浪军事，（2015 - 09 - 10）. http://mil. news. sina. com. cn/2015-09-10/1202838877. html.

83. CSIS. The Emerging Political Economy of OBOR，the Challenges of Promoting Connectivity in Central Asia and Beyond [EB/OL].（2016 - 10 - 24）. https://www. csis. org/analysis/emerging-political-economy-obor.

84. 孙力舟．在中东地区宣传"一带一路"的困难及对策[J].文化软实力，2017（1）：73 - 74.

85. 严双伍．中国"一带一路"与哈萨克斯坦"光明之路"对接合作的研究[J]国际经济合作，2016（06）.

86. Aiman Turebekova. Top Kazakh Think Tank Anticipates 10 Most Important Events in Central Asia in 2016 [EB/OL].（2016 - 01 - 18）. https://astanatimes. com/2016/01/top-kazakh-think-tank-anticipates-10-most-important-events-in-central-asia-in-2016/.

87. "一带一路"给中印尼关系腾飞带来新机遇[EB/OL].新华网，（2015 - 04 - 21）. http://news. xinhuanet. com/mrdx/2015-04/21/c_134168609. htm.

88. C. P. F. Luhulima. Superimposition of China's "Silk Road" and Indonesia's Maritime Fulcrum [N/OL]. The Jakarta Post，2014 - 12 - 13. http://www. thejakartapost. com/news/2014/12/13/superimposition-china-s-silk-road-and-indonesia-s-maritime-fulcrum. html.

89. 土耳其经济与外交政策研究中心，http://www. edam. org. tr/en/AnaKategori/institutional-and-legal-structure。

90. https://foreignpolicy. com/author/selim-koru/.

91. Selim Koru，Timur Kaymaz. Turkey：Perspectives on Eurasian Integration [EB/OL].（2016 - 06 - 08）. http://www. ecfr. eu/article/essay_turkey_perspectives_on_eurasian_integration#.

92. 拉凡德经济与国际研究所，https://ravandinstitute. com/what-we-do/consulting-and-advising/。

93. 白显月．中国企业"一带一路"沿线伊斯兰国家商事争议解决初探[J].中国律师，2016，

10：62.

94. 外媒：中国已成世界最大原油进口国［EB/OL］. 中国商务部驻菲律宾经商参处，（2015－05－11）. http：//www. mofcom. gov. cn/article/i/jyjl/j/2015 05/20150500968064. shtm.

95. BP：2035 年中国将成为世界上最大能源净进口国［EB/OL］. 中商情报网，（2015－04－29）. http：//www. askci. com/news/chanye/2015/04/29/144639if8t. shtml.

96. 2015 年我国五大煤炭进口来源国［EB/OL］. 中国能源网，（2016－02－26）. http：//www. china 5e. com/news/news-933680-1. html.

97. 中国发改委："十三五"时期石油消费稳定 将大力发展天然气［EB/OL］. 新浪财经，（2017－01－20）. http：//finance. sina. com. cn/money/future/nyzx/2017-01-20/doc-ifxzutkf2119185. shtml.

98. 中国 2016 年 3 月份管道天然气进口量同比猛增 37%［EB/OL］. 中国石化新闻网，（2016－04－27）. http：//finance. sina. com. cn/money/future/nyzx/2016-04-27/doc-ifxrpvqz7051073. shtml.

99. 2015 年上半年我国天然气进口情况一览［EB/OL］. 国家发改委网站，（2015－07－31）. http：//gas. in-en. com/html/gas-2307300. shtml.

100. 2018 年中国成为全球第一大天然气进口国［EB/OL］. 界面新闻，（2019－01－16）. http：//gas. in-en. com/html/gas-3010393. shtml.

101. 中亚天然气管道去年向中国输气 341 亿标方［N/OL］. 经济参考报，2017－01－09. http：//energy. people. com. cn/n1/2017/0109/c71661-29007358. html.

102. Turkish TANAP（Trans Anatolian Natural Gas Pipeline）& So It Starts［EB/OL］. Turkish Think Tank，［2017－03－28］. http：//www. turkishthinktank. net/articles/turkish-tanap-trans-anatolian-natural-gas-pipeline-so-it-starts/.

103. The "Energy Security" Chapter in the New 64th Turkish Government Program［EB/OL］. Turkish Think Tank，（2016－08－06）. https：//www. turkishthinktank. net/articles/the-energy-security-chapter-in-the-new-64th-turkish-government-program/.

104. Asif Haroon Raja. China-Pakistan Energy Corridor［EB/OL］.（2015－05－30）. http://pakistanthinktank. org/china-pakistan-energy-corridor-by-brig-retd-asif-haroon-raja.

105. The Changing Energy Landscape in the Gulf：Strategic Implications［EB/OL］.（2015－09－01）. https：//www. grc. net/index. php? frm_ module = contents&frm_ action = detail_ book&sec = Contents&sec_ type = h&book_id = 87005&frm_ month_ year = 2015_09.

106. 仝晓波. 中阿能源合作迎来"新丝路"［N］. 中国能源报，2014－06－09（01）.

107. 美国中央情报局世界知识手册（worldfactbook）网站。

108. 中国驻阿塞拜疆使馆经商参处。

108. AERC，http：//aerc. edu. pk/.

110. http：//www. aerc. edu. pk/pakistans-trade-patterns-china-uaeapplication-purchasing-power-parity-theory/.

111. http：//www. aerc. edu. pk/air-transport-macroeconomic-performance-asian-countries-analysis/.

112. Inclusive Market Development in the Agriculture Sector of Bangladesh：Challenges and Opportunities［EB/OL］. http：//www. bids. org. bd/page/researches/？rid = 91.

113. Think-Tank Report：Uzbekistan Must Reform or Face Upheaval［EB/OL］. http：//www. eurasianet.

org/departments/civilsociety/articles/eav022103. shtml.

114. 马来西亚槟城研究所，http：//penanginstitute. org/v3/aboutus/about-penang-institute。

115. 马来西亚民主与经济事务研究院，http：//www. ideas. org. my/about-2/。

116. https：//en. wikipedia. org/wiki/Institute_ for_ Pioneering_ of_ Education_ and_ Economic_ Excellence.

117. 印尼主要智库为新总统执政出谋划策［EB/OL］. 驻印度尼西亚经商参处，（2014 - 10 - 20）. http：//id. mofcom. gov. cn/article/ziranziyuan/huiyuan/201410/20141000770250. shtml.

118. 巴基斯坦可持续发展政策研究所的目标陈述［EB/OL］. ［2017 - 03 - 25］. http：//www. sdpi. org/about_ sdpi/mission. html.

119. 巴基斯坦可持续发展政策研究所，http：//www. sdpi. org/index. html。

120. 巴基斯坦社会与政策研究所，http：//www. i-saps. org/page/about。

121. http：//www. thinktankinitiative. org/think-tanks/CPD.

122. 孟加拉国发展研究所，http：//www. bids. org. bd/page/about-us/。

123. http：//www. tpfund. org/my-tpf/educationreform.

124. 土耳其自由思想联合会，http：//www. liberal. org. tr/page/philosophy-of-alt, 1. php。

125. Atilla Yayfa. Ankara Kalimi Ne Yapmali［EB/OL］.（2015 - 10 - 13）. http：//www. liberal. org. tr/page/ankara-massacre-what-to-do，616. php.

126. Samir Salama. UAE Think Tanks Spark Policy Reform，Innovation［EB/OL］.（2015 - 01 - 25）. http：//gulfnews. com/news/uae/government/uae-think-tanks-spark-policy-reform-innovation-1. 1443453.

127. http：//osce-network. net/members/institutions/center-for-strategic-studies-under-the-president-of-the-republic-of-azerbaijan-baku/.

128. 阿玛达斯研究所，http：//www. amadeusonline. org/。

129. Applied Social Sciences Forum：Where to Now for Primary Education in Tunisia?［EB/OL］.（2015 - 02 - 01）. https：//pomed. org/applied-social-sciences-forum-where-to-now-for-primary-education-in-tunisia/.

130. 印度尼西亚战略与国际问题研究中心，https：//www. csis. or. id/about/overview. html。

131. 李希光，孙力舟. 中巴经济走廊的战略价值与安全形势［EB/OL］. 中国智库网，（2015 - 11 - 30）. http：//www. chinathinktanks. org. cn/content/detail？ id = 2899812.

132. 巴基斯坦中国研究院，http：//pakistan-china. com/。

133. https：//tasam. org/en/Etkinlik/9886/7th_ eminent_ persons_ group_ epg_ of_ the_ world_ islamic_ forum_ meeting_.

134. 土耳其亚洲战略研究中心，http：//www. tasam. org/en/Kurumsal/Profile。

135. http：/www. gotothinktank. com/directory/item/international-strategic-research-organization/.

136. http：//loopsresearch. org/media/images/photoswl4gt41y3. pdf.

137. 突尼斯战略研究所简介，http：//www. css. ethz. ch/en/services/css-partners/partner. html/49557。

138. 皮尤报告称，全球穆斯林人口将在本世纪超过基督徒［EB/OL］. 澎湃新闻网，（2015 - 04 - 04）. https：//www. thepaper. cn/newsDetail_ forward_ 1317907.

139. PEW Research Center. The Future of World Religious Population Growth Projection 2010 - 2050

[EB/OL]. (2015 - 04 - 02). http://www.pewforum.org/2015/04/02/religious-projections-2010-2050/.

140. 从“一带一路”到杭州峰会：定位大国外交新坐标 [EB/OL]. 南方网，(2016 - 12 - 22). http://news.southcn.com/china/content/2016-12/22/content_162153921_2.htm.

141. 同程发布 2015 出境游服务消费趋势报告 [EB/OL]. 搜狐旅游频道，(2015 - 12 - 07). http://travel.sohu.com/20151207/n430139627.shtml.

142. 穆斯林的人口比例与行为的关系 [EB/OL]. 豆瓣网，(2016 - 07 - 06). https://www.douban.com/note/568667682/.

143. 杜俊毅. 中巴铁路开建曝出骇人消息：西部将有危机？[EB/OL]. 四月网，(2015 - 03 - 09). http://www.m4.cn/opinion/2015-03/1265833.shtml.

144. 危机来临！中国西北伊斯兰化日趋严重！[EB/OL]. 百家号，[2017 - 01 - 21]. https://baijiahao.baidu.com/s?id=1557060712352428.

145. 王陶陶. 习大大宗教会议与中国大西北伊斯兰化 [EB/OL]. 环球视野，(2016 - 05 - 04). http://www.globalview.cn/html/culture/info_10708.html.

146. 土耳其智库 SETA，http://www.setav.org/en/。

147. 阿地里江·阿吉克力木，马杰. 让宗教成为人类和平与和谐的源泉——摩洛哥“在伊斯兰国家，少数群体宗教权利”国际会议纪实 [J]. 中国穆斯林，2016 (2)：18.

148. 阿塞拜疆举办伊斯兰合作组织国家智库论坛 [EB/OL]. 网易新闻，(2012 - 03 - 03). http://news.163.com/12/0303/00/7RKNLJIR00014JB5.html.

149. 截至 2016 年 12 月底，台湾“邦交国”有 21 个：

大洋洲 6 国：帕劳共和国、图瓦卢、马绍尔群岛共和国、所罗门群岛、基里巴斯共和国、瑙鲁共和国。

拉丁美洲 12 国：危地马拉、巴拉圭、圣文森特和格林纳丁斯、伯利兹、萨尔瓦多共和国、海地共和国、尼加拉瓜共和国、多米尼加、洪都拉斯共和国、巴拿马共和国、圣基茨和尼维斯、圣卢西亚。

非洲 2 国：布基纳法索、斯威士兰王国。

欧洲 1 国：教廷（梵蒂冈）。

详情参见 http://www.mnw.cn/taiwan/sz/1245325.html。

150. 国际传播研究中心. 李希光教授在伊斯兰国家智库研讨会上发表演讲 [EB/OL]. 清华大学新闻网，(2015 - 03 - 11). https://www.tsinghua.edu.cn/publish/news/4205/2015/20150311131737145359066/20150311131737145359066_.html.

151. 贺斌. 伊斯兰国家智库研讨会在巴举行 [N/OL]. 光明日报，2015 - 03 - 08. http://epaper.gmw.cn/gmrb/html/2015-03/08/nw.D110000gmrb_20150308_4 - 12.htm

152. 在《共建“一带一路”伊斯兰国家国别智库研究》中，“伊斯兰国家”指伊斯兰合作组织的正式成员国。

153. 菲尔多西. 列王纪选 [M]. 张鸿年，译. 北京：人民文学出版社，1994：2.

154. 詹姆斯·麦甘恩，理查德·萨巴蒂尼. 全球智库：政策网络与治理 [M]. 韩雪，王小文，译校. 上海：上海交通大学出版社，2015：48.

155. 同上，第 10 - 14 页。

156. James M. Scott. Transnationalizing Democracy Promotion: The Role of Western Political Foundations and Think-tanks [J/OL]. Democratization, 1999, 6 (3): 146 – 170. https://doi.org/10.1080/13510349908403625.

157. James L. Chan. China's Knowledge Strategy: 100 New Think Tanks, One School of Thought [J/OL]. Public Money & Management, 2017, 37 (4): 240 – 242. https://doi.org/10.1080/09540962.2017.1291222.

158. Stacey E. Pollard. The State and Civil Society in the Arab Middle East [J/OL]. Dissertations, 2014. http://scholarworks.wmich.edu/dissertations/311.

159. 孙力舟．从埃及二百年寻路看阿拉伯民族现代化的挫折 [J]. 经略网刊, 2013 (29). 转引自孙力舟．孙力舟：从埃及二百年寻路看阿拉伯民族现代化的挫折 [EB/OL]. 爱思想, (2013 – 08 – 20). http://www.aisixiang.com/data/66916.html。

160. James G. McGann. 2013 MENA Think Tank Summit Report: Increasing the Effectiveness of Think Tanks in the Middle East and North Africa: Key Opportunities for Institutional Growth [R/OL]. TTCSP Global and Regional Think Tank Summit Reports, (2013 – 01 – 01). https://repository.upenn.edu/ttcsp_summit-reports/6.

161. 同上。

162. Sheila Carapico. Foreign Aid for Promoting Democracy in the Arab World [J]. Middle East Journal, 2002, 56 (3): 379 – 395.

163. James G. McGann. Pushback Against NGOs in Egypt [J]. The International Journal of Not-for-Profit Law, 2008, 10 (4): 29 – 42.

164. 同20。

165. Freedom in the World 2017: Saudi Arabia [EB/OL]. Freedom House, (2017 – 01 – 29). https://freedomhouse.org/report/freedom-world/2017/saudi-arabia.

166. Abelson D. E. Do Think Tanks Matter? Assessing the Impact of Public Policy Institutes [M]. Montreal: McGill-Queen's University Press, 2009.

167. 同20。

168. 詹姆斯·麦根，安娜·威登，吉莉恩·拉弗蒂．智库的力量：公共政策研究机构如何促进社会发展 [M]. 王晓毅，张倩，李艳波，等，译．北京：社会科学文献出版社，2016：191 – 192.

169. Gabby Conforti. Brookings Doha Center-Doha, Qatar [EB/OL]. https://sig.stanford.edu/summer-2019-international-fellowships/brookings-doha-center-qatar/.

170. Mohsen M. Milani. Tehran's Take: Understanding Iran's U.S. Policy [J]. Foreign Affairs, 2009, 88 (4): 46 – 62.

171. 伊朗民主基金会，http://www.iran.org/。

172. 土耳其历史上存在凯末尔主义者和亲军方的世俗主义者与得到社会中下层支持的伊斯兰势力之间的争斗。关于这一问题，参见 https://www.the guardian.com/world/2003/may/27/turkey。

173. Stephen J. Flanagan. The Turkey-Russia-Iran Nexus: Eurasian Power Dynamics [J/OL]. The Washington Quarterly, 2013, 36 (1): 163 – 178. https://doi.org/10.1080/0163660X.2013.751656.

174. Yusuf Çınar. Think Tanks in Turkey: Insights for Success-Strategic Outlook [J/OL]. Strategic Outlook, 2015. http://www.strategicoutlook.org/philosophy/news-think-tanks-in-turkey-insights-for-succeb-html.

175. https://en.wikipedia.org/wiki/Turkish_think_tanks.

176. Diane Stone. Think Tanks and Policy Advice in Countries in Transition [M/OL] //Asian Development Bank Institute Symposium. How to Strength Policy-Oriented Research and Training in Vietnam. Hanoi: Asian Development Bank Institute, 2005: 21. https://thinkasia.org/bitstream/handle/11540/3624/2005.09.dp36.think.tanks.jfppt.pdf? sequence = 1.

177. Iveta Silova, Gita Steiner-Khamsi. How NGOs React: Globalization and Education Reform in the Caucasus [M]. Central Asia and Mongolia: Kumarian Press, 2008.

178. 同86。

179. 同166。

180. Arhama Siddiqa. Soft Power: The Role of Think Tanks [M]. Pakistan: Institute of Strategic Studies, 2016.

181. 李希光，孙力舟. 中巴经济走廊的战略价值与安全形势 [J]. 人民论坛·学术前沿，2015. 转引自李希光，孙力舟. 李希光 孙力舟：中巴经济走廊的战略价值与安全形势 [EB/OL].(2015 - 07 - 23). http://www.aisixiang.com/data/90682-3.html。

182. 同20。

183. Ahmed Khaled Rashid. Efficacies of Think Tanks in Influencing Public Policies: The Case of Bangladesh [M]. Ottawa: University of Ottawa, 2012.

184. Stiles K. W. Civil Society by Design: Donors, NGOs, and the Intermestic Development Circle in Bangladesh [M]. Westport, Conn: Praeger, 2002.

185. 同176。

186. James G. McGann. 2016 Global Go to Think Tank Index Report [N]. The Jakarta Post, 2017 - 02 - 03; Bagus Saragih. Indonesian Groups among World's Influential Think Tanks: Report [N/OL]. The Jakarta Post, 2017 - 02 - 03. http://www.thejakartapost.com/news/2017/02/03/indonesian-groups-among-worlds-influential-think-tanks-report.html.

187. Leandro Echt. Rarely Discussed yet Critically Foundational: Business Model among Indonesian Think Tanks [EB/OL]. (2015 - 11 - 30). https://onthinktanks.org/articles/rarely-discussed-yet-critically-foundational-business-model-among-indonesian-think-tanks/.

188. Karthik Nachiappan, Enrique Mendizabal, Ajoy Datta. Think Tanks in East and Southeast Asia Bringing Politics Back into the Picture [EB/OL]. https://www.odi.org/sites/odi.org.uk/files/odi-assets/publications-opinion-files/6377.pdf.

189. James G. McGann. Global Go to Think Tanks Report and Policy Advice [M]. Think Tanks and Civil Societies Program, Philadelphia: University of Pennsylvainia, 2011.

190. 同20。

191. Harold A. Crouch. Government and Society in Malaysia [M]. Ithaca: Cornell University Press, 1996.

192. 同176。

193. 阿尔巴尼亚社会经济智库，http：//asetal. com/index. php? option = com _ content&view = article&id = 50&Itemid = 94。

194. Zaur Shiriyev. The Development of Azerbaijani Think Tanks and Their Role in Public Policy Discourse [J/OL]. On Think Tanks，（2015 - 10 - 12）. https：//onthinktanks. org/articles/the-development-of-azerbaijani-think-tanks-and-their-role-in-public-policy-discourse/.

195. 阿塞拜疆经济与社会发展中心，http：//cesd. az/new/? tag = top-think-tank-in-azerbaijan。

196. Aurangzeb Haneef. Education in Muslim Societies：Learning from the Past [M] //Abdul Basit (ed.). The Global Muslim Community at a Crossroads：Understanding Religious Beliefs，Practices，and Infighting to End the Conflict. Santa Barbara，Calif.：Praeger，2012.

197. Andrew Coulson. Education and Indoctrination in the Muslim World：Is There a Problem? What Can We Do About It? [J]. Policy Analysis，2004（511）：1 - 36；Justin Magouirk，Atran Scott. Jemaah Islamiyah's Radical Madrassah Networks [J]. Dynamics of Asymmetric Conflict，2008，1（1）：25 - 41；Nikhil Raymond Puri. The Pakistani Madrassah and Terrorism：Made and Unmade Conclusions from the Literature [J]. Perspectives on Terrorism，2010，4（4）：53 - 59.

198. Ira M. Lapidus. Islamic Societies to the Nineteenth Century：A Global History [M]. Cambridge：Cambridge University Press，2012.

199. 同196。

200. Muhammad Abdel-Haleem. The Prophet Muhammad as a Teacher：Implications for Hadith Literature [J]. Islamic Quarterly，2002，46（2）：121 - 137.

201. 同上。

202. George Makdisi. Madrasa and University in the Middle Ages [J]. Studia Islamica，1970，1（32）：255 - 264.

203. 同198。

204. Robert W. Hefner. Introduction：The Culture，Politics and Future of Muslim Education [M] //Robert W. Hefner，Muhammad Qasim Zaman (ed.). Schooling Islam：The Culture and Politics of Modern Muslim Education. Princeton，NY，Oxford：Princeton University Press，2007.

205. 穆罕默德曾经说：为了追求知识，可以走到中国。在伊斯兰教中为了搜集知识而旅行是受人尊重的，被认为是一种圣战的行为，可以在宗教上享受很多特权。

206. 同198。

207. 同202。

208. Ali Riaz. Faithful Education：Madrassahs in South Asia [M]. Piscataway N. J.，London：Rutgers University Press，2008.

209. Jonathan P. Berkey. Madrasas Medieval and Modern：Politics，Education and the Problem of Muslim Identity [M] //Robert W. Hefner，Muhammad Qasim Zaman (ed.). Schooling Islam：The Culture and Politics of Modern Muslim Education. Princeton，NY，Oxford：Princeton University Press，2007.

210. Hava Lazarus-Yafeh. The Majlis：Interreligious Encounters in Medieval Islam [M]. Wiesbaden：Harrassowitz，1999.

211. Heinz Halm. The Fatimids and Their Traditions of Learning [M]. London, NY: I. B. Tauris in Association with the Institute of Ismaili Studies, 1997.

212. 同上。

213. Seyyed Hossein Nasr. Knowledge and the Sacred [M]. NY: Crossroad, 1989.

214. 同上。

215. F. S. Naeem. Sufism and Revivalism in South Asia: Mawlānā Ashraf ' Alī Thānvī of Deoband and Mawlānā Ahmad Razā Khān of Bareilly and Their Paradigms of Islamic Revivalism [J]. The Muslim World: A Quarterly Review of History, Culture, Religion & the Christian Mission in the Islamdom, 2009, 99 (3): 435 - 451.

216. 同上。

217. Joseph E. B. Lumbard (ed.). Islam, Fundamentalism, and the Betrayal of Tradition: Essays by Western Muslim Scholars [M]. Blooming, Ind.: World Wisdom, 2009.

218. 同213。

219. Andre Funder Frank. The Underdevelopment of Development [M]. Stockholm: Bethany Books, 1991.

220. 同215。

221. 对于伊斯兰教来说，宗教与世俗之间的分歧并不存在。世俗主义思想更多的是一种西方思想，这个概念并不适用于伊斯兰世界里由马德拉萨传承的传统体系。

222. Masooda Bano, Hilary Kalmbach (ed.). Women, Leadership, and Mosques: Changes in Contemporary Islamic Authority [M]. Leiden: Brill, 2012.

223. Tariq Rahman. Language, Ideology and Power: Language Learning Among the Muslims of Pakistan and North India [M]. Karachi, Oxford: Oxford University Press, 2002.

224. 同208。

225. 同208，第2页。

226. S. V. R. Nasr. Democracy and Islamic Revivalism', Political Science Quarterly [J]. The Muslim World: A Quarterly Review of History, Culture, Religion & the Christian Mission in the Islamdom, 1995, 110 (2): 261 - 285.

227. 同上，第261页。

228. 同208。

229. 同208。

230. 同197。

231. Barbara D. Metcalf, Thomas R. Metcalf. A Concise History of India [M]. Cambridge, NY: Cambridge University Press, 2002.

232. 同上。

233. 同196。

234. Barbara D. Metcalf. Madrasas and Minorities in Secular India [M] //Robert W. Hefner, Muhammad Qasim Zaman (ed.). Schooling Islam: The Culture and Politics of Modern Muslim Education. Princeton, NY, Oxford: Princeton University Press, 2007.

235. 同213。

236. Muhammad Moj. The Deoband Madrassah Movement: Countercultural Trends and Tendencies [M]. London, NY: Anthem Press, 2015.

237. Misbahullah Abdulbaqi. Madrassah in Afghanistan: Evolution and Its Future [J]. Policy Perspectives, 2008, 5 (2): 130 – 159.

238. Ahmed Rashid. The Fires of Faith in Central Asia [J]. World Policy Journal, 2001, 18 (1): 45 – 55.

239. 同237。

240. Dana Burde. Schools for Conflict or for Peace in Afghanistan [M]. NY: Columbia University Press, 2014.

241. 同196。

242. Peter W. Singer. Pakistan's Madrassahs: Ensuring a System of Education Not Jihad [M]. Brookings Report, 2001.

243. Kevin R. McClure. Madrasas and Pakistan's Education Agenda: Western Media Misrepresentation and Policy Recommendations [J]. International Journal of Educational Development, 2009, 29 (4): 334 – 341.

244. 同243。

245. Holger Warnk. Alternative Education or Teaching Radicalism? New Literature on Islamic Education in Southeast Asia [J]. Journal of Current Southeast Asian Affairs, 2009, 28 (4): 111 – 132.

246. Matthew J. Nelson, Mumtaz Ahmad. Islamic Education in Bangladesh and Pakistan: Trends in Tertiary Institutions [M]. NBR Project Report, 2009: 31.

247. B. J. Boland. The Struggle of Islam in Modern Indonesia [M]. Nijhoff: The Hague, 1982: 113.

248. Ronald Lukens-Bull. A Peaceful Jihad—Negotiating Identity and Modernity in Muslim Java [M]. NY, Basingstoke: Palgrave Macmillan, 2005.

249. 同上。

250. Mona Abaza. Madrasah [M] //John L. Esposito (ed.). Encyclopedia of the Modern Islamic World. NY: Oxford University Press, 1995: 13 – 16.

251. 同上。

252. Rosnani Hashim. Educational Dualism in Malaysia: Implications for Theory and Practic [M]. Kuala Lumpar, Oxford: Oxford University Press, 1996.

253. Jaddon Park, Sarfaroz Niyozov. Madrasa Education in South Asia and Southeast Asia: Current Issues and Debates [J]. Asia Pacific Journal of Education, 2008, 28 (4): 323 – 351.

254. Sabina Mushtaq. Education and Change in Religious Practices in Uzbekistan [J]. Research Journal of Educational Sciences, 2015, 2 (2): 1 – 5.

255. Adeeb Khalid. Islam After Communism: Religion and Politics in Central Asia [M]. Berkeley, Calif., London: University of California Press, 2007.

256. 同上。

257. 同上。

258. 同254。

259. Ahmed Rashid. The Taliban: Exporting Extremism [J]. Foreign Affairs, 1999, 78 (6): 22 - 35.

260. 同255。

261. 同259。

262. 同250。

263. Reza Arjmand. Islamic Education in Iran [J]. International Handbooks of Religion and Education, 7 (1): 1 - 22.

264. Bekim Agai. Islam and Education in Secular Turkey: State Policies and the Emergence of the Fethullah Gullen Group [M] //Robert W. Hefner, Muhammad Qasim Zaman (ed.). Schooling Islam: The Culture and Politics of Modern Muslim Education. Princeton, NY, Oxford: Princeton University Press, 2007.

265. 同208。

266. 同209。

267. 同208，第4页。

268. 同196。

269. 同250。

270. Reza Shah-Kazemi. From the Spirituality of Jiad to the Ideology of Jihadism [M] //Reza Shah-Kazemi, Joseph E. B. Lumbard (ed.). Islam, Fundamentalism, and the Betrayal of Tradition: Essays by Western Muslim Scholars. Blovming, Ind.: World Wisdom, 2009: 1.

271. 本节内容由孙力舟编译自 Samiul Haq. Afghan Taliban: War of Ideology, Struggle for Peace [M]. Pakista: Emel Publication, 2015。

272. 同271，第8页。

273. 同271，第29页。

274. 同271，第298页。

275. Martin Lings. The Eleventh Hour: The Spiritual Crisis of the Modern World in the Light of Tradition and Prophecy [M]. Cambridge: Islamic Texts Society, 1987.

276. René Guénon. The Crisis of the Modern World [M]. London: Luzac and Company Limited, 1975.

277. Martin Jacques. When China Rules the World: The End of the Western World and the Birth of a New Global Order [M]. London: Allen Lane, 2009.

278. 在本文中，伊斯兰国家指伊斯兰合作组织的正式成员国。

279. 同153。

280. 朱旭峰. 智库影响力测量的多维性 [N/OL]. 学习时报，2017 - 04 - 10. http://www.cntheory.com/zydx/2017-04/ccps170410FVGO.html.

281. 刘丽群，刘倩，吴非. 美国智库与媒体的互动——以CNAS（新美国安全中心）、CSIS（国际关系战略学会）、Brookings（布鲁金斯学会）为例 [J]. 湖北社会科学，2014 (10): 193.

282. 林丽玲，黄颖欣. 马来西亚智库的运行机制 [J]. 开放导报，2014 (4): 34 - 35.

283. 王春枝. 传媒集群竞争优势研究：以迪拜媒体城为例 [J]. 国际新闻界，2013 (10): 133.

284. 吕可丁. 泛阿拉伯报纸上的中国国家形象 [D]. 北京：北京外国语大学，2013.

285. 夏晨，李芮．中国媒体如何面向阿拉伯世界发声——基于对阿拉伯媒体巴黎暴恐事件报道的分析［J］. 中国记者，2015（12）：114.

286. US-Saudi Relations Enter Crucial Phase［EB/OL］.［2017－04－25］. http：//www. arabnews. com/news/473371.

287. H. E. Dr. Jamal Sanad Al-Suwaidi Receives GCC Award for Excellence in Research and Studies［EB/OL］.［2017－04－23］. http：//www. ecssr. com/ECSSR/appmanager/portal/ecssr?_nfpb = true&_pageLabel = basicPage&_event = showSC&scId = /StaticContents/DrJamal/Awards/StaticContent_0969. xml.

288. http：//www. aljazeera. com/profile/can-kasapoglu. html.

289. 赵鸿燕，李金慧．埃及《金字塔报》的国际传播经验［J］. 中国记者，2012（2）：118.

290. 哈桑·艾卜·塔利布．金字塔战略研究中心顾问：中国是开放发展的典范［EB/OL］.［2017－04－21］. http：//ex. cssn. cn/hqxx/yw/201703/t2017 0321_3458825. shtml.

291. http：//nation. com. pk/Columnist/ahsan-kureshi.

292. 同282，第33页。

293. http：//gulfnews. com/opinion.

294. Iran，Iraq to Boost Police Cooperation in Near Future：Police Official［EB/OL］.（2015－01－18）. https：//www. tasnimnews. com/en/news/2015/01/18/624517/iran-iraq-to-boost-police-cooperation-in-near-future-police-official.

295. Melanie Swan. Three UAE Think Tanks among Best in Mena Region［EB/OL］.（2015－02－10）. http：//www. thenational. ae/uae/three-uae-think-tanks-among-best-in-mena-region.

296. Staying Abreast of Change Is Imperative. The Progress of Arab Societies Relies on their Cultural Interaction with the World；I Do Not Advocate Westernization. My Forthcoming Book Al-Sarab［The Mirage］Addresses Many Problematic Issues［EB/OL］.［2017－04－23］. http：//www. ecssr. com/ECSSR/appmanager/portal/ecssr；ECSSR_COOKIE = bnxLTwGHNz2L2kLTbzQ1Y2NXjQZQky11bXpXF9TrqTBRwSLGkGWf! －1444139639! 14 26662641?_nfpb = true&_pageLabel = basicPage&_event = showSC&scId = /StaticContents/AboutECSSR/Miscellaneous/StaticContent_0703. xml.

297. Asjadul Kibria. Investment Suffers Mainly Due to Low Business Confidence［EB/OL］.（2016－08－16）. https：//www. thefinancialexpress-bd. com/2016/08/16/42247/Investment-suffers-mainly-due-to-low-business-confidence.

298. Shaimaa Fayed. Egypt Secular Parties in Race for Credibility［EB/OL］.［2017－04－21］. http：//c. 360webcache. com/c? m = 4ce16697e35163de407c6f33cf243a2e&q = Al-Ahram + Center + for + Strategic + Studies&u = http%3A%2F%2Fwww. reuters. com%2Farticle%2F2011%2F04%2F24%2Fus-egypt-secular-idUSTRE73N15O20110424%3Fca%3Dmoto%26feedName%3DtopNews%26feed Type%3DRSS.

299. 埃及金字塔政治和战略研究中心研究员："伊斯兰国"崛起是美国种下的恶果［EB/OL］. 新华网，（2015－06－02）. https：//news. xinhuanet. com/world/2015－06/03/c_1115499275. htm.

300. 同282，第34页。

301. http：//english. ahram. org. eg/UI/Front/Search. aspx? Text = Al-Ahram%20Center%20for%20Political%20&%20Strategic%20Studies.

302. Germany and the Middle East [EB/OL]. (2014 - 10 - 14). http://www.arabnews.com/letters/news/643651.

303. Arab Leaders Seek Common Groundon Palestinian State [EB/OL]. [2017 - 03 - 29]. http://www.arabnews.com/node/1075796/middle-east.

304. New Cropof Terrorists High on Adrenaline, Low on Skills [EB/OL]. (2016 - 07 - 16). http://www.arabnews.com/node/954506/saudi-arabia.

305. Brian Murphy. Iran Government Frozen by Simmering Feuds at Top [EB/OL]. (2011 - 05 - 11). http://www.arabnews.com/node/376112.

306. If Inequality Persists, Pakistan's Economy May Fall Like Greece's within a Decade [EB/OL]. (2016 - 11 - 23). httpss://www.thenews.com.pk/print/166964-If-inequality-persists-Pakistans-economy-may-fall-like-Greeces-within-a-decade.

307. 兰德公司是美国的一个智库，成立之初主要为美国军方提供调研和情报分析服务。其后组织逐步扩展，还为其他政府以及盈利性团体提供服务。

308. 同289。

309. http://www.grc.net/index.php? sec = GRC + Management.

310. http://www.arabnews.com/taxonomy/term/5356.

311. Samar Fatany. We Need Independent Arab Think Tanks to Address Our Challenges [EB/OL]. (2016 - 11 - 23). http://saudigazette.com.sa/opinion/we-need-independent-arab-think-tanks-to-address-our-challenges/.

312. Shabbir Thingna [EB/OL]. (2016 - 06 - 25). http://saudigazette.com.sa/opinion/voices/muslims-must-develop-think-tank-survival/.

313. Sami Zaatari. UAE Has Successfully Combined Traditions with Modernity [EB/OL]. (2015 - 10 - 20). https://gulfnews.com/news/uae/government/uae-has-successfully-combined-traditions-with-modernity-1.1603904.

314. http://gulfnews.com/news/uae/government/uae-think-tanks-spark-policy-reform-innovation-1.1443453.

315. Samihah Zaman. Many Teachers Still Unable to Use Technology in Education [EB/OL]. (2016 - 04 - 06). https://gulfnews.com/news/uae/education/many-teachers-still-unable-to-use-technology-in-education-1.1705362.

316. http://www.inform.kz/ru/v-abu-dabi-sostoyalsya-kruglyy-stol-posvyaschennyy-dvadcatiletiyu-ustanovleniya-dipotnosheniy-mezhdu-rk-i-oae_a2511491.

317. http://rgb.com.ru/news/delivering-visual-support-critical-presentations.

318. GCC Experts to Meet in Oman: To Discuss among Other Things the Role and Impact of Think Tanks [EB/OL]. (2013 - 07 - 25). http://gulfnews.com/news/gulf/oman/gcc-experts-to-meet-in-oman-1.1201588.

319. Sunil K. Vaidya. Head of Think-Tank Talks of a Final List: Election Could Attract More Younger Voters [EB/OL]. (2011 - 06 - 23). http://gulfnews.com/news/gulf/oman/head-of-think-tank-talks-of-a-final-list-1.841709.

320. Bahrain Centre for Strategic, International and Energy Studies to Sign MoU with Gulf Centre for Studies

[EB/OL]. [2017 - 04 - 21]. http://www. bna. bh/portal/en/news/489345.

321. Two Pakistani Think-Tanks Ranked in Global Top 20 [EB/OL]. [2017 - 04 - 22]. https://www. dawn. com/news/1158872.

322. Minister Launches "AERC Voice" Newsletter at KU [EB/OL]. (2017 - 02 - 19). https://www. pakistantoday. com. pk/2017/02/19/minister-launches-aerc-voice-newsletter-at-ku/.

323. Joint Pakistan-China Think Tank Launched [EB/OL]. (2015 - 04 - 18). https://www. pakistantoday. com. pk/2015/04/18/joint-pakistan-china-think-tank-laun ched/.

324. http://www. presstv. ir/Detail/2016/03/10/454841/Gaza-seminar-Palestinian-prisoners-international-justice/.

325. www. thejakartapost. com/news/2017/02/03/indonesian-groups.

326. http://www. antaranews. com/search? q = CSIS&page = 4.

327. Robertus Wardi. Military Program Set to Replace Student Orientation on Campuses [EB/OL]. (2017 - 04 - 18). https://jakartaglobe. id/news/military-program-set-to-replace-student-orientation-on-campuses/.

328. 美军太平洋司令部司令哈里斯警告：IS 或将在亚太增加攻击 [EB/OL]. (2017 - 01 - 20). http://www. guojiribao. com/shtml/gjrb/20170120/303013. shtml.

329. Mishaal Al Gergawi. A Think-Tank for the UAE [EB/OL]. (2011 - 05 - 22). http://gulfnews. com/opinion/thinkers/a-think-tank-for-the-uae-1. 810911.

330. 阿塞拜疆举办伊斯兰合作组织国家智库论坛 [EB/OL]. [2017 - 04 - 24]. http://news. xinhuanet. com/world/2012-03/03/c_122784342. htm.

331. 中国智库 2014 年大事记 [EB/OL]. (2015 - 01 - 14). https://www. sinoss. net/2015/0114/52708. html.

332. 王文. 官学合作构建新型智库外交模式 [N/OL]. 光明日报, 2016 - 01 - 27. http://news. ifeng. com/a/20160127/47249149_0. shtml.

333. http://news. 163. com/17/0222/01/CDRH17D300018AOP. html.

334. 巴基斯坦首家中巴经济走廊官方智库成立 [EB/OL]. (2017 - 03 - 27). https://news. xinhuanet. com/2017-03/27/c_1120705313. htm.

335. 智库对话：中巴经济走廊战略是如何出炉的 [EB/OL]. (2015 - 09 - 18). http://www. chinareform. org. cn/open/view/201509/t20150918_234350. htm.

336. https://search. yahoo. com/search; _ylt = AwrBT8Q5QvtY9WYAtk5XNyoA; _ylu = X3oDMTFhbTNhOWZ2BGNvbG8DYmYx BHBvcwMxBHZ0aWQDQjM5MTBfMQRzZWMDcGFnaW5hdGlvbg - - ? p = think + tank&pz = 10&vs = http%3A%2F%2Fwww. presstv. ir%2F&fr = yfp-t&bct = 0&b = 1&pz = 10&bct = 0&xargs = 0.

337. 纳吉. 我国生活成本东盟最低 [EB/OL]. [2017 - 04 - 24]. http://mandarin. bernama. com/v3/index. php? sid = news&cat_ news = ge&id = 136424.

338. http://eunited. com. my/? s = 智库.

339. http://www. edam. org. tr/en/AnaKategori/past-events.

340. https://ravandinstitute. com/what-we-do/forums-and-meetings/.

341. BI prepares anticipatory steps to address global crisis [EB/OL]. [2017 - 04 - 25]. http://www. antaranews. com/en/news/75647/bi-prepares-anticipatory-steps-to-address-global-crisis.

342. The Fourth Al Jazeera Forum Al Jazeera Hosts Its Annual Forum on Power, Media and the Middle East [EB/OL]. http://www. aljazeera. com/aboutus/2009/03/20093411448677961. html.

343. http://forum. aljazeera. net/forum-2015/programme.

344. 曹永森. 从政治沟通看政治决策的民主性和开放性——中西方智库、媒体的比较分析 [J]. 湖北行政学院学报, 2011 (6): 32.

345. 孙广远. 智库与媒体需要融合发展 [J]. 红旗文稿, 2015 (4): 27.

346. http://www. pakistan-china. com/mn-pci-in-press. php? page = 1.

347. http://www. ipis. ir/index. aspx? fkeyid = &siteid = 9&pageid = 765.

348. http://www. edam. org. tr/en/AnaKonu/latest-publications.

349. http://www. tasam. org/en/Etkinlik/479/4th_ think_ thanks_ forum_ of_ the_ oic_ countries.

350. http://www. ecssr. com/ECSSR/appmanager/portal/ecssr? _ nfpb = true&lang = en&categoryId = 2_ Strategic + Issues&_ event = viewPublicat ionsByCategory&_ nfls = false&_ pageLabel = PublicationsPage.

351. 李意. 阿拉伯国家智库: 发展态势与特点 [J]. 西亚非洲, 2016 (4): 133.

352. https://ravandinstitute. com/publications/.

353. http://www. iras. ir/en/publication.

354. http://www. iras. ir/en/doc/interview/3104/elena-dunayeva-the-anti-russian-sentiments-are-seen-among-some-iranian-conservatives-and-hardliners.

355. http://bids. org. bd/page/library/.

356. 同282。

357. 同289。

358. Gouda Abdel-Khalek, Karima Korayem. The Impact of China on the Middle East [J/OL]. Journal of Developing Societies, 2007, 23 (4): 397 - 434. https://doi. org/10. 1177/0169796X0702300402.

359. 同上, 第426页。

360. Mordechai Chaziza. China's Economic Diplomacy Approach in the Middle East Conflicts [J/OL]. China Report, 2019, 55 (1): 24 - 39. https://doi. org/10. 1177/0009445518818210.

361. Joel Beinin. The New American McCarthyism: Policing Thought about the Middle East [J/OL]. Race & Class, 2004, 46 (1): 101 - 115. https://doi. org/10. 1177/0306396804045517.

362. Yoram Evron. China's Diplomatic Initiatives in the Middle East: The Quest for a Great-Power Role in the Region [J/OL]. International Relations, 2017, 31 (2): 125 - 144. https://doi. org/10. 1177/0047117815619664.

363. Markos Kounalakis. China's Position on International Intervention: A Media and Journalism Critical Discourse Analysis of Its Case for "Sovereignty" Versus "Responsibility to Protect" Principles in Syria [J/OL]. Global Media and China, 2016, 1 (3): 149 - 167. https://doi. org/10. 1177/2059436416654918.

364. Shirzad Azad. Saudi Arabia Looks East: Imperatives and Implications [J/OL]. The International Spectator, 2019, 54 (3): 1 - 14. https://doi. org/10. 1080/03932729. 2019. 1643550.

365. 同上。

366. Naser Al-tamimi. China-Saudi Arabia Relations, 1990 – 2012: Marriage of Convenience or Strategic Alliance? London: Routledge, 2013.

367. Sean Foley. When Oil Is Not Enough: Sino-Saudi Relations and Vision 2030 [J/OL]. Asian Journal of Middle Eastern and Islamic Studies, 2017, 11 (1): 107 – 120. https://doi.org/10.1080/25765949.2017.12023296.

368. Mordechai Chaziza. The Significant Role of Oman in China's Maritime Silk Road Initiative [J/OL]. Contemporary Review of the Middle East, 2019, 6 (1): 44 – 57. https://doi.org/10.1177/2347798918812285.

369. Song Niu, Nianci Li. Sino-Turkish Tourism Cooperation under the FrameWork of the Belt and Road Initiative [J/OL]. Asian Journal of Middle Eastern and Islamic Studies, 2019, 13 (3): 45 – 61. https://doi.org/10.1080/25765949.2019.1630581.

370. Selçuk Colakoğlu. Turkey-China Relations: From "Strategic Cooperation" to "Strategic Partnership"? [EB/OL]. [2018 – 03 – 20]. Middle East Institute, https://www.mei.edu/publications/turkey-china-relations-strategic-cooperation-strategic-partnership.

371. Ahmet Faruk Isik, Zhiqiang Zou. China-Turkey Security Cooperation under the Background of the "Belt and Road" and the "Middle Corridor" Initiatives [J/OL]. Asian Journal of Middle Eastern and Islamic Studies, 2019, 13 (2): 278 – 293. https://doi.org/10.1080/25765949.2019.1605572.

372. 同上。

373. 土耳其成为上合组织对话伙伴国 [EB/OL]. 阿纳多卢通讯社, (2012 – 07 – 06). httpss://www.aa.com.tr/en/world/turkey-assigned-dialogue-partner-for-sco /363233#.

374. 埃尔多安总统：欧盟并非一切，土耳其有可能加入上海五国 [EB/OL]. 自由日报, [2016 – 11 – 20]. http://www.hurriyetdailynews.com/president-erdogan-eu-not-everything-turkey-may-join-shanghai-five-106321.

375. Saeed Shafqat. China's Rise: How Is It Impacting the Gulf, Iran, Pakistan and Beyond? [J/OL]. Asian Journal of Middle Eastern and Islamic Studies, 2017, 11 (1): 15 – 36. https://doi.org/10.1080/25765949.2017.12023323.

376. Dara Conduit, Shahram Akbarzadeh. Great Power-Middle Power Dynamics: The Case of China and Iran [J/OL]. Journal of Contemporary China, 2019, 28 (117): 468 – 481. https://doi.org/10.1080/10670564.2018.1542225.

377. 同上。

378. Mohsen Shariatinia, Hamidreza Azizi. Iran and the Belt and Road Initiative: Amid Hope and Fear [J/OL]. Journal of Contemporary China, 2019, 28 (120): 1 – 11. https://doi.org/10.1080/10670564.2019.1594108.

379. 同上。

380. Mahmoud Ahmed Mohamed Mohamed Soliman, Jun Zhao. The Multiple Roles of Egypt in China's "Belt and Road" Initiative [J/OL]. Asian Journal of Middle Eastern and Islamic Studies, 2019, 13 (3): 428 –

444. https：//doi. org/10. 1080/25765949. 2019. 1630580.

381. 同上。

382. Maha S. Kamel. China's Belt and Road Initiative：Implications for the Middle East [J/OL]. Cambridge Review of International Affairs, 2018, 21 (1)：76 –95. https：//doi. org/10. 1080/09557571. 2018. 1480592.

383. Saeed Shafqat. China's Rise：How Is It Impacting the Gulf, Iran, Pakistan and Beyond? [J/OL]. Asian Journal of Middle Eastern and Islamic Studies, 2017, 11 (1)：15 –36. https：//doi. org/10. 1080/257 65949. 2017. 12023323.

384. Arif Rafiq. The China-Pakistan Economic Corridor：The Lure of Easy Financing and the Perils of Poor Planning [J/OL]. Asian Affairs , 2019, 50 (2)：236 –248. https：//doi. org/10. 1080/03068374. 2019. 1602384.

385. 同上。

386. Manish, Prashant Kaushik. CPEC, Afghanistan and India's Concerns [J/OL]. India Quarterly：A Journal of International Affairs, 2019, 75 (2)：253 –261. https：//doi. org/10. 1177/0974928419841790.

387. Raffaello Pantucci. China in Central Asia：The First Strand of the Silk Road Economic Belt [J/OL]. Asian Affairs, 2019, 50 (2)：202 –215. https：//doi. org/10. 1080/03068374. 2019. 1622930.

388. 同上。

389. Maria Danilovich. The "Belt and Road Initiative" in the Discourses of the Central Asian States：Political Rhetoric of Growth and Academic Prognostication [J/OL]. Journal of Chinese Economic and Business Studies, 2018, 16 (3)：293 –312. https：//doi. org/10. 1080/14765284. 2018. 1482090.

390. W. Travis Selmier II. The Belt and Road Initiative and the Influence of Islamic Economies [J/OL]. Economic and Political Studies, 2018, 6 (3)：257 –277. https：//doi. org/10. 1080/20954816. 2018. 1498989.

391. Assel G. Bitabarova. Unpacking Sino-Central Asian Engagement along the New Silk Road：Acase Study of Kazakhstan [J/OL]. Journal of Contemporary East Asia Studies, 2018, 7 (2)：149 –173. https：//doi. org/10. 1080/24761028. 2018. 1553226.

392. Emile Kok-Kheng Yeoh, Le Chang, Yemo Zhang. China-Malaysia Trade, Investment, and Cooperation in the Contexts of China-ASEAN Integration and the 21st Century Maritime Silk Road Construction [J/OL]. The Chinese Economy, 2018, 51 (4)：298 –317. https：//doi. org/10. 1080/10971475. 2018. 1457318.

393. 同上。

394. 马来西亚中国友好协会，http：//ppmc. com. my/en/。

395. Amrita Malhi. Race, Debt and Sovereignty – The "China Factor" in Malaysia's GE14 [J]. The Round Table, 2018, 107 (6)：717 –728. https：//doi. org/10. 1080/00358533. 2018. 1545939.

396. Evi Fitriani. Indonesian Perceptions of the Rise of China：Dare You, Dare You Not [J/OL]. The Pacific Review, 2018, 31 (3)：391 –405. https：//doi. org/10. 1080/09512748. 2018. 1428677.

397. Daya Thussu. BRI：Bridging or Breaking BRICS? [J/OL]. Global Media and China, 2018, 3 (2)：117 –122. https：//doi. org/10. 1177/2059436418792339.

398. Fuquan Li. The Role of Islam in the Development of the "Belt and Road" Initiative [J/OL]. Asian Journal of Middle Eastern and Islamic Studies, 2018, 12 (1): 35 -45. https: //doi. org/10. 1080/25765949. 2018. 1439617.

附录二

1. Mahathir bin Mohamad. Terrorism and the Real Issues: Selected Speeches of Dr. Mahathir Mohamad [M]. Hashim Makaruddin, (Ed.). Malaysia: Pelanduk Publications, 2003.

2. Hashim Y. F. Islam and Terrorism [J]. Pemikir, 2009 (55): 49 -66.

3. Biernatzki W. E. Terrorism and Mass Media Communication Research Trends Centere for the Study of Communication and Culture [J]. Publisher, 2002 (21): 1.

4. Kumar D. Framing Islam: Media Constructions of the Middle East post-9/11 (Top Paper) [J]. In Noor Mayudia, M. M, Siti Hajar, A. A, & Shahril Anuar, A. G. The framing of Islamic-related world news by international news agencies in Malaysia in an English mainstream newspaper, 2008.

5. Powell K. A. Framing Islam/Creating Fear: An Analysis of U. S. Media Coverage of Terrorism from 2011 -2016 [J]. Religions, 2018 (9): 257.

6. Douglas Kellner. 9/11, Spectacles of Terror, and Media Manipulation: A Critique of Jihadist and Bush Media Politics [J]. Journal of Critical Discourse Studies, 2006 (1): 41 -64.

7. 同上。

8. The Islamic Veil across Europe [N]. BBC News Europe, 2011 -04 -11; Swiss Voters Back Ban on Minarets [N]. BBC News, 2009 -11 -29.

9. Kinberly A. Powell. Framing Islam: An Analysis of U. S. Media Coverage of Terrorism Since 9/11 [J]. Journal of Communication Studies, 2011 (62): 95 -98.

10. Kellner D. Grand Theft 2000 [M]. Boulder, CO: Rowman & Littlefield, 2001.

11. Olga Baysha. In the Name of National Security: Articulating Ethnopolitical Struggles As Terrorism [J]. Journal of Multicultural Discourses, 2007, 12 (4): 332 -348.

12. 皮尤研究中心．绘制全球穆斯林人口的地图：关于世界穆斯林人口规模和分布的报告（2009年）；BBC，阿根廷国家概况．

13. Zulkifli K. Air Mata di Ghaza [M]. Millenia, 2009: 16.

14. Winegar J. The Humanity Game: Art, Islam and the War on Terror [J]. Anthropological Quarterly, 2008, 81 (3): 651 -682.

15. Teo. P. Racism in the News: A Critical Analysis of News Reporting in Two Australian Newspapers [J]. Discourse & Society, 2000, 11 (1): 7 -49.

16. Zhang Xu, Hellmeuller Lea. Transnational Media Coverage of the ISIS Threat: A Global Perspective? [J]. International Journal of Communication, 2016, 10: 766 -785.

17. Christian von Sikorski, Desirée Schmuck, Jörg Matthes, Alice Binder. "Muslims are not Terrorists": Islamic State Coverage, Journalistic Differentiation Between Terrorism and Islam, Fear Reactions, and Attitudes

Toward Muslims [J/OL]. Mass Communication and Society, 2017, 20 (6): 825 – 828. https: //www. tandfon-line. com/doi/full/10. 1080/15205436. 2017. 1342131? src = recsys.

18. Stephan W. G. , Ybarra O. , Morrison K. R. Intergroup Threat Theory [M] //T. D. Nelson (Ed.). Handbook of Prejudice, Stereotyping, and Discrimination. NY: Psychology Press, 2009: 43 – 60.

19. Stephan W. G. , Stephan C. W. An Integrated Threat Theory of Prejudice [M] //S. Oskamp (Ed.). Reducing prejudice and discrimination. Mahwah, NJ: Erlbaum, 2000: 23 – 45.

20. http: //www. oxfordislamicstudies. com/article/book/islam-9780195107999/islam-9780195107999-misc-Matter-6.

21. Quran 6: 125, Quran 61: 7, Quran 39: 22 Gardet, L. ; Jomier, J. "Islam." . Encyclopaedia of Islam Online.

22. Elana Furlanetto. The "Rumi Phenomenon" Between Orientalism and CosmoPolitanism: the Case of Elif Shafak's the Forty Rules of Love [J]. European Journal of Englsih Studies, Taylor and Francis Online, 2013, 17 (3): 201 – 213.

23. Mohammad Rustom. The Metaphysics of the Heart in the Sufi Doctrine of Rumi [J]. Studies in Religion, Sage Journals, 2008, 37: 3 – 14.

24. http: //islam. uga. edu/ibnarab. html.

25. Jarmila Drozdikova. Discussion on the Islamic Theology [J]. Journal of Asian and African Studies, 2003: 194 – 205.

26. Islam [M/OL] //Oxford English Dictionary. 3rd ed. NY: Oxford University Press, 2010. (2014 – 05 – 15). https: //www. oxforddictionaries. com/us/definition/american_english/Islam? q = islam.

27. http: //www. oxforddictionaries. com/us/definition/american_english/Arab? q = arab.

28. Rasha A. Abdulla. Islam, Jihad and Terrorism in Post-9/11 Arabic Discussion Boards [J/OL]. Journal of Computer-Mediated Communication, 2007, 12 (3): 1063 – 1081 (2007 – 04 – 01). https://doi. org/10. 1111/j. 1083-6101. 2007. 00363. x.

29. http: //musliminc. com/variations-sects-in-islam-3044.

30. http: //www. pewforum. org/2012/08/09/the-worlds-muslims-unity-and-diversity-executive-summary/. 2012 – 08 – 09.

31. Chana Etengoff, Colette Daiute. Sunni-Muslim American Religious Development during Emerging Adulthood [J]. Journal of Adolescent Research, 2013, 28 (6): 690 – 714.

32. http: //www. oxfordbibliographies. com/view/document/obo-9780195390155/obo-9780195390155-0084. xml.

33. Farhad Daftry. What is Sh'ia Islam [M] //Voices of Islam, Volume 1: Voices of Tradition. Praeger, 2006: 217 – 244.

34. Juan Cole. Sacred Space and Holy War: The Politics, Culture and History of Shiite Islam [M]. London: I. B. TAURIS, 2002.

35. https: //islam. uga. edu/ibadis. html.

36. Adil Hussain Khan. From Sufism to Ahmadiyya: A Muslim Minority Movement in South Asia [M].

Bloomington: Indiana University Press, 2015.

37. https: //www. huffingtonpost. com/qasim-rashid/10-fabrications-muslim-leaders-need-to-stop-making-about-ahmadi-muslims_b_5854492. html.

38. Rachid Asim. The Reception of Sufism in the West: The Mystical Experiences of American and European Converts [J]. Journal of Muslim Minority Affairs, 2018, 38: 57 -72.

39. https: //www. theguardian. com/global/2013/may/19/mohsin-hamid-islam-not-monolith.

40. http: //www. pewglobal. org/2006/06/22/the-great-divide-how-westerners-and-muslims-view-each-other.

41. https: //www. nytimes. com/2017/08/17/opinion/india-muslims-hindus-partition. html.

42. J. S. Bandukwala. Indian Muslims: Past, Present and Future [J/OL]. Economic & Political Weekly, 2006, 41 (14): 1341 -1344. https: //www. jstor. org/stable/4418054.

43. https: //www. cfr. org/backgrounder/indias-muslim-population.

44. https: //www. dawn. com/news/1098562.

45. Ashish Koul. Making New Muslim Arains: Reform and Social Mobility in Colonial Punjab, 1890s - 1910s [J]. South Asian History and Culture, 2017, 8 (1): 1 -18.

46. https: //www. thenews. com. pk/latest/261286-work-on-arab-conquest-needed-before-its-too-late-dr-mubarak-ali.

47. https: //www. islamicity. org/11479/did-islam-spread-by-the-sword/.

48. G. S. Pomerantz, Susan Scott Cesaritti. The Decline of Buddhism in Medieval India [J]. Sage Journals, 1976: 38 -43.

49. http: //www. iranicaonline. org/articles/buddhism-i.

50. https: //www. bbc. com/news/magazine-32929855.

51. Barend Louwrens Prinsloo. The Etymology of "Islamic Extremism": A MisunDerstood Term? [J/OL]. Cogent Social Sciences, Taylor & Francis Online, 2018, 4 (1). https: //www. tandfonline. com/doi/full/10. 1080/23311886. 2018. 1463815.

52. https: //www. washingtonpost. com/news/made-by-history/wp/2018/08/01/the-distortion-of-islam-that-drives-terrorism/? utm_term =. dd78e87aeca0.

53. Peter Bergern. Al Qaeda, the Organization: A Five-Year Forecast [J]. The Annals of the American Academy of Political and Social Science, Sage Journals, 2008.

54. Gaetano Joe Ilardi. The 9/11 Attacks—A Study of Al Qaeda's Use of Intelligence and Counterintelligence [J]. Studies in Conflict & Terrorism, Taylor & Francis Online, 2009, 32 (3): 171 -187.

55. https: //en. islamway. net/article/8211/dar-al-islam-and-dar-al-harb-its-definition-and-significane.

56. http: //www. pewforum. org/2013/04/30/the-worlds-muslims-religion-politics-society-overview/.

57. https: //www. nytimes. com/2011/03/20/magazine/mag-20Salafis-t. html.

58. Jeffrey Haynes. Al Qaeda: Ideology and Action [J/OL]. Critical Review of International Social and Political Philosophy, Taylor & Francis Online, 2005, 8 (2): 177 -191. https: //www. tandfonline. com/doi/abs/10. 1080/13698230500108868.

59. https：//www. sciencedaily. com/terms/phobia. htm.

60. https：//news. stanford. edu/news/2013/september/anxiety-disorder-therapy-090413. html.

61. https：//www. crg. berkeley. edu/wp-content/uploads/2014/08/SP2014-V2-Iss1-FINAL-Color. pdf.

62. Eril Bleich. What is Islamophobia and How Much is There? Theorizing and Measuring an Emerging Comparative Concept [J]. American Behavioral Scientist, Sage Journals, 2011, 55 (12)：1581 -1600.

63. https：//news. gallup. com/poll/157082/islamophobia-understanding-anti-muslim-sentiment-west. aspx.

64. https：//www. tandfonline. com/doi/abs/10. 1080/01419870. 2010. 528440? src = recsys&journalCode = rers20.

65. https：//getd. libs. uga. edu/pdfs/cluck_andrea_e_201208_ma. pdf.

66. https：//www. aljazeera. com/indepth/opinion/rethinking-islamophobia-180312085500278. html.

67. https：//news. gallup. com/poll/157082/islamophobia-understanding-anti-muslim-sentiment-west. aspx.

68. 爱德华·W. 萨义德．东方学［M］. 北京：生活·读书·新知三联书店，1999.

69. 卢云峰．当代中国宗教状况报告——基于 EFPS（2012）调查数据［J］. 世界宗教文化，2014（1）：11 -25.

70. 同68，第349页。

71. 同68，第123页。

72. 同68，第95页。

73. 爱德华·萨义德．报道伊斯兰：媒体与专家如何决定我们观看世界其他地方的方式［M］. 阎纪宇，译．上海：上海译文出版社，2009：7.

74. Trust T. R. Islamophobia a Challenge for Us All [J]. London：Runnymede Trust, 1997.

75. OED Online. Islamophobia [EB/OL]. [2017 -05 -22]. http：//www. oed. com/view/Entry/248449? redirected From = islamophobia#eid.

76. Sheridan L. P. Islamophobia Pre-and Post-September 11th, 2001 [J]. Journal of Interpersonal Violence, 2006, 21 (3)：317 -336.

77. EMCO. Muslims in the European Union：Discrimination and Islamophobia [J]. Vienna：European Monitoring Centre on Racism and Xenophobia, 2006.

78. Baudrillard J., Turner C. The Spirit of Terrorism and Requiem for the Twin Towers [M]. London：Verso., 2002.

79. Poynting S., Mason V. The Resistible Rise of Islamophobia：Anti-Muslim Racism in the UK and Australia before 11 September 2001 [J]. Journal of Sociology, 2007, 43 (1)：61 -86.

80. Varisco D. M. Islamophobia：Making Muslims the Enemy [J]. Contemporary Islam, 2009, 3 (3)：301 -303.

81. Mehdi Semati. Islamophobia, Culture and Race in the Age of Empire [J]. Cultural Studies, 2010, 24 (2)：256 -275.

82. 何健宇．美国霸权的演进与“伊斯兰恐惧症”［J］. 世界经济与政治，2013（4）：125 -142.

83. 新丽，罗国祥．欧洲的“伊斯兰恐惧症”探析［J］. 北方民族大学学报，2016（2）：95 -100.

84. Trevino M, Kanso A M, Nelson R A. Islam Through Editorial Lenses：How American Elite Newspapers

Portrayed Muslims before and after September 11, 2001 [J]. Journal of Arab & Muslim Media Research, 2010, 3 (1): 3 – 17.

85. Fall Mohammad. The Portrayal of Muslims in Selected American News Papers and the Perception of This Portrayal by Islamic Center Directors in the United States [D]. Washngton, D. C.: Univ. of Howard, 2001.

86. Ahmed S. J. Evaluating the "New York Times" Framing of Islam and Muslims Pre-and Post-9/11 [D]. Huston: Univ. of Houston, 2007.

87. Benkhedda Y. Islam and Muslims in U. S. Think Tank Electronic Media: Framing, Narrative, and Ethics [J]. Global Media Journal, 2016, 9 (2): 41 – 63.

88. 赵灵敏．“9·11”以来美国媒体对伊斯兰世界的认知及其原因［D］. 广州：暨南大学，2004.

89. 丁克家．美国影视媒体对“他者”的文化想象——美国影视中阿拉伯穆斯林形象塑造和再现的文化解读［J］. 回族研究，2005（4）：13 – 22.

90. 周逵．“9·11”事件前后美国主流媒体中的“阿拉伯”形象分析［A］//北京外国语大学阿拉伯语系．当代阿拉伯研究（第3辑）. 北京外国语大学阿拉伯语系，2007：13.

91. 田径．从媒体形象建构谈欧洲社会对穆斯林移民的排斥与融合［D］. 成都：四川大学，2007.

92. 王敏梓．自杀式恐怖袭击的“泛伊斯兰化”：媒体对事实的建构与影响［J］. 理论界，2012（10）：160 – 162.

93. 姚雪婧．美国《时代》周刊以“伊斯兰”和“穆斯林”为关键词的封面故事研究［D］. 保定：河北大学，2013.

94. 马琼晖．西方媒体话语下的伊斯兰世界《纽约时报》和《泰晤士报》对伊斯兰国家报道框架分析研究［D］. 上海：上海外国语大学，2014.

95. 叶海亚．阿拉伯人和中国人的刻板印象［D］. 武汉：武汉大学，2010.

96. 向黎明．城市居民对流动穆斯林心理接纳研究——基于武汉市的调查［D］. 武汉：中南民族大学，2015.

97. 金强．中国大陆媒体对伊斯兰国家报道研究（2001—2015）［D］. 保定：河北大学，2016.

98. 坦利·巴兰，丹尼斯·戴维斯．大众传播理论：基础、争鸣与未来［M］. 北京：清华大学出版社，2004.

99. Gitlin T. The Whole World is Watching: Mass Media in the Making & Unmaking of the New Left: With a New Preface [J]. Foreign Affairs, 1980, 98 (4).

100. Entman R. M. Framing: Toward Clarification of a Fractured Paradigm [J]. Journal of Communication, 1993, 43 (4): 51 – 58.

101. 孙彩芹．框架理论发展35年文献综述——兼述内地框架理论发展11年的问题和建议［J］. 国际新闻界，2010（9）：18 – 24，62.

102. Semetko H. A., Valkenburg P. M. Framing European Politics: A Content Analysis of Press and Television News [J]. Journal of Communication, 2000, 50 (2): 93 – 109.

103. 迈克尔·埃默里，埃德温·埃默里，南希·L. 罗伯茨．美国新闻史：大众传播媒介解释史［M］. 展江，译．北京：中国人民大学出版社，2009.

104. el-Aswad, el-Sayed. Images of Muslims in Western Scholarship and Media after 9/11 [J]. Digest of

Middle East Studies, 2013, 22 (1): 39 – 56.

105. Besheer Mohamed. A New Estimate of the U. S. Muslim Population [EB/OL]. Pew Research Center, (2016 – 01 – 06). https: //www. pewresearch. org/fact-tank/2016/01/06/a-new-estimate-of-the-u-s-muslim-population/.

106. Freedman Samuel G. A Republican Muslim Out to Expand the Ranks [N]. New York Times, 2016 – 01 – 09: A12 (L).

107. Oppel Richard A. Jr. In Tribute to Dead Son, a Lesson in Citizenship [N]. New York Times, 2016 – 07 – 30: A1 (L).

108. Haberman Maggie, Richard A. Oppel, Jr. Ire for Trump as He Derides Muslim Parents [N]. New York Times, 2016 – 07 – 31: A1 (L).

109. Roger Aronoff: Khizr Khan, the Media and the Rest of the Story [EB/OL]. Accuracy in Media, (2017 – 05 – 22). https: //www. aim. org/aim-column/khizr-khan-the-media-and-the-rest-of-the-story/.

110. Filemyr A. Conflict and Mainstream News Reporting [J]. Peace Research, 1996, 28 (3): 97 – 101.

111. Shapiro Robert Y., Jacobs Lawrence R. American Public Opinion and the Media [M] //Just Marion R. What's News: a View from the Twenty-First Century. New York: Oxford University Press, 2011: 105 – 120.

112. Mather Victor. Egyptian Refuses to Shake Hands With Israeli [N]. New York Times, 2016 – 08 – 13: D6 (L).

113. Breeden Aurelien, Lilia Blaise. The "Burkini" is Banned on the Beaches of Cannes [N]. New York Times, 2016 – 08 – 13: A8 (L).

114. Hadid Diaa. The Conflicted Feelings of a Woman in Mecca [N]. New York Times, 2016 – 09 – 16: A1 (L).

115. Shane Scott. Both Arsonists and Firefighters [N]. New York Times, 2016 – 08 – 26: A1 (L).

116. Rubin Alissa J. Backlash Wells Up as the French Police Enforce "Burkini" Bans [N]. New York Times, 2016 – 08 – 25: A1 (L).

117. Schmidt Samantha. A Staten Island Mosque Mixes Prayer and Patriotism [N]. New York Times, 2016 – 09 – 17: A15 (L).

118. Schmidt Samantha. Muslim Parents Grapple with How to Explain a Tumultuous Election [N]. New York Times, 2016 – 10 – 26: A24 (L).

119. Goldman Russell. In Bahrain, Arabs and Jews Gather (and Dance) at a Hanukkah Celebration [N]. New York Times, 2016 – 12 – 28: NA (L).

120. https: //www. reddit. com/r/religion/comments/5kpefc/in_bahrain_arabs_and_jews_gather_and_dance_at_a/.

121. Walsh Declan. Egyptian President Increasingly Turns to Religion to Bolster His Authority [N]. New York Times, 2016 – 01 – 10: A11 (L).

122. Nordland Rod. Egyptians Take to the Streets Again, This Time in Workout Gear [N]. New York Times, 2016 – 08 – 24: A1 (L).

123. Fandos Nicholas. Muslim Soldier's Grave Becomes a Draw for Thousands [N]. New York Times, 2016－09－13：A10（L）.

124. Johnson Adam：US Media Find European Terror Deaths 19 Times More Interesting Than Mideast Terror Deaths [EB/OL]. Fairness & Accuracy in Reporting，(2017－05－22). http：//fair. org/home/us-media-find-european-terror-deaths-19-times-more-interesting-than-mideast-terror-deaths/.

125. 同73，第6页。

126. 这是一则短消息，也发表于2016年研究考察时段，但不属于294份样本之列。

127. Masood Salman. Pakista's Premier Honors Nobel Laureate from Persecuted Minority [N]. New York Times, 2016－12－06：NA（L）.

128. 诺曼·费尔克拉夫. 话语与社会变迁 [M]. 殷晓蓉，译. 北京：华夏出版社, 2003.

129. 同73，第44－45页。

130. 柏拉图. 理想国 [M]. 王扬，译. 北京：华夏出版社, 2012.

131. 李惠民. 全球传媒帝国的电子幻象及其认知隐喻机制 [J]. 甘肃社会科学, 2015（6）：110－115.

132. Jacobs Andrew. In One Part of China，Officials' Light Touch Lets Islam Flourish [N]. New York Times, 2016－02－02：A8（L）.

133. 李希光, 巴桑普赤. 超越国家形象的“一带一路”品牌建设 [J]. 全球传媒学刊, 2017（1）：1－5.

134. 阿茨玛·瑞苏尔，史蒂芬·麦克多. 管制名义下的兼并：巴基斯坦电子媒体管理局和传媒所有权集中化 [J]. 全球传媒学刊, 2013, 3：7－28.

135. The Nation：The Pakistani Military's Media Leverage [J]. Asia Politics & Policy, 2014, 6（2）：338－341.

136. Infoasaid. Pakistan：Media and Telecoms Landscape Guide [EB/OL]. http：//www. internews. org/sites/default/files/resources/InfoasAid-Pakistan-MediaGuide. pdf.

137. 数据来源于世界银行2013年数据。

138. 同上。

139. Chapter 4：How Asians View Each Other [J/OL]. Pew Global, https：//www. pewglobal. org/2014/07/14/chapter-4-how-asians-view-each-other.

140. Tharoor, Ishaan. What China's and Pakistan's Special Friendship Means [N]. Washington Post, 2015－04－21.

141. Pakistan Media and Telecoms Landscape Guide [EB/OL]. Internews，(2012－06－30). https：//www. internews. org.

142. 金强，丁俊杰. 巴基斯坦大众传媒研究 [M]. 北京：中国传媒大学出版社，2017.

143. http：//www. dailystar. com. lb/News/World/2017/Mar-10/396896-xinjiang-separatists-are-chinas-most-prominent-challenge-official-quoted-as-saying. ashx.

144. 黄慧. 阿拉伯媒体的“一带一路”报道倾向研究 [J]. 西亚非洲, 2016（2）：150－154.

145. http：//www. spa. gov. sa/viewstory. php? lang＝ch&newsid＝1531893.

146. http：//english. alarabiya. net/en/views/news/middle-east/2017/03/16/Significant-breakthroughs-for-Riyadh. html.

147. http：//english. alarabiya. net/en/business/economy/2017/03/16/China-Saudi-Arabia-sign-agreements-worth-about-65-bln. html.

148. http：//business. sohu. com/20160802/n462230439. shtml.

149. 同 144，第 148 页。

150. http：//www. tripolipost. com/search. asp.

151. http：//ninanews. com/News_Details. aspx?%252fh4Tw9n2izMdHNSBY%252fHR6g%253d%253d.

152. http：//sana. sy/en/? p = 87619.

153. http：//nna-leb. gov. lb/en/show-news/55668/Iran-China-Vow-Tighter-Ties-as-Xi-Visits.

154. http：//www. dailystar. com. lb/Business/Regional/2017/Mar-09/396694-business-front-and-center-in-saudi-kings-asia-tour. ashx.

155. http：//www. dailystar. com. lb/Business/International/2017/Mar-27/399300-new-zealand-and-china-plan-to-expand-free-trade-deal. ashx.

156. https：//search. yahoo. com/search；_ ylt = AwrBT9Jqm OxYOaoAljpX NyoA；_ ylu = X3oDMTEy MzYxbmo0BGNvbG8DYmYxBHBvcwMxBHZ0aWQDQjM2OTNfMQRzZWM Dc3I-? p = one + belt + one + road&vs = http%3A%2F%2Fwww. jordantimes. com%2F&fr = yfp-t-s.

157. http：//www. spa. gov. sa/viewstory. php? lang = ch&newsid = 1566849.

158. http：//www. spa. gov. sa/viewstory. php? lang = ch&newsid = 1533190.

159. http：//omanobserver. om/sohar-port-inks-sister-port-pact-chinas-shenzhen-port/.

160. http：//www. muscatdaily. com/Archive/Oman/Chinese-company-launches-road-construction-machine-in-Oman-4yyb/（language）/eng-GB.

161. http：//gulfnews. com/business/sectors/banking/belt-and-road-historic-routes-modern-progress-1. 1988401.

162. http：//gulfnews. com/gn-focus/country-guides/reports/pakistan/china-pakistan-economic-corridor-the-new-silk-road-1. 1998942.

163. http：//www. gulf-times. com/Stories/AdvancedSearch.

164. http：//www. gdnonline. com/Details/50386.

165. https：//www. tap. info. tn/en/search.

166. http：//en. aps. dz/economy/14263-silk-road-2016-in-china-nouri-highlights-algeria-s-advantages-as-privileged-tourist-destination-in-africa.

167. 杨雅婷．“一带一路”沿线主流媒体研究［D/OL］. 南昌：南昌大学，2017. https：//www. moroccoworldnews. com/2015/12/174463/king-mohammed-vi-development-of-china-africa-relations-strategic-choice/.

168. https：//www. moroccoworldnews. com/2016/06/188954/royal-visit-to-china-leads-to-new-strategic-partnerships/.

169. http：//www. jowhar. com/2015/08/17/china-dominates-america-in-djibouti/.

170. http：//www. raxanreeb. com/? s = China&x = -1034&y = -3165.

171. 闻名遐迩的丝绸之路重获新生［N］. 中东报，2014 – 06 – 10. 转引自黄慧．阿拉伯媒体的“一带一路”报道倾向研究［J］. 西亚非洲，2016（2）：150 – 154。

172. http：//www. gulf-times. com/Stories/AdvancedSearch.

173. http：//www. gdnonline. com/Search.

174. http：//www. journalismnetwork. eu/index. php/_en/country_profiles/egypt/.

175. 埃及的主要媒体［EB/OL］. 中国驻埃及大使馆经济商务参赞处，(2014 – 11 – 16). http：//eg. mofcom. gov. cn/article/ddgk/zwfengsu/201411/2014 1100798253. shtml.

176. Media Landscapes：Egypt［EB/OL］.［2017 – 10 – 13］. http：//ejc. net/media_landscapes/egypt.

177. Egypt Profile-Media［EB/OL］.［2017 – 10 – 13］. http：//www. bbc. com/news/world-africa-13313373.

178. 中国驻埃及使馆举办“一带一路”专题媒体沙龙［EB/OL］.（2015 – 05 – 11）. http：//world. huanqiu. com/hot/2015 – 05/6398772. html.

179. 习近平在埃及媒体发表署名文章［EB/OL］. 新华社，(2016 – 01 – 19). http：//www. xinhuanet. com/world/2016 – 01/19/c_ 1117828196. htm.

180. 埃及媒体人眼中的“一带一路”：中国式开放的全球化［EB/OL］.（2017 – 05 – 12). http：//world. people. com. cn/n1/2017/0512/c1002 – 29271936. html.

181. Egypt and the New Silk Road［EB/OL］.［2017 – 10 – 13］. http：//weekly. ahram. org. eg/News/12351. aspx.

182. Joining the Silk Road［EB/OL］.［2017 – 10 – 13］. http：//weekly. ahram. org. eg/News/13017. aspx.

183. Reconfiguring the New Road［EB/OL］. http：//weekly. ahram. org. eg/News/15476. aspx.

184. The Belt and the Road［EB/OL］. http：//weekly. ahram. org. eg/News/20406. aspx.

185. Mohamed Fayez Farahat. One Belt，One Road：a New Framework for Building an Egyptian-Chinese Partnership［EB/OL］.（2016 – 01 – 22）. https：//english. ahram. org. eg/NewsContent/4/0/185605/Opinion/One-Belt，-One-Road-a-new-framework-for-building-an. aspx.

186. 习主席访埃 埃及媒体沸腾了［EB/OL］. 新华网，（2016 – 01 – 23）. http：//news. cnr. cn/native/gd/20160123/t20160123_521210619. shtml.

187. Minister：Egypt Seeks Utmost Benefit from “One Belt，One Road” Initiative［EB/OL］.［2017 – 10 – 14］. http：//www. sis. gov. eg/Story/110035? lang = en-us.

188. Belt and Road Forum［EB/OL］.［2017 – 10 – 14］. http：//www. sis. gov. eg/Story/112064? lang = en-us.

189. Egypt Addresses the Forum［EB/OL］.［2017 – 10 – 14］. http：//www. sis. gov. eg/section/7281/6250?lang = en-us.

190. Speed Bumps on the Silk Road［EB/OL］. https：//www. thecairoreview. com/essays/speed-bumps-on-the-silk-road/.

191. 王雪，刘洪德．中国与埃及为何彼此看重［EB/OL］.（2016 – 01 – 19）. http：//news. xinhuanet. com/world/2016-01/19/c_1117822027. htm.

192. China Mulls Investing ＄500bn in Silk Road Plan [EB/OL]. (2017－05－05). http：//presstv. ir/Detail/2017/05/05/520631/China-may-invest-500bn-in-BeltRoad-initiative－－.

193. China Pledges ＄124bn to Silk Road Initiative [N/OL]. 2017－05－14. http：//www. presstv. com/Detail/2017/05/14/521846/China-pledges-124bn-to-Silk-Road-initiative.

194. China not after Expanding Influence with Silk Road：Defense Ministry [EB/OL]. (2017－05－26). http：//217. 218. 67. 231/Detail/2017/05/26/523247/China-Defense-Ministry-Silk-Road-geostrategic-influence.

195. Iran，China Work to Resurrect Silk Road [EB/OL]. (2015－06－04). http：//www. presstv. com/Detail/2015/06/04/414299/Iran-china-trade-silk-road-.

196. "Silk Road" Train Departs China for Iran [EB/OL]. (2016－01－29). http：//presstv. com/Detail/2016/01/29/447871/Silk-Road-train-departs-China-for-Iran-/.

197. DFM：Iran to Broaden，Bolster Strategic Ties with China [EB/OL]. (2017－05－25). http：//www. irna. ir/en/News/82544744/.

198. Sharif，Shanghai Universities Sign MoU [EB/OL]. (2017－05－22). https：//www. irna. ir/en/News/82540543/.

199. Minister Welcomes Idea of Reviving Silk Road [EB/OL]. (2017－05－11). http：//www. irna. ir/en/News/82526012/.

200. Chabahar Development could Thrive Gwadar：Chinese Envoy [EB/OL]. (2017－05－07). http：//www. irna. ir/en/News/82455563/.

201. Iran Envoy in China Warns against Spread of Extremist Ideologies [EB/OL]. (2017－01－06). http：//www. irna. ir/en/News/82376673/.

202. Mashad to Host Int'l Silk Road Conference [EB/OL]. (2016－10－09). https：//www. irna. ir/en/News/82262689/.

203. Culture Minister Calls for Tackling Extremism across the Globe [EB/OL]. (2016－09－20). http：//www. irna. ir/en/News/82237017/.

204. Chinese Envoy Criticizes Western States Propaganda Against Iran [EB/OL]. (2016－08－22). http：//www. irna. ir/en/News/82198197/.

205. Iran，China Stress Promotion of Mutual Cooperation [EB/OL]. (2016－08－17). http：//www. irna. ir/en/News/82191644/.

206. Belt/Road Initiative Symbol of Cultural Interaction：Chinese Official [EB/OL]. (2016－07－27). http：//www. irna. ir/en/News/82167005/.

207. Envoy：China's Silk Road Plan Promoting UN Goals [EB/OL]. (2017－05－13). http：//en. farsnews. com/newstext. aspx? nn＝13960223000673.

208. Iran's Economy Minister in Beijing to Hold Bilateral Talks，Attend Int'l Forum [EB/OL]. (2017－05－13). http：//en. farsnews. com/newstext. aspxnn＝13960223000355.

209. 同上。

210. Iran，China Opt for Boosting Strategic Relations [EB/OL]. (2017－05－26). http：//

en. farsnews. com/newstext. aspx? nn = 13960305000505.

211. Tehran, Shanghai Heritage Museums Set to Broaden Ties [EB/OL]. [2017 - 06 - 29]. http://www.tehrantimes.com/news/411984/Tehran-Shanghai-heritage-museums-set-to-broaden-ties.

212. New Railroad will Turn Iran into Transport Hub: Finnish Envoy [EB/OL]. [2017 - 06 - 29]. http://www.tehrantimes.com/news/411266/New-railroad-will-turn-Iran-into-transport-hub-Finnish-envoy.

213. Iran Welcomes China's New Silk Road Initiative [EB/OL]. [2017 - 06 - 29]. http://www.tehrantimes.com/news/413378/Iran-welcomes-China-s-new-Silk-Road-initiative.

214. http://www.tehrantimes.com/news/412154/China-s-Feb-Iranian-crude-import-up-18.

215. Chinese Firms Help to Update Tehran Subway [EB/OL]. [2017 - 06 - 29]. http://www.tehrantimes.com/news/412131/Chinese-firms-help-to-update-Tehran-subway.

216. Iran-China Economic Co-Op Seminar to be Held Next Week [EB/OL]. [2017 - 06 - 29]. http://www.tehrantimes.com/news/412172/Iran-China-economic-co-op-seminar-to-be-held-next-week.

217. China's Iran Oil Imports to Hit Record on New Production: Sources [EB/OL]. [2017 - 06 - 29]. http://www.tehrantimes.com/news/409809/China-s-Iran-oil-imports-to-hit-record-on-new-production-sources.

218. Chinese Firms Face Competition in Developing Iranian Oilfields [EB/OL]. [2017 - 06 - 29]. http://www.tehrantimes.com/news/409444/Chinese-firms-face-competition-in-developing-Iranian-oilfields.

219. Iran Backs Pipeline to China under "One Belt, One Road" Initiative [EB/OL]. (2015 - 04 - 25). http://www.tehrantimes.com/news/409444/Chinese-firms-face-competition-in-developing-Iranian-oilfields.

220. Tehran, Beijing Discuss Boost in Economic Ties [EB/OL]. (2015 - 12 - 23). http://www.iran-daily.com/News/133540.html.

221. China Hopes Pakistan-Iran to Keep Intact Friendly Ties [EB/OL]. [2017 - 06 - 29]. http://iran-newsdaily.com/china-hopes-pakistan-iran-keep-intact-friendly-ties/.

222. Iran, China Hold Joint Military Drills [EB/OL]. (2017 - 06 - 18). http://en.farsnews.com/newstext.aspx? nn = 13960328000595.

223. Envoy: China Resolved to Deepen Relations with Iran [EB/OL]. (2017 - 06 - 06). http://en.farsnews.com/newstext.aspx? nn = 13960316000985.

224. Iran, China Stress Boosting Economic Ties [EB/OL]. (2017 - 06 - 09). http://en.farsnews.com/newstext.aspx? nn = 13960319000885.

225. Official: China to Support Iran's Membership in SCO [EB/OL]. (2017 - 06 - 05). http://en.farsnews.com/newstext.aspx? nn = 13960319000885.

226. Ilkay Guder, Fuat Kabakci. Erdogan: New Silk Road to Eradicate Terrorism [EB/OL]. (2017 - 05 - 14). http://aa.com.tr/en/politics/erdogan-new-silk-road-to-eradicate-terrorism/817923.

227. 土耳其《自由每日新闻报网站》, http://www.hurriyetdailynews.com/turkey.aspx? pageID = 603。

228. 阿纳多卢通讯社, http://aa.com.tr/en/。

229. 新土耳其网, http://thenewturkey.org/。

230. 唐青叶, 伊丹丹. 中国和土耳其的形象互构: 基于报刊媒体的分析 [J]. 阿拉伯世界研究, 2016 (5): 105.

231. 新土耳其网简介，http：//thenewturkey. org/about-us/。

232. 土耳其欧亚研究中心简介，http：//avim. org. tr/en/Menu/About-AVIM。

233. TASAM 简介，http：//www. tasam. org/en。

234. Süleyman Şensoy. One Belt One Road China Turkey and World [EB/OL].（2016－01－28）. http：//www. tasam. org/en/Icerik/25700/one_bel__one_road_ china_turkey_and_world.

235. Özge Nur Öğütcü. China：The Emerging Global Leader [EB/OL].（2017－02－02）. http：//avim. org. tr/en/Yorum/China-The-Emerging-Global-Leader.

236. Sibel Ugurlu. Turkey to Take Part in New Balance of Power [EB/OL].（2017－05－18）. http：//aa. com. tr/en/turkey/turkey-to-take-part-in-new-balance-of-power/821320.

237. Akkan Suver. A New Globalization Model：One Belt-One Road [EB/OL].（2017－05－24）. http：//www. hurriyetdailynews. com/a-new-globalization-model-one-belt－－one-road-. aspx? pageID＝238&nID＝113454&NewsCatID＝396.

238. Sadik Ünay. One Belt, One Road Project and Turkish-Chinese Relations in a Strategic Perspective [EB/OL].（2017－06－17）. https：//thenewturkey. org/one-belt-one-road-project-and-turkish-chinese-relations-in-a-strategic-perspective/.

239. Eşref Yalinkiliçli. The New Silk Route：Turkey's Pivot to Asia by One Belt One Road [EB/OL].（2017－06－06）. http：//thenewturkey. org/the-new-silk-route-turkeys-pivot-to-asia-by-one-belt-one-road/.

240. S. Işik Bora. The New Silk Road Initiative：Turkey's Stakes in the Global Developmental Project [EB/OL].（2017－07－08）. http：//avim. org. tr/en/Analiz/The-New-Silk-Road-Initiative-Turkey-S-Stakes-In-The-Global-Developmental-Project.

241. SÜLeyman ŞENSOY. One Belt One Road China Turkey and World [EB/OL].（2016－01－28）. http：//www. tasam. org/en/Icerik/25700/one_belt_one_ road_china_turkey_and_world.

242. Kashgar. Ghost Cities Haunt Stability Dream in Far West China [EB/OL].（2017－09－03）. http：//www. hurriyetdailynews. com/ghost-cities-haunt-stability-dream-in-far-west-china-. aspx?pageID＝238&nid＝117497&NewsCatID＝344.

243. Kadir Temiz. Sino-Turkish Relations in the Age of Global Transformation [EB/OL].（2017－05－03）. http：//thenewturkey. org/sino-turkish-relations-in-the-age-of-global-transformation/.

244. Gila Benmayor. What is Turkey Doing While China Gets Close to Europe Through the Silk Road? [EB/OL].（2017－08－10）. https：//www. hurriyetdailynews. com/what-is-turkey-doing-while-china-gets-close-to-europe-through-the-silk-road. aspx? PageID＝238&NID＝116546&NewsCatID＝402.

245. 同243。

246. Mohammad Hossain. How Huge China Investment in Bangladesh Affects Region [EB/OL].（2016－10－11）. https：//aa. com. tr/en/analysis-news/opinion-how-huge-china-investment-in-bangladesh-affects-region/683065? amp＝1.

247. 白贵，欧斯曼·艾诺. 土耳其媒体和社会对“一带一路”的认识 [J]. 保定：河北大学学报（哲学社会科学版），2016（2）：105.

248. 同240。

249. Ilkay Guder. Erdogan Tells Greek PM to Resolve Ex-Soldiers "Problem" [EB/OL]. (2017 - 05 - 13). https://aa.com.tr/en/todays-headlines/erdogan-tells-greek-pm-to-resolve-ex-soldiers-problem/817613.

250. Sibel Ugurlu. Turkey to Take Part in New Balance of Power [EB/OL]. (2017 - 05 - 18). http://aa.com.tr/en/turkey/turkey-to-take-part-in-new-balance-of-power/821320.

251. Sadik Ünay. "One Belt, One Road" Project and Turkish-Chinese Relations in a Strategic Perspective [EB/OL]. (2017 - 06 - 17). https://thenewturkey.org/one-belt-one-road-project-and-turkish-chinese-relations-in-a-strategic-perspective/.

252. Anadolu Agency. Turkey to Host 200, 000 Chinese Tourists by End of 2017: Minister [EB/OL]. (2017 - 09 - 11). https://www.hurriyetdailynews.com/turkey-to-host-200000-chinese-tourists-by-end-of-2017-minister.aspx? pageID = 517&nID = 117841&NewsCatID = 349.

253. Ankara Denizli. Turkey Eyes 1 Million Chinese Tourists in 2018 [EB/OL]. (2017 - 08 - 10). http://www.hurriyetdailynews.com/turkey-eyes-1-million-chinese-tourists-in-2018-116561.

254. Bahattin Gonultas. Chinese Media Giant Eyes Investment in Turkey [EB/OL]. (2017 - 05 - 30). http://aa.com.tr/en/asia-pacific/chinese-media-giant-eyes-investment-in-turkey/830128.

255. HÜRriyet Daily News. Turkish Construction Mogul 'Signs' Investment Deal for Giant Tourism City In Bodrum [EB/OL]. (2017 - 09 - 15). http://www.hur-riyetdailynews.com/turkish-construction-mogul-signs-investment-deal-for-giant-tourism-city-in-bodrum.aspx? PageID = 238&NID = 118014&NewsCatID = 349.

256. Gila Benmayor. What is Turkey Doing While China Gets Close to Europe Through the Silk Road? [EB/OL]. (2017 - 08 - 10). http://www. hurriyetdailynews.com/what-is-turkey-doing-while-china-gets-close-to-europe-through-the-silk-road.aspx? PageID = 238&NID = 116546&NewsCatID = 402.

257. 同240。

258. 马俊卿. 巴库—第比利斯—卡尔斯跨国铁路正式开通 [EB/OL]. (2017 - 10 - 31). http://news.xinhuanet.com/world/2017 - 10/31/c_1121880072.htm.

259. Fuad Shahbazov. Will the Baku-Tbilisi-Kars Railway Become Uzbekistan's New Connection to Europe? [EB/OL]. (2017 - 10 - 17). http://avim.org.tr/en/Bulten/WILL-THE-BAKU-TBILISI-KARS-RAILWAY-BECOME-UZBEKISTAN-S-NEW-CONNEC TION-TO-EUROPE.

260. 巴库—第比利斯—卡尔斯铁路运输在仪式中正式开通 [EB/OL]. (2017 - 10 - 31). http://webcache.googleusercontent.com/search? q = cache: VM3FFWbTpFIJ: www.trt.net.tr/chinese/guo-ji/2017/10/30/ba-ku-di-bi-li-si-qia-er-si-tie-lu-ji-hua-ke-yun-liang-1bai-mo-837136 + &cd = 4&hl = zh-CN&ct = clnk&gl = cn.

261. 同240。

262. 白天. 中马共建一带一路扩大互利共赢 [N]. 国际商报, 2019 - 04 - 25 (B04 版).

263. Cohen J. A Coefficient of Agreement for Nominal Scales [J]. Educational and Psychological Measurement, 1960, 20 (3): 7 - 46.

264. 潘玥, 常小竹. 印尼对"一带一路"的认知、反应及中国的应对建议 [J]. 现代国际关系, 2017 (5).

265. Priyambodo R. H. Media Becomes Integral Part in ASEAN-China Relations [N/OL]. Antara News,

2016 - 10 - 26. https：//en. antaranews. com/news/107403/media-becomes-integral-part-in-asean-china-relations.

266. Heru Purwanto. President Jokowi to Study China's One Belt One Road Initiative [N/OL]. Antara News, 2017 - 05 - 13. https：//en. antaranews. com/news/110905/president-jokowi-to-study-chinas-one-belt-one-road-initiative.

267. Priyambodo R. H. Indonesia Maritime Axis to Enhance Inter-Island Connectivity [N/OL]. Antara News, 2014 - 11 - 15. http：//www. antaranews. com/en/news/96561/indonesia-maritime-axis-to-enhance-inter-island-connectivity.

268. Aditia Maruli Radja. Indonesia Must Reject Chinese Maritime Silk Road Offer：Sultan [N/OL]. Antara News, 2015 - 05 - 11. http：//www. antaranews. com/en/news/98895/indonesia-must-reject-chinese-maritime-silk-road-offer-sultan.

269. P. R. Wire. Inauguration of the First Maritime Silk Road (Fuzhou) International Tourism Festival [N/OL]. Antara News, 2015 - 11 - 19. http：//www. antar-anews. com/en/news/101553/inauguration-of-the-first-maritime-silk-road-fuzhou-international-tourism-festival.

270. P. R. Wire. Global Delegates Gather for Silk Road Cultural Exchange [N/OL]. Antara News, 2016 - 09 - 20. http：//www. antaranews. com/en/news/106798/global-delegates-gather-for-silk-road-cultural-exchange.

271. P. R. Wire. The 3rd Silk Road International Film Festival Kicked off in Xi'an [N/OL]. Antara News, 2016 - 09 - 22. http：//www. antaranews. com/en/news/106841/the-3rd-silk-road-international-film-festival-kicked-off-in-xian.

272. P. R. Wire. First Silk Road Int'l Cultural Expo Concludes with Dunhuang Declaration [N/OL]. Antara News, 2016 - 09 - 22. http：//www. antaranews. com/en/news/106842/first-silk-road-intl-cultural-expo-concludes-with-dunhuang-declaration.

273. Heru Purwanto. Silk Road Photo Exhibition Strengthens Indonesia, China Cooperation [N/OL]. Antara News, 2016 - 09 - 28. http：//www. antaranews. com/en/news/106947/silk-road-photo-exhibition-strengthens-indonesia-china-cooperation.

274. Monalisa. ASEAN Journalists Conclude Silk Road Media Journey [N/OL]. Antara News, 2016 - 10 - 28. http：//www. antaranews. com/en/news/107446/asean-journalists-conclude-silk-road-media-journey.

275. P. R. Wire. Guangdong 21st Century Maritime Silk Road International Expo Attracts Treasures of Various Courtiers Together with 25, 000 International Buyers [N/OL]. Antara News, 2016 - 10 - 28. http：//www. antaranews. com/en/news/107447/guangdong-21st-century-maritime-silk-road-international-expo-attracts-treasures-of-various-courtiers-together-with-25000-international-buyers.

276. P. R. Wire. 2016 Guangdong 21st Century Maritime Silk Road International Expo Closed with Record High Cooperation between Guangdong and Countries along the Belt and Road [N]. Antara News, 2016 - 10 - 31. http：//www. antaranews. com/en/news/107484/2016-guangdong-21st-century-maritime-silk-road-international-expo-closed-with-record-high-cooperation-between-guangdong-and-countries-along-the-belt-and-road.

277. Heru Purwanto. ASEAN Key to Realizing Maritime Silk Road Initiative：Indonesian President [N/OL]. Antara News, 2017 - 05 - 16. http：//www. antaranews. com/en/news/110931/asean-key-to-realizing-

maritime-silk-road-initiative-indonesian-president.

278. Priyambodo R. H. Indonesia to Gain from Beijing Summit Meeting: Economist [N/OL]. Antara News, 2017 - 05 - 16. http://www.antaranews.com/en/news/110939/indonesia-to-gain-from-beijing-summit-meeting-economist.

279. P. R. Wire. Revisit Hangzhou, Host City of 2016 G20 Summit— "eWTP" to Promote Hangzhou as Strategic Hub of "Online Silk Road" [N/OL]. Antara News, 2017 - 07 - 07. http://www.antaranews.com/en/news/111726/revisit-hangzhou-host-city-of-2016-g20-summit-ewtp-to-promote-hangzhou-as-strategic-hub-of-online-silk-road.

280. ICBC Group Supports Indonesia's Economic Development Through RMB-Based Financing [N/OL]. Antara News, 2015 - 03 - 31. http://jakartaglobe.id/press-release/icbc-group-supports-indonesias-economic-development-rmb-based-financing/.

281. Kelly Olsen. Hard Money, Soft Standards? Tough Questions for China's New Bank [N/OL]. Antara News, 2015 - 04 - 01. http://jakartaglobe.id/business/hard-money-soft-standards-tough-questions-chinas-new-bank/.

282. China Follows Silk Road in Search for Land of Fast Growth [N]. 2015 - 04 - 15. http://jakartaglobe.id/business/china-follows-silk-road-search-land-fast-growth/.

283. 驻印度尼西亚大使谢锋在印尼最大报纸发表署名文章《共建"一带一路", 中印尼奏响"昂格隆"》[EB/OL]. 中华人民共和国外交部网站, (2017 - 05 - 08). http://www.fmprc.gov.cn/web/dszlsjt_673036/ds_673038/t1459810.shtml.

284. 加米拉. 乌兹别克斯坦主流网络媒体中的中国国家形象——以乌兹别克斯坦民族新闻社网站为例 [D]. 上海: 上海外国语大学, 2017.

285. 根据报道的倾向性, 将乌兹别克斯坦民族通讯社网站涉及中国的报道分为正面、中立、负面三个类别。判定凭据如下:

——正面报道, 内容有中国积极的一面或肯定态度的报道;

——中立报道, 内容有无明显态度、客观、公正的报道;

——负面报道, 内容持讽刺、否定态度或不符合中国现状的报道。

286. 新华社北京 2016 年 6 月 21 日电, 习近平在乌兹别克斯坦《人民言论报》和"扎洪"通讯社网站发表题为《谱写中乌友好新华章》的署名文章。

287. 胡邦胜. 哈萨克斯坦媒体生态及其特征 [J]. 对外传播, 2017 (07): 69 - 71.

288. 数据来自世界网络数据网, https://www.internetworldstats.com/asia.htm#kz。

289. 哈萨克斯坦国际通讯社开通中文网站 [EB/OL]. 人民网, (2014 - 03 - 18). http://media.people.com.cn/n/2014/0318/c40606 - 24669583.html.

290. 搜索题目及内容存在关键词为"一带一路"的文章。

291. 搜索题目及内容存在 BRI, Belt and Road (Initiative), OBOR, One Belt One Road 等关键词的文章。

292. 同 287。

293. 节选自哈通社社长出席"一带一路"媒体合作论坛 畅谈哈中合作 [EB/OL]. 哈萨克国际通

讯社，(2015 - 09 - 21). https：//www. inform. kz/cn/article_a2820313.

294. 尼日利亚网民达到 9160 万 [EB/OL]. 驻尼日利亚大使馆经商处，(2017 - 07 - 29). http：//nigeria. mofcom. gov. cn/article/jmxw/201707/20170702617479. shtml.

295. 数据来源于世界网络信息网，https：//www. internetworldstats. com/af/ng. htm。

296. “一带一路”背景下中国与中东的经济合作 [EB/OL]. 东方网，2018 - 02 - 02. http：//mini. eastday. com/bdmip/180202110454350. html.

297. 杨雅婷．“一带一路”沿线主流媒体研究 [D]. 江西：南昌大学，2017.

298. 同上。

299. 同上。

300. Waheed Abbas. China's Initiative is a Game Changer [N/OL]. Khaleej Times, 2019 - 04 - 28. https：//www. khaleejtimes. com/business/economy/chinas-initiative-is-a-game-changer.

301. 华黎明．一带一路，中国与阿联酋共同发展和复兴之路 [N/OL]. 人民日报，2018 - 07 - 19. http：//world. people. com. cn/n1/2018/0719/c1002-30156338. html.

302. China and the UAE Share Common Goals [N/OL]. Khaleej Times, 2018 - 07 - 21. https：//www. khaleejtimes. com/letters-to-the-editor/china-and-the-uae-share-common-goals.

303. Eric Schluessel. Whither Justice for Uighur Muslims in China? [N/OL]. Khaleej Times, 2018 - 09 - 17. https：//www. khaleejtimes. com/editorials-columns/whither-justice-for-uighur-muslims-in-china.

304. Sandeep Gopalan (Centrepiece). Asia, Africa Must Be Ready for China's Great Power Games [N/OL]. Khaleej Times, 2018 - 08 - 08 (0). https：//www. khaleejtimes. com/editorials-columns/asia-africa-must-be-ready-for-chinas-great-power-games.

305. Chinese Man Completes Second Around-the-World Trip in 68 Days [N/OL]. Khaleej Times, 2019 - 07 - 10. https：//www. khaleejtimes. com/international/chinese-man-completes-second-around-the-world-trip-in-68-days.

306. Web Report/Beijing. You Can Now Spend a Night at the Great Wall of China [N/OL]. Khaleej Times, 2018 - 08 - 06. https：//www. khaleejtimes. com/international/rest-of-asia/you-can-now-spend-a-night-at-the-great-wall-of-china.

307. Ni hao! Chinese Food—Delivery Robots at Your Service [N/OL]. Khaleej Times, 2018 - 07 - 19. https：//www. khaleejtimes. com/technology/ni-hao-chinese-food-delivery-robots-at-your-service.

308. No One Can “Dictate” China's Path, Warns President Xi [N/OL]. Khaleej Times, 2018 - 12 - 18. https：//www. khaleejtimes. com/international/no-one-can-dictate-chinas-path-warns-president-xi.

309. http：//CPC. people. com. cn/pinglun/n/2015/0130/c241220-26481106. html.

310. 丁俊．论中国与伊斯兰国家间的“民心相通” [J]. 阿拉伯世界研究，2016 (3)：61.

311. 参考开罗美国大学官网，http：//www. aucegypt. edu/about。

312. 拉尼娅在开罗美国大学演讲，详情参见 http：//v. youku. com/v_ show/id_XMTU1Mjc0NTc2. html。

313. 参考贝鲁特美国大学官网，http：//www. aub. edu. lb/main/about/Pages/index. aspx。

314. 参考老挝苏州大学官网，http：//laowo. suda. edu. cn/。

315. 厦门大学马来西亚分校 440 名中国学生已陆续入学 [EB/OL]. 新浪财经转中国新闻网，

(2016－09－23). https: //finance. sina. com. cn/roll/2016－09－23/doc-ifxwevww1393952. shtml.

316. 邹志强. 中国与伊斯兰大国的全球经济治理合作 [J]. 阿拉伯世界研究, 2016 (4): 37.

317. 张睿亮. 伊斯兰金融在中国的借鉴与发展 [J]. 阿拉伯世界研究, 2012 (1): 108.

318. 罗伯特·A. 帕斯特. 世纪之旅——七大国百年外交风云 [M]. 胡利平, 杨韵琴, 译. 上海: 上海人民出版社, 2001: 319.

319. 喀喇汗王朝奥古恰克统治时期（约 892—910 年），穆斯林和清真寺在今新疆阿图什相继出现。见李兴华. 读《中国新疆地区伊斯兰教史》[J]. 西域研究, 2000 (3): 106－107。

320. 王国栋, 周春艳. 美国黑人伊斯兰运动探析 [J]. 世界宗教文化, 2011, 1 (4): 30.

321. Louise Cainkar. Learning to Be Muslim—Transnationally [J]. Religions, 2014 (5): 594.

322. 莫扎梅尔·哈克. 加拿大的穆斯林 [J]. 黄陵渝, 译. 穆斯林世界联盟辑刊, 1992, 19 (9): 71.

323. 卢西纳·安东诺茨兹·鲍尔. 在波兰的塔塔尔人 [J]. 世界民族, 1986 (4): 56－60.

324. 黑田久山. 日本的穆斯林——一份初步报告 [J]. 民族译丛, 1987 (3): 55.

325. 马正亮. 中国信仰伊斯兰教的十个民族人口发展分析 [J]. 人口与经济, 2007 (1): 58.

326. 白京兰. 清代回疆立法——钦定回疆则例探析 [J]. 中南民族大学学报（人文社会科学版）, 2004 (4): 137.

327. 新疆的宗教信仰自由状况 [EB/OL]. 国务院新闻办公室, [2017－03－15]. http: //news. xinhuanet. com/ttgg/2016-06/02/c_1118976926. htm.

328. 李伟, 潘忠宇. 回族伦理文化导论 [M]. 银川: 宁夏人民出版社, 2010: 104.

329. 张曦, 张大川. 青海撒拉族与土库曼斯坦: 血缘搭起"一带一路"新机遇 [EB/OL]. 新华网西宁, (2015－08－27). http: //news. xinhuanet. com/world/2015-08/27/c_1116397025. htm.

330. 郭承真. 在"一带一路"上播撒中国伊斯兰教和平的种子 [J]. 中国宗教, 2015 (6): 41.

331. 王子华. 白亮诚传 [M]. 昆明: 云南大学出版社, 2014: 162.

332. 时延春. 中国驻中东大使话中东——埃及 [M]. 北京: 世界知识出版社, 2012.

333. 苗焕德. 浅议维吾尔语中的阿拉伯、波斯语借词 [J]. 西北民族研究, 1993 (1): 240.

334. 牛汝极. 莎车出土的喀喇汗朝阿拉伯语法律文书与《福乐智慧》研究 [J]. 西域研究, 1999 (3): 100.

335. 夏木斯·胡玛尔. 博坎传奇 [M]. 姚承勋, 译. 乌鲁木齐: 新疆人民出版社, 2012: 1.

336. S. M. 阿巴斯·加兹米. 巴尔蒂斯坦地区流传之《盖瑟尔》传说概况 [J]. 陆水林, 译. 中央民族大学学报, 1994, 1 (6): 65.

337. 徐国琼. 西藏《格萨尔》与巴尔底斯坦《盖瑟尔》的比较 [J]. 民间文学研究, 1990 (3): 17.

338. 孔令伟. 清朝的 AB 面: 草原帝国还是中原王朝 [EB/OL]. [2017－03－18]. http: //www. thepaper. cn/newsDetail_forward_1503645.

339. 马海云. 从一带一路来（四）: 带路中亚, 不期而遇三梯队 [EB/OL]. 凤凰大参考独家系列策划, [2017－02－09]. http: //news. ifeng. com/world/special/cydyll/chapter4. shtml.

340. 李进新. 蒙古统治与新疆的伊斯兰教 [J]. 社会科学研究, 1984 (2): 17. 转引自桑荣. 新疆伊斯兰教研究（1982—1989 年）综述［J］. 新疆宗教研究资料（第 17 集）内部资料，1989：108。

341. 九品承传［M］. 香港：蓝月出版社，2013：1 –2.

342. 刘迎胜．海路与陆路——中古时代东西交流研究［M］. 北京：北京大学出版社，2011：75 –77.

343. 中华民族杰出人物传［M］. 北京：中国青年出版社，1984：285 –286.

344. 喇敏智，马明良．回族对祖国的伟大贡献［M］. 甘肃：甘肃民族出版社，2006. 相关章节见思想超前的明代回族思想家：李贽［EB/OL］. ［2017 – 09 – 10］. 伊斯兰之光，http：//www. norislam. com/? viewnews-5650；张菊玲．谈回族文学家李贽的小说理论［J］. 朔方，1984（10）。这些论文认为李贽是回族。而《中国哲学史》等书籍则认为李贽不是回族，见北京大学哲学系中国哲学教研室．中国哲学史［M］. 北京：北京大学出版社，2001：445。

345. 罗懋登．三宝太监西洋记通俗演义［M］. 上海：上海古籍出版社，1985：2 –3.

346. 杨桂萍．从元明回回的礼俗之变看汉文伊斯兰教著译产生的社会文化背景［J］. 回族研究，2012（3）：24.

347. 郭应德．中国阿拉伯关系史［M］. 张甲民，译．北京：北京大学出版社，2015：107.

348. 黄时鉴．元朝史话［M］. 北京：北京出版社，1985：97 –99.

349. 张广林，马丹．重视保护中国伊斯兰文化遗产［J］. 中国宗教，2015（3）：16 –17.

350. 杨桂萍．中国伊斯兰教的本土经验和当代使命［J］. 中国宗教，2016（8）：27.

351. 马佳．伊斯兰教中国化的实践者：马联元及其思想要义［J］. 北方民族大学学报（哲学社会科学版），2016（4）：84.

352. 高占福．伊斯兰教在中国本土特色的历史见证［J］. 中国穆斯林，2015（1）：17.

353. 同上，第 21 页。

354. 马宗保．伊斯兰教中国化及其动力机制——以回族地区伊斯兰教为例［J］. 黑龙江民族丛刊，2016（3）：186.

355. 陈晓虎．回族与辛亥革命［M］. 银川：宁夏人民出版社，2011：2.

356. 陈克礼．从穆罕默德看伊斯兰教［M］. 北京市回民学会，1951.

357. 尤苏夫·盖尔达维新．论伊斯兰中间主义及文化更新［M］. 多哈：盖尔达维伊斯兰中间主义与文化更新研究中心，2009：220. 转引自丁俊．当代伊斯兰中间主义思潮与中国伊斯兰教的和谐发展［J］. 西北民族研究，2013（1）：164。

358. 穆可发．伊斯兰教中国化要以社会主义核心价值观为引领［J］. 中国宗教，2016（9）：32.

359. 萨利赫·康明杰．伊斯兰经济实用常识百问［M］. 呼和浩特市清真大寺印发，4.

360. 韩志斌．伊拉克复兴党民族主义理论与实践研究［M］. 北京：中国社会科学出版社，2011：4.

361. 2003 年 5 月 11 日，美军中央司令部司令弗兰克斯发表声明，萨达姆的“伊拉克复兴社会党”已经被取缔。他同时命令该组织停止一切活动。见杨俊．大漠孤烟——杨俊新闻作品选集［M］. 北京：中国广播影视出版社，2014：5。

362. 20 世纪六七十年代，布托领导巴基斯坦时提出：信仰是伊斯兰，政治是多党议会民主，经济是社会主义。

363. 孙博．地球漫步：伊朗［M］. 北京：中国旅游出版社，2006：169.

364. 吴天跃．贴近细节的美术史——《伊斯兰中国风：蒙古伊朗的艺术》书评［J］．美术向导，2014（3）：105.

365. 李广益．有伊斯兰自中华来——印尼人中国观的变化［EB/OL］．（2013－08－31）．重庆大学人文社会科学高等研究院官网，http：//ias. cqu. edu. cn/info/1092/2242. htm.

366. 朱威烈．试论中国与中东伊斯兰国家的战略性关系［J］．世界经济与政治，2010（9）：5.

367. 白寿彝．中国穆斯林的历史传统［J］．历史研究，1962（2）. 此文是作者于 1962 年 2 月 2 日在巴基斯坦历史学会第 12 届年会上宣读的论文，转引自新疆社科院宗教研究所．新疆宗教研究资料：第三辑［Z］．新疆社科院宗教研究所编，1979。

368. 曾向红．遏制、整合与塑造：美国中亚政策二十年［M］．兰州：兰州大学出版社，2014.

369. 塔伊布·萨利赫．移居北方的时期［M］. 李占经，译．北京：外国文学出版社，1983.

370. 习近平．共同开创中阿关系的美好未来——在阿拉伯国家联盟总部的演讲［EB/OL］.（2016－01－22）. 新华网，http：//www. xinhuanet. com//world/2016-01/22/c_1117855467. htm.

371. 同 338。

372. 全球同过中国年《焦点访谈》聚焦四海同春等活动［EB/OL］．（2017－02－13）. 央视综合高清，http：//www. chinaqw. com/sp/2017/02－13/126083. shtml.

373. 孙博．地球漫步：伊朗［M］．北京：中国旅游出版社，2006：13.

374. 中国伊协派员出席第 28 届伊斯兰团结国际大会［J］．中国穆斯林，2015（1）：24.

375. 中国伊协派员出席埃及第二十四届伊斯兰事务最高理事会［J］．中国穆斯林，2015（2）：11.

376. 王文．大国的幻象［M］．北京：东方出版社，2013：198.

377. 詹姆斯·温布兰特．沙特阿拉伯史［M］．韩志斌，王泽壮，尹斌，译．上海：东方出版中心，2009：305.

378. Dimitris Konstantakopoulos. Leila Khaled on ISIS and Islamism, Syria and the Palestinians［EB/OL］．［2017－02－07］. http：//katehon. com/article/leila-khaled-isis-and-islamism-syria-and-palestinians.

379. EkaterinaBraginskaia. Official Discourses and Patterns of State Engagement with Muslim Communities in Britain and Russia［J］. Diversities，2010，12（1）：38.

380. S. E. 温布什．苏联伊斯兰教与民族［J］．陈德仁，译．世界民族，1980（6）：2.

381. 20 世纪二三十年代，由于苏维埃政权实行强制农业集体化和限制富农选举权等过激政策，北高加索地区出现了反苏维埃政权活动。1922—1936 年，苏维埃政府对车臣等民族的反苏维埃政权活动进行了大规模镇压，高加索地区的局势这才安定下来，但直到 1938 年 9 月，车臣－印古什自治共和国仍有小股反政府势力在活动。见赵龙庚．车臣危机中的伊斯兰因素［J］．现代国际关系，2000（2）：36。

382. 苏联的改革与穆斯林［J］．阎洪菊，译．世界民族，1990，1（2）：75－76.

383. 希克·R. 阿里．苏联的穆斯林少数民族问题［J］．陈德仁，译．世界民族，1981（4）：11.

384. 雷光汉．苏联流亡记［EB/OL］. 萧默，编订．［2017－03－14］．http：//www. taodocs. com/p-6639979. html.

385. 例如，中国商务部研究院研究员梅新育认为，在苏联解体的过程中，中亚各共和国当地民族在全民公决中以压倒多数赞成保留联盟，但并不意味着当时中亚当地民族统治精英群体更忠于苏维埃，更忠于马列主义意识形态，而是因为当地的全部统治权力此前就已被他们独占。保留无权剥夺他们权力的联盟外衣，他们就可以继续从联盟汲取经济支持，还有兼任联盟高官的希望，从而收获“小国之君+世界性大国高官”的双重好处。相比之下，俄罗斯族精英则没有这种好处，不少精英因而没有兴趣尽力保留联盟。参见梅新育．主体民众抛弃政权现象及其警示［J］．战略与管理，2016（6）。转自风云之声，［2017－03－14］．http：//mp. weixin. qq. com/s? __biz = MzI0NzQzMjU3Ng = = &mid = 2247485468&idx = 1&sn = 439ef14ce24788d2dda12d73405aa34c&chksm = e9b15cf3dec6d5e599d5b0 9a7c9d60fb004a5fadc9b6bf23d11af61364ec84b5efc87bd17ee3&s cene = 21#wechat_redirect。

386. 亚历山大·贝尼格桑．苏联的穆斯林与阿富汗危机［J］．龚羽翼，译．世界民族，1980（4）：1.

387. Шутько Дмитрий Васильевич. К ВОПРОСУ О РЕАЛИЗАЦИИ ПОТЕНЦИАЛА РЕЛИГИИ В ВОСПИТАНИИ ВОЕННОСЛУЖАЩИХ ВООРУ ЖЁННЫХ СИЛ РОССИЙСКОЙ ФЕДЕРАЦИИ［EB/OL］．［2019－01－13］．Текст научной статьи по специальности《Военное дело》Шутько Дмитрий Васильевич КиберЛенинка：https：//cyberleninka. ru/article/n/k-voprosu-o-realizatsii-potentsiala-religii-v-vospitanii-voennosluzhaschih-vooruzhyonnyh-sil-rossiyskoy-federatsii. 感谢白俄罗斯国立大学硕士研究生李珂提供信息。

388. Хасуева А. Ш. СТРАТЕГИЧЕСКИЕ ПРИОРИТЕТЫ УСТОЙЧИВОГО РАЗВИТИЯ ЧЕЧЕНСКОЙ РЕСПУБЛИКИ［EB/OL］．［2018－01－13］．Текст научной статьи по специальности《Экономика и экономические науки》Хасуева А. Ш. КиберЛенинка：https：//cyberleninka. ru/article/n/strategicheskie-prioritety-ustoychivogo-razvitiya-chechenskoy-respubliki.

389. 刘中民．对国内伊斯兰教复兴运动研究中概念、术语与类型问题的若干看法［J］．高校社科信息，1999（6）：11－18.

390. 同上。

391. 金宜久．当代伊斯兰教法［M］．上海：东方出版社，1995：212－218.

392. 同上。

393. 王宇洁．宗教与国家——当代伊斯兰教什叶派研究［M］．北京：社会科学文献出版社，2012.

394. Ishtiaq Ahmed. Jinnah, Shariah and Secularism［EB/OL］．（2017－12－17）．Daily time, https：//dailytimes. com. pk/161085/jinnah-shariah-secularism/.

395. 杜冰．巴基斯坦教派冲突探析［J］．国际研究参考，2013（7）：35－41.

396. 同388。

397. 刘靖华．“伊斯兰威胁论”与美国利益问题——评塞缪尔·亨廷顿《文明的冲突》［J］．西亚非洲，1994（2）：1－8，78.

398. 本节根据 Rafeel Ortega Rodrigo 的论述整理而成，见 Rafeel Ortega Rodrigo. The Muslim Brotherhood, Creation, Evoluton, and Goals for the Future［M］//Frank Peter, Rafael Ortege, ed. Islamic Movements of Europe, Public Religion and Islamphobia in the Modern World. London, New York, 2014：7－13。

399. Richard Paul Mitchell. The Society of the Muslim Brothers［M］．New York, Oxford：Oxford University Press, 1969：8.

400. 同上。

401. Rafeel Ortega Rodrigo. The Muslim Brotherhood, Creation, Evoluton, and Goals for the Future [M] //Frank Peter, Rafael Ortege, ed. Islamic Movements of Europe, Public Religion and Islamphobia in the Modern World. London, New York, 2014: 9.

402. 同上，第 8 页。

403. 丛林. 伊斯兰原教旨主义的转向——兼论赛义德 · 库特卜的思想 [J]. 阿拉伯世界研究，2007 (6): 55 -60.

404. 本节整体根据 Jan-Peter Hartung 的论述整理而来，见 Jan-Peter Hartung. The Jama' at-I Islami [M] //Frank Peter, Rafael Ortege, ed. Islamic Movements of Europe, Public Religion and Islamphobia in the Modern World. London, New York, 2014: 23 -29。

405. Abu I-Ala Mawdudi. Islam ka nazhariyya-yi siyasi [M]. Delhi, 1996: 5.

406. 同 394。

407. 本节整体根据 Dietrich Reetz 的论述整理而来，见 Dietrich Reetz. Tablighi Jama at [M] //Frank Peter, Rafael Ortege, ed. Islamic Movements of Europe, Public Religion and Islamphobia in the Modern World. London, New York, 2014: 30 -36。

408. 本节整体根据 Guido Steiberg 的论述整理而来，见 Guido Steinberg. The Wahhabiya, Saudi Arabia and the Salafist Movement [M] ///Frank Peter , Rafael Ortege, ed. Islamic Movements of Europe, Public Religion and Islamphobia in the Modern World. London, New York, 2014: 37 -43。

409. Abdullah Saeed. Salafiya, Modernism, and Revival [M] //John L. esposito, Emad EI-Din Shahin. The Oxford handbook of Islam and Politics. Oxford, New York, 2013: 27 -38.

410. 包澄章. 中东剧变以来的萨拉菲主义 [J]. 阿拉伯世界研究，2013 (6): 106 -118.

411. Guido Steinberg. The Wahhabiya, Saudi Arabia, and the Salafist Movement [M]. P39

中国道路丛书

学　　术
《解放生命》
《谁是农民》
《香港社会的民主与管治》
《香港社会的政制改革》
《香港人的政治心态》
《币缘论》
《如何认识当代中国》
《俄罗斯之路 30 年》
《大国新路》
《论企业形象》
《能源资本论》
《中国崛起的世界意义》
《美元病——悬崖边缘的美元本位制》
《财政预算治理》
《预见未来——2049 中国综合国力研究》
《文明的互鉴——“一带一路”沿线伊斯兰智库、文化与媒体》

译　　丛
《西方如何“营销”民主》
《走向繁荣的新长征》
《国家发展进程中的国企角色》
《美国社会经济五个基本问题》
《资本与共谋》
《国家发展动力》

智库报告
《新时代：中国道路的延伸与使命》
《新开局：中国制度的变革与巩固》
《新常态：全面深化改革的战略布局》
《新模式：走向共享共治的多元治理》
《新征程：迈向现代化的国家治理》
《新动能：再造国家治理能力》
《全面依法治国新战略》
《大变局——从“中国之制”到“中国之治”》

企业史
《与改革开放同行》
《黎明与宝钢之路》
《海信史（2003—2019）》

企业经营
《寻路征途》
《中信创造力》

专　　访
《中国道路与中国学派》
《21 世纪的中国与非洲》
《“一带一路”拉美十国行记》

人　　物
《重读毛泽东，从 1893 到 1949》

政　　治
《创新中国集体领导体制》

战　　略
《国家创新战略与企业家精神》

金　　融
《新时代下的中国金融使命》
《中国系统性金融风险预警与防范》
《新时代中国资本市场：创新发展、治理与开放》
《本原与初心——中国资本市场之问》

管　　理
《中国与西方的管理学比较》